J. Guttentag, Verlagsbuchhandlung, G. m. b. H., Berlin W. 35.

Reform des Reichsstrafgesetzbuches.

Inhalt.

Band I.

(Fortsetzung auf Umschlagseite 3.)

Die Reform des

Reichsstrafgesetzbuchs.

Kritische Besprechung des Vorentwurfs zu einem Strafgesetzbuch für das Deutsche Reich unter vergleichender Berücksichtigung des österreichischen und schweizerischen Vorentwurfs.

Unter Mitwirkung von

Professor Dr. L. v. Bar, Göttingen Professor Dr. A. Graf zu Dohna, Königsberg Professor Dr. R. Frank, Tübingen Professor Dr. J. Goldschmidt, Berlin Wirklicher Geheimer Rat Dr. O. Hamm, Bonn Senatspräsident Dr. P. Koffka, Berlin Professor Dr. Ed. Kohlrausch, Königsberg Kammergerichtsrat Dr. E. Kronecker, Berlin Professor Dr. K. v. Lilienthal, Heidelberg Rechtsanwalt Dr. S. Löwenstein, Berlin Professor Dr. M. E. Mayer, Straßburg i. E. Professor Dr. W. Mittermaier, Gießen Professor Dr. F. Oetker, Würzburg Erster Staatsanwalt K. Olbricht, Lüneburg Staatsanwaltschaftsrat Dr. Fr. Preiser, Leipzig Oberlandesgerichtsrat W. Rosenberg, Colmar i. E. Wirklicher Geheimer Rat, Professor Dr. A. Wach, Leipzig Staatsanwalt Dr. E. Wulffen, Dresden

herausgegeben von

Dr. P. F. Aschrott, Landgerichtsdirektor a. D.

und

Dr. Franz von Liszt, Professor der Rechte.

Band II: Besonderer Teil.

Berlin 1910.
J. Guttentag, Verlagsbuchhandlung,
G. m. b. H.

Inhalt.

I.

Verbrechen und Vergehen gegen den Staat.

Abschnitte 1–5.

(Hochverrat, Landesverrat, Verbrechen und Vergehen gegen die Unverletzlichkeit des Staatsoberhauptes, in Beziehung auf die Ausübung staatsbürgerlicher Rechte und gegen ausländische Staaten.)

Von

Dr. O. Hamm,

Wirklicher Geheimer Rat, Oberlandesgerichtspräsident a. D.

1. Abschnitt.

Hochverrat.

Unter der Bezeichnung Hochverrat sind zusammengefaßt: die Verbrechen gegen das Leben und gegen die Herrschergewalt des Staatsoberhaupts, gegen die Verfassung und gegen das Gebiet des Staats. Der Ausdruck stammt aus dem § 91 Allg. LR. II 20 und weist auf einen Treubruch des Verbrechers gegen Staatsoberhaupt und Staat hin. Das paßt aber nur, wenn die Verbrechen von einem Angehörigen des Staats begangen werden. Schon im StGB. und ebenso in dem *DVE.* wird gemäß § 3 und § 4 Abs. 2 N. 1 auch der Ausländer wegen Hochverrats bestraft, selbst wenn er die Tat im Auslande begangen hat. Ein Ausländer schuldet dem fremden Staat und dessen Oberhaupt keine Treue und begeht durch das Verbrechen ihnen gegenüber keinen Verrat. Die *VEBegr.* sucht S. 411, 412 im Anschluß an van Calker *Vergl. Darst. Bes. T.* I S. 15, 16 die Beibehaltung des Ausdrucks, der in der Literatur mehrfach angefochten und nur bei wenigen ausländischen Gesetzgebungen in Gebrauch ist, damit zu rechtfertigen, daß er in der deutschen Rechts- und Gesetzessprache eingebürgert sei und bloß zur Gruppierung zusammengehöriger Tatbestände diene, ohne daß aus ihm Schlußfolgerungen auf deren Erfordernisse zu ziehen seien. Meines Erachtens reichen diese Gründe nicht aus, um die Bezeichnung eines Verbrechens fortzuführen, die den gegenwärtigen Grund der Strafbarkeit unrichtig wiedergibt. Zudem ist der schiefe Ausdruck für die Rechtsprechung gefährlich. Der Richter kann sich durch die Bezeichnung „Hochverrat" veranlaßt sehen, die Strafe, soweit es sich nicht um eine absolute Strafe handelt, gegen den Ausländer niedriger zu bemessen als gegen den Inländer, während doch der Schutz gegen einen ausländischen Staat und das durch den Angriff eines Ausländers verletzte Nationalgefühl eher eine höhere Bestrafung des ausländischen Täters fordern. Ich möchte vorschlagen, überall das Wort „Hochverrat" zu streichen oder zu ersetzen durch: „Angriffe auf den Staat". Diese Bezeichnung klingt an Ausdrücke an, die in ausländischen Gesetzgebungen angewandt und im allgemeinen Sprachgebrauch üblich sind, wie „Attentat“ und „Staatsstreich“, und paßt zu dem Ausdruck, den § 100 für das schwerste dieser Verbrechen anwendet.

Bei ihm — dem Verbrechen gegen das Leben des Staatsoberhaupts — soll durch die Fassung des § 100 „ein Angriff auf das Leben“ einesteils die dem § 80 des StGB. entsprechende Gleichstellung des Versuchs mit der vollendeten Tat und anderenteils — abweichend vom StGB. — die Gleichstellung von Mord und Totschlag ausgesprochen werden. Ich halte beides für gerechtfertigt; ebenso die Verhängung der Todesstrafe als der schwersten Strafe des StGB. und den Ausschluß von mildernden Umständen. Das Leben des Staatsoberhaupts ist in einem weit höheren Maße Angriffen ausgesetzt als das anderer Menschen. Der Herrscher macht sich nicht nur durch die Ausübung seiner Herrschergewalt notwendig eine Reihe persönlicher Feinde, sondern auch alle Feindschaft und aller Haß fremder Völker, wie fremder und eigener Bürger gegen Staat und Gesellschaft entladen sich gegen deren obersten Vertreter. So bedarf es zu einem wirksamen Schutz des Herrschers gegen Angriffe auf sein Leben einer Strafe von möglichst starker Abschreckungskraft und insbesondere auch einer den Versuch mit voller Wucht treffenden Bestrafung. Zudem kann die Tötung des Staatsoberhaupts so schwere Erschütterungen des staatlichen Gefüges, wie des Ansehens und der Macht des Staates zur Folge haben, daß auch der Staat eines wirksamen Schutzes gegen solche Angriffe bedürftig ist.

Gegenüber den großen Gefahren, welche eine Tötung des Staatsoberhaupts für den Staat heraufbeschwört, kann es auf den Grad der subjektiven Schuld des Täters, auf das Maß seiner Überlegung und auf die Art seiner Beweggründe nicht ankommen. Auch eine im Affekt und aus edlen Motiven begangene oder versuchte Tötung des Staatsoberhaupts ist aus dem Grunde ruchlos und der höchten Strafe wert, weil der Täter sich über die schweren Gefahren seiner Tat für den Staat hinwegsetzt.

Mit Recht hebt der Vorentwurf demgemäß auch die bisherige Unterscheidung auf, wonach die Tat, sofern sie nicht gegen den Kaiser gerichtet ist, nur dann mit dem Tode bestraft wird, wenn es der eigene Landesfürst oder der Bundesfürst des Aufenthaltsortes ist, der von der Tat getroffen wird. Die Gefährlichkeit der Tat ist die gleiche, mag sie von einem Ausländer oder einem Inländer verübt sein. Das Nationalgefühl wird durch Lebensbedrohungen gegen den Führer und Vertreter der Nation, welche von einem Ausländer ausgehen, erst recht verletzt und erst recht zur Forderung einer vollen Sühne gezwungen. Es muß auch der Begründung durchaus zugestimmt werden, wenn sie S. 416—418 auf die nunmehrige Rechtseinheit im Deutschen Reich und auf den festen Zusammenhang hinweist, in den die einzelnen deutschen Staaten während der 40 Jahre seit Erlaß des StGB. zusammengewachsen sind, und es hiernach für unmöglich erklärt, noch weiterhin den Angriff eines Deutschen auf einen Bundesstaat, den er nicht angehört und dessen besonderen Schutz infolge seines Aufenthalts er nicht genießt, unter eine mildere Strafe zu stellen. Endlich ist auch darin dem Vorentwurf (Begründung S. 415) beizupflichten, daß er, nach dem Vorschlag, den van Calker S. 35 macht, dem Regenten eines Bundesstaats den gleichen Schutz, wie dem Fürsten eines Bundesstaats gewährt. Der Regent ist auf Grund der Landesverfassung zur Herrschergewalt berufen, durch deren Ausübung den gleichen Gefahren wie der durch das Erbrecht berufene Herrscher ausgesetzt, und der Zusammenhang zwischen Regent und Volk ist der gleiche wie zwischen Fürst und Volk.

Nur insofern halte ich eine sachliche Änderung des § 100 für geboten, als er beim Versuche dem freiwilligen Rücktritt und der tätigen Reue keine Bedeutung beilegt. Dadurch, daß der § 100 den Angriff auf das Leben des Staatsoberhaupts zu einem vollendete Tat und Versuch zusammenfassenden Delikt macht, ist die Anwendung des § 77, der die Strafbarkeit des Versuchs in Wegfall bringt, wenn der Täter freiwillig die Ausführung aufgegeben oder den Eintritt des zur Vollendung gehörigen Erfolges abgewendet hat, auf die in dem Delikt des § 100 enthaltenen Versuche der Tötung ausgeschlossen. Wenn man bedenkt, daß bei dem Angriff auf das Leben des Staatsoberhaupts die Gleichstellung des Versuchs mit der vollendeten Tat und die Bestrafung beider mit dem Tode vor allem wegen der Staatsgefährlichkeit eines solchen Angriffs und zum Zwecke einer wirksamen Abschreckung geschieht, so erscheint die Anwendung dieser Strafe auf Fälle, in welchen der Verbrecher die Tat nur versucht und dann freiwillig aufgegeben, oder den Erfolg abgewendet hat, einesteils ungerechtfertigt und anderenteils geeignet, die abschreckende Wirkung in allen Fällen mit dem Anfang der Ausführung aufzuheben. In Übereinstimmung mit van Calker (S. 41 a. Schluß) befürworte ich, für Angriffe auf das Leben des Staatsoberhaupts, bei welchen es nur bis zu einem Tötungsversuch gekommen ist, den freiwilligen Rücktritt und die tätige Reue, wenn auch nicht, wie im *OVE.* § 111, und zwar dort bei allen Hochverratsverbrechen, zum Strafausschließungs-, so doch zum Strafmilderungsgrund zu machen. Als angemessene

Strafe für diese Fälle erscheint die im § 101 bei milderen Umständen vorgesehene.

Bezüglich der Fassung des § 100 ist folgendes zu bemerken. Einmal ergibt die Bezeichnung „Angriff auf das Leben“ zwar, daß es nicht bis zur Tötung gekommen zu sein braucht, läßt aber Zweifeln darüber Raum, ob es — was gewollt ist — bis zum Versuch der Tötung gekommen sein muß oder etwa schon eine nicht bis zum Versuch gekommene Handlung ausreicht. Zur Hebung dieser Zweifel ist es zweckmäßig, im § 100 hinter dem Wort „wird“ einzufügen: „wenn es auch nur bis zu einem Versuch der Tötung gekommen ist“. Sodann hat es etwas Ungelenkes, wenn der Paragraph neben dem Kaiser von einem „andern“ Landesfürsten spricht. Es ist angemessen, den Kaiser besonders herauszuheben, bedarf aber nicht einer ausdrücklichen Hervorhebung, daß der Kaiser auch ein Landesfürst ist. Man sagt besser einfach: „des Kaisers, eines Bundesfürsten oder des Regenten eines Bundesstaats“.

Auch bei den übrigen im Vorentwurf als Hochverrat bezeichneten Verbrechen ist entsprechend ihrer gleichfalls hohen Staatsgefährlichkeit die Gleichstellung des Versuchs mit der vollendeten Tat zu billigen und die Bestrafung mit der zweithöchsten Strafe: „lebenslänglichem Zuchthaus“ oder, sofern das Verbrechen nicht aus einer ehrlosen Gesinnung des Täters hervorgegangen ist mit „lebenslänglicher Haft“ angemessen. Wenn der Vorentwurf die bisher bei mildernden Umständen vorgesehene Strafe insoweit verschärft, als er neben Haft auch Zuchthaus nicht unter fünf Jahren zuläßt, so beruft sich die Begründung S. 425 hierfür mit Recht auf mögliche Fälle in welchen die mildernden Umstände nur deshalb, weil das Unternehmen nicht über die ersten Stadien des Versuchs hinausgelangte, angenommen seien, die Strafe der Haft aber der verwerflichen Gesinnung des Täters nicht entsprechen würde.

Einer besonderen Strafmilderung für Versuche mit freiwilligem Rücktritt oder tätiger Reue bedarf es hier nicht, da der Richter derartigen Fällen durch die zugelassene Annahme von mildernden Umständen gerecht werden kann.

Die Gleichstellung des Versuchs mit der vollendeten Tat ist in dem § 101 dadurch ausgedrückt, daß derjenige unter Strafe gestellt wird, der versucht, die betreffende Handlung vorzunehmen. Die bisherige Fassung: „Wer es unternimmt“ hat zu Streitfragen über den Begriff des „Unternehmens“ geführt. Wenn diese auch schließlich dahin entschieden worden sind, daß das „Unternehmen“ neben der vollendeten Tat jeden Versuch, aber auch nur einen solchen, umfasse, so will man doch durch die neue Fassung alle Zweifel hierüber aufschließen. Begr. S. 144. Es entspricht das einem Vorschlage, den van Calker S. 41 gemacht hat, wie dem § 193 des *SchVE.* Allein die nunmehrige Fassung ist inkorrekt, indem danach — wörtlich genommen — nur der Versuch und nicht auch die vollendete Tat strafbar wäre. Diesem Mangel ist abgeholfen, sobald man die bisherige Fassung „wer es unternimmt" beibehält und ähnlich, wie von mir oben zu § 100 vorgeschlagen ist, hinter dem Worte „wird" einschiebt: „wenn es auch nur bis zum Versuch gekommen ist".

An die Stelle des im § 81 StGB. aufgestellten Erfordernisses, daß die Handlungen „gewaltsam" vorgenommen seien, setzt der § 101 des Vorentwurfs die Vornahme „durch Gewalt oder Drohung mit Gewalt". Es werden so die Zweifel, welche der Ausdruck „gewaltsam" hervorgerufen hat, gehoben und unzweifelhaft auch die denkbaren Fälle getroffen, in welchen die Angriffe, um die es sich handelt, ohne Anwendung physischer Gewalt ausgeführt werden. Speziell für den Angriff gegen die Verfassung in Nr. 2 und gegen das Gebiet des Staats in Nr. 3 weiterzugehen und jeden „ungesetzlichen" oder „rechtswidrigen" Angriff unter Strafe zu stellen, wie dies verschiedene ausländische Gesetzgebungen tun und van Calker S. 36 vorschlägt, lehnt die Begründung S. 423 u. 425 mit Recht ab. Eine ungesetzliche Verfassungsänderung läßt sich nur durch Gewalt oder Drohung mit Gewalt erzwingen. Und die Auslieferung einer deutschen Kolonie an einen auswärtigen Staat ist, auch wenn die Kolonie von deutschen Truppen entblößt ist, ein Entreißen durch Gewalt.

In Nr. 1 ist bei dem Angriff gegen die Herrschergewalt des Staatsoberhaupts ebenso, wie bei dem Angriff auf dessen Leben in § 100 die Gleichstellung des Regenten mit Kaiser und Bundesfürst zu billigen und die Änderung der Fassung dahin zu wünschen, daß es lautet: „des Kaisers, eines Bundesfürsten und des Regenten eines Bundesstaates". Im übrigen hat der Vorentwurf die zu kasuistische und infolgedessen gefährliche Lücken zeigende Fassung des StGB. glücklich verbessert.

Zu 2 ist nicht an eine Änderung der Verfassungsurkunde, sondern an eine Änderung der durch diese, wie durch sonstige Gesetze geordneten Verfassung des Staats, und zwar der Grundlagen derselben, gedacht (Begründung S. 423), demgemäß aber im Text besser zu sagen: „Grundlagen der Verfassung". Neben der Verfassung die Thronfolge besonders aufzuführen, wie dies das StGB. tut, halte ich mit dem Vorentwurf für überflüssig.

Die Bestimmungen über die Angriffe gegen das Gebiet des Staats sind in Nr. 3 verständig gekürzt. Van Calker hält S. 37 eine ausdrückliche Erwähnung der kolonialen Schutzgebiete, wenn auch nicht für unbedingt erforderlich, so doch für zweckmäßig. Meines Erachtens durfte der Vorentwurf davon absehen. Daß zum Gebiete des Deutschen Reichs auch die deutschen Schutzgebiete gehören, ist selbstverständlich.

Das StGB. stellt in § 86 Nr. 3 beim Hochverrat auch schon die vorbereitenden Handlungen, und zwar allgemein, unter Strafe. Das deutsche Strafrecht steht damit fast ganz isoliert. Nur Österreich und Rußland haben eine gleiche Bestimmung. *Vergl. Darst.* S. 44. Der Vorentwurf hat sie in § 102 Abs. 3 beibehalten, wie dies auch der *OVE.* in § 111 Nr. 1 tut. Van Calker empfiehlt, auf die generelle Bestrafung der Vorbereitungshandlungen zum Hochverrat zu verzichten. Ich kann mich diesem Verlangen nur anschließen. Der Gesetzgeber überschreitet die Grenzen des Strafrechts, wenn er Handlungen bestraft, die noch nicht ergeben, daß der Handelnde zu der Straftat entschlossen ist und hemmt die Wirkung der durch die schwere Strafe der Tat und des Versuches gegebenen Abschreckung. Es läßt sich allerdings nicht verkennen, daß es vorbereitende Handlungen des Hochverrats gibt, welche sich dem Beginn der Ausführung der Tat bedenklich nähern und darüber keinen Zweifel lassen, daß der Handelnde den Willen zur Ausführung der Tat gefaßt hat. Allein es ist dann eben nur für derartige dem Versuche ganz nahestehende Vorbereitungshandlungen, soweit sie sich gesetzlich umschreiben lassen, eine ausnahmsweise Strafbestimmung am Platze. In dieser Weise sind denn auch alle übrigen Gesetzgebungen verfahren. Auch das StGB. wie der Vorentwurf heben solche Tatbestände dadurch besonders heraus, daß sie hierfür höhere Strafen als für hochverräterische Vorbereitungshandlungen im allgemeinen festsetzen.

Es ist dies vor allem die öffentlich oder durch Verbreitung von Schriften, Abbildungen oder Darstellungen geschehene Aufforderung zur Begehung eines hochverräterischen Verbrechens (StGB. § 85 und Vorentwurf § 102 Abs. 1), worin indes weniger eine vorbereitende Handlung, als ein Versuch der Anstiftung unbestimmter Personen zum Hochverrat zu sehen sein dürfte. Rechtsprechung und Rechtswissenschaft sind darüber einig, daß zu einer bestimmten hochverräterischen Handlung aufgefordert sein muß, und auch die Begründung erkennt dies S. 426 an. Es erscheint aber nötig, das auch im Text des Gesetzes ausdrücklich zu sagen, wie es schon zum StGB. im § 85 beschlossen war und nur durch ein Versehen unterblieben ist. (Olshausen 7. Aufl. Bd. I Note 3.)

Wenn van Calker S. 47 diese besondere Strafbestimmung für die Aufforderung zum Hochverrat als überflüssig und die allgemeinen Strafbestimmungen für die Aufforderung zu strafbaren Handlungen als ausreichend erachtet, welche in den §§ 110 und 111 StGB. und ebenso in den §§ 131 und 132 Vorentwurf enthalten sind, so dürfte das, auch wenn die Strafen der letzteren für die Aufforderungen zu hochverräterischen Handlungen erhöht würden, nicht zutreffen. Es handelt sich nicht bloß darum, wegen der Gefährlichkeit des Hochverrats eine höhere Strafe für die Aufforderung zu diesem festzusetzen, sondern der Tatbestand ist im § 102 Abs. 1 ein anderer. Der § 131 des Vorentwurfs stellt die öffentliche Aufforderung zu strafbaren Handlungen im allgemeinen ohne Richtung auf eine bestimmte geplante Handlung, der § 132 die nicht öffentliche zu einer bestimmten Strafhandlung unter Strafe. Eine öffentliche Aufforderung zu einer bestimmten Strafhandlung, gegen die sich der § 102 Abs. 1 bezüglich des Hochverrats richtet, wird bei anderen Verbrechen wohl schwerlich vorkommen, und bei ihnen wäre, wenn sie vorkäme, nicht im entferntesten eine gleiche Wirkung zu befürchten. Daß der Vorentwurf dem „Auffordern“ das „Aufreizen“ zur Seite stellt (Begr. S. 428 und 429), halte ich für gerechtfertigt, da geschickte Agitatoren in der Tat es leicht haben, unter Vermeidung einer ausdrücklichen Aufforderung ganz das Gleiche durch Aufreizung zu erreichen. Dagegen ist es meines Erachtens nicht angängig, mit dem Vorentwurf (Begr. S. 429) die Worte „vor einer Menschenmenge“ zu streichen. Gerade darin, daß die Aufforderung in Anwesenheit einer Menschenmenge geschieht, liegt ihre große Gefahr.

Die anderen vorbereitenden Handlungen, die der Vorentwurf heraushebt, sind die Verabredung eines hochverräterischen Unternehmens mit einem Anderen — das sogenannte Komplott — und die Vorbereitung eines hochverräterischen Unternehmens durch Unterhandlungen mit einer ausländischen Regierung — die sogenannte Konspiration — (§ 102 Abs. 2). Die Änderungen im Vorentwurf sind zu billigen. Die Fassung ist kürzer und besser, das Strafmaß etwas gemildert. Der Ausdruck „Unterhandlungen“ statt „Einlassen“ stellt sachgemäß einesteils den bloßen Versuch, Verhandlungen herbeizuführen, wie die erfolglose Aufforderung oder das Erbieten zu Verhandlungen straffrei und macht es anderenteils bedeutungslos, ob der erste Schritt zu den Verhandlungen von der fremden Regierung oder von dem Täter geschehen ist (Begr. S. 428). An Stelle einer „auswärtigen“ Regierung ist „ausländische“ gesetzt um klarzustellen, daß nur an hochverräterische Konspirationen mit nicht deutschen Regierungen gedacht ist. Nach der bisherigen Fassung ist in der Literatur hierüber Streit (Begr. S. 427/8, Olshausen N. 3 zu § 84). Da es undenkbar ist, daß sich eine deutsche Regierung auf solche Unterhandlungen einlassen würde, war der Streit müßig und ist die Änderung nur eine Sache des politischen Anstandes, um die Annahme, als ob der Gesetzgeber das für möglich halte, auszuschließen.

Die im § 84 StGB. weiter aufgeführten Fälle, daß jemand die ihm von dem Reiche oder einem Bundesstaate anvertraute Macht mißbraucht oder Mannschaften anwirbt oder in den Waffen einübt, sind Calkers Vorschlag gemäß als gegenwärtig von keiner erheblichen Bedeutung gestrichen (*Vergl. Darst.* S. 47, Begr. S. 428). Die Ausdehnung der Bestimmung, wonach neben Festungshaft Verlust der bekleideten öffentlichen Ämter und der aus öffentlichen Wahlen hervorgegangenen Rechte verhängt werden k a n n, auf die Aufforderung zum Hochverrat (§ 103, Begr. S. 430) ist meines Erachtens gerechtfertigt.

2. Abschnitt.

Landesverrat.

Die Bezeichnung „Landesverrat“ stammt wie die Bezeichnung „Hochverrat“ aus dem Allg. LR. II 20, wo im § 100 folgende Begriffsbestimmung gegeben ist: „Ein U n t e r t a n, wodurch der Staat gegen fremde Mächte in äußere Gefahr und Unsicherheit gesetzt wird, begeht L a n d e s v e r r ä t e r e i.“ Die Begründung definiert den Landesverrat nach van Calker *Vergl. Darst.* S. 10 Anm. 2 als „rechtswidrigen vorsätzlichen Angriff auf die Machtstellung des Deutschen Reichs oder eines Bundesstaats in seinem Verhältnis zu andern Staaten“. Auch hier weist der Ausdruck „Verrat“ auf einen Bruch des Treuverhältnisses hin, in dem der Täter zum Deutschen Reich oder dem Bundesstaat steht. Das hat hier aber keine Bedenken, da in den Fällen des Landesverrats entweder nur der Deutsche strafbar oder die Strafbarkeit des Ausländers auf den Fall beschränkt ist, daß der Ausländer die Tat im Inlande, also, wie es im § 92 StGB. heißt, unter dessen Schutz begeht.

Daß in den §§ 104 und 106 Vorentwurf die Eingangsworte der

§§ 87 und 89 StGB. „Ein Deutscher, welcher“ durch „Wer“ ersetzt sind, ist sachlich ohne Bedeutung, weil zugleich der § 91 Abs. 2 gestrichen ist und demgemäß für die Fälle dieser Paragraphen die allgemeine Bestimmung des § 3 Platz greift. Allein durch die nunmehrige Fassung des § 104 wird dessen Anwendung auf den die Tat im Deutschen Reiche begehenden Ausländer für den Fall zweifelhaft, daß der Ausländer mit seiner Regierung in Unterhandlung tritt, da diese für ihn keine „ausländische“ ist. Man wird statt dessen „nicht deutsche“ sagen müssen.

Wenn der § 104 an die Stelle der Absicht des Täters, „die ausländische Regierung zu einem Krieg gegen das Deutsche Reich zu veranlassen“, die Absicht der Herbeiführung eines solchen Krieges setzt, so erscheint das erforderlich, um die Fälle zu treffen, in welchen der Täter durch die Vermittlung eines fremden Staats einen dritten Staat zum Kriege gegen Deutschland veranlassen will. Eine fernere Fassungsänderung entspricht derjenigen in § 102 Abs. 2 und ist durch den nämlichen Grund, wie da, gerechtfertigt. Auch ist es zweckmäßig, mit dem Vorentwurf die lebenslängliche Zuchthausstrafe, welche der § 187 für den Fall vorsieht, daß der Krieg ausgebrochen ist, als Strafe für alle schweren Fälle festzusetzen. Der Ausbruch eines Krieges kann zudem nur dann einen Grund zur Strafschärfung bilden, wenn die Handlung des Täters den Ausbruch des Krieges bewirkt hat oder wenigstens mit daran schuld ist.

Die Randbezeichnung „diplomatischer Landesverrat“ gibt das Kennzeichnende des Falles nicht wieder und wird besser durch „Krieganstiftung“ ersetzt.

Zu § 105 ist die Milderung der Strafe des § 88 StGB. zu billigen, desgleichen die Strafschärfung für schwerere Fälle im allgemeinen statt bloß für den Fall, daß der Deutsche erst während des Krieges in das feindliche Heer eintritt.

An Stelle der Randbemerkung „Kriegsverrat“, welche keine klare Vorstellung des Tatbestandes weckt, dürfte besser mit dem *OVE.* § 118 „Kriegsdienst beim Feinde“ zu sagen sein.

Die Strafvorschrift des § 89 StGB. gegen denjenigen, der während eines gegen das Deutsche Reich ausgebrochenen Krieges vorsätzlich der feindlichen Macht Vorschub leistet oder unserer Kriegsmacht Nachteil zufügt, dehnt der § 106 Vorentwurf nach dem Vorgang mehrerer fremder Gesetzgebungen auf den Fall aus, daß die gleichen Handlungen in Beziehung auf einen ausgebrochenen oder drohenden Krieg gegen das Reich verübt werden. Die Erweiterung des Tatbestandes auf den Fall eines bevorstehenden Krieges erscheint zum wirksamen Schutz des Reichs geboten, da in der Tat solche Handlungen unmittelbar vor Ausbruch des Krieges erst recht von verhängnisvollen Folgen für den Krieg und damit für das Reich sein können (Begr. S. 433).

Doch dürfte es sich empfehlen, statt „in Beziehung auf einen ausgebrochenen oder drohenden Krieg gegen das Reich“ zu sagen: „während des gegen das Reich ausgebrochenen Krieges oder während der Ausbruch eines Krieges zu erwarten ist“.

Was unter dem Erfordernis, daß die Tat in Beziehung auf einen Krieg verübt sei, zu verstehen ist, kann der Rechtsprechung sehr zweifelhaft und die tatsächliche Feststellung, ob dieses Erfordernis im einzelnen Falle vorliegt, ihr recht schwierig sein. Daß ein Krieg droht, kann der Richter annehmen, wenn der Krieg noch in sehr weiter Ferne, die Gefahr, daß er ausbricht, noch sehr gering ist. Verlangt man, daß der Ausbruch des Krieges zu erwarten sei, so schiebt man die Tat in eine Zeit vor, wo die Gefahr des Krieges nähergerückt und leichter für jeden erkennbar ist.

Den Tatbestand, wie van Calker S. 81 vorschlägt und der *SchVE.* in § 196 tut, auf die bloße Gefährdung der militärischen Interessen, ohne daß es zu einer wirklichen Schädigung gekommen ist, zu erstrecken, lehnt die Begründung mit Recht ab.

Die Streichung des casnistischen § 90 und dessen Ersatz durch eine allgemeine Strafschärfung für schwerere Fälle ist ungeteilten Beifalls gewiß. An Stelle der sich auf diesen Paragraphen mitbeziehenden Randbezeichnung „Kriegsverrat“ heißt es hier besser im Anschluß an vgl. Darst. S. 57 „Begünstigung des Feindes“.

In § 107 reiht der Vorentwurf die Nichterfüllung von Lieferungsverträgen im Kriege, die das StGB. im § 329 zusammen mit der Nichterfüllung der bei einem Notstand abgeschlossenen Lieferungsverträge unter den gemeingefährlichen Verbrechen und Vergehen behandelt, in die Bestimmungen über den Landesverrat ein. Bei den gemeingefährlichen Delikten ließ sich die Strafvorschrift allerdings nicht mehr unterbringen, nachdem der Vorentwurf die Bestrafung der Nichterfüllung von Notstandslieferungsverträgen fallen gelassen hat. Allein unter den Landesverrat paßt die Strafbestimmung eben wenig. Geschieht die Nichterfüllung des Lieferungsvertrages mit dem Vorsatz, der feindlichen Macht Vorschub zu leisten oder der unseren Nachteil zuzufügen, so fällt sie, wie die Begründung S. 435 hervorhebt, als Landesverrat unter die Strafbestimmung des § 106. Hiernach handelt es sich im § 107 um eine Nichterfüllung, die ohne solchen Vorsatz, in der Regel aus Gewinnsucht oder zur Vermeidung von Verlusten, geschieht. Das ist zwar auch ein Vergehen gegen den Staat, ein Bruch des mit diesem abgeschlossenen Privatvertrages, aber kein Bruch des Treuverhältnisses zwischen Staat und Untertan und kein Angriff auf die Machtstellung des Reichs in seinem Verhältnis zu anderen Staaten. Es wird daher nichts anderes übrig bleiben, als den § 107 — eventuell unter Teilung in zwei Paragraphen — hinter dem Abschnitt Landesverrat in einem besonderen Abschnitte unterzubringen.

Die Fassungsänderungen sind zu billigen. Nur möchte, wie zum § 106 vorgeschlagen, zu sagen sein: „während eines gegen das Reich ausgebrochenen Krieges oder während der Ausbruch eines solchen Krieges zu erwarten ist“.

Ausspähung und Verrat von militärischen Geheimnissen in Beziehung auf einen gegen das Deutsche Reich ausgebrochenen oder drohenden Krieg fallen, da sie stets bestimmt sind, der feindlichen Macht Vorschub zu leisten oder unserer Nachteil zuzufügen, unter § 106 des Vorentwurfs und sind hiernach in besonders schweren Fällen mit Zuchthaus nicht unter fünf Jahren oder lebenslänglichem Zuchthaus zu bestrafen. Auf Ausspähung und Verrat von militärischen Geheimnissen, welche nicht in Beziehung auf einen gegen das Deutsche Reich ausgebrochenen oder drohenden Krieg geschehen, sowie auf Ausspähung oder Verrat von Staatsgeheimnissen, die nicht militärischer Art sind, finden die §§ 108—110 des Vorentwurfs Anwendung. In diesen Paragraphen hat der Vorentwurf den § 92 N. 1 StGB. mit den Bestimmungen des Reichsgesetzes gegen den Verrat militärischer Geheimnisse vom 3. Juli 1893 vereinigt.

Letztere, an die sich der Vorentwurf im ganzen hält, werden *Vergl. Darst.* S. 82 und Begründung S. 440 als durchdacht und wohlgelungen bezeichnet. Das trifft meines Erachtens nur insofern zu, als sie theoretisch fein ausgearbeitet sind und infolgedessen keine Lücke lassen, durch welche sich strafwürdige Handlungen der Bestrafung entziehen. Aber gerade deshalb sind sie andererseits nach der Richtung gefährlich, daß Handlungen darunter fallen, die nach allgemeinem Rechtsgefühl nichts Strafbares enthalten und deren Bestrafung der Gesetzgeber auch gar nicht im Auge gehebt hat. Zudem geben sie keine dem Leben entsprechende und dem Volke verständliche Darstellung des Tatbestandes, stellen Handlungen von sehr verschiedener Strafwürdigkeit in den nämlichen Strafrahmen und heben die tatsächlichen Momente nicht heraus, welche die Strafbemessung für die verschiedenartigen Fälle bestimmen müssen.

Nicht nur der schwerste, sondern auch der begriffsmäßig grundlegende Fall ist die im Frieden geschehende Spionage, die Ausspähung von militärischen und sonstigen Staatsgeheimnissen und der dann auch tatsächlich erfolgte Verrat der Geheimnisse. Dieser Fall, der an die Spitze der Bestimmung gehört, wird im Vorentwurf nach dem Vorgang des Reichsgesetzes gar nicht besonders aufgeführt, sondern unter allgemeine Strafbestimmungen gestellt, die zugleich weit harmlosere Handlungen umfassen. Einesteils unter Abs. 3 des § 108, welcher denjenigen mit Zuchthaus nicht unter zwei Jahren, bei mildernden Umständen mit Haft von sechs Monaten bis zu fünf Jahren bedroht, der derartige Geheimnisse in den Besitz oder zur Kenntnis eines anderen gelangen läßt, obschon er weiß, daß dadurch das Wohl, insbesondere die Sicherheit des Reichs oder eines Bundesstaats gefährdet wird. Anderenteils unter Abs. 3 des § 110, der denjenigen mit Zuchthaus bis zu zehn Jahren, bei mildernden Umständen mit Haft von drei Monaten bis zu fünf Jahren bedroht, der sich solche Gegenstände in der Absicht verschafft, davon zu einer das Wohl, insbesondere die Sicherheit des Reichs oder eines Bundesstaats gefährdenden Mitteilung an andere Gebrauch zu machen. Gefährdet kann das Wohl und die Sicherheit des Reichs durch das Sichverschaffen derartiger Nachrichten oder Gegenstände oder deren Mitteilung an andere schon in dem Falle sein, daß die Aufbewahrung der Gegenstände oder Nachrichten nicht sicher, oder derjenige, dem die Mitteilung gemacht wird, nicht zuverlässig genug ist. Das Strafmaximum ist für solche Fälle viel zu hoch, das Strafminimum dagegen für die Fälle, in welchen der Täter die Gegenstände oder Nachrichten an einen fremden Staat verrät oder verraten will, viel zu niedrig.

Die Bestimmungen der §§ 108—110 des Vorentwurfs haben auch den ferneren Fehler, daß sie gegen den Ausländer, der die Geheimnisse für seinen Staat ausspäht und an seinen Staat verrät, den gleichen Strafrahmen aufstellen wie gegen den Deutschen. Ein Deutscher, der Geheimnisse des Deutschen Reichs oder eines Bundesstaats ausspäht oder verrät und dadurch sein Vaterland in große Gefahr bringt, verdient für solche ehrlosen und ruchlosen Handlungen eine der schwersten Strafen. Und zwar auch dann, wenn der Deutsche die Tat im Frieden begeht. Ein Verrat im Frieden kann beim Feinde den Entschluß zur Unternehmung des Krieges hervorrufen oder ihm die wertvollsten Mittel zur künftigen Führung eines solchen in die Hand geben. Spionage und Verrat des Ausländers zugunsten seines Staates ist im geschädigten Staat strafbar, aber zwischen den Staaten nicht völkerrechtswidrig.

Jeder Staat spioniert gegen den andern. Spionage zugunsten des eigenen Staats ist in dessen Augen ein Verdienst und in den Augen des geschädigten Staats auf keinen Fall etwas Unehrenhaftes und muß daher geringer, insbesondere mit Haft an Stelle von Zuchthaus, bestraft werden. In gleichem Sinne van Calker, *Vergl. Darst.* S. 90 am Schluß.

Der Verrat ohne vorherige Spionage, also der Verrat von Geheimnissen, die der Verräter nicht zum Zwecke des Verrats ausgespäht oder sich verschafft hat, ist im allgemeinen weniger schuldhaft und geringer, insbesondere nicht mit lebenslänglichem Zuchthaus oder lebenslänglicher Haft, zu bestrafen. Jedoch gilt dies nicht für den Fall, daß ein deutscher Beamte die ihm amtlich anvertrauten oder zugänglichen Geheimnisse verrät.

Es folgt dann die ohne die Absicht des Verrats geschehene Mitteilung derartiger Geheimnisse und dementsprechend das ohne die Absicht des Verrates geschehene Ausspähen und Sichverschaffen derartiger Geheimnisse zur Mitteilung an andere. In beiden Fällen ist das Bewußtsein des Täters vorausgesetzt, daß durch die Mitteilung das Wohl, insbesondere die Sicherheit des Reichs gefährdet wird.

Wenn weiterhin im Abs. 1 des § 108 auch noch die vorsätzliche Mitteilung an andere gestraft wird, die ohne dieses Bewußtsein geschieht, so ist auch das im Hinblick auf die hohe Bedeutung der Güter, die durch eine solche wenn auch völlig harmlos gemachte Mitteilung in Gefahr geraten können, zu billigen.

Dagegen geht meines Erachtens die Strafbestimmung des § 110 Abs. 1 zu weit, wonach selbst jeder, der sich vorsätzlich und rechtswidrig den Besitz derartiger Geheimnisse verschafft, bestraft wird, auch wenn er deren Mitteilung an andere gar nicht beabsichtigt. Rechtswidrigkeit ist nach Begründung S. 444 nur ausgeschlossen, wenn der Täter eine besondere Befugnis hatte, sich die Geheimnisse zu verschaffen. Also auch die Sammlung solcher Nachrichten oder Gegenstände aus Neugierde oder im wissenschaftlichen Interesse ist strafbar. Dabei gibt die Begründung und ebenso Stengleins Kommentar zu den Nebengesetzen Anm. 1 u. 3 zu § 4 ausdrücklich zu, daß die Strafbestimmung auch dazu dienen soll, die Fälle zu treffen, in welchen die Absicht, von den gesammelten Nachrichten oder Gegenständen zu einer Ruhe oder Sicherheit des Reichs gefährdenden Mitteilung an andere Gebrauch zu machen, sich nicht erweisen lasse, deren Annahme aber nahe liege. Da wären wir dann glücklich wieder an der Verdachtsstrafe angelangt, der man doch in einem modernen StGB. nicht mehr begegnen sollte.

Gegen die Strafbestimmung des § 109, welche den deutschen Beamten straft, der fahrlässig Gegenstände oder Nachrichten solcher Art, die ihm amtlich anvertraut oder zugänglich sind, in einer das Wohl, insbesondere die Sicherheit des Reichs oder eines Bundesstaats gefährdenden Weise in den Besitz eines andern gelangen läßt, dürfte nichts zu erinnern, hier aber, wie in § 108 Abs. 1 statt des „in den Besitz oder zur Kenntnis eines andern gelangen lassen" ein allgemeinverständlicher, mehr aus dem Leben gegriffener Ausdruck zu wählen sein.

Gegen den § 111 des Vorentwurfs, der nach dem Vorgang des StGB. (§ 83) Verabredungen mehrerer (Komplotte) zum Zwecke der Begehung eines bestimmten Verbrechens der im § 108 Abs. 3 und § 110 Abs. 3 bezeichneten Art unter Strafe stellt, finde ich nichts zu erinnern.

Desgleichen dürfte der neue, sich an mehrere ausländische Gesetzgebungen, insbesondere an das französische Gesetz vom 18. April 1886 anlehnende § 112 als Schutz gegen das Umhertreiben von der Spionage verdächtigen Personen in der Nähe militärischer Anlagen zu billigen sein. Der das unbefugte Betreten militärischer Anstalten unter Strafe stellende Paragraph des Reichsgesetzes ist unter die Übertretungen aufgenommen (Vorentwurf § 306 Nr. 7).

Der § 113, auf den die oben bei § 104 abgelehnte Bezeichnung „diplomatischer Landesverrat" paßt, gibt die Bestimmungen des StGB. in § 92 Nr. 2 u. 3 über landesverräterische Beweisvernichtung und Untreue wieder. Die Fassungsänderungen wie die Strafmilderung sind gerechtfertigt.

Die Vorschrift des § 93 StGB., die bei Untersuchungen gegen Hochverrat und Landesverrat die Beschlagnahme des Vermögens des Beschuldigten für zulässig erklärt, hat der Vorentwurf als in die StPO. gehörig nicht aufgenommen. Dagegen führt er im § 114 Abs. 1 die Fälle des Landesverrats auf, in welchen neben Haft oder Gefängnisstrafe von mindestens sechs Monaten auf den Verlust der bekleideten öffentlichen Ämter sowie der aus öffentlichen Wahlen hervorgegangenen Rechte erkannt werden kann. Es ist auffallend, daß sich darunter nicht auch der § 113 befindet.

Der § 53 des Vorentwurfs läßt die Beschränkung des Aufenthalts an bestimmten Orten für Verurteilte, deren Aufenthalt an diesen Orten mit einer besonderen Gefahr für einen andern oder für die öffentliche Sicherheit verbunden sein würde, neben der Zuchthausstrafe stets, neben mindestens einjähriger Gefängnisstrafe dagegen nur in den vom Gesetze besonders bestimmten Fällen zu. Mit Rücksicht hierauf bestimmt der Abs. 2 des § 114, daß die Beschränkung des Aufenthalts bei dem aus § 111 Abs. 1 strafbaren Komplott der Spionage und des Verrats Anwendung finden, was durchaus angebracht ist.

---

3. Abschnitt.

Verbrechen und Vergehen gegen die Unverletzlichkeit des Staatsoberhaupts.

Die Überschrift dieses Abschnitts, der die Strafbestimmungen für Tätlichkeiten und Beleidigungen gegen das Staatsoberhaupt und dessen Familie enthält, dürfte vom Volke nicht verstanden werden. „Unverletzlich“ nennt der Sprachgebrauch des Volkes denjenigen, der nicht verletzt werden kann. Die Bezeichnung als „unverletzlich“ für denjenigen, der nicht verletzt werden darf und die Anwendung des Wortes „Unverletzlichkeit“ im Sinne von „Unversehrtheit“ (Integrität) ist nicht allgemein gebräuchlich und verständlich. Es empfiehlt sich, den Abschnitt zu überschreiben „Tätlichkeiten und Beleidigungen gegen das Staatsoberhaupt und seine Familie“.

Daß das Ansehen und die Würde, die mit der Ausübung der höchsten Gewalt verbunden sind und in staatlichem Interesse unversehrt erhalten werden müssen, es nicht zulassen, Tätlichkeiten und Beleidigungen des Staatsoberhauptes ebenso zu behandeln wie die Tätlichkeiten und Beleidigungen anderer Personen, ist unbestreitbar und in den Strafgesetzgebungen aller monarchischer Staaten anerkannt (Begr. S. 450).

Die Unterscheidung zwischen den Tätlichkeiten und Beleidigungen gegen den eigenen Landesherrn und denjenigen gegen andere Bundesfürsten und den Regenten eines Bundesstaats läßt der Vorentwurf wie beim Hochverrat und aus den nämlichen Gründen fallen. Auch hier würde ich statt „gegen den Kaiser oder einen andern Bundesfürsten oder gegen den Regenten“ sagen: „gegen den Kaiser, einen Bundesfürsten oder den Regenten“.

Unter Tätlichkeiten sind im § 115 Vorentwurf wie in den §§ 96, 98 und 100 StGB. sowohl Körperverletzungen als Realinjurien verstanden. Die Strafen sind gemildert. Es ist das wegen der nunmehrigen Gleichstellung sämtlicher Bundesfürsten mit dem Kaiser und dem eigenen Landesherrn und mit Rücksicht darauf angezeigt, daß die Tätlichkeiten, durch welche der Herrscher an der Ausübung der Herrschergewalt gehindert werden soll, hier als unter den Hochverrat (§ 101 Nr. 1) fallend ausscheiden. Bei den Tätlichkeiten gegen das Staatsoberhaupt ist, weil dadurch stets nicht nur die Person des Herrschers, sondern auch seine Würde und in ihr die Autorität des Staats, wie nicht minder das Nationalgefühl des Volkes auf das schwerste verletzt wird, ein Strafantrag nicht zu fordern, wie es im allgemeinen die §§ 233 Abs. 1 und § 264 Abs. 1 Vorentwurf für Körperverletzungen und Beleidigungen tun. Der Vorentwurf hat dies nicht ausdrücklich ausgesprochen; es dürfte aber von selbst daraus folgen, daß die Körperverletzungen und Realinjurien gegen das Staatsoberhaupt unter der zusammenfassenden Bezeichnung: „Tätlichkeiten gegen das Staatsoberhaupt" als ein besonderes Delikt aufgestellt worden sind.

Bezüglich der Beleidigung des Staatsoberhaupts — Majestätsbeleidigung — hat der § 116 des Vorentwurfs im großen Ganzen die Vorschriften des am 17. Februar 1908 ergangenen Reichsgesetzes (RGB. S. 25) angenommen. Man hat laut Begr. S. 453 keinen Anlaß gefunden, von diesem erst ganz kürzlich zustande gekommenen Willensausdrucke der gesetzgebenden Faktoren im Reiche abzugehen. Ich vermag dem nicht zuzustimmen, halte vielmehr eine eingehende Prüfung der Fassung, welche gedachtes Gesetz dem § 95 StGB. gegeben hat, für um so nötiger, als die Motive dieses Gesetzes ausdrücklich die Frage, wie weit die Bestrafung der Majestätsbeleidigung einer grundsätzlichen Neuregelung zu unterziehen ist, der bereits eingeleiteten allgemeinen Revision des StGB. vorbehalten (RtStenB. XII. Legislativperiode I. Session Anl. B. 241 Nr. 348 S. 1959). Zudem hat zwar das Bestreben des Reichsgesetzes, die Strafverfolgungen wegen Majestätsbeleidigung einzuschränken, allseitig Anerkennung, die Art, wie das RG. diese Beschränkung zu erreichen sucht, aber vielfach Widerspruch gefunden.

Die Bestimmungen des StGB. über die Majestätsbeleidigung hatten in manchen Fällen zu Strafurteilen geführt, die dem allgemeinen Rechtsbewußtsein nicht entsprachen. Indem das StGB. als Majestätsbeleidigung jede Äußerung unter Strafe stellte, die einen beleidigenden Inhalt hat, nötigte es in Verbindung mit dem das Strafverfahren beherrschenden Legalitätsprinzip zur strafrechtlichen Ahndung auch in solchen — keineswegs seltenen — Fällen, in denen die Bestrafung weder durch das Staatsinteresse, noch auch durch die Rücksicht auf die beleidigte fürstliche Person gefordert wurde. Insbesondere trat immer mehr der Mißstand hervor, daß die verhältnismäßig hohen Strafen der Majestätsbeleidigung auch gegen Personen verhängt werden mußten, welche die beleidigende

Äußerung ohne das volle Bewußtsein von ihrer Tragweite getan hatten. Diese Erwägungen gaben Anlaß zu den Kaiserlichen Erlassen vom 27. Januar und 25. Februar 1907, durch welche für Preußen und Elsaß-Lothringen Anordnungen über die Handhabung des landesherrlichen Begnadigungsrechts bei Majestätsbeleidigung getroffen wurden und führten weiterhin zu dem Entwurf des Reichsgesetzes über die Bestrafung der Majestätsbeleidigung. Nach den Allerhöchsten Erlassen soll keine Begnadigung eintreten, wenn die Täter sich der Beleidigung mit Vorbedacht und in böser Absicht und nicht bloß aus Unverstand, Unbesonnenheit und Übertreibung oder sonst ohne bösen Willen schuldig gemacht haben. Nach dem Entwurf sollte die Majestätsbeleidigung einesteils nur dann strafbar sein, wenn sie böswillig und mit Vorbedacht begangen wurde und andernteils die Verfolgung, sofern die Beleidigung nicht öffentlich begangen ist, nur mit Genehmigung der Landesjustizverwaltung eintreten. Auch sollte, um von vornherein den unlautern Machenschaften den Boden zu entziehen, zu denen nicht selten die Kenntnis einer schon vor langer Zeit begangenen Majestätsbeleidigung Gelegenheit biete, die Verjährungszeit für die Verfolgung einer Majestätsbeleidigung, die gemäß der allgemeinen Vorschrift des § 67 StGB. fünf Jahre betrug, auf die Dauer von sechs Monaten herabgesetzt werden, welche für Preßvergehen und damit auch für Majestätsbeleidigung durch die Presse gilt. In der Kommission, wie im Plenum des Reichstags (RT.Verh.B. 230 S. 2594 und 2668) fand die Verkürzung der Verjährungszeit allgemeinen, die Abhängigmachung der Verfolgung nichtöffentlicher Majestätsbeleidigungen von der Genehmigung der Landesjustizverwaltung keinen Beifall. Was die Beschränkung der Strafbarkeit betrifft, so stieß die Fassung des Entwurfs vielfach auf Bedenken. Man erachtete die Qualifizierung einer Beleidigung als „böswillig und mit Vorbedacht begangen“ für zu unbestimmt und schlug eine Reihe anderer Fassungen vor. Schließlich wandelte man „Vorbedacht“ in „Überlegung“ um und fügte „die Absicht der Ehrverletzung“ hinzu, nicht ohne daß auch diese Fassung als wenig befriedigend angesehen wurde. In der Tat ist diese vom Vorentwurf beibehaltene Fassung in der Rechtsprechung schlecht verwendbar; einerseits wegen des Unbestimmten und Schwankenden der aufgestellten Merkmale und andererseits deshalb, weil es sich dabei um Willensrichtungen des Täters handelt, die sich im einzelnen Falle schwer feststellen lassen. Was sich für die Entscheidung, ob der Täter zu begnadigen sei, recht gut eignen mag, ist darum nicht auch für die Beurteilung der Schuld durch den Richter brauchbar.

Ist hiernach die von dem Vorentwurf nach dem Vorgang des Reichsgesetzes aufgestellte Unterscheidung von Beleidigungen des Staatsoberhaupts, die in der Absicht der Ehrverletzung böswillig und mit Überlegung begangen sind, keine glückliche, so ist überdies auch die Bedeutung, die Reichsgesetz und Vorentwurf dieser Unterscheidung beilegen, eine viel zu große. Bekanntlich war es nach der ursprünglichen Fassung des StGB. eine Zeit lang streitig, ob die Majestätsbeleidigung nur ein qualifizierter — höher bestrafter — Fall des allgemeinen Vergehens der Beleidigung oder ein besonderes Delikt sei. Ersterenfalls waren auf sie die allgemeinen Vorschriften über Beleidigung anzuwenden. Insbesondere war dann zur Verfolgung der Majestätsbeleidigung ein Strafantrag des beleidigten Staatsoberhaupts erforderlich, bei ihrer Aburteilung der Beweis der Wahrheit, die Berufung auf ein rechtliches Interesse und die Aufrechnung wechselseitiger Beleidigungen zulässig. Die Rechtsprechung hatte sich schließlich dahin festgestellt, daß die Majestätsbeleidigung ein besonderes Delikt bilde und demgemäß gedachte allgemeine Vorschriften über Beleidigungen nicht darauf anwendbar seien (Olshausen B. I N. 7 zu § 95). Das Reichsgesetz und der Vorentwurf belassen nur denjenigen Beleidigungen eines Staatsoberhaupts, die in der Absicht der Ehrverletzung böswillig und mit Überlegung begangen werden, als Majestätsbeleidigungen die Eigenschaft eines besonderen Delikts, unterwerfen dagegen diejenigen Beleidigungen eines Staatsoberhaupts, bei welchen diese Merkmale nicht zutreffen, den allgemeinen Vorschriften über Beleidigungen. Bezüglich der Aufrechnung bei wechselseitigen Beleidigungen besteht in diesem Punkte ein Unterschied zwischen Vorentwurf und Reichsgesetz, indem der Vorentwurf die Aufrechnung wechselseitiger Beleidigungen überhaupt fallen läßt (Begr. S. 720). Eigentümlicherweise haben Reichsgesetz und Vorentwurf auch die kürzere — sechsmonatige — Verjährungszeit nur für diese schwereren — unter den Begriff der Majestätsbeleidigung gebrachten — Fälle der Beleidigung eines Staatsoberhaupts aufgestellt. Dadurch, daß der Vorentwurf am Schluß des § 116 den Absatz 2 mit aufführt, läßt er in diesen schweren Fällen nach Ablauf der sechsmonatigen Verjährungszeit die Aburteilung auf Grund der allgemeinen, eine längere Verjährungszeit aufstellenden Bestimmungen über Beleidigungen zu. Diese in der Begründung weder motivierte, noch auch nur hervorgehobene Änderung des Reichsgesetzes dürfte auf keinen Fall zu billigen sein.

Meines Erachtens geht es aber überhaupt nicht an, lediglich nach der Schwere der subjektiven Verschuldung einen Unterschied zwischen den Beleidigungen eines Staatsoberhaupts mit der Wirkung zu machen, daß die Fälle von schwererer subjektiver Verschuldung ein anderes Delikt bilden als die übrigen Fälle. Die verschiedenen Delikte müssen sich nach dem verschiedenen objektiven Tatbestand unterscheiden. Die schwereren Grade der subjektiven Schuld können nur eine für die Höhe der Strafe maßgebende Qualifikation des nämlichen Delikts bilden. So ist es auch bei allen sonstigen Delikten geordnet.

Will man aus den Beleidigungen eines Staatsoberhaupts nach dem objektiven Tatbestand zwei verschiedene Delikte bilden, so könnte das nur in der Weise geschehen, daß man, wie van Calker S. 93 und 108—112 unter Bezugnahme auf mehrere andere anerkannte Strafrechtslehrer vorschlägt, unterscheidet: als einen qualifizierten strafschärfenden Fall des allgemeinen Vergehens der Beleidigung die gegen die Ehre des Fürsten als Privatmann gerichtete Beleidigung und als besonderes schwereres Delikt die gegen seine Würde als Träger der Staatsgewalt gerichtete Majestätsbeleidigung. Ich muß mich auch gegen eine derartige Unterscheidung und entsprechende verschiedene Behandlung der Beleidigungen eines Staatsoberhaupts aussprechen. Eine Beleidigung des Staatsoberhaupts als Privatmann trifft in der Person des Fürsten stets zugleich auch seine Würde als Herrscher und kann den Staat wie das Nationalgefühl des Volkes unter Umständen auf das Schwerste verletzen. Der Beweis der Wahrheit und die Berufung auf ein berechtigtes Interesse muß in beiden Fällen ausgeschlossen sein. Zudem wird meist sehr schwer im praktischen Leben festzustellen sein, ob sich die Beleidigungen eines Landesherrn lediglich gegen ihn als Privatmann oder zugleich gegen seine Würde als Herrscher richten. Endlich kann im einzelnen Falle eine gegen die Handlungen des Staatsoberhaupts als Herrscher oder gegen seine politische Anschauung gerichtete Beleidigung weit weniger strafbar erscheinen als eine gegen die Person des Herrschers gerichtete Beleidigung, auch deren Verfolgung als weit weniger geboten oder selbst dem Staatsinteresse zuwiderlaufend erscheinen. Die dringend wünschenswerte Verminderung der Verfolgungen von Majestätsbeleidigungen muß meines Dafürhaltens außer durch die allgemeine Kürzung der Verjährungszeit auf dem Wege erzielt werden, daß die Verfolgung von einer Vorprüfung der Umstände des einzelnen Falles abhängig gemacht wird. Jedoch nicht, indem man zur Verfolgung, wie bei der Beleidigung der Privatpersonen, einen Strafantrag des Beleidigten verlangt: es ist kränkend für den Landesfürsten, wenn ihm zu seiner Entschließung über Stellung des Strafantrages von allen gegen ihn ausgestoßenen Beleidigungen Mitteilung gemacht wird und es ist bloßstellend für ihn, wenn dem Beleidiger mitgeteilt wird, daß in seinem Falle der Fürst die Verfolgung verlangt habe. Das Richtige dürfte sein, die Stellung des Strafantrages in die Hand einer Staatsbehörde zu legen, die sich nach Lage des einzelnen Falles und gemäß den ihr bekannten allgemeinen Intentionen des Staatsoberhaupts entscheidet. In gleichem Sinne hatte früher eine ganze Reihe deutscher Staaten Bestimmung getroffen (*Vergl. Darst.* S. 98). Als solche würde ich nach dem Vorgange der meisten dieser Staaten die höchste Behörde der Justizverwaltung wählen, und zwar des Landes, dessen Landesherr der Beleidigte ist. Auch der Entwurf des Reichsgesetzes vom 17. Februar 1908 hatte, wie schon erwähnt, für die Verfolgung öffentlicher Beleidigungen des Staatsoberhauptes die Genehmigung der Landesjustizverwaltung verlangt. Im Reichstag ist diese Bestimmung anscheinend deshalb abgelehnt worden, weil man fürchtete, die Gerichte könnten infolge der Genehmigung der ihnen vorgesetzten höchsten Behörde zur Verurteilung neigen. Diese Befürchtung dürfte kaum ernst zu nehmen sein, zumal die Sache in der Verhandlung oft ein ganz anderes Aussehen gewinnen wird, als sie bei Genehmigung der Verfolgung hatte. Dabei muß übrigens bestimmt werden, daß der Antrag zurückgenommen werden kann.

Was bezüglich der Tätlichkeiten und Beleidigungen gegen das Staatsoberhaupt gilt, muß ebenso auch bezüglich der Tätlichkeiten und Beleidigungen gegen die Mitglieder seines Hauses gelten. Mit Recht heißt es S. 450 der Begr., daß sich im monarchischen Staat das Ansehen des Herrschers auf seine Familie übertrage und die diesen zugefügten Tätlichkeiten und Beleidigungen unmittelbar auch den Herrscher träfen. Nur muß der Strafrahmen hier niedriger sein.

4. Abschnitt.

Verbrechen und Vergehen in Beziehung auf die Ausübung staatsbürgerlicher Rechte.

Dieser 4. Abschnitt des Vorentwurfs enthält in den §§ 118 bis 122 die Strafbestimmungen, welche das StGB. im 5. Abschnitt §§ 105—109 unter der gleichen Überschrift gibt, während der 4. Abschnitt des StGB. „feindliche Handlungen gegen befreundete

Staaten" §§ 102—104 im Vorentwurf als 5. Abschnitt hinter den 4. Abschnitt gestellt ist. Die Umstellung dürfte unzweckmäßig sein, da der 4. Abschnitt des StGB. nur solche Strafhandlungen gegen auswärtige Staaten betrifft, die als Strafhandlungen gegen das Reich und deutsche Staaten in den Abschnitten 1 und 3 mit Strafe bedroht sind, sich aber auf kein Verbrechen oder Vergehen bezieht, das im 5. Abschnitt des StGB. aufgeführt ist.

Der § 105 StGB. umfaßt die Handlungen, durch welche gesetzgebende Versammlungen an der Ausübung ihrer Befugnisse gehindert werden und zugleich eine Art der Hinderung von Mitgliedern solcher Versammlungen an der Ausübung ihrer Befugnisse — die gewaltsame Entfernung von Mitgliedern aus der Versammlung. Der § 106 bestraft die übrigen Hinderungen der Mitglieder an ihrer Tätigkeit. Die Strafen des § 105 sind weit höher als die des § 106. Daß der § 118 des Vorentwurfs sämtliche Arten der Hinderungen von Mitgliedern gesetzgebender Versammlungen an ihrer Tätigkeit zusammenfaßt und unter das gleiche Strafmaß stellt, ist zu billigen. Dagegen halte ich die Zusammenfassung der Hinderung von gesetzgebenden Versammlungen und der Hinderung von Mitgliedern solcher Versammlungen in einem Paragraphen und dem nämlichen Strafrahmen für ungerechtfertigt, bin vielmehr der Ansicht, daß erstere als hochverräterische Handlung in den § 101 des Vorentwurfs gehört und die in diesem vorgesehene Strafe von lebenslänglichem Zuchthaus oder lebenslänglicher Haft, bei mildernden Umständen von Zuchthaus oder Haft nicht unter fünf Jahren verdient. Der gegen ein Mitglied angewandte Zwang ist zwar mittelbar auch ein solcher gegen die Versammlung (Begr. S. 455), aber er ist nicht auf eine Hinderung der Versammlung an ihrer verfassungsmäßigen Tätigkeit, sondern nur darauf gerichtet, das einzelne Mitglied an seinem Mitarbeiten in der Versammlung zu hindern, deren Fortarbeiten der Täter voraussetzt. Ein Staatsstreich, der die gesetzgebende Versammlung an der Ausübung ihrer verfassungsmäßigen Tätigkeit hindert, ist mit dem Attentat, das den Kaiser oder den Landesherrn an der Ausübung der Herrschergewalt hindert, nicht nur verwandt, sondern ein Gegenstück zu ihm, und beide Angriffe auf den Staat sind unter Umständen gleich gefährlich und gleich strafwürdig. Eine grundsätzliche Verschiedenheit, wie die Begr. S. 456 meint, ist zwischen ihnen nicht vorhanden.

Die kasuistische Gestaltung der §§ 105 und 106 hat der Vorentwurf im § 118 zweckmäßig nach dem Vorschlag von Mayer, *Vergl. Darst.* S. 275 und in Anlehnung an das norwegische und das italienische StGB. durch eine allgemeine Fassung ersetzt, welche die Hinderung einer gesetzgebenden Versammlung oder ihrer Mitglieder an der freien Ausübung ihrer Befugnisse bestraft. Als Strafrahmen im § 118 genügt, wenn man meinem Vorschlag gemäß die Hinderung gesetzgebender Versammlungen als Hochverrat ausscheidet, der Strafrahmen des § 106 StGB.

Daß der Vorentwurf bei den Hinderungsmitteln an Stelle der „Bedrohung mit einer strafbaren Handlung“ die „Bedrohung mit Gewalt“ setzt, ist gleichfalls zu billigen.

Wegen des Zweifels, ob der Begriff des „Unternehmens“ einesteils den Versuch mitumfaßt und anderenteils nicht weiter hinuntergeht, ist, wie im § 101, eine Änderung der Fassung zweckmäßig. Es muß aber meinem Vorschlag zu § 101 gemäß, damit auch die vollendete Tat von der Strafbestimmung umfaßt werde, statt: „wer versucht, — wird bestraft“ gesagt werden: „Wer unternimmt, — wird, auch wenn es nur bis zum Versuch gekommen ist, bestraft“.

Mit Recht sieht der Vorentwurf davon ab, neben den gesetzgebenden Versammlungen noch besonders, wie es die §§ 105 und 106 StGB. tun, die Senate und Bürgerschaften der freien Hansestädte aufzuführen. Die Begr. meint S. 455 Anm. 1: Da letztere durch ihr Zusammenwirken Gesetze zu beschließen hätten, seien sie als gesetzgebende Versammlungen anzusehen. Das dürfte zwar bei den Senaten, soweit sie als Verwaltungsbehörden tätig sind, nicht zutreffen, in solchen Fällen aber ein weiterer Schutz, als er für sie in den allgemeinen Strafbestimmungen und dem für Behörden geltenden § 114 StGB. und § 129 Vorentwurf gegeben ist, nicht erforderlich sein.

Auch darin ist dem Vorentwurf beizupflichten, daß er es a. a. O. ablehnt, die Bestimmung, wie Mayer S. 296 und 301 nach dem Vorgang der Niederlande vorschlägt, auf andere politische Körperschaften, insbesondere die Gemeindevertretungen, auszudehnen.

Die verhältnismäßig schweren Strafandrohungen des Paragraphen sind in der Tat nur bezüglich der gesetzgebenden Versammlungen gerechtfertigt, die doch von viel höherer staatlicher Bedeutung sind. Auch ist die Gefahr, daß „in Zeiten politischer Erregung Angriffe auf Gemeindevertretungen erfolgen“, lange nicht so groß wie bei den gesetzgebenden Versammlungen und, was die Begr. mit Recht geltend macht, bisher für die Gemeindevertretungen das Bedürfnis nach einem stärkeren Schutz, als er ihnen durch die allgemeinen Strafbestimmungen gewährt ist, nicht hervorgetreten. Dagegen erstreckt der § 119 des Vorentwurfs die Strafbestimmung gegen die Hinderung eines Wahlberechtigten nicht nur auf die Wahlen zu einer gesetzgebenden Versammlung, sondern ausdrücklich auch auf die Wahlen zu anderen politischen Körperschaften. Bei § 107 StGB., soweit er die Hinderung, in Ausübung der staatsbürgerlichen Rechte zu wählen, unter Strafe stellt, ist dies streitig. Der Ausdruck „politische Körperschaft" kommt schon jetzt im § 197 StGB. vor. Olshausen N. 2 versteht darunter im Anschluß an RG. III 14. Dez. 1882 E. 7. 382 eine Mehrheit von Personen, die, ohne Behörde zu sein, in einer vom Reichs- oder Staatsrecht anerkannten Weise für Rechts- oder Staatszwecke tätig ist, und schließt die Gemeindevertretungen ein, die kirchlichen Körperschaften aus. Die Begr. S. 254 tritt für den § 119 dieser Auslegung bei. Daß aber der Begriff feststehe und es für die Rechtsprechung keiner besonderen Richtschnur bedürfe, vermag ich nicht zuzugeben und erachte es demgemäß als geboten, hier oder im § 12 eine Bestimmung des Begriffs aufzunehmen oder besser, da es sich nur um die Gemeindevertretungen handelt, im § 119 diese Bezeichnung statt „andere politische Körperschaften" anzuwenden. Daß die Gemeindewahlen, ebenso wohl wie die Wahlen zu gesetzgebenden Versammlungen, des Schutzes bedürfen, ist meines Erachtens zuzugeben.

Der § 119 spricht mit Recht von der Hinderung an der freien Ausübung des Wahlrechts statt von der Hinderung zu wählen, damit — was nach der jetzigen Fassung des § 107 zweifelhaft ist (Olshausen Nr. 3 und 4, Mayer S. 278) — auch die Hinderung eines Wahlberechtigten, sich der Wahl zu enthalten oder in einem bestimmten Sinne zu wählen, unter den Paragraphen fällt.

Daß der § 119 nur „deutsche Körperschaften" im Auge hat, folgt aus seinem Zusammenhang mit § 118, wo dies ausdrücklich gesagt ist. Deshalb durfte der Vorentwurf es für unnötig halten, als das Objekt der Straftat einen Deutschen zu bezeichnen.

Wenn der Vorentwurf den Versuch der Hinderung eines Wahlberechtigten nicht bloß wie § 107 StGB. bestraft, sondern der vollendeten Tat gleichstellt, so vermag ich dieser Änderung nicht zuzustimmen. Die Hinderung eines zu einer gesetzgebenden Versammlung oder einer Gemeindevertretung Wahlberechtigten an der Ausübung seines Wahlrechts im § 119 ist keineswegs mit der Hinderung des Mitglieds einer gesetzgebenden Versammlung an der Ausübung seiner Befugnisse so nahe verwandt, daß der Versuch in beiden Fällen gleich bewertet werden müßte. Die Tätigkeit des Mitglieds einer gesetzgebenden Versammlung ist viel bedeutender und weit mehr eines Schutzes bedürftig, als die eines Wählers zu einer solchen Versammlung, wie denn auch das Strafmaß ein weit höheres ist.

Neben der Wahlhinderung durch Gewalt oder Bedrohung mit einer strafbaren Handlung ist nach dem StGB. auch die Wahlhinderung seitens eines Beamten durch Mißbrauch oder Androhung eines Mißbrauchs der Amtsgewalt strafbar, und zwar gilt dafür gemäß § 339 Abs. 3 die gleiche Strafe. Der Vorentwurf hat diesen Paragraph zwar gestrichen (Begr. S. 617), aber durch die weitere Fassung des Begriffs der „Nötigung" einen derartigen Amtsmißbrauch unter die für diese bestimmte Strafe gebracht.

Auf die Wahlhinderung im § 107 StGB. folgt im § 108 die Wahlfälschung. Dieser Paragraph trifft, wie Mayer, *Vergl. Darst.* S. 282 und in seiner Abhandlung über „Bekämpfung der Wahlumtriebe durch das Strafrecht" S. 15/16 (Zeitschrift für Politik von Schmidt und Grabowsky 1909) hervorhebt, die Strafhandlung in einem zu späten Stadium, indem er nur die vollendete Fälschung bestraft. Wird z. B. ein Wahlberechtigter, der im Begriff ist, vorsätzlich zwei Zettel in die Urne zu legen, von dem Wahlleiter erwischt und daran gehindert, so ist er straflos. Ist es ihm gelungen, so wird sich regelmäßig der Täter nicht mehr entdecken und überführen lassen. Der Vorentwurf hat dem Vorschlage von Mayer gemäß diesem Fehler im § 120 dadurch abgeholfen, daß er den Versuch für strafbar erklärt.

Auch die übrigen Verbesserungen der Fassung, die gleichfalls Vorschlägen von Mayer entsprechen, sind durchaus gerechtfertigt. Einmal ist die Wahlfälschung seitens einer Person, die mit der Sammlung der Wahl- oder Stimmzettel oder mit Beurkundung der Wahlhandlung beauftragt war, als der schwerere Fall sachgemäß an die zweite Stelle gerückt und dann diese kasuistische Aufzählung der möglichen Täter des schwereren Falls durch eine zutreffende allgemeine Bezeichnung ersetzt.

Den gleichen Fehler, wie der § 108 StGB. bei der Wahlfälschung, enthält der § 109 bei Kauf und Verkauf von Wahlstimmen. Auch hier ist nach der Fassung des Paragraphen nur die vollendete Fälschung strafbar. Mit vollem Recht führt Mayer, *Vergl. Darst.* S. 347 und Abhandlung S. 15 aus, daß hiernach derjenige, der auf Stimmenverkauf ausgehe, nichts riskiere, da er entweder einer Weigerung begegne, die ihm Straflosigkeit sichere, oder einer Zustimmung, die den Zustimmenden zum Mitschuldigen mache und daher dessen Verschwiegenheit verbürge. Nach Mayers Vorschlag hat der § 121 des Vorentwurfs in Übereinstimmung mit der großen Mehrzahl der ausländischen Strafgesetze das Vergehen als „Wahlbestechung“ und zwar derartig ausgestaltet, daß einesteils wegen aktiver Wahlbestechung derjenige, der einen Wahlberechtigten für die Ausübung seines Wahlrechts Geschenke oder andere Vorteile gewährt oder verspricht, auch wenn der Wahlberechtigte sie nicht annimmt, und andernteils wegen passiver der Wahlberechtigte bestraft wird, der die Geschenke und Vorteile annimmt oder sich versprechen läßt. Dagegen ist der Vorentwurf nicht dem weiteren Vorschlage von Mayer beigetreten, wonach bei der aktiven Wahlbestechung, wie bei der aktiven Beamtenbestechung nach § 333 StGB. und § 197 Abs. 2 Vorentwurfs auch das bloße Anbieten von Geschenken oder Vorteilen bestraft werden soll. Meines Erachtens mit Unrecht. Derjenige, der eine Wahlstimme kaufen will, wird vorsichtigerweise mit einem Angebot anfangen, und sich, wenn er bei dem Wahlberechtigten kein Entgegenkommen findet, zurückziehen. Er ist dann, mag auch der Wahlberechtigte Anzeige davon machen, nach der Fassung des § 121 Vorentwurfs straflos. Geht der Wahlberechtigte auf das Angebot ein und nimmt das Geschenk oder das Versprechen des Geschenks an, so sind allerdings beide Personen strafbar, werden aber regelmäßig mangels eines straflosen Mitwissers nicht zur Anzeige und Bestrafung gelangen. Will man der Wahlbestechung wirksam zu Leibe gehen, so muß man, wie bei der Beamtenbestechung, schon das Anbieten von Geschenken oder Vorteilen bestrafen. Wenn die Begr. S. 459 geltend macht, daß es sich bei der Wahlbestechung nur um ein Recht, das nach freiem Belieben ausgeübt oder nicht ausgeübt werden könne, handele, so trifft dies nicht zu. Der Wahlberechtigte hat das ihm vom Staate übertragene Wahlrecht nicht nach freiem Belieben, sondern dann und so auszuüben, wie es gemäß seiner gewissenhaften Überzeugung für das Wohl des Ganzen das Beste ist. Tut er das nicht, so verletzt er seine Pflicht als Wahlberechtigter, und diese Pflicht ist ebensowohl eine Pflicht des öffentlichen Rechts, wie die Amtspflichten eines Beamten. Freilich bestraft das HGB. im § 317 Abs. 2 bei Abstimmungen in den Generalversammlungen von Aktiengesellschaften nur denjenigen wegen aktiver Bestechung, der Vorteile dafür gewährt oder verspricht, daß jemand in einem gewissen Sinne stimme, oder an der Abstimmung nicht teilnehme, und läßt das Anbieten ohne Strafe. Allein da handelt es sich nur um die Verletzung einer privatrechtlichen Pflicht und können auch durch die Verletzung nur Privatinteressen geschädigt werden. Daß der Vorentwurf im § 121 Abs. 2 unter das Vergehen der passiven Wahlbestechung neben dem Annehmen oder sich Versprechenlassen nicht auch, wie es bei der passiven Beamtenbestechung im § 332 StGB. und § 197 Abs. 1 Vorentwurfs geschieht, das Fordern von Geschenken oder Vorteilen bringt, ist meines Dafürhaltens zu billigen. Dazu fehlt es an einem Bedürfnis. Die Wahlbestechung eines einzelnen Wahlberechtigten hat für das Ergebnis der Wahl wohl selten Bedeutung und es wird sich ein einzelner nur dann melden und ein Geschenk für die Ausübung seines Wahlrechts fordern, wenn er schon weiß, daß die andere Seite Wahlstimmen zu kaufen bereit ist.

Ebenso beschränkt der Vorentwurf die Strafdrohung mit Recht auf den Fall, daß die Vorteile für eine zukünftige Wahl gewährt sind. Nachträgliche Beschenkung für die geschehene Ausübung eines Wahlrechts ist nur dann als Wahlbestechung zu bestrafen, wenn aus den Umständen zu ersehen ist, daß sie vor der Wahl stillschweigend versprochen war. Hier liegt die Sache bei dem Beamten anders, der eine dauernde Amtsstellung inne hat und vielleicht sehr bald wieder in die Lage kommt, dem Schenkgeber unter Verletzung seiner Amtspflichten gefällig zu sein.

Das neue Erfordernis, daß die Vorteile als Entgelt für eine Ausübung des Wahlrechts gemeint sein müsse, sichert gegen die Anwendung der Strafbestimmung auf bloße ganz unbedeutende Leistungen, welche nicht für die Ausübung des Wahlrechts bestimmend sein konnten und sollten. Nach einer weiteren Anregung von Mayer (*Vergl. Darst.* S. 344 und 347 und Abhandlung S. 15) soll die Strafbestimmung auch auf den Fall, daß jemand zur Vornahme von Wahlbestechungen gedungen wird, ausgedehnt und der Dingende wie der Gedungene bestraft werden, auch wenn es nicht bis zu einer Wahlbestechung gekommen ist. Ich trete dem durchaus bei. Die Ausführungen, mit welchen der Vorentwurf (Begr. S. 400 unten) diese Anregung zurückweist, treffen den Fall nicht. Allerdings wird eine solche Dingung eines Wahlbestechungsagenten sich selten nachweisen lassen. Allein, wenn sie — wie etwa bei späteren Streitigkeiten zwischen beiden Personen — nachgewiesen wird, erscheint eine Bestrafung im öffentlichen Interesse dringend geboten.

An einer Strafbestimmung gegen Wahlstörung fehlt es uns bis jetzt. Der § 122 des Vorentwurfs füllt die Lücke nach dem Vorgang des niederländischen StGB. und des *SchVE.* in zweckmäßiger Weise aus. Insbesondere ist es auch unzweifelhaft richtig, daß bei Verhinderung oder Vereitelung einer Wahlhandlung der Versuch der vollendeten Tat gleichgestellt wird. Nur muß die Fassung, wie in den übrigen Strafbestimmungen, die Versuch und vollendete Tat gleichstellen, so lauten, daß die vollendete Tat ausdrücklich mit getroffen wird.

Weit über die Bestimmungen, durch die das StGB. und der Vorentwurf das Wahlrecht schützen, geht Mayer hinaus, indem er Strafbestimmungen gegen **Wahlbeeinflussung** verlangt. Zunächst schon *Vergl. Darst.* S. 322, wo er die Nachbildung eines englischen Gesetzes (vom 6. Juli 1895) gegen den empfiehlt, der vor oder während einer Parlamentswahl falsche Nachrichten über den persönlichen Charakter eines Kandidaten oder über sein Verhalten in Privatangelegenheiten verbreitet. Sodann durchgreifender S. 19 ff. der oben bezogenen Abhandlung. Danach schlägt er unter Anlehnung an den § 105 des Norwegischen Strafgesetzbuchs vor, jeden zu bestrafen, der durch lügenhafte Vorspiegelungen oder durch andere ungebührliche Mittel Einfluß auf das Auftreten oder die Stimmabgabe eines anderen in einer öffentlichen Angelegenheit auszuüben oder jemanden von der Abstimmung abzuhalten sucht oder dazu mitwirkt. Hier dürfte der Politiker, der vom idealen Standpunkt aus vollberechtigt größere Lauterkeit der Wahl erstrebt, den Kriminalisten zu praktisch undurchführbaren Vorschlägen fortgerissen haben. „Daß ein Geistlicher, der den Wähler dadurch gefügig machen will, daß er ihm das Sakrament verweigert, nicht straflos bleibe“ — allerdings — „ebensowohl von demjenigen gewünscht werden, der für die Reinheit und Freiheit der Wahl eintritt, als von jenem, der die Ehrfurcht vor der Religion und den Religionen nicht ganz verloren hat.“ Eine diesen Fall treffende Sonderbestimmung, wie sie in Preußen nach dem inzwischen aufgehobenen Gesetze vom 23. Mai 1873 § 3 Nr. 2 galt und in Hessen und Baden noch jetzt gilt, wäre meines Erachtens an sich durchaus gerechtfertigt, hat indes — was Mayer zugibt — schwere Bedenken. Es würden dadurch Märtyrer geschaffen und unter den Angehörigen der betreffenden Kirche gefährliche Erregungen und Bewegungen gegen den Staat und die Staatsbehörden hervorgerufen. Gewiß hat Mayer auch recht, wenn er bemerkt, daß die Anwendung von Gewalt oder Drohung, um jemanden zur Abgabe seiner Wahlstimme in einer bestimmten Richtung zu zwingen, höchst selten vorkommen, vielmehr das beliebteste Mittel, einen Wähler zu beeinflussen, die Androhung wirtschaftlicher Nachteile sei. Allein dem Vorschlag, mit Rücksicht hierauf eine so allgemeine und kautschukartige Strafbestimmung gegen die Beeinflussung von Wahlen durch lügenhafte Vorspiegelungen oder andere „ungebührliche“ Mittel zu erlassen, kann ich nicht zustimmen. Selbst wenn der Richter sie noch so „verständig handhabte“, würde die Handhabung in den lebhaften Parteiwahlkämpfen von der betroffenen Partei stets als ungerecht angegriffen und auf eine politische Parteinahme des Richters zurückgeführt werden. Und welch eine Fülle von Anzeigen würden nach jeder Wahl die verschiedenen Parteien gegeneinander einreichen, wenn eine derartige Strafbestimmung erlassen würde! Die eklatantesten Fälle von Androhung wirtschaftlicher Nachteile werden sich überdies aus § 240 des Vorentwurfs als Nötigung bestrafen lassen.

5. Abschnitt.

Verbrechen und Vergehen gegen ausländische Staaten.

Der § 123 stellt zunächst — dem § 102 StGB. entsprechend — die Handlungen der §§ 81—86 StGB. (§§ 101 und 102 Vorentwurf) unter Strafe, sofern sie gegen einen ausländischen Staat verübt sind. Dabei faßt er diese Handlungen unter der Bezeichnung hochverräterische Handlungen gegen einen ausländischen Staat zusammen. Der Paragraph will, wie dies der § 102 StGB. durch Weglassung des § 80 tut, die Angriffe auf das Leben eines ausländischen Landesherrn ausschließen, so daß auf solche die allgemeinen Strafbestimmungen anzuwenden sind. Zu dem Ende muß aber, da Angriffe auf das Leben des Landesherrn nach § 100 unter den Begriff des Hochverrats fallen, ausdrücklich bestimmt werden, daß der § 123 auf diese keine Anwendung finde. Etwa in der Form, daß hinter den Worten „hochverräterische Handlungen gegen einen auswärtigen Staat“ eingeschoben wird „im Sinne der §§ 101 und 102“.

Wenn meinem Vorschlage gemäß in Abschnitt 1 die Bezeichnung „Hochverrat“ durch „Angriffe auf den Staat“ ersetzt werden soll, so gilt das hier erst recht. Handlungen gegen einen auswärtigen Staat „Hochverrat“ nennen, ist zwar „kurzwegig“ (Begr. S. 462), aber der kurze Weg ist nicht gangbar.

Die ausdrückliche Hervorhebung in § 102 StGB., daß die Strafbestimmung sich auf die Tat des Inländers im In- und Auslande und auf die Tat des Ausländers im Inlande bezieht, durfte, da dies aus den allgemeinen Bestimmungen der §§ 3 und 4 Nr. 1 folgt, gestrichen werden. Es wird dadurch zugleich der von Gerland *Vergl. Darst.* S. 317 gerügte Widerspruch ausgeräumt, daß gegenwärtig die Inländer gemäß § 102 wegen im Ausland begangener Angriffe gegen ausländische Staaten bestraft werden müssen, dagegen wegen im Auslande begangener Angriffe gegen den eigenen Staat nur bestraft werden können.

Der § 123 erstreckt sich weiterhin auf die Beleidigungen gegen den Landesherrn oder Regenten eines ausländischen Staats, deren im § 103 StGB. gedacht ist. Er dehnt diese Strafbestimmungen in zweifacher Richtung aus. Einmal stellt er auch die Tätlichkeiten unter Strafe und dann zieht er nach dem Vorschlage von Gerland S. 185, 248 und 254 in den Schutz auch die Präsidenten ausländischer Republiken ein. Beides wird ungeteilte Zustimmung finden. Der angewandte Ausdruck „Oberhaupt des Staats" ist volkstümlicher, als der von Gerland S. 253 vorgeschlagene „Träger der obersten Staatsgewalt".

Die Aufstellung eines allgemeinen Strafrahmens ist gleichfalls zu billigen.

Die Schutz, den die §§ 102 und 103 StGB. dem ausländischen Staat und dessen Oberhaupt gewähren, setzt nach allgemeiner Ansicht (*Vergl. Darst.* S. 212—214) zweierlei voraus: daß der Staat von uns anerkannt ist und daß er mit uns im Frieden lebt. Die beiden Paragraphen, wie der § 123 Vorentwurfs, verlangen das nicht ausdrücklich, verlangen aber mehr: die Verbürgung der Gegenseitigkeit, und diese ist nur möglich, wenn und solange die beiden anderen Erfordernisse vorliegen.

In der Literatur wird mehrfach die Beseitigung des Erfordernisses der Gegenseitigkeit, gefordert. Insbesondere auch von Gerland S. 250. Mit Recht macht die Begr. S. 463 für die Beibehaltung geltend, daß es nicht der Würde eines großen Staats entspreche, die Angriffe gegen einen ausländischen Staat zu bestrafen, wenn dieser im umgekehrten Falle uns den gleichen Schutz verweigert.

Daß besondere Vorschriften, wann die Gegenseitigkeit als verbürgt anzusehen sei, im Vorentwurf ebensowenig, wie im StGB., enthalten sind und damit die Feststellung im einzelnen Falle den Gerichten überlassen ist, dürfte das richtige sein. Begr. S. 464. In gleichem Sinne Gerland S. 223 ff.

Wenn Gerland S. 252 eine Strafbestimmung gegen Verletzung der Neutralität für nötig hält, so könnte eine solche, wie er zugibt, nur in Form eines Blankettgesetzes ergehen, und in dieser Art ist denn auch der § 113 *OVE.* gefaßt. Die materiellen Vorschriften über die Strafung der Neutralität würden demnach erst bei Ausbruch eines Krieges zwischen den ausländischen Staaten erlassen. Da erscheint es doch besser, auch die Strafbestimmungen erst dann je nach diesen Vorschriften festzusetzen.

Der § 124 des Vorentwurfs über Beleidigung ausländischer Gesandten gibt den § 104 StGB. in zweckmäßig gekürzter Fassung wieder. Gerland verlangt S. 248 mit Recht, daß die Strafbestimmung nur für die Beleidigung der Gesandten als solche gelte, während die Beleidigung eines ausländischen Gesandten als Privatmann nach den allgemeinen Strafbestimmungen der Beleidigung zu bestrafen sei. Es werden demgemäß in § 124 die Worte „als solchen" einzuschieben sein. Daß die Strafbestimmung bei Ausbruch eines Krieges mit dem betreffenden Staat außer Kraft tritt, braucht nicht bestimmt zu werden, da die Gesandten in solchem Falle abberufen werden.

Die Bestimmung über den Schutz von Hoheitszeichen eines ausländischen Staats, die im StGB. als § 103a den Zusammenhang zwischen den §§ 102, 103 und dem § 104 auseinanderreißt, hat der Vorentwurf zweckmäßig als § 125 an den Schluß gestellt. Ich bin aber mit Gerland S. 252 Anm. 2 der Meinung, daß die Bestimmung überhaupt nicht in vorliegenden Abschnitt gehört. Die geeignete Stelle ist nicht bei den Verbrechen und Vergehen gegen den ausländischen Staat, sondern in Abschnitt 7 bei denjenigen gegen die öffentliche Ordnung und zwar zu § 144 des Vorentwurfs (§ 135 StGB.), der die Verletzung inländischer Hoheitszeichen unter Strafe stellt.

Daß der Schutz auch während des Krieges gilt (Olshausen Anm. 1 vom Schlusse), möchte ich im Einverständnis mit der Mehrzahl der Schriftsteller verneinen, eine ausdrückliche Bestimmung des Inhalts aber für überflüssig halten, da auf jeden Fall bei Ausbruch des Krieges die Hoheitszeichen des ausländischen Staates von diesem oder unsererseits abgenommen werden.

Wenn Olshausen an derselben Stelle die Strafbestimmung nur auf die im Inlande befindlichen Hoheitszeichen des ausländischen Staats bezieht, so trete ich dem bei und möchte, da die Gegenmeinung in der Literatur mehrfach vertreten ist, wünschen, daß dies im Gesetze gesagt wird.

Hiernach empfehle ich, im Vorentwurf den § 125 zu streichen und statt dessen im § 144 hinter „Bundesfürsten" die Worte „oder ein im Inlande öffentlich angebrachtes Hoheitszeichen eines ausländischen Staats" einzuschieben.

Auf Grund vorstehender Ausführungen schlage ich vor, die besprochenen Abschnitte 1—5 folgendermaßen zu fassen. Die Streichungen sind durch [—] bezeichnet, die Einschiebungen und Änderungen gesperrt gedruckt.

1. Abschnitt.

Angriffe auf den Staat.

Angriff auf das Leben des Staatsoberhaupts.

§ 100. Ein Angriff auf das Leben des Kaisers [oder], eines [anderen] Bundesfürsten oder des Regenten eines Bundesstaats wird, wenn es auch nur bis zu einem Versuch der Tötung gekommen ist, [als Hochverrat] mit dem Tode bestraft.

Hat in Fällen, in welchen es nicht über einen Tötungsversuch hinaus gekommen ist, der Täter freiwillig die Ausführung aufgegeben oder den Eintritt des Todes abgewendet, so wird er mit Zuchthaus oder Haft nicht unter fünf Jahren bestraft.

§ 101. Wer es unternimmt, durch Gewalt oder Drohung mit Gewalt

auf die Herrschergewalt des Staatsoberhaupts.

1. den Kaiser [oder], einen [anderen] Bundesfürsten oder den Regenten eines Bundesstaats der Herrschergewalt zu berauben oder an deren Ausübung zu hindern,

auf eine gesetzgebende Versammlung.

2. eine gesetzgebende Versammlung des Reichs oder eines Bundesstaats an der freien Ausübung ihrer verfassungsmäßigen Tätigkeit zu hindern,

auf die Staatsverfassung.

3. die Grundlagen der Verfassung des Reichs oder eines Bundesstaats zu ändern,

auf das Staatsgebiet.

4. dem Reiche oder einem Bundesstaat ein zu ihm gehörendes Gebiet zu entreißen,

wird [wegen Hochverrats], wenn es auch nur bis zu einem Versuch gekommen ist, mit lebenslänglichem Zuchthaus oder lebenslänglicher Haft, bei mildernden Umständen mit Zuchthaus oder Haft nicht unter fünf Jahren bestraft.

Aufforderung u. Vorbereitung zu einem Angriff auf den Staat.

§ 102. Wer zur Begehung eines bestimmten Angriffs auf den Staat (§§ 100, 101) öffentlich vor einer Menschenmenge oder durch Verbreitung von Schriften, Abbildungen oder Darstellungen auffordert oder aufreizt, wird mit Zuchthaus bis zu zehn Jahren oder mit Haft von einem bis zu zehn Jahren, bei mildernden Umständen mit Haft von sechs Monaten bis zu fünf Jahren bestraft.

Dieselbe Strafe trifft denjenigen, welcher einen Angriff auf den Staat mit einem anderen verabredet oder durch Unterhandlungen mit einer ausländischen Regierung vorbereitet.

[Andere vorbereitende Handlungen zu einem hochverräterischen Unternehmen werden mit Zuchthaus bis zu drei Jahren oder mit Haft nicht unter drei Monaten bestraft.]

§ 103 — gleichlautend.

2. Abschnitt.

Landesverrat.

§ 104. Wer mit einer nicht-deutschen Regierung in Unterhandlung tritt, um einen Krieg gegen das Reich herbeizuführen, wird mit Zuchthaus nicht unter fünf Jahren, bei mildernden Umständen mit Haft nicht unter sechs Monaten bestraft. In besonders schweren Fällen (§ 84) ist die Strafe lebenslängliches Zuchthaus. Kriegsanstiftung.

§ 105 — gleichlautend. Kriegsdienst beim Feinde.

§ 106. Wer vorsätzlich während eines gegen das Reich ausgebrochenen Krieges oder während der Ausbruch eines Krieges gegen das Reich zu erwarten ist, der feindlichen Macht Vorschub leistet usw. Begünstigung des Feindes.

§ 107. Wer Nachrichten, Schriften, Zeichnungen oder andere Gegenstände, deren Geheimhaltung für das Wohl des Reichs oder eines Bundesstaats, insbesondere im Interesse der Landesverteidigung erforderlich ist, auspäht oder sich verschafft, um sie an einen fremden Staat zu verraten, wird, auch wenn es nicht zum Verrat gekommen ist, mit Zuchthaus bis zu zehn Jahren, bei mildernden Umständen mit Haft von sechs Monaten bis zu zehn Jahren bestraft. In besonders schweren Fällen (§ 84) ist die Strafe Zuchthaus nicht unter fünf Jahren oder lebenslängliches Zuchthaus. Ausspähung und Verrat von Staatsgeheimnissen.

Ein Ausländer, der Nachrichten oder Gegenstände solcher Art ausspäht oder sich verschafft, um sie an seinen Staat zu verraten, wird, auch wenn es nicht zum Verrat gekommen ist, mit Haft von ein bis zu zehn Jahren, bei mildernden Umständen mit Haft von sechs Monaten bis zu fünf Jahren bestraft. In besonders schweren Fällen (§ 84) ist die Strafe Haft nicht unter fünf Jahren oder lebenslängliche Haft.

§ 108. Wer Nachrichten oder Gegenstände solcher Art an einen fremden Staat verrät, ohne sie zum Zwecke des Verrats ausgespäht oder sich verschafft zu haben, wird mit Zuchthaus bis zu drei Jahren, bei mildernden Umständen mit Haft von sechs Monaten bis zu drei Jahren bestraft. In besonders schweren Fällen (§ 84) ist die Strafe Zuchthaus nicht unter fünf Jahren.

Ist der Täter ein deutscher Beamter und waren die Nachrichten oder Gegenstände ihm amtlich anvertraut oder kraft seines Amtes oder eines ihm von amtlicher Seite erteilten Auftrages zugänglich, so tritt die Strafe des § 107 Abs. 1 ein.

Ein Ausländer, der Nachrichten oder Gegenstände solcher Art an seinen Staat verrät, ohne sie zum Zweck des Verrats ausgespäht oder sich verschafft zu haben, wird mit Haft von ein bis acht Jahren, bei mildernden Umständen mit Haft von sechs Monaten bis zu vier Jahren bestraft. In besonders schweren Fällen (§ 84) ist die Strafe Haft nicht unter vier Jahren.

§ 109. Mit Gefängnis bis zu drei Jahren oder mit Haft oder mit Geldstrafe bis zu 3000 M wird bestraft, wer Nachrichten oder Gegenstände der im § 108 Abs. 1 bezeichneten Art

1. vorsätzlich einem anderen oder der Öffentlichkeit ohne die Absicht des Verrats, aber mit dem bestimmten Bewußtsein mitteilt, daß dadurch das Wohl oder die Sicherheit des Reichs oder eines Bundesstaates gefährdet wird;
2. vorsätzlich, ohne die Absicht des Verrats, sich zu dem Zwecke verschafft, von ihnen zu einer das Wohl, insbesondere die Sicherheit des Reichs oder eines Bundesstaats gefährdenden Mitteilung an andere Gebrauch zu machen.

Die gleiche Strafe trifft einen deutschen Beamten, der fahrlässig Nachrichten oder Gegenstände der im § 108 Abs. 1 bezeichneten Art, die ihm amtlich anvertraut oder kraft seines Amtes oder eines von amtlicher Seite erteilten Auftrages zugänglich sind, einem anderen oder der Öffentlichkeit offenbart.

§ 110. Mit Gefängnis oder Haft wird bestraft, wer vorsätzlich Nachrichten oder Gegenstände der im § 108 Abs. 1 bezeichneten Art einem anderen oder der Öffentlichkeit mitteilt, ohne sich bewußt zu sein, daß dadurch das Wohl, insbesondere die Sicherheit des Reichs oder eines Bundesstaats gefährdet wird.

Der Versuch ist strafbar.

§ 111. Haben mehrere ein Verbrechen der in den §§ 107 und 108 bezeichneten Art usw. bis zum Schluß des Paragraphen.

Diplomatischer Landesverrat.

§ 112 gleichlautend mit § 112.

§ 113 gleichlautend mit § 113.

§ 114 (114). In den Fällen der §§ 104 bis 106, 107 Abs. 1,

108 Abs. 1 und 2 und 113 kann neben der Haftstrafe, in den Fällen des § 111 Abs. 1 neben der Gefängnisstrafe usw. bis zum Schluß des Paragraphen.

---

3. Abschnitt.

Nichterfüllung von Lieferungsverträgen im Kriege.

§ 115 (107). Wer bei einem ausgebrochenem Kriege gegen das Reich, oder während der Ausbruch eines Krieges gegen das Reich zu erwarten ist, einen Vertrag usw.

---

4. (3.) Abschnitt.

Tätlichkeiten und Beleidigungen gegen das Staatsoberhaupt und seine Familie.

§ 116 (115). Tätlichkeiten gegen den Kaiser [—], einen [—] Bundesfürsten oder den Regenten usw. bis zum Schluß des Paragraphen. Tätlichkeiten.

§ 117 (116). Wer den Kaiser, einen [—] Bundesfürsten oder den Regenten eines Bundesstaats [—] beleidigt, wird wegen Majestätsbeleidigung mit Gefängnis oder Haft nicht unter zwei Monaten, bei mildernden Umständen mit Gefängnis oder Haft von einer Woche bis zu zwei Jahren bestraft. Majestätsbeleidigung.

Zur Verfolgung ist ein Antrag der Justizverwaltung des Landes erforderlich, dessen Landesherr der Beleidigte ist. Der Antrag kann zurückgenommen werden.

Das Vergehen verjährt in sechs Monaten.

Die Vorschriften über Ehrverletzungen finden keine Anwendung.

§ 118 (117). Beleidigungen [der im § 116 Abs. 1 bezeichneten Art] gegen Mitglieder eines Bundesfürstlichen Hauses werden mit Gefängnis oder Haft bis zu zwei Jahren bestraft.

Zur Verfolgung ist ein Antrag der Justizverwaltung des Landes erforderlich, zu dessen landesherrlichem Hause der Beleidigte gehört. Der Antrag kann zurückgenommen werden.

Die Absätze 3 und 4 des § 116 gelten auch hier.

---

5. Abschnitt.

Verbrechen und Vergehen gegen ausländische Staaten.

Angriffe gegen einen ausländischen Staat.

§ 119 (§ 123). Angriffe gegen einen ausländischen Staat im Sinne der §§ 101 und 102, sowie usw.

Beleidigung von Gesandten oder Geschäftsträgern.

§ 120 (§ 124). Die Beleidigung eines bei dem Reiche oder einem Bundesstaat beglaubigten Gesandten oder Geschäftsführers als solchen wird usw.

[§ 125.] Zu streichen und an dessen Statt in § 144 hinter „Bundesfürsten" einzuschieben: „oder eines im Inlande öffentlich angebrachten Hoheitszeichens eines ausländischen Staats".

---

6. (4.) Abschnitt.

Verbrechen und Vergehen in Beziehung auf die Ausübung staatsbürgerlicher Rechte.

Hinderung von Mitgliedern einer gesetzgebenden Versammlung.

§ 121 (§ 118). Wer es unternimmt [—] Mitglieder einer gesetzgebenden Versammlung des Reichs oder eines Bundesstaats durch Gewalt oder Drohung mit Gewalt an der freien Ausübung ihrer Befugnisse zu hindern, wird, auch wenn es nur bis zum Versuch gekommen ist, mit Zuchthaus bis zu fünf Jahren oder mit Haft von gleicher Dauer bestraft.

Sind mildernde Umstände vorhanden, so tritt Haft bis zu zwei Jahren ein.

Hinderung Wahlberechtigter.

§ 122 (§ 119). Wer [—] einen zur Wahl für eine gesetzgebende Versammlung oder eine Gemeindevertretung Berechtigten durch Gewalt oder Drohung mit Gewalt an der freien Ausübung des Wahlrechts hindert, wird mit Gefängnis oder mit Haft bestraft.

Der Versuch ist strafbar.

Wahlfälschung.

§ 123 (§ 120) gleichlautend.

Wahlbestechung.

§ 124 (§ 121).

Wer einem Wahlberechtigten Geschenke oder andere ihm nicht gebührende Vorteile anbietet, verspricht oder gewähr- als Entgelt dafür usw. bis zum Schluß des Paragraphen.

Unter diese Strafbestimmung fällt auch derjenige, der einen andern zu derartigen Bestechungen Wahlberechtigter dingt, wie derjenige, der sich dazu dingen läßt.

§ 125 (§ 122). Wer es böswillig unternimmt, die Wahlhandlung zu verhindern oder zu vereiteln, wird, auch wenn es nur bis zum Versuch gekommen ist, mit Haft oder Gefängnis bis zu einem Jahr oder mit Geldstrafe bis zu 2000 M bestraft. Wahlstörung.

Dieselbe Strafe trifft den, der die Wahlhandlung böswillig durch Erregung von Lärm oder Unordnung oder auf ähnliche Weise stört.

II.

Widerstand gegen die Staatsgewalt, Verbrechen und Vergehen gegen die öffentliche Ordnung und Vergehen gegen die Wehrpflicht, das Heer und die Marine.

Von

Dr. James Goldschmidt,

a. o. Professor an der Universität in Berlin.

I. Allgemeines.

Von den drei in der Überschrift genannten Deliktsgruppen bilden die beiden ersten, als Abschnitte 6 und 7, den Abschluß des ersten Buches des *Bes. T.* des *DVE.*, der „Verbrechen und Vergehen gegen den Staat." Die dritte Gruppe eröffnet, als Abschnitt 8, das zweite Buch des *Bes. T.* des Vorentwurfs, die „Verbrechen und Vergehen gegen Einrichtungen des Staates".

Diese Systematik ist zu beanstanden. Gegen die Bildung eines neuen Abschnitts aus den „Vergehen gegen die Wehrpflicht, das Heer und die Marine" ist allerdings vom systematischen Standpunkte aus nichts einzuwenden. Unerfindlich aber ist, warum dieser, mit einer einzigen Ausnahme (§ 154 Vorentwurf = § 291 StGB)., aus Ablegern der Abschnitte 6 und 7 des StGB. (= den Abschnitten 6, 7 des Vorentwurfs) gebildete Abschnitt nicht noch dem ersten Buch einverleibt ist. Er[1]) gehört jedenfalls eher dahin als die „Verbrechen und Vergehen gegen die öffentliche Ordnung", von denen Olshausen[2]) mit Recht bemerkt, sie hätten „doch zum Teil keinerlei Bezug auf das Deutsche Reich und die Bundesstaaten, sowie deren staatliche Ordnung".

Diese systematische Beanstandung hat aber auch praktische Bedeutung. Soll die Unterscheidung von „Verbrechen und Vergehen" „gegen den Staat" einerseits und gegen „Einrichtungen des Staates" andererseits mehr sein als eine bloße Verschiedenheit der Etiketten, so muß sich daraus ableiten lassen, daß jene Delikte, als eigentliche „Staatsverbrechen", sich im Zweifel nur gegen den inländischen Staat, diese Delikte[3]), als Angriffe auf allgemeine

---

[1]) Wie übrigens auch der hier nicht zu betrachtende Abschnitt 15 „Verbrechen und Vergehen im Amte".

[2]) Kommentar, 8. Aufl., Note 2 zu Abschnitt 7 des II. Teils.

[3]) Darunter auch die mit Recht in Buch II eingestellten „Verbrechen und Vergehen in Beziehung auf die Rechtspflege" (Abschnitt 11 des Vorentwurfs), zu denen vor allem der Meineid (§ 165 Vorentwurf) gehört. Richtig bemerkt Binding, Lehrb. *Bes. T. II. 2, 375* Note 3, die herrschende Ansicht, welche auch den vor ausländischen Behörden geleisteten Meineid als

soziale Einrichtungen, sich im Zweifel auch gegen solche des ausländischen Staats richten können. Ob der Vorentwurf dem Unterschiede diese Bedeutung beigelegt wissen will, ist freilich unsicher. Vielmehr scheint der Vorentwurf die Streitfrage, ob die dem Schutze der Staatsgewalt dienenden Strafvorschriften von Buch I im Zweifel nur die inländische oder auch die ausländische Staatsgewalt schützen, nicht entscheiden zu wollen. Dafür sprechen gerade die Stellung des 8. Abschnitts, der doch offenbar nur die Wehrpflicht der Reiche gegenüber, das deutsche Heer und die Kaiserliche Marine schützen soll, in Buch II, die Belassung der Abschnitte 6 und 7 dagegen in Buch I, trotzdem bezüglich des 6. Abschnitts wenigstens das Reichsgericht (Entsch. VIII. 53) angenommen hat, daß er auch die ausländische Staatsgewalt schütze, und in Abschnitt 7 unbestreitbar zum Teil allgemeine Kulturinteressen geschützt werden. Dafür spricht ferner die Stellung des 5. Abschnitts[1]), welcher seinen Platz, gleich dem ihm entsprechenden 4. Abschnitt des StGB., nach wie vor in der Mitte der „Staatsverbrechen" behalten hat, statt sie ergänzend abzuschließen. Dafür spricht endlich, daß der Vorentwurf bei Fassung der hier in Betracht kommenden Tatbestände gegenüber dem StGB. nirgendwo eine Änderung aufweist, die auf eine Stellungnahme zu der genannten Streitfrage schließen ließe. Dies geht so weit, daß z. B. in § 148 Vorentwurf nur gesagt ist: „Wer eine Person des Soldatenstandes auffordert" usw., indem der Zusatz des entsprechenden § 112 StGB. „es sei des deutschen Heeres oder der Kaiserlichen Marine" ausweislich der Begründung unter Hinweis auf die Anlage zum MilStGB. „als überflüssig" gestrichen ist; daß es dagegen in § 150 Vorentwurf heißt: „Wer einen deutschen Soldaten zur Fahnenflucht anstiftet", offenbar nur, weil es in dem entsprechenden § 141 Abs. 1 Teil 2 StGB. ebenso heißt.

Sollte es aber richtig sein, daß der Vorentwurf die Streitfrage, ob die zum Schutze der Staatsgewalt bestimmten Strafvorschriften im Zweifel nur die inländische oder auch die ausländische Staatsgewalt schützen, keine Stellung nimmt, und daß daher die Rubrizierung eines Abschnitts in Buch I oder II nur stoffanordnende Bedeutung hat, so wäre dieser Standpunkt erst recht nicht zu billigen. Der Gesetzgeber muß zu jener Streitfrage Stellung nehmen, und zwar meines Erachtens in dem Sinne, daß „Staatsverbrechen"

„Meineid" im Sinne unseres Strafgesetzes betrachte, lasse sich verteidigen, „aber nur, wenn man den Meineid nicht fälschlich zu den Staatsverbrechen zieht". Vgl. dazu § 180 *OVE.*

[1]) Verbrechen und Vergehen gegen ausländische Staaten.

im Zweifel nur Angriffe gegen das Inland sind. Die für Abschnitt 6 des StGB.[1]) entgegenstehende Ansicht des Reichsgerichts hat in der Literatur nahezu einmütige Ablehnung gefunden[2]). Ich verweise zur Begründung der Ablehnung insbesondere auf die schlagenden Ausführungen Bindings[3]) und M. E. Mayers[4]). So hat sich denn jetzt auch der *OVE.*, wie aus §§ 101 Abs. 2, 158, 161 Abs. 2 erhellt, auf den Standpunkt gestellt, daß strafbare Handlungen gegen die Staatsgewalt grundsätzlich nur solche gegen das Inland sind.

Um diese Stellungnahme zum gesetzgeberischen Ausdruck zu bringen, würde es genügen, wie bereits Kohler[5]) bemerkt hat, den bisherigen 5. Abschnitt des Vorentwurfs („Verbrechen und Vergehen gegen ausländische Staaten") an das Ende des I. Buchs („Verbrechen und Vergehen gegen den Staat") zu rücken. Damit wäre kenntlich gemacht, daß, mit Ausnahme der Strafdrohungen dieses Ergänzungsabschnitts, die Strafvorschriften des Buches I nur zum Schutze des Inlandes bestimmt sind. Der Abschnitt 8[6]) des Vorentwurfs müßte noch dem I. Buch einverleibt werden, um außer Frage zu stellen, daß „Vergehen gegen die Wehrpflicht, das Heer und die Marine" nur solche gegen die entsprechenden deutschen Staatseinrichtungen sein können; das Beiwort „deutschen" in § 150 Vorentwurf könnte dann um so eher fallen[7]). Umgekehrt sollte der 7. Abschnitt des Vorentwurfs („Verbrechen und Vergehen gegen die öffentliche Ordnung") in das Buch II übernommen werden, da die in ihm behandelten Delikte im Zweifel nicht Verletzungen der nationalen, sondern jeder gesetzlichen Ordnung sind[8]). So-

[1]) Vgl. aber auch für Art. 177 des niederländischen StGB. (= § 333 StGB.), sowie Art. 84 das. RGEntsch. *XV. 222 ff.* Es handelt sich dort um den umgekehrten Fall. Das RG. setzt als selbstverständlich voraus, daß „Beamte" im Sinne des niederländischen StGB. auch deutsche Beamte seien. Über diese Entscheidung s. noch unten S. 43 Anm. 2.

[2]) Vgl. die Zitate bei M. E. Mayer, *Vergl. Darst. Bes. T. I. 439* Note 5. Vgl. übrigens das Reichsgericht selbst in den Entsch. *XIV. 128, XIX. 196.*

[3]) Lehrb. *Bes. T. II. 2, 373 ff.*

[4]) A. a. O. S. 439 ff.

[5]) In Goltdammers Archiv *LVI. 302.*

[6]) Ebenso der hier nicht zu erörternde Abschnitt 15 („Verbrechen und Vergehen im Amte").

[7]) Vgl. im übrigen über § 150 Vorentwurf unten unter IV.

[8]) Was für den Landfriedensbruch (§ 133 Vorentwurf) bereits zutreffend von Heilborn i. d. Ztschr. f. d. ges. Strafr.-Wiss. *XVIII. 217 ff.* ausgeführt worden ist. Dagegen bezieht Hegler, Prinzipien des internat. Strafrechts (Strafrechtl. Abhdl. Heft 67) S. 95 bei Note 3, auch die Delikte des 7. Abschnitts des StGB. nur auf das Inland.

weit sich auch unter ihnen unzweifelhafte „Staatsverbrechen" befinden, wie die Staatsverleumdung (§ 138 Vorentwurf), die Verletzung von Hoheitszeichen (§ 144 Vorentwurf)[1]), könnten diese im 6. Abschnitt Unterkunft finden, dessen Titel „Widerstand gegen die Staatsgewalt" dann besser, entsprechend den Titeln des 15. Abschnitts des *Sch.* und des XIII. Hauptstücks des *OVE.*, „Verbrechen und Vergehen gegen die Staatsgewalt" lauten würde. Paßt doch der Ausdruck „Widerstand" ohnehin nicht mehr, seitdem, wie wir sofort sehen werden, der Begriff des „Widerstandleistens" aus den Tatbeständen des Abschnitts (außer in § 130 Abs. 1, wo er anscheinend versehentlich stehen geblieben ist) gestrichen ist. Andererseits würde auch die Überschrift des auf die angegebene Weise von jeder nationalen Begrenztheit seiner Schutzobjekte befreiten II. Buchs besser geändert. Vielleicht könnte man statt „Verbrechen und Vergehen gegen Einrichtungen des Staates" sagen „Verbrechen und Vergehen gegen die Allgemeinheit" oder gegen „die öffentliche Wohlfahrt und Sicherheit". Ist doch überhaupt nicht recht klar, gegen welche „Einrichtung des Staates" z. B. die Brandstiftung (§ 189 Vorentwurf) verstoßen soll.

Würde die vorgeschlagene Regelung angenommen, so wären also die Delikte des I. Buchs grundsätzlich nicht strafbar, wenn sie gegen das Ausland begangen werden, und zwar gleichgültig, ob im In- oder Ausland, von einem In- oder Ausländer begangen. In Erwägung zu ziehen wäre dann aber zweierlei:

Einmal, in Anlehnung an § 101 Abs. 2 *OVE.*, eine Erweiterung von § 12 Ziff. 3 des Vorentwurfs dahin, daß das Gesetz unter einem „Beamten" verstehe „eine Person, die zur Ausübung eines in- oder ausländischen öffentlichen Amtes im Inlande berufen ist". Damit werden Schutz und Verantwortlichkeit inländischer Amtsträger ausgedehnt z. B. auf im Inlande amtlich fungierende ausländische Zoll-, Eisenbahn- oder Polizeibeamte[2]).

[1]) Vgl. denn auch §§ 164—166 *OVE.* Ob auch die §§ 139—143 *DVE.* „Staatsverbrechen" sind, bleibe dahingestellt. Der *SchVE.* (Art. 203, 207, 208, 283) behandelt die Delikte der §§ 139, 141—143 des *DVE.* als „Verbrechen (bzw. Übertretungen) gegen die Staatsgewalt", der *OVE.* (§§ 201, 204, wohl auch 457) wenigstens als „Strafbare Handlungen gegen die Verwaltung" (das Delikt des § 140 *DVE.* ist, soweit ich sehe, den beiden anderen Vorentwürfen überhaupt fremd). Über die vom Vorentwurf aus dem 6. Abschnitt des StGB. in den 7. Abschnitt des Vorentwurfs (= 7. Abschnitt des StGB.) erst übernommene „Aufwiegelung" vgl. unten unter III bei Erörterung des § 131 Vorentwurf; über §§ 145, 147 Vorentwurf vgl. ebenda bei Erörterung dieser Paragraphen.

[2]) Vgl. dazu insbes. schon Binding, Lehrb. *Bes. T. II. 2, 376*; M. E.

Sodann wäre zu erwägen, ob nicht der 5. Abschnitt des *Bes. T.* des Vorentwurfs („Verbrechen und Vergehen gegen ausländische Staaten“) um eine Bestimmung vermehrt werden könnte, wonach bei Verbürgung der Gegenseitigkeit auch Widerstand und Aufruhr gegen die ausländische Staatsgewalt unter Strafe zu stellen wären. Vorbilder dafür sind § 127 Abs. 4 des norwegischen StGB. und nunmehr auch §§ 158, 161 Abs. 2 des *OVE.*[1]).

II. Widerstand gegen die Staatsgewalt.

§ 126 Vorentwurf. Wenden wir uns zunächst dem 6. Abschnitt des Vorentwurfs zu, so sind sofort folgende Veränderungen gegenüber dem gleichnamigen 6. Abschnitt des StGB. feststellbar: die bisherigen §§ 110, 111 sind aus dem Abschnitt ausgeschieden und als § 131 in den 7. Abschnitt versetzt[2]); ingleichen ist der bisherige § 112 herausgenommen, den wir als § 148 in Abschnitt 8 wiederfinden. Die bisherigen §§ 113, 114, 117—119 sind in dem neuen § 126 zusammengefaßt. Endlich umfaßt § 129 Vorentwurf nicht nur die bisherigen §§ 120, 121 StGB., sondern auch dessen § 347.

Von diesen Veränderungen darf die Zusammenfassung der §§ 113, 114, 117—119 StGB. als eine glückliche bezeichnet werden. Sie ist dadurch ermöglicht worden, daß vor allem die Sonderung des Widerstandes gegen Vollstreckungsbeamte (§ 113 Abs. 1 StGB.) und der Beamtennötigung (§ 114 StGB.) aufgegeben ist. Mit Recht betont die Begr. S. 465, daß das Verhältnis dieser beiden Vorschriften zueinander „nicht durchsichtig“ sei[3]). Bei Zusammen-

---

Mayer, *Vergl. Darst. Bes. T. I. 439* Note 4, auch S. 490 das. Das Umgekehrte, Schutz und Verantwortlichkeit im Auslande fungierender deutscher Amtsträger nach deutschem Strafrecht, ergibt sich ohne weiteres aus § 4 Vorentwurf. Insoweit im Ergebnis zu billigen RG. Entsch. *XV. 224.*

[1]) Vgl. bereits M. E. Mayer, *Vergl. Darst. Bes. T. I. 442.* Die Verfolgung dürfte natürlich, wie nach §§ 123, 124 Vorentwurf, nur auf zurücknehmbaren Antrag eintreten.

[2]) Vgl. darüber unten unter III bei Erörterung des § 131 Vorentwurf.

[3]) Vgl. dazu insbes. M. E. Mayer, *Vergl. Darst. Bes. T. I. 459, 463, 464, 496.* Ebenso Art. 200 Ziff. 1 *SchVE.* Der *OVE.* unterscheidet Hinderung (§§ 154, 155) und Nötigung (§§ 156, 157), und zwar einer Person des öffentlichen Dienstes durch Gewalt oder Androhung eines rechtswidrigen Nachteils (§§ 154, 156) und durch Androhung eines Nachteils, zu dessen Zufügung der Täter berechtigt ist (§§ 155, 157). Daneben steht die „Beschimpfung und Mißhandlung einer Person des öffentlichen Dienstes“ (§ 159).

legung der beiden §§ 113, 114 StGB. legt der § 126 Vorentwurf das bisherige Gattungsdelikt, den § 114, zugrunde. In ihm geht der § 113 insoweit auf, als das „Widerstandleisten" gegenüber „Vollstreckungsbeamten" einen Unterfall des Versuchs der „Nötigung zur Unterlassung" oder der „Hinderung von Amtshandlungen" überhaupt bildet. Das Tatbestandsmerkmal des „Widerstandleistens" fällt also fort. Dagegen bedurfte es neben dem Versuch der „Nötigung" und „Hinderung" der Beibehaltung des „tätlichen Angriffs" aus § 113 StGB., da „tätliche Angriffe denkbar" sind, „deren Ziel nicht die Abhaltung von der Amtshandlung ist" (Begr. S.467)[1]. Während aber Schutz gegen „Nötigungs-" und „Hinderungsversuche" allen „Behörden" und „Beamten", und zwar diesen gemäß § 12 Ziff. 3 Vorentwurf jetzt in dem erweiterten Sinne von „Amtsträgern", gewährt wird, wird der Schutz gegen „tätliche Angriffe" nach wie vor nur „Vollstreckungsbeamten"[2]) gewährt. Insofern bringt also die Zusammenlegung der §§ 113, 114 grundsätzlich keine Erweiterung und mithin keine Verschärfung des Strafschutzes[3]). Eine Milderung enthält § 126 Vorentwurf insofern, als, im Gegensatz zu § 114 StGB.[4]), die Nötigungs- oder Hinderungsmittel, entsprechend § 113 StGB., auf „Gewalt" und „Drohung mit Gewalt" beschränkt werden.

Ebenso wie die Sonderung der §§ 113, 114 StGB. ist die Sonderstellung des Forst- und Jagdwiderstandes (§§ 117—119 StGB.) aufgegeben. Die in § 117 StGB. bezeichneten Personen werden einfach den Vollstreckungsbeamten gleichgestellt. Einbezogen ist der Fischereischutz, was gewiß auf allseitige Zustimmung rechnen kann. Die Strafschärfungsgründe der §§ 117 Abs. 2, 118, 119 StGB. sind in § 126 Abs. 3 Vorentwurf von der ihnen anhaftenden Kasuistik befreit und auf den allgemeinen Gedanken einer schweren persönlichen Gefährdung oder erheblichen körperlichen Verletzung des Beamten usw. zurückgeführt.

Auf der anderen Seite hat die Zusammenlegung der §§ 113, 114, 117—119 StGB. gewisse Folgen nach sich gezogen, gegen deren Ziehung Bedenken bestehen.

Das ist vor allem die Erhöhung des Höchstmaßes von jetzt zwei Jahren Gefängnis in § 113 für den Widerstand auf fünf Jahre

---

[1]) Ebenso Art. 200 Ziff. 1 *SchVE.*

[2]) Denen die in § 113 Abs. 3 StGB. Genannten gleichgestellt werden.

[3]) Anders insbes. Art. 200 Ziff. 1 *SchVE.*

[4]) Und zu Art. 200 Ziff. 1 *SchVE.*, §§ 154—157 *OVE.*, von denen überdies der *SchVE.* Art. 201 noch die einfache Hinderung oder Störung einer Amtshandlung, der *OVE.* § 160 noch die „Einmengung in eine Amtshandlung oder Dienstverrichtung" mit Strafe bedroht.

in § 126 Vorentwurf. Die Begr. S. 468 rechtfertigt sie mit der Einbeziehung des § 114 StGB., der dieses Höchstmaß schon habe. Diese Rechtfertigung dringt nicht in die Tiefe. Die praktische Wichtigkeit des § 113 überwiegt weitaus die des § 114. So sind im Jahre 1907 Verurteilungen erfolgt auf Grund des § 113 in 19051 Fällen, auf Grund des § 114 in 241 Fällen. Soll nun bei einer Vereinigung beider Paragraphen wegen der so überaus seltenen Fälle der Beamtennötigung das Höchstmaß für alle Fälle des Widerstandes gegen Vollstreckungsbeamte so erheblich erhöht werden? In der Tat aber rechtfertigt nicht einmal die Rücksicht auf den einbezogenen § 114 diese Erhöhung. Denn von den im Jahre 1907 auf Grund des § 114 verurteilten Personen ist nur gegen eine auf zwei Jahre Gefängnis und mehr, ja nur gegen eine auf Gefängnis von einem Jahr bis unter zwei Jahren erkannt worden. Danach dürften in § 126 Abs. 1 Vorentwurf als anzudrohendes Höchstmaß, trotz Einbeziehung des § 114, zwei Jahre Gefängnis ausreichen. Auch der dem § 126 *DVE.* entsprechende Art. 200 Ziff. 1 des *SchVE.* droht als Höchstbetrag nur zwei Jahre Gefängnis an (vgl. Art. 29 das.). Ebenso droht der *OVE.* §§ 154, 156 gegen Beamtennötigung höchstens zwei Jahre Gefängnis an[1]).

Die Herabsetzung des Höchstmaßes auf zwei Jahre Gefängnis in 126 Abs. 1 Vorentwurf dürfte um so unbedenklicher sein, als für alle schwereren Fälle der Nötigung und des tätlichen Angriffs die Strafschärfung des Abs. 3 (Gefängnis nicht unter drei Monaten, in besonders schweren Fällen — § 84 Vorentwurf — Zuchthaus bis zu fünf Jahren) Platz greift. Denn die Strafschärfungsgründe der §§ 117 Abs. 2, 118, 119 StGB. sind nicht nur, wie oben ausgeführt, begrifflich verallgemeinert, sondern auch, mit der Zusammenlegung dieser Paragraphen mit den §§ 113, 114 StGB., auf diese ausgedehnt. Damit kommen wir nun freilich zu einer weiteren Konsequenz der Zusammenlegung der §§ 113, 114, 117—119 StGB., über deren Ziehung durch den Vorentwurf man geteilter Ansicht sein kann. Die Begr. S. 469 führt zur Rechtfertigung dieser, wie sie selbst S. 470 zugibt, „erheblichen Verschärfung" an, auch die übrigen Exekutivbeamten, der Polizeibeamte, Steuererheber, Gerichtsvollzieher, könnten „bei Ausübung ihres Amtes in gefährliche Lagen kommen, die an Bedenklichkeit der Lage des Försters im Walde

[1]) Das Höchstmaß von zwei Jahren genügt eben hier wie überall, wo überhaupt Gefängnis anzudrohen ist. Der beste Beweis, daß der Hauptgrund des diesseitigen Vorschlags (*Vergl. Darst. Allg. T. IV. 358*), das Gefängnismaximum auf zwei Jahre zu beschränken, nicht „ein mehr äußerlicher und theoretischer" ist, wie die Begr. S. 60 zur Rechtfertigung seiner Ablehnung behauptet.

nichts nachgeben". Insbesondere wird darauf hingewiesen, daß auf den Straßen der größeren Städte der angegriffene Beamte sich häufig vereinzelt einer sich ansammelnden größeren Menschenmenge gegenüber befinde, „die fast stets gegen ihn Partei ergreift und häufig zu den schwersten Gewalttätigkeiten gegen ihn übergeht".

Wer wollte leugnen, daß diese letztgenannte Eventualität sich leider häufig genug ereignet, und daß den Beamten hier unbedingt ausreichender Strafschutz zuteil werden muß. Sollten indessen nicht gerade hier die Aufruhrbestimmungen (§ 127 Vorentwurf) ausreichen?[1]) Und sieht man von den Gefahren ab, die einem Exekutivbeamten von einer öffentlich zusammengerotteten Menschenmenge drohen, so ist es doch immer wieder der Forst- und Jagdschutzbeamte, der erhöhten Schutzes bedarf. Nur er sieht sich fast stets einem bewaffneten Gegner gegenüber, und das an einem Orte, wo er meist weit von menschlicher Hilfe entfernt ist. Würde wirklich das Bedürfnis nach einer Verschärfung der Strafdrohung auch bei dem gewöhnlichen „Widerstande gegen Vollstreckungsbeamte" bestehen, so wären wohl nicht im Jahre 1907 von 10689 wegen Widerstandes zu Gefängnis Verurteilten nur 62 mit Gefängnis von einem Jahre und darüber belegt worden. Andererseits würde es vielleicht wirklich einen etwas seltsamen Eindruck machen, nachdem einmal die Zusammenfassung der §§ 113, 114 mit den §§ 117 bis 119 in § 126 Vorentwurf in Aussicht genommen ist, den verstärkten Strafschutz des § 126 Abs. 3 nur den Forst- und Jagdschutz-Beamten und -Berechtigten angedeihen zu lassen[2]). Auf alle Fälle wird die Ausdehnung der Verschärfungen des § 126 Abs. 3 auf den Widerstand gegen alle Beamten nochmals ernster Prüfung zu unterziehen sein umsomehr, als die von § 126 Abs. 3 *DVE.* vorgesehenen Strafschärfungen, soweit ich sehe, dem *SchVE.* und *OVE.*[3]) überhaupt fremd sind[4])[5]).

---

[1]) Daß die Aufruhrbestimmungen in solchen Fällen ausreichen, hebt die Begr. S. 473 bei Rechtfertigung der Streichung des § 116 Abs. 2 StGB. selbst zutreffend hervor.

[2]) Zumal dieser Standpunkt unseres StGB. nirgendwo in der ausländischen Gesetzgebung geteilt wird; so M. E. Mayer, *Vergl. Darst. Bes. T. I.* 512.

[3]) Der nur in §§ 154 Ziff. 2, 156 Ziff. 2 Rückfallsschärfungen vorsieht.

[4]) Über die sonstigen fremden Rechte s. M. E. Mayer, *Vergl. Darst. Bes. T. I. 512 ff.*, der ebenfalls (S. 514) bemerkt, das „negative Ergebnis der Rechtsvergleichung" scheine „für diesen Abschnitt das am meisten beachtenswerte zu sein".

[5]) Sollte die in § 126 Abs. 3 Vorentwurf vorgesehene Strafschärfung wieder, dem geltenden Recht entsprechend, auf den Forst- und Jagdwider-

Ein großer, unzweifelhafter Fortschritt ist die Beseitigung der erhöhten Strafmindestmaße der §§ 113, 114 StGB. und die in § 126 Abs. 1 (wenigstens bei mildernden Umständen), wie auch sonst fast durchweg in den Abschnitten 6 bis 8, vorgesehene alternative Androhung von Haft neben Gefängnis[1]).

Nur in zwei Beziehungen bereitet die Behandlung des „Widerstandes" im *DVE.* eine gewisse Enttäuschung.

Zwei brennende Streitfragen knüpfen sich an den § 113 StGB. Beide betreffen die „Rechtmäßigkeit der Amtsausübung". Die eine bezieht sich auf deren objektiven Tatbestand und dreht sich im wesentlichen um die folgenden beiden Punkte: Befindet sich ein Vollstreckungsbeamter, der unmittelbar und nach eigenem Ermessen „zur Vollstreckung von Gesetzen" (z. B. vorläufige Festnahme, Beschlagnahme) berufen ist, dann in „rechtmäßiger Ausübung seines Amtes", wenn die tatsächlichen Voraussetzungen seines Einschreitens in concreto nicht vorliegen, er aber zur Annahme ihres Vorliegens auf Grund pflichtmäßigen Ermessens gelangt ist?[2]) Und: Befindet sich der einen rechtswidrigen, aber für ihn bindenden Dienstbefehl vollstreckende Beamte in „rechtmäßiger Amtsausübung?"[3]). Die andere Streitfrage bezieht sich auf den subjektiven Tatbestand: Gehört zum Vorsatz das Bewußtsein, daß sich der Beamte in der rechtmäßigen Ausübung seines Amtes befindet?[4])

---

stand beschränkt werden, so müßte dieser — zusammen mit dem Fischereiwiderstand — geschlossen in Abs. 2 des § 126 behandelt und Abs. 3 in einen Satz 2 zu Abs. 2 verwandelt werden.

[1]) Entsprechend den diesseitigen Vorschlägen in der *Vergl. Darst. Allg. T. IV. 342, 343.*

[2]) Vgl. darüber u. a. Olshausen, Note 14, 15 c zu § 113; Frank, StGB. 5.—7. Aufl., Nr. III 2 zu § 113; Binding, Lehrb. *Bes. T. II. 2, 769, 770*; M. E. Mayer, *Vergl. Darst. Bes. T. I. 452, 453*; Mersmann, Der Begriff der Rechtmäßigkeit der Amtsausübung usw., Strafrechtl. Abhdl. Heft 96; neuerdings auch Goldschmidt, Rechtsgrund und Rechtsnatur der staatlichen Entschädigungspflicht gegenüber unschuldig Verhafteten und Bestraften (1910) unter III das.

[3]) Vgl. darüber u. a. Olshausen, Note 15 a zu § 113; Frank a. a. O.; Binding, a. a. O. S. 771; M. E. Mayer, a. a. O. S. 447; Mersmann, a. a. O. S. 94ff.; neuerdings auch Goldschmidt, Ungerechtfertigter Vollstreckungsbetrieb (in Fischers Abhandlungen zum Privatrecht und Zivilprozeß, *XX. 3.* 1910), § 11 S. 76ff.

[4]) Vgl. darüber u. a. Olshausen, Note 28 zu § 113; Frank, Nr. VI zu § 113; Binding, a. a. O. S. 779; M. E. Mayer, a. a. O. S. 455; Mersmann, a. a. O. S. 116ff.; neuerdings auch Goldschmidt, Rechtsgrund und Rechtsnatur usw., a. a. O.

Auf beide Streitfragen hatte ich vom *DVE.* oder doch wenigstens seiner Begr. eine Antwort erwartet. Bei beiden fehlt sie. Wie sich aus dem Tatbestand des § 126 Vorentwurf ergibt, wird, entsprechend § 113 StGB., zur Strafbarkeit der „Hinderung" einer Amtshandlung und des „tätlichen Angriffs" während einer solchen die „Rechtmäßigkeit" der „Amtshandlung" bzw. „Amtsausübung" vorausgesetzt, während die „Nötigung" zu einer Amtshandlung durch „unzulässigen Zwang", entsprechend § 114 StGB., strafbar sein soll, gleichgültig ob die abgenötigte Handlung rechtmäßig oder rechtswidrig ist[1]). Wann aber „Rechtmäßigkeit der Amtshandlung" oder „Amtsausübung" gegeben ist, darüber schweigen Vorentwurf wie Begr. Letztere bemerkt nur (S. 467), durch die Ausdrucksweise des § 126 sei nach wie vor sicher gestellt, daß die Versäumung unwesentlicher Formvorschriften den Amtsakt nicht zu einem unrechtmäßigen mache. Betreffs des zum Tatbestand gehörigen Vorsatzes aber beschränkt sich die Begr. S. 468 auf die Bemerkung, es „gelten die allgemeinen Vorschriften und Grundsätze".

Es scheint danach jedenfalls bezüglich des objektiven Tatbestandsmerkmals der „rechtmäßigen Amtshandlung" alles beim alten bleiben zu sollen. Legt man hier die Praxis des Reichsgerichts zugrunde, so würden der unmittelbar und nach eigenem Ermessen „zur Vollstreckung von Gesetzen berufene" Vollstreckungsbeamte, der in entschuldbarem Tatirrtum handelte[2]), ebenso der

[1]) Ebenso Art. 200 Ziff. 1 *SchVE.*, der sogar für die Strafbarkeit des tätlichen Angriffs von dem Erfordernis der „Rechtmäßigkeit" der Amtsausübung absieht. In gerader Umkehrung vom *DVE.* verlangt der österreichische §§ 154 bis 157 zur Strafbarkeit der „Hinderung" eine „Rechtmäßigkeit" der verhinderten Amtshandlung wenigstens dann nicht, wenn die Hinderungsmittel „Gewalt" oder Androhung eines „rechtswidrigen Nachteils" sind, dagegen zur Strafbarkeit der „Nötigung" stets eine „Rechtswidrigkeit" der abgenötigten Handlung. Freilich darf auch in jenem Falle (§ 154 Abs. 3) die verhinderte Handlung keinen „Mißbrauch der Amtsgewalt" (§ 167 *OVE.*) begründen oder außerhalb der Zuständigkeit des Beamten liegen. M. E. Mayer, *Vergl. Darst. Bes. T. I. 498, 509,* möchte die Strafbarkait im Prinzip beschränkt wissen auf die „Hinderung" einer „rechtmäßigen" und die „Nötigung" zu einer „rechtswidrigen" Amtshandlung; er will aber dies Prinzip für die „Hinderung" vermittels einer sogenannten „nachgiebigen Methode" (a. a. O. S. 510, 511), die er in § 127 Abs. 2 des norwegischen StGB. verwirklicht findet, durchgeführt sehen. Vgl. darüber, sowie über die diesseitige Ansicht sofort unten im Text.

[2]) Vgl. die bei Olshausen, Note 14, 15c zu § 113 zitierten Entscheidungen. Dabei kommt es übrigens nicht darauf an, daß es sich gerade um

auf bindenden rechtswidrigen Befehl[1]) handelnde Vollstreckungsbeamte sich in „rechtmäßiger Amtsausübung“ befinden.

Von diesen Annahmen erachte ich die erste für unhaltbar, sei es auch nur aus dem Grunde, daß sie, konsequent durchgeführt, dabei landen muß, die Strafbarkeit des Widerstandleistenden von seiner Kenntnis der bona fides des Beamten abhängig zu machen[2]). Daß sie für den Vorentwurf Geltung behält, ist aber ganz ausgeschlossen. Denn das Reichsgericht hat ausdrücklich erklärt[3]), daß nur beim Beamten, nicht dagegen bei dem Privataufseher des § 117 StGB. entschuldbarer Tatirrtum die Rechtmäßigkeit seiner Handlungen unberührt lasse. Liegt hierin schon für das geltende Recht eine Inkonsequenz[4]), so wird das Nebeneinanderbestehen dieser beiden Interpretationen unmöglich für den § 126 Vorentwurf, der die §§ 113, 117 zusammenfaßt. Und muß eine der beiden Auslegungen aufgegeben werden, so ist es die bezüglich der Rechtmäßigkeit der Amtshandlung, die das Reichsgericht in seiner Entscheidung *VI. 403* eigentlich selbst als eine anomale, nur mit „staatsrechtlicher Erwägung“ zu rechtfertigende bezeichnet. Auf der anderen Seite darf dem Vollstreckungsbeamten der Schutz des § 126 Vorentwurf nicht bloß wegen materieller Unrichtigkeit seines Handelns versagt werden, zumal dann nicht, wenn er pflichtmäßig gehandelt hat. Vielmehr soll § 126 Vorentwurf, so gut wie zur Zeit § 113 StGB., den Vollstreckungsbeamten schon dann schützen, wenn er innerhalb seiner (sc. abstrakten)[5]) sachlichen und örtlichen

---

einen unmittelbar „zur Vollstreckung von Gesetzen berufenen“ Beamten im Sinne des § 113 StGB. handelt, sondern darauf, ob im Einzelfall der Vollstreckungsbeamte (z. B. Gerichtsvollzieher) das Gesetz unmittelbar zu „konkretisieren“ berufen ist; vgl. darüber Goldschmidt, Rechtsgrund usw. der staatlichen Entschädigungspflicht usw. unter III das. Schon aus diesem Grunde kann jene Interpretationsmöglichkeit auch nach dem Vorentwurf § 126 bestehen bleiben, der anstatt „Beamten, welcher zur Vollstreckung von Gesetzen, von Befehlen und Anordnungen von Verwaltungsbehörden oder von Urteilen und Verfügungen der Gerichte berufen ist“ in § 113 StGB. einfach sagt: „zur Vornahme von Vollstreckungen berufenen . . . Beamten“. Die Änderung ist übrigens eine rein redaktionelle (vgl. Begr. S. 468).

[1]) Vgl. die bei Olshausen, Note 15a zu § 113 zitierten Entscheidungen.

[2]) Vgl. ausführlich darüber Goldschmidt, Rechtsgrund u. Rechtsnatur usw., a. a. O. unter III das.

[3]) Entsch. in Strafs. *I. 112, VI. 400.*

[4]) Binding, Lehrb. *Bes. T. II. 2, 792* zu Note 1.

[5]) Vgl. dazu Goldschmidt, Rechtsgrund usw. der staatlichen Entschädigungspflicht usw. unter V das.

Zuständigkeit und unter Beobachtung der wesentlichen Formen[1]) gehandelt hat, kurz nicht nur dann, wenn ihm ein staatliches ius exequendi, sondern schon dann, wenn ihm ein staatliches ius executionis zur Seite steht[2]).

Umgekehrt ist die Annahme, daß der auf bindenden rechtswidrigen Befehl handelnde Vollstreckungsbeamte sich in rechtmäßiger Amtsausübung befinde, zwar meines Erachtens ohne weiteres rechtlich begründet[3]). Daß aber hier der Widerstand immer strafwürdig sei, wird nicht ohne Grund geleugnet.

Anlangend den subjektiven Tatbestand steht das Reichsgericht[4]) bekanntlich auf dem Standpunkt, daß in § 113 das Bewußtsein der Rechtmäßigkeit der Amtshandlung nicht zum Tätervorsatz gehöre. Über die Unvereinbarkeit dieser Ansicht mit den obersten strafrechtlichen Grundprinzipien, mit § 59 StGB., ist sich schon de lege lata alle Welt einig. Da die Begr. erklärt, bezüglich des zum Tatbestand des § 126 Vorentwurf gehörigen Vorsatzes sollten die „allgemeinen Vorschriften und Grundsätze" gelten, so scheinen wenigstens die Verfasser des Vorentwurfs an dieser Ansicht des RG. nicht festhalten zu wollen. Sie wird nach dem Vorentwurf wiederum besonders unmöglich durch die Zusammenfassung der §§ 113, 117 StGB., indem bei Widerstand gegen die Privatpersonen des § 117 auch das Reichsgericht (Entsch. *XX. 156*) verlangt, daß der Täter das Bewußtsein der Rechtmäßigkeit der Rechtsausübung gehabt habe. Immerhin scheint mir zweifelhaft, ob die Verfasser des Vorentwurfs die von ihnen anscheinend beabsichtigte Auslegung des § 126 Vorentwurfs gegenüber der ständigen entgegengesetzten Praxis des RG. auch genügend sichergestellt haben. Über die §§ 58, 59 Vorentwurf könnte sich die Praxis nicht minder leicht hinwegsetzen als über den § 59 StGB. Und — was die Hauptsache ist — hat nicht auch hier wieder die Praxis kriminal-

---

[1]) Zu denen auch die wesentlichen formalen Voraussetzungen der Amtsausübung gehören.

[2]) Vgl. darüber ausführlich Goldschmidt, a. a. O. unter III das.; vgl. auch dens., Ungerechtfertigter Vollstreckungsbetrieb, § 11 S. 78.

[3]) Vgl. darüber ausführlich Goldschmidt, Ungerechtfertigter Vollstreckungsbetrieb, a. a. O. § 11 S. 76ff. — Ich stehe also dogmatisch auf dem konträr entgegengesetzten Standpunkt zu Binding, Lehrb. *Bes. T. II. 2, 769—773,* u. M. E. Mayer, a. a. O. S. 447, 452, welche rechtmäßige Amtsausübung annehmen unter den oben genannten Umständen bei dem in entschuldbarem Tatirrtum, dagegen nicht bei dem auf bindenden rechtswidrigen Befehl handelnden Vollstreckungsbeamten.

[4]) Vgl. die bei Olshausen, Note 28 zu § 113 zitierten Entscheidungen.

politisch recht, wenn sie den Renitenten nicht freikommen lassen will auf die billige und schwer widerlegbare Angabe hin, er habe geglaubt, die Amtshandlung sei sachlich ungerechtfertigt[1])?

Aus allen diesen Gründen kann man zusammenfassend sagen: Der Widerstand gegen Vollstreckungsbeamte ist mitunter strafwürdig, obgleich die Amtshandlung in der Sache ungerechtfertigt ist, oder obgleich doch dem Täter das Bewußtsein dieser Rechtfertigung fehlt, mitunter ist er nicht strafwürdig, obgleich die Amtsausübung gerade des Vollstreckungsbeamten eine unbedingt rechtmäßige ist. Von ähnlichen Gesichtspunkten ausgehend, hat bereits M. E. Mayer[2]) vorgeschlagen, in Anlehnung an § 127 Abs. 2 des norwegischen StGB., speziell für die zwangsmäßige „Hinderung" von Amtshandlungen die „Hinderung" jeder Amtshandlung mit Strafe zu bedrohen, den Richter aber zu autorisieren, die Strafe zu mildern oder ganz wegfallen zu lassen, wenn der Beamte den Widerstand durch ungebührliches Verhalten veranlaßt hat. Die Begr. des *DVE.* geht auf die Mayersche Anregung nicht ein. Gegen sie spricht einmal, daß sie sich von der festen Basis, daß grundsätzlich nur Widerstand gegen rechtmäßige Amtshandlungen strafbar sein soll, zu weit entfernt und dem Richter ein zu weites diskretionäres Ermessen einräumt, sodann aber, daß die zu berücksichtigenden Fälle nicht genügend getroffen werden[3]). Binding[4]) regt an, de lege ferenda bei Unentschuldbarkeit des Irrtums darüber, daß der Täter einen Beamten in rechtmäßiger Amtsausübung vor sich habe, Bestrafung wegen fahrlässigen Widerstandes eintreten zu lassen. Aber auch damit würde nur ein Teil der berücksichtigenswerten Fälle getroffen werden. Ich möchte zu § 126 Vorentwurf folgenden Zusatz vorschlagen:

> „Eine rechtmäßige Amtshandlung oder Amtsausübung im Sinne dieses Paragraphen liegt auf seiten eines zur Vornahme von Vollstreckungen oder zum Forst-, Jagd- oder Fischereischutz berufenen Beamten dann vor, wenn der Beamte innerhalb seiner Zuständigkeit und unter Beobachtung der wesentlichen Formen gehandelt hat; war die Amtshandlung oder Amtsausübung in der

[1]) Vgl. denn auch Kohler, Studien aus dem Strafrecht, *I. 73, 74.*

[2]) *Vergl. Darst. Bes. T. I. 453, 494ff.*, insbes. *509--511.*

[3]) Beides hebt Mersmann, a. a. O. S. 126ff., mit Recht gegenüber Mayer hervor; aber auch Mersmanns eigene Vorschläge, a. a. O. S. 129ff., treffen nicht das, was, wenigstens nach meinem Dafürhalten, getroffen werden muß.

[4]) Lehrb. *Bes. T. II 2, 780* Note 3.

Sache ungerechtfertigt, so tritt die bei mildernden Umständen vorgesehene Strafe ein, auch kann in besonders leichten Fällen (§ 83) von Strafe überhaupt abgesehen werden[1]).“

Diese Fassung scheint mir alles Wünschenswerte zu berücksichtigen. Sie hält daran fest, daß die „Rechtmäßigkeit“ der gehinderten[2]) oder gestörten Amtshandlung grundsätzlich Tatbestandsmerkmal des „Widerstandes“ auch gegen Vollstreckungsbeamte ist, und daß der Täter folgeweise auch das Bewußtsein dieses Tatbestandsmerkmals haben muß. Sie beschränkt aber hinsichtlich des Vollstreckungsbeamten mindestens für den Bereich des § 126 den Inhalt der „Rechtmäßigkeit“ auf die (sc. abstrakte) Kompetenzmäßigkeit der Amtshandlung und ihre Vornahme unter Beobachtung der wesentlichen Förmlichkeiten (einschließlich der wesentlichen formalen Voraussetzungen). Der Widerstand soll also strafbar bleiben auch dann, wenn die Amtshandlung des Vollstreckungsbeamten in der Sache ungerechtfertigt war, d. h. also insbesondere dann, wenn der Beamte in entschuldbarem Tatirrtum oder auf bindenden rechtswidrigen Befehl gehandelt hat. Noch viel weniger entschuldigt die irrige Vorstellung des Täters, er habe die Amtshandlung für sachlich ungerechtfertigt gehalten, wogegen dem Täter die Vorstellung der Kompetenz- und Formgemäßheit der Amtshandlung allerdings nachgewiesen werden muß, aber auch leicht nachgewiesen werden kann. Dafür erhält der Umstand, daß die Amtshandlung sachlich ungerechtfertigt war, auf alle Fälle die Bedeutung eines obligatorischen Strafmilderungs-, in besonders leichten Fällen (§ 83 Vorentwurf) die Bedeutung eines fakultativen Strafbefreiungsgrundes. Unberührt bleibt die Möglichkeit, bei entschuldbar irriger Annahme sachlich ungerechtfertigter Amtsausübung mildernde Umstände für vorliegend zu erachten oder die Strafe auf Grund des § 83 Vorentwurf nach freiem Ermessen zu mildern[3]).

---

[1]) Vgl. ganz ähnliche Vorschläge unten zu §§ 140—142 Vorentwurf. Auf ähnlichen Rechtsgedanken beruht auch § 154 Abs. 3 *OVE.* (oben S. 49 Anm. 1); dazu Graf Gleispach, Der österreich. Strafgesetzentwurf (1910) S. 24.

[2]) Bei der Inkriminierung der „Nötigung“ zur Vornahme von Amtshandlungen durch „unzulässigen Zwang“, gleichgültig, ob die abgenötigte Amtshandlung rechtmäßig ist oder nicht (vgl. oben S. 49 bei Anm. 1), mag es sein Bewenden haben. Die Fälle der „Nötigung“ im engeren Sinne sind ohnehin praktisch nicht sehr wichtig.

[3]) Es sei schließlich noch darauf hingewiesen — vgl. schon oben S. 43 —, daß der Titel „Widerstand“, den der Vorentwurf nicht nur für die Überschrift des 6. Abschnitts, sondern auch als Marginale des § 126 bei-

§ 127 Vorentwurf. Die Behandlung des qualifizierten „Widerstandes“, des „Aufruhrs“ in § 127 Vorentwurf weist im Verhältnis zum geltenden Recht (§ 115 StGB.) wesentliche Verbesserungen auf. Vor allem ist der Auslegung des bisherigen § 115, „Aufruhr“ könne schon bei einer „Zusammenrottung“ von zwei Personen angenommen werden, dadurch ein Riegel vorgeschoben, daß, wie in § 125 StGB., Beteiligung an der öffentlichen Zusammenrottung „einer Menschenmenge“ gefordert wird[1]). Der Anregung M. E. Mayers, das Tatbestandsmerkmal der „Öffentlichkeit“ zu streichen[2]), ist der Vorentwurf meines Erachtens mit Recht nicht gefolgt, ebensowenig dessen Vorschlag[3]), entsprechend § 136 des norwegischen StGB., den Tatbestand des Aufruhrs mit dem des Landfriedensbruches zu vereinigen. Auch dies möchte ich billigen, gewiß nicht aus „doktrinären“[4]), auch nicht lediglich aus den von der Begr. S. 472 angeführten Gründen (Verschiedenheit der Angriffsobjekte, Notwendigkeit höherer Aufruhrstrafen, Unerheblichkeit der Vollendung von „Gewalttätigkeiten gegen Personen oder Sachen“ beim Aufruhr), sondern vor allem deshalb, weil der „Aufruhr“ ein „Staatsverbrechen“ im Sinne der oben unter I gemachten Ausführungen und mit den daselbst gezogenen Konsequenzen ist, der „Landfriedensbruch“ dagegen nicht[5]). So halten denn auch sowohl der *Sch.* (A. A. 200 Ziff. 2, 186)[6]), als auch der *OVE.* (§§ 161, 162; 234) an der Trennung von „Aufruhr“ und „Landfriedensbruch“ fest. Zu billigen ist ferner die Herabsetzung der dem bloßen Teilnehmer angedrohten Mindeststrafe von sechs (§ 115 Abs. 1 StGB.)

---

behält, nach der Zusammenlegung der §§ 113, 114 StGB. und der Streichung des Tatbestandsmerkmals des „Widerstandleistens“ eigentlich nicht mehr paßt. Dann wäre der den größten Teil des Tatbestandes deckende Ausdruck „Beamtennötigung“ noch passender.

[1]) Wenn freilich das Reichsgericht an seiner Extensivinterpretation des Begriffs „Menschenmenge“ festhält (Entsch. *IX. 143, XL. 76*), so wird die Änderung wenig nützen. Dennoch wüßte ich keinen weniger mißverständlichen Ausdruck. v. Hippel, *Vergl. Darst. Bes. T. II. 26*, schlägt „Volksauflauf“ vor. Vielleicht hätte schon eine die Rechtsprechung des RG. mißbilligende Äußerung der Begr. genügt. Entsprechendes gilt von einer Sicherstellung des Merkmals „mit vereinten Kräften“ gegen die Auslegung des RG. Entsch. *XXX. 372, XXXVI. 174.*

[2]) *Vergl. Darst. Bes. T. I. 471.*

[3]) A. a. O. S. 518, 531.

[4]) M. E. Mayer, a. a. O. S. 518.

[5]) Vgl. dazu insbes. oben S. 42 Anm. 8.

[6]) Der Art. 186 *SchVE.* vertritt wenigstens die Stelle des sonst mangelnden „Landfriedensbruches“; vgl. M. E. Mayer. a. a. O. *I. 530.*

auf drei Monate (§ 127 Abs. 1 Vorentwurf): vielleicht würde sogar ein Minimum von einem Monat (so *SchVE.* A. 200 Ziff. 2 und der allerdings etwas weiter gefaßte[1]) § 161 Ziff. 1 des *OVE.*, der sogar Haft zuläßt) genügen. Zu billigen ist endlich die Herabsetzung des gewöhnlichen Strafmaximums für die Rädelsführer und Gewalttätigen von zehn (§ 115 Abs. 2 StGB.) auf fünf (§ 127 Abs. 2 Vorentwurf) Jahre Zuchthaus. Zu beanstanden wäre höchstens die Beibehaltung des nicht genügend scharfen „Rädelsführer"-begriffes[2]), der sich, soviel ich sehe, weder im *Sch.* noch im *OVE.*[3]) findet[4]).

Nicht ganz so beifällig, wie die Regelung des „Aufruhrs", kann die des „Auflaufs" (§ 116 StGB.) im Vorentwurf (§ 128) aufgenommen werden. Zwar sind auch hier wesentliche Verbesserungen festzustellen. Der in seinem Verhältnis zu § 115 StGB. zweifelhafte Abs. 2 des § 116 StGB. ist gestrichen. Durch Einschaltung der Worte „aus der Menge" zwischen „sich nicht" und „entfernt" ist andererseits klargestellt, daß der sich mit der geschlossenen Menge Entfernende strafbar bleibt. Aber über den Grundgedanken des Auflaufdelikts ist sich der *DVE.* nicht klar geworden. Nach der Begr. S. 472 faßt er es als ein Gefährdungsdelikt auf, aus dem sich leicht ein Aufruhr entwickeln kann. Und dieser Auffassung entspricht es allerdings, wenn die in § 116 StGB. enthaltene Ortsbezeichnung „auf öffentlichen Wegen, Straßen oder Plätzen", unter Aufrechterhaltung des Erfordernisses der „Öffentlichkeit" der Versammlung, gestrichen ist. Aber dann durfte nicht der bloße Ungehorsam gegen die obrigkeitliche Aufforderung zur Entfernung hinreichend zur Strafbarkeit bleiben. Vielmehr mußte, entsprechend dem § 235 des *OVE.*, außerdem verlangt werden, daß die „öffent- *§ 128 Vorentwurf.*

---

[1]) Es genügt Zusammenrottung zum Zwecke der zwangsmäßigen Nötigung usw. Dafür wird in § 162 die tätige Reue als Strafaufhebungsgrund anerkannt. Dagegen liegt m. E. kein Grund vor, die Entfernung auf Befehl der Obrigkeit als Strafaufhebungsgrund zu empfehlen (M. E. Mayer, a. a. O. S. 532, 538), sofern der Aufruhr, wie nach dem *DVE.*, die wirkliche Begehung von Gewalttätigkeiten voraussetzt.

[2]) Vgl. auch M. E. Mayer, a. a. O. S. 473, 531, der statt dessen den „Anstifter" mit qualifizierter Strafe zu bedrohen empfiehlt.

[3]) Der nur in §§ 162, 234 Ziff. 2 vom „Anführer" spricht.

[4]) An Stelle der nach § 115 Abs. 2 StGB. neben Zuchthaus statthaften Zulässigkeit von Polizeiaufsicht tritt, entsprechend § 53 Vorentwurf, unter Umständen die Zulässigkeit der Aufenthaltsbeschränkung. Über die Zweckmäßigkeit dieser Maßregel ist hier nicht zu handeln; gegen sie Goldschmidt, *Vergl. Darst. Allg. T. IV. 441* zu Note 5.

lich versammelte Menschenmenge" nicht nur nach Meinung des auffordernden Beamten, sondern auch wirklich objektiv „den öffentlichen Frieden" oder „die gesetzliche Ordnung" „gefährdete" oder die „Absicht" bekundete, Aufruhr- oder Landfriedensbruchhandlungen zu begehen[1]). Ohne dieses letztere Tatbestandsmerkmal qualifiziert sich nämlich der „Auflauf" als ein reines Polizeidelikt[2]), und dann ist nicht nur seine Belassung unter dem „Vergehen", erst recht die Heraufsetzung des Strafmaximums von drei (§ 116 Abs. 1 StGB.) auf sechs (§ 128 Vorentwurf) Monate Gefängnis[3]), sondern vor allem die Streichung der in § 116 Abs. 1 StGB. enthaltenen Ortsbezeichnung anfechtbar. Denn die obrigkeitliche Befugnis, „auf öffentlichen Wegen, Straßen oder Plätzen"[4]) unbedingt das Auseinandergehen einer versammelten Menschenmenge gebieten zu können, findet ihre Grundlage in zweifellosen verkehrspolizeilichen Befugnissen. Anders, wenn es sich um eine öffentliche Versammlung auf Privatgrundstücken oder gar in geschlossenen Räumen handelt. Hier kann die durch § 128 Vorentwurf sanktionierte unbedingte Verpflichtung, sich auf obrigkeitliche Aufforderung zu entfernen, zu erheblichen Zweifeln Anlaß geben über das Verhältnis des § 128 Vorentwurf zum Reichsvereinsgesetz vom 19. April 1908, insbes. zu §§ 16, 18 Ziff. 4 das. Nach herrschender Lehre ist

---

[1]) Vgl. auch Art. 186 *SchVE.* Im wesentlichen wie im Text bereits M. E. Mayer, *Vergl. Darst. Bes. T. I. 533, 540,* der nur, S. 537, 538, neben dem objektiv friedensgefährdenden Charakter der Versammlung nicht den Ungehorsam gegen den obrigkeitlichen Entfernungsbefehl als Tatbestandsmerkmal, sondern den Gehorsam gegen ihn als Strafaufhebungsgrund behandelt wissen will.

[2]) So auch M. E. Mayer, a. a. O. S. 476, 477.

[3]) § 235 *OVE.*, der doch eine friedensgefährdende Ansammlung voraussetzt, droht als Maximum nur vier Wochen Gefängnis an. Daß dafür hier schon zweimalige Aufforderung, auseinander zu gehen, genügt, macht keinen wesentlichen Unterschied.

[4]) D. h. dem öffentlichen Verkehr dienenden, nicht bloß in concreto jedermann zugänglichen; anders RG. Entsch. *XXI. 370;* Olshausen, Note 2a zu § 116; Frank, *I. 1* zu § 116; M. E. Mayer, a. a. O. S. 477; richtig Binding, Lehrb. *Bes. T. II. 2, 801;* Oppenhoff-Delius, Note 4 zu § 116. Ganz abgesehen davon, daß ein im konkreten Falle allgemein zugänglicher Ort noch kein „öffentlicher Ort" ist, spricht § 116 ja gar nicht von öffentlichen „Orten", womit die Gegner immer operieren, sondern von öffentlichen „Wegen, Straßen oder Plätzen". Es handelt sich also um Orte, die speziell dem öffentlichen Verkehr dienen. Das paßt auch ganz zum Wesen des „Auflaufs", der, wenn nicht eben besonders eine Friedensgefährdung usw. verlangt wird, in Bereitung eines Verkehrshindernisses besteht.

nämlich für die Strafbarkeit wegen „Auflaufs" gleichgültig sowohl der Grund der Versammlung[1]), als auch vor allem die Rechtmäßigkeit der Aufforderung, auseinanderzugehen[2]). Wie nun, wenn eine nach §§ 1, 5, 6 des Reichsvereinsgesetzes erlaubte oder eine gemäß § 7 das. genehmigte öffentliche Versammlung zum Auseinandergehen aufgefordert wird?

Danach bleibt folgende Alternative: Entweder das künftige deutsche StGB. behandelt den „Auflauf" als ein, und zwar konkretes Gefährdungsdelikt, aus dem sich leicht ein Aufruhr oder Landfriedensbruch entwickeln kann. Dann qualifiziert er sich als kriminelles Delikt; es kann Gefängnis zur Wahl gestellt werden, wenn auch vielleicht ein Maximum von drei Monaten nach wie vor ausreicht[3]). Es mag die in § 116 Abs. 1 StGB. enthaltene Ortsbezeichnung, unter Aufrechterhaltung des Erfordernisses der „Öffentlichkeit" der Versammlung, gestrichen werden. Aber es bedarf dann auch, entsprechend § 235 *OVE.*, neben dem Tatbestandsmerkmal des Ungehorsams gegen die obrigkeitliche Aufforderung, auseinanderzugehen, der Aufnahme des Erfordernisses, daß die öffentliche Versammlung den „öffentlichen Frieden" oder die „gesetzliche Ordnung" gefährdete, oder daß sie die „Absicht" bekundete, zu Aufruhr- oder Landfriedensbruchhandlungen zu

---

[1]) Olshausen, Note 1 zu § 116; M. E. Mayer, a. a. O. S. 477; anders wohl Binding, Lehrb. *Bes. T. II. 2, 801,* der bei erlaubter Versammlung „Erledigung des Grundes" voraussetzt.

[2]) Olshausen, Note 4 zu § 116; M. E. Mayer, a. a. O. S. 477, 478; anders Binding, a. a. O. S. 801.

[3]) Die Begr. der Heraufsetzung des Gefängnismaximums mit der Streichung des Abs. 2 § 116 StGB. (Begr. S. 473) geht fehl. Denn die Fälle, die bisher zwar dem § 116 Abs. 2, aber nicht dem § 115 unterfielen, wo nämlich einzelne Teilnehmer der Menschenmenge, dieser unbewußt, gegen Beamte tätlich wurden, will der Vorentwurf mit Recht (Begr. a. a. O.) an den übrigen Teilnehmern nicht härter geahndet wissen. Die gewalttätigen Teilnehmer aber unterfallen ohnehin der Bestrafung nach § 126 Vorentwurf. Indessen ganz abgesehen davon ist es bedenklich, mit Rücksicht auf diese, wie die Begr. selbst zugibt, Ausnahmefälle die Strafe für alle Auflaufsfälle so erheblich zu erhöhen. Es gilt hier das oben S. 45, 46 Bemerkte entsprechend. Bei einem Strafmaximum von drei Monaten Gefängnis (oder Haft) würde übrigens der „Auflauf" auch nach dem System des Vorentwurfs § 1 noch nicht zur Übertretung herabsinken, da in § 128 Vorentwurf alternativ Geldstrafe bis zu 1000 M (bisher 1500) angedroht ist. Daß es bei der Qualifizierung von mit Gefängnis bedrohten Delikten zu „Übertretungen" verbleiben soll, kann ich mir außerdem vor der Hand noch nicht vorstellen. Doch ist dies hier nicht weiter zu erörtern.

schreiten. Daß durch Aufnahme dieses Erfordernisses der „Auflauf“ zu einem Vergehen „gegen die öffentliche Ordnung“ wird, nimmt der *OVE.* allerdings an[1]). Ich möchte aber glauben, daß auch bei dieser Regelung das entscheidende Kriterium immer noch der Ungehorsam gegen die Obrigkeit, und der „Auflauf“ ein „Staatsverbrechen“ im Sinne der oben unter I gemachten Ausführungen und mit den daselbst gezogenen Konsequenzen sein wird. Die zweite Möglichkeit der Behandlung des „Auflaufs“ im künftigen deutschen StGB. wäre, der „Auflauf“ bleibt, was er nach § 116 Abs. 1 StGB. ist, ein Verkehrspolizeidelikt. Dann muß die in § 116 Abs. 1 enthaltene Ortsbezeichnung aufrechterhalten bleiben. Ja, es empfiehlt sich, zur Vorbeugung irriger Auslegung, wie sie besonders in RG.Entsch. *XXI. 370* enthalten ist[2]), statt „öffentlichen Wegen, Straßen oder Plätzen“ zu sagen: „dem öffentlichen Verkehr dienenden Wegen, Straßen oder Plätzen“. Freilich würde bei solcher Auffassung des „Auflaufs“ seine Unterstellung unter die „Übertretungen“ angezeigt sein[3]). Bei beiden Formen der Regelung wären Kollisionen mit dem Reichsvereinsgesetz vermieden, im ersten Falle durch Erhebung der „Gesetzwidrigkeit“ der Versammlung zum Tatbestandsmerkmal, im zweiten Falle durch unzweideutige Fundierung des „Auflaufs“ auf die durch das Reichsvereinsgesetz unberührt gelassenen Befugnisse der Verkehrspolizei.

§ 129 Vorentwurf. In ebenso geschickter Weise, wie der Vorentwurf die §§ 113, 114, 117 bis 119 StGB. im § 126 zusammenlegt, faßt er die §§ 120, 121, 347 StGB. im § 129 zusammen[4]). Die „Buntscheckigkeit“ der Ausdrucksweise jener Paragraphen[5]), welche

---

[1]) § 235 steht das. unter den „Strafbaren Handlungen gegen den öff. Frieden“.

[2]) Vgl. oben S. 56 Anm. 4.

[3]) Vom Standpunkt des Vorentwurfs schon — vgl. oben S. 57 Anm. 3 a. E. —, sofern es bei dem Gefängnismaximum des § 116 Abs. 1 StGB. verbleibt, und das Höchstmaß der alternativ angedrohten Geldstrafe auf 300 M herabgesetzt wird.

[4]) Der *SchVE.* Art. 213, 231 beläßt es bei der Trennung der gewöhnlichen Gefangenenbefreiung von dem betreffenden Amtsdelikt; jene findet ihren Platz unter den „Verbrechen gegen die Strafverfolgung und den Strafvollzug“. Teils unter dieser Rubrik, teils als „Befreiung eines Verwahrten“ regelt der *OVE.* §§ 193 Ziff. 2, 199 unser Delikt, welches, von einem Beamten begangen, wohl unter § 167 das. fällt.

[5]) Vgl. M. E. Mayer, Die Befreiung von Gefangenen (1906), S. 27.

mehrfache Lücken läßt[1]), und die Folgewidrigkeit des geltenden Rechts, nach welchem der Versuch zwar in §§ 120, 347, aber nicht in § 121 mit Strafe bedroht ist, sind durch die Zusammenfassung beseitigt. Der erhöhten Verantwortlichkeit der in §§ 121, 347 StGB. bedrohten Personen, die insbesondere auch für Fahrlässigkeit haften, ist durch Abs. 3 des § 129, in Verbindung mit § 210 Vorentwurf, Rechnung getragen. Auch hier ist die Fassung wesentlich vereinfacht, wodurch die Streitfrage, die sich an das Merkmal „anvertraut" in § 347 StGB. knüpft[2]), ihre Erledigung findet. Der Strafrahmen ist für den einfachen Fall wesentlich herabgesetzt[3]). Die geschärfte und die auf fahrlässige Begehung gesetzte Strafdrohung gegen Bewachungspersonen ist, soweit Beamte in Frage kommen, gegenüber § 347 StGB., selbst bei Berücksichtigung des § 210 Vorentwurf[4]), wesentlich gemildert[5]), für Nichtbeamte dagegen wenigstens zum Teil gegenüber § 121 StGB. nicht unerheblich verschärft[6]). Ob die zumal bei fahrlässiger Begehung völlige Gleichstellung von beamteten und nichtbeamteten Bewachungspersonen begründet ist, darüber kann man geteilter Ansicht sein.

Im übrigen wären nur zwei Einwendungen gegen § 129 Vor-

---

[1]) So sind z. B. nach § 121 Abs. 1 die vorsätzliche „Bewirkung" der Befreiung durch eine Aufsichtsperson (M. E. Mayer, a. a. O. S. 30), nach §§ 121 Abs. 2 und 347 Abs. 2 die fahrlässige „Bewirkung" oder „Beförderung" der „Befreiung" (Begr. S. 476 Note 1, 2; anders allerdings M. E. Mayer, S. 32) straflos. Dem „behilflich ist" in § 120 Abs. 1 StGB. hat der Vorentwurf mit Recht das in §§ 121, 347 gebrauchte „befördert" vorgezogen, um dadurch zu erkennen zu geben, daß die unterstützte Handlung, namentlich bei der Selbstbefreiung, straflos sein kann, also keine „Beihilfe" im technischen Sinn vorzuliegen braucht (Begr. S. 474).

[2]) M. E. Mayer, a. a. O. S. 8—10.

[3]) Gefängnis oder Haft bis zu zwei Jahren gegenüber Gefängnis bis zu drei Jahren in § 120 StGB.

[4]) Der gegenüber § 129 Abs. 1 Halbs. 1, wo ohnehin Gefängnis bis zu fünf Jahren angedroht ist, nicht eigentlich praktisch wird.

[5]) Gefängnis nicht unter einer Woche statt Zuchthaus bis zu fünf Jahren, bei mildernden Umständen Gefängnis nicht unter einem Monat in § 347 Abs. 1 StGB. und Haft bis zu drei Monaten oder Geldstrafe bis zu 500 M statt Gefängnis bis zu sechs Monaten oder Geldstrafe bis zu 600 M in § 347 Abs. 2 StGB.

[6]) Gefängnis von einer Woche bis zu fünf Jahren statt Gefängnis bis zu drei Jahren in § 121 Abs. 1 StGB. und Haft bis zu drei Monaten oder Geldstrafe bis zu 500 M statt Gefängnis bis zu drei Monaten oder Geldstrafe bis zu 600 M in § 121 Abs. 2 StGB.

entwurf zu erheben: Einmal hätte die Ausdehnung der Strafdrohung auf Befreiung von Fürsorgezöglingen und anderen auf behördliche Anordnung Verwahrten (so z. B. auf Grund der §§ 43, 65 des Vorentwurfs selbst) nicht von der Hand gewiesen werden sollen. Warum in Befreiung solcher Personen keine Auflehnung gegen die Staatsgewalt liegen soll (Begr. S. 474, 475), ist unerfindlich. Gerade für die Befreiung von Fürsorgezöglingen wäre auch eine reichsrechtliche Regelung besonders wünschenswert. Ich sehe auch keinen Anlaß, die Befreiung von Fürsorgezöglingen und anderen auf behördliche Anordnung Verwahrten nur als Verwaltungsdelikt zu ahnden[1]). Vielmehr erscheint mir diese Befreiung genau so strafwürdig wie die eigentlicher Gefangenen. Im wesentlichen auf denselben Standpunkt hat sich denn auch der *OVE.* § 199 Ziff. 3 gestellt.

Der andere zu beanstandende Punkt betrifft die geflissentliche Unterlassung des Vorentwurfs (Begr. S. 474 Note 2), zu der viel umstrittenen Frage Stellung zu nehmen, ob der Gefangene als Teilnehmer an seiner eigenen Befreiung durch andere strafbar sein kann[2]). Da das Reichsgericht (Entsch. *III. 140*) die Frage bekanntlich unter Berufung auf die allgemeinen Teilnahmevorschriften bejaht, über die Verneinung der Frage jedenfalls de lege ferenda aber kein Zweifel bestehen sollte, so kann die Verweisung der Begr. a. a. O. auf die allgemeinen Teilnahmevorschriften nicht gebilligt werden; denn in diesen findet sich eine grundsätzliche Regelung des hier in Betracht kommenden Falles im Vorentwurf so wenig wie im geltenden Recht. Es bedarf also einer ausdrücklichen Bestimmung, aus der die Straflosigkeit des an seiner eigenen Befreiung durch andere teilnehmenden Gefangenen mit Sicherheit hervorgeht[3]). Ob diese Bestimmung als Zusatz zu § 129 Vorentwurf einzustellen ist oder — wohl besser[4]) — als Zusatz zu den allgemeinen Teilnahmevorschriften, kann hier nicht näher erörtert werden.

§ 130 Vorentwurf. Der die „Meuterei" behandelnde § 130 Vorentwurf weist im Verhältnis zu § 122 StGB. nur geringfügige Änderungen auf, die im wesentlichen zu billigen sind. Mit Recht ist das Merkmal der „Zusammenrottung" gestrichen[5]), da dieses Merkmal, richtig verstanden, auf eine „Menschenmenge" hinweist, zur „Meuterei" aber

[1]) So M. E. Mayer, Gefangenenbefreiung S. 6, 7.

[2]) Vgl. darüber M. E. Mayer, a. a. O. S. 14, 15.

[3]) Vgl. auch M. E. Mayer, a. a. O. S. 15 Note 1.

[4]) Mit Rücksicht auf andere gleichliegende Fälle, z. B. Teilnahme an der eigenen Verkuppelung.

[5]) Anders Art. 214 *SchVE.*, § 200 *OVE.*

in der Tat die Vereinigung von nur zwei Gefangenen genügt. Wegen dieses charakteristischen Unterschiedes und, weil der „Meuterei“ auch das Merkmal der „Öffentlichkeit“ fremd ist, hat der Vorentwurf, in Übereinstimmung mit dem *Sch.* und *OVE.*, die von M. E. Mayer[1]) vorgeschlagene Vereinigung von „Meuterei“ und „Aufruhr“ meines Erachtens mit Recht abgelehnt. Sieht man aber von einer Vereinigung ab, so kann man die der „Meuterei“ neben den sonstigen „Aufruhrhandlungen“ eigentümliche Handlung des „Ausbruchsversuchs“, auch wieder in Übereinstimmung mit Art. 214 *Sch.*, § 200 *OVE.*, beibehalten[2]) und sogar als den „Hauptfall und der Anschaulichkeit wegen“ an die Spitze stellen. Auf einem Versehen dagegen beruht es anscheinend, daß in § 130 Abs. 1 Vorentwurf, im Widerspruch zu § 126 Abs. 1 Vorentwurf, neben dem „Versuch der Nötigung zur Unterlassung“ das „Widerstandleisten“ aus § 122 Abs. 1 StGB. stehen geblieben ist. Andrerseits ist zwar die Streichung des „gewaltsam“ bei „ausbrechen“ unbedenklich, weil jenes in diesem enthalten ist[3]); aber, zumal nach Streichung des Merkmals der „Zusammenrottung“, wäre es vielleicht besser, entsprechend § 126 Abs. 1 Vorentwurf, ausdrücklich zu verlangen, daß die Nötigung „mit Gewalt oder Drohung mit Gewalt“ versucht wurde. Ist doch auch, entsprechend § 126 Abs. 1 Vorentwurf und abweichend von § 122 Abs. 1 StGB., zutreffend in § 130 Abs. 1 Vorentwurf ein „tätlicher“ Angriff gefordert[4]).

Die Strafsätze des geltenden Rechts sind sowohl im Grund- (Abs. 1), wie im Schärfungs- (Abs. 2) Falle wesentlich gemildert[5]).

Da der Vorentwurf auf die Einarbeitung der strafrechtlichen Nebengesetze leider grundsätzlich verzichtet hat[6]), so hat er die Gelegenheit versäumt, die an dieser Stelle leicht einzureihenden

[1]) Gefangenenbefreiung S. 16, 19, 46.

[2]) Dagegen M. E. Mayer, a. a. O. S. 19.

[3]) Begr. S. 477 Note 2.

[4]) Vgl. über diese de lege lata nur im Wege der Restriktivinterpretation zu ergänzenden Erfordernisse Olshausen, Note 5 zu § 122; ebenda Note 9c die Ausführung, daß trotzdem für den § 122 Abs. 3 StGB. (§ 130 Abs. 2 Vorentwurf) Raum bleibt.

[5]) Gefängnis nicht unter drei statt unter sechs Monaten und Zuchthaus bis zu fünf statt bis zu zehn Jahren, wobei überdies die Berücksichtigung geringer Gewalttätigkeiten und mildernder Umstände (wie beim Landfriedensbruch, § 133 Vorentwurf) ermöglicht ist. An Stelle der in § 122 Abs. 3 StGB. statthaften Zulässigkeit von Polizeiaufsicht greift § 53 Vorentwurf ein.

[6]) Begr. S. VI.

§§ 100—106 der Seemannsordnung vom 2. Juni 1902 hier aufzunehmen. Allerdings ist Insubordination gegen den Schiffsvorgesetzten keine eigentliche strafbare Handlung gegen die „Staatsgewalt". Aber auf dem Seeschiff steht doch die Gewalt der Schiffsvorgesetzten gleichsam an Stelle der Staatsgewalt. Und, sofern der Vorentwurf nicht, gleich dem *OVE.* Hauptstück XXXV, einen besonderen Abschnitt: „Strafbare Handlungen in bezug auf die Seeschiffahrt" zu bilden sich entschließt, besteht systematisch nicht das geringste Bedenken, die Insubordination der Schiffsleute und Schiffsoffiziere am Schlusse des Abschnitts 6 einzureihen[1]). Praktisch aber ist die Einreihung an dieser Stelle sogar besonders empfehlenswert. Denn nicht nur schließen sich die aufzunehmenden Tatbestände der Seemanns-Ordnung unmittelbar an den Tatbestand des Widerstandes an, sondern, da jene Tatbestände natürlich nur strafbar sind, wenn sie sich auf einem deutschen Schiff ereignen, qualifizieren sie sich zur Einreihung in den Abschnitt, der Angriffe auf nationale Interessen behandelt. Die betreffenden Delikte müßten andererseits, entsprechend § 121 Abs. 1 Seemanns-Ordnung, in § 4 Ziff. 2 Vorentwurf mit aufgeführt werden.

III. Verbrechen und Vergehen gegen die öffentliche Ordnung.

In dem dem 7. Abschnitt des StGB. entsprechenden 7. Abschnitt des Vorentwurfs finden wir im wesentlichen ebenfalls die Delikte jenes Abschnitts wieder. Der Hausfriedensbruch (§ 123 StGB.) ist aus dem Abschnitt entfernt; er findet sich als § 242 Vorentwurf im 19. Abschnitt („Verbrechen und Vergehen gegen die persönliche Freiheit") wieder. Ebenso sind die §§ 138, 139 StGB. als §§ 173, 174 in den 11. Abschnitt („Verbrechen und Vergehen in Beziehung auf die Rechtspflege"), § 145 StGB. als § 188 in den 13. Abschnitt des Vorentwurfs („Verbrechen und Vergehen gegen die Sicherheit des öffentlichen Verkehrs") versetzt. §§ 140—143 StGB. sind in de neugebildeten 8. Abschnitt des Vorentwurfs („Vergehen gegen die Wehrpflicht, das Heer und die Marine") eingestellt.

Von diesen Verschiebungen wäre höchstens die des § 139 StGB. zu beanstanden. Die „Unterlassene Verbrechensanzeige" ist meines

[1]) Wenn das ein so scharfer Systematiker, wie Binding, schon in seinem wissenschaftlichen System tut (Lehrb. *Bes. T. II. 2, 795ff.*), braucht sich der Gesetzgeber erst recht keine Skrupel zu machen.

Erachtens kein Delikt gegen die „Rechtspflege“, sondern gegen die „Sicherheitspolizei“ [1]); an ihrer systematischen Stellung hätte man nichts zu ändern brauchen [2]).

Gestrichen sind der in seiner Mittelstellung zwischen Haus- und Landfriedensbruch unklare § 124 StGB. (Begr. S. 489); ferner, unter Hinweis auf § 18 des Reichsvereinsges. v. 19. April 1908, der § 128 StGB. (Begr. S. 491 zu § 136 Vorentwurf); endlich, unter Hinweis insbesondere auf die Neufassung des § 110 StGB. in § 131 Vorentwurf, der sogenannte Kanzelparagraph (§ 130a StGB.) (Begr. S. 494). Auf die Streichung der §§ 128, 130a wird bei Besprechung der §§ 136, 137 Vorentwurf zurückgekommen werden.

Dafür erscheinen neu im 7. Abschnitt die bisher im 6. Abschnitt (§§ 110, 111 StGB.) befindliche „Aufwiegelung“ (§ 131 Vorentwurf), der bisher im Allgemeinen Teil, unter den „Teilnahme“-Vorschriften befindliche Duchesne-Paragraph (StGB. § 49a = § 132 Vorentwurf) und die Tierquälerei (§ 146 Vorentwurf), deren Einstellung an diese Stelle (als § 145b StGB.) allerdings bereits der zurzeit dem Reichstage vorliegende Entwurf der sogenannten „kleinen Strafgesetznovelle“ projektiert. Daß die „Tierquälerei“ eigentlich nicht in den Abschnitt 7 paßt, gibt die Begr. zum Entwurf der genannten „kleinen Strafgesetznovelle“ (S. 10 zu Nr. 3 das.) offen zu; sie weiß nur keinen passenderen Platz. Meines Erachtens wäre die Einfügung am Schlusse der „Verbrechen und Vergehen gegen die Sittlichkeit“ (20. Abschnitt des Vorentwurfs) immer noch angemessener [3]). Die Richtigkeit der Einstellung der §§ 131, 132 in den 7. Abschnitt wird bei ihrer Einzelbesprechung zu erörtern sein.

Schließlich behandelt § 145 Vorentwurf, wie sich zeigen wird, ein ganz anderes Delikt als § 144 StGB., dessen Nachfolger er werden soll.

Die Überschrift des 7. Abschnitts „Verbrechen und Vergehen gegen die öffentliche Ordnung“ ist nicht glücklich. Sie kann — dessen ist sich auch die Begr. S. 477 bewußt — den Charakter

---

[1]) Ebenso Binding, Lehrb. *Bes. T. II. 2, 670ff.* (der das Delikt nicht unter den „Prozeßverbrechen“ behandelt); anders freilich v. Liszt, Lehrb. 16. u. 17. Aufl., § 184 VI.

[2]) Ebenso Heimberger, *Vergl. Darst. Bes. T. II. 426*; § 241 *OVE.*

[3]) Vgl. v. Hippel, *Vergl. Darst. Bes. T. II. 264.* Es ist freilich außerordentlich bezeichnend, daß man die „Tierquälerei“ bei ihrer Erhebung vom Verwaltungs- zum Justizdelikt (Goldschmidt, Verwaltungsstrafrecht, 1902, § 33) vorerst in das Zwischengebiet der „Verbrechen und Vergehen gegen die öffentliche Ordnung“ einfügen will; vgl. noch folg. Anm.

der Unbestimmtheit, der Aushilfe[1]) nicht verleugnen. Es kann aber der bessere Titel: „Verbrechen und Vergehen gegen den öffentlichen Frieden", den die entsprechenden Abschnitte 11 des *Sch.* und 18 des *OVE.* führen, nur dann empfohlen werden, wenn die unter diesen Titel nicht mehr passenden, gegen die „Staatsgewalt" oder „Verwaltung" sich richtenden Delikte des Abschnitts 7[2]) aus diesem entfernt werden.

§ 131 Vorentwurf. Als erstes „Vergehen gegen die öffentliche Ordnung" führt der Vorentwurf in § 131 die „Aufwiegelung" an. In diesem Begriff faßt der Vorentwurf die Tatbestände der §§ 110, 111 StGB. zusammen. Dabei wird aber der Tatbestand des kombinierten Delikts im Verhältnis zum geltenden Recht einesteils erweitert, anderenteils eingeschränkt. Er wird erweitert: Einmal ist, ebenso wie in § 102 Abs. 1 Vorentwurf (= § 85 StGB.), der „Aufforderung" gleichgestellt die „Aufreizung", und das einschränkende Erfordernis, daß die öffentliche Aufforderung „vor einer Menschenmenge" stattfinden müsse, gestrichen. Sodann aber ist die Strafbarkeit erstreckt von der „Aufforderung" und „Aufreizung" auf die „Verherrlichung begangener Verbrechen". Andererseits wird der Tatbestand dem geltenden Recht gegenüber eingeschränkt: Nicht die Aufforderung zur Begehung aller strafbaren Handlungen (§ 111 StGB.) wird mit Strafe bedroht, sondern nur die zur Begehung „von Verbrechen und Vergehen". Und sodann soll in allen Fällen die Strafbarkeit davon abhängen, daß durch die Aufforderung, Aufreizung oder Verherrlichung „die gesetzliche Ordnung gefährdet" worden ist. Keine sachliche Änderung ist, daß, wiederum wie in § 102 Abs. 1 Vorentwurf (= § 85 StGB.), statt „durch Verbreitung oder öffentlichen Anschlag oder öffentliche Ausstellung von Schriften oder anderen Darstellungen" (§ 110 StGB.) gesagt wird: „durch Verbreitung von Schriften, Abbildungen oder Darstellungen"[3]). Ebenso ist es nur Garantie der schon jetzt in der

---

[1]) Sehr bezeichnend auch die soeben im Text zitierte Stelle aus der Begr. z. Entw. der „kleinen Strafgesetznovelle", wo gesagt wird, es sei am besten, die „Tierquälerei", für die man keinen angemessenen Platz wisse, in den „Sammelabschnitt" der „Verbrechen und Vergehen wider die öffentliche Ordnung" einzufügen. Die „Verbrechen und Vergehen gegen die öffentliche Ordnung" bilden zugleich die Brücke von den Justiz- zu den Verwaltungsdelikten; vgl. vor. Anm.

[2]) Welche das sind, darüber vgl. oben S. 43 zu Anm. 1 und diese Anm. 1 selbst. Über die leges fugitivae der §§ 145, 147 Vorentwurf vgl. bei der Einzelbesprechung dieser Paragraphen.

[3]) Vgl. bereits §§ 41, 184, 186, 187, 200 StGB.

Praxis üblichen Auslegung[1]), daß statt von „Ungehorsam" (§ 110 StGB.) von „Auflehnung" gegen Gesetze usw. gesprochen wird (Begr. S. 480). Die Strafdrohung (Gefängnis oder Haft bis zu zwei Jahren oder Geldstrafe bis zu 2000 M) weist — jedenfalls im Verhältnis zu § 111 Abs. 2 StGB. und unbeschadet der in der Zulassung von Haft liegenden Milderung — eine Verschärfung auf (Begr. S. 481)[2]).

Es ist dankenswert, daß durch die Streichung des unklaren § 111 StGB. sowohl die Streitfrage betreffend sein Konkurrenzverhältnis zu § 110 StGB.[3]) ihre Erledigung findet, als auch die Verbindung des Aufforderungsdelikts mit der Anstiftung[4]) und Täterschaft der infolge der Aufforderung begangenen strafbaren Handlungen gelöst, und das Aufforderungsdelikt nach Tatbestand und Strafdrohung auf selbständige Grundlagen gestellt wird (Begr. S. 480)[5]). Aber die einfache Zusammenfassung der beiden §§ 110, 111 StGB. wird doch der Verschiedenheit der Grundgedanken, auf denen sie beruhen, und die freilich unglücklich genug in ihnen zum Ausdruck gekommen ist, nicht gerecht. Die §§ 110, 111 StGB. standen bekanntlich im 6. Abschnitt des StGB. Der Vorentwurf versetzt sie in den 7. Abschnitt. Als Grund dafür führt die Begr. S. 465 an: die strafbaren Aufforderungen enthielten keinen Widerstand „gegen die staatliche Exekutivgewalt", sondern „gegen die gesetzliche Ordnung im Staate überhaupt". Sollte bei dieser Motivierung der Ton nur auf dem Gegensatz von „Exekutivgewalt" und „sonstige" gesetzliche Ordnung liegen[6]), so würde das mit dem Vorentwurf

---

[1]) Vgl. dazu Olshausen, Note 16 zu § 110; M. E. Mayer, *Vergl. Darst. Bes. T. I. 370, 371.*

[2]) Als Verschärfung anzusehen ist wohl auch, daß § 131 Vorentwurf, im Gegensatz zu §§ 110, 111 StGB., die Geldstrafe erst an zweiter Stelle androht. Zwar hat der Umstand, an welcher Stelle die Geldstrafe angedroht ist, nach Vorentwurf § 34 nicht mehr die Bedeutung des § 28 Abs. 2 StGB. Da aber der Vorentwurf trotzdem z. B. in §§ 137, 138, 143, 144, 149 nach wie vor die Geldstrafe an erster Stelle androht, bedeutet wohl die Umstellung in § 131 eine Verschärfung.

[3]) Vgl. Olshausen, Note 9c zu § 111; M. E. Mayer, a. a. O. *I. 380* bis *382*; dazu noch unten S. 68 Anm. 2.

[4]) M. E. Mayer, a. a. O. S. 379.

[5]) Wird infolge der Aufforderung eine Straftat wirklich begangen, und sind — was nach dem Vorentwurf die Regel bilden soll (vgl. bereits Olshausen, Note 6 zu § 111) — die Voraussetzungen der Anstiftung nachweisbar, so soll Idealkonkurrenz mit dieser vorliegen (Begr. S. 480).

[6]) So daß mithin der Versetzung der „Aufwiegelung" aus Abschnitt 6 in Abschnitt 7 wieder (vgl. oben S. 41) nur stoffanordnende Bedeutung beizulegen wäre.

selbst in Widerspruch stehen. Denn die Delikte der §§ 141, 142 Vorentwurf, die doch zweifellos gerade die staatliche „Exekutivgewalt“ angreifen, stehen nach wie vor unter den „Verbrechen und Vergehen gegen die öffentliche Ordnung“. Ich glaube aber, es steckt in der genannten Begründung, vielleicht ihr selbst nicht deutlich bewußt, noch der Gedanke, daß die „Aufwiegelung“ kein „Staatsverbrechen“ in dem oben unter I erörterten Sinne sei, daß ihr Angriffsobjekt nicht nur unsere Staatsgewalt sei, sondern eben „die gesetzliche Ordnung im Staate überhaupt“[1]).

Dieser legislativ zu entwickelnde Gesichtspunkt trifft aber meines Erachtens nur für den § 111, nicht für den § 110 StGB. zu. Als Muster kann der *OVE.* dienen. Dieser bedroht unter den „Strafbaren Handlungen gegen die Staatsgewalt“ (XIII. Hauptstück) in § 163 Ziff. 1 als „Aufwiegelung“ mit Gefängnis oder Haft von drei Tagen bis zu sechs Monaten oder mit Geldstrafe von 20—2000 K die öffentliche Aufforderung oder Anpreisung, Pflichten nicht nachzukommen, die sich aus einem Gesetz, einer Verordnung, Anordnung einer Behörde oder Dienstvorschrift ergeben. Schutzobjekte sind hier, wie sich aus dem oben[2]) festgestellten Standpunkt des *OVE.* ergibt, nur inländische Gesetze usw. Außerdem bedroht der *OVE.* in § 239 unter den „Strafbaren Handlungen gegen den öffentlichen Frieden“ (XVIII. Hauptstück) mit viel härteren Strafen (unter Umständen mit Kerker bis zu zehn Jahren) die öffentliche Aufforderung zu strafbaren Handlungen und die Anpreisung strafbarer Handlungen. Dieses Delikt ist offenbar strafbar, ganz gleichgültig, ob der Schauplatz der provozierten oder glorifizierten Handlung das In- oder Ausland ist, wobei, angesichts der wesentlichen Übereinstimmung wenigstens der wichtigeren Strafgesetze aller Kulturstaaten, ziemlich unerheblich ist, ob man verlangt, daß die Handlung nach inländischem Recht strafbar sei[3]).

---

[1]) Die Verquickung dieses Doppelgegensatzes erklärt sich leicht. Denn wenn auch die Gegensätze „Exekutivgewalt“ und „gesetzliche Ordnung“, „nationale Staatsordnung“ und „soziale Ordnung überhaupt“ nicht zusammenfallen, so ist doch die „Exekutive“ grundsätzlich typischer Vertreter der betreffenden „nationalen Staatsordnung“, das „Gesetz“ grundsätzlich typischer Vertreter der „sozialen Ordnung überhaupt“.

[2]) S. 42.

[3]) Dies verlangen Binding, Lehrb. *Bes. T. II. 2, 855*; Olshausen, Note 3 zu § 111. Dann muß man natürlich unter Umständen, mit Rücksicht auf das sog. internationale Strafrecht, fingieren, daß die provozierte oder glorifizierte Tat im Inland begangen wäre. Solche Fiktion setzt aber auch der

In der Tat empfiehlt sich die vom *OVE.*[1]) beliebte Regelung in jeder Beziehung. Die öffentliche „Aufforderung oder Aufreizung“[2]) „zur Auflehnung gegen Gesetze[3]) oder rechtsgültige Verordnungen oder gegen die von der Obrigkeit innerhalb ihrer Zuständigkeit getroffenen Anordnungen“ qualifiziert sich als „Staatsverbrechen“ in dem oben unter I entwickelten Sinne und mit den daselbst entwickelten Konsequenzen. Dies Delikt, die eigentliche „Aufwiegelung“ gehört, wie der § 110 StGB., nach wie vor in den 6. Abschnitt. Als Strafe würde, wie in § 163 Ziff. 1 *OVE.*, auch eine geringere als die in § 131 *DVE.* angedrohte ausreichen. Die öffentliche „Aufforderung oder Aufreizung“ „zur Begehung von Verbrechen oder Vergehen“ und die „Verherrlichung begangener Verbrechen“[4]) dagegen ist ein gegen jede gesetzliche Ordnung begehbares Delikt und gehört in der Tat in den 7. Abschnitt; damit würde, unter Berücksichtigung der oben unter I gemachten Ausführungen, der Schutz des Auslands klargestellt und eine Waffe gegen den internationalen Anarchismus geschaffen[5]). Die Strafdrohung könnte hier wenigstens für den Fall eine härtere sein als die des § 131 *DVE.*, daß zu sehr schweren Verbrechen, insbesondere

---

DVE. voraus, denn er denkt bei Bedrohung der „Glorifizierung“ gerade besonders an „im Auslande“ verübte Morde (Begr. S. 481). Andererseits mag unter Umständen auch der provozierte oder glorifizierte Ungehorsam gegen inländische Gesetze im Fall des § 163 Ziff. 1 *OEV.* im Ausland begehbar sein. Aber ganz abgesehen davon, daß die inländischen Gesetze, Ver- und Anordnungen doch regelmäßig nur Gehorsam im Inland beanspruchen, ist dann eben wirklich die Auflehnung gerade gegen inländische Gesetze usw. zu erfordern.

[1]) Ganz in demselben Sinne behandelt der *SchVE.* Art. 184 die öffentliche Aufforderung zu Verbrechen als „Verbrechen gegen den öffentlichen Frieden“; die Aufforderung zum Ungehorsam gegen die Staatsgewalt ist dem *SchVE.* — soviel ich sehe — überhaupt fremd.

[2]) Über die Strafwürdigkeit gerade letzterer vgl. noch weiter unten im Text S. 71, 72.

[3]) Der Gebrauch der Ausdrucks „Gesetze“, als der staatlich angeordneten Rechtssätze, und seine Aufführung neben „Verordnungen“ in § 110 StGB. ist charakteristisch für die Richtung des Delikts. Dem wird meines Erachtens von Binding, Lehrb. *Bes. T. II. 2, 846* Note 5, S. 849, und von M. E. Mayer, *Vergl. Darst. Bes. T. I. 366, 369*, nicht genügend Wert beigelegt, wenn sie „Gesetze“ in § 110 StGB. im Sinne von „Rechtsnormen“ auslegen.

[4]) Über die Strafwürdigkeit gerade letzterer vgl. noch weiter unten im Text S. 72ff.

[5]) Vgl. darüber M. E. Mayer, *Vergl. Darst. Bes. T. I. 441, 442.*

Mord, öffentlich aufgefordert wird[1]) (*OVE.* § 239 Ziff. 2). Diese Strafabstufung würde gleichzeitig im Keime die Schwierigkeiten ersticken, welche der Bestimmung des Konkurrenzverhältnisses zwischen den §§ 110, 111 StGB. entgegenstehen. Denn diese rekrutieren sich hauptsächlich daraus, daß § 111 mildere Strafe androht als § 110[2]).

Wenden wir uns nun zur Besprechung der einzelnen Tatbestandsmerkmale.

Die beiden wichtigsten tatbestandlichen Veränderungen, die § 131 Vorentwurf vorschlägt, sind die Gleichstellung der „Aufreizung" mit der „Aufforderung" und die Ausdehnung der Strafbarkeit auf die „Verherrlichung begangener Verbrechen". Beides ist nicht eigentlich neu. Schon der § 87 des preußischen StGB. stellte der „Aufforderung" die „Anreizung" gleich. Nachdem das RStGB. diese Gleichstellung fallen gelassen hatte, kam die Vorlage, aus der die Strafgesetznovelle vom 25. Februar 1876 hervorgegangen ist, auf die Gleichstellung zurück. Sie wurde indessen vom Reichstage in zweiter Lesung abgelehnt[3]). Die Reichstagskommission, in deren Schoß der im Dezember 1894 dem Reichstage vorgelegte Entwurf einer Novelle zum StGB., MilStGB. und Preßgesetz beraten wurde, griff nochmals (in beschränkter Form)

---

[1]) Dabei dürfte eine zwei Jahre übersteigende Freiheitsstrafe, meiner prinzipiellen Auffassung entsprechend (vgl. oben S. 46 Anm. 1), nicht mehr Gefängnis sein.

[2]) M. E. Mayer, a. a. O. S. 380. Wenn Mayer, a. a. O. S. 381, annimmt, § 110 sei gegenüber § 111 auch noch um deswillen lex specialis, weil er, soweit Aufforderung zum Ungehorsam gegen Strafgesetze in Frage komme, Aufforderung zur demonstrativen Auflehnung gegen das Strafgesetz erfordere, so wird dabei nicht genügend berücksichtigt, daß andererseits § 110 die Aufforderung zum Ungehorsam auch gegen Nichtstrafgesetze bedroht, also insoweit wieder einen weiteren Tatbestand hat. Wird, wie im Text vorgeschlagen, die Aufforderung zur Begehung von Verbrechen und Vergehen mit härterer Strafe bedroht als die zur Auflehnung gegen Gesetze usw., so ist, sofern man nicht wegen der Verschiedenheit der Angriffsobjekte (öffentlicher Frieden und öffentliche Ordnung einerseits, Staatsgewalt andererseits) Idealkonkurrenz annehmen will (wie die herrschende Meinung für §§ 110, 111 StGB.), anzunehmen, daß die strengere Strafdrohung gegen die Aufforderung zu Verbrechen oder Vergehen die lex primaria ist. Die als subsidiäres Gesetz aufzufassende Bedrohung der Aufforderung zur Auflehnung gegen Gesetze usw. würde bei dieser Auslegung nur die Aufforderung zur Auflehnung gegen solche Gesetze treffen, deren Verletzung mit Übertretungs- oder überhaupt keiner Strafe bedroht wäre (vgl. denn auch Begr. S. 480).

[3]) Vgl. M. E. Mayer, *Vergl. Darst. Bes. T. I. 419.*

auf die „Anreizung“ zurück[1]). Der betreffende Kommissionsbeschluß fiel indessen mit Ablehnung der gesamten Vorlage in der zweiten Lesung[2]). Die „Verherrlichung“ (sog. Glorifikation) strafbarer Handlungen durch die Presse[3]) wurde in § 20 des Entwurfs zum Preßgesetz von 1874 mit Strafe bedroht, der § 20 indessen vom Reichstage abgelehnt[4]). Nach der Vorlage der Strafgesetznovelle von 1876 sollte die Glorifikation allgemein, aber nur als besondere Modalität der der Aufforderung der §§ 110, 111 gleichzustellenden „Anreizung“ mit Strafe belegt werden[5]). Mit der „Anreizung“ wurde die als eine Spezies derselben gedachte Glorifikation im Reichstage abgelehnt[6]). Der genannte, im Dezember 1894 dem Reichstage vorgelegte Entwurf wollte in einem in das StGB. neu einzustellenden § 111a denjenigen bestrafen, welcher „auf die im § 110 bezeichnete Weise ein Verbrechen“ oder gewisse Vergehen „anpreist oder als erlaubt darstellt“[7]). Die Reichstagskommission wollte die vorgeschlagene Strafbarkeit der Glorifikation davon abhängig machen, daß die Glorifikation als Mittel der Anreizung gebraucht werde[8]). Der Kommissionsbeschluß teilte indessen das Schicksal der ganzen Vorlage[9]).

Die nunmehr vom Vorentwurf vorgeschlagenen Änderungen des geltenden Rechts unterscheiden sich von den früheren Versuchen wie folgt: Einmal ist statt „Anreizung“[10]) „Aufreizung“ gesagt. Nach der Begr. S. 429 soll damit „die für den Tatbestand wesentliche Willensrichtung des Täters, auf den Willen anderer bestimmend einzuwirken, anschaulicher und bestimmter zum Ausdruck“ gebracht

---

[1]) Anreizung durch Glorifikation; vgl. sofort unten im Text; näheres bei M. E. Mayer, a. a. O. S. 422, 423.

[2]) M. E. Mayer, S. 420, 421.

[3]) „Wer mittels der Presse den Ungehorsam gegen das Gesetz oder die Verletzung von Gesetzen als etwas Erlaubtes oder Verdienstliches darstellt, wird ...“ (vgl. in Goltdammers Archiv *XXII. 166*).

[4]) Bei Goltdammer *XXII. 189.*

[5]) § 110 StGB. sollte lauten: „Wer ... auffordert oder anreizt, insbesondere wer in der angegebenen Weise solchen Ungehorsam als etwas Erlaubtes oder Verdienstliches darstellt.“ Ein entsprechender Zusatz war zu § 111 vorgesehen. Vgl. M. E. Mayer, a. a. O. S. 419.

[6]) M. E. Mayer, a. a. O.

[7]) Näheres bei M. E. Mayer, a. a. O. S. 420.

[8]) „Dadurch anreizt, daß er eine solche Handlung anpreist oder rechtfertigt.“ Näheres bei M. E. Mayer, a. a. O. S. 422, 423.

[9]) M. E. Mayer, a. a. O. S. 421.

[10]) Die übrigens im geltenden Recht bereits im StGB. 112, 130, 210, Sprengstoffges. § 10 vorkommt.

und ersichtlich gemacht werden, „daß Reizungen ganz entfernter und geringer Art nicht unter den Tatbestand fallen sollen“. Das „Aufreizen“ sei „nach dem Sprachgebrauch stärker als ‚Anreizen‘ und bedeutet eine intensivere, der Aufforderung nahekommende Art des ‚Anreizens‘“. Die „Aufreizung“ soll ferner, wie hinfort die „Aufforderung“, nur strafbar sein, wenn „nach den Umständen des konkreten Falles durch sie auch eine Gefährdung der öffentlichen Ordnung eingetreten ist“ (Begr. S. 479). Sodann ist die „Verherrlichung“ zwar nicht nur in ihrer Eigenschaft als Modalität oder Mittel der Aufreizung (sog. provokatorische Glorifikation), sondern selbständig als solche (sog. agitatorische Glorifikation) mit Strafe bedroht (Begr. S. 481). Insofern wird also über die Vorlage der Strafgesetznovelle von 1876 und den Kommissionsbeschluß zu der Vorlage von 1894 hinausgegangen, und auf den § 20 Entw. d. Preßges. v. 1874 und die Vorlage v. 1894 gegriffen. Aber dafür wird einmal „Verherrlichung“ verlangt; bloße „Rechtfertigung“ [1]) soll nicht genügen (Begr. S. 482). Sodann muß eine Verherrlichung wirklich begangener, nicht bloß vorgestellter [2]) oder unhistorischer Verbrechen vorliegen (Begr. S. 482). Ferner muß die Verherrlichung begangene „Verbrechen“, also schwere Straftaten betreffen [3]). Endlich soll die „Verherrlichung“, ebenso wie hinfort die „Aufforderung“ und „Aufreizung“, nur strafbar sein, wenn dadurch „die gesetzliche Ordnung gefährdet wird.

Daß der Vorentwurf wiederum die Ausdehnung der Strafbarkeit auf die „Aufreizung“ und „Verherrlichung“ vorschlägt, wird für die „Aufreizung“ damit begründet, „daß gerade die geschicktesten und gefährlichsten Volksaufwiegler die Form der Aufforderung zu vermeiden und dafür die der bisher straflosen Anreizung zu wählen verstehen“ (Begr. S. 478). Die An- oder Aufreizung aber unterscheide sich von der Aufforderung dadurch, daß, „während die Aufforderung deutlich erkennen lassen muß, daß sie den Entschluß zur Begehung der Tat hervorrufen will“, „sich die Aufreizung“ „begnügt“ „mit dem Versuch der Erzeugung einer einem solchen Entschluß günstigen Gesinnung und Stimmung“ (Begr. S. 428) [4]).

---

[1]) § 20 Preßgesetzentwurf, Vorlage z. Novelle v. 1876, Vorlage v. 1894 und Kommissionsbeschluß dazu.

[2]) Anders die in der vorigen Anm. zitierten Quellen.

[3]) Anders die in der vorvorigen Anm. zitierten Quellen.

[4]) Damit wird zugleich widerlegt (vgl. auch Begr. S. 428 Note 4) die von M. E. Mayer, *Vergl. Darst. Bes. T. I. 374* Note 5, aufgestellte Ansicht, daß das „Auffordern“ das „Anreizen“ ohne weiteres mit umfasse; vgl. auch Olshausen, Note 3 zu § 110.

Bezüglich der „Verherrlichung" heißt es in der Begr. S. 481: „Das zu diesem Gesetzesvorschlag Anlaß gebende Treiben in einem Teil der Tagespresse und in öffentlichen Versammlungen ist seit längerer Zeit allbekannt. Es ist zuzeiten auf einen hohen Grad gestiegen und hat namentlich in bezug auf eine Anzahl im Auslande verübter Morde an Fürsten und Staatsmännern in weiten Kreisen der Bevölkerung Anstoß und Entrüstung erregt, und zwar um so mehr, je seltener es möglich war, ihm auf Grund der gegenwärtigen Gesetze entgegenzutreten. Daß der § 131 diese Lücke schließt, entspricht sowohl der juristischen Logik, wie einem dringenden Bedürfnis. Denn nirgends tritt die Verachtung der gesetzlichen Ordnung und die grundsätzliche Auflehnung gegen sie schärfer zutage, als in der die gesetzliche Ordnung bewußt gefährdenden Verherrlichung von begangenen Verbrechen, nirgends ist es daher folgerichtiger, wenn der Staat dieser Negation der Grundlagen seiner Ordnung mittels des Strafgesetzes entgegenwirkt. Nichts aber ist andererseits so verderblich für die Gesinnung mancher Kreise der Bevölkerung gegenüber der gesetzlichen Ordnung, als wenn man sie gewöhnt, diejenigen als Helden zu preisen, die diese Ordnung mit Füßen getreten haben und diejenigen als Märtyrer anzusehen, die dafür Strafe erleiden." Zwar sei die Vorlage von 1894 gescheitert. „Seitdem sind jedoch in dem hier in Betracht kommenden Punkte die schon damals beobachteten Mißstände in so vermehrtem und verstärktem Maße hervorgetreten, daß eine Wiederholung der früheren Forderung geboten erscheint" (Begr. S. 482).

Daß die von der Begr. hervorgehobenen Mißstände bestehen, soll nicht in Abrede gestellt werden. Eine andere Frage ist, ob es als opportun angesehen werden kann, den Entwurf eines neuen deutschen StGB. mit Vorschlägen zu belasten, welche die politischen Gegensätze in so hohem Grade berühren, wie es bei den Vorlagen von 1875 und insbesondere von 1894 zu beobachten war. Entsteht doch damit die Gefahr, daß der ganze Entwurf, wie seinerzeit jene Vorlagen, an rein politischen Hindernissen scheitert[1]).

Sieht man von diesem taktischen Bedenken ab, so ist die Ausdehnung der Strafbarkeit von der „Aufforderung" auf die „Aufreizung" meines Erachtens insoweit zu billigen, als es sich um „Aufreizung" zur Begehung von „Verbrechen" handelt. Da nach

---

[1]) Vgl. bereits v. Hippel, *Vergl. Darst. Bes. T. II. 66*, wo er Vorschläge zur Abänderung des § 130 StGB. im Sinne der Vorlagen v. 1875 u. 1894 schon wegen ihrer zweimaligen Ablehnung im Reichstage für ausgeschlossen hält.

der vom Vorentwurf und mehr noch nach der diesseits vorgeschlagenen Regelung[1]) für die Aufforderung „zur Auflehnung gegen Gesetze oder rechtsgültige Verordnungen oder gegen die von der Obrigkeit innerhalb ihrer Zuständigkeit getroffenen Anordnungen" nur die Aufforderung zur Auflehnung gegen solche Gesetze übrig bleibt, deren Verletzung bloß mit Übertretungs- oder überhaupt keiner Strafe bedroht ist, erscheinen die hier in Frage kommenden Angriffsobjekte nicht als schwerwiegend genug, um sie schon gegen einen Angriff durch das verhältnismäßig mittelbare Angriffsmittel der „Aufreizung" zu schützen. Gleiches gilt aber vom Schutze derjenigen Gesetze, deren Verletzung bloß mit Vergehensstrafe bedroht ist. Auch für diese genügt strafrechtlicher Schutz gegen die direkte „Aufforderung" zu ihrer Übertretung. Hat sich doch für die Bedrohung der „Verherrlichung" auch der Vorentwurf auf Inkriminierung der Verherrlichung von „Verbrechen" beschränkt. Die „Aufreizung" zu „Verbrechen" zu bedrohen, ist aber allerdings, insbesondere mit Rücksicht auf die anarchistische Propaganda, billigenswert. So stellt denn auch Art. 184 *SchVE.* unter Strafe die öffentliche „Aufreizung" „zu einem Verbrechen, das mit Zuchthaus bedroht ist"[2]).

Was die Bedrohung der „Verherrlichung begangener Verbrechen" anlangt, so ist die hierin liegende Pönalisierung auch der noch nicht „provokatorischen Glorifikation" nicht ohne Bedenken[3]), und zwar aus dem ja immer und immer wieder hervorgehobenen Grunde, daß der wissenschaftlichen und sachlichen politischen Kritik, ja sogar dem künstlerischen Schaffen damit Fesseln auferlegt werden können. Die Berechtigung dieser Bedenken erkennt die Begr. S. 482 durchaus an. Nur meint sie, daß durch das verlangte Merkmal der „Gefährdung der gesetzlichen Ordnung" diesem Bedenken der Boden

---

[1]) Vgl. oben S. 68 Anm. 2.

[2]) Nach Zeit und Ort individuell bestimmt braucht, das Verbrechen wohl nach dem *SchVE.* (vgl. M. E. Mayer, *Vergl. Darst. I. 414 ff.*) so wenig zu sein, wie nach § 111 StGB. (Olshausen, Note 4 b zu § 111) und nach § 131 *DVE.* (Begr. S. 479). — Der *OVE.* bedroht sowohl in § 163 Ziff. 1, wie in § 239, außer der sofort im Text zu besprechenden „Anpreisung", nur die „Aufforderung".

[3]) Sie findet sich allerdings, wie die Begr. S. 481 Note 1, richtig ausführt, in weitestgehender Fassung insbesondere in § 140 des norwegischen StGB. Aber schon M. E. Mayer, a. a. O. S. 420, konstatiert, daß die bloße Tatsache, daß eine Satzung im Auslande sogar weit verbreitet ist, zur Unterstützung ihrer Aufnahme nicht immer auszureichen pflegt.

entzogen werde. Ob dies indessen wirklich der Fall ist, kann immerhin zweifelhaft sein. Die Begr. S. 482 bemerkt, durch Beschränkung der Strafbarkeit auf die Verherrlichung wirklich „begangener" Verbrechen „scheidet die Besprechung . . . unhistorischer Verbrechen (Wilhelm Tell) aus". Sie scheint demnach selbst nicht für ganz ausgeschlossen zu halten, daß, wäre „Wilhelm Tell" historisch, sein Autor unter Umständen dem § 131 Vorentwurf hätte unterfallen können. Wenn M. E. Mayer[1]) „krassen Beispielen" gegenüber auf eine Vertiefung der Schuldlehre verweist, die im Einzelfall Strafwürdiges und Unsträfliches zu sichten lehren würde, so ist zu erwidern: Die hier in Betracht kommende Frage nach normativen Elementen im Schuldbegriff gehört heute zu den strittigsten; auf diesem schwanken Boden kann der Gesetzgeber unserer Tage jedenfalls noch nicht aufbauen. Man wird daher — was übrigens M. E. Mayer[2]) selbst tut — mindestens die „Absicht" des Täters, die gesetzliche Ordnung zu gefährden, fordern müssen[3]), unbeschadet natürlich der objektiven Gefährdung selbst[4]).

Hält man diese Einschränkung des Tatbestandes nicht für ausreichend, so bleibt nichts übrig, als sich auf die Bestrafung der sogenannten „provokatorischen Glorifikation" zu beschränken. Auch da sind verschiedene Grade möglich. Entweder man begnügt sich damit, die „Verherrlichung begangener Verbrechen" als ein besonderes Aufreizungsmittel hervorzuheben[5]). Daß bei dieser Regelung die Erwähnung der „Verherrlichung" streng genommen überflüssig sein würde, ist kein Gegengrund angesichts des Gewinnes für die Anschaulichkeit durch Hervorhebung eines praktisch so wichtigen Falles. Oder aber — und dann würde die Hervorhebung der „Verherrlichung" ihre besondere Bedeutung behalten — man stellt neben dem „Aufreizen" noch das „Anpreisen von Verbrechen" unter Strafe. Das „Anpreisen" strafbarer Hand-

---

[1]) *Vergl. Darst. Bes. T. I. 421, 422.*

[2]) A. a. O. S. 373, 374, 423.

[3]) Daß diese „Absicht" „oft schwer erweislich sei" (Begr. S. 483), kann nicht zugegeben werden. Bemerkt doch die Begr. a. a. O. selbst, daß viel eher das Bedenken besteht, es könne „nur aus der politischen Stellung des Täters heraus auf seine ordnungsfeindliche Absicht geschlossen werden".

[4]) Mit Recht wendet sich die Begr. S. 483 gegen M. E. Mayer, der sich mit dem Erfordern der „Absicht" begnügt.

[5]) So die Vorlage v. 1875, der Reichstagskommissionsbeschluß zur Vorlage v. 1894, aber auch § 10 Abs. 2 Sprengstoff-Ges. und der *SchVE.* Art. 184.

lungen findet sich einerseits selbständig[1]), andererseits als einzige Glorifikationsform[2]) mit Strafe bedroht im *OVE.* §§ 163 Ziff. 1, 239, aber auch bereits in § 87 preußischen StGB.[3]) und § 108 des dem Reichstage vorgelegten Entwurfs eines norddeutschen StGB. —

Außer durch Ausdehnung der Strafbarkeit auf „Aufreizung“ und „Verherrlichung“ ist der Tatbestand des § 131 Vorentwurf im Verhältnis zum geltenden Recht durch Streichung des Merkmals „vor einer Menschenmenge“ (in § 110 StGB.) erweitert. Die Begr. rechtfertigt die Streichung mit der Unbestimmtheit dieses Merkmals. Es habe „auch bisher dem Angeklagten kaum einen Schutz“ gewährt, „da in der Rechtsprechung angenommen worden ist, daß schon wenige Personen eine Menschenmenge bilden können. Nicht in dem Handeln vor einer Menge, sondern in der Öffentlichkeit der Begehung liegt die Rechtfertigung der Strafdrohung“ (S. 429). Außerdem würde die Weglassung durch Einfügung des Erfordernisses der „Gefährdung der gesetzlichen Ordnung“ ausgeglichen (S. 479). Die Erklärung, daß der Begriff der „Menschenmenge“ unbestimmt sei und dem Angeklagten kaum einen Schutz gewähre, steht im Widerspruch damit, daß der Vorentwurf den Begriff in §§ 127, 133 verwertet, ja ihn im § 127 neu aufgenommen hat[4]). Dagegen ist zuzugeben, daß der Begriff, der streng genommen nur eine ungeordnete Mehrheit von Menschen bedeutet[5]), gerade in den Fällen des § 131 Vorentwurf eine ungerechtfertigte Einengung des Tatbestandes darstellt[6]). Im wesentlichen liegt allerdings in der Öffentlichkeit der Begehung die Begründung der Strafdrohung. Dennoch erscheint das bloße Merkmal „öffentlich“ nur genügend bei der Aufforderung usw. „zur Begehung von Verbrechen oder Vergehen“. Bei der Aufforderung zur Auflehnung gegen sonstige Gesetze usw. wird es richtig sein, außer dem Erfordernis der „Öffentlichkeit“ der Begehung auch das der Begehung „vor einer Menschenmenge“ stehen zu lassen, aber hinzuzufügen

---

[1]) Als **Anreizungsmittel** heben es hervor der Reichstagskommissionsbeschluß zur Vorlage v. 1894 u. § 10 Abs. 2 Sprengstoffges.

[2]) In der Vorlage v. 1894 wurde daneben noch das „Als-erlaubt-darstellen“ aufgeführt.

[3]) Wo „anpreist“ in der Kommission der zweiten Kammer an Stelle des in der Regierungsvorlage stehenden „als erlaubt darstellt“ gesagt worden war; vgl. darüber Beseler, Komm. z. StGB. f. d. preuß. Staaten, 1851, S. 252 ff. (zu §§ 87, 88).

[4]) Vgl. oben S. 54, allerdings das. Anm. 1.

[5]) Anders freilich RGEntsch. *XL. 76.*

[6]) Vgl. schon M. E. Mayer, *Vergl. Darst. I. 375, 376.*

„oder in einer öffentlichen Versammlung". Diese Vorschläge stützen sich auf Art. 184 *SchVE.*, §§ 163 Ziff. 1, 239 *OVE.* Beide begnügen sich mit der „Öffentlichkeit" der Begehung schlechtweg nur bei der Aufforderung usw. zu „Verbrechen". Soweit dagegen der *OVE.* noch die Aufforderung usw. zu sonstigen strafbaren Handlungen oder zu sonstiger Verletzung von Rechtspflichten mit Strafe bedroht, verlangt er, daß die Tat „in einer Druckschrift oder öffentlichen Versammlung oder vor einer Menschenmenge" begangen sei (*OVE.* §§ 163 Ziff. 1, 239 Ziff. 3). Der diesseitige Vorschlag geht also immer noch nicht nur über den *SchVE.*, sondern auch über den *OVE.* hinaus.

Dabei sei gleich noch eines bemerkt. Der *OVE.* hält offenbar, wie aus dem Gegensatz der Ziff. 1 u. 3 des § 239 hervorgeht, für selbstverständlich, daß das Merkmal „in einer Druckschrift" nur einen qualifizierten Fall der „öffentlichen" Begehung bezeichne. Bekanntlich steht umgekehrt die herrschende Lehre bei Auslegung des § 110 StGB. auf dem Standpunkt, daß das Merkmal „durch Verbreitung . . . von Schriften usw." „Öffentlichkeit" der Begehung nicht voraussetze[1]), und die Begr. S. 429 hält für die §§ 102, 131 Vorentwurf an dieser Auffassung fest. Ich vermag sie als zutreffend nicht anzuerkennen. „Es würde kein Sinn darin zu finden sein, wenn neben den öffentlichen Aufforderungen eine nichtöffentliche in den Tatbestand eingereiht sein sollte"[2]). Auch ist der Verbreitungsbegriff in §§ 110 StGB., 131 Vorentwurf offenbar derselbe, wie der des Preßrechts, der — wenigstens richtiger Ansicht nach[3]) — die Öffentlichkeit in sich schließt. In dem von der Begr. S. 429 als Beispiel nichtöffentlicher Verbreitung gegebenen Fall der Verbreitung „in Kasernen" liegt meines Erachtens öffentliche Verbreitung vor[4]). Stellt man sich auf den hier vertretenen Standpunkt, so würde es, soweit lediglich die „Öffentlichkeit" der „Aufforderung" usw. vorausgesetzt würde (d. i. bei „Aufforderung" usw. „zur Begehung von Verbrechen und Vergehen"), sowenig, wie in

[1]) Vgl. Olshausen, Note 10 zu § 110.

[2]) So M. E. Mayer, *Vergl. Darst. Bes. T. I. 377,* der aber das. Note 4 seltsamerweise Olshausen für sich anruft. Wie im Text insbesondere v. Liszt, Lehrb. 16. u. 17. Aufl. § 175 Note 3 (§ 109 bei Note 4).

[3]) v. Liszt, Reichspreßrecht S. 150; anders v. Schwarze-Appelius, Das Reichspreßgesetz, 4. Aufl. S. 15.

[4]) Da in Ermangelung jedes Vertrauensverhältnisses zwischen Verbreiter und Empfängern der Verbreiter das Bewußtsein hat, die Schrift mit der Übergabe einem nach Zahl und Individualität unbestimmten Personenkreis zugänglich zu machen.

Art. 184 *Sch.*, § 239 Ziff. 1 *OVE.*, der besonderen Hervorhebung „oder durch Verbreitung usw." bedürfen.

Was andererseits die Einengung des Tatbestandes der §§ 110, 111 StGB. in § 131 Vorentwurf durch das Erfordernis der „Gefährdung der gesetzlichen Ordnung" anlangt, so bedarf es dieses Merkmals allerdings, soweit die „Aufreizung" oder gar die „Glorifikation" unter Strafe gestellt wird. Dagegen halte ich es für die Strafwürdigkeit der unmittelbaren „Aufforderung" für entbehrlich. Man hat niemals etwas davon gehört, daß die Anwendung der §§ 110, 111 StGB. zu Härten geführt habe. Der *Sch.* und *OVE.* kennen das Merkmal nicht.

Nicht ausdrücklich Stellung nehmen der Vorentwurf und seine Begr. zu der Hauptkontroverse, die sich an § 110 StGB. knüpft, nämlich zu der, ob auch die bürgerlichen Gesetze im Sinne des § 110 Gehorsam fordern[1]). Indem aber der § 131 Vorentwurf statt von Aufforderung usw. zum „Ungehorsam" von Aufforderung zur „Auflehnung" gegen Gesetze usw. spricht, stellt er die schon jetzt herrschende und meines Erachtens richtige Auslegung sicher, daß alle gesetzlichen Pflichtgebote Objekt des Strafschutzes des § 131 sind, freilich eben nur ihre Autorität in abstracto, nicht in concreto[2]).

Das Prinzip der Nichteinarbeitung der strafrechtlichen Nebengesetze hat hier zur Unterlassung der Einarbeitung des § 10 des Sprengstoffges. v. 9. Juni 1884 geführt. Das Verhältnis dieses Paragraphen, insbesondere des Abs. 2 desselben zu § 131 Vorentwurf müßte, wenn letzterer in der vorgeschlagenen Form Gesetz würde, ein besonders unklares werden[3]).

---

[1]) Vgl. darüber M. E. Mayer, a. a. O. S. 365ff., insbes. S. 369ff.

[2]) Der Anregung Bindings, Lehrb. *Bes. T. II. 2, 846* Note 5, der, a. a. O. S. 851ff., gegen die vom RG. aufgestellte Unterscheidung von abstrakter Auflehnung und konkreter Nichtbefolgung polemisiert, einfach die öffentliche Aufforderung zur Verletzung von Rechtspflichten mit Strafe zu bedrohen, ist der Vorentwurf nicht gefolgt, weil er eben nur die Aufforderung zur (sc. konkreten) Begehung von Verbrechen oder Vergehen, im übrigen nur die zur (sc. abstrakten) „Auflehnung" gegen Gesetze bedroht (vgl. Begr. S. 480 Note 1); vgl. übrigens auch oben S. 67 Anm. 3. Ebensowenig hat aber der Vorentwurf den § 110 gestrichen, wie M. E. Mayer, a. a. O. S. 371 bis 373, vorgeschlagen hat. Daß Verurteilungen aus § 110 „ganz seltene Erscheinungen" seien (so M. E. Mayer, S. 371 zu Note 5), trifft in dieser Allgemeinheit jedenfalls nicht zu. Im Jahre 1907 sind 272 Verurteilungen vorgekommen.

[3]) Der noch in § 16 d. Preßges. v. 7. Mai 1874 enthaltene Fall einer strafbaren öffentlichen Aufforderung könnte meines Erachtens de lege ferenda

Zusammenfassend schlage ich also an Stelle des § 131 Vorentwurf zwei Paragraphen vor. Der eine wäre in den 6. Abschnitt des Vorentwurfs einzustellen und müßte etwa lauten:

„Wer öffentlich vor einer Menschenmenge oder in einer öffentlichen Versammlung oder durch Verbreitung von Schriften, Abbildungen oder Darstellungen zur Auflehnung gegen Gesetze oder rechtsgültige Verordnungen oder gegen die von der Obrigkeit innerhalb ihrer Zuständigkeit getroffenen Anordnungen auffordert, wird mit Gefängnis oder Haft bis zu einem Jahre oder mit Geldstrafe bis zu eintausend Mark[1]) bestraft."

Das Marginale dieses Paragraphen hätte „Aufwiegelung" zu lauten.

Der andere Paragraph hätte an derselben Stelle zu bleiben wie der § 131 Vorentwurf, nur mit dem Marginale „Öffentliche Aufforderung zu Verbrechen oder Vergehen", und hätte etwa wie folgt zu lauten:

„Wer öffentlich zur Begehung von Verbrechen oder Vergehen auffordert, oder wer die gesetzliche Ordnung dadurch gefährdet, daß er öffentlich zur Begehung von Verbrechen, namentlich auch durch Verherrlichung begangener Verbrechen, aufreizt, wird mit Gefängnis oder Haft bis zu zwei Jahren oder mit Geldstrafe bis zu zweitausend Mark bestraft. War den Gegenstand der Aufforderung oder Aufreizung ein landesverräterisches[2]) oder gemeingefährliches[3]) Verbrechen oder Mord, so ist die

einfach gestrichen werden, da er durch die Strafdrohungen des § 131 Vorentwurf in Verbindung mit § 172 Vorentwurf (Strafvereitelung) genügend gedeckt scheint. Schon für das geltende Recht — § 257 StGB. ist weit enger gefaßt als § 172 Vorentwurf — folgert M. E. Mayer, a. a. O. S. 383 Note 3, bezeichnenderweise die Unentbehrlichkeit des § 16 Preßges. (trotz StGB. §§ 111, 257) insbesondere daraus, daß er eben existiert.

[1]) Ich glaube der Reihenfolge der Androhung von Geld- und Freiheitsstrafe in einer alternativen Strafdrohung heute — vgl. oben S. 65 Anm. 2 — kein übermäßiges Gewicht mehr beilegen zu sollen.

[2]) Die Aufforderung oder Aufreizung zu hochverräterischen Verbrechen wird in § 102 Abs. 1 Vorentwurf besonders geregelt.

[3]) Darunter eine der in den §§ 5 und 6 des Sprengstoffgesetzes bezeichneten strafbaren Handlungen, die in den 14. Abschnitt des Vorentwurfs einzuarbeiten wären. Soweit der Tatbestand des § 10 des Sprengstoffgesetzes über den der öffentlichen Aufforderung oder Aufreizung hinausgeht, verdient er keine Aufrechterhaltung; vgl. Binding, Lehrb. *Bes. T. II. 2, 858*; M. E. Mayer, a. a. O. S. 384 zu Note 3.

Strafe Zuchthaus bis zu fünf Jahren oder Haft von einem bis zu fünf Jahren, bei mildernden Umständen Gefängnis oder Haft von sechs Monaten bis zu zwei Jahren."

§ 132 Vorentwurf. Bedurfte es zu § 131 Vorentwurf eingehender Erörterungen, so können wir uns zu § 132, der den sog. Duchesne-§ 49a StGB. reproduziert, um so kürzer fassen. § 132 Vorentwurf ist in jeder Beziehung zu billigen.

Zu billigen ist zunächst seine Versetzung aus dem *Allg.* in den *Bes. T.* Solange an der sog. akzessorischen Natur der Teilnahme festgehalten wird, gehört der Anstiftungsversuch — sowie die Anerbietung und Annahme — in den *Bes. T.*[1]). Zu billigen ist ferner die Eingliederung in den 7. Abschnitt und in unmittelbarem Anschluß an das Delikt der „öffentlichen Aufforderung", mit dem die „Aufforderung zum Verbrechen" verwandt ist[2]). Wenn aber danach auch der Anstiftungsversuch als delictum sui generis anzuerkennen ist, so liegt kein zwingender Grund vor, über die „Aufforderung" hinaus jede Art der erfolglosen Anstiftung mit Strafe zu bedrohen[3]). Andererseits hält der *DVE.* mit Recht — glaube ich[4]) —, gleich Art. 185 *Sch.*, § 240 *OVE.*, an der Strafbarkeit der „Anerbietung", auch an der Strafbarkeit der „Annahme"[5]) fest (Begr. S. 484—486). Zu begrüßen ist die Vereinfachung des Tatbestandes, besonders die Streichung des Abs. 3 des § 49a mit seiner praesumtio iuris et de iure der „Ernstlichkeit" in gewissen, willkürlich herausgegriffenen Fällen (Begr. S. 486, 487)[6]). Zu begrüßen ist ferner die ganz erhebliche Herabsetzung des Strafrahmens[7]), wobei ich nur nicht ganz sicher bin, ob nicht die Ab-

---

[1]) Begr. S. 311, 312; v. Birkmeyer, *Vergl. Darst. Allg. T. II. 157*; anders allerdings *SchVE.* Art. 23 Ziff. 1 Halbs. 2, *OVE.* § 15.

[2]) v. Birkmeyer, a. a. O.; vgl. auch *SchVE.* Art. 185, *OVE.* § 240 für das Delikt der „Anerbietung". Da das Delikt des § 132 freilich nicht die öffentliche „Ordnung" angreift (Begr. S. 483), so wäre seine Aufnahme in den 7. Abschnitt ein weiterer Anstoß, die Überschrift des Abschnitts so, wie oben S. 63, 64 vorgeschlagen, zu ändern, was freilich die das. erwähnten Umstellungen bedingen würde.

[3]) Begr. S. 484; anders v. Birkmeyer, S. 156, und der *Sch.* u. *OVE.*

[4]) Anders allerdings v. Birkmeyer, S. 154, 155.

[5]) Vgl. v. Birkmeyer, S. 156 bei Note 7, einerseits, *SchVE.* Art. 185 Abs. 2 andererseits.

[6]) Ebenso schon v. Birkmeyer, S. 157.

[7]) Gefängnis oder Haft bis zu zwei Jahren, bei mildernden Umständen Geldstrafe bis zu 2000 M statt Gefängnis nicht unter drei Monaten, bzw. Gefängnis bis zu zwei Jahren oder Festungshaft von gleicher Dauer in § 49a.

stufung des § 49a Abs. 1 StGB. je nach der Schwere des geplanten Verbrechens Aufrechterhaltung verdient hätte (so § 240 *OVE.*)[1]), und ob nicht, wenn der Vorentwurf schon überhaupt die „Aufenthaltsbeschränkung" (§ 53) aufgenommen hat, gerade hier (entsprechend § 49a Abs. 4 StGB.) ihre Anwendbarkeit zu statuieren gewesen wäre. Zu begrüßen ist schließlich die Anerkennung der freiwilligen Zurücknahme der Aufforderung usw. als Strafaufhebungsgrund (Begr. S. 488)[2]).

Der den „Landfriedensbruch" regelnde § 133 Vorentwurf hält die Begriffsbestimmung des entsprechenden § 125 StGB. im wesentlichen fest. Doch stellt er mit Recht durch eine Fassungsänderung sicher[3]), daß der Täter sich gerade im Augenblick der Verübung von Gewalttätigkeiten in der Menschenmenge befunden haben muß[4]). Wie beim Aufruhr (§ 127 Vorentwurf) ist sowohl das erhöhte Strafminimum des Grundfalles[5]), als auch das Strafmaximum gegen Rädelsführer[6]) und Gewalttätige herabgesetzt[7]); bei letzteren aber *§ 133 Vorentwurf.*

---

[1]) Selbstverständlich mit den oben S. 46 Anm. 1, S. 68 Anm. 1 erwähnten Maßgaben. Auffällig ist, daß die Begr. S. 487 die Normierung des Gefängnismaximums auf zwei Jahre in § 132 Vorentwurf mit der statistisch feststehenden Seltenheit längerer Gefängnisstrafen motiviert, während die Begr. S. 60 meinen genau ebenso motivierten Vorschlag, das Gefängnismaximum überhaupt auf zwei Jahre festzulegen, ablehnt.

[2]) Ebenso *OVE.* §§ 16, 240 Abs. 2.

[3]) Gegenüber RGEntsch. *XXXVI. 174 ff.*

[4]) Die von v. Hippel, *Vergl. Darst. Bes. T. II. 26, 27,* geforderte Sicherstellung der Begriffe „Menschenmenge" und „mit vereinten Kräften" vor der Auslegung des RG. (vgl. darüber v. Hippel, a. a. O. S. 6, 7, 9) bringt der Vorentwurf hier so wenig, wie beim Aufruhr; vgl. bereits oben S. 54 Anm. 1.

[5]) Von sechs auf drei Monate. Auch hier gelten die oben S. 55 zu Anm. 1 gemachten Bemerkungen. Der *OVE.* § 234 Ziff. 1 begnügt sich im Grundfall mit einem Minimum von zwei Wochen und einem Maximum von zwei Jahren Gefängnis oder Haft; allerdings ist auch hier wieder, wie beim Aufruhr (vgl. oben S. 55 Anm. 1), die Fassung eine weitere (noch viel weiter übrigens *SchVE.* Art. 186). v. Hippel, a. a. O. S. 27, hatte überhaupt Streichung des erhöhten Minimums befürwortet.

[6]) Gegen die Beibehaltung dieses Begriffs gilt das oben S. 55 Bemerkte. Der *OVE.* § 234 Ziff. 2 bedroht, außer den Gewalttätigen, den „Anstifter" und „Anführer" mit geschärfter Strafe.

[7]) Von zehn auf fünf Jahre Zuchthaus. Der *OVE.* § 234 Ziff. 2 droht überhaupt nur Gefängnis oder Haft von vier Wochen bis zu drei Jahren an. An Stelle der nach StGB. § 125 Abs. 2 statthaften Zulässigkeit von Polizeiaufsicht greift § 53 Vorentwurf ein.

hier auch das erhöhte Strafminimum im Falle mildernder Umstände oder (neu) nur geringfügiger Gewalttätigkeiten[1]). Andererseits hat die Vereinfachung des Tatbestandes von Abs. 2 des § 125 StGB. die Einbeziehung auch der bloßen „Beschädigung" von Sachen zur Folge (Begr. S. 489); ich möchte aber dagegen keine wesentlichen Bedenken geltend machen[2]).

§ 134 Vorentwurf. Um so bedenklicher scheint mir die Neufassung des § 126 StGB. (Landzwang) in § 134 Vorentwurf. Daß der Kreis der Drohmittel in § 126 („Androhung eines gemeingefährlichen Verbrechens") zu eng begrenzt ist (Begr. S. 490), ist zwar richtig[3]). Aber zu weit geht es meines Erachtens, wenn der Vorentwurf, allerdings in Übereinstimmung mit Art. 183 *Sch.*, § 236 Ziff. 1 *OVE.* und in bewußter Anlehnung an ersteren, jede „gemeingefährliche Drohung" genügen läßt und nur beispielsweise „insbesondere mit Mord, Raub oder Brand" hinzufügt. Dabei wird einmal übersehen, daß sowohl der *Sch.* wie der *OVE.*, an Stelle des als Tatbestandsmerkmal nicht sehr bestimmten[4]) „den öffentlichen Frieden stört", verlangen, daß durch die Drohung „die Bevölkerung" „in Schrecken" bzw. „in Furcht oder Unruhe" „versetzt" worden sei[5]). Aber auch in Verbindung mit der Forderung dieses schweren Erfolges ist das Drohmittel der „gemeingefährlichen Drohung" noch zu unbestimmt[6]). Die bereits oben bei der Besprechung von § 131 Vorentwurf erwähnte Vorlage einer Strafgesetznovelle von 1894 hatte sich darauf beschränkt, die Streichung des Wortes „gemeingefährlichen" in § 126 StGB. zu fordern und dem § 126 noch einen Abs. 2 hinzuzufügen, der mit geschärfter (Zuchthaus) Strafe denjenigen bedrohte, der in staatsumstürzlerischer Absicht gehandelt habe. Die Streichung des Wortes „gemeingefährlich" hatte die Reichstagskommission gebilligt. Die Vorlage wurde aber bekanntlich im Plenum abgelehnt[7]). Wenn nunmehr die Begr. zum Vorentwurf S. 490 ausführt, „es lassen sich auch Drohungen denken, die nicht den Tatbestand eines bestimmten Verbrechens, selbst nicht denjenigen eines bestimmten Vergehens[8]), in Aussicht stellen und doch für die Allgemeinheit höchst

---

[1]) Von sechs auf drei Monate; so bereits v. Hippel, a. a. O. S. 28.

[2]) Anders wohl v. Hippel, a. a. O. S. 27 zu Anm. 5.

[3]) Ebenso schon v. Hippel, *Vergl. Darst. Bes. T. II. 37.*

[4]) Die Unbestimmtheit rügt schon v. Hippel, a. a. O. S. 37.

[5]) Übereinstimmend der Vorschlag v. Hippels, a. a. O. S. 37.

[6]) Entsprechend bereits v. Hippel, S. 38 Note 1, gegenüber dem *SchVE.* („gefährliche Drohungen").

[7]) Vgl. näheres bei v. Hippel, a. a. O. S. 30, 31.

[8]) Die „Androhung von Verbrechen oder Vergehen" als Drohmittel zu

beunruhigend sein können", so kann ich mir eigentlich kaum ein Beispiel strafwürdigen „Landzwanges" ohne Androhung einer strafbaren Handlung denken. Die Begründung führt keines an. In Anknüpfung an den Tatbestand des Landfriedensbruchs und der Aufreizung zum Klassenkampf (§ 137 Vorentwurf) möchte ich vorschlagen, den Tatbestand des § 134 Vorentwurf zu fassen:

> „Wer die Bevölkerung durch Drohung mit Gewalttätigkeiten, insbesondere mit Mord, Raub oder Brand, in Furcht versetzt[1])."

Wird der Tatbestand des § 134 Vorentwurf wie vorgeschlagen begrenzt, so kann die, in grundsätzlicher Übereinstimmung mit dem *Sch.* und *OVE.*[2]) und mit Rücksicht auf die Verschärfung der Strafdrohung des § 241 Vorentwurf (= § 241 StGB.), vorgeschlagene Erhöhung des angedrohten Gefängnismaximums von ein auf zwei Jahre gebilligt werden. Zu erwägen wäre höchstens die alternative Androhung von Haft (die sich ja auch z. B. in §§ 131, 132, 137, 241 Vorentwurf findet)[3]). Schmerzlich fühlbar wird gerade hier die prinzipielle Ablehnung der „Friedensbürgschaft", auch als Präventivmaßregel (Begr. S. 48)[4]).

§ 135 Vorentwurf gibt den § 127 StGB. (Bildung eines bewaffneten Haufens) mit vereinfachtem Tatbestande[5]) und herab- *§ 135 Vorentwurf.*

---

statuieren, empfiehlt v. Hippel, S. 38, unter der Bedingung, daß man den schwereren Erfolg fordere, daß die Bevölkerung wirklich in ernsthafte Beunruhigung bzw. Schrecken versetzt wurde.

[1]) Ebenso wie § 134 Vorentwurf ist meines Erachtens der dem § 241 StGB. entsprechende § 241 Vorentwurf zu weit gefaßt, wenn er sagt: „Wer durch gefährliche Drohung einen anderen in seinem Frieden stört." Auch hier hätte sich eine einwandfreiere Fassung finden lassen, etwa dahin: „Wer einen anderen mit Gewalttätigkeiten unter solchen Umständen bedroht, daß die Drohung geeignet ist, ernstliche Furcht hervorzurufen." Bei der Bedrohung des Einzelnen bedarf es nämlich, im Gegensatz zum Landzwang, der Aufstellung eines objektiven Kriteriums; ebenso *OVE.* §§ 236 Ziff. 1, 322 Ziff. 1; anders anscheinend Begr. z. *DVE.* S. 490, 675.

[2]) Vgl. auch den Reichstagskommissionsbeschluß zur Vorlage v. 1894 (bei v. Hippel, a. a. O. S. 31 Note 2) u. v. Hippel S. 38, 39.

[3]) v. Hippel, S. 39, zieht sogar Zulässigkeit von Geldstrafe in Erwägung.

[4]) Vgl. auch v. Hippel, a. a. O. S. 39; Rosenfeld, *Vergl. Darst. Bes. T. V. 494, 495.* Der Entw. e. Strafgesetznovelle v. 1875 sah die Friedensbürgschaft u. a. beim Landzwang vor; vgl. darüber Goldschmidt, *Vergl. Darst. Allg. T. IV. 428 ff.*

[5]) Nach dem Vorschlage v. Hippels, *Vergl. Darst. Bes. T. II. 46.*

gesetztem Strafrahmen[1]) wieder. Die Strafdrohung, ausweislich der Reichskriminalstatistik ohne jede Bedeutung, mag in Zeiten der Erregung generalprävenierend wirken. Daher rechtfertigt sich ihre Beibehaltung[2]). Dagegen hätte der von v. Hippel, unter Bezugnahme auf Italien, gemachte Vorschlag[3]) befolgt werden können, zu unterscheiden zwischen der Bildung eines bewaffneten Haufens zu strafbarem Zweck und der ohne strafbaren Zweck und nur ersteren Tatbestand mit Vergehens-, letzteren mit Übertretungsstrafe zu ahnden. Daß die Übertretungsstrafe, zumal die des Vorentwurfs (bis drei Monate Gefängnis), in Zeiten der Erregung nicht genügend abschreckend wirken werde (Begr. S. 490), ist bei denen, die sich überhaupt abhalten lassen wollen, meines Erachtens nicht zu befürchten. Ist der regelmäßig strafbare Zweck feststellbar, so soll ja zudem Vergehensstrafe eintreten. Auch der weitere Vorschlag v. Hippels[4]), den freiwilligen Rücktritt als Strafaufhebungsgrund anzuerkennen[5]), hätte Beachtung verdient.

§ 136 Vorentwurf. Den mit den heutigen konstitutionellen Verhältnissen im allgemeinen und dem Reichsvereinsgesetz vom 19. April 1908 im besonderen nicht mehr harmonierenden § 128 StGB. hat der Vorentwurf mit Recht gestrichen[6]) und an Stelle des § 129 StGB. in § 136 eine Strafsanktion gesetzt, welche die Teilnahme an einem nach §§ 1, 2 Reichsvereinsges. verbotenen Verein mit Strafe bedroht (Begr. S. 491, 492). Es ist dies „die Teilnahme an einem Verein, dessen Zwecke den Strafgesetzen zuwiderlaufen“. Man wird zugeben müssen, daß der Vorentwurf sich damit genau auf den Boden des zugrunde liegenden Reichsvereinsrechts stellt, mag auch darin, im Verhältnis zum § 129 StGB., eine Tatbestandserweiterung liegen[7]). Diesem letzteren Umstand entspricht, daß die Strafdrohung des § 136 Vorentwurf grundsätzlich eine mildere als die des § 129 StGB.

---

[1]) Gefängnis oder Haft bis zu einem Jahr statt Gefängnis bis zu zwei Jahren.

[2]) Ebenso v. Hippel S. 45; Begr. S. 490.

[3]) A. a. O. S. 46.

[4]) A. a. O.

[5]) Vgl. Italien (bei v. Hippel, a. a. O. S. 45 Note 1), aber auch den *OVE.* §§ 162, 234 Abs. 2 bei Aufruhr und Landfriedensbruch, deren Tatbestände, als Absichtsdelikte, dem der Bildung eines bewaffneten Haufens nahe stehen (oben S. 55 Anm. 1, S. 79 Anm. 5). Im übrigen — vgl. auch Art. 186 *SchVE.* — fehlt ein dem § 135 Vorentwurf entsprechender Paragraph, soweit ich sehe, sowohl im *O.* als auch im *SchVE.*

[6]) Vgl. schon Kleinfeller, *Vergl. Darst. Bes. T. II. 288, 289.*

[7]) Was die Begr. S. 492, 493 ausdrücklich anerkennt.

ist[1]). Nur für den Fall, daß die Zwecke des Vereins in der Begehung oder Förderung von Verbrechen bestehen, wird geschärfte Strafe (Gefängnis nicht unter drei Monaten) angedroht.

Die Begr. S. 493 bemerkt, daß abweichende Sondervorschriften der Reichsgesetze, z. B. § 6 des Sprengstoffges., unberührt bleiben. Es entsteht die Frage, ob sich nicht folgende Regelung empfehlen würde: Bedrohung der Teilnahme an einem Verein, dessen Zwecke den Strafgesetzen zuwiderlaufen, mit bloßer Übertretungsstrafe (entsprechend den §§ 18, 19 Reichsvereinsges.). Daneben, in Verallgemeinerung des dem § 6 Sprengstoffges. zugrunde liegenden Gedankens, Vergehensstrafe (etwa mit erhöhtem Minimum) gegen die Bandenbildung zum Zwecke der Begehung von Verbrechen. Einen solchen Tatbestand enthält der *OVE.* § 238[2]), dem im übrigen, ebenso wie dem *SchVE.*, — soweit ich sehe — der Tatbestand eines „Vereinsvergehens" fremd ist. Die Bandenbildung zum Zwecke der Begehung ganz besonders schwerer Verbrechen könnte[3]), ebenfalls in Verallgemeinerung des § 6 Sprengstoffges., sogar mit Zuchthaus bedroht werden[4]). Bei der Bandenbildung müßte der freiwillige Rücktritt Strafaufhebungsgrund sein[5]).

§ 137 Vorentwurf gibt den § 130 StGB. unverändert wieder. Nur ist auch hier statt „anreizt" „aufreizt" gesagt[6]), der Höchstbetrag der angedrohten Geldstrafe, den allgemeinen Grundsätzen des Vorentwurfs entsprechend, auf 2000 M erhöht[7]) und wahlweise Haft zugelassen. Über die Notwendigkeit einer Strafdrohung gegen die „Aufreizung von Bevölkerungsklassen gegeneinander" im deutschen Recht ist meines Erachtens kein Wort zu verlieren[8]). *§ 137 Vorentwurf.*

---

[1]) Gefängnis oder Haft bis zu einem Jahr oder Geldstrafe bis zu 2000 M statt Gefängnis bis zu einem Jahr bzw. von drei Monaten bis zu zwei Jahren.

[2]) Vgl. auch den Vorschlag Kleinfellers, a. a. O. S. 289.

[3]) Wie die öffentliche Aufforderung und Aufreizung dazu; vgl. oben S. 77, 78.

[4]) Vgl. bereits Kleinfeller, a. a. O. S. 289, der aber — insoweit hat die Begr. S. 493 zu Note 3 das. recht — zu weit geht, wenn er Zuchthaus bei jeder Bandenbildung zum Zwecke der Begehung von Verbrechen angedroht wissen will.

[5]) Vgl. bereits Kleinfeller, a. a. O.

[6]) Vgl. oben S. 69, 70.

[7]) Die Geldstrafe ist hier nach wie vor an erster Stelle angedroht; vgl. dazu oben S. 65 Anm. 2.

[8]) Begr. S. 494; v. Hippel, *Vergl. Darst. Bes. T. II. 60—62.* Der *OVE.* hat eine entsprechende Bestimmung in § 237. Im *SchVE.* fehlt sie, soviel ich sehe; vgl. auch v. Hippel, a. a. O. S. 57—59.

Zu beklagen ist nur, dass der Vorentwurf nicht den überzeugenden Ausführungen von Hippels[1]) gefolgt ist und die zum Tatbestandsmerkmal ungeeigneten[2]) Worte „in einer den öffentlichen Frieden gefährdenden Weise“ gestrichen hat. Auch hätte, ebenfalls nach den Vorschlägen v. Hippels[3]), die Strafbarkeit ausgedehnt werden können auf die Aufreizung gegen bestimmte Einzelpersonen in ihrer Eigenschaft als Angehörige der betreffenden Bevölkerungsklasse, ja auf die Aufreizung zu bloßem feindseligen Verhalten[4]), sofern sie geschieht mittels Behauptung unwahrer Tatsachen wider besseres Wissen.

Auch hier würde die von dem Entwurf der Novelle von 1876 geplante Zulassung der Friedensbürgschaft besonders gute Dienste leisten.

Streichung des § 130a StGB. Wie bereits oben[5]) bemerkt, hat der Vorentwurf den sog. Kanzelparagraphen gestrichen. Die Begr. S. 494, 495 rechtfertigt die Streichung einmal damit, daß der Tatbestand des § 130a StGB. durch die Erweiterung des Tatbestandes des § 110 StGB. in § 131 des Vorentwurfs (Ausdehnung auf das „Aufreizen“) gedeckt sei. Soweit dies nicht der Fall sei, bestehe jedenfalls jetzt, im Gegensatz zu der Zeit der Entstehung des Kanzelparagraphen, kein Bedürfnis mehr, die Geistlichen unter ein Ausnahmerecht zu stellen; dies beweise auch die seltene Anwendung des Paragraphen.

Diesseits[6]) ist die Inkriminierung der „Aufreizung“ durch § 131 Vorentwurf nur für die Aufreizung zur Begehung von „Verbrechen“ gebilligt worden, dagegen nicht für die Aufreizung zur Begehung von „Vergehen“ oder „zur Auflehnung“ gegen „Gesetze“, deren Verletzung mit Übertretungs- oder gar keiner Strafe bedroht ist, oder gegen „Verordnungen“ oder gegen obrigkeitliche „Anordnungen“. In der diesseits befürworteten Fassung würde mithin § 131 Vorentwurf den § 130a StGB. nicht decken. Er würde es aber auch nicht in der jetzigen Fassung. Denn einmal erfordert § 131 Vorentwurf doch Aufforderung und Aufreizung zur Begehung ihrer Art nach bestimmter Verbrechen oder Vergehen, sowie zur Auflehnung gegen bestimmte Gesetze, Verordnungen oder

---

1) A. a. O. S. 63.

2) Vgl. schon oben S. 80 zu Anm. 4; vor allem aber v. Hippel, a. a. O. S. 53, 54.

3) A. a. O. S. 62, 64.

4) So überhaupt allgemein *OVE.* § 237 („feindseligen Handlungen“).

5) S. 63.

6) Vgl. oben S. 71, 72, 77, 78.

Anordnungen[1]). § 130a StGB. fordert dies nicht. Vor allen Dingen aber fordert § 130a überhaupt keine „Aufforderung“ oder auch nur „Aufreizung“ zu gesetzwidrigem Tun; es genügt jede friedensgefährdende „Verkündigung oder Erörterung“ von „Angelegenheiten des Staates“. § 130a erfordert schließlich durchaus nicht immer „Öffentlichkeit“ der Begehung; es genügt, sofern die Handlung „in einer Kirche oder an einem anderen zu religiösen Versammlungen bestimmten Orte“ begangen wird, die Begehung „vor mehreren“[2]).

Man kann danach der Begr. nicht ohne weiteres zugeben, daß durch die Erweiterung des Tatbestandes der §§ 110, 111 StGB. in § 131 Vorentwurf der § 130a StGB. im wesentlichen gedeckt werde. Ob, soweit dies nicht der Fall ist, heute jedenfalls kein Bedürfnis mehr bestehe, die Geistlichen unter ein „Ausnahmerecht“ zu stellen, darüber dürften die Meinungen vielleicht ebenfalls geteilt sein[3]).

Zunächst darf nicht unwidersprochen bleiben, daß die Begr. S. 494 aus dem Anlaß der Entstehung des Kanzelparagraphen ohne weiteres auf sein Wesen schließt und es so darstellt, als sei derselbe ein Kampfgesetz „Andersgläubiger gegen katholische

---

[1]) Vgl. Olshausen, Note 21 zu § 110.

[2]) In allen diesen Fällen brauchen übrigens auch nicht § 137 Vorentwurf (= § 130 StGB.) oder die Strafbestimmungen über Beleidigung Platz zu greifen, wie die Begr. S. 494, 495 meint, so daß danach die selbständige Bedeutung des § 130a doch wohl nicht auf „einige sehr seltene Fälle“ (Begr. S. 495) beschränkt sein würde.

[3]) Wenn die Begr. S. 495 Note 1 ausführt, v. Hippel, *Vergl. Darst. Bes. T. II. 102*, schlage solche Änderungen des Tatbestandes des § 130a StGB. vor, daß bei ihrer Vornahme jedenfalls § 130a im wesentlichen in § 131 Vorentwurf aufginge, so übersieht sie, daß auch v. Hippel, neben der Aufforderung zum Ungehorsam und zu strafbaren Handlungen, „beleidigende Herabwürdigung der Staatsautorität“ und „bestimmte Störungen des religiösen Friedens unter den Bürgern“ bestraft wissen will. Das sind aber dem § 131 Vorentwurf nicht unterfallende Handlungen. Außerdem aber geht v. Hippel, a. a. O. S. 103, sogar noch über den Tatbestand des § 130a StGB. und jedenfalls des § 131 Vorentwurf hinaus, wenn er den Geistlichen wenigstens dann stets verantwortlich machen will, sofern dieser „amtlich, also in Ausübung der Seelsorge auftrat“, „ganz gleichgültig, an welchem Orte und vor wie vielen Personen“. Auch Binding, Lehrbuch *Bes. T. II. 2, 896* Note 1, erklärt, wenn er auch die Fassung des § 130a nicht zu billigen scheint, doch einen „Schutz des Staates und des Staatsvolks“ „gegen mißbräuchliche Verwendung der Kanzel zur Hetze gegen jenen oder dieses“ für ein „dringendes Bedürfnis“.

Interessen"[1]), das nunmehr nach Beilegung des Kampfes seine Existenzberechtigung verloren habe. Eine solche Auffassung weist schon v. Hippel[2]) mit dem schlagenden Hinweis zurück, daß „gerade die katholischen Länder Europas (es sind Frankreich, Belgien, Italien, Spanien und Portugal) mit alleiniger Ausnahme von Österreich" „Strafvorschriften gegen religiöse Übergriffe in weltliches Gebiet für erforderlich erachtet" hätten. Solche Vorschriften können aber auch nicht als ein ungerechtes „Ausnahmerecht" gegen einen bestimmten Stand aufgefaßt werden. Wenn die Begr. S. 495 ausführt, es sei nicht abzusehen, warum „dieselbe Tat" bei einem Geistlichen strafbar, „begangen unter ganz ähnlichen Umständen durch einen Nichtgeistlichen, etwa einen Agitator vor einer Volksversammlung oder einen akademischen Lehrer im gefüllten Hörsaale, straflos sein" sollte, so ist hier der alte Satz übersehen: „Si duo faciunt idem, non est idem". Mag man den Einfluß des akademischen Lehrers auf seine Hörer noch so hoch einschätzen, mit der Autorität des Geistlichen gegenüber den Gläubigen darf er nicht zusammengestellt werden. Außerdem steht dem Staate den akademischen Lehrern gegenüber die Disziplinargerichtsbarkeit zu; den Geistlichen gegenüber gebricht es ihm daran, trotzdem er doch gerade der Kirche seinen besonderen Schutz gewährt. Der Kanzelparagraph füllt hier nur die entstehende Lücke aus[3]). Der Agitator vor der Volksversammlung aber genießt überhaupt keine andere Autorität als die seiner mehr oder weniger guten Sache; zudem macht er sich, wenn er Staatsangelegenheiten in friedensgefährdender Weise erörtert, keines Übergriffes schuldig, sondern tritt nur als der auf, als der er sich einführte.

Endlich ist auch aus der seltenen Anwendung des § 130a nichts für seine Entbehrlichkeit zu entnehmen. Treffend sagt v. Hippel[4]): „Wir haben es hier mit einem Gesetze zu tun, welches sich an gebildete, im öffentlichen Auftreten geschulte und mit den Anforderungen des Gesetzes wohlbekannte Männer wendet. Die Hauptbedeutung einer solchen Gesetzesvorschrift liegt in ihrer vorbeugenden Wirkung; eine geringe Zahl von Verurteilungen beweist daher nichts gegen dieselbe"[5]). Dazu kommt, daß der Para-

[1]) v. Hippel, a. a. O. S. 100.

[2]) A. a. O.

[3]) Genau dieselben Grundgedanken entwickelt bereits v. Hippel, a. a. O. S. 100, 101.

[4]) A. a. O. S. 103.

[5]) Vgl. übrigens auch die Begr. S. 494 selbst.

graph natürlich für Zeiten politischer Erregung berechnet ist. Mit Recht hat der Vorentwurf aus diesem Grunde in § 135 den § 127 StGB. aufrechterhalten, trotzdem er nach der Reichskriminalstatistik überhaupt der Bedeutung ermangelt[1]). Entsprechendes hätte beim § 130a berücksichtigt werden sollen. Tatsächlich ist denn auch im Jahre 1907, aus Veranlassung des sog. Schulstreiks in Posen und Westpreußen, die Zahl der Verurteilungen aus § 130a[2]) ausweislich der Reichskriminalstatistik sofort auf 20 gestiegen[3]).

Aus allen diesen Gründen wird die Streichung des § 130a StGB. mindestens noch einmal zu überprüfen sein. Sollte man dabei zur grundsätzlichen Aufrechterhaltung eines Kanzelparagraphen kommen, so würde allerdings der § 130a wesentlich verändert werden müssen. Das unbestimmte Tatbestandsmerkmal der „Friedensgefährdung" wäre auszumerzen[4]). Die heute jede Erörterung von Staatsangelegenheiten umfassende Strafbarkeit wäre zu beschränken. Für den Fall, daß der Geistliche unmittelbar „in Ausübung seines Berufs" handelt, wäre andererseits von Orts- oder ähnlichen Beschränkungen abzusehen[5]). Handelte er aber nur „in Veranlassung" der Ausübung seines Berufs (besser: „unter Bezugnahme auf seine Stellung als Religionsdiener"[6])), so wäre dafür wiederum unbedingt Öffentlichkeit seines Handelns zu fordern[7]).

Danach wäre der § 130a StGB. für den Fall seiner Beibehaltung etwa so zu fassen:

> „Ein Geistlicher oder anderer Religionsdiener, welcher in Ausübung seines Berufes oder öffentlich unter Bezugnahme auf seine Eigenschaft als Religionsdiener zu feindseligem Verhalten gegen die Staatsgewalt oder gegen andere Klassen der Bevölkerung aufreizt, wird . . . bestraft."

§ 138 Vorentwurf[8]) gibt den § 131 StGB., abgesehen von einer *§ 138 Vorentwurf.*

---

[1]) Vgl. oben S. 82.

[2]) Die 1894—1904 im ganzen nur vier betragen hatte (Begr. S. 494).

[3]) Von den ausweislich der Reichskriminalstatistik im Jahre 1907 aus § 130a verurteilten 19 Personen sind nach der Begr. S. 494 Note 4 elf aus § 130a allein verurteilt worden.

[4]) Vgl. bereits oben S. 80 zu Anm. 4, S. 84 zu Anm. 2.

[5]) Alles das sind im wesentlichen auch Vorschläge v. Hippels; vgl. oben S. 85 Anm. 3.

[6]) So Binding, Lehrb. *Bes. T. II. 2*, S. 896 zu Note 3.

[7]) Was § 130a (arg. „vor Mehreren" in Abs. 1, „ausgibt" in Abs. 2) nicht unbedingt verlangt; vgl. im übrigen zu „verbreitet" in Abs. 2 oben S. 75.

[8]) Vgl. über § 138 Vorentwurf bereits oben S. 43 zu Anm. 1 u. S. 65 Anm. 2.

Anpassung des Tatbestandes an die moderne Terminologie und der Strafdrohung an die Strafdrohungsgrundsätze des Vorentwurfs, sachlich unverändert wieder. Beides, die Beibehaltung des Paragraphen überhaupt und in sachlich unveränderter Gestalt, ist grundsätzlich zu billigen. Höchstens ein Punkt wäre zu beanstanden. Der Vorentwurf hat (Begr. S. 496) davon abgesehen, den Tatbestand nach v. Hippels[1]) Vorschlag durch Fallenlassen des Merkmals der verleumderischen „Absicht" zu erweitern, obgleich das Erfordernis „wider besseres Wissen" ausreichen würde, die berechtigte Kritik vor Strafe zu sichern. v. Hippel[2]) hat ganz recht, wenn er sagt: „Bewußte Unwahrheit und berechtigte Kritik sind unversöhnliche Gegensätze[3])." Auf der anderen Seite wäre es wünschenswert gewesen sicherzustellen, daß die behauptete oder verbreitete Tatsache objektiv geeignet sein müsse, Staatseinrichtungen oder Anordnungen der Obrigkeit verächtlich zu machen[4]).

§ 139 Vorentwurf. § 139 Vorentwurf[5]) gibt, abgesehen von einer Anpassung der Strafdrohung an die allgemeinen Strafdrohungsmaximen des Vorentwurfs, den § 132 des StGB. unverändert wieder. Meines Erachtens hätten die beiden Alternativen des Tatbestandes („wer unbefugt sich mit Ausübung eines öffentlichen Amtes befaßt" und „wer ... eine Handlung vornimmt, die nur kraft eines öffentlichen Amtes vorgenommen werden darf"), deren zweite nur ein schwererer Unterfall der ersten ist, zusammengefaßt werden müssen. Daß die Trennung der „Deutlichkeit" dient (Begr. S. 496), ist zu leugnen. Allerdings die von Merkel[6]) vorgeschlagene zusammenfassende Formel: „wer vorsätzlich ohne Berechtigung Verrichtungen eines öffentlichen Amtes vornimmt" ist nicht zu empfehlen, weil fraglich ist, ob sie nicht nur die zweite Alternative des § 139 Vorentwurf (§ 132 StGB.) deckt[7]). Viel einfacher wäre es, mit A. 203 *Sch.*, § 204 *OVE.* zu sagen: „Wer unbefugt sich die Ausübung eines öffentlichen Amtes anmaßt" usw.

---

[1]) *Vergl. Darst. Bes. T. II. 83 ff.*

[2]) A. a. O. S. 84.

[3]) Der *OVE.* §§ 164, 165 hält allerdings gleichfalls grundsätzlich an dem Erfordernis der verleumderischen Absicht fest, sieht aber dafür in § 164 Ziff. 2 von dem Erfordernis „wider besseres Wissen" ab. Dem *SchVE.* ist die „Staatsverleumdung", soweit ich sehe (vgl. auch v. Hippel S. 78), fremd.

[4]) Über diese an § 131 StGB. sich knüpfende Streitfrage vgl. Goltdammers Archiv *XXXV. 59* Note 6; v. Hippel, a. a. O. S. 74.

[5]) Vgl. über denselben bereits oben S. 43 Anm. 1.

[6]) *Vergl. Darst. Bes. T. II. 345.*

[7]) So auch Begr. S. 496 Note 2.

In den §§ 140—142 Vorentwurf[1]) sind die §§ 133, 136, 137 StGB. mit Recht nunmehr nebeneinander gestellt, da sie gemein haben, Eingriffe in die „amtliche Verfügungsgewalt“ zu sein. Und zwar handelt es sich in allen Fällen um Eingriffe in die amtliche Verfügungsgewalt über „Sachen“, d. h. über körperliche Gegenstände, in § 140 Vorentwurf (= § 133 StGB.) nur über bewegliche, in §§ 141, 142 Vorentwurf (= §§ 136, 137 StGB.) auch über unbewegliche Sachen. Konsequent hätte nach dem schwersten § 140 Vorentwurf zuerst der demnächst schwere § 142 Vorentwurf[2]) aufgeführt und damit dem leichtesten § 141 Vorentwurf vorangestellt werden müssen. Sogar A. A. 207, 208 *Sch.* und § 201 Ziff. 1 u. 2 *OVE.*, welche beide Pfand- und Siegelbruch gleich bestrafen, stellen jenen diesem vorauf. *§§ 140 bis 142 Vorentwurf.*

Dagegen hat der Vorentwurf aus der Zusammengehörigkeit der drei Paragraphen leider nicht die Konsequenz gezogen, bezüglich ihrer, und zwar übereinstimmend, die Frage zu entscheiden, wann eine amtliche Verfügungsgewalt in ihrem Sinne begründet ist. De lege lata herrscht hier nicht nur der größte Zweifel, sondern die Frage wird bezüglich der verschiedenen Paragraphen keineswegs einheitlich beantwortet. Bezüglich des § 133 StGB. hat das Reichsgericht (Entsch. *XXVIII. 382*) anerkannt, es genüge, daß ein Organ der Staatsgewalt im geordneten Geschäftsgang den Gegenstand zu seiner Verfügung halte, mag diese Verfügung eine materiell gerechtfertigte sein oder nicht. Das preußische Obertribunal (Oppenhoff, *XII. 656*) hatte sogar den Schutz des § 133 StGB. einer Urkunde schon dann zugebilligt, wenn sie nicht vorschriftsmäßig in den behördlichen Gewahrsam genommen war. Zu § 136 StGB. erklärt dagegen auch das Reichsgericht neuerdings (Entsch. *XXXIV. 398, 399; XXXVI. 155 ff.*), im Widerspruch zu früheren Entscheidungen (*VIII. 35, XXII. 5*), für genügend, daß das verletzte Siegel von (sc. abstrakt) sachlich und örtlich zuständigen Behörden oder Beamten angelegt sei, gleichgültig, ob dabei die wesentlichen Formvorschriften (z. B. Titelzustellung vor Beginn der Zwangsvollstreckung, ZPO. § 750) beobachtet waren[3]). Gerade umgekehrt fordert das Reichsgericht (Entsch. *IX. 403, XIV. 151*; vgl. auch *XIX. 289, XXIV. 52, XXV. 109*) zu § 137 StGB.

[1]) Vgl. über dieselben bereits oben S. 43 Anm. 1.

[2]) Daß § 142 Vorentwurf ebenso im Verhältnis zu § 141 Vorentwurf die schwerere Strafdrohung ist, wie § 137 StGB. im Verhältnis zu § 136 StGB., wird dadurch nicht geändert, daß befremdlicherweise in § 142 „Haft“ an erster Stelle angedroht ist, in § 141 „Gefängnis“.

[3]) Sehr scharf hiergegen Binding, Lehrb. *Bes. T. II. 2, 625* Note 2.

ausdrücklich nicht nur, daß die Pfändung oder Beschlagnahme von zuständigen Behörden oder Beamten, sondern auch, daß sie unter Beobachtung aller wesentlichen Formen (einschließlich formaler Voraussetzungen) vorgenommen worden sei. Soweit bei Feststellung formaler Voraussetzungen (z. B. Gewahrsam des Exequenden) dem tatsächlichen Ermessen Raum bleibt, hält das Reichsgericht (Entsch. *XXV. 109*), konsequent seiner zu § 113 StGB. ausgesprochenen Ansicht (so Entsch. *V. 297*, *XIX. 69*), die Pflichtmäßigkeit der getroffenen Entscheidung, ohne Rücksicht auf ihre Richtigkeit, für ausreichend. Andererseits fordert das Reichsgericht offenbar (arg. Entsch. *V. 208*, *XIX. 164*) auch noch mindestens Pflichtmäßigkeit der Amtsausübung bei Feststellung von tatsächlichen Voraussetzungen, die zweifellos nicht mehr rein formaler Natur sind (z. B. der Pfändbarkeit der gepfändeten Sachen, ja anscheinend sogar — Entsch. *IX. 404* — des Eigentums des Exequenden).

Die Begr. zum Vorentwurf (S. 499) erklärt nun zu § 142 Vorentwurf (= § 137 StGB.): „Es ist nicht Aufgabe des Strafgesetzes, darüber zu bestimmen, unter welchen Voraussetzungen eine wirksame, wenn auch vielleicht anfechtbare Verstrickung entsteht, fortdauert und endet, ebensowenig wie das Strafgesetz beim Diebstahlstatbestand darüber sich aussprechen kann, unter welchen Voraussetzungen eine Sache für den Täter eine fremde ist."

Indessen dieses Gleichnis trifft nicht zu. Der Begriff „fremde Sache" beim Diebstahlstatbestand ist nicht nur im wesentlichen unbestritten, sondern er ist auch für den Diebstahlstatbestand wirklich zweifellos derselbe, wie der des Zivilrechts. Nichts davon läßt sich für die hier zugrunde liegenden Merkmale sagen[1]). Es ist also dringend erforderlich, daß das Strafgesetz in §§ 140—142, so gut wie in § 126 Vorentwurf (= § 113 StGB.)[2]), bestimmt, welche Voraussetzungen gegeben sein müssen, damit von einer „amtlichen" oder besser „staatlichen Verfügungsgewalt" im Sinne dieser Paragraphen gesprochen werden kann. Daß der Vorentwurf dies versäumt, ja in § 142 sogar noch das in § 137 StGB. enthaltene Erfordernis der Pfändung oder Beschlagnahme „durch die zuständigen Behörden oder Beamten" gestrichen hat[3]), ist entschieden zu mißbilligen[4]).

---

[1]) Vgl. auch noch unten S. 95 Anm. 2.

[2]) Vgl. darüber ausführlich oben S. 49—53.

[3]) Was allerdings Merkel, *Vergl. Darst. Bes. T. II. 399*, empfohlen hatte.

[4]) Die Streichung des „unbefugt" in § 136 StGB. (§ 141 Vorentwurf, dazu Begr. S. 498 Note 4) mag unbeanstandet bleiben. Ob das Erfordernis

In allen drei Paragraphen ist Angriffsobjekt allerdings die tatsächliche „staatliche Verfügungsgewalt“, speziell in §§ 141, 142, analog wie in § 126 Vorentwurf, das staatliche ius executionis, nicht das ius exequendi[1]). Von einer „staatlichen Verfügungsgewalt“ kann man aber nur dann reden, wenn die Verfügungsgewalt für den Staat durch (sc. abstrakt) sachlich und örtlich zuständige Behörden oder Beamten unter Beobachtung der wesentlichen Formen (einschließlich der formalen Voraussetzungen) begründet worden ist. Insoweit müssen mithin die Behörden und Beamten in den Fällen der §§ 140—142 genau ebenso „rechtmäßig“ gehandelt haben, wie der Vollstreckungsbeamte im Fall des § 126 Vorentwurf[2]). In allen drei Paragraphen müssen und können die danach erforderlichen Kriterien der „staatlichen Verfügungsgewalt“ als Tatbestandsmerkmale aufgenommen werden[3]).

---

der „Rechtswidrigkeit“ ausdrücklich in einem Tatbestand aufgenommen ist oder nicht, ist im Grunde gleichgültig, da die Rechtswidrigkeit immer stillschweigend vorausgesetztes Tatbestandsmerkmal ist.

[1]) Darüber Goldschmidt, Ungerechtfertigter Vollstreckungsbetrieb § 11 S. 78; Rechtsgrund usw. der staatlichen Entschädigungspflicht usw. vor u. unter I u. unter III das.; oben S. 51 bei Anm. 2 zu § 126 Vorentwurf.

[2]) Insoweit also kann für § 141 Vorentwurf nicht befürwortet werden, die Auslegung des § 136 StGB. durch das Reichsgericht und den ihm folgenden Olshausen, Note 4 zu § 136, zu sanktionieren; es muß vielmehr insoweit jedenfalls de lege ferenda Binding, Lehrbuch, *Bes. T. II. 2, 625* Note 2, zugestimmt werden. Aber auch für § 140 Vorentwurf muß, im Gegensatz zu der vom Reichsgericht und hier auch von der gemeinen Meinung beliebten Auslegung des § 133 StGB., gefordert werden, daß die staatliche Verfügungsgewalt durch zuständige Organe unter Beobachtung der wesentlichen Formen begründet wurde, mit andern Worten im wesentlichen Wiederherstellung der Fassung des entsprechenden § 106 des preußischen StGB. Die entgegengesetzte Ansicht führt für das Konkurrenzverhältnis der §§ 133, 137 StGB. (140, 142 Vorentwurf) zu den größten Schwierigkeiten; vgl. Rg.Entsch. *XXVIII. 383.* Für die Gestaltung des § 142 Vorentwurf wird dagegen die Sanktionierung der Auslegung des § 137 StGB. durch das Reichsgericht und die herrschende Lehre befürwortet mit der Maßgabe, daß das Vorliegen wirklich formaler Voraussetzungen (wie z. B. des Gewahrsams des Exequenden) nie durch die Entschuldbarkeit ihrer irrigen Annahme durch den Beamten ersetzbar ist; vgl. dazu oben S. 50 und meine daselbst zitierte Schrift. Ähnlich wie der Text bereits für alle drei Paragraphen Merkel, *Vergl. Darst. Bes. T. II. 356, 357, 360, 361, 363.*

[3]) Die Aufnahme ist hier noch einfacher zu bewerkstelligen als oben S. 52 bei § 126 Vorentwurf. Nämlich in § 140: „Wer Schriftstücke oder andere Sachen, die von den zuständigen Behörden oder Beamten unter

Dagegen ist in keinem der §§ 140—142, sowenig wie in §126 Vorentwurf, erforderlich, daß die Begründung der staatlichen Verfügungsgewalt materiell gerechtfertigt war; ebensowenig, daß wenigstens der betreffende Beamte sie zufolge entschuldbaren Tatirrtums für materiell gerechtfertigt hielt[1]). Es wäre aber auch hier, wie in § 126 Vorentwurf[2]), wünschenswert, wenigstens in den §§ 141, 142 zu statuieren, daß, wenn die amtliche Siegelung, Pfändung oder Beschlagnahme in der Sache ungerechtfertigt war, in besonders leichten Fällen (§ 83 Vorentwurf) von Strafe überhaupt abgesehen werden könne.

Im einzelnen ist zu den §§ 140—142 Vorentwurf noch zu bemerken:

§ 140 Vorentwurf. Zutreffend ist in § 140 Vorentwurf[3]), im Gegensatz zu § 133 StGB., als deliktizische Gattungshandlung das „Entziehen der amtlichen Verfügung" genannt[4]); „Zerstören" und „Beschädigen" werden nur beispielsweise als die hauptsächlichsten Begehungsarten aufgeführt; das unnötigerweise auf eine Ortsveränderung hindeutende „Beiseiteschaffen" ist gestrichen. Mit Recht vermeidet der Vorentwurf, als Deliktsobjekte „Urkunden" zu nennen, als ob es sich hier um den spezifischen Urkundenbegriff handle, wie ihn die „Urkundenfälschung" voraussetzt; nur von „Schriftstücken oder anderen Sachen" wird gesprochen. Das ungenaue „welche . . . amtlich übergeben worden sind" ist durch das treffende „die amtlich . . . einem Dritten in Verwahrung gegeben sind" ersetzt. Auch daß es auf den Verwahrungsort nicht mehr ankommen soll,

---

Beobachtung der wesentlichen Formen amtlich in Verwahrung genommen . . . sind", usw.; in § 141: „Wer ein amtliches Siegel, das von einem zuständigen Beamten unter Beobachtung der wesentlichen Formen angelegt ist," usw.; in § 142: „Wer Sachen, welche durch die zuständigen Behörden oder Beamten unter Beobachtung der wesentlichen Formen gepfändet . . . sind", usw.

[1]) Anders wohl das Reichsgericht für die Pfändungsvoraussetzung der Pfändbarkeit der gepfändeten Gegenstände, ja anscheinend sogar des Eigentums des Exequenden an ihnen (vgl. die oben S. 90 zitierten Entscheidungen), entsprechend seiner Auslegung des § 113 StGB.; vgl. dazu oben S. 50 und meine daselbst zitierte Schrift, Rechtsgrund usw. der staatlichen Entschädigungspflicht usw., unter III. daselbst. Über die Trennung der formalen und materiellen Pfändungsvoraussetzungen und ihre Bedeutung vgl. auch W. Müller, Die Wirksamkeit des Pfändungspfandrechts, 1907 (dem ich freilich nicht in allen Einzelheiten zu folgen vermag).

[2]) Vgl. oben S. 53 bei Anm. 1.

[3]) Im *Sch.* wie im *OVE.* fehlt, soviel ich sehe, eine entsprechende Strafdrohung überhaupt.

[4]) Vgl. auch Merkel, *Vergl. Darst. Bes. T. II. 398.*

ist zu billigen, sofern nur statt dessen die Zuständigkeit der in Verwahrung nehmenden oder gebenden Behörde und die Beobachtung der wesentlichen Formen verlangt wird[1]).

Der Schärfungsgrund des § 133 Abs. 2 StGB. ist in der Fassung dem allgemeinen Schärfungsgrund des § 36 Vorentwurf angepaßt und damit gleichzeitig die sich an ihn knüpfende Kontroverse[2]) richtig entschieden[3]). Eine andere Frage ist, ob nicht § 133 Abs. 2 StGB. einfach hätte gestrichen werden können. Für die Bejahung dieser Frage spricht, daß schon im Grundfall des § 140 Vorentwurf Freiheitsstrafe bis zu zwei Jahren angedroht ist, die Begr. S. 498 aber selbst anführt, daß dieser Strafrahmen in der Praxis auch im Fall des § 133 Abs. 2 fast nie überschritten worden sei, und daß außerdem der im Falle einer verhängten Freiheitsstrafe anwendbare[4]) § 36 Vorentwurf gestattet, die Gewinnsucht wirksam zu bekämpfen[5]). Im übrigen sind die Strafrahmen des § 133 StGB. in § 140 erheblich herabgesetzt[6]).

§ 141 Vorentwurf hat an § 136 StGB. verschiedene Fassungsänderungen vorgenommen. Dieselben sind zu billigen[7]), insbesondere auch die, daß durch Bedrohung des „Unwirksammachens" des amtlichen Siegelverschlusses klar gestellt wird, daß z. B. auch das Einsteigen in ein an der Tür versiegeltes Zimmer durch das Fenster unter das Gesetz fällt (Begr. S. 498; übereinstimmend Art. 208 *SchVE.*). Nur hätte nunmehr neben dem „Unwirksammachen" das „Aufheben" aus § 136 StGB. nicht mehr aufgeführt zu werden brauchen (so auch Art. 208 *SchVE.*). Nicht zu billigen ist dagegen, daß das „Unwirksammachen" durch Hinzufügen der Worte „auf andere Weise" zu einer Gattungshandlung des „Ablösens" und „Beschädigens" erhoben ist. Wach[8]), dem der *DVE.* hier folgt (Begr. S. 498 Note 6), kann hier nicht zugestimmt werden; denn *§ 141 Vorentwurf.*

---

1) Vgl. oben S. 91 Anm. 3.

2) Vgl. Merkel, a. a. O. S. 370 Note 3.

3) Begr. S. 498, insbes. Note 2 das. u. S. 130.

4) Begr. S. 498 Note 2.

5) Ebenso denn auch Merkel, a. a. O. S. 400.

6) Statt Gefängnis, bzw. Gefängnis nicht unter drei Monaten: Gefängnis oder Haft bis zu zwei Jahren oder Geldstrafe bis zu 3000 M, bzw. Gefängnis nicht unter einem Monat. Die Begrenzung des Maximums der Freiheitsstrafe auf zwei Jahre im Grundfall motiviert die Begr. S. 498 wiederum, wie schon im Text hervorgehoben, mit der statistisch festgestellten Seltenheit höherer Gefängnisstrafen; hierzu vgl. die Bemerkung oben S. 79 Anm. 1.

7) Vgl. dazu oben S. 90 Anm. 4.

8) *Vergl. Darst. Allg. T. VI. 66, 67.*

es kann ein amtlich angelegtes Siegel böswillig oder mutwillig auch „beschädigt" werden, ohne daß dadurch der Verschluß „aufgehoben oder unwirksam" gemacht wird[1]. So führen denn auch sowohl Art. 208 *Sch.*, als auch § 201 Ziff. 2 *OVE.* (entsprechend § 136 StGB.) das „Unwirksammachen", bzw. „Aufheben" des amtlichen Verschlusses koordiniert neben dem „Erbrechen" und „Entfernen", bzw. dem „Beschädigen" und „Beseitigen" auf.

Zu erwägen wäre, ob nicht der *DVE.*, gleich § 201 Ziff. 2 *OVE.*[2], den Strafschutz neben den „Siegeln" auch „anderen Zeichen einer Pfändung, Beschlagnahme oder eines amtlichen Verschlusses" angedeihen lassen könnte.

Zu billigen ist die Zulassung von Haft und Geldstrafe[3] in § 141 Vorentwurf.

§ 142 Vorentwurf. § 142 Vorentwurf gibt den § 137 StGB. im wesentlichen unverändert wieder[4]. Daß neben der deliktizischen Gattungshandlung „Entziehen der Verstrickung", wie in § 137 StGB., das „Zerstören" und „Beiseiteschaffen" aufgeführt werden, möchte ich nicht billigen. Ich kann nicht finden, daß im Fall des § 142 die „Anschaulichkeit" (so Begr. S. 499) dadurch gewinnt, um so weniger, als der Vorentwurf in § 140 gerade das „Beiseiteschaffen" als irreführend gestrichen hat. So sagt denn auch der *SchVE.* Art. 207 einfach: „Wer eine Sache, die amtlich mit Beschlag belegt ist, der amtlichen Gewalt entzieht"[5].

„Forderungen" sollen nach wie vor (RG. Entsch. *XXIV. 40ff.*) untaugliche Objekte des Pfandbruchs bleiben (Begr. S. 499). Dem ist zuzustimmen[6]. § 142 Vorentwurf ist, wie § 137 StGB., nicht dazu bestimmt, Privatinteressen der Gläubiger zu schützen, — das ist vielmehr die Aufgabe des § 293 Vorentwurf (= § 288 StGB.)[7]

---

[1] Anders die Sachlage in §§ 140, 142 Vorentwurf.

[2] Vgl. auch schon Merkel, a. a. O. S. 399.

[3] Die Zulassung von Geldstrafe im Fall des § 136 StGB. nimmt bereits der zurzeit dem Reichstage vorliegende Entwurf einer Strafgesetznovelle in Aussicht.

[4] Vgl. dazu oben S. 90 zu Anm. 3.

[5] Noch weniger als die Fassung der § 142 *DVE.* ist die des § 201 Ziff. 1 *OVE.* zu billigen, der Vereitelung der Beschlagnahme nur straft, wenn sie durch Beschädigung, Zerstörung oder Beiseiteschaffung erfolgt ist.

[6] And. Ans. im Ergebnis de lege ferenda Merkel, a. a. O. S. 401.

[7] Im Sinne des § 288 StGB. ist bekanntlich eine „drohende" Zwangsvollstreckung auch eine bereits begonnene; RG. Entsch. *XVII. 42, XXXV. 62.* Es wäre wünschenswert, dies bei der Neufassung des § 288 StGB. in § 293 Vorentwurf klargestellt zu sehen. Wenn Merkel, a. a. O. S. 401 Note 1,

und der Strafbestimmungen der Konkursordnung —; vielmehr soll er der als solcher manifestierten staatlichen Verfügungsgewalt Achtung verschaffen (RG. Entsch. *XXIV. 52*). Aus demselben Grunde wäre es wünschenswert gewesen, wenn § 142 Vorentwurf die sich an § 137 StGB. knüpfende Streitfrage, ob und inwieweit ein gerichtlicher Beschlagnahmebeschluß schon eine Beschlagnahme im Sinne des Pfandbruchsparagraphen darstelle (vgl. RG. Entsch. *I. 287, 368, XIV. 286, XX. 244, XXIV. 10, XLI. 256*)[1]), entschieden hätte[2]), und zwar verneinend[3]). Dies würde sich durch Einfügung der Worte „in äußerlich erkennbarer Weise" leicht bewerkstelligen lassen[4]). Damit würde einerseits die Praxis des RG. zu § 137 (Entsch. *XX. 247, XXIV. 10*) sanktioniert, andererseits allerdings entgegen der bisherigen Praxis des RG. zu § 137 StGB. (Entsch *I. 368, XIV. 286, XLI. 256*) die bloße Zustellung des Zwangsversteigerungsbeschlusses (§ 22 Abs. 1 des Zwangsversteigerungsges. v. 24. März 1897) so wenig als Beschlagnahme im Sinne des Pfandbruchsparagraphen anerkannt, wie die bloße Konkurseröffnung. Vielmehr müßten in diesem Falle hinzugekommen sein die Inbesitznahme der Masse durch den Konkursverwalter (KO. § 117)[5]), in jenem Falle entsprechende gerichtliche Maßregeln

sich dagegen wendet, daß Binding, Lehrb. *Bes. T. II. 2, 610* Note 5, vorschlage, Pfandbruch (§ 137 StGB.) und Vollstreckungsvereitelung (§ 288 StGB.) zusammenzufassen, so scheint er Binding, a. a. O., mißverstanden zu haben.

[1]) Vgl. dazu besonders Binding, Lehrb. *Bes. T. II. 2, 609 ff.*; Merkel, *Vergl. Darst. Bes. T. II. 361.*

[2]) Der Vorentwurf scheint die Entscheidung wiederum — vgl. oben S. 90 — als über seine Kompetenz hinausgehend angesehen zu haben (Begr. S. 499); es gilt aber auch hier wieder das oben S. 90 Gesagte.

[3]) And. Ans. im Ergebnis de lege ferenda Merkel, a. a. O. S. 401. Treffend verlangt Binding, a. a. O. S. 610, die Beschlagnahme müsse, gleich einer Blockade, „effektiv" sein.

[4]) Unter Berücksichtigung der oben S. 91 Anm. 3 beantragten Änderung wird danach vorgeschlagen, § 142 Vorentwurf wie folgt zu fassen: „Wer Sachen, welche durch die zuständigen Behörden oder Beamten unter Beobachtung der wesentlichen Formen in äußerlich erkennbarer Weise gepfändet oder sonst in Beschlag genommen sind, der Verstrickung entzieht", usw.

[5]) Binding, Lehrb. *Bes. T. II. 2, 615*, und Kohler, Lehrb. d. Konkursrechts S. 545 Note 1, wollen auch nach Inbesitznahme der Masse durch den Verwalter der Konkursbeschlagnahme nicht den Schutz des § 137 StGB. zugestehen, weil der Konkursverwalter kein Staatsorgan, sein Besitz also keine „staatliche Verfügungsgewalt" sei. Aber dann dürfte Binding auch der Inbesitznahme des Grundstücks durch einen Zwangsverwalter nicht die

gemäß § 25 Zwangsversteigerungsges. Für den Gläubigerschutz muß im übrigen wiederum auf § 293 Vorentwurf (= § 288 StGB.) und die Strafbestimmungen der Konkursordnung verwiesen werden. Die Strafsanktion des § 142 Vorentwurf (= § 137 StGB.) ist nicht berufen, die Gläubiger zu schützen.

Zu begrüßen ist die Zulassung von Haft[1]) und Geldstrafe[2]) im § 142 Vorentwurf.

§ 143 Vorentwurf. § 143 Vorentwurf[3]) unterscheidet sich von seinem Vorbild, dem § 134 StGB., außer durch einige vereinfachende und klärende Fassungsänderungen und Anpassung der Strafdrohung an die Strafdrohungsgrundsätze des Vorentwurfs, durch Ausdehnung des Strafschutzes auf öffentlich „ausgelegte" amtliche Bekanntmachungen[4]) und durch Bedrohung des „Unkenntlichmachens". Beides ist zu billigen, wenngleich der *SchVE.* (v. 1908 A. 283) das „Verdecken" des *SchVE.* v. 1903 A. 260, in Anlehnung an welches der *DVE.* das „Unkenntlichmachen" bedroht (Begr. S. 500)[5]), wieder gestrichen hat[6]).

Bedeutung einer Beschlagnahme im Sinne des § 137 StGB. zugestehen, was er anscheinend (a. a. O. S. 611 Note 2) tut. Denn Zwangsverwalter und Konkursverwalter haben grundsätzlich die gleiche Stellung. Tatsächlich gilt doch auch im Falle des § 140 Vorentwurf (= § 133 StGB.) als „staatliche Verfügungsgewalt" die Verwahrung durch einen „Dritten", dem die Sache „amtlich in Verwahrung gegeben" worden ist. Insofern zutreffend RG.Entsch. in Strafs. *I. 287, XIV. 290.* Übrigens läßt Binding, a. a. O. S. 612, als Beschlagnahme im Sinne des § 137 StGB. sogar schon die Beschlagnahme des § 22 Zwangsversteigerungsgesetz genügen, obgleich dies seiner mit der des Textes übereinstimmenden prinzipiellen Auffassung zuwiderläuft.

[1]) Vgl. aber oben S. 89 Anm. 2.

[2]) Die Zulassung von Geldstrafe im Fall des § 137 StGB. nimmt bereits der zurzeit dem Reichstage vorliegende Entwurf einer Strafgesetznovelle in Aussicht.

[3]) Vgl. über denselben bereits oben S. 43 Anm. 1, S. 62 Anm. 2. Im *Sch.* (Art. 283) und *OVE.* (§ 457) ist der entsprechende Tatbestand eine bloße Übertretung.

[4]) Vorschlag Kleinfellers, *Vergl. Darst. Bes. T. II. 302, 303.*

[5]) Vgl. auch Kleinfeller, a. a. O. S. 303.

[6]) Wohl zu eng *OVE.* § 457, der zur Strafbarkeit verlangt, daß das „Beschädigen" oder „Beseitigen" geschah, „um" die Verlautbarung zu hindern. Eher verdiente umgekehrt Erwägung Kleinfellers Vorschlag, a. a. O., die Strafbarkeit, analog § 144 Vorentwurf (§ 135 StGB.) auf „Verübung beschimpfenden Unfugs" an der amtlichen Bekanntmachung auszudehnen.

§ 144 Vorentwurf[1]) verbessert die Fassung des entsprechenden § 135 StGB. wesentlich. Die unklare Unterscheidung von „Autoritäts-“ und „Hoheitszeichen“ ist durch Streichung des ersten Begriffs beseitigt[2]). Ausdrücklich wird, in Übereinstimmung mit dem entsprechenden § 166 *OVE.*[3]), verlangt, daß die Hoheitszeichen „öffentlich angebracht“ sein müssen[4]). Statt „wegnimmt, zerstört oder beschädigt“ ist gesagt: „beseitigt, beschädigt oder unkenntlich macht“. *§ 144 Vorentwurf.*

Der Strafrahmen ist im ganzen nicht unerheblich herabgesetzt[5]).

Den § 144 StGB. hat der Vorentwurf mit Recht gestrichen, da er durch § 45 Abs. 2 des Gesetzes vom 9. Juni 1897 über das Auswanderungswesen entbehrlich geworden ist (Begr. S. 500). Statt dessen hat er als § 145 einen Tatbestand eingestellt, den er „Auswanderungsbetrug“ nennt, und wo die Verleitung eines Deutschen zur Auswanderung durch arglistige Täuschung in gewinnsüchtiger Absicht mit Strafe bedroht ist. *§ 145 Vorentwurf.*

Es soll nicht in Abrede gestellt werden, daß eine dem § 145 Vorentwurf entsprechende Strafdrohung Bedürfnis ist[6]). Aber an die Stelle, wo § 145 Vorentwurf steht, gehört sie nicht hin. Wurde § 145 gestrichen, weil er durch § 45 Abs. 2 des Auswanderungsgesetzes gedeckt sei, und wurde, konsequent dem Prinzip des Vorentwurfs, die strafrechtlichen Nebengesetze nicht einzuarbeiten, dieser § 45 des Auswanderungsgesetzes so wenig, wie dessen übrigen Strafbestimmungen — darunter der doch nicht nur das Auswanderungs**gewerbe** betreffende § 48[7]) —, in den Vorentwurf aufgenommen, so durfte auch eine für notwendig erachtete **neue** das Auswanderungswesen betreffende Strafbestimmung nicht in den Vorentwurf eingestellt werden. Vielmehr war es einer, etwa im Einführungsgesetze zum neuen StGB. vorzusehenden Novelle zum Auswanderungsgesetze vorzubehalten, die für notwendig erachtete neue Strafdrohung zu bringen. Daß zufällig an der Stelle des neuen § 145 Vorentwurf eine Bestimmung gestanden hatte, die **auch** das Auswanderungswesen betraf (§ 144 StGB.), war kein

[1]) Vgl. bereits über diesen oben S. 43 zu Anm. 1, S. 65 Anm. 2.

[2]) So auch Kleinfeller, a. a. O. 310.

[3]) Im *SchVE.* fehlt, soviel ich sehe, ein entsprechender Artikel.

[4]) Begr. S. 500; anders Kleinfeller, a. a. O.

[5]) Statt Geldstrafe bis zu 600 M oder Gefängnis bis zu zwei Jahren: Geldstrafe bis zu 1000 M oder Haft oder Gefängnis bis zu einem Jahr.

[6]) Vgl. auch Gerland, *Vgl. Darst. Bes. T. II. 482 ff.*; noch weitergehend § 393 Ziff. 2 *OVE.*

[7]) Begr. S. 696, 697.

ausreichender Grund, die neue Bestimmung an den alten Platz zu stellen.

Leider ist das bei § 145 Vorentwurf beobachtete Verfahren typisch für die prinzipiell vom Vorentwurf zu den strafrechtlichen Nebengesetzen eingenommene Stellung. Der Vorentwurf hat nicht etwa nur diejenigen strafrechtlichen Nebengesetze außerhalb seines Bereichs gelassen, die wirklich mit außerstrafrechtlichen Bestimmungen eng zusammenhängende Spezialmaterien betreffen[1]), was zur Folge gehabt hätte, daß umgekehrt alle solchen Materien zuzuzählenden, bisher im StGB. stehenden Bestimmungen aus dem Vorentwurf hätten entfernt werden müssen. Vielmehr hat der Vorentwurf im großen und ganzen einfach jeden Paragraphen da stehen lassen, „wo der Zufall der Geburt ihn hingeworfen".

Daß dies Verfahren nicht nur technische Gesetzesmängel, sondern auch sachliche Unstimmigkeiten aufrecht erhält, zeigt der neue § 145 Vorentwurf. § 144 StGB. schützte nur Deutsche. Der ihn ersetzende § 45 Abs. 2 Auswanderungsgesetz schützt, wie alle Bestimmungen dieses Gesetzes, alle aus Deutschland Auswandernden. Mit gutem Grunde empfahl also Gerland[2]), der bereits eine Strafdrohung gegen „Auswanderungsbetrug" befürwortet hatte, das neue Delikt als ein solches gegen den Einzelnen zu gestalten, wobei es dann gleichgültig sei, ob ein In- oder Ausländer verletzt werde, sofern es sich nur um Auswanderung aus Deutschland handle[3]). § 145 Vorentwurf schützt trotzdem wiederum „Deutsche", m. E. ohne inneren Grund, nachdem der an die Stelle des § 144 StGB. tretende § 45 Abs. 2 Auswanderungsgesetz diese Beschränkung fallen gelassen hat.

Nach alledem ist entweder § 145 Vorentwurf als eine lex fugitiva aus dem Vorentwurf zu streichen, oder es sind — noch besser[4]) — die Strafbestimmungen des Auswanderungsgesetzes, mindestens die von diesem völlig trennbaren §§ 45, 48, in den Vorentwurf einzuarbeiten. Dann gehörte natürlich auch § 145 in den Vorentwurf. Er müßte aber dann mit den Strafbestimmungen

---

[1]) Diesen durchaus zu rechtfertigenden Standpunkt scheint die Begr. S. VI vertreten zu wollen.

[2]) A. a. O. S. 482 ff.

[3]) Vgl. auch § 393 Ziff. 2 *OVE.*

[4]) Das Verhältnis des § 393 *OVE.* zu dem Gesetz vom 21. Januar 1897 (das anscheinend Gerland, a. a. O. S. 478, entgangen ist) ist mir nicht ganz klar.

des Auswanderungsgesetzes in Übereinstimmung gebracht werden[1]) und würde dann jedenfalls nicht in den 7. Abschnitt gegehören. Vielmehr wäre er dann entweder mit den übrigen das Auswanderungswesen betreffenden Bestimmungen in einem besonderen Abschnitt zu vereinigen, sei es allein mit jenen, sei es zusammen mit anderen verwandten Vorschriften[2]). Oder aber er könnte in dem 19. Abschnitt („Verbrechen und Vergehen gegen die persönliche Freiheit") Platz finden. Hierher würde er, trotz seiner von der Begr. S. 501 betonten Verwandtschaft mit Betrug und dem Delikt des § 291 Vorentwurf, besser passen als in den 24. („Betrug und Untreue")[3]) oder 27. („Sachbeschädigung und Vermögensbeschädigung") Abschnitt, da die in ihm mit Strafe bedrohte Handlung nicht „gegen das Vermögen" des Verletzten gerichtet ist.

Den § 146 Vorentwurf glaube ich einer Besprechung im einzelnen nicht unterziehen zu sollen. Wie bereits oben[4]) erwähnt, enthält der zurzeit dem Reichstage vorliegende[5]) Entwurf einer Novelle zum StGB. u. a. den Vorschlag der Einstellung eines mit § 146 Vorentwurf dem Tatbestande nach wörtlich übereinstimmenden § 145b. Auch der Strafdrohung nach stimmt dieser § 145b jedenfalls insoweit mit § 146 Vorentwurf überein, als er, im Gegensatz zu § 360 Ziff. 13 StGB.[6]), die Tierquälerei zum „Vergehen" erhebt[7]). Da danach die entscheidenden beiden Neuerungen, die § 146 Vorentwurf im Gegensatz zum geltenden Recht (§ 360 Ziff. 13 StGB.) bringt, bereits zurzeit der Prüfung des Reichstags unterliegen, und dessen Entscheidung wahrscheinlich für die definitive Herstellung des Entwurfs eines neuen deutschen StGB. in diesem Punkte maßgebend sein wird, erübrigt eine Stellungnahme zu § 146 Vorentwurf. *§ 146 Vorentwurf*

Der letzte Paragraph des 7. Abschnitts reproduziert den durch Art. 34 IV EG. z. BGB. in das StGB. eingestellten § 145a, *§ 147 Vorentwurf.*

---

[1]) Das müßte er mindestens auch dann, wenn den übrigen von mir gemachten Vorschlägen nicht gefolgt werden sollte.

[2]) So steht § 393 *OVE.* in dem XXX. Hauptstück: „Strafbare Handlungen gegen die wirtschaftliche Ordnung."

[3]) So Gerland, a. a. O. S. 483.

[4]) S. 63, wo aber über die systematische Stellung des § 146 gehandelt wird.

[5]) Dem Reichstage vorgelegt am 23. November 1909.

[6]) Übrigens auch zu Art. 280 *Sch.*, § 478 Ziff. 1 *OVE.*

[7]) Der projektierte § 145b droht Gefängnis bis zu drei Monaten oder Geldstrafe bis zu 600 M, § 146 Vorentwurf Gefängnis oder Haft bis zu sechs Monaten oder Geldstrafe bis zu 1000 M an.

bringt aber dessen Tatbestand mit der zugrunde liegenden Verbotsnorm des § 795 Abs. 1 BGB. in Übereinstimmung[1]). Außerdem wird der Mindestbetrag der angedrohten Geldstrafe, mit Rücksicht nicht nur auf den gesunkenen Geldwert, sondern auch auf § 1 Abs. 3 Vorentwurf, von drei auf fünfhundert Mark erhöht. Unbeachtet geblieben ist, daß damit gleichzeitig zufolge § 58 Abs. 2 Vorentwurf der fahrlässigen Begehung des Delikts[2]) Straflosigkeit gesichert wird.

§ 147 Vorentwurf ist eigentlich eine lex fugitiva so gut wie § 145 Vorentwurf. Wenn ganz analoge Strafdrohungen, wie § 6 des Gesetzes betr. Inhaberpapiere mit Prämien vom 8. Juni 1871, § 55 des Bankgesetzes, § 314 Ziff. 4 und 5 HGB., wegen ihrer Spezialnatur und wegen ihres Zusammenhanges mit den zugrunde liegenden Normen außerhalb des StGB. geblieben sind, so ist nicht einzusehen, was § 147 Vorentwurf (§ 145a StGB.) in demselben zu suchen hat. Man hat ihn offenbar nur deshalb in das StGB. und infolgedessen nunmehr in den Vorentwurf aufgenommen, weil man ihn nicht gut in das „Bürgerliche Gesetzbuch" setzen konnte, in welchem die Norm steht, auf der er beruht. Es sollte aber der — ich möchte geradezu sagen — günstige Zufall, der es in diesem Falle unmöglich macht, die Strafsanktion in das Gesetz zu stellen, welchem die Norm angehört, den Anlaß geben, auch andere ganz entsprechende Strafvorschriften in den Vorentwurf einzuarbeiten.

IV. Vergehen gegen die Wehrpflicht, das Heer und die Marine.

Der so überschriebene 8. Abschnitt des Vorentwurfs, dessen systematische Stellung (in Buch II statt in Buch I) bereits oben unter I erörtert worden ist, ist aus den §§ 112, 140—143, 291 StGB. neu gebildet worden.

Die Neubildung berechtigte zu der Erwartung, daß die brennendste Streitfrage, die sich an die hier zusammengefaßte Materie knüpft, in befriedigender Weise im Vorentwurf entschieden sei. Diese Streitfrage ist: Sind Zivilpersonen wegen Teilnahme an rein militärischen Delikten strafbar? Die Erwartung wird aber

[1]) Diese fehlte bisher; vgl. Olshausen, Note 3a zu § 145a; Begr. S. 503.

[2]) Vgl. darüber de lege lata Olshausen, Note 5 zu § 145a.

leider enttäuscht. Die Zusammenfassung jener Delikte in einem Abschnitt ist eine rein äußerliche, ebenso, wie die Rubrizierung eines Abschnitts in Buch I oder II[1]), wie die Umstellung der §§ 110, 111 StGB.[2]), von bloß stoffanordnender Bedeutung.

Es bleibt also alles, wie es war. Ja, eine beiläufige Bemerkung der Begr. zu § 150 Vorentwurf (S. 506), Anstiftung und Beihilfe zur Fahnenflucht „würden auch ohne die ausdrückliche Bestimmung des § 150 nach allgemeinen Grundsätzen strafbar sein", es solle durch ihre Erhebung zu selbständigen Vergehen „nur die Anwendung der Grundsätze von der Bestrafung der Teilnahme ausgeschlossen" werden, läßt darauf schließen, daß die Begr. den Standpunkt des Reichsgerichts teilt, welches (Entsch. *XXV. 234, XXVII. 159, XXXVIII. 418*) die Teilnahme von Zivilpersonen an rein militärischen Delikten wegen der allgemeinen Fassung der §§ 2 MilStGB., 48, 49 StGB. für strafbar hält.

Dieser Standpunkt ist aber schon de lege lata unhaltbar, und zwar aus den von v. Koppmann[3]) überzeugend ausgeführten Gründen. Ausschlaggebend ist nicht nur die historische Entwickelung[4]), die auf disziplinären Rücksichten beruhende Eigenart des MilStGB., die es als auf Zivilpersonen unanwendbar erscheinen läßt, die Existenz der §§ 112, 141, 142 Abs. 2, 143 Abs. 2 StGB., die Unanwendbarkeit der militärischen Arreststrafe auf Zivilpersonen, welche durch ihre Umsetzung in Haft (so RGEntsch. *XV. 402, XXVII. 160*) nicht ausgeglichen werden kann, — sondern ausschlaggebend ist vor allem die Tatsache, daß Zivilpersonen in Friedenszeiten dem MilStGB. nicht unterliegen (vgl. insbes. die Überschrift von MilStGB. Teil II Titel 3). Wenn das Reichsgericht (Entsch. *XXXVIII. 418*) diese letztere Tatsache zugibt, aber behauptet, die Strafbarkeit der Zivilpersonen wegen Teilnahme an rein militärischen Delikten gründe sich auf §§ 48, 49 StGB., so genügt zur Wiederlegung dieser Deduktion ein Hinweis auf das vom RG. (Entsch. *XXV. 234*) bestätigte Strafkammer[5])-Erkenntnis,

---

[1]) Vgl. oben S. 41.

[2]) Vgl. oben S. 65 Anm. 6.

[3]) Vgl. v. Koppmann-Weigel, Komment. z. MilStGB., 3. Aufl., Note 9 A zu Teil I Abschnitt 4; ebenso F. Koppmann, Die Teilnahme von Zivilpersonen an militärischen Delikten, 1903; M. E. Mayer, *Vergl. Darst. Bes. T. I. 392, 393.* Die meisten Schriftsteller, darunter Weigel (Komment. Note 9 B a. a. O.) haben sich dem Reichsgericht angeschlossen.

[4]) Vgl. insbes. §§ 1 preuß. MilStGB. v. 1845, 1 des der Immediatkommission vorgelegten Entw. z. RMStGB. (v. Koppmann-Weigel a. a. O.).

[5]) Die Unzuständigkeit (GVG. §§ 73, 80) war nicht gerügt.

welches den Angeklagten wegen Anstiftung zum tätlichen Vergreifen an einem Vorgesetzten mit einem gefährlichen Werkzeug aus §§ 48 StGB., 97 Abs. 1 S. 2 MilStGB. zu dem Strafminimum von fünf Jahren Gefängnis[1]) verurteilt hatte[2]).

Wird diese Praxis des RG. de lege ferenda stillschweigend oder gar ausdrücklich sanktioniert, so wäre das zu beklagen[3]). Standen doch das preuß. MilStGB. und die Reichsregierung bei Beratung des RMilStGB. auf durchaus entgegengesetztem Standpunkt[4]), und wird doch dieser entgegengesetzte Standpunkt nunmehr zum Ausdruck gebracht nicht nur anscheinend vom *Sch.* (Art. 206), sondern vor allem vom *OVE.* Letzterer enthält ein besonderes VIII. Hauptstück: „Beteiligung an militärischen Verbrechen und unbefugte Werbung.“ Dieses setzt sich, außer einem das letztgenannte Delikt behandelnden § 134, zusammen aus zwei Paragraphen: § 132 „Anstiftung und Beihilfe zu militärischen Verbrechen“ und § 133 „Begünstigung eines Deserteurs“. Damit kommt unzweideutig zum Ausdruck, daß in gewöhnlichen Zeiten die Teilnahme von Zivilpersonen an rein militärischen Delikten und auch deren Begünstigung durch Zivilpersonen[5]) nur auf Grund dieser Paragraphen des Bürg. StGB. zu ahnden ist.

Folgte der deutsche Vorentwurf den genannten Vorbildern, so würde er dabei gesetzestechnisch und sachlich am besten in folgender Weise verfahren: Einmal wäre in dem (noch zu entwerfenden) EG. zum Vorentwurf die Einstellung eines Paragraphen in die

---

[1]) Abgesehen von der zur Wahl stehenden Festungshaft von gleicher Dauer.

[2]) Nicht gleich große Bedenken bestehen gegen Bestrafung von Zivilpersonen wegen Begünstigung (StGB. § 257) rein militärischer Verbrechen und Vergehen (RG. Entsch. *VI. 7, XV. 396*), insbesondere nicht nach Vorentwurf §§ 172, 280, der die Strafdrohung gegen „Strafvereitelung“ und „Begünstigung“ unabhängig von der des Vordelikts stellt. Der *OVE.* § 133 — vgl. sofort unten im Text — enthält eine besondere Strafdrohung gegen „Begünstigung eines Deserteurs“; gegen sie Heimberger, *Vergl. Darst. Bes. T. II. 468.*

[3]) Die Anwendung der Strafdrohung des § 97 MilStGB. gegen Zivilpersonen würde de lege ferenda zu dem Widersinn führen, daß für eine Zivilperson das Strafminimum bei Anstiftung eines Soldaten zu Tätlichkeiten gegen einen Vorgesetzten, alles in allem genommen, höher wäre, als wenn ihr selbst Tätlichkeiten gegen den Kaiser zur Last fielen (Vorentwurf § 115)! Übrigens ist das Delikt des § 97 MilStGB. meines Erachtens (and. freilich RG. *XXV. 236*) überhaupt ein sog. militärisch qualifiziertes, welches von einer Zivilperson schon wegen § 50 StGB. (§ 80 Vorentwurf) nicht begehbar ist.

[4]) Vgl. v. Koppmann-Weigel, a. a. O.

[5]) Vgl. oben Anm. 2.

„Einleitenden Bestimmungen“ des MilStGB. vorzusehen, der, gleich § 1 preuß. MilStGB. von 1845 und § 1 des der Immediatkommission vorgelegten Entwurfs zum RMilStGB., ausdrücklich bestimmte, daß das MilStGB. auf Zivilpersonen nur in den im 3. Titel des II. Teils genannten Fällen Anwendung finde. (Denkbar wäre die Aufnahme einer solchen Bestimmung auch als Abs. 2 § 9 Vorentwurf.) Sodann wäre im 8. Abschnitt des Vorentwurfs eine die §§ 148, 150 zusammenziehende, Art. 206 *Sch.*, § 132 *OVE.* entsprechende Bestimmung einzustellen, etwa folgenden Wortlauts:

„Aufreizung und Beihilfe zur Verletzung der militärisch. Dienstpflicht“.

> „Wer eine Person des Soldatenstandes zur Verletzung einer Dienstpflicht auffordert oder aufreizt, oder ihr dazu Hilfe leistet, oder wer Angehörige des Landsturms auffordert oder aufreizt, der Einberufung zum Dienste nicht zu folgen, wird mit Gefängnis oder Haft bis zu zwei Jahren, und, wenn die Tat in Zeiten des Krieges, Kriegszustandes oder der Kriegsgefahr begangen, oder die Aufforderung oder Aufreizung an mehrere gerichtet worden ist, mit Gefängnis nicht unter drei Monaten[1]) bestraft. Der Versuch ist strafbar.“

Diese Bestimmung würde gleichzeitig alle Lücken ausfüllen, die sich etwa[2]) durch Verzicht auf die Bestrafung von Zivilpersonen wegen Teilnahme an rein militärischen Delikten nach dem MilStGB. ergeben könnten (vgl. z. B. RGEntsch. *XXVII. 158*, *XXXVIII. 417*). Die Rechtfertigung der vorgeschlagenen Bestimmung wird zweckmäßig verbunden mit der Besprechung der §§ 148, 150 Vorentwurf, welche in ihr aufgehen.

§ 148 Vorentwurf.

§ 148 Vorentwurf gibt den § 112 StGB., abgesehen von Fassungsänderungen[3]) und Anpassung der Strafdrohung an das System des Vorentwurfs, unverändert wieder. Die Vorschläge M. E. Mayers[4]), welche auf eine Reform, im wesentlichen auf eine Erweiterung des § 112 StGB. abzielten, hat der Vorentwurf nicht berücksichtigt. Gerade von dem diesseitigen Standpunkt, de lege ferenda die Teilnahme von Zivilpersonen an rein militärischen Delikten

---

[1]) Mit der Maßgabe, daß nach meiner prinzipiellen Auffassung — vgl. oben S. 46 Anm. 1 — das angedrohte Gefängnismaximum nicht zwei Jahre übersteigen dürfte. Sollte Bedürfnis sein, in maximo höhere Freiheitsstrafe anzudrohen, so dürfte diese nicht mehr Gefängnis sein; vgl. schon oben S. 68 Anm. 1.

[2]) v. Koppmann, a. a. O., meint, daß schon die §§ 112, 141—143 StGB. alle Bedürfnisse befriedigten.

[3]) Die wichtigste davon zu erwähnen, war oben S. 41 Gelegenheit.

[4]) *Vergl. Darst. Bes. T. I. 388—391. 429—433.*

auszuschließen, ergibt sich Veranlassung, die Vorschläge M. E. Mayers z. T. zu wiederholen. In der soeben vorgeschlagenen allgemeinen Bestimmung sind sie bereits berücksichtigt. Im einzelnen ist noch zu bemerken:

1. Daß der Vorentwurf nicht nach M. E. Mayers Vorschlag[1]) der Aufreizung von Personen des Soldatenstandes die von Militärbeamten ohne weiteres gleichgestellt hat, vermag ich nicht für unberechtigt zu halten. Das bei dem hier in Frage kommenden Delikt angegriffene Rechtsgut, die militärische Disziplin, begreift in dem ihm eigenen Sinne im wesentlichen nur die Personen des Soldatenstandes. Werden doch die Militärbeamten, wenn sie sich einer Dienstpflichtverletzung schuldig machen, im Frieden überhaupt nicht, im Felde nur in gewissen Beziehungen nach dem MilStGB. beurteilt (§§ 153, 154 MilStGB.). Dagegen ist es richtig, mit M. E. Mayer[2]) und der Strafgesetzvorlage von 1894 als taugliche Objekte der Aufforderung oder Aufreizung, der Einberufung zum Dienste nicht Folge zu leisten, die „Angehörigen des Landsturms" zu nennen, welche keine Heeresangehörigen sind. Da die Personen des Beurlaubtenstandes es umgekehrt sind, bedarf ihre Aufforderung oder Aufreizung, der Einberufung zum Dienste nicht Folge zu leisten, keiner besonderen Hervorhebung im Gesetz.

2. Nicht nur die Aufforderung oder Aufreizung zur Nichtbefolgung eines konkreten Befehls des Vorgesetzten müßte strafbar sein, sondern die zur Verletzung von Dienstpflichten überhaupt. Dieser Vorschlag M. E. Mayers[3]) stimmt nicht nur mit dem Beschlusse der Reichstagskommission zu der Strafgesetzvorlage von 1894 überein[4]), sondern auch mit Art. 206 *Sch.*[5]), 132 *OVE*[6]). Wie in diesen Vorentwürfen würde er im deutschen vor allem jede Lücke schließen, die sich aus dem Verzicht auf die Bestrafung von Zivilpersonen wegen Anstiftung zu rein militärischen Delikten ergeben könnte, da Aufforderung und Aufreizung zusammen jedenfalls die Anstiftung decken.

---

[1]) A. a. O. S. 388.

[2]) A. a. O. S. 389.

[3]) A. a. O. S. 391, 429, 430.

[4]) Vgl. M. E. Mayer, S. 432, 433.

[5]) Der allerdings nur „öffentliche" Aufreizung oder die Verleitung zu einer „erheblichen" Dienstpflichtverletzung bedroht; gegen letztere Einschränkung bereits M. E. Mayer, a. a. O. S. 430.

[6]) Der allerdings nur die vollendete oder versuchte Anstiftung zu einer vom MilStGB. „als Verbrechen behandelten Verletzung der Dienstpflicht" bedroht.

Allerdings liegt in dem Erfordernis, daß zur Verletzung einer Dienstpflicht aufgereizt sein muß, im Verhältnis zur Aufreizung zum Ungehorsam gegen irgendeinen Befehl des Vorgesetzten auch eine gewisse Einschränkung. Aber diese Einschränkung, von manchen schon in den § 112 StGB. hineingetragen, rechtfertigt sich durch die Natur der Sache und bringt nur den diesbezüglichen Tatbestand des bürgerlichen Strafgesetzes mit den §§ 92, 99 MilStGB. in Übereinstimmung[1]).

Eine weitere Einengung des Tatbestandes dagegen durch Erfordern der „Absicht, die militärische Zucht und Ordnung zu untergraben", auf seiten des Aufreizenden möchte ich nicht befürworten. Der dahingehende, sich an den Beschluß der Reichstagskommission zur Vorlage von 1894 anschließende Vorschlag M. E. Mayers[2]) hängt innig zusammen mit M. E. Mayers Vorschlag zur Reform der §§ 110, 111 StGB.[3]), der aber vom Vorentwurf § 131 nicht akzeptiert[4]) und am letzten Ende auch diesseits nicht übernommen worden ist[5]). Vor allem aber soll die vorgeschlagene Erweiterung des Tatbestandes des § 112 StGB. die Bestrafung von Zivilpersonen wegen Anstiftung zu rein militärischen Delikten ersetzen. Dieser Zweck würde durch Einschränkung des Tatbestandes in der gedachten Weise vereitelt werden. So findet sich denn auch eine solche Einschränkung weder in Art. 206 *Sch.*, noch in § 132 *OVE.*

3. Die Strafschärfung bei Begehung der Aufforderung oder Aufreizung in Kriegs- usw. Zeiten oder gegenüber mehreren lehnt sich, jene an Ziff. 2 § 132 *OVE.*[6]), diese an § 100 MilStGB.[7]) an und bedarf keiner Rechtfertigung.

4. Endlich ist diesseits auch die Strafbarkeit der versuchten Aufforderung oder Aufreizung vorgeschlagen. Darin liegt allerdings eine erhebliche Erweiterung des § 148 Vorentwurf. Sie rechtfertigt sich aber, weil, wie M. E. Mayer[8]) zutreffend ausführt, „Flugblätter u. dgl. die Adressaten oft nicht erreichen", die (voll-

---

1) Vgl. darüber M. E. Mayer, a. a. O. S. 390, 391.

2) A. a. O. S. 431—433.

3) Vgl. oben S. 73 Anm. 2.

4) Vgl. oben S. 73 Anm. 4.

5) Vgl. oben S. 77, 78.

6) Vgl. auch den sofort zu erörternden, in die diesseits vorgeschlagene Bestimmung einbezogenen § 150 *DVE.*

7) So auch der Vorschlag M. E. Mayers, a. a. O. S. 389; vgl. ferner Art. 206 Ziff. 1 *SchVE.* (erweiterte Bedrohung der „öffentlichen Aufreizung").

8) A. a. O. S. 433 Note 2.

endete) Aufforderung oder Aufreizung aber eine Kenntnisnahme des anderen erfordern[1]). Tatsächlich stehen wohl auch der *Sch.* und *OVE.* auf keinem anderen Standpunkt; denn jener straft direkt die „versuchte Aufreizung" bzw. „Verleitung" (Art. 206 in Verbindung mit Art. 22); dieser straft die „versuchte Anstiftung" (§ 132), damit wohl unter Umständen (vgl. § 14 *OVE.*) Anstiftungshandlungen, die noch nicht zur Kenntnis des anderen gekommen sind[2]).

§ 150 Vorentwurf. § 150 Vorentwurf behandelt von dem Mischtatbestand des § 141 StGB. nur „die Teilnahme an Fahnenflucht", während die sog. „Falschwerbung" in § 153 Vorentwurf besonders behandelt wird. Der Tatbestand ist in genaue Übereinstimmung mit den Teilnahmebestimmungen der §§ 78, 79 Vorentwurf gebracht. Unverständlich ist dabei nur, daß das „vorsätzlich" des § 141 StGB. als selbstverständlich zwar bei dem „anstiftet", aber nicht bei dem „Hilfe leistet" weggelassen ist. Selbst wenn es, was kaum anzunehmen, nicht schon wegen § 79 Vorentwurf (der nur vorsätzliche Beihilfe kennt) entbehrlich sein sollte, so ist es jedenfalls entbehrlich wegen § 58 Abs. 2 Vorentwurf[3]). Das Strafmaximum ist, in Beseitigung der auffallenden Ungleichheit zwischen §§ 141 StGB., 78 MilStGB.[4]), auf zwei Jahre herabgesetzt, Haft wahlweise zugelassen. Ebenso ist, entsprechend § 78 MilStGB., die Teilnahme an einer im Felde begangenen Fahnenflucht mit geschärfter Strafe bedroht. In diesem qualifizierten Fall soll zur Strafbarkeit wegen vollendeter Teilnahme bereits Versuch der Fahnenflucht genügen, im einfachen Fall dagegen, entsprechend § 78 MilStGB., zur Vollendung des Teilnahmedelikts auch Vollendung der Fahnenflucht erforderlich sein. Damit wird eine an § 141 StGB. sich knüpfende Streitfrage entschieden[5]). Bei der Strafbarkeit des Versuchs der Teilnahme soll es sein Bewenden haben[6]).

---

[1]) Olshausen, Note 4a zu § 110.

[2]) Vgl. auch den sofort zu erörternden, in die diesseits vorgeschlagene Bestimmung einbezogenen § 150 Abs. 2 *DVE.* Die Motivierung dieses mit „der von manchen Seiten betriebenen antimilitaristischen Propaganda" durch die Begr. S. 507 motiviert auch den Vorschlag des Textes.

[3]) Über die Beibehaltung des Wortes „deutschen" in § 150 Vorentwurf vgl. bereits oben unter I S. 41.

[4]) Vgl. schon Heimberger, *Vergl. Darst. Bes. T. II. 443.* Übrigens wird damit auch das gleiche Mißverhältnis zwischen den Strafdrohungen der §§ 141 StGB., 70 MilStGB. beseitigt; vgl. Heimberger, a. a. O.

[5]) Vgl. Heimberger, a. a. O. S. 443.

[6]) Heimberger, a. a. O. S. 467, will umgekehrt die Strafe der vollendeten Teilnahme immer dann eintreten lassen, wenn es auch nur zum Ver-

In der diesseits oben[1]) vorgeschlagenen Bestimmung geht, wie in § 132 *OVE.*[2]), der § 150 *DVE.* restlos auf. Sowohl Teilnahme am Versuch der Fahnenflucht, wie Versuch der Teilnahme sind gedeckt, und zwar fällt jene stets unter die Strafdrohung des vollendeten Delikts[3]). Der Qualifikationsfall ist übernommen und durch Abstellung des Qualifikationsmerkmals nicht auf die Fahnenflucht, sondern auf die Teilnahme, in Anlehnung an § 132 Ziff. 2 *OVE.*, vervollständigt und vertieft. Denn die Begr. S. 506 irrt, wenn sie meint, nach dem ihr als Vorbild dienenden § 78 MilStGB. komme es auf die Begehung der „Fahnenflucht" „im Felde" an. Einer solchen Auslegung steht schon der Wortlaut des § 78 entgegen[4]). Da ihr aber auch der „Zweck" der Vorschrift entgegensteht[5]), ist es unrichtig, daß der Wortlaut des § 150 Vorentwurf jene für § 78 MilStGB. falsche Auslegung sanktioniert. Kommt es danach auf die unter erschwerenden Umständen stattfindende Begehung der Teilnahmehandlung an, so kann, da im Bürg. StGB. als Täter der Teilnahmehandlung nur eine Zivilperson in Betracht kommt, nicht der nur einen Zustand von Militärpersonen bezeichnende Ausdruck „im Felde" (MilStGB. § 9) gebraucht werden; vielmehr ist, in grundsätzlicher Übereinstimmung mit § 132 Ziff. 2 *OVE.*, aber auch mit §§ 15, 30 Preßges., 155, 160 MilStGB., 140 Ziff. 3 StGB. (149 Ziff. 3 Vorentwurf), vorauszusetzen, daß die Aufforderung, Aufreizung oder Beihilfe „in Zeiten des Krieges, Kriegszustandes oder der Kriegsgefahr" stattgefunden habe.

Die Loslösung der „Teilnahme an Fahnenflucht" von der „Falschwerbung" und ihre tatbestandsmäßige Anpassung an die Teilnahmevorschriften durch den Vorentwurf arbeiten übrigens der hier vorgeschlagenen Regelung, die „Teilnahme an Fahnenflucht" als Unterfall der „Teilnahme an militärischen Dienstpflichtverletzungen" überhaupt zu behandeln, unverkennbar vor.

Die vorgeschlagene Zusammenfassung der §§ 148, 150 Vorentwurf würde den bisher im Vorentwurf durch § 150 zerrissenen *§§ 149, 151, 152 Vorentwurf.*

such der Fahnenflucht kam, dagegen im übrigen den Versuch der Teilnahme straflos lassen.

[1]) S. 103.

[2]) Unter Art. 206 *SchVE.* fällt nur die Anstiftung zur Fahnenflucht.

[3]) Was Heimberger, a. a. O., meines Erachtens mit Recht befürwortet; vgl. auch Binding, Lehrb. *Bes. T. II. 2, 700.* Eine darin etwa zu findende Ungleichheit mit § 78 MilStGB. müßte gelegentlich einer Revision des MilStGB. beseitigt werden.

[4]) So auch v. Koppmann-Weigel, Note 11 zu § 78 MilStGB.

[5]) So treffend v. Koppmann-Weigel, a. a. O.

Zusammenhang der §§ 149, 151, 152 herstellen, welche sämtlich Verletzungen der Wehrpflicht mit Strafe bedrohen [1]).

§ 149 Vorentwurf. § 149 Vorentwurf gibt die Tatbestände und Strafdrohungen des § 140 StGB. wieder. Außer geringfügigen redaktionellen Änderungen ist nur der Tatbestand der Ziff. 2 auf die oberen Militärbeamten des Beurlaubtenstandes ausgedehnt, womit eine Lücke des bisherigen Rechts geschlossen wird [2]). Ferner ist überall wahlweise Haft zugelassen. Der Vorschlag Heimbergers [3]), in Ziff. 1 mittels Ersetzung der Worte „in der Absicht" durch die Worte „zu dem Zwecke" jeden Zweifel auszuschließen, daß „Absicht" hier nicht nur die Bedeutung von „Vorsatz" habe [4]), erledigt sich, wie die Begr. S. 505 richtig bemerkt, durch § 59 Abs. 3 Vorentwurf. Dem weiteren Vorschlag Heimbergers [5]), in Ziff. 1 u. 3 Vermögenseinziehung anzudrohen, weil diese die in solchen Fällen einzig wirksame Strafe sei, hat der Vorentwurf meines Erachtens mit Recht nicht stattgegeben, weil die Strafe der Vermögenseinziehung dem Vorentwurf sonst unbekannt, überdies durch verschiedene Verfassungen aufgehoben ist (Begr. S. 505). Der berechtigte Kern der Anregung Heimbergers kann nur dadurch verwirklicht werden, daß de lege ferenda im Verfahren gegen Abwesende, die sich der Wehrpflicht entzogen haben, nicht nur eine Vermögensbeschlagnahme zur Deckung von Geldstrafe und Kosten (StGB. § 140 Abs. 2, StPO. §§ 325, 326, 480), sondern auch zur Erzwingung der Gestellung (StPO. §§ 332—335) für statthaft erklärt wird. Diesen Weg schlägt denn auch der zurzeit dem Reichstage vorliegende Entwurf einer neuen StPO. § 452 Abs. 4 (vgl. Begr. zu Buch IV Abschnitt 6 und § 452 des Entwurfs) ein, der zur Sicherung der Gestellung des Dienstpflichtigen die Beschlagnahme von Vermögensbestandteilen bis zur Höhe von 3000 M gestattet; Abs. 3 § 140 StGB. soll dafür fortfallen (§ 11 Entwurf EG.), welche Streichung übrigens auch der Vorentwurf schon des prozessualen Inhalts [6]) jenes Absatzes halber vorsieht (Begr. S. 505).

---

[1]) Der *Sch.* u. *OVE.* haben entsprechende Bestimmungen, soweit ich sehe, nicht aufgenommen; vgl. dazu Heimberger, *Vergl. Darst. Bes. T. II. 450, 452, 456, 458, 460—462.*

[2]) Vgl. Olshausen, Note 7 zu § 140.

[3]) *Vergl. Darst. Bes. T. II. 465.*

[4]) Vgl. Olshausen, Note 2 zu § 140.

[5]) A. a. O. S. 465, 466.

[6]) Der § 149 Vorentwurf (§ 140 StGB.) ergänzende § 307 Ziff. 3 Vorentwurf (§ 360 Ziff. 3 StGB.) weist, zwecks seiner Anpassung an die veränderte Reichsmilitärgesetzgebung, etwas größere Veränderungen auf (Begr. S. 861; schon Heimberger, a. a. O. S. 440, 441, 465).

§ 151 Vorentwurf gibt den § 142 StGB. wieder. Die Ersetzung der Worte „auf dessen Verlangen" (§ 142 Abs. 2 StGB.) durch die Worte „mit dessen Zustimmung" ist nichts mehr als eine übrigens zu billigende Sanktionierung der bereits herrschenden Auslegung[1]). Dagegen ist es eine Erweiterung der Strafbarkeit, daß der Versuch inkriminiert ist. Diese Erweiterung rechtfertigt sich indessen durch den Hinweis auf den § 81 Abs. 3 MilStGB., insbesondere aber auf die Inkriminierung des Versuchs in dem milderen § 149 Vorentwurf (§ 140 StGB.) (Begr. S. 507)[2]). Umgekehrt ist wahlweise Haft zugelassen. *§ 151 Vorentwurf.*

Im übrigen läßt § 151 Vorentwurf den § 142 StGB. unverändert. Dies ist insoweit zu billigen, als es dabei bleiben soll, daß Täter des Delikts aus § 151 Abs. 1 S. 1 Vorentwurf (§ 142 Abs 1 StGB.) auch ein noch nicht wehrpflichtig Gewordener, d. h. ein noch nicht 17 Jahre Alter sein kann[3]). Dagegen wäre es wünschenswert gewesen, durch ausdrückliche Einschaltung der Worte „ganz oder teilweise, dauernd oder vorübergehend" festzustellen, daß zur Strafbarkeit genügt, wenn durch die Handlung der Wehrpflichtige auch nur zur Erfüllung der Wehrpflicht in ihrem vollen Umfange oder vorübergehend untauglich geworden ist[4]). Ersteres ist bereits de lege lata herrschende Ansicht (RG. Entsch. *VIII. 214*). Auch in letzterer Beziehung steht schon de lege lata fest, daß die Untauglichkeit keine „für das Leben dauernde" zu sein braucht (RG. Entsch. *XXXIII. 281*). Dagegen soll allerdings das Herbeiführen einer bloß vorübergehenden Untauglichkeit, z. B. zu einer Reserveübung, nicht genügen (RG. Entsch. *XXXIII. 280* ff.) Aber diese Auslegung, wenn sie richtig wäre, würde nur eine gesetzliche Lücke (vgl. denn auch RG. a. a. O. S. 285) und außerdem eine auffällige Ungleichheit zwischen §§ 151, 152 Vorentwurf (§§ 142, 143 StGB.) aufdecken, da nach dem letztgenannten Paragraphen ausreicht die Absicht „sich der Erfüllung der Wehrpflicht ganz oder teilweise zu entziehen", wobei das „teilweise" auch „ratione temporis" bedeuten soll (RG. Entsch. *IX. 96*)[5]).

Es ist also nicht richtig, wenn die Begr. S. 507 von einer

---

[1]) Olshausen, Note 5 zu § 142.

[2]) Vgl. denn auch Heimberger, *Vergl. Darst. Bes. T. II. 470.*

[3]) Vgl. auch Heimberger, a. a. O. S. 446, 468.

[4]) Ebenso bereits Heimberger, a. a. O. S. 468, 469.

[5]) Die Folge ist, daß das RG. Entsch. *XXXIII. 285* den § 143 aushilfsweise zur Ausfüllung der Lücke des § 142 heranzieht.

Änderung des § 142 StGB. in der gedachten Richtung absehen zu können glaubt, „da die Streitfragen ... durch die Rechtsprechung des obersten Gerichtshofs für die Praxis hinreichend geklärt“ seien. Einesteils ist eine gesetzliche Festlegung der Praxis, daß ein Untauglichmachen „teilweise“ sc. „ratione modi“ genüge, um so wünschenswerter, als das entsprechende Merkmal im § 152 Vorentwurf (§ 143 StGB.) enthalten ist. Anderenteils füllt die Erklärung, daß auch das Herbeiführen „vorübergehender“ Untauglichkeit genüge, mindestens eine durch die Praxis aufgedeckte Lücke aus und bringt zudem den § 151 Vorentwurf (§ 142 StGB.) mit § 152 Vorentwurf (§ 143), wo das „teilweise“ bereits in diesem Sinne verstanden wird, in völlige sachliche Übereinstimmung. Selbstverständlich müßten entsprechend in § 152 Vorentwurf hinter „ganz oder teilweise“ die Worte „dauernd oder vorübergehend“ eingeschaltet werden[1]).

Würde der Tatbestand des § 151 Vorentwurf, wie vorgeschlagen, erweitert, so wäre Korrelat allerdings eine erhebliche Herabsetzung des Strafmindestmaßes[2]), das aber mit einem Jahr Gefängnis oder Haft ohnehin meines Erachtens in auffälligem Mißverhältnis zu den sonstigen Strafmindestmaßen des Vorentwurfs steht[3]).

Im übrigen ist noch die Fassung des § 151 Vorentwurf in zwei Punkten zu beanstanden. Einmal erscheint die Beibehaltung des „vorsätzlich“ aus § 142 StGB. mit Aussicht auf § 58 Abs. 2 Vorentwurf als überflüssig. Sodann wird, infolge der Einschiebung des bisherigen Abs. 2 des § 142 StGB. zwischen Halbsatz 1 und 2 des bisherigen Abs. 1 dieses Paragraphen, die Androhung des Ehrverlustes erst an die zweite Alternative angeschlossen und hierdurch der mißverständlichen Auslegung Vorschub geleistet, als ob Ehrverlust im Falle der ersten Alternative unzulässig sei.

§ 152 Vorentwurf. § 152 Vorentwurf gibt, bis auf die alternative Zulassung von Haft, wörtlich § 143 StGB. wieder. Die Entscheidung der beiden sich an § 143 StGB. knüpfenden Streitfragen, ob auch ein Dienstuntauglicher Täter sein könne und ob die bloße lügnerische Behauptung eines von der Wehrpflicht befreienden Grundes zur

---

1) Um so mehr, als über die Auffassung des „teilweise“ in § 143 StGB. nicht nur ratione modi, sondern auch ratione temporis mit Recht Zweifel entstanden sind; vgl. Binding, Lehrb. *Bes. T. II. 2, 693.*

2) So auch Heimberger, a. a. O. S. 469.

3) Sogar der dem § 151 Vorentwurf (§ 142 StGB.) korrespondierende § 81 MilStGB. droht als Mindestmaß nur ein Jahr Gefängnis an.

Strafbarkeit ausreiche, soll nach wie vor der Wissenschaft und Rechtsprechung überlassen bleiben (Begr. S. 508). Dies wäre an sich nicht zu billigen, wenn nicht die Beibehaltung des Wortlauts des § 143 eine genugsame, und zwar meines Erachtens richtige Entscheidung beider Streitfragen wäre. Wollte nämlich der Vorentwurf nur einen „Diensttauglichen“ als Subjekt des Delikts gelten lassen, so hätte er sagen müssen: „Ein diensttauglicher Wehrpflichtiger, welcher usw.“ [1]). Der Wortlaut: „Wer usw.“ läßt sich zwanglos nur in dem Sinne auslegen, daß es auf die wirkliche Diensttauglichkeit oder -Untauglichkeit nicht ankommt[2]). Die Streitfrage aber, ob bloße Lügen zur Strafbarkeit ausreichen, kann gar nicht besser entschieden werden als durch Gebrauch des Ausdrucks „auf Täuschung berechnete Mittel“. Bekanntlich hat das Reichsgericht (Entsch. *IX. 93ff.*, *XXIX. 218*) unter dieses Merkmal bloße „Lügen“ nicht subsumiert. Meines Erachtens mit Recht, und es ist kein Anlaß anzunehmen, daß von dieser Auslegung abgewichen wird. Gesetzlich aber nach Heimbergers Vorschlag[3]) ausdrücklich zu bestimmen: „Wer . . . auf Täuschung berechnete, nicht in einfachen Lügen bestehende Mittel anwendet“, halte ich für bedenklich. Dann ist das Risiko, daß doch einmal wieder Lügner bestraft werden, vorzuziehen.

Daß es dagegen wünschenswert ist, hinter „ganz oder teilweise“ einzuschalten „dauernd oder vorübergehend“, wurde bereits oben im Anschluß an die entsprechenden Vorschläge zu § 151 Vorentwurf ausgeführt[4]). Aber noch weitere Änderungen wären zu wünschen.

Zunächst liegt, wie bereits Heimberger[5]) ausgeführt hat, kein Anlaß vor, den Teilnehmer dem Täter gleichzustellen. Eine wesentliche Abschwächung der Generalprävention, wie die Begr. S. 508 meint, würde darin nicht liegen. Sie würde jedenfalls mehr als ausgeglichen werden, wenn man, gleichfalls nach Heimbergers Vorschlag[6]), statt dessen denjenigen als Täter strafte, welcher zu-

[1]) Dies befürwortet denn auch Heimberger, a. a. O. S. 470, 471, der für die Straflosigkeit des Dienstuntauglichen eintritt.

[2]) Das gibt auch Binding, Lehrb. *Bes. T. II. 2, 692*, zu, der zu einer entgegengesetzten Interpretation nur infolge Zusammenhaltens der Strafrahmen §§ 140 Ziff. 1, 142, 143 StGB. kommt. In letzterer Beziehung muß allerdings — vgl. sofort unten im Text — eine Änderung eintreten.

[3]) A. a. O. S. 471.

[4]) Vgl. oben S. 110 zu Anm. 1 und diese Anm. 1 selbst.

[5]) A. a. O. S. 471.

[6]) A. a. O.

gunsten eines anderen die Täuschungshandlungen vornimmt[1]). Heimberger formuliert in dieser Hinsicht treffend folgenden Wortlaut:

> „Wer in der Absicht, sich oder einen anderen der Erfüllung der Wehrpflicht . . . zu entziehen, . . ."

Ebenfalls der Verstärkung der Generalprävention würde die von Heimberger[2]) vorgeschlagene Inkriminierung des Versuchs dienen. Sie rechtfertigt sich in der Tat, wie die vom Vorentwurf nach Heimbergers Vorschlag vorgesehene Inkriminierung des Versuchs in § 151 Vorentwurf[3]), durch den Hinweis auf § 149 Vorentwurf (§ 140 StGB.).

Die Einbeziehung des Versuchs würde gleichzeitig die weitere sich an § 143 StGB. knüpfende Streitfrage, was unter „Anwendung" der Täuschungsmittel im Sinne des § 143 StGB. (§ 152 Vorentwurf) zu verstehen sei[4]), sachlich dahin entscheiden, daß Strafbarkeit schon eintritt, bevor von dem Täuschungsmittel der entscheidenden Instanz gegenüber „Gebrauch gemacht" ist[5]). Um so eher könnte und sollte statt „anwendet" gesagt werden: „den zuständigen Behörden oder Beamten gegenüber von . . . Gebrauch macht", um damit auszudrücken, daß zur Bestrafung wegen vollendeten Delikts ein Gebrauchmachen den zuständigen Behörden oder Beamten gegenüber erforderlich ist[6]).

Schließlich ist das von § 152 Vorentwurf (§ 143 StGB.) angedrohte Strafmaximum (fünf Jahre Gefängnis) als zu hoch zu beanstanden[7]). Es kommt dem des viel schwereren § 151 Vorentwurf (§ 142 StGB.) gleich, was um so bedenklicher dann ist, wenn, wie auch diesseits gebilligt, als Täter des Delikts aus § 152 Vorentwurf (§ 143 StGB.) unter Umständen Dienstuntaugliche in Betracht kommen. Mir scheinen, insbesondere im Hinblick auf die in § 149 Vorentwurf angedrohten Maxima, zwei Jahre Gefängnis als Höchstmaß ausreichend; doch müßte, wie in § 149 Ziff. 3 Vor-

---

[1]) Über die hier bestehende, auch vom Vorentwurf nicht ausgefüllte Lücke vgl. Olshausen, Note 4 zu § 143; Binding, Lehrb. *Bes. T. II. 2, 693, 694.*

[2]) A. a. O.

[3]) Vgl. oben S. 109 zu Anm. 2.

[4]) Vgl. darüber Olshausen, Note 3 zu § 143; Binding, a. a. O. S. 692, 693.

[5]) Also strafbar jedenfalls die „mittelbare Täuschung"; vgl. Olshausen a. a. O.; Binding, a. a. O. S. 693.

[6]) Dies verlangt auch RGEntsch. *IX. 97* zur Vollendung.

[7]) Ebenso bereits Heimberger, a. a. O. S. 471; vgl. auch Binding, a. a. O. S. 692

entwurf, neben der Freiheitsstrafe auf Geldstrafe bis zu 3000 M erkannt werden können.

Nach alledem schlage ich an Stelle des § 152 Vorentwurf folgende Bestimmung vor:

> „Wer in der Absicht, sich oder einen anderen der Erfüllung der Wehrpflicht ganz oder teilweise, dauernd oder vorübergehend zu entziehen, den zuständigen Behörden oder Beamten gegenüber von auf Täuschung berechneten Mitteln Gebrauch macht, wird mit Gefängnis oder Haft bis zu zwei Jahren bestraft; daneben kann auf Geldstrafe bis zu 3000 M erkannt werden. Auch kann auf Verlust der bürgerlichen Ehrenrechte (§ 45) erkannt werden.
>
> Der Versuch ist strafbar[1].“

§ 153 Vorentwurf bringt den mit Recht von dem Mischgesetz des § 141 StGB. abgetrennten[2]) Tatbestand der sog. Falschwerbung als selbständiges Delikt. Weder im Tatbestand, noch in der Strafdrohung sind, außer der alternativen Zulassung von Haft, Änderungen vorgenommen. Einwendungen hiergegen sind nur insoweit zu erheben, als das Strafmaximum, ebenso wie es in dem aus § 141 StGB. hervorgegangenen § 150 Vorentwurf (Grundfall) geschehen ist, auf zwei Jahre Gefängnis hätte herabgesetzt werden sollen. Mit diesem Maximum begnügt sich auch der entsprechende § 134 *OVE.*[3]). Die diesem dafür neben der Freiheitsstrafe zulässige Geldstrafe wird nach in den wünschenswerten Fällen auf Grund des § 36 *DVE.* ebenfalls verhängt werden können. *§ 153 Vorentwurf.*

Der letzte Paragraph des 8. Abschnitts bringt den § 291 StGB., unverändert bis auf die alternative Zulassung von Haft und die Erhöhung der Geldstrafe von 900 auf 1000 M. Die Begr. S. 509 rechtfertigt die Aufrechterhaltung dieser in Literatur[4]) und Rechtsprechung[5]) einmütig verurteilten, dem ausländischen Recht fremden[6]) *§ 154 Vorentwurf.*

---

[1]) Bei einer Revision des MilStGB. wäre dessen § 83 mit dem oben vorgeschlagenen Wortlaut, soweit es die Natur der Sache erfordert (insbesondere Strafbarkeit des Versuchs), auszugleichen.

[2]) Die Trennung fordert auch Heimberger, a. a. O. S. 467.

[3]) In den *SchVE.* ist, soweit ich sehe, kein entsprechender Artikel aufgenommen; vgl. auch Heimberger, a. a. O. S. 452.

[4]) Harburger, *Vergl. Darst. Bes. T. VI. 309—312, 373*; Binding, Lehrb. *Bes. T. I.* (2. Aufl.) *311.*

[5]) RG. Entsch. *XXXIX. 28* nennt das Verhältnis des § 291 StGB. zum Diebstahl und zur Unterschlagung „nicht zweifelsfrei“.

[6]) Harburger, a. a. O. S. 311, 312; Begr. S. 508 Note 4. Wenn ich

Bestimmung mit der Schwierigkeit des zur Verurteilung wegen Diebstahls oder Unterschlagung erforderlichen Nachweises, daß das Geschoß nicht herrenlos gewesen sei, und daß der Täter es auch nicht dafür gehalten habe.

Indessen dieser Nachweis ist nicht schwieriger als der Nachweis des erforderlichen objektiven und subjektiven Tatbestandes in vielen anderen Fällen. Im Gegenteil, es ist allgemein bekannt, daß die Militärbehörde verschossene Munition aufsuchen läßt, mithin jedenfalls vorerst nicht an eine Aufgabe des Eigentums verschossener Munition denkt; anders nur in Ausnahmefällen, wie regelmäßig bei Übungen auf offener See, wo dann aber auch, wenigstens nach herrschender Ansicht, § 291 StGB. so wenig Platz greift, wie bei nachträglicher Dereliktion[1]). Zur Sicherheit kann jederzeit durch Warnungstafeln auf den Schießplätzen noch besonders auf das Eigentum der Militärbehörde hingewiesen werden, was übrigens (vgl. RG. Entsch. *XXXIX. 27*) üblich ist[2]). Ganz mühelos gestaltet sich der Nachweis des fortdauernden Eigentums des Militärfiskus an der verschossenen Munition und seiner Kenntnis durch den Täter in den Fällen, wo der Militärbehörde auch der Gewahrsam verblieben ist. Zu diesen Fällen rechnen jedenfalls alle, in denen die verschossene Munition sich in die Kugelfänge der Schießstände eingebohrt hat; aber auch weiter diejenigen, in denen sich die verschossene Munition noch innerhalb der Schießstände befindet,

---

recht sehe, hat nunmehr auch noch der *OVE.* die von früheren Entwürfen im Anschluß an § 291 StGB. aufgenommene Bestimmung fallen gelassen.

[1]) Vgl. Frank, Nr. I zu § 291 StGB. und die dort Zitierten; and. Ans. nur Mettgenberg, i. d. Ztschr. f. Strafrechtswiss. *XXVIII. 87*, der, unter Hinweis auf übrigens von der Begr. S. 509 gleichfalls betonte sicherheitspolizeiliche Interessen, § 291 StGB. auch auf von der Militärbehörde tatsächlich derelinquierte Munition anwenden will. Aber § 291 StGB. — und die systematische Rubrizierung von § 154 Vorentwurf bestätigt es ad oculos — soll nur die Interessen der Militärverwaltung schützen; sicherheitspolizeiliche Bedürfnisse mögen durch andere Vorschriften befriedigt werden. Die ausdrückliche Aufnahme des Tatbestandsmerkmals „widerrechtlich" in § 291 StGB. (§ 154 Vorentwurf) verhindert außerdem, ein Aneignungsverbot im Sinne von § 958 Abs. 2 BGB. aus § 291 StGB. selbst zu deduzieren (so auch Frank a. a. O.); daß damit allerdings der ganze Zweck der Vorschrift illusorisch wird, darüber vgl. weiter unten im Text. — Verschossene Torpedos gelten natürlich nicht als derelinquiert; insoweit ist Mettgenberg, a. a. O. S. 79, 86, zuzustimmen.

[2]) Auf diese praktische Möglichkeit, den § 291 StGB. zu ersetzen, hat bereits seinerzeit Hugo Meyer, Das nordd. Strafr., eine Beurteilung des Entwurfs e. StGB. f. d. Nordd. Bund, 1869, S. 75, 76, hingewiesen.

und zwar nicht nur dann, wenn die Schießstände verschlossen sind, sondern regelmäßig auch dann, wenn sie es nicht sind[1]). Harburger[2]) weist mit Recht auf die Parallele des auf dem Felde zurückgelassenen Ackergerätes hin, welches gleichfalls im Gewahrsam des Berechtigten verbleibt.

Der beste Beweis für die Entbehrlichkeit des § 291 StGB. und also auch des § 154 Vorentwurf ist, daß daß RG. (Entsch. *XXXIX. 26*) Diebstahl, bzw. Unterschlagung an dem § 291 StGB. (§ 154 Vorentwurf) nicht unterfallenden Hülsen von Infanterietruppen verschossener Patronen angenommen hat, obgleich der Schießplatz, auf dem diese sich befanden, frei zugänglich war.

Es muß danach die bereits von Harburger[3]) aufgestellte Forderung, den § 291 StGB. zu streichen, dem § 154 Vorentwurf gegenüber wiederholt werden.

Soll aber § 291 StGB. (§ 154 Vorentwurf) beibehalten werden, so ist mindestens eine Revision seines Tatbestandes und eine Klarstellung seines Konkurrenzverhältnisses zum Diebstahl und zur Unterschlagung zu fordern.

In ersterer Beziehung ist nicht gerechtfertigt, daß zwar nur die verschossene Artilleriemunition in vollem Umfang und in jedem Falle, die aus den Handfeuerwaffen verschossene Munition aber nur insoweit geschützt wird, als es sich um die „Bleikugeln“[4]) selbst handelt[5]), und als sich diese in den „Kugelfängen der Schießstände“ befinden. Geradezu unklar ist, warum umgekehrt nur die bei „Übungen“ verschossene Artilleriemunition geschützt wird, die aus Handfeuerwaffen aber schon dann, wenn sie von einzelnen Soldaten verschossen wurde[6]). Es müßte also der Strafschutz einheitlich „der bei Truppenübungen verschossenen Munition“ zuteil werden. Vor allem

---

[1]) Erst recht ist es für die noch in Kugelfängen steckende Munition meines Erachtens gleichgültig, ob die Kugelfänge verschlossen oder offen sind; anders allerdings RG. Rechtsprechung *II. 490.*

[2]) A. a. O. S. 311.

[3]) A. a. O. S. 311, 373; ebenso Mettgenberg, a. a. O. S. 87, 88.

[4]) Der Ausdruck ist zudem für die heutigen Militärkugeln ungenau; vgl. Mettgenberg, a. a. O. S. 78.

[5]) Also nicht um die Messinghülsen; RG. Entsch. *XXXIX. 26.*

[6]) Mettgenberg, S. 77. Um (sc. „deutsche“, vgl. oben unter I) militärische Munition muß es sich wohl auf alle Fälle handeln, obgleich der Wortlaut z. T. dagegen spricht. An einem Strafschutz der im ernsten Gefechte verschossenen Munition besteht, in Ermangelung der Einsammlungsmöglichkeit, kein Interesse. Vgl. Mettgenberg, S. 78, 79.

aber müßte, soll der von der Begr. erstrebte Zweck überhaupt erreicht werden, das „widerrechtlich“ aus § 291 StGB. in § 154 Vorentwurf gestrichen werden. Denn der ausdrücklichen Aufnahme des „widerrechtlich“ muß die Bedeutung beigelegt werden, daß zur Strafbarkeit der Nachweis des fortdauernden fiskalischen Eigentums und seiner Kenntnis durch den Täter erforderlich ist[1]), m. a. W. also gerade der Nachweis, den zu vermeiden der Vorentwurf den § 154 aufgenommen hat (Begr. S. 509). Nur wenn das „widerrechtlich“ fortfällt, kann man aus § 154 Vorentwurf ein Aneignungsverbot im Sinne des § 958 Abs. 2 BGB. ableiten, demzufolge dann die Aneignung verschossener militärischer Munition schlechthin als widerrechtlich und strafbar erscheint.

Die in eventum vorgeschlagene Revision des Tatbestandes des § 291 StGB. (§ 154 Vorentwurf) würde gleichzeitig das zweite aufzustellende Erfordernis im wesentlichen befriedigen, nämlich das Konkurrenzverhältnis des Paragraphen zu den Diebstahls- und Unterschlagungsvorschriften klarstellen. Dieses Konkurrenzverhältnis ist seit dem ersten Auftauchen des Paragraphen im preußischen Recht unklar und bestritten gewesen[2]). Es geht nicht an, daß dieser Zustand in die Zeit des künftigen deutschen StGB. übernommen wird. Das Reichsgericht (Rechtsprechung II. 490 ff.) hat Subsidiarität des § 291 gegenüber den §§ 242, 246 StGB. angenommen, da sonst der Munition in einem Privatschießstand unter gleichen Bedingungen ein größerer Schutz zuteil werde als der militärischen. So, wie § 291 StGB. (§ 154 Vorentwurf) zurzeit gefaßt ist, erscheint die Annahme des RG. mit dem Wortlaut des Gesetzes unvereinbar[3]). Da der Paragraph nämlich ausdrücklich eine aus anderen Normen abzuleitende „Widerrechtlichkeit“ und für die Zueignung von „Bleikugeln“ speziell noch verlangt, daß dieselben sich in den „Kugelfängen der Schießstände“ befanden, ist begrifflich die unter § 291 StGB. (§ 154 Vorentwurf) fallende Zueignung verschossener Artilleriemunition immer mindestens Unterschlagung, die unter ihn fallende Zueignung verschossener „Bleikugeln aus den Kugelfängen der Schießstände der Truppen“ stets Diebstahl[4]). Das Konkurrenzverhältnis

---

[1]) Vgl. bereits oben S. 114 Anm. 1.

[2]) Vgl. darüber Mettgenberg, a. a. O. S. 80 ff.

[3]) So auch Mettgenberg. a. a. O. S. 83 ff.

[4]) Ob die Kugelfänge offen oder verschlossen sind, ist m. E. gleichgültig; vgl. oben S. 115 Anm. 1. — Wie im Text grundsätzlich Binding,

zwischen § 291 StGB. (§ 154 Vorentwurf) und den Diebstahls- und Unterschlagungsvorschriften ist also nicht das Gesetzeskonkurrenzverhältnis der Subsidiarität, sondern das der Spezialität[1]). Erfreulich ist dieses Ergebnis allerdings nicht[2]). Denn nicht nur genießt, wie schon das RG. richtig bemerkt, alsdann die von Privatpersonen verschossene Munition, wenn die Voraussetzungen vorliegen, stärkeren Strafschutz als die militärische Munition, sondern infolge der kasuistischen Fassung des § 291 StGB. (§ 154 Vorentwurf) gilt dasselbe von der verschossenen militärischen Munition, die nicht unter unseren Paragraphen fällt[3]).

Wird dagegen die Bestimmung, wie in eventum vorgeschlagen, dahin gefaßt:

„Wer sich die bei Truppenübungen verschossene Munition zueignet“ usw.,

so ist das allein sinn- und zweckgemäße Subsidiaritätsverhältnis der Bestimmung zu den Diebstahls- und Unterschlagungsvorschriften klargestellt. Hand in Hand damit könnte und müßte, in Rückkehr zum preuß. StGB. (§ 349 Ziff. 5), eine Degradierung des Delikts zu einer Übertretung[4]) vorgenommen werden.

Würde es zu einer Einarbeitung der strafrechtlichen Nebengesetze in den Vorentwurf, ganz oder teilweise, kommen, so wäre für den 8. Abschnitt die Einstellung der §§ 15, 18 Ziff. 1 des Preßges. in Erwägung zu ziehen.

Lehrb. *Bes. T. I. 310, 311;* Frank, Nr. II zu § 291; Mettgenberg, a. a. O. S. 84, 85; jetzt auch v. Liszt, Lehrb. 16. u. 17. Aufl., § 129 IV.

[1]) So auch die herrschende Meinung; vgl. die bei Mettgenberg S. 81 Note 24 Zitierten, nunmehr auch v. Liszt, a. a. O.

[2]) So auch Mettgenberg, a. a. O. S. 85.

[3]) So z. B. die Hülsen von Patronen aus Handfeuerwaffen; vgl. RG.Entsch. *XXXIX. 26.*

[4]) In diesem Falle käme in Frage ein Hinweis im Tatbestand darauf, daß es sich um von „deutschen“ Truppen verschossene Munition handeln muß; vgl. dazu oben S. 115 Anm. 6.

III.

Vergehen in Beziehung auf die Ausübung der Religion. Verbrechen und Vergehen gegen die Ordnung der Ehe und des Personenstandes und gegen die Sittlichkeit.

Von

Dr. Erich Wulffen,

Staatsanwalt in Dresden.

Vorentwurf zu einem deutschen Strafgesetzbuch.

9. Abschnitt.

Vergehen in Beziehung auf die Ausübung der Religion.

Der Vorentwurf hat die ethische und rechtliche Auffassung des geltenden Gesetzes über Art und Maß des der Religionsausübung zu gewährenden Strafschutzes im allgemeinen sich zu eigen gemacht, aber doch nicht nur in formeller, sondern auch in materieller Hinsicht einzelne Abweichungen getroffen.

§ 155.

Mit Recht ist die Strafbarkeit der Gotteslästerung aufrecht erhalten worden. Gerade in unserer Zeit des wieder erstarkenden religiösen Bedürfnisses müßte dessen Schutzlosigkeit als Verletzung des Volksempfindens aufgefaßt werden. Die Voraussetzung der öffentlichen und beschimpfenden Lästerung ist beibehalten worden. Erweitert ist der Tatbestand, sofern nicht mehr gefordert wird, daß der Gotteslästerer ein Ärgernis gibt. Dieses nach den Erfahrungen der Praxis höchst fragwürdige und unsichere Kriterium beseitigt *VEBegr.* (S. 512) in zutreffender Weise. Einschränkung hat der Tatbestand dadurch erfahren, daß nur die böswillige Lästerung getroffen werden soll. Die Gewissensfreiheit und die freie wissenschaftliche Erörterung der Gottesidee bleiben gewahrt. Der Begriff der Böswilligkeit hat sich in der Gesetzgebung bewährt. Das Höchstmaß der Strafe ist von drei auf zwei Jahre Gefängnis herabgesetzt, daneben wahlweise Haftstrafe bis zu gleicher Dauer zugelassen worden. Der Ausschluß der Geldstrafe wird durch die Einfügung des Begriffes der Böswilligkeit genügend motiviert.

§ 156.

Aus dem bisherigen § 166 StGB. scheidet der Vorentwurf in § 156 den zweiten der dort wenig übersichtlichen Tatbestände, die Beschimpfung von Religionsgesellschaften, als selbständig aus. Voraussetzung ist auch hier die Öffentlichkeit und Böswilligkeit der Beschimpfung. Der wissenschaftlichen Forschung und Kritik wird kein Hindernis bereitet. Als Objekte der Beschimpfung kommen nur die christlichen Kirchen oder die mit Körperschaftsrechten innerhalb des Reichsgebietes bestehenden Religionsgesellschaften in Betracht. Ihre „Einrichtungen und Gebräuche“ genießen schon hierdurch einen hinreichenden Schutz, dessen zu weite Ausdehnung nicht gewünscht werden kann. Von einer Erstreckung des Strafschutzes auf alle im Reiche mit Religionsausübung zugelassenen Religionsgesellschaften ist abgesehen worden.

Die Aufrechterhaltung des Tatbestandes ist aus denselben Gründen gerechtfertigt, wie wir sie für die Gotteslästerung anführten. Man mag beispielsweise über die christlichen Glaubenslehren denken wie man will. Solange eine Religionsausübung von einer Volksmehrheit getragen und vom Staate ausdrücklich unterstützt wird, bedarf sie auch innerhalb bestimmter Grenzen strafrechtlichen Schutzes. Der Weiterentwicklung der religiösen Idee ist damit keine Schranke gezogen. Als weitere Voraussetzung der Strafbarkeit zu fordern, daß die Beschimpfung in einer den öffentlichen Frieden gefährdenden Weise erfolgt sei, hieße wiederum ein ganz unsicheres Kriterium zum wichtigen Tatbestandsmerkmal erheben.

Mit Recht hat der Vorentwurf das Höchstmaß der Gefängnisstrafe auf zwei Jahre herabgesetzt, daneben Haftstrafe in gleicher Dauer und auch Geldstrafe bis zu 3000 M zur Wahl gestellt.

§ 157.

Schützen die vorhergehenden Paragraphen die Gottesidee und das religiöse Bedürfnis als solche vor Beschimpfung, so befaßt sich folgerichtig § 157 mit den böswilligen Angriffen auf die praktische Ausübung, mit der Störung des Gottesdienstes und einzelner gottesdienstlicher Veranstaltungen. Die einschlagenden Tatbestände aus §§ 166 und 167 des geltenden Gesetzes sind mit unbedeutenden Abweichungen zusammengefaßt worden. Geahndet werden: der Versuch, den Gottesdienst oder einzelne gottesdienstliche Veranstaltungen (anstatt Verrichtungen) einer im Staate bestehenden Religionsgesellschaft in einer Kirche, einem Friedhof (zur Beseitigung von Zweifel in der bisherigen Rechtsprechung) oder in einem andern dazu bestimmten Orte zu verhindern; ihre Störung durch Erregung von Lärm oder Unordnung oder (um alle Fälle zu treffen) auf ähnliche Weise; endlich (dritter Tatbestand aus § 166 StGB.) Verübung beschimpfenden Unfugs an einem zu solchen Veranstaltungen bestimmten Orte. Bei allen drei Tatbeständen ist wiederum Voraussetzung die Böswilligkeit des Handelns. Die Strafandrohung ist zweckmäßig in derselben Weise wie in § 156 Vorentwurf gemildert.

Die einschlagenden Bestimmungen (§§ 244—247) des *OVE.* gehen bedeutend weiter. Es genügt z. B. bloßes öffentliches Verspotten einer Lehre der Kirche (§ 245). Der *SchVE.* (Art. 187) straft absichtliches Stören, Hindern oder öffentliches Beschimpfen eines Gottesdienstes oder einer gottesdienstlichen Handlung. Der besondere Tatbestand der Gotteslästerung oder Beschimpfung einer Kirche ist daneben nicht bekannt, aber wohl als in der angegebenen Vorschrift eingeschlossen erachtet worden. Einen Anlaß zu Abänderungen des *DVE.* bieten die ausländischen Vorentwürfe nicht.

§ 158.

Der Tatbestand der Leichenschändung usw., der das dem religiösen Gefühle verwandte Gefühl der Pietät gegenüber Verstorbenen schützt, ist aus diesem Grunde im neunten Abschnitt belassen worden. Ein zwingender Grund, ihn in Abschnitt 7 („Verbrechen und Vergehen wider die öffentliche Ordnung") einzureihen, lag nicht vor.

Der Tatbestand des geltenden Gesetzes (§ 168 StGB.) ist beibehalten und erweitert worden. Nicht nur der Leichnam als ganzer, sondern — zweiter Tatbestand des bisherigen § 367 Ziff. 1 StGB. — auch die Teile desselben werden geschützt; ebenso die Asche eines Verstorbenen. Nur die unbefugte Wegnahme aus dem Gewahrsam des Berechtigten (bisher: der dazu berechtigten Person), nicht ein sonstiges Beiseiteschaffen eines Leichnams (getroffen durch § 306 Ziff. 5 Vorentwurf) kommt in Betracht. Die Unterscheidung darf anerkannt werden. Unter Strafe steht endlich die Verübung beschimpfenden Unfugs nicht nur an der Beisetzungsstätte, sondern nunmehr auch an der Leiche selbst und ihren Teilen. Damit wird die sexuelle Leichenschändung in unser Strafgesetzbuch eingeführt. Ein Bedürfnis hierzu hat sich zwar in der Praxis nicht herausgestellt, ernstliche Bedenken lassen sich aber dagegen kaum geltend machen. Auch die Vorentwürfe für Österreich und die Schweiz haben diesen Strafschutz. Die Strafandrohung ist wie in §§ 156, 157 gemildert.

12. Abschnitt.

Verbrechen und Vergehen gegen die Ordnung der Ehe und des Personenstandes.

§ 177.

Der *DVE.* hat in § 177 die Personenstandsfälschung mit einigen redaktionellen Abweichungen aus dem geltenden Gesetze (§ 169 StGB.) herübergenommen.

Der Sonderfall der Kindesunterschiebung, der in allen Gesetzgebungen den geschichtlichen Ausgangspunkt des Tatbestandes bildet, ist an die Spitze gestellt worden, „weil durch Nennung dieses Beispiels die ganze Vorschrift für den Laien verständlicher wird" (Begr. S. 579). Man kann diesem Vorschlag beipflichten. Österreich (§ 258) und Schweiz (Art. 140) heben den Sonderfall ebenfalls ausdrücklich hervor. Der *DVE.* nennt weiter den Fall der Kindesverwechslung nicht mehr ausdrücklich. Anstatt von Verändern und Unterdrücken des Personenstandes, wird von einem Fälschen und Unterdrücken gesprochen. Österreich spricht nur von Fälschung, die Schweiz von Unterdrücken, Verändern und Fälschen. Die deutsche Formulierung kann angenommen werden.

Die Strafandrohung ist, wie bisher, Gefängnis bis zu drei Jahren, ebenso, nach dem neueren Strafensystem, Haft bis zu drei Jahren, in besonders schweren Fällen (bisher nur bei gewinnsüchtiger Absicht) Zuchthaus bis zu fünf (bisher zehn) Jahren. Österreich hat nur Gefängnis und Haft von zwei Wochen bis zu zwei Jahren. Die Schweiz hat Zuchthaus bis zu fünf Jahren und bei „achtungswerten Beweggründen" Gefängnis oder Buße. Norwegen gibt bei mildernden Umständen die Geldstrafe und sogar Straflosigkeit, „wenn ein von einer verheirateten Frau geborenes uneheliches Kind als ehelich anerkannt wird". Auch für uns ist die Geldstrafe erwünscht, weil die in der Praxis vorkommenden Fälle häufig sehr harmloser Art sind (vgl. Wulffen, Sexualverbrecher S. 670ff.).

§ 178.

§ 178 *DVE.* (Ehebetrug) straft jeden, der mittels einer arglistigen Täuschung den Abschluß einer Ehe erschleicht. Er folgt damit dem geltenden Gesetze (§ 170 StGB.), nur dessen Spezialfälle verallgemeinernd. Die bloße wissentliche Eingehung einer nichtigen oder anfechtbaren Ehe zu treffen, wird mit Recht abgelehnt. Österreich (§ 252) straft die bloße Erregung oder Benützung eines Irrtums und die Verschweigung eines Ehehindernisses beim Eingehen der Ehe. Diese Bestimmungen gehen zu weit. Der *SchVE.* hat den Tatbestand gestrichen. Wer aber für die Eheinstitution die Forderung nach sorgfältiger Auswahl der Eheschließenden als bedeutsam anerkennt, wird die Strafbestimmung nicht aufgeben können. Voraussetzung für die Strafverfolgung sind die Nichtigkeitserklärung der Ehe und Strafantrag. Das bisherige Strafminimum ist mit Recht aufgegeben, auch neben der Gefängnisstrafe die Haftstrafe zugelassen worden.

§ 179.

§ 179 *DVE.* behält die Tatbestandsmerkmale und die Strafandrohung des geltenden Gesetzes (§ 171 StGB.) bei. Die Formulierung ist durch Aufnahme des Begriffes der D o p p e l e h e im Sinne von § 1309 Abs. 1 Satz 1 BGB. zweckmäßig vereinfacht. Das Verbrechen ist aus der Reihe der eigentlichen Sittlichkeitsdelikte (13. Abschnitt StGB.) ausgeschieden und in die strafbaren Handlungen wider die Ordnung der Ehe aufgenommen worden. Damit wird der Tatbestand sozial richtig gewürdigt; nur werden (s. unten) die Folgerungen nicht alle gezogen. Die Kriminalstatistik zeigt, daß Doppelehe bei den Gehilfen, Arbeitern und Tagelöhnern in Industrie, Bergbau und Bauwesen verhältnismäßig häufig ist, was wir als eine Folge der Wanderbewegung aufzufassen haben. Das Delikt wird mehr als Gelegenheitsdelikt wie als Leidenschafts- oder reines Sexualverbrechen verübt. Auch Mittermaier betont, daß der Täter selten aus sinnlicher Begierde handle. Dieser Befriedigung dient der Ehebruch. Motiv der Bigamie ist meist eine leichtsinnige Nichtachtung des Bestandes der ersten Ehe. Der Ehemann hat beispielsweise seine Frau verlassen oder ist von ihr verlassen worden. Er hat Gelegenheit, eine zweite Ehe zu schließen, und verheiratet sich wieder. Er achtet es nicht für der Mühe wert, sich zu erkundigen, ob sich seine Frau von ihm hat scheiden lassen, oder selbst auf Scheidung zu klagen. Die Gelegenheit begünstigt die Verübung des Deliktes. Wen sein Wandertrieb, sein Wanderleben heute hierher, morgen dorthin führt, der glaubt sich in weiter Ferne, besonders im Ausland, als Ausländer in seinem Heimatstaate, vor Entdeckung seines früheren Ehestandes sicher.

Wegen der Beibehaltung der Zuchthausstrafe stützt sich die *VEBegr.* (S. 582) auf die „Volksanschauung“, für welche die Bigamie ein schweres Verbrechen sei. Diese Volksanschauung ist aber, wie ich oben gezeigt habe, wissenschaftlich überwunden. Auch Mittermaier befürwortet die Streichung der Zuchthausstrafe, da das Delikt im allgemeinen nicht aus gemeiner Gesinnung, sondern aus Leichtsinn und Torheit verübt wird und sehr selten ist. Die *VEBegr.* will nun „vom Standpunkte der Generalprävention“ der durch die heutigen Freizügigkeits- und Verkehrsverhältnisse bedingten günstigen Gelegenheit zur Doppelehe „mit Ernst und Strenge“ entgegentreten. Wie die Kriminalstatistik zeigt, ist diese Motivierung haltlos. Die Zahl der Verurteilten ist von 1895—1906 über die Hälfte gesunken. Die Zuchthausstrafe ist nicht mehr am Platze; sie entspricht der rückständigen Volksanschauung. In den schweren Fällen der Doppelehe liegt der Schwerpunkt bei der Realisierung anderer strafbarer Tatbestände. Die Bigamie kann für den Betrüger Mittel zum Zweck sein. Er schließt Ehen mit vermögenden Frauen, bringt deren Geld an sich und verschwindet damit. Andere — moderne Blaubärte! — entledigen sich der Frauen durch Mord, ehe sie eine neue Ehe schließen. In solchen Fällen wird der Bigamist durch die Strafe wegen des anderen Deliktes wirksam getroffen; vgl. insbesondere wegen „Betrugs in besonders schweren Fällen“ § 276 *DVE.*

Der *OVE.* (§ 251) straft im allgemeinen nur mit Gefängnis und mit Kerker nur dann, wenn bei Eingehung der Doppelehe der zweite Ehegatte getäuscht wird. Dieser Fall bedarf der Androhung einer besonderen Strafart meines Erachtens nicht. Der *SchVE.* (Art. 139) droht Zuchthaus oder Gefängnis an.

Der *DVE.* behält die Auffassung bei, daß die Doppelehe kein Dauerdelikt ist. Ich habe hiergegen nichts einzuwenden und will nur auf den Widerspruch dieser Rechtsauffassung mit der Strafandrohung der Zuchthausstrafe aufmerksam machen.

Da nach § 4 auch des *DVE.* wegen der im Auslande begangenen Verbrechen und Vergehen in der Regel keine Verfolgung stattfindet, so bleibt auch ferner im Deutschen Reiche straflos der Ausländer, der seine erste Ehe z. B. in Deutschland mit einer Deutschen schloß, danach im Auslande eine neue Ehe eingeht und mit der zweiten Frau wieder nach Deutschland zurückkehrt und vielleicht, wie kürzlich vorkam, ganz in der Nähe der ersten, von ihm verlassenen Frau sich niederläßt. Es verbleibt dann nur die Möglichkeit, den Ausländer aus dem Reichsgebiete auszuweisen oder den Heimatsstaat zu veranlassen, die Auslieferung zu betreiben.

§ 180.

§ 180 *DVE.* (Ehebruch) behält die Tatbestandsmerkmale des geltenden Gesetzes (§ 172 StGB.) bei, erhöht hingegen das Höchstmaß der Gefängnisstrafe, droht als neue Strafart Haftstrafe bis zu zwei Jahren an und läßt die Zurücknahme des Strafantrags zu. Auch hier ist zutreffend Ausscheidung aus der Reihe der Sittlichkeitsvergehen erfolgt.

In der Literatur wird ernstlich erwogen, ob der Ehebruch künftig überhaupt noch bestraft werden soll. „Die eheliche Treue sei etwas so rein Inneres, daß ihre Verletzung in der rohen Form des Ehebruches eine der geringsten Verletzungsarten sei, tausend andere außereheliche Unsittlichkeiten der Ehegatten müßten doch straflos bleiben . . . Die seltene Anwendung des Strafrechts, die überaus milde Strafe seien mehr ein Spott auf das Gesetz und gerade für feinfühlige Naturen eine Pein“ (Mittermaier in *Vergl. Darst. Bes. T. IV. 100*).

Der *VEBegr.* (S. 582) stützt sich auf die „ganz allgemeine Anschauung des deutschen Volkes“, danach der Ehebruch, der das Rechtsgut der ehelichen Treue und zugleich die Eheordnung verletzt, eine strafwürdige Handlung sei. Diese „Begründung“ besagt recht wenig.

Unsere Ehe ist nicht die dauernde Lebensgemeinschaft zweier freier gleichberechtigter Persönlichkeiten geworden, wie sie das Eheideal fordert. Schon die Eingehung der Ehe ist gewissermaßen durch ein gesellschaftliches Gewohnheitsrecht fehlerhaft. Braut und Bräutigam kennen sich, wenn sie sich binden, innerlich viel zu wenig, um über die Möglichkeit eines künftigen gedeihlichen Zusammenlebens ein Urteil zu haben. Kaum sind sie als Eheleute zusammengesprochen, so steigen die ersten Anzeichen einer gegenteiligen Erkenntnis auf. Wenn sich heute der bessere junge Mann verlobt, ist ihm seine Braut ein verschlossenes Buch; wenn er zu lesen beginnt, fordert der gesellschaftliche Anstand, auf den Rücktritt zu verzichten. So finden sich zahllose Paare, die später nicht zusammenpassen. Äußerlichkeiten spielen eine Hauptrolle: ob der Mann die Frau ernähren kann, ob die Frau eine reiche oder auskömmliche Mitgift mitbringt. Die alte Kaufehe scheint wieder aufzuleben: meist kauft sich die Braut jetzt den Bräutigam. Die Ehe des Proletariers, bei der die finanzielle Seite ja ganz zurücktritt, wird meistens wahl- und ziellos geschlossen: eine augenblickliche Stimmung, eine — häufig alkoholisch gefärbte — Laune, ein blinder Zufall, frei von jedem ernsten Nachdenken, entscheidet. Das Liebesleben des Proletariers ist weniger differenziert und individualisiert wie des geistig Höher- und Hochgebildeten. Der Proletarier ist zur echten Ehe wohl noch nicht reif. Die Ehe selbst ist wenig angetan, das Versäumte nachzuholen. Der Mann, in der Sorge für Weib und Kind, verliert sich häufig völlig in seinem Berufe. Was sonst Bedeutendes in ihm liegt, kann er nur mit äußerster Energie, selbst gegenüber der Frau, retten. Schon ihre mangelhafte Vorbildung hindert, daß es zu einem echten geistigen Gemeinschaftsleben kommt. Krankheiten, Unglücksfälle und sonstige Sorgen, die nicht ausbleiben, legen der beiderseits selbst mit gutem Willen versuchten Annäherung Hindernisse in den Weg. Fehlt einem Teile der gute Wille zur Annäherung, so gehen beide bald getrennt ihren Pfad. Beim Proletarier findet eine psychische Annäherung der Eheleute überhaupt nur in beschränktem Maße statt. So mißraten zahllose Ehen. Aber die Eheleute bleiben beisammen. Das Gesetz gestattet ihnen nicht, ohne weiteres auseinanderzugehen (vgl. §§ 1564—1570 BGB.). Das Gefühl oder gesellschaftlicher Zwang hält auch vielfach ab, von den gesetzlichen Ehescheidungsgründen Gebrauch zu machen. Wieviel Menschenglück wird solchen Rücksichten geopfert. Man hat behauptet, wirklich glückliche Ehen gäbe es überhaupt nicht. Ich glaube aber doch, es gibt solche Ehen; sie sind aber ganz selten.

Sobald der biologische Gedanke der zweckmäßigen Auswahl des Liebespartners erst richtig gewürdigt werden wird, muß die Erkenntnis sich Bahn brechen, wie wenig unsere jetzige Ehe der sexuellen Evolution zu dienen geeignet ist. Auch eine leichtere, für die Beteiligten weniger verletzende Lösbarkeit der Ehe muß gesetzlich gestattet werden. Der gesetzliche oder gesellschaftliche Zwang erbittert nur die Gemüter, während Gewährung einer gewissen Freiheit für den Menschen von jeher das beste ethische Erziehungsmittel war. Der Staat wird dem weiblichen Geschlechte die Möglichkeit bieten müssen, eine höhere geistige Ausbildung als jetzt zu erwerben, so daß in der Ehe eine wirkliche geistige Gemeinschaft sich herausbilden kann. Die Arbeitszeit des Proletariers wird — auch aus anderen Gründen — abzukürzen sein, damit auch er die Möglichkeit zur Verinnerlichung seiner Ehe findet. Die soziale Hebung der Klassen schlägt tief in das Eheproblem hinein.

Allein auch eine so umgestaltete Ehe wird dem Ideale einer Geschlechtsgemeinschaft zwischen Mann und Weib noch nicht voll entsprechen. Hierzu fehlt noch immer die zu sehr an Paragraphen gebundene Freiheit und Gleichberechtigung der beiden verbundenen Teile. Wahre Freiheit, aus der immer und überall das Größte und Beste erwuchs, könnte nur in einer wirklich freien Geschlechtsgemeinschaft gedeihen. Die sog. freie Ehe oder „freie Liebe“, wie sie auch genannt worden ist, kann nur zwischen solchen Charakteren gedeihen, die in Ermangelung des gesetzlichen Zwanges freiwillig bereit sind, Mann und Weib, sich gegenseitig das zu sein, was einer von dem anderen erwartet und selber fordert. Oberflächliche und unsittliche Charaktere würden sich in einem solchen Verhältnisse dauernd niemals wohlfühlen; sie haben andere Gelegenheit, ihren Wünschen Genüge zu leisten. Ein Mißbrauch der freien Ehe durch unsittliche Elemente ist also nicht zu befürchten. In der freien Ehe eher als in der staatlichen wird das Weib zu seinem Rechte kommen. Die Unterordnung des Weibes unter den Mann, wie sie das bürgerliche Recht aufstellt, gilt in der anderen Ehe nicht. Der Mann, der sich auf solchen Standpunkt nicht zu stellen vermöchte, schnitte in der freien Ehe nur schlecht ab. Auch die Geliebte würde sich häufig vorteilhafter zeigen müssen als die Gattin, die auf ihre gesetzlichen Rechte pocht. Die freie Ehe würde auch zahlreiche soziale Erleichterungen bieten, würde die sexuelle und die wirtschaftliche Not vermindern (vgl. Wulffen, Sexualverbrecher, S. 614 ff.).

Nur vom Standpunkte einer Kritik unserer gesellschaftlichen Ehe kann die Frage beantwortet werden, ob und in welchem Maße der Ehebruch strafbar sein soll. Deshalb waren die vorausgehenden Ausführungen nötig.

Einzig und allein der Grund kann für Beibehaltung der Strafbarkeit des Ehebruches geltend gemacht werden, daß der Staat zweifellos auch in Zukunft auf dem Fundament der Ehe und Familie ruhen wird und selber diese Grundlage untergraben würde, wenn er die Strafandrohung, der eine gewisse ethische und abschreckende Wirkung innewohnt, fallen ließe. Aber es kann sich gewissermaßen nur um eine Ordnungsstrafe für die Verletzung der Eheordnung handeln. Die Verletzung der inneren ehelichen Treue bleibt der Strafe ihrem Wesen nach unerreichbar. Der Strafantrag ist meist ein Racheakt eines selbst recht fragwürdigen Ehegatten. Es stände dem Gesetzgeber übel an, strafrechtlich ein Treuverhältnis zu schützen, das er in seiner sonstigen Praxis recht vernachlässigt.

In erster Linie käme deshalb die vom *DVE.* vorgeschlagene Haftstrafe und erst in zweiter Hinsicht, bei gröberen Verletzungen der Eheordnung, Gefängnisstrafe in Frage. Das Höchstmaß mit je zwei Jahren überschreitet die Anforderungen bei weitem; mit je einem Jahre wäre es hoch genug gesteckt; mir genügten als Strafandrohung die bisherigen sechs Monate, wie sie auch der *OVE.* (§ 254) vorsieht, während der *SchVE.* (Art. 138) ebenfalls bis zu zwei Jahren Gefängnis gehen will.

Mit Recht verlangt der *DVE.* als Voraussetzung, daß die Ehe wegen des Ehebruchs geschieden sein muß. Eine Strafverfolgung bei bestehender Ehe begegnet dem stärksten Bedenken. Anders der *OVE.*

Auch die Zulässigkeit der Zurücknahme des Strafantrags ist zu empfehlen, weil er oft in der Übereilung und aus unlauteren Beweggründen gestellt wird. Verlangt man überhaupt besonderen Strafantrag, so ist die Zulässigkeit der Zurücknahme ganz allgemein nur logisch.

Der *OVE.* kennt sogar auf Antrag des Verletzten einen Wegfall der schon (rechtskräftig?) verhängten Strafen. Ähnlich der *SchVE.* ganz allgemein für den Fall, daß der beleidigte Ehegatte stirbt.

Nachtrag zu §§ 177—180.

Unter den strafbaren Handlungen gegen Ehe, Familie und Personenstand bringen *OVE.* (§ 257) und *SchVE.* (Art. 141) den Tatbestand der Pflichtverletzung gegen eine Geschwängerte. Strafbar ist, wer eine weibliche Person, die er geschwängert hat, „in bedrängter Lage im Stiche läßt" (Schweiz) bzw. „der Not und Hilflosigkeit preisgibt" (Oester.) Noch anders formulieren §§ 240, 241 des Norwegischen StGB. Der *DVE.* hat in § 218 keine einschlagende Bestimmung aufgenommen. § 306 Ziff. 10 straft mit Geldstrafe bis zu 300 M oder mit Haft oder Gefängnis bis zu drei Monaten den, der sich der ihm obliegenden Unterhaltspflicht, zu deren Erfüllung er imstande ist, derart entzieht, daß der Unterhaltsberechtigte durch Vermittlung der Behörde aus fremden Mitteln unterstützt werden muß. Eine gesetzliche Unterhaltspflicht besteht auch gegenüber unehelichen Kindern (§ 1708 BGB.). Der Entwurf hat diese Bestimmung gegenüber dem geltenden Gesetze (§ 361 Ziff. 10 StGB.) zwar etwas praktischer ausgestaltet. Bedenklich bleibt nur, daß die Vermittlung der Behörde und die Unterstützung aus fremden Mitteln Voraussetzungen sind. Bürgerliches Recht und Strafrecht stellen bei uns übereinstimmend den Schwängerer günstiger als die Geschwängerte, obwohl diese psychologisch und sozial jenem gegenüber die Schwächere ist. Mit diesem ethisch und sozial unerträglichen gesetzlichen Zustande sollte endlich aufgeräumt werden. Die Gefahr, die dem Staate aus unerzogenen und vernachlässigten unehelichen Kindern, welche die Armee der Verbrecher vermehren, erwächst, ist so groß, daß eine schärfere Sonderbestimmung am Platze ist, welche die bloße vorsätzliche Nichterfüllung der Unterhaltspflichten trotz Vermögens trifft.

---

20. Abschnitt.

Verbrechen und Vergehen gegen die Sittlichkeit.

§ 243.

Der *DVE.* hat es abgelehnt, den Begriff der Notzucht (§ 243) in Anlehnung an verschiedene Vorschläge der Theorie und ausländischer Gesetzgebungen weiter zu entwickeln. Die *VEBegr.* (S. 679) stützt sich darauf, daß solche Abweichungen „der deutschrechtlichen Auffassung von den Strafen der Notzucht“ nicht entsprechen. Nur eine gegenwärtige unmittelbare und körperliche Gefahr für die Angegriffene könne den Tatbestand erfüllen. Jeder andere Zwang falle unter die Nötigung, die in § 240 *DVE.* mit einem erhöhten Strafhöchstmaße ausgestattet ist. Mit dem Hinweis auf das Festhalten an der alten deutschrechtlichen Auffassung ist natürlich nichts bewiesen. Wohin sollten wir kommen, wenn ein Rechtsbegriff nicht entwicklungsfähig wäre. Wir haben uns also von anderen Gesichtspunkten leiten zu lassen.

Die Formulierung des *SchVE.* (Art. 118): „Wer eine Frau mit Gewalt oder durch schwere Drohung zum außerehelichen Beischlafe nötigt,“ lehnt die *VEBegr.* ab. Die Fassung „schwere Drohung“ ist ihr zu unbestimmt. Androhung entfernt liegender Übel und solcher auch gegen andere Personen will sie nicht zulassen.

Der *OVE.* unterscheidet zwei Tatbestände, die eigentliche Notzucht und die Nötigung zum Beischlaf (§§ 259 und 260). Bei der Notzucht kommen als Mittel Gewalt oder Drohung mit Gewalt, letztere gegen die weibliche Person selbst „oder eine ihr nahestehende Person“, in Frage.

Der Vorschlag des *DVE.* erscheint wohl zu eng. Man kann für die eigentliche Notzucht die Gewalt oder Drohung mit gegenwärtiger persönlicher Gefahr (gleichbedeutend mit gegenwärtiger Gefahr für Leib oder Leben) gelten lassen. Aufzunehmen wäre aber vielleicht schon die Drohung mit gegenwärtiger persönlicher Gefahr gegenüber einem Angehörigen. Wenn der Vater, die Mutter, ein Bruder, ein Kind der weiblichen Person z. B. mit sofortiger Tötung bedroht wird, falls die Frau den außerehelichen Beischlaf nicht gestattet, so kommt dieser Tatbestand der eigentlichen Notzucht ganz nahe. Nur mit der Begründung, daß wenigstens bei uns in Deutschland solche Fälle außerordentlich selten sind, könnte man diese Erweiterung ablehnen.

Jedenfalls erscheint es wünschenswert, daß der Gesetzgeber den Wert der geschützten weiblichen Geschlechtsehre etwas höher anschlägt und auch einen weiteren Zwang gegen sie aus dem Tatbestande der Nötigung heraushebt, wie *OVE.* in § 260 (Nötigung zum Beischlaf) verfährt. *OVE.* nennt als Mittel Bedrohung der Frau selbst oder einer ihr nahestehenden Person (dafür: eines Angehörigen) „mit einem rechtswidrigen Nachteil an der Freiheit, einem Angriff auf die Ehre, einer strafgerichtlichen Anzeige oder mit der Offenbarung eines Geheimnisses, dessen Bekanntwerden geeignet ist, die bürgerliche Stellung der Bedrohten zu untergraben". Man kann diesen Vorschlägen ungefähr beipflichten; sie entsprechen tatsächlich der Erfahrung der Praxis. Unsere Zeit steht unter dem Zeichen der Erpressung, nicht nur auf vermögensrechtlichem Gebiete. Wo der Täter vor unmittelbarer Gewalt zurückschreckt, greift er zur Bedrohung. Die Ausbreitung des Zuhältertums steckt die männliche Jugend in dieser Hinsicht leicht an. Eine Menge junger Burschen nötigen mit solchen Drohungen junge Mädchen zur Gestattung des Beischlafs.

Als Strafe der eigentlichen Notzucht droht *DVE.* Zuchthaus, bei mildernden Umständen Gefängnis nicht unter einem Jahre an. Dies entspricht dem geltenden Gesetze. Für den etwa einzufügenden zweiten Tatbestand der Nötigung zum Beischlaf wären vorzuschlagen: Zuchthaus bis zu fünf Jahren, Gefängnis nicht unter sechs Monaten. Österreich geht bis auf drei Monate herab.

Nach § 12 Nr. 4 *DVE.* umfaßt das Nötigungsmittel der Gewalt auch die Anwendung narkotischer Mittel oder der Hypnose. Deshalb ist der zweite Tatbestand von § 177 StGB. nicht mehr besonders formuliert.

Wegen des Zwangs einer männlichen Person zur widernatürlichen Unzucht siehe daselbst.

§ 244.

Der *DVE.* hat in § 244 Ziff. 1 und 2 (gewaltsame Unzucht und Schändung) die Tatbestände des geltenden Gesetzes (§ 176 Ziff. 1 und 2) mit geringen Abweichungen beibehalten. *VEBegr.* (S. 679) irrt, wenn sie meint, ihre Neuredaktion „wer durch Gewalt nötigt" bedeute gegenüber dem jetzigen „wer mit Gewalt vornimmt" eine sachliche Änderung. Schon nach der jetzigen in Theorie und Praxis herrschenden Meinung muß durch das Mittel der Gewalt ein der Vornahme unzüchtiger Handlungen voraussichtlich oder tatsächlich entgegenstehender Widerstand überwunden werden sollen. Das neuere „mit gegenwärtiger persönlicher Gefahr" entspricht dem jetzigen „mit gegenwärtiger Gefahr für Leib oder Leben". In Ziffer 2 des Vorentwurf ist

Objekt „eine bewußtlose oder sonst zum Widerstand unfähige oder geisteskranke", im geltenden Gesetze „eine in einem willenlosen oder bewußtlosen Zustande befindliche oder geisteskranke" weibliche Person. Das Merkmal der Unfähigkeit zum Widerstande ist gewählt worden, um die Zweifelsfrage zu lösen, ob auch die Fesselung oder Lähmung der Glieder ohne Verlust der Sprache oder ein hypnotischer Zustand „willenlos" macht. Ein wirklicher Zweifel hat hierüber in der Praxis nicht bestanden; es versteht sich von selbst, daß die geschilderten Zustände von der Willenlosigkeit mit umfaßt werden.

Der *OVE.* und ebenso der *SchVE.* haben die einschlagenden Tatbestände wesentlich erweitert.

OVE. straft in § 261 den Zwang zur Unzucht genau nach dem Vorbilde der Notzucht (§ 259) und in § 262 die Nötigung zur Unzucht wie die Nötigung zum Beischlafe (§ 260). Es genügt also im ersten Falle die gegen die weibliche Person oder eine ihr nahestehende Person gerichtete Drohung mit Gewalt, im zweiten Falle die Bedrohung der Frau oder einer ihr nahestehenden Person mit einem rechtswidrigen Nachteil an der Freiheit, einem Angriff an der Ehre usw. Es kommt alles darauf an, ob man die Duldung der Unzucht mit der Duldung des Beischlafes gleichstellen will und muß. Nun ist klar, daß die Duldung der Einführung penis viri in os mulieris, weiter die paedicatio mulieris, endlich die Duldung des cunnilingus der Schmach des erduldeten Beischlafs nahe oder fast nahe kommen. Aber solche zwangsweisen Unzuchtshandlungen sind außerordentlich selten; es erscheint deshalb nicht erforderlich, sie zu einem besonderen Tatbestande zu erheben. Die Bedrohung mit gegenwärtiger Gefahr für Leib oder Leben kann man als einschränkendes Erfordernis ebenso wie bei der Notzucht gelten lassen. Man wird also auch nicht die bloße „schwere Drohung" des *SchVE.* (Art. 119 Abs. 1) akzeptieren, ebensowenig den ganz gewiß seltenen Zwang der weiblichen Person zur Vornahme unzüchtiger Handlung, z. B. zur fellatio penis, besonders hervorheben. Endlich erscheint auch eine Nötigung zur Unzucht i. S. von § 262 *OVE.* entbehrlich; die Beischlafsvollziehung ist durch solche Drohungen erzwungen worden, von ebensolcher Erzwingung bloßer Unzuchtshandlungen an erwachsenen weiblichen Personen ist nie die Rede gewesen. Jüngere Mädchen sollen schon durch Hinaufrückung des Schutzalters besser als jetzt geschützt werden.

§ 244 Ziff. 2 *DVE.* straft als Schändung — eine etwas willkürliche und wenig charakterisierende Terminologie — nur den Mißbrauch der bewußtlosen usw. weiblichen Person zum außerehelichen Beischlafe. *OVE.* und *SchVE.* ahnden auch den Mißbrauch zur bloßen Unzucht. *VEBegr.* (S. 680) lehnt den letzteren Tatbestand ab, weil ein solcher Schutz „nicht zuweit gehen könne". Man kann zwar nicht behaupten, daß sich hier im geltenden Gesetze eine Lücke fühlbar gemacht habe. Aber die ausländischen Vorentwürfe verdienen wegen ihrer höheren Moral, die der Gesetzgeber doch auch im Auge zu halten hat, den Vorzug. Eine willenlose oder sonst widerstandsfähige weibliche Person gegen unzüchtige Handlungen nicht bloß durch den zweifelhaften Beleidigungsparagraphen zu schützen, erscheint keine unbillige Anforderung an den Gesetzgeber.

Die Strafandrohung des *DVE.* — Zuchthaus bis zu zehn Jahren, Gefängnis nicht unter sechs Monaten — ist kaum zu beanstanden.

Der Tatbestand der Unzucht mit Kindern wird aus dem geltenden Gesetze (§ 176 Ziff. 3 StGB.) mit einer geringfügigen redaktionellen Änderung vom *DVE.* (§ 244 Ziff. 3) übernommen.

Bei der Ätiologie der Kinderschändung (vgl. Wulffen, Sexualverbrechen S. 402ff.) treffen wir in sexologischer Beziehung auf sadistische und fetischistische Momente. Der Sadismus offenbart sich darin, daß der Täter dem Kinde als einer ihm gegenüber zarten und schwachen Person eine unzüchtige Behandlung mit psychischer und auch oft mit physischer Gewaltsamkeit aufdrängt. Der Schänder gewinnt eine Art Herrschaft über das Kind. Dabei kann das Bewußtsein des Verbrechers, auch in das Seelenleben des Kindes gewaltsam einzugreifen, eine wichtige, vielleicht die hauptsächliche Rolle bei der Reizung seines Geschlechtstriebes spielen. Die Überwindung des sich schämenden, des sich sträubenden, weinenden Mädchens reizt ebenfalls den Sadisten. Ein Fetischismus wirkt in der Kinderschändung insofern, als der kindliche zarte Geschlechtsteil, vor allem die weibliche Scham, als Teilanziehung, als Fetisch, den Geschlechtsreiz beim Täter auslöst. Dieser Fetischismus kann oft schon auf das pathologische Gebiet hinüberspielen.

Zu diesen psycho-physiologischen Ursachen der Unzucht mit Kindern treten eine Reihe von Anlässen aus dem Milieu. Ungünstige Wohnungsverhältnisse, vor allem das Schlafstellenwesen schädigen das Schamgefühl und bieten zahlreiche Gelegenheiten zur Unzucht. Ein wichtiger Faktor ist dabei der Alkoholgenuß. Die sexuelle Not treibt, besonders in kleineren Städten ohne Prostitution und mit einer starken männlichen Bevölkerung, den ledigen und ebenso den verheirateten Mann, der die Frau schonen und weiteren Familienzuwachs vermeiden muß, häufig zum Verbrechen. Der Mißbrauch ganz kleiner Mädchen, der uns unbegreiflich scheinen will, ist oft nichts weiter als ein onanistischer Akt.

Die Unzucht mit Kindern, vornehmlich mit Mädchen, hat in Deutschland eine Verbreitung, von der nur der praktische Kriminalist eine Ahnung hat. Die Ziffern der Statistik geben keinen Aufschluß über den wirklichen Umfang der Verbrechensverübung. Aus naheliegenden Gründe kommen zahlreiche Fälle nicht zur Anzeige. Die Jugend, auch die weibliche, besonders der mittleren und unteren Volksschichten, leidet an einer sexuellen Frühverderbnis. Die Praxis weiß von unglaublichen Vorkommnissen. Eine einzige Gemißbrauchte, deren Erlebnis zu schnell bekannt wird, kann den sexuellen Reiz in die ganze Schulklasse tragen. Die Unzucht mit Schulmädchen verseucht unser Volk.

Der Schutz, der den Kindern nur bis zum vollendeten 14. Lebensjahre gewährt wird, hat sich als ungenügend erwiesen; er ist mindestens bis zum vollendeten 15. Jahre auszudehnen. Die Gegenargumente der *VEBegr.* (S. 682) halten nicht stich. Mit vollendetem 14. Jahre haben in unserem Klima zahllose Kinder noch einen unentwickelten Körper. Wenn auch ein gewisser Bildungsabschnitt erreicht ist, so bleiben sie doch noch in erzieherischer Abhängigkeit. Und gerade weil sie, zumal in den arbeitenden Kreisen, bereits im wirtschaftlichen Leben stehen müssen, bedürfen sie für diese schwierige und wichtige Übergangszeit des weiteren Schutzes ihrer Geschlechtsehre. Gerade weil unser Gesetz die Kinder nur für die Zeit der Volksschule schützt, wagt sich der Sittlichkeitsverbrecher unschwer an sie heran, die sofort nach der Entlassung aus der Schule gewissermaßen vogelfrei werden. Der erhöhte Schutz auch für Knaben ist bei Angriffen von seiten Homosexueller von Bedeutung. Gelänge es, unser Volk zur Respektierung der hinaufgerückten Schutzfrist zu erziehen, so würde seine geschlechtliche Sittlichkeit einen unschätzbaren Gewinn haben. Eine Verzögerung der Geschlechtsreife und des Eintrittes in das Geschlechtsleben liegt aus biologischen Gründen in der Tendenz der Natur (Wulffen, a. a. O. S. 716). Der Gesetzgeber hat der Natur in die Hände zu arbeiten. Es wäre also sehr wohl möglich, die geschlechtlichen Lüste, welche jetzt zum Verbrechen führen, zurückzudrängen. Aber auch die soziale Fürsorge, besonders in der Wohnungsfrage, müßte tatkräftig mit eingreifen und die Massen heben.

Auch in der ausländischen Gesetzgebung wird die Hinaufrückung des Schutzalters angestrebt; selbst in Frankreich faßt man das 15. Lebensjahr ins Auge. Der *OVE.* (§ 265) schützt unmündige Personen nicht nur gegen den außerehelichen Beischlaf, sondern auch gegen bloße Unzucht. Der *SchVE.* (Art. 122) rückt das Schutzalter bis zum vollendeten 16. Lebensjahr hinauf.

Darüber, ob man auch die Vornahme einer unzüchtigen Handlung vor einem Kinde solchen Alters unter Strafe stellen will, kann man geteilter Meinung sein. Der *O.* und *SchVE.* haben eine solche Bestimmung. Die ablehnenden Gründe der *DVEBegr.* leuchten nicht recht ein; es kann sich ja natürlich nur um vorsätzliche Handlungen aus Wollust und nicht auch um fahrlässige handeln. Die unsittliche Wirkung ist oft ganz dieselbe; nicht immer werden solche unzüchtige Handlungen vor Kindern in der Öffentlichkeit vorgenommen.

Bezüglich der Strafandrohung ist das Mindestmaß von sechs Monaten Gefängnis (bei mildernden Umständen) zu beanstanden. Es ist für einzelne, nicht zu seltene Fälle, die nicht als Versuch angesehen werden können, unter Berücksichtigung aller objektiven und subjektiven Umstände zu hoch. Überhaupt leidet unser Vorentwurf noch an den zu hohen Strafmindestmaßen, die unser geltendes Strafgesetz manchmal unerträglich machen. Drei Monate Gefängnis genügen für solche milde Fälle. Der *O.* und *SchVE.* gehen in der Strafandrohung teilweise noch weiter herab.

§ 245.

Die den schweren objektiven Erfolg — Todesfolge — zu einseitig berücksichtigende Bestimmung in § 178 StGB. ist in § 245 *DVE.* zwar beibehalten, aber durch die heranzuziehende Vorschrift von § 62 Vorentwurf ganz gewiß ihrer mittelalterlichen Härte entkleidet worden. Freilich wird dabei viel von der Rechtsprechung abhängen. Bei strenger Auslegung wird man vielleicht immer sagen können, daß der Notzüchtler mit einer Schwängerung der Vergewaltigten und ihrem Tode bei der Entbindung oder im Wochenbette rechnen mußte. Allein eine billige Berücksichtigung der Erregung, in der sich der Täter wohl immer befindet, sowie der geringen Erfahrung junger Männer auf dem Gebiete der Geburtshilfe wird eine zu strenge Gesetzesanwendung in der Praxis ausschließen. Hingegen erscheint das angedrohte Strafmindestmaß mit zehn Jahren Zuchthaus zu hoch, weil die Möglichkeit, den schweren Erfolg vorauszusehen, nicht selten auf einem nur geringen besonderen Verschulden beruhen kann. Das Strafminimum ist mit fünf Jahren Zuchthaus genügend bemessen. Solche Strafmindestmaße sehen sich beim Lesen des Strafgesetzes nicht übel an, aber in der Praxis führen sie häufig zu Härten. *OVE.*, der in §§ 8 u. 268 ähnliche, teils noch eingehendere Bestimmungen hat, ist bei Ansetzung der Mindeststrafe viel vorsichtiger; zwei Jahre Kerker bilden die höchste Mindeststrafe. *SchVE.* (Art. 126) hat dagegen dasselbe harte Mindestmaß von zehn Jahren Zuchthaus wie wir.

Zusatz.

Im Anschluß hieran sei nur kurz bemerkt, daß der *DVE.* die Gefährdung durch Geschlechtskrankheit, wie sie *OVE.* § 304 und *SchVE.* § 79 kennen, aus den Tatbeständen der Körperverletzung herauszuheben ablehnt. Die Ausführungen der Begründung (S. 665) überzeugen nicht. Die Tatbestände der jetzigen vorsätzlichen und fahrlässigen Körperverletzung werden häufig aus subjektiven Gründen nicht nachweisbar sein. Die ärztliche Schweigepflicht bildet kein Hindernis, da die oder der Beschuldigte im Falle dringenden Verdachtes die körperliche Untersuchung durch den Polizei- und Gerichtsarzt zu dulden verpflichtet sind. Schon von der bloßen legislatorischen Betonung der Strafbarkeit des Tatbestandes darf man sich als einer Art Schärfung des Volksgewissens eine ethische und praktische Wirkung bei der Prophylaxe der Geschlechtskrankheiten erwarten.

§ 246.

Auch der Tatbestand der Erschleichung des Beischlafs (§ 179 StGB.) findet sich in § 246 *DVE.* wieder. Verändert ist lediglich die Formulierung. Anstatt von der „Trauung“ wird von der „Eheschließung“ gesprochen; diesen Wechsel in der Bezeichnung rechtfertigen die neuen Ehegesetze. Aber die Ausdrucksweise „durch Vorspiegelung einer Eheschließung“ ist mißverständlich, zum mindesten undeutlich; man könnte darunter die Vorspiegelung des Beischläfers, er werde die Beischläferin heiraten, verstehen. Die Worte des geltenden Gesetzes „daß er eine Trauung vorspiegelt“ waren wenigstens mit Rücksicht auf den Ausdruck „Trauung“ klarer. Vielleicht wäre zu formulieren: „Wer eine weibliche Person zur Gestattung des Beischlafs durch die Vorspiegelung, es bestehe zwischen ihnen eine gesetzliche Ehe, oder sonst usw. bestimmt.“

Gegen die Beibehaltung der Zuchthausstrafe als ordentlicher Strafart ist nichts einzuwenden. Das Mindestmaß der Gefängnisstrafe bei Annahme mildernder Umstände hat der Vorentwurf sogar von sechs auf drei Monate herabgesetzt.

Auch der *OVE.* hat den Tatbestand in § 267 aufgenommen. Der *SchVE.* kennt ihn nicht.

§ 247.

Bei der Unzucht unter Mißbrauch eines Autoritätsverhältnisses reiht der *DVE.* in § 247, der sich im allgemeinen an den jetzigen § 174 StGB. anlehnt, in Ziff. 1 die Eltern und die Pfleger als Personen ein, gegen welche die Strafandrohung sich richtet. Beide Vorschläge und ihre Rechtfertigung in *VEBegr.* (S. 684) sind zu billigen. *OVE.* hat in §§ 265, 266, 272 und *SchVE.* in Art. 123 den gleichen Schutz gewährt. Schweiz (Art. 189) straft ganz allgemein auch den Geistlichen, der bei Ausübung seines Berufes eine unzüchtige Handlung mit einer Person vornimmt. Ich glaube, das zu erhöhende Schutzalter der Jugendlichen bietet genügende Gewähr.

In Ziff. 2 desselben Paragraphen nennt der *DVE.* wie bisher die Beamten, die mit Personen, gegen die sie ein Strafverfahren (statt des bisherigen: eine Untersuchung) zu führen haben oder welche ihrer Obhut anvertraut sind, unzüchtige Handlungen vornehmen. *OVE.* geht weiter und wendet sich in § 273 Ziff. 2 ganz allgemein gegen den öffentlichen Beamten, der mit einer weiblichen Person, die seiner amtlichen Obhut anvertraut ist oder mit der er eine Amtshandlung vornimmt, den außerehelichen Beischlaf ausübt oder Unzucht treibt. Hier sind also auch die Zeugin und die Klägerin oder Beklagte im Zivilprozesse sowie jede vor einer anderen Behörde erscheinende Frau geschützt. Eine solche Vorschrift ist zweckmäßig; denn es ist nicht abzusehen, weshalb nur die Beschuldigte im Strafverfahren, wie freilich auch *SchVE.* (Art. 125) allein vorschlägt, geschützt sein soll. Zu eng hingegen ist *OVE.* wegen des Schutzes nur für weibliche Personen. Mit Rücksicht auf die Ausbreitung der Homosexualität sind auch männliche Beschuldigte, Zeugen, Parteien und sonstige Komparenten zu schützen.

In Ziff. 3 fügt *DVE.* allgemein auch die „privaten Anstalten zur Pflege oder Behandlung von Kranken, Armen oder anderen Hilfsbedürftigen“ ein und nennt als Autoritätspersonen die Inhaber, Leiter, Ärzte oder andere Medizinalpersonen, Beamte und andere Angestellte. Bei letzteren ist vor allem an das Pflege- und Wärterpersonal gedacht. Alle diese Vorschläge entsprechen den in der Literatur wiederholt vorgetragenen und begründeten berechtigten Anforderungen unserer Anschauung. Auch *O.* (§ 273 Ziff. 4, hier sogar überdies allgemein Angestellte und Diener einer Erziehungsanstalt), und *SchVE.* (Art. 125) haben diesen ausgedehnteren

Schutz. Schweiz (190) straft sogar jeden Arzt, der an einer Person, die ihm zur ärztlichen Untersuchung oder Behandlung anvertraut ist, gegen ihren Willen eine unzüchtige Handlung vornimmt. Wir glauben, diese Bestimmung entbehren zu können. Der *DVE.* hat die jetzigen Strafandrohungen beibehalten: Zuchthaus bis zu fünf Jahren, Gefängnis nicht unter sechs Monaten. Österreich geht bis auf zwei Wochen, die Schweiz in Art. 123 (Kinder usw.) bis auf einen bzw. drei Monate herab, während sie in § 125 (Gefangene usw.) ebenfalls sechs Monate Gefängnis annimmt. Aus den allgemeinen Gründen, welche gegen zu hohe Strafminima sprechen, werden als Mindeststrafe drei Monate Gefängnis auch für uns genügen.

Weitergehend straft *OVE.* in § 274 Ziff. 3 denjenigen, der eine weibliche Person durch Ausnutzung ihrer wirtschaftlichen Abhängigkeit von ihm zum außerehelichen Beischlaf bestimmt, mit Gefängnis bis zu sechs Monaten, wenn der Beischlaf wirklich stattgefunden hat. Außerdem sind in §§ 264, 265 ganz allgemein unmündige Personen gegen Mißbrauch zum Beischlaf oder zur Unzucht geschützt. Auch der *SchVE.* (Art. 123) schützt unmündige Dienstboten gegen Vornahme unzüchtiger Handlungen und Verführung zum Beischlafe und weiter (128) denjenigen, der die Not oder die Abhängigkeit einer weiblichen Person arglistig benützt, um den Beischlaf von ihr zu erlangen.

VEBegr. rechtfertigt eingehend, weshalb die Aufnahme solcher Bestimmungen abgelehnt worden ist (S. 686, 687). Man wird sich über die Bedenken, welche die Begr. äußert, nicht ohne weiteres hinwegsetzen können. Nur ein Punkt verdient auch von der andern Seite betrachtet zu werden. Die Dienstboten stellen nach der Statistik die meisten Prostituierten; es wird behauptet, daß die Verführung durch den Dienstherrn hieran ihren Anteil habe. Wenn es gelänge, den minderjährigen weiblichen Dienstboten gegen Mißbrauch zum Beischlafe zu schützen, wäre viel gewonnen. Der Dienstbote ist durch die Aufnahme in die häusliche Gemeinschaft und durch seine sonstige Abhängigkeit gefährdet. Ein Mißbrauch der Strafvorschrift zu gehässigen Anzeigen und Erpressungen ist insoweit nach den auf dem verwandten Gebiete der Notzucht und Gewaltunzucht gemachten Erfahrungen nicht zu befürchten.

§ 248.

Auch der Tatbestand der Verführung ist aus dem geltenden Gesetze (§ 182 StGB.) von § 248 *DVE.* übernommen worden.

Daß die Verführung nur zum Beischlafe und nur eines nichtbescholtenen Mädchens geahndet werden soll, ist zu billigen.

Wünschenswert erscheint mir aber eine Veränderung der Beweisfrage. Statt „ein unbescholtenes Mädchen“ wäre zu sagen: „ein Mädchen, dessen Bescholtenheit nicht nachgewiesen ist.“ Zwischen beiden Voraussetzungen ist ein feiner Unterschied. Das junge Mädchen soll solange geschützt werden, als seine Bescholtenheit nicht bewiesen ist; wir sind dies unsrer weiblichen Jugend schuldig. Es ist zweierlei, ob die Unbescholtenheit oder die Bescholtenheit bewiesen werden muß. Mit der von *VEBegr.* zu § 260 (S. 707) vertretenen Auffassung über die Führung des Wahrheitsbeweises bei Behauptung und Verbreitung ehrenrühriger Tatsachen scheint mir mein Vorschlag nicht in Widerspruch zu treten.

Dieselben Gründe ferner, welche für die Hinaufrückung des Schutzalters der Kinder sprechen, greifen auch bei der Verführung Platz. Das vollendete sechzehnte Lebensjahr kann nicht als die Altersgrenze angesehen werden, von der ab das junge Mädchen imstande wäre, sich wirksam gegen die gefährlichste Beeinflussung seines Willens auf geschlechtlichem Gebiete selbst zu schützen. Es hat erstens noch zu wenig Verständnis für den hohen Wert der unverletzten Geschlechtsehre. Sodann ist es gerade in diesen Jahren der heftigsten Vorstöße der Pubertät in seiner Willenssphäre zu wehrlos. Zahlreiche Erfahrungen der letzten Jahre belegen, daß das Alter zwischen dem 16. und 17. Lebensjahre außerordentlich gefährdet ist. Was haben wir nicht alles von den Siebzehnjährigen erfahren müssen. Das junge Mädchen ist also mindestens bis zum vollendeten siebzehnten Lebensjahre gegen Verführung zum Beischlaf zu schützen.

Der *OVE.* (§ 274) schützt allgemein ebenfalls nur unbescholtene Mädchen unter 16 Jahren, außerdem aber jede geschlechtlich unbescholtene weibliche Person gegen Verführung zum Beischlaf unter der Vorspiegelung, der Verführer werde sie heiraten. Die Aufnahme des Momentes eines betrügerischen Eheversprechens in den Tatbestand halte ich für bedenklich. Der Mißbrauch zu dem Zwecke, Eingehung einer Ehe zu erzwingen, liegt zu nahe; zu zahllosen Meineiden würde Anlaß geboten.

Der *SchVE.* (Art. 127) straft den, der die Unerfahrenheit oder das Vertrauen einer Unmündigen arglistig mißbraucht, um sie zum Beischlaf mit ihm zu verführen, das Schutzalter ist also hier bedeutend höher. Unbescholtenheit wird nicht erfordert; der Mißbrauch der Unerfahrenheit aber wird sie annähernd einschließen. Vertrauensmißbrauch kann aber auch einer Bescholtenen gegenüber verübt werden. Endlich wird als Verführungsmittel noch die Arglist verlangt. Auch diesen Vorschlägen gegenüber entscheide ich mich für den *DVE.* mit der hinaufgerückten Altersgrenze usw.

Ein Bedürfnis, auch junge Männer über das 15. Lebensjahr hinaus gegen Verführung zum Beischlafe zu schützen, besteht nicht. Hier zeigt sich, wie wertvoll die Erhöhung des kindlichen Schutzalters ist. Wegen der Verführung junger Männer und Mädchen zur widernatürlichen Unzucht siehe bei Besprechung dieser Materie.

Der *DVE.* hat neben der Gefängnisstrafe bis zu einem Jahre die Haftstrafe in gleicher Dauer zugelassen. Dieser Vorschlag ist sehr zweckmäßig. Bei der Verführung sind häufig subjektive Momente in der Person des Täters zu berücksichtigen, welche eine Ehrenstrafe als zu hart erscheinen lassen. Gerade die mildere Strafart wird auch die Annahme des höheren Schutzalters erleichtern.

Auch die Straflosigkeit des Verführers, der mit der Verführten die Ehe geschlossen hat, kann angenommen werden.

§ 249.

Den Tatbestand der Blutschande hat der *DVE.* (§ 249) aus dem geltenden Gesetze (§ 173 StGB.) im allgemeinen vollständig übernommen, zu einem Teile sogar erweitert. Auch die Strafandrohungen sind dieselben geblieben.

Man wird annehmen dürfen, daß eine Reihe darzulegender Faktoren in einem ätiologisch kaum mehr auflösbaren, historisch-psychologischen Komplexe, dem auch religiöse Momente beigetreten sind, die heutige Auffassung von der Strafbarkeit des Inzestes begründen.

Ob die organische Gleichartigkeit der Keimplasmen in den beiden Geschlechtszellen eine Abschwächung der Befruchtungs- und Entwicklungsenergien bewirkt, ist eine der schwierigsten, die Folgen der Inzucht behandelnden Fragen der Biologie. Sowohl für Tiere als Menschen liegen Erfahrungen vor, daß Paarungen in engster Verwandtschaftsinzucht, zumal bei richtiger Auswahl, die Lebensfähigkeit der Nachkommenschaft nicht schädigen. Richtig ist aber, daß die Inzucht durch Gleichartigkeit der Keimplasmen, wenn sie mit Krankheitsanlagen behaftet sind, ein Hervortreten schädlicher Anlagen begünstigt, weil eben eine Häufung der Krankheitsdeterminanten vorliegt. So erklären sich als Folgen der Inzucht verschiedene Entartungserscheinungen bei den Nachkommen, wie Blindheit, Taubstummheit, Geisteskrankheit.

Einzelne Autoren vertreten die Auffassung, daß die Abneigung gegen den Geschlechtsverkehr mit Blutsverwandten nicht eine angeborene, natürliche Empfindung ist, sondern sich erst allmählich aus der Beobachtung der schädlichen Folgen eines solchen Verkehrs in bezug auf die Nachkommenschaft entwickelt hat. Danach gibt es nur einen erworbenen gegenseitigen sexuellen Widerwillen zwischen Männern und Frauen, die von frühster Kindheit beisammenwohnen.

Andere sprechen von einem „physiologischen Ekel", dessen Unterdrückung im Inzest den Volkskörper und das Volksempfinden schädigen.

Nach einer weiteren Auffassung liegt dem Verbote der Ehe zwischen zu nahen Verwandten, aus dem sich die Strafandrohung gegen die Blutschande ableitet, der nationalökonomische und soziale Gedanke zugrunde, daß durch Inzucht eine zu starke Macht der inzüchtigen Familien erzeugt und diese gewissermaßen zu gefährlichen Verbänden im Staate gestaltet würden.

Tatsache ist jedenfalls, daß die Abneigung gegen den Geschlechtsverkehr mit nahen Blutsverwandten eine verbreitete Erscheinung ist. Die Errichtung der Inzestschranke ist eine Errungenschaft der Kultur: die Sittenreinheit der Familie soll geschützt werden.

Da der Widerwillen gegen inzestuösen Verkehr auf einer ethischen Grundlage erworben wird, so ist klar, daß erblich Belastete oder sonst sittlich Defekte, vor allem Geisteskranke, zur Blutschande neigen. Vor allem kommen Schwachsinnige und Idioten, Epileptiker, Paranoiker und chronische Alkoholisten in Betracht; überdies auch Hysterische, Hypersexuelle, Neurasthenische und Lungentuberkulöse. Diese Personen stellen ein Hauptkontingent der Blutschänder.

Ohne besondere individuelle Veranlagung kommen Gelegenheitsursachen aus dem Milieu. Die elenden Wohnungsverhältnisse der unteren Volksschichten, die Schonungsbedürftigkeit der Ehefrau, die Furcht vor weiterer Nachkommenschaft verführen, zumal unter Alkoholeinfluß, manchen Vater in schwacher, geschlechtlich erregter Stunde, seine Pflegetochter oder gar sein leibliches Kind, das mit ihm in einem Raume, manchmal sogar in einem Bette schläft, zu gebrauchen. In Gebirgsgegenden und auch sonst auf dem Lande leben Väter, besonders Witwer, manchmal jahrelang mit ihren Töchtern in Blutschande.

Daß Wüstlinge, von dem sadistischen Gefühle der Auflehnung gegen jedes sittliche und menschliche Gesetz getrieben, die Blutschande kultivieren, kommt ganz selten zur gerichtlichen Aburteilung.

Wird man sich auch nicht mit Mittermaier im Hinblick auf

die ausländische Gesetzgebung dazu entschließen können, den ganzen Tatbestand zu streichen, so haben ihn doch unsere vorausgeschickten Betrachtungen jedenfalls seiner Ungeheuerlichkeit entkleidet.

Es sind für die Verwandten aufsteigender Linie mildernde Umstände mit Gefängnisstrafen zuzulassen. Pathologen, Entartete, Alkoholisten, die noch für zurechnungsfähig erachtet werden, gehören nicht ins Zuchthaus; sie gehören eigentlich auch nicht ins Gefängnis, sondern in eine Heilanstalt. Auch der weniger feinfühlige Proletarier mit dem Wohnungselend ist häufig mit der Zuchthausstrafe zu verschonen.

Auch den Tatbestand zwischen Verschwägerten auf- und absteigender Linie, sowie zwischen Geschwistern kann man dem Gesetzgeber zugestehen. Die Frage, ob hier die uneheliche Verwandtschaft der ehelichen gleichzustellen ist, hat *VEBegr.* (S. 689) auch fernerhin der Rechtsprechung überlassen.

Die bisherige Bestimmung, daß Verwandte und Verschwägerte absteigender Linie unter 18 Jahren straflos zu bleiben haben, ist im Entwurf durch das Ermessen des Richters bedingt worden. Diese Verschärfung ist überflüssig und deshalb abzulehnen. Das jetzige Gesetz trägt den Verhältnissen vollkommen Rechnung; der Deszendent steht in solchen Fällen zu sehr unter dem Einflusse des Aszendenten. Ich gehe noch weiter und fordere auch Straffreiheit für Geschwister unter 18 Jahren, da auch bei ihnen das Gefühl für die Bedeutung der Inzestschranke nur unvollkommen entwickelt ist.

Deutschland steht mit seinen harten Strafandrohungen ziemlich isoliert. Die romanische Gesetzgebung straft die Blutschande an sich meist überhaupt nicht. Der *OVE.* (§ 271) droht nur zum Teil niedrige Gefängnisstrafen an und läßt Deszendenten und Geschwister unter 16 Jahren straflos, wenn sie zur Tat verführt wurden. Der *SchVE.* (Art. 137) läßt neben der Zuchthausstrafe, mit der allerdings auch die Geschwister bedroht werden, Gefängnis bis zu einem Monat herab zu, ausgenommen, wenn der Aszendent einen unmündigen Deszendenten in gerade Linie zum Beischlaf verleitet. Von Mündigen verführte Unmündige bleiben straffrei. Die Verjährung ist verkürzt und auf zwei Jahre herabgesetzt.

§ 250.

Der *DVE.* hat in § 250 die Tatbestände der widernatürlichen Unzucht aus dem geltenden Gesetze (§ 176 StGB.) herübergenommen und den einen Tatbestand erweitert, indem er auch den gleichgeschlechtlichen Verkehr zwischen weiblichen Personen unter Strafe stellt. Die Vorschläge des *DVE.* befriedigen hinsichtlich der Homosexualität fast in keiner Beziehung.

Daß es zahlreiche Fälle angeborener Homosexualität gibt, kann kein Einsichtiger mehr bestreiten. Geht man der Meinungsverschiedenheit der Autoren über angeborene und erworbene Homosexualität tiefer nach, so findet man, daß sie bei einigen nur auf eine verschiedene Auffassung des Begriffes „Angeborensein" zurückzuführen ist. Die biologische Theorie von der bisexuellen Veranlagung des Menschen schließt seine Disposition zur gleichgeschlechtlichen Empfindung ein. Es handelt sich bei der Homosexualität ganz gewiß um eine natürliche Spielart der Geschlechtlichkeit, der man deshalb innerhalb gewisser Grenzen Duldung widerfahren lassen muß und darf. Dabei kann unerörtert die bestrittene Frage bleiben, ob wir es nur mit einer Abnormität oder mit einer Krankheit zu tun haben. Die Berücksichtigung des Krankhaften hat lediglich den allgemeinen Gesetzen zu folgen, welche auf pathologischem Boden die Zurechnungsfähigkeit ausschließen.

Wie man nach Literatur und Praxis überzeugt sein kann, ist immissio penis in anum zwischen Homosexuellen nicht so häufig; eher werden der coitus inter femora, die fellatio, am häufigsten die mutuelle Onanie betrieben. Das Zugeständnis gleichgeschlechtlichen Verkehrs zwischen erwachsenen Homosexuellen richtet keinen größeren Schaden an, als er durch die Verkehrung ihres Geschlechtstriebes an sich schon dem Volkskörper zugefügt wird. Soweit Männer mit erworbener Homosexualität, z. B. Wüstlinge, gleichgeschlechtlichen Verkehr mit anderen erwachsenen Männern pflegen, wobei der coitus in anum vielleicht häufiger ist, kann sich der Gesetzgeber bei der Straflosigkeit deshalb bescheiden, weil er auch die Perversitäten des heterosexuellen Verkehrs, die dem Volkskörper jedenfalls nicht nützen, nicht straft und nicht strafen kann.

So verbleibt also, daß der Knabe und der Jüngling, die während der Undifferenziertheit des Geschlechtstriebes stark geschädigt werden können, vor gleichgeschlechtlichem Verkehr geschützt werden müssen. Nach dem geltenden Gesetze (§ 176 Ziff. 3 StGB.) und auch § 244 Ziff. 3 *DVE.* ist der Knabe nur bis zum vollendeten 14. Lebensjahre, nach unseren Vorschlägen zu der letzteren Bestimmung wenigstens bis zum vollendeten 15. Lebensjahre gegen Unzüchtigkeiten allgemein geschützt. Dieser Strafschutz ist auf dem Gebiete des homosexuellen Geschlechtsverkehrs natürlich ungenügend. Man hat das 16. oder 18. Lebensjahr als Altersgrenze vorgeschlagen. Ich halte auch sie für zu niedrig und bin der Meinung, daß der junge Mann bis zum vollendetem 21. Jahre geschützt werden muß. Gerade die Jahre von 16 bis 20 sind ja die gefährlichsten, weil sich in ihnen der Geschlechtstrieb differenziert und fixiert. Wenn die Homosexuellen eine niedrigere Altersgrenze verlangen, so machen sie sich hierdurch verdächtig.

Der *OVE.* (§ 269) straft die widernatürliche Unzucht auch zwischen Erwachsenen, der *SchVE.* (Art. 124) nur die Unzucht des Mündigen mit einem Unmündigen.

Der *DVE.* hat den Tatbestand auch auf weibliche Personen ausgedehnt. Mittermaier hält es für prinziplos, die widernatürliche Unzucht zwischen Weibern nicht zu strafen; die Einengung für Deutschland sei ganz willkürlich durch Cella hervorgerufen worden. Theoretisch mag das richtig sein; daß aber die tatsächlichen Zustände in Deutschland zu einer solchen Ausdehnung Anlaß gegeben hätten, muß bestritten werden. Ich halte es nicht für kriminalpolitisch, die Beunruhigung, welche die Strafbestimmung und ihre öffentliche Diskussion dem männlichen Geschlecht gebracht haben, ohne Not in die Frauenwelt hineinzutragen.

Der *OVE.* bedroht in § 270 den Mißbrauch zur widernatürlichen Unzucht unter Anwendung von Gewalt und Drohungen sowie mit einer wehrlosen oder bewußtlosen Person usw. Auch die Schweiz hat ähnliche Bestimmungen in 119 (Unzüchtige Nötigung) und 121 Ziff. 3 (Schändung einer geisteskranken oder blödsinnigen Person). Der *DVE.* kennt diese Tatbestände nur gegenüber weiblichen Personen. Nach der Praxis wird man sagen dürfen, daß solche besonderen Tatbestände für den gleichgeschlechtlichen Verkehr entbehrlich sind. Wenn solche Handlungen vorkommen, werden sie als Nötigung noch besonders getroffen; das deutsche Strafmaß geht ja auch bis zu fünf Jahren Gefängnis bei der einfachen widernatürlichen Unzucht.

Eine Qualifikation bringt der *DVE.*, die nach der praktischen Erfahrung ihre Berechtigung hat: die Unzucht unter Mißbrauch eines durch Amts- oder Dienstgewalt oder in ähnlicher Weise begründeten Abhängigkeitsverhältnisses. Mit gleicher Strafe (Zuchthaus bis zu fünf Jahren, bei mildernden Umständen Gefängnis nicht unter sechs Monaten) wird bedroht, wer aus dem Betriebe der widernatürlichen Unzucht ein Gewerbe macht. Man kann diese Bestimmung, ohne eine Notwendigkeit für sie anzuerkennen, gelten lassen.

Der *DVE.* behält auch die Strafbarkeit der widernatürlichen

Unzucht zwischen Mensch und Tier bei. Der *OVE.* und der *SchVE.* lassen sie fallen. Mittermaier (*Vergl. Darst.* S. 152) tritt für Straflosigkeit ein, weil bei ihr niemand ernstlich von einer Gefährdung der allgemeinen Gesundheit oder sittlichen Auffassung reden könne. Über den letzteren Punkt wird man streiten können, ohne daß man freilich einen sicheren Gegenbeweis zu erbringen vermöchte. Die Bestialität wird von Psychopathen oder Entarteten, hier insbesondere von Wollüstlingen, verübt. Dabei tritt der Charakter der Tiermißhandlung oft mehr hervor als der des Sittlichkeitsvergehens. Weit häufiger aber ist der Anlaß zur Sodomie, vor allem auf dem Lande und in Gebirgsgegenden, der Mangel an Gelegenheit zur normalen Befriedigung des Geschlechtstriebes. Hier erscheint der Tatbestand manchmal recht harmlos. Für Aufrechterhaltung der Strafbestimmung kann also eigentlich recht wenig geltend gemacht werden. Daß sie einmal auch für Deutschland fallen wird, ist mir nicht zweifelhaft. Ob man sie vorläufig noch beibehalten will, ist lediglich Geschmackssache. Dann wäre aber unbedingt Geldstrafe neben der Gefängnisstrafe zur Wahl zu stellen.

§ 251.

Den Tatbestand der einfachen Kuppelei (§ 180 StGB.) hat der *DVE.* (§ 251) in wichtigen Punkten weiterentwickelt. Beibehalten sind die Erfordernisse der Gewohnheitsmäßigkeit und der Eigennützigkeit. Gestrichen sind die ausdrücklich genannten Mittel des Vorschubleistens — Vermittlung, Gewährung oder Verschaffung von Gelegenheit. Jedes gewohnheitsmäßige oder eigennützige Vorschubleisten fremder Unzucht soll getroffen werden. *VEBegr.* (S. 893) meint, in einem solchen Vorschubleisten sei auch die Verleitung zur Unzucht inbegriffen, sodaß hierfür ein besonderer Tatbestand entbehrt werden könne. Streng begrifflich ist das wohl richtig. Allein die Verleitung zur Unzucht mit einem Dritten ist eine gerade in neuerer Zeit so gefahrvoll hervorgetretene Abart des Vorschubleistens, daß sie im Gesetzestext wenigstens einer besonderen Erwähnung bedarf. Der Laie wird beim Vorschubleisten nicht ohne weiteres an das Verleiten, d. h. das bloße Geneigtmachen der weiblichen Person zur Unzucht mit einem Dritten, denken. Auch die nicht gewohnheitsmäßige und nicht eigennützige Verleitung zur Unzucht mit einem Dritten unter Strafe zu stellen, lehnt *VEBegr.* ab. Man kann ihr beistimmen, weil ja eben erst die wiederholte, also eine Gewohnheitsmäßigkeit offenbarende Verleitung die erwähnte soziale Gefahr in sich schließt. Eine weitere gefährliche Form der Kuppelei ist das Zurückhalten einer Prostituierten in der Gewerbsunzucht. Der Vorentwurf will es unter dem allgemeinen Begriffe des Vorschubleistens mitgetroffen haben. Auch hier erscheint mir, zur besseren Verdeutlichung, wenigstens eine ausdrückliche Hervorhebung im Gesetzestexte wünschenswert.

Neu hinzugefügt hat Vorentwurf die Beschränkung, daß die bloße Gewährung von Wohnung keine Kuppelei sein soll, wenn der Vermieter aus der Duldung der Unzucht keinen unverhältnismäßigen Gewinn ziehen will. Auf diesem Wege soll der gegenwärtige unerquickliche Zwiespalt zwischen dem Strafgesetz, welches das Vermieten an Prostituierte bestraft, und der Polizeiverordnung, welche es ausdrücklich regelt, also gestattet, beseitigt werden. Der Vorschlag ist willkommen zu heißen. Unter dem jetzigen Zustande leiden die Staatsautorität und das Rechtsbewußtsein des Volkes Schaden. Nunmehr kann derjenige Vermieter, der aus der Vermietung einen unverhältnismäßigen Gewinn zu erlangen sucht, endlich wirklich mit der ordentlichen Strafe des Gesetzes belegt werden, die heutzutage, eben mit Rücksicht auf die zwiespältigen gesetzlichen Zustände, in der Regel im Gnadenwege gemildert wird. Nunmehr endlich kann die Polizei der gewerbsmäßigen Kuppelei gegenüber ihre wahre Aufgabe erfüllen und das erbarmungslose und menschenunwürdige Aussaugen der Freudenmädchen durch den Kuppler verhindern (vgl. hierzu Wulffen, Der Sexualverbrecher, S. 691 ff.). Das Thema der Prostitution zu behandeln, liegt nicht im Rahmen meiner Aufgabe. Nur kurz sei erwähnt, daß ich auch in diesem Punkte auf dem Boden des *DVE.* (§ 305 Ziff. 4) stehe, der die sog. Unterstellung der Prostituierten und ihre Einschreibung in besondere Listen ablehnt, sie vielmehr nur dann strafen will, wenn sie die zur Sicherung der Gesundheit, der öffentlichen Ordnung oder des öffentlichen Anstandes erlassenen Vorschriften, deren Grundsätze der Bundesrat bestimmen soll, übertreten.

Der Vorentwurf hat für die einfache Kuppelei das bisherige Mindestmaß der Gefängnisstrafe (einen Monat) beseitigt und auch die Geldstrafe als Nebenstrafe beibehalten (§ 36 Vorentwurf). Bei einem Vergehen, das oft aus niedriger Gewinnsucht verübt wird, sollte in der gerichtlichen Praxis häufiger als bisher auch der Geldbeutel getroffen werden. Wichtig ist die neue Bestimmung des Vorentwurfs, danach gemäß § 255 in Verbindung mit §§ 42 und 53 auch der Kuppler unter bestimmten Voraussetzungen in einem Arbeitshaus untergebracht, in der Wahl seines Aufenthaltes beschränkt werden kann. Eine gesunde und starke Gesetzgebung gegenüber dem Kupplertum bietet ein gewisses Gleichgewicht gegen die leider unvermeidliche Prostitution.

§ 252.

§ 252 *DVE.* bringt den Tatbestand der schweren Kuppelei, wie ihn jetzt § 181 Ziff. 2 StGB. normiert. Gewohnheitsmäßigkeit und Eigennutz des Kupplers werden nicht gefordert. Die bisherigen Strafandrohungen (Zuchthaus bis zu fünf Jahren, bei mildernden Umständen Gefängnis) sind beibehalten worden.

§ 253.

§ 253 *DVE.* hebt zwei weitere schwere kupplerische Tatbestände heraus, den Frauenhandel und die Kuppelei mit hinterlistigen Kunstgriffen.

Der Frauenhandel konnte bisher als einfache Kuppelei gestraft werden, wenn diese letztere Tätigkeit vom Händler vollendet wurde und nicht bloß im Rahmen des straflosen Versuchs blieb. Der Tatbestand der schweren Kuppelei unter Anwendung hinterlistiger Kunstgriffe, als vollendetes oder versuchtes Verbrechen, ist in der gerichtlichen Praxis schwer zu erweisen. § 48 des Reichsgesetzes über das Auswanderungswesen vom 9. Juni 1897 schlägt wegen seiner besonderen Voraussetzungen — Verleitung zur Auswanderung zu dem Zwecke, die weibliche Person der Gewerbsunzucht zuzuführen, unter arglistiger Verschweigung dieser Absicht — nicht in allen strafwürdigen Fällen ein. Der *DVE.* will die Lücken ausfüllen und die Gefährlichkeit des Frauenhandels besonders treffen.

Strafbar soll sein, wer gewerbsmäßig Mädchen und Frauen der Unzucht zuführt. Es ist gleichgültig, ob die weiblichen Personen unbescholten oder bescholten sind. Dieser Gedanke ist richtig, weil eine Quelle der Prostitution eingedämmt werden soll. Der Vorschlag ist als Waffe im Kampfe gegen die Prostitution, zu dem sich der Gesetzgeber endlich emporrafft, zu begrüßen. Aber das gewerbsmäßige Zuführen nicht nur zur Gewerbsunzucht, sondern zur Unzucht ganz allgemein wird verfolgt. Auch dieser Vorschlag ist zu billigen. Wer gewerbsmäßig weibliche Personen der Unzucht zuführt, arbeitet der Prostitution in die Arme. „Zuführen" ist nicht nur förmliches Anwerben oder Verhandeln. Gewerbsmäßig handelt nicht nur der Händler, sondern auch z. B. der Inhaber eines Dirnenquartiers, der für sich selbständig anwirbt, anstatt nur die freiwilligen Meldungen der Mädchen oder ihre Zuführung seitens der Händler usw. abzuwarten. Im letzteren Falle wäre er, falls er die Gewerbsmäßigkeit des Händlers kennt, möglicherweise dessen strafbarer Gehilfe.

In Ziff. 2 von § 253 Vorentwurf wird die unter Anwendung von hinterlistigen Kunstgriffen verübte einfache (§ 251) oder schwere Kuppelei (§ 252) wie in § 181 Ziff. 1 des geltenden Strafgesetzbuches bedroht. Hierher gehört z. B. der Fall, wenn eine weibliche Person wider ihr Wissen und ihren Willen, unter arglistiger Täuschung, im Inlande der Unzucht zugeführt werden soll.

Der *DVE.* läßt nunmehr für weniger schwere Fälle dieses Verbrechens mildernde Umstände zu und straft sie mit Gefängnis nicht unter sechs Monaten. Wir treten diesem Vorschlage bei.

Ein Blick auf die einschlagenden Bestimmungen über Kuppelei, Verleitung zur Unzucht und Frauenhandel im *OVE.* (§§ 275—281) sowie im *SchVE.* (Art. 129—134) lehrt, daß die ausländischen Gesetzgeber ganz verschieden von uns und untereinander formulieren, teilweise auch sachliche Abweichungen bringen.

Insbesondere berücksichtigt Österreich wieder die Ausnutzung der wirtschaftlichen Abhängigkeit einer weiblichen Person und straft dann eine kupplerische Tätigkeit, die weder eine gewerbsmäßige, gewohnheitsmäßige und eigennützige ist (§ 275 Ziff. 2). Strafbar ist weiter, wer eine weibliche Person dadurch zum außerehelichen Geschlechtsverkehr mit einem anderen bestimmt, daß er sie oder eine ihr nahestehende Person mit einem rechtswidrigen Nachteil an der Freiheit usw. bedroht (§ 275 Ziff. 3). Nicht die bloß gewohnheitsmäßige, sondern nur die gewerbsmäßige Förderung der Unzucht allgemein oder die Förderung gewerbsmäßiger Unzucht bilden den Tatbestand (§§ 278, 279). Als Frauenhandel kommt nur die Zuführung einer weiblichen Person zur Unzucht in einem andern Staate als dem ihrer Heimat in Betracht. Die Strafe ist Kerker nur, wenn es sich um eine geschlechtlich unbescholtene Person handelt, sonst Gefängnis. In allen Fällen kann aber neben der Freiheitsstrafe Geldstrafe bis zu 20000 Kronen verhängt werden. Qualifiziert ist endlich die Verbindung mehrerer zum Betriebe des Frauenhandels (§ 281).

Auch die Schweiz straft nur den gewinnsüchtigen oder gewerbsmäßigen Kuppler (Art. 129, 130). Auch die Nötigung einer Person (weiblich, männlich) durch Gewalt oder Drohung, sich einer anderen zur Unzucht preiszugeben (Art. 132), ebenso die bloße Verleitung einer Unmündigen zur Gewerbsunzucht (Art. 133 Abs. 1) sowie die Benutzung der Not oder Abhängigkeit einer Frau, um sie zu gewerbsmäßiger Unzucht zu verleiten (Art. 133 Abs. 2), werden zu besonderen Tatbeständen erhoben. Mädchenhandel treibt, wer eine Frau gegen ihren Willen oder eine Unmündige einem anderen zu gewerbsmäßiger Unzucht überliefert, oder in der Schweiz Anstalten trifft, um beide im Auslande der gewerbsmäßigen Unzucht zu überliefern. Qualifiziert ist der Mädchenhandel, wenn der Händler seine Ehefrau, sein Kind, Großkind usw. überliefert, wenn die Überlieferung an einen gewerbsmäßigen Kuppler erfolgen soll; wenn die Person ins Ausland verbracht oder List, Gewalt oder Drohung geübt wurde; wenn die Frau unbescholten ist. Die Strafe ist immer Zuchthaus, neben dem auf Geldstrafe bis zu 20000 Franken erkannt werden kann.

Der Vergleich lehrt, daß die ausländischen Vorschläge viel weiter gehen als unsere deutschen. Wir können kurz sagen, daß wir die ausländischen Tatbestände entbehren zu können glauben, insbesondere die Ausnutzung der wirtschaftlichen Abhängigkeit zu kupplerischen Zwecken. Die wirklich gefährlichen Fälle werden von der gewohnheitsmäßigen und eigennützigen Kuppelei mit umfaßt. Auch Zwang durch Gewalt oder Drohung kann bei der Kuppelei als Strafzumessungsgrund berücksichtigt werden.

Die Systematik des *O.* und des *SchVE.* leidet unter einer zu großen Mannigfaltigkeit der eingegliederten Bestimmungen. Vielleicht ist es zweckmäßig, auf diesem Gebiete nicht zu strenge Anforderungen zu stellen und sich damit zu begnügen, daß die gefährlichen Auswüchse getroffen werden. Das System des *DVE.* befriedigt freilich auch nicht recht, aber die Einzelbestimmungen sind sehr einfach und übersichtlich. Auf Geldstrafe kann gegen den Mädchenhändler aus § 36 Vorentwurf erkannt werden.

§ 254.

§ 254 *DVE.* hat die Tatbestände der Zuhälterei, wie sie das geltende Gesetz (§ 181a StGB.) aufstellt, unverändert übernommen. Die beiden legislatorischen Gedanken, die in der Strafbarkeit der Zuhälterei zum Ausdruck kommen, nämlich erstens die Förderung der gewerbsmäßigen Unzucht der Dirne durch den Zuhälter und zweitens das Gewinnziehen des Zuhälters aus dem Gewerbe der Dirne unter Strafe zu stellen, sind auch für die zukünftige Gesetzgebung als richtig und für die Formulierung der Tatbestände als maßgebend zu erachten.

Der *OVE.* (§ 282) und der *SchVE.* (Art. 131) haben nur den zweiten Tatbestand zur Zuhälterei erhoben. Es ist zwar richtig, daß der erste Tatbestand nur einen besonderen gefährlichen Fall der Kuppelei bildet. Der *VEBegr.* (S. 698) ist aber beizupflichten, wenn sie eine Notwendigkeit erkennt, auch den ersten Tatbestand als Zuhälterei zu kennzeichnen.

In redaktioneller Beziehung ist das Tatbestandsmerkmal „unter Ausbeutung ihres unsittlichen Erwerbes“ gewiß nicht von besonderer Präzisheit. Allein Österreich („sich aus dem Erträgnis ihrer gewerbsmäßigen Unzucht Mittel zu seinem Unterhalte zuwenden läßt“) und die Schweiz („aus der gewerbsmäßigen Unzucht einer Frau Gewinn zieht“) formulieren noch weniger scharf. Die „Ausbeutung“ ist von der Rechtsprechung als bewußte, geflissentliche Ausnutzung des Abhängigkeitsverhältnisses richtig interpretiert worden. Alle drei Vorentwürfe nehmen zur Verdeutlichung die Bezeichnung Zuhälter mit in den Gesetzestext auf. Wenn also der arbeitsunfähige Vater vom Schandgelde der prostituierten Tochter mitlebt oder der Bruder davon studiert, so scheiden diese Fälle begrifflich aus.

Während Österreich ziemlich milde straft (Gefängnis bis zu sechs Monaten, im wiederholten Rückfall von drei Monaten bis zu einem Jahr), droht die Schweiz nur Zuchthaus bis zu fünf Jahren an. Der *DVE.* geht einen Mittelweg (Gefängnis nicht unter einem Monat, in besonders schweren Fällen nicht unter einem Jahre). Von den besonders schweren Fällen werden die Qualifikationen des jetzigen Abs. 2 von § 181a (Ehemann der Dirne, Anwendung von Gewalt und Drohungen) mit umfaßt. Diese Strafmindestmaße sind auch hier nicht zweckmäßig; es wird Fälle beider begrifflichen Art geben, für welche diese Mindeststrafen immer noch zu hoch sind. Der Zuhälter ist nicht immer der brutale Beherrscher der Dirnen. Nicht selten ist er ein Charakter, der nicht nur aus eigner Schuld auf den Wogen des Lebens Schiffbruch gelitten hat; zuweilen ist er ein geistig minderwertiger, ein schwachsinniger oder sonst psychopathischer Mensch; manchmal ist umgekehrt gerade er der Unterjochte. Ohne Sentimentalität kann man sagen, daß für manche Dirne in ihrer sozialen Isolierung der Zuhälter die einzige Person ist, der sie ihr Herz öffnen kann (vgl. Wulffen, der Sexualverbrecher, S. 702 ff.).

§ 255.

Diese Bestimmung über sichernde Maßnahmen gibt gegenüber dem, der aus dem Betriebe der widernatürlichen Unzucht ein Gewerbe macht, gegenüber dem einfachen, schweren und hinterlistigen Kuppler, dem Frauenhändler und Zuhälter die Möglichkeit, neben oder an Stelle der Strafe auf Unterbringung des arbeitsfähigen Verurteilten in einem Arbeitshaus (§ 42 Vorentwurf) und aus

Sicherheitsgründen auf Zulässigkeit der Beschränkung des Aufenthalts (§ 53 Vorentwurf) zu erkennen.

Die Aberkennung der bürgerlichen Ehrenrechte, wenn die Tat aus ehrloser Gesinnung hervorgegangen ist, ordnen allgemein §§ 45 ff. Vorentwurf.

Ist eine strafbare Handlung (wie öfter schwere Kuppelei, Blutschande und Unzucht an Kindern) auf Trunkenheit zurückzuführen, so verordnet § 43 Vorentwurf Unterbringung des Verurteilten in eine Trinkerheilanstalt bis zu seiner Heilung. Hier haben wir endlich einen Anfang der staatlichen Heilbehandlung eines Verurteilten, die hoffentlich gerade auf dem Gebiete der Fleischesverbrechen von den Gerichten mit Nachdruck angeordnet werden wird. Leider finden sich weitergehende Vorschriften nicht. Hier weist *DVE.* eine Rückständigkeit auf, die mit der mangelnden sexologischen Bildung unsrer Gesetzgeber und Kriminalisten zusammenhängt. Wo bleibt die staatliche Heilbehandlung der Exhibitionisten und rückfälligen Kinderschänder und gewaltsamen Unzuchtsverbrecher, soweit Trunksucht nicht vorliegt? Hier liegen ganz wesentliche Aufgaben der zukünftigen Strafrechtspflege: weniger strafen, d. h. entehren, als vielmehr heilen und Verbrechen verhüten! Jetzt oder für Jahrzehnte hinaus nie ist die Gelegenheit gekommen, in diese neuen Bahnen einzulenken.

§ 256.

Den Tatbestand der öffentlichen Ärgerniserregung durch eine unzüchtige Handlung, wie ihn das geltende Gesetz (§ 183 StGB.) formuliert, hat der *DVE.* (§ 256) in einem wichtigen Punkte geändert. Die Strafbarkeit soll nicht mehr von dem zufälligen Umstande abhängen, ob wirklich eine Person Ärgernis genommen hat, vielmehr davon, ob die unzüchtige Handlung unter Berücksichtigung aller besonderen Umstände des Falles geeignet war, Ärgernis zu erregen. Der neue Vorschlag kommt einem dringenden Bedürfnis der Praxis entgegen. Unsere heutige Frage an den Zeugen, ob er Ärgernis genommen habe, setzt ihn vielfach in Verlegenheit, gibt die Antwort seiner Willkür preis und rechnet mit einer Fähigkeit zur Selbstbeurteilung, wie er sie vielfach gar nicht besitzt.

In derselben Weise formuliert § 283 Ziff. 1 des *OVE.* Der *SchVE.* (Art. 135) straft den, der öffentlich eine unzüchtige Handlung begeht. Auch er verlangt also nicht, daß eine bestimmte Person

Ärgernis genommen hat; die Unzüchtigkeit der Handlung setzt eben begrifflich eine solche voraus, die wegen der Unzüchtigkeit geeignet ist, das Scham- und Sittlichkeitsgefühl dritter Personen zu verletzen.

Der *DVE.* stellt neben der Gefängnisstrafe bis zu zwei Jahren zweckentsprechend Haftstrafe in gleicher Dauer zur Wahl und erhöht die Geldstrafe bis zu 3000 M.

§ 257.

In § 257 faßt der *DVE.* die Bestimmungen in §§ 184, 184a des geltenden Gesetzes über unzüchtige Schriften, Abbildungen usw. zusammen, wobei der Tatbestand von § 184a in Ziffer 2 des § 257 aufgenommen wird. Der Begriff der Unzüchtigkeit einer Schrift, Abbildung oder Darstellung wird unter Berücksichtigung der Interessen von Kunst und Wissenschaft, wie bisher, der Rechtsprechung überlassen.

Um die Jugend nachdrücklich gegen die Gefahren der Schmutz- und Schundliteratur zu schützen, genügt, wie auch Mittermaier ausführt (S. 200), das 16. Lebensjahr als Schutzalter bei weitem nicht. Die Grenze hätte mindestens das 18. Lebensjahr, vielleicht sogar die Volljährigkeit zu bilden. Die Formulierung des *SchVE.* freilich „Wer unzüchtige Schriften, Bilder oder Gegenstände unter der Jugend verbreitet“ erscheint zu unbestimmt.

Daß Schutzmittel gegen ansteckende Geschlechtskrankheiten und gegen die Empfängnis (Präservativs usw.) unter die Gegenstände von Ziff. 3 fallen, die wegen ihrer Verwendung nicht nur beim ehelichen, sondern auch beim außerehelichen Geschlechtsverkehr „zu unzüchtigem Gebrauche bestimmt“ sind, beruht auf der „starren“ Rechtsprechung des Reichsgerichts (Mittermaier a. a. O.). Die Nichtanwendung solcher Schutzmittel beruht nur zum Teil auf Unkenntnis, zum andern auf Sorglosigkeit, Leichtsinn und wirtschaftlichem Unvermögen. Da andererseits doch nicht jedes Ausstellen, Ankündigen oder Anpreisen in der Öffentlichkeit zugelassen werden könnte, auch die sexuelle Aufklärung hierfür das ihrige tut und der Handel das Strafgesetz zu umgehen weiß, so kann man sich schließlich zufrieden geben.

Mit Recht werden auch ferner öffentliche Ankündigungen getroffen, die dazu bestimmt sind, unzüchtigen Verkehr herbeizuführen.

Die Strafen sind auf Gefängnis oder Haft bis zu zwei Jahren oder Geldstrafe bis zu 3000 M heraufgesetzt worden. Neben der Freiheitsstrafe ist die Geldstrafe aus § 36 zulässig.

§ 258.

Die Beibehaltung des Tatbestandes von § 184b des geltenden Gesetzes (anstößige Berichte aus Gerichtsverhandlungen) in § 258 *DVE.* ist berechtigt. Auch hier ist das Maß der Geldstrafe von 600 auf 1000 M erhöht und Haft in gleicher Dauer wie die Gefängnisstrafe (sechs Monate) zugelassen.

Zusammenfassung zu §§ 243—257.

Will man die Ergebnisse der kritischen Beurteilung zusammenfassen, die wir am 20. Abschnitte des *DVE.* in den vorstehenden Ausführungen geübt haben, so dürfen wir anerkennen, daß der neue Gesetzgeber Fortschritte gemacht hat. Aber ein Mangel ist unverkennbar, der unserer ganzen bureaukratischen Kriminalistik anhaftet. Es fehlt das Verständnis für die naturwissenschaftliche Grundlage unseres Sexualkodex. Mit einer gewissen Auffälligkeit wird an feststehenden biologischen Erkenntnissen vorübergegangen, als scheue man sich, diese Wahrheiten auch nur zu erwähnen. Die Folge ist dann ein Fehlgreifen in einschlagenden wichtigen Fragen und ein Außerachtlassen selbst sozial in die Augen springender Punkte.

Zur Systematik der „Verbrechen und Vergehen gegen die Sittlichkeit" ist zu bemerken, daß sie im dritten Buch („Verbrechen und Vergehen gegen die Person") nicht unmotiviert als letzter Abschnitt stehen. Im einzelnen kann man sich nicht mit allem einverstanden erklären.

Die drei Tatbestände des § 244 Vorentwurf, wie des § 176 des geltenden Gesetzes sind zu ungleichartig, als daß sie in einem einzigen Paragraphen zusammengefaßt werden könnten. Zum mindesten wäre Ziffer 3 in einer selbständigen Bestimmung zu redigieren, an die sich § 248 (Verführung) unmittelbar anzuschließen hätte. Hinter diese Paragraphen über den Schutz der Jugend hätte die Unzucht unter Mißbrauch eines Autoritätsverhältnisses (§ 247) zu treten. der die Erschleichung des Beischlafs (§ 246) folgen müßte. Dann reihen sich Blutschande und widernatürliche Unzucht an. Der zweite Tatbestand von § 253 (Kuppelei mit hinterlistigen Kunstgriffen) würde besser, wie im geltenden Gesetze, als schwere Kuppelei (§ 252) behandelt, während der praktisch wichtigere Frauenhandel ein selbständiges neues Delikt bildete.

IV.

Münzverbrechen und Münzvergehen. Verbrechen und Vergehen in Beziehung auf die Rechtspflege und Urkundenfälschung.

Von

K. Olbricht,

Erstem Staatsanwalt in Lüneburg.

I.

Der 10. Abschnitt des *DVE.* enthält unter der Überschrift „Münzverbrechen und Münzvergehen" in den §§ 159—164 im wesentlichen die Vorschriften, die das bisherige StGB. im 8. Abschnitt in den §§ 146—152 umfaßt. Es handelt sich hierbei, wie die Begr. (S. 521) hervorhebt, da die Grundgedanken, auf denen die Aufstellung der einzelnen Tatbestände beruht, sich in der Praxis bewährt und auch in der Wissenschaft nicht angefochten seien, in der Hauptsache nur „um einen weiteren Ausbau dieser Grundgedanken und um Vereinfachung der zum Teil schwerfälligen und veralteten Tatbestände".

Nicht recht logisch will mir die aus dem StGB. übernommene Überschrift erscheinen, da unter dem Ausdruck „Münzen" begrifflich nur Metallgeld zu verstehen ist, während in dem 10. Abschnitt (wie im bisherigen 8. Abschnitt StGB.) außer dem Metallgeld auch das Papiergeld und die nach § 164 (StGB. § 149) dem Papiergeld „gleichstehenden" Banknoten und die übrigen dort aufgezählten Papiere behandelt werden[1]). Richtiger ist der Standpunkt des *OVE.*[2]), der die betreffenden Straftaten in einem — besonderen — Hauptstück (XVII) unter der Überschrift „Strafbare Handlungen gegen die Sicherheit des Geldverkehrs" behandelt, während der *SchVE.*[2]) die betreffenden Vorschriften im 10. Abschnitt unter der Überschrift „Verbrechen gegen den geschäftlichen Verkehr" neben der „Warenfälschung", der „Fälschung amtlicher Waren- und Wertzeichen", der „Fälschung von Maßen, Gewichten, Wagen", der „Urkundenfälschung" usw. enthält.

Wenngleich der Ausdruck „Münzverbrechen und Münzvergehen" allgemein gebräuchlich ist und zu Mißverständnissen kaum führen wird, so würde meines Erachtens sich doch eine

---

[1]) Ebenso Gerland, Geldfälschungsdelikte im Gerichtssaal, 59. S. 81.

[2]) Hier und im folgenden ist unter *OVE.* der Vorentwurf zu einem österreichischen Strafgesetzbuch vom September 1909 und unter *SchVE.* der Vorentwurf zu einem schweizerischen Strafgesetzbuche vom April 1908 zu verstehen.

allgemeinere Überschrift mehr empfehlen, vielleicht „Geldfälschungsverbrechen und -vergehen (Gerland) oder noch richtiger „Verbrechen und Vergehen gegen den Geldverkehr". (Oder etwa kurz aber nicht ganz zutreffend: „Geldverbrechen und Geldvergehen"?)[1]).

Mit Recht wird im *DVE.* — wie schon bisher — das inländische und ausländische Geld gleichgestellt[2]), da nur dann der „Schutz der Geldeinrichtung und des Geldumlaufs" in „vollem Umfange verwirklicht" wird. Ebenso *OVE.* § 231 und *SchVE.* Art. 180.

II. Münzfälschung (§ 159).

1. In § 159 will der *DVE.* „eine Vereinfachung des § 146 StGB. ohne Änderung seines Inhalts" herbeiführen. Er vermeidet den Ausdruck „nachmachen" und spricht im Anschluß an die Tatbestandsmerkmale der Urkundenfälschung von „fälschlich anfertigen oder verfälschen"[3]). Diese Fassung bedeutet in der Tat an sich eine Vereinfachung. Sprachlich besser als die Ausdrucksweise „wer ... Geld fälschlich verfertigt" erscheint mir allerdings für den ersten Mischtatbestand die des *SchVE.* Art. 166: „wer falsches Geld[4]) anfertigt". Auch der *OVE.* sagt in § 220: „Wer falsches Metallgeld oder Papiergeld anfertigt." Für den zweiten Mischtatbestand des „Verfälschens" haben die beiden genannten Entwürfe eine besondere Strafbestimmung aufgenommen.

2. Im übrigen deckt sich meines Erachtens aber die Bestimmung des § 159 *DVE.* nicht mit der des § 146 StGB. § 159 bestimmt: „wer ... verfälscht, um das falsche Geld als echtes in Verkehr zu bringen," während § 146 StGB. die Veränderung echten Geldes (also das Verfälschen) nur bestraft, wenn ihm „der Schein eines höheren Wertes" gegeben ist. Auch der *SchVE.* bestraft in Art. 168 nur: „wer Geld ... verfälscht, um es zu einem höheren Werte in Umlauf zu bringen", und ebenso der *OVE.* in § 220 Ziff. 2: „wer echtem ... Gelde den Schein eines höheren Wertes verleiht, um es in dieser Gestalt in Verkehr zu setzen". Tatsächlich wird allerdings echtes Geld regelmäßig nur dann verfälscht werden, wenn der Täter zugleich bezweckt, ihm den Schein eines höheren Wertes zu geben, es scheint mir daher die Fassung des § 159 *DVE.* unbedenklich.

3. In seinem zweiten Teil bestraft § 159 den, der „in gleicher

---

[1]) Vgl. v. Liszt, Lehrb. S. 516 ff.

[2]) *VEBegr.* S. 521, Kohler in *Vergl. Darst. III. 213.*

[3]) *VEBegr.* S. 521.

[4]) *SchVE.* Art. 63 Ziff. 6: „Geld ist das Metallgeld und das Papiergeld."

Absicht falsches Geld sich verschafft". Hat der Täter das falsche Geld nicht „sich" sondern einem andern verschafft, so würde er, sofern in der Handlung nicht ein „Inverkehrbringen" oder ein Versuch hierzu im Sinne des § 160 *DVE.* zu finden ist, regelmäßig nur als Teilnehmer an der Tat des andern bestraft werden können. Mir will dies nicht richtig erscheinen. Die Gründe, die in *VEBegr.* S. 522 dafür angeführt sind, daß das Sichverschaffen von falschem Gelde, sofern es in der Absicht erfolgt, es als echtes Geld in Verkehr zu bringen „der eigentlichen Münzfälschung" gleichgestellt ist — Gefährlichkeit der Handlung, Intensität des verbrecherischen Willens — treffen auch auf denjenigen zu, der in gleicher Absicht falsches Geld einem Dritten verschafft. Dementsprechend bestraft auch der *OVE.* in § 220 Ziff. 3 ebenso wie den eigentlichen Falschmünzer: „wer falsches oder verfälschtes Geld an sich bringt oder einem andern verschafft, damit es als echt oder unverfälscht in in Verkehr gesetzt werde". Der *SchVE.* bestraft in Art. 172: „wer falsches oder verfälschtes Geld . . . einführt oder erwirbt, um es als echt, unverfälscht oder vollwertig in Umlauf zu setzen", — allerdings milder als den eigentlichen Münzfälscher, was freilich schon aus der Verschiedenheit der in diesem Paragraphen enthaltenen Tatbestände sich erklärt.

Hiernach würde ich vorschlagen, im zweiten Teile des § 159 statt „sich" (verschafft) zu sagen: „sich oder einem anderen".

Im übrigen ist den Ausführungen der *VEBegr.* bezüglich der Fassung des § 159 beizutreten; insbesondere gilt dies von der Streichung des Wortes „gebrauchen" neben dem Inverkehrbringen in § 146 StGB. mit Rücksicht auf Entsch. RG. *XIV. 164ff.*

4. Als Strafe droht § 159 *DVE.* „Zuchthaus", bei mildernden Umständen „Gefängnis nicht unter einem Monat" an.

Der *OVE.* sieht in § 220 Ziff. 1 bis 3 für die nämlichen Tatbestände „Kerker oder Gefängnis von einem bis zu zehn Jahren" vor und bestimmt unter Ziff. 5 und 6 als Strafschärfungsgründe, wenn die Tat „in großem Umfange" oder die Fälschung auf „solche Art, die zur Täuschung besonders geeignet ist" oder endlich wenn die Tat gewerbsmäßig oder in wiederholtem Rückfalle begangen ist (Kerker von zwei bis fünfzehn Jahren).

In § 221 *OVE.* ist dann bestimmt, daß, wer Geld in einem 25 Kronen nicht übersteigenden Betrage fälscht oder verfälscht, „ohne Mittel anzuwenden, welche die Vervielfältigung erleichtern", ebenso wer in gleichem Umfange falsches oder verfälschtes Geld an sich bringt oder einem andern verschafft, oder als echt oder unverfälscht in Verkehr setzt „mit Kerker von einem bis zu drei Jahren oder mit

Gefängnis von drei Monaten bis zu drei Jahren" bestraft wird. In allen Fällen (§ 220 und 221) kann außerdem Geldstrafe bis zum Zehnfachen des Betrages der Fälschung verhängt werden.

Der *SchVE.* droht in Art. 166 für die Falschmünzerei („Fälschung von Geld") „Zuchthaus" schlechthin an, bestimmt aber in Ziffer

„2. Ist die Fälschung für jedermann leicht erkennbar oder fertigt der Täter nur wenige Stücke von geringem Werte an, so ist die Strafe Gefängnis."

Die Münzfälschung („Verfälschung von Geld") wird in Art. 168 *SchVE.* niedriger, nämlich „mit Zuchthaus bis zu fünf Jahren oder mit Gefängnis nicht unter sechs Monaten" bestraft. „Ist die Verfälschung für jedermann leicht erkennbar, oder verfälscht der Täter nur wenig Stücke von geringem Werte, so wird er mit Gefängnis bestraft."

Die bereits oben (unter 3) erwähnte „Einfuhr und Erwerb falschen oder verfälschten Geldes" wird in Art. 172 *SchVE.* nur mit Gefängnis bestraft, und wenn sie „in Menge" erfolgt mit Zuchthaus bis zu fünf Jahren.

In allen Fällen (Art. 166, 168 und 172) kann neben der Freiheitsstrafe auf „Buße" erkannt werden.

Für die vorstehend erwähnte verschiedenartige Behandlung der einzelnen Tatbestände im *O.* und *SchVE.* liegt meines Erachtens ein zwingender Grund nicht vor, und die in den beiden Entwürfen für eine erhöhte oder geringere Bestrafung aufgestellten Merkmale (z. B. „großer Umfang" „zur Täuschung besonders geeignet" „für jedermann leicht erkennbar" „in Menge") dürften nur geeignet sein, in der Praxis, namentlich im schwurgerichtlichen Verfahren zu recht erheblichen Schwierigkeiten zu führen. Überhaupt dürfte es sich kaum empfehlen „die Höhe des Schadens zu einem gesetzlich bestimmten Strafschärfungsgrunde zu machen"[1]). Der Strafrahmen des § 159 *DVE.* erscheint mir für alle vorkommenden Fälle ausreichend und geeignet, wobei für besonders leichte Fälle auf § 83 und wegen einer neben der Freiheitsstrafe zu erkennenden Geldstrafe auf § 35 zu verweisen ist. Den Ausführungen auf S. 523 *VEBegr.* in dieser Beziehung ist meines Erachtens durchaus beizutreten.

III. Inverkehrbringen falschen Geldes. § 160.

1. Das StGB. behandelt die Verbreitung des von einem andern hergestellten falschen Geldes in § 147, dessen zweiten Doppeltatbestand der *DVE.* in den § 159 einbezogen hat, wie bereits oben

[1]) Weismann, *Vergl. Darst. VII.* 35 1. a. E.

(zu II) bemerkt ist. Demgemäß und mit Rücksicht auf die Fassung des § 159 bedroht der § 166 Abs. 1 *DVE.* allgemein denjenigen, der „vorsätzlich falsches Geld als echtes in Verkehr bringt“ und zwar mit der gleichen Strafe wie die Falschmünzerei, da sie in gleichem Maße die Sicherheit des Geldverkehrs gefährdet. Begr. S. 523. Dieser Standpunkt, den auch der *OVE.* (§ 220 Ziff. 4) teilt, erscheint mir zutreffend, ebenso wie die gewählte Fassung, die ich derjenigen des *SchVE.* („in Umlauf bringen“) vorziehen möchte. Dieser behandelt den erwähnten Tatbestand seinem System entsprechend in zwei gesonderten Artikeln und bestraft (mit Gefängnis) in Art. 167 das „in Umlauf bringen“ falschen, in Art. 169 dasjenige verfälschten Geldes. Strafschärfend ist im ersten Falle „Einverständnis mit dem Fälscher oder einem Teilnehmer an der Fälschung“ (Gefängnis nicht unter einem Monat oder Zuchthaus), im zweiten Falle, wenn „im Einverständnis mit den Verfälscher oder einem Teilnehmer eine größere Zahl von Stücken in Umlauf gebracht sind (Gefängnis nicht unter einem Monat). Milder — aber nur im Falle des Art. 167 — ist die Strafe (Buße oder Gefängnis) „wenn die Fälschung für jedermann leicht erkennbar war“. Ein zwingender Grund für die im *SchVE.* vorgesehene verschiedenartige Behandlung der einzelnen Tatbestände dürfte auch hier kaum vorliegen. Die Vorschrift des *DVE.* in § 160 Abs. 2 wird meines Erachtens allen vorkommenden Fällen gerecht.

2. Der Abs. 2 des § 160 behandelt das in dem § 148 StGB. vorgesehene Abschieben falschen Geldes, und zwar lediglich als einen mit milderer[1]) Strafe zu bedrohenden Unterfall der § 166 Abs. 1. Diese Behandlung ist meines Erachtens nur logisch und entspricht auch dem Standpunkt des *SchVE.*

In § 160 ist das Wort „erlangt“ statt des im bisherigen § 148 StGB. gebrauchten Wortes „empfangen“ angewendet, „um außer Zweifel zu stellen, das nicht bloß der Fall getroffen wird, wenn dem Empfangen auf der einen Seite ein Geben auf der anderen Seite entspricht, sondern daß auch die Fälle einzubeziehen sind, wenn der Täter das Geld in der Meinung, daß es echt sei, auf andere Weise erlangt, z. B. sich widerrechtlich angeeignet hat“,

[1]) Kohler (a. a. O. *III. 238, 239*) meint, der Fall, daß jemand eine Münze gutgläubig erworben hat und sie dann in Verkehr setzt, werde „von den Gesetzgebern mit allzu großer Milde“ behandelt. „Manche bestimmen nur Gefängnisstrafe, manche gehen auf Geldstrafe herab;“ vielfach werde nicht einmal der Versuch bestraft. Eine derartig milde Behandlung sei nicht gerechtfertigt.

(Begr. S. 523 f.) Ob diese Erweiterung in vollem Umfange gerechtfertigt ist, kann zweifelhaft sein. Der *SchVE.* (Art. 169 Abs. 3) bestraft im angegebenen Falle (mit Buße oder Gefängnis) den Täter nur dann geringer, wenn er „das Geld unverfälscht eingenommen" hat, ein Ausdruck, der enger ist als das „empfangen" des § 148 StGB. Der *OVE.* bestimmt über „Abschiebung falschen Geldes" in einem besonderen § 222 unter Ziffer

„1. Wer falsches oder verfälschtes Geld, das er ohne Kenntnis dieser Eigenschaft erhalten hat, als echt oder unverfälscht in Verkehr setzt, wird mit Gefängnis oder Haft von einer Woche bis zu einem Jahre bestraft.

2. Wenn der Betrag der Fälschung bei dem abgeschobenen Geld hundert Kronen übersteigt, ist auf Gefängnis oder Haft von vier Wochen bis zu drei Jahren zu erkennen.

3. Hat der Täter oder sein Auftraggeber das Geld in Zahlung erhalten, so ist auf Gefängnis oder Haft bis zu sechs Monaten oder auf Geldstrafe bis zu zweitausend Kronen zu erkennen."

Nur für den in Ziff. 3 behandelten — allerdings häufigsten — Fall setzt also der *OVE.* die milde, im wesentlichen dem *DVE.* entsprechende Strafe fest. In der Tat fragt es sich, ob nicht der Strafrahmen des § 160 *DVE.* zu eng und namentlich das Höchstmaß (sechs Monate Gefängnis) für die schwersten Fälle zu niedrig ist. Man denke z. B. an den Fall, daß jemand viele Tausend Mark unentgeltlich oder durch eine strafbare Handlung, z. B. Fundunterschlagung, als echt erlangt hat und nach erkannter Unechtheit als echtes gegen Entgelt abschiebt. In solchen Fällen ist angesichts der Gefährlichkeit der Handlung das Höchstmaß von sechs Monaten Gefängnis meines Erachtens zu niedrig; es wäre daher im Höchstbetrage Gefängnis schlechthin oder nach dem Vorbilde des *OVE.* wenigstens bis zu drei Jahren anzudrohen[1]).

Auch die Mitaufnahme des „Auftraggebers" in der Strafbestimmung scheint mir durchaus zweckmäßig. Man denke z. B. an den Fall, daß ein Angestellter, dem die Kassenführung obliegt, falsches Geld, das der Prinzipal oder für diesen ein Bediensteter als echt vereinnahmt hat, nach erkannter Unechtheit abschiebt. Die ratio legis trifft auf einen solchen Fall unzweifelhaft auch zu, die Anwendung würde aber bei der jetzigen Fassung, des § 160 Abs. 2 Schwierigkeiten machen.

Hiernach würde ich für den § 160 Abs. 2 *DVE.* folgende Fassung vorschlagen:

---

[1]) S. auch Kohler, a. a. O. S. 238, 239 und in Goltd. Arch. 56 S. 307.

„Hatte der Täter oder sein Auftraggeber das falsche Geld als echtes erlangt, so tritt Gefängnis — ev. bis zu drei Jahren? — oder Haft (bis zu sechs Monaten?) oder Geldstrafe bis zu 1000 M ein. Der Versuch [1]) ist strafbar.“

IV. Münzverringerung. § 161.

Der § 161 *DVE.*, der im übrigen ganz den Tatbeständen der § 159 u. 160 angepaßt ist, behandelt in Abs. 1 das sog. „Kippen“ („wer Geldmünzen durch Beschneiden, Abfeilen oder auf andere Art verringert, um sie als vollgültig in Verkehr zu bringen, oder wer in gleicher Absicht verringerte Geldmünzen sich verschafft“), in Abs. 2 das sog. „Wippen“ („wer vorsätzlich solche Geldmünzen als vollgültig in Verkehr bringt“). Der Entwurf geht offenbar davon aus, daß der Tatbestand nur vorliegt, wenn den Münzen ein erheblicher Teil ihres Wertes entzogen wird, „ohne daß dies in trügerischer Weise verdeckt wird“, und bemerkt dazu unter Berufung auf Olshausen (Anm. 3 zu § 146), daß das sog. Ausschälen, „da es auf eine Herstellung falscher Münzen hinausläuft“, sich als Anfertigung von Geld kennzeichne und unter § 159 falle (Begr. S. 522 oben S. 524). Diese Ansicht ist aber nicht unbestritten [2]). Jedenfalls dürfte nicht zu behaupten sein, daß nach der Fassung des Entwurfs das Ausschälen zweifellos nicht unter § 161, sondern unter § 159 fiele. Der *SchVE.* führt sogar in Art. 170 bei der Münzverringerung als Beispiele des Verringerns neben „Beschneiden, Abfeilen, Durchlöchern“ das „Aushöhlen“ ausdrücklich an, während der *OVE.* (§ 223) lediglich von „Verringern“ spricht. Soll der jetzt schon bestehende Zweifel beseitigt werden, so dürfte es sich vielleicht empfehlen, in § 161 des Entwurfs entweder vor das Wort „verringern“ noch „lediglich“ zu setzen oder dahinter einen verdeutlichenden Zusatz wie etwa „ohne sonstige täuschende Änderung“.

Aus den oben unter II. 3. a. E. erörterten Gründen möchte ich ferner vorschlagen, in Abs. 1 statt „sich“ (verschafft) zu sagen: „sich oder einem anderen“ und aus den unter III. 2. a. E. er-

---

[1]) Auch nach dem *OVE.* (§ 18) und dem *SchVE.* (Art. 22) ist der Versuch strafbar.

[2]) Dagegen außer den bei Olshausen, a. a. O. zit. wohl auch Kohler (S. 232), der allerdings in Anm. 1 zu S. 232 bemerkt: „In England hat man hier Münzfälschung angenommen, in Verfolgung der Idee, wonach jede täuschende Änderung Münzfälschung sein könne.“ Richtig Binding, Lehrb. *II. 327*: „Die verringerte Münze muß, von dem Metallverlust abgesehen, dasselbe Stück bleiben, das sie ursprünglich war.“

örterten Gründen in Abs. 2 hinter „Täter“ noch zu setzen „oder sein Auftraggeber“.

Der *OVE.* behandelt in § 223 die „Geldverringerung“ und in § 224 die „Abschiebung verringerten Geldes“ im wesentlichen entsprechend den Tatbeständen der „Geldfälschung“ (§ 220) und der „Abschiebung falschen Geldes“ (§ 222). Vgl. oben unter II. 4. und III. 2. Das gleiche gilt vom *SchVE.*, der in Art. 170 die „Münzverringerung“ und in Art. 171 das „Verringerte Geldmünzen in Umlauf bringen“ den Tatbeständen des Art. 166 („Fälschung von Geld“ (und Art. 169 („Falsches Geld in Umlauf bringen“) anpaßt. Vgl. oben.

Der *DVE.* droht in § 161 Abs. 1 u. 2 für das „Kippen“ und „Wippen“ „Gefängnis“ an und in Abs. 2, wenn das in Verkehr gebrachte verringerte Geld „als vollgültig erlangt“ war, „Geldstrafe bis 1000 M“.

Der *SchVE.* bestraft das „Kippen“ (Art. 170) „mit Gefängnis oder Buße“, bei „gewerbßmäßigem Betreiben“ mit „Gefängnis nicht unter drei Monaten oder Zuchthaus bis zu drei Jahren“. Das „Wippen“ (Art. 171) wird mit Gefängnis bestraft, wenn aber die „verringerten Geldmünzen als vollwertig eingenommen sind, mit „Buße“.

Der *OVE.* enthält in § 223 über „Geldverringerung“, in § 244 über „Abschiebung verringerten Geldes“ detaillierte Vorschriften. Strafschärfend ist, wenn das Kippen „gewerbsmäßig“ begangen ist (Kerker von einem bis zu fünf Jahren). Das Wippen ist straflos, wenn „der Täter oder sein Auftraggeber das Geld in Zahlung erhalten“ hat.

Mir erscheinen die einfachen Vorschriften des *DVE.* zweckentsprechend und ausreichend. Fraglich allein könnte es sein, ob für gewerbsmäßiges Handeln auch Zuchthaus — wie im *SchVE.* und *OVE.* — anzudrohen wäre. Ein zwingendes Bedürfnis hierzu möchte ich aber, auch mit Rücksicht auf das so seltene Vorkommen des Delikts, nicht annehmen. Wegen der Geldstrafe vgl. § 36 des Entwurfs. —

Der *OVE.* bestraft in § 225 auch die „Verwertung des Abfalls“ („wer die aus einer Geldverringerung gewonnenen Metallteile erwirbt oder veräußert“). Auch Kohler (S. 270) empfiehlt eine entsprechende Strafbestimmung, wenn der Täter „seines Vorteils wegen“ handelt. Der *DVE.* hat von einer solchen Strafvorschrift abgesehen, „da ein wesentliches Bedürfnis hierfür nicht hervorgetreten ist“ (Begr. S. 525). Ebenso der *SchVE.* Dem möchte ich beitreten.

V. Vorbereitungshandlungen. § 162.

Daß im Interesse der Sicherheit des Geldverkehrs und wegen der „großen Gemeingefahr, welche die Falschmünzerei für diesen herbeiführt“, Strafbestimmungen erforderlich sind, die auch schon ein Einschreiten im Stadium der Vorbereitung eines solchen Verbrechens ermöglichen, darüber herrscht wohl allseitig Übereinstimmung[1]).

Die Vorschrift des § 162 *DVE.* ergänzt und vereinfacht das geltende Recht (§ 151 StGB.) und stellt namentlich auch Vorbereitungshandlungen zur Münzverringerung unter Strafe. Ob zu letzterem ein Bedürfnis vorliegt, kann zweifelhaft sein. Der *OVE.* (§ 229, „wer ein Mittel oder Werkzeug anfertigt oder erwirbt, das zur Fälschung oder Verfälschung von Geld . . . dienen soll“) und der *SchVE.* (Art. 173, „wer Geräte zum Fälschen oder Verfälschen von Geld . . ., namentlich Formen, Stiche, Platten, Klischees anfertigt oder sich verschafft“) sehen eine Strafvorschrift für Vorbereitungshandlungen zur Münzverringerung nicht vor. Immerhin dürften durchschlagende Bedenken gegen eine derartige Erweiterung nicht vorliegen[2]).

Wohl aber erscheint es mir — nach dem Vorgang des *OVE.* — empfehlenswert, neben den Gerätschaften auch „Mittel“ zu erwähnen, da dieser Ausdruck auch Chemikalien u. dgl. umfaßt, die in der erwähnten Hinsicht den sonstigen Gerätschaften doch zweifellos gleichzustellen sind; es würde demgemäß in § 162 statt „Gerätschaften“ zu heißen haben: „Mittel oder Gerätschaften“. Eine weitere Exemplifizierung, wie sie der *SchVE.* enthält, ist meines Erachtens entbehrlich.

Strafe: — wie bisher — Gefängnis bis zu zwei Jahren, im *OVE.* Gefängnis von zwei Wochen bis zu zwei Jahren, im *SchVE.* Gefängnis.

VI. Einziehung. § 163.

Die in § 152 StGB. vorgeschriebene obligatorische Einziehung hat der § 163 *DVE.* mit geringfügigen, zu billigenden Änderungen übernommen und die Maßnahme namentlich auch bezüglich des verringerten Geldes und der zu dessen Herstellung dienlichen Gerätschaften für zulässig erklärt. Gleiches bestimmt der *SchVE.*[3]).

---

[1]) *VEBegr.* S. 525, Kohler S. 242ff.

[2]) Vgl. auch Kohler, a. a. O. S. 271.

[3]) Art. 181: „Falsches, verfälschtes und verringertes Geld . . . sowie die Fälschungsgeräte werden eingezogen und unbrauchbar gemacht.“

Der *OVE.* enthält für die Einziehung bei Münzverbrechen keine besonderen Vorschriften; es genügen hier aber die allgemeinen in §§ 41 und 42 gegebenen, wonach in den angeführten Fällen die Einziehung obligatorisch ist („für verfallen sind zu erklären . . .").

Da der § 157 *DVE.*, der die Einziehung behandelt, diese nur — gleich dem § 40 StGB. — als fakultative zuläßt, war die Aufnahme einer dem § 152 des geltenden StGB. geltenden Vorschrift geboten.

VII. Banknoten oder andere gleichgestellte Papiere. § 164.

Der § 164 *DVE.* übernimmt die bisherige Vorschrift des § 149 StGB. „mit geringfügigen nur redaktionellen Änderungen", die zum Teil darauf beruhen, daß die Vorschrift dem Sprachgebrauch des BGB. (vgl. §§ 793, 795 das.) angepaßt werden mußte. Es ist auch — meines Erachtens mit Recht[1]) — davon abgesehen, die Fälschung der in Rede stehenden Wertpapiere in den Abschnitt über Urkundenfälschung zu verweisen und den § 149 StGB. auf Banknoten zu beschränken. Diese Regelung entspricht, wie die Begr. (S. 527) zutreffend hervorhebt, dem praktischen Bedürfnis, weil alle Wertpapiere der bezeichneten Art, auch soweit sie einen Ersatz des Geldes zu bilden nicht bestimmt sind, den gleichen Schutz gegen Fälschung wie das Papiergeld genießen müssen. Auch daß inländische und ausländische Papiere gleich behandelt werden, — ebenso der *OVE.* (§ 231) und *SchVE.* (Art. 180) — erscheint mir angemessen[2]). In § 146 StGB. ist dies ausdrücklich gesagt („oder fremden Staate"). Der § 164 des Entwurfs enthält einen ähnlichen Ausdruck nicht; nach der Fassung des § 164 in Verbindung mit der des § 159 kann aber ein Mißverständnis kaum entstehen. Immerhin kann es fraglich sein, ob nicht, um jeden Zweifel auszuschließen, es sich empfiehlt, in § 164 vor „Banknoten" zu setzen: „inländische und ausländische".

Der *OVE.* wiederholt unter der Überschrift „Wertpapierfälschung" in den §§ 227 und 228 für „öffentliche Wertpapiere" dieselben Strafvorschriften, die in den §§ 220 und 221 (siehe oben unter II und III) für „Metallgeld oder Papiergeld" gegeben sind[3]).

---

[1]) Dagegen Kohler S. 219, 265 ff., 270, Binding *II. 309, 330.*

[2]) Anderer Ansicht Kohler S. 266.

[3]) Wenn Kohler in Goltd. Arch. *LVI. 307* es als einen Vorzug des *OVE.* vor dem *DVE.* bezeichnet, „daß unterschieden wird zwischen der Fälschung von Geld und der Fälschung von Wertpapieren", so ist der Unterschied doch lediglich ein formaler.

Der Begriff der öffentlichen Wertpapiere ist in § 226 definiert[1]).

Der *SchVE.* erwähnt in den Art. 166, 167, 168, 169, 172, 173 und 181, die die „Fälschung usw." behandeln — siehe oben unter II und III — neben „Geld" als gleichwertig „Banknoten oder Emissionspapiere", deren Begriff in Art. 63 Ziff. 7[2]) definiert ist.

VIII.

1. Eine Strafbestimmung, wonach die Herstellung oder das Inverkehrbringen von münzenähnlichen Gegenständen, die an sich harmlosen Zwecken dienen sollen, den Geldmünzen aber so ähnlich sind, daß sie leicht zu Täuschungen mißbraucht werden können, z. B. Spielmarken, münzenähnliche Broschen u. dgl., unmittelbar unter Strafe gestellt ist, fehlt im geltenden Rechte. Die Vorschriften des § 360 Ziff. 4 u. 5 StGB. gestatten ein Einschreiten nur dann, wenn Formen oder Abdrücke, mittels deren solche Gegenstände hergestellt werden, zugleich zur Anfertigung von Geld dienen können. Gegen die Anfertigung und Verbreitung sog. „Blüten" u. dgl. ist die Vorschrift des § 360 Ziff. 6 StGB. gerichtet. Die betreffenden Bestimmungen sind ohne wesentliche sachliche Änderung mit schärferer Erfassung des zugrunde liegenden Gedankens in den § 308 Ziff. 3 u. 4 des *DVE.* aufgenommen[3]).

Eine Strafbestimmung gegen denjenigen, „der ohne Erlaubnis der Behörde münzenähnliche oder andere Gegenstände, die im Verkehr leicht mit Geld verwechselt werden können, gewerbsmäßig feilhält, verkauft oder sonst im Verkehr bringt", soll nach der Begr. (S. 528) „durch eine Verordnung des Bundesrats bei der Reform des Münzgesetzes" erfolgen.

Nach § 14 Abs. 3 des neuen Münzgesetzes vom 1. Juni 1909 (RGBl. S. 507) werden in der Tat „gewohnheitsmäßige oder gewerbsmäßige Zuwiderhandlungen gegen die vom Bundesrat in Gemäßheit

---

[1]) Es sind dies Banknoten, auf den Inhaber lautende oder durch Indossament übertragbare Aktien und ebensolche „Schuldverschreibungen, die vom Staate von einem Lande, Bezirke, einer Gemeinde, einer Gesellschaft oder Person auf gesetzlicher Grundlage ausgegeben sind, sowie ihre Kupons und Talons".

[2]) „Emissionspapiere sind Obligationen, Gold- und Silberzertifikate, Aktien, Anteilsscheine, Pfandbriefe und Anleihetitel mit Grundpfand, die in größerer Zahl ausgegeben werden ... und die Zins- und Dividendenkupons solcher Papiere."

[3]) Entsprechende Vorschriften enthält § 473 *OVE.* als „Ordnungsübertretung".

der Bestimmungen unter Nr. 2 u. 3 a. a. O. getroffenen Anordnungen" mit Geldstrafe bis zu 150 M oder Haft bis zu sechs Wochen bestraft.

Ein Bedürfnis zu derartigen Strafbestimmungen dürfte in der Tat vorliegen[1]). Der *OVE.* enthält in § 230 entsprechende Bestimmungen gegen die „Gefährdung der Sicherheit des Geldverkehrs" (Anfertigung von falschem, Verfälschung von Geld ohne Absicht, es als echt oder unverfälscht in Verkehr zu setzen, Verfertigen, Feilhalten usw. von Metallzeichen, Drucksachen u. dgl., die „Geld oder Wertpapieren täuschungsfähig ähnlich sehen" — Haft bis zu sechs Wochen oder Geldstrafe bis zu 500 Kronen), der *SchVE.* in Art. 273 (Nachmachen oder Nachahmen von Geld usw. zum Spiel oder Scherz, zur Reklame oder zu ähnlichen Zwecken) unter den Übertretungen. (Buße.)

Der *OVE.* und der *SchVE.* erfordern ein gewerbs- oder gewohnheitsmäßiges Handeln zur Strafbarkeit nicht. Immerhin dürfte sich eine solche Beschränkung empfehlen, weil ein zwingendes Bedürfnis, bloße Spielereien u. dgl. zu bestrafen, wohl kaum anzuerkennen ist. Übrigens erlischt nach dem *OVE.* die Strafbarkeit, wenn der Täter freiwillig „den Gegenstand vernichtet oder zur Gefährdung des Verkehrs unbrauchbar macht".

2. Der *OVE.* enthält in § 232 noch Strafbestimmungen gegen die unbefugte Ausgabe oder Einführung „von Banknoten oder anderen auf den Inhaber lautenden unverzinslichen Schuldverschreibungen" und von „Geldzeichen aus Metall", die im inländischen Verkehr als Geldzeichen bzw. Geld verwendet werden können. Im *DVE.* findet sich eine entsprechende — im wesentlichen[2]) dem bisherigen § 145a StGB. nachgebildete — Bestimmung hinsichtlich der dort bezeichneten „Schuldverschreibungen" in § 147 im 7. Abschnitt (Verbrechen und Vergehen gegen die öffentliche Ordnung). Nach der Anordnung des Entwurfs gehörte sie auch in der Tat nicht in den die „Münzverbrechen und Münzvergehen" behandelnden Abschnitt. Bezüglich der „Banknoten oder sonstigen auf den Inhaber lautenden unverzinslichen Schuldverschreibungen" enthält der § 55 des Bankgesetzes eine entsprechende Strafvorschrift.

Eine die unbefugte Ausgabe oder Einführung von „Geldzeichen aus Metall" betreffende Strafvorschrift kennt unser Recht nicht. Ein Bedürfnis hierzu ist wohl nicht vorhanden.

Zum vorliegenden Abschnitt sind endlich noch die Vorschriften in § 233 *OVE.* und in Art. 270—273 *SchVE.* zu vergleichen.

[1]) Kohler, S. 254, 271.

[2]) Vgl. hierzu *VEBegr.* S. 503.

Verbrechen und Vergehen in Beziehung auf die Rechtspflege. (§§ 165—176.)

I.

1. Der 11. Abschnitt des *DVE.*, der die obige Überschrift trägt, behandelt in diesem neben den Eidesdelikten und der falschen uneidlichen Aussage (§§ 165—170) die den §§ 164, 257, 138, 139, 356 u. 352 StGB. entsprechenden Vorschriften. Daß die Eidesdelikte in diesem Abschnitt Stellung gefunden haben, entspricht dem Standpunkt der meisten neueren Strafgesetze[1]) und ist wohl auch in der Wissenschaft die herrschende Ansicht[2]). Auch der *OVE.* behandelt die Eidesdelikte unter den „strafbaren Handlungen gegen Rechtspflege und Verwaltung" (§§ 176 ff.), während der *SchVE.* sie in dem Abschnitt „Verbrechen gegen den gerichtlichen Beweis" (Art. 215 ff.) bespricht.

2. Was die Behandlung der Eidesdelikte selbst anlangt, so hatte der Gesetzgeber mit Rücksicht auf die Weiterentwicklung des Rechts und den Fortschritt der Wissenschaft wohl vornehmlich zu drei Fragen grundsätzlich Stellung zu nehmen: ob der Eid als Mittel der Wahrheitserforschung überhaupt beizubehalten, bejahendenfalls, ob auch die nicht eidliche Aussage zu bestrafen sei, und in welchem Umfange, endlich ob die fahrlässige falsche — eidliche oder nicht eidliche — Aussage unter Strafe zu stellen sei. Der Standpunkt des Entwurfs zu allen diesen Fragen ist in der Begr. (S. 529 ff.) eingehend erörtert.

Sehr beachtenswert sind sicherlich die Ausführungen von Stooß[3]), der unter Hinweis auf die Psychologie der Aussage und die freie Beweiswürdigung lebhaft für die Aufhebung des Eides eintritt, auch deshalb, „weil er die prozessuale Wahrheitserforschung nicht wesentlich fördert". Jedenfalls sei der Eideszwang aufzuheben, wie das z. B. in der Schweiz, England, den Vereinigten Staaten und Norwegen der Fall sei. Trotzdem möchte ich dem entgegengesetzten Standpunkt des *DVE.* beitreten. Es mag dahingestellt bleiben, ob nur der Eid „mit der in ihm liegenden Mischung des religiösen mit dem bürgerlichen Element eine hinreichende Gewähr gegen die zahlreichen und heftigen Antriebe" bietet, die die Aussagenden nicht selten zur Unwahrheit hindrängen; nach den bei uns ge-

---

[1]) Vgl. Stooß in *Vergl. Darst. Bes. T. III. 312 ff.*

[2]) Vgl. von Liszt, Lehrb. S. 587.

[3]) *Vergl. Darst. Bes. T. III. 384 ff.*

machten Erfahrungen scheint mir jedenfalls für den Gesetzgeber kein Anlaß vorzuliegen, dieses „für die Wahrheitsermittlung und damit für die Rechtspflege und Rechtssicherheit" so förderliche Institut aufzugeben. (Begr. S. 531 f.) Bemerkenswert ist wohl auch, daß in der Kommission für die Reform des Strafprozesses bei der Erörterung der in Rede stehenden Frage kein Mitglied die Abschaffung des Eides befürwortet hat[1]).

Auch Österreich, wo die neue Zivilprozeßordnung seit 1895 den „Beweis durch Vernehmung der Parteien" eingeführt hat[2]), hat den Eid als Mittel zur Erforschung der Wahrheit beibehalten, und dementsprechend kennt auch der neue *OVE.* ein unserm Meineide entsprechendes Delikt. Der dem geltenden Österreichischen Strafgesetz zugrunde liegende „dogmengeschichtliche Irrtum, Meineid und falsches Zeugnis seien Betrug"[3]), ist in den neueren österreichischen Entwürfen aufgegeben.

In der Schweiz ist der Eid zum Teil (im Kanton Zürich) schon seit Jahrhunderten außer Übung gekommen und die Bundesverfassung von 1874 hat den Eideszwang aufgehoben[4]). Die dort gemachten Wahrnehmungen dürften daher für unsere Verhältnisse nicht ohne weiteres maßgebend sein können.

II. Meineid und falsche uneidliche Aussage § 165 Abs. 1. § 168 Abs. 1 und 3.

1. Als die Bestrebungen, die falsche uneidliche Aussage unter Strafe zu stellen, auch bei uns eine greifbare Gestalt annahmen[5]), wurden — wie mir bekannt — in den Kreisen preußischer Praktiker hiergegen die erheblichsten Bedenken geäußert. Man meinte, daß diese Bestrebungen zu weit gingen und befürchtete namentlich, daß die strafrechtliche Bedrohung der falschen uneidlichen Aussage „zu zahlreichen unbegründeten Anzeigen eine unerfreuliche Handhabe bieten" würde[6]). Auch die Kommission für die Reform des Strafprozesses hat sich mit zwölf gegen sechs Stimmen gegen eine solche Bestrafung ausgesprochen[7]). Wenn trotzdem der *DVE.* sich entschlossen hat, „als erheblichste Neuerung die Bestrafung

[1]) Protok. *I. 47, 48.*

[2]) Vgl. Stooß, S. 322.

[3]) Vgl. Stooß, S. 318, 312 ff.

[4]) Vgl. Stooß, S. 349 ff.

[5]) Vgl. Begr. S. 534, Stooß, S. 389 ff.

[6]) Vgl. Begr. S. 535, Protok. der Kommiss. für d. Reform der Strafpr. *I. 105 ff.*

[7]) Protok. *I. 105 ff.*

der falschen uneidlichen Aussage" einzuführen, so müssen gewichtige Gründe hierzu vorgelegen haben. Die Begr. (S. 533 ff.) führt vor allem an, daß bei der Neigung der neueren Gesetzgebung, den Eid möglichst einzuschränken, der Strafgesetzgeber schon für die nächste Zukunft mit einem Zustand rechnen müsse, „der uneidliche Aussagen als Grundlage der gerichtlichen Entscheidung in bedeutend erweitertem Umfange zuläßt"[1]). Das notwendige Gegengewicht im Interesse der Rechtspflege bilde die Bestrafung uneidlicher falscher Aussagen, sonst wäre die „Sicherheit der Rechtspflege preisgegeben". Die Logik dieser Schlußfolgerung ist wohl unbestreitbar. Aber auch abgesehen hiervon mehren sich in der Doktrin die Stimmen, die eine Bestrafung der falschen (auch uneidlichen) Aussage als stets die Sicherheit der Entscheidung gefährdend verlangen[2]), und auch die neueren ausländischen Strafgesetze stehen auf diesem Standpunkte, so auch der *OVE.*[3]).

2. Der § 165 Abs. 1 des Entwurfs faßt die bisherigen §§ 153 und 154 StGB. zusammen („wer . . . einen ihm zugeschobenen, zurückgeschobenen oder auferlegten Eid oder einen Zeugen- oder Sachverständigeneid wissentlich falsch schwört oder durch eine unwahre Aussage verletzt"). Der „Akzent"[4]) ist — wie bisher — auf die Eidesverletzung und nicht auf die falsche Aussage gelegt. Wenn dies als ein „Fehler" bezeichnet worden ist (Stooß, S. 382), so bemerkt die Begründung wohl nicht unzutreffend, das Gesetz sage mit seiner Fassung, „da die Eidesverletzung nur durch eine falsche Partei-, Zeugen- oder Sachverständigenaussage begangen werden kann, nichts anderes, als daß die falsche Aussage nur bestraft wird, sofern sie eidlich abgegeben ist". Immerhin wäre es, zumal ja der § 168 den bestraft, der uneidlich „wissentlich falsch aussagt", vielleicht richtiger, wenn der § 165 tunlichst entsprechend

[1]) Vgl. allerdings die inzwischen verabschiedete Zivilprozeßnovelle vom 1. Juni 1909. Der im Entwurf vorgeschlagene § 509 Abs. 2 hat darin keine Aufnahme gefunden. Interessant ist übrigens, daß der sächsische Richterverein die Vorschrift des § 60 des Entwurfs zur StPO., der die Möglichkeit, Zeugen unbeeidigt zu vernehmen, für die amtsgerichtlichen Sachen vorsieht, auch auf die übrigen Strafsachen ausgedehnt wissen will. Vgl. DJZ. 1910 S. 242.

[2]) Vgl. v. Liszt, Lehrb. S. 585 f. Binding, *II. 138* Note 3, Beling in DJZ. 1901 S. 363 ff., Stooß, S. 389 ff.

[3]) Vgl. *VEBegr.* S. 536 Anm. 2.

[4]) Binding, *II. 132* Note 4: Der Eid ist „ein Akzent ohne einen Buchstaben darunter".

gefaßt würde (z. B. wer eidlich usw. falsch aussagt). Der *OVE.* — vgl. oben unter I. 2 — bestimmt:

§ 176: Wer vor Gericht bei seiner eidlichen Vernehmung als Partei falsch aussagt oder wer vor Gericht einen falschen Eid ablegt, wird mit Kerker von einem bis zu fünf Jahren oder mit Gefängnis von sechs Monaten bis zu fünf Jahren bestraft.

§ 177: 1. Wer vor Gericht als Zeuge, Sachverständiger oder Dolmetsch[1]) falsch aussagt, wird mit Gefängnis von vier Wochen bis zu drei Jahren bestraft.

2. Hat der Täter die Aussage beschworen, so ist auf Kerker von einem bis zu fünf Jahren oder auf Gefängnis von sechs Monaten bis zu fünf Jahren zu erkennen.

Der *SchVE.* bestraft in Art. 215: „wer in einem Rechtstreite als Partei wissentlich eine falsche Beweisaussage zur Sache abgibt", in Art. 216: „wer in einem gerichtlichen Verfahren als Zeuge zur Sache wissentlich falsch aussagt, als Sachverständiger wissentlich einen falschen Befund oder ein falsches Gutachten abgibt, als Übersetzer wissentlich falsch übersetzt . . ."

Es erscheint mir überhaupt zweifelhaft, ob die Zusammenfassung der verschiedenen Tatbestände in § 165 des *DVE.* ein Gewinn ist — trotz der dadurch erzielten Kürze.

3. Der § 165 *DVE.* erfordert, daß die Aussage vor einer zuständigen Behörde abgegeben ist — ähnlich § 168 —. Weitere Unterscheidungen hat der Entwurf nicht aufgenommen, insbesondere nicht der in der Rechtslehre[2]) aufgestellten Forderung Rechnung getragen, nur die falsche prozessuale eidliche Beweisaussage zu strafen, so daß z. B. die Aussagen der Zeugen im Vorverfahren oder in der Voruntersuchung ausschieden, weil sie nicht dem erkennenden Richter als Erkenntnisquelle dienen. Mir erscheint der Standpunkt des Entwurfs zutreffend: überall, wo das Gesetz den Eid zuläßt und damit seinen Wert als Mittel der Wahrheitserforschung anerkennt, muß auch jede Eidesverletzung gleich geahndet werden.

Der *SchVE.* nähert sich dem oben erwähnten Standpunkt der Doktrin und stellt im übrigen in Art. 219 „das Verfahren in Verwaltungssachen" dem gerichtlichen gleich. Der *OVE.* wendet die Bestimmungen auch auf die Aussagen vor dem in §§ 180 und 181

---

[1]) Nach deutscher Auffassung ist der Dolmetscher im Sinne des § 154 StGB. zu den Sachverständigen zu rechnen. Vgl. Olshausen, Anm. 1 zu § 154 und die dort zit.

[2]) Stooß, S. 379 ff., 408. Vgl. auch Klee in Golt. Arch. *LIV. 464.*

[3]) Vgl. hierzu *VEBegr.* S. 538 Anm. 1 und die dort zit.

genannten Schiedsgericht, ausländischen Gerichten und Verwaltungsbehörden an.

4. Eine Bestimmung, wieweit die Wirksamkeit der eidlichen Bestärkung sich erstrecke, insbesondere, ob sie ohne Unterscheidung wesentliche und unwesentliche Bestandteile der Aussage ergreife, hat der Entwurf ausdrücklich nicht getroffen (Begr. S. 537, 538). Wenn die Begründung aber sagt, die Regelung dieser Frage liege der Prozeßgesetzgebung ob, „deren Bedürfnisse dafür maßgebend sein müßten," so erscheint mir dies nicht ganz zutreffend. Der *SchVE.* (vgl. oben zu 2 a. E.) bestraft nur die falsche Aussage zur „Sache", und § 179 des *OVE.* bestimmt:

„Der Zeuge ist wegen falscher Angaben, die sich auf sein Alter, seinen Geburtsort, seine Religion, seinen Stand oder Wohnort beziehen, nur strafbar, wenn der Richter außer der allgemeinen Frage nach diesen Verhältnissen eine besondere Frage über die Wahrheit der mitgeteilten Umstände an den Zeugen gerichtet hat und dies im Protokoll festgestellt worden ist."

Eine allgemeine Beschränkung des Eides auf die Aussage „zur Sache" erscheint allerdings nicht unbedenklich, da unter Umständen auch andere Bekundungen, z. B. über das Verwandtschaftsverhältnis und Vorstrafen, von großer Tragweite sein können. Andererseits sind erfahrungsgemäß Meineidsuntersuchungen über solche Fälle stets sehr unerquicklich, und fast niemals erfolgt eine Verurteilung wegen wissentlichen Meineids. Jüngst gab eine Wiener Schauspielerin als Zeuge ihr Alter auf 27 statt auf 29 Jahre an, und eine übelwollende Person erstattete dieserhalb Anzeige; „es wäre empörend — so bemerkt Stooß hierzu — wenn diese harmlose Eitelkeitslüge mit Kerker oder Zuchthaus bestraft würde". Eine Vorschrift wie die des § 179 des *OVE.* erscheint mir in der Tat erwägenswert, und es fragt sich, ob die Beschränkung vielleicht noch auf andere Umstände (wie z. B. Vorstrafen) zu erstrecken wäre. Eine gewisse Abhilfe würde künftighin ja allerdings die Zulassung mildernder Umstände gewähren, wie auch die Begr. (S. 539) hervorhebt.

5. Der § 165 droht — wie bisher — als regelmäßige Strafe Zuchthaus bis zu zehn Jahren an. In grundsätzlicher Abweichung vom bisherigen Rechte sind aber allgemein mildernde Umstände zugelassen und die in §§ 157 und 158 StGB. vorgesehenen milderen Fälle nicht aufgenommen. Der Entwurf erachtet die erwähnten Ausnahmen nicht für ausreichend und sucht des näheren darzulegen, daß, wie die Praxis lehre, auch sonst noch Fälle vorkämen, „die eine mildere Auffassung zulassen, und in denen deshalb die Regelstrafe als zu hart empfunden wird," z. B. wenn der Meineid aus

einem sittlich nicht verwerflichen Beweggrunde begangen ist (Begr. S. 539). Das erscheint mir zutreffend. Auch der *OVE.* trägt diesem Gedanken Rechnung, indem er in den §§ 176 und 177 als niedrigste Strafe Gefängnis von sechs Monaten androht, ebenso der *SchVE.*, der im Falle des Art. 215 („falsche Beweisaussage der Partei") „Gefängnis oder Zuchthaus bis zu drei Jahren", in den des Art. 216 („falsches Zeugnis usw.") Gefängnis nicht unter drei Monaten oder Zuchthaus bis zu fünf Jahren androht.

Daneben kennen aber sowohl der *OVE.* wie der *SchVE.* noch besondere Fälle von Strafmilderung oder Straflosigkeit, die zum Teil an § 157 StGB. erinnern. Nach § 185 des *OVE.* ist wegen falscher Aussage nicht strafbar,

„wer in einem Verfahren wegen einer strafbaren Handlung, die er selbst begangen hat, als Zeuge vernommen wird und sich sowohl durch die Angabe der Wahrheit als auch durch die Verweigerung der Aussage der Gefahr strafgerichtlicher Verfolgung wegen dieser Tat aussetzen würde".

Eine Strafmilderung tritt nach § 186 ein:

„. . . 2. wenn der Täter sowohl durch die Angabe der Wahrheit als auch durch die Verweigerung der Aussage sich oder einen nahen Angehörigen der Gefahr strafgerichtlicher Verfolgung oder Verurteilung aussetzen würde, es sei denn, daß er sich freiwillig zur Aussage gemeldet hat,

3. wenn der Täter nur über einen unwesentlichen Umstand falsch aussagt . . ."

Der Abs. 4 des Art. 216 *SchVE.* bestimmt:

„Sagt der Zeuge falsch aus, um sich oder eine Person, die ihm nahe steht, vor Strafe oder Schande zu bewahren, so kann der Richter die Strafe nach freiem Ermessen mildern, sofern der Zeuge nicht durch sein Zeugnis wissentlich einen Nichtschuldigen des Verbrechens beschuldigt."

Diesen Vorschriften liegt der Gedanke zugrunde, daß niemand in eigner Sache Zeuge sein könne, und daß die Zwangslage einer Person vom Gesetz stets zu berücksichtigen sei. Stooß (S. 396ff. 408) verlangt in beiden Fällen für die falsch aussagende Person Straflosigkeit und will, daß die Zwangslage einer Person sie vom Zeugnis überhaupt ausschließe. Erwägenswert ist eine Vorschrift wie § 185 des *OVE.* in der Tat; die Straflosigkeit wäre aber meines Erachtens jedenfalls auf den Fall zu beschränken, daß der Zeuge nicht einen Nichtschuldigen fälschlich bezichtigt. Vor allem wäre aber in den prozessualen Vorschriften der Zwangslage des Zeugen möglichst weit Rechnung zu tragen[1]).

Ob übrigens die Mindeststrafe von sechs Monaten Gefängnis nicht noch zu hoch ist, könnte zweifelhaft sein; das Bedenken

---

[1]) Vgl. §§ 52, 59 Ziff. 3 des Entwurfs zur StPO. u. Begr. hierzu S. 208ff.

wird aber durch die nach § 83 des Entwurfs „in besonders leichten Fällen“ allgemein statthafte Strafmilderung beseitigt.

Vgl. im übrigen über Strafmilderung und Straflosigkeit unten unter V.

6. Die Strafschärfung des bisherigen § 154 Abs. 2 StGB. hat der *DVE.* nicht aufgenommen, weil, soweit ein ursächlicher Zusammenhang zwischen der nachteiligen Aussage und der Verurteilung bestehe und der Vorsatz der Aussagenden auf diese letztere gerichtet sei, „außer Meineid ein Verbrechen gegen das Leben oder schwere Freiheitsberaubung vorliegen“ werde[1]), so daß nach den Grundsätzen der Verbrechenskonkurrenz eine schwere Bestrafung herbeigeführt werden könne. Ob dies aber stets möglich sein wird, erscheint zweifelhaft. Demgemäß betrachtet der *OVE.* in § 178 es als Strafschärfungsgrund, wenn die falsche Aussage 1. zu einer ungerechtfertigten „Anklage wegen Verbrechens“ oder zur Verurteilung zu einer Freiheitsstrafe von mehr als drei Monaten oder 2. zu einer Freiheitsstrafe von mehr als fünf Jahren, „zur lebenslangen Kerkerstrafe oder zum Tode“ geführt hat. Im Falle 2: Kerker von 2 bis 15 Jahren. Nach Art. 216 Abs. 2 des *SchVE.* ist es strafschärfend, wenn ein Zeuge „durch sein Zeugnis den Angeklagten wider besseres Wissen eines Verbrechens, das dieser nicht begangen hat“, beschuldigt (Zuchthaus bis zu zehn Jahren oder Gefängnis nicht unter sechs Monaten). Eine ähnliche Vorschrift wäre vielleicht zu erwägen, wenngleich die Kasuistik des *OVE.* mir wenig nachahmenswert erscheint.

7. Der zweite Satz des Abs. 1 des § 165 stellt „eine von dem Gesetz an Stelle der Eidesleistung zugelassene Beteuerung oder Versicherung dem Eide gleich“. Eine ähnliche Vorschrift enthält § 182 des *OVE.*

Die bisherige Bestimmung des § 161 StGB. hat der *DVE.* meines Erachtens mit Recht nicht wiederholt[2]). Auch dem *OVE.* ist eine derartige Vorschrift fremd.

8. Der § 168 des *DVE.* erfordert als Tatbestandsmerkmal, daß der Täter „von der Behörde auf die Strafbarkeit falscher uneidlicher Aussagen hingewiesen worden ist“. Diese Vorschrift, die allerdings, wie die Begründung mit Recht bemerkt (S. 547), streng genommen nicht in das materielle Strafrecht gehört — auch der *OVE.* und *SchVE.* kennen sie nicht — ist aufgenommen, weil bei der Beratung der sog. lex Salisch auf ihre Einfügung besonderes Gewicht gelegt worden ist. Sie erscheint mir auch durchaus praktisch.

[1]) Binding *II. 158, 159.*

[2]) Ebenso Stooß, S. 407, 408.

Zu erwägen wäre ferner, ob hier die Strafbarkeit nicht auf die falsche Aussage „zur Sache“ beschränkt werden könnte (vgl. oben zu 4), oder vielleicht auf die Aussage vor dem erkennenden Richter (vgl. Stooß, S. 391).

Die Strafe ist verhältnismäßig milder als nach den *ÖVE.* und *SchVE.* — vgl. oben zu 2 und 5 —; beide Entwürfe kennen Haft als Regelstrafe überhaupt nicht. Vgl. aber unten zu V. Zutreffend ist hierbei meines Erachtens auch erwogen, daß „es sich um eine neue Bestimmung handelt, die etwas strafbar macht, was bisher nicht strafbar war“ (Begr. S. 547).

Nach Abs. 3 kann „in besonders leichten Fällen (§ 83) von Strafe abgesehen werden“. Nach der Begründung (S. 549, 324) soll dann auch die Strafverfolgung unterbleiben dürfen, was angesichts der Fassung des § 83 („das Gericht“) meines Erachtens ausdrücklich auszusprechen wäre.

III. Fahrlässiger Falscheid und fahrlässig falsche uneindliche Aussage.

Stooß sagt am Schlusse seiner Ausführungen über den fahrlässigen Falscheid (S. 407): „Es kann meines Erachtens nicht zweifelhaft sein, daß das künftige deutsche Strafgesetzbuch keinen Tatbestand des fahrlässigen Falscheides enthalten wird... Es gilt, eine offenkundige Überspannung der Strafgewalt zu beseitigen. Der Gesetzgeber wird glücklich sein, einmal eine Strafbestimmung aufheben zu können.“ Ob diese Prophezeiung eintreffen wird? Der *DVE.* spricht jedenfalls nicht hierfür: Er bedroht in § 165 Abs. 2 den fahrlässigen Falscheid, in § 168 Abs. 2 die fahrlässig falsche uneidliche Aussage.

Es würde über den Rahmen der vorliegenden Betrachtung hinausgehen, wenn ich in eine eingehende Würdigung der verschiedenen, über die vorliegende Frage ausgesprochenen Meinungen eintreten wollte. Die Frage ist ja gerade in neuerer Zeit vielfach und eingehend behandelt, und ich darf hier auf die betreffenden Abhandlungen und Drucksachen Bezug nehmen, zumal neue Gesichtspunkte kaum noch beizubringen sind[1]). Der Gesetzgeber hat eben nach Prüfung aller Argumente Stellung zu nehmen. Der Standpunkt des *DVE.* ist in der Begr. (S. 541 ff.) eingehend gerecht-

---

[1]) Vgl. Stooß, S. 289 ff., 404 ff. Olshausen in Goltd. Arch. *XL. 8 ff.*, wo auch der Standpunkt der Strafrechtkodifikationen erwähnt ist, ferner die in *VEBegr.* S. 542 Anm. 1 u. 2, S. 543 Anm. 3 zit. u. Birkenfeld in DJZ. *IX. 784 ff.*

fertigt: „Bei der großen Bedeutung des Eides und der eidlichen Aussage im Rechtsleben erscheint die Bestrafung der fahrlässigen Verletzung der Eidespflicht durchaus geboten. Sie ist ein Mittel, das sehr wohl geeignet ist, den Schwörenden zur sorgfältigen und gewissenhaften Erfüllung der Eidespflicht anzuhalten, und dessen Wegfall in dieser Beziehung von ungünstiger Rückwirkung wäre." Andererseits sagt Olshausen[1]), der die Strafwürdigkeit des fahrlässigen Falscheides (im wesentlichen mit Rücksicht auf die Schwierigkeit der Feststellung des Tatsächlichen) verneint: „Stellt sich der Gesetzgeber in der Erkenntnis, daß nicht nur keine ausreichenden Gründe für die Strafbarkeit sich geltend machen lassen, daß vielmehr positive Gründe gegen solche sprechen, auf diesen Standpunkt, so werden in Deutschland vermieden werden: viele strafrechtliche Untersuchungen, die ohne praktisches Ergebnis verlaufen, und manche Verurteilungen, die ungerecht erscheinen nach der einen oder anderen Richtung[2])." Wenn ich persönlich, obwohl ich das Gewicht der Gegengründe keineswegs verkenne, derjenigen Meinung, die den fahrlässigen Falscheid straflos lassen will, zuneige, so bestimmt mich hierbei

[1]) In Goltd. Arch. *XL.* 20.

[2]) Interessant ist der jüngst in Entsch. RG. 42 S. 286 ff. mitgeteilte Fall Der Angeklagte hatte an die B., mit der er öfters geschlechtlich verkehrte, manchmal Geld entrichtet, gleichwohl aber zeugeneidlich bekundet, er habe ihr nie Geld gegeben. Die Strafkammer hat aus § 163 StGB. verurteilt: „Weil er ihr öfters für ihre Hingabe kein Geld gegeben hat, hat er möglicherweise bei seiner eidlichen Aussage nur an diese Fälle gedacht und ohne weitere Überlegung fahrlässigerweise seine Erklärung abgegeben." RG. weist die Revision zurück; denn die Urteilsgründe nehmen „nicht etwa einen zur festen Überzeugung gewordenen Irrtum, einen bleibenden, unverbesserlichen Gedächtnisfehler, sondern nur ein augenblickliches Zurückgetretensein von richtigen Erinnerungsbildern und zugleich die Möglichkeit ihrer klaren Wiederkehr (!) bei pflichtmäßigem Nachdenken, Überlegen oder Besinnen an". Das sei nicht rechtsirrig oder widerspruchsvoll. Abgesehen von den Fällen eines tatsächlichen festgewurzelten Irrtums, besitze der Mensch erfahrungsgemäß „im allgemeinen die Fähigkeit, durch Anspannung seines Vorstellungs- und Denkvermögens die verschwommen gewordenen oder auch ganz zurückgetretenen Erinnerungsbilder wieder mit wachsender Deutlichkeit in das Bewußtsein zurückzurufen"; pflichtwidrig handele also der Zeuge, der, „ohne weiter nachzudenken, mittelbar einschlagende Erinnerungsbilder zu benutzen und zusammenhängende Einzelheiten sich möglichst scharf zu vergegenwärtigen, mit einem Wort sich zu ‚besinnen', vorschnell und leichtsinnig seine Aussage macht". — Wie wäre der erwähnte Fall wohl beurteilt worden, wenn das StGB. den fahrlässigen Falscheid nicht kennte?

nicht zum wenigsten der Umstand, daß diejenigen Länder, deren Bevölkerung in ihrem Denken und Empfinden uns am nächsten steht, sich in den neuesten Entwürfen — offenbar nach reiflichster Erwägung — in demselben Sinne entschieden haben: Österreich und die Schweiz. Besonders bemerkenswert ist hierbei, daß Österreich, das in den Strafgesetzentwürfen von 1874 und den folgenden den fahrlässigen Falscheid vorgesehen hatte[1]), in dem neuesten Entwurf von 1909 ihn nicht mehr aufgenommen hat[2]).

Kohler[3]) spricht sich auch gegen die Aufnahme des fahrlässigen Falscheids bei Zeugen aus; man bewirke dadurch nur, daß ein gewissenhafter Zeuge, der sein Gedächtnis foltere, kraft der unumgänglichen Autosuggestion und Selbsttäuschung etwas ganz Falsches aussage; die psychologischen Forschungen hätten gezeigt, daß „von solchen Gewissenserforschungen" sich niemals ein günstiges Ergebnis erwarten lasse. Wenn Kohler aber meint, ein fahrlässiger Falscheid „ließe sich nur bei Sachverständigen aufrecht erhalten", so will mir diese Unterscheidung nicht glücklich erscheinen.

Im übrigen weist die Begr. (S. 544) zutreffend darauf hin, daß die Voraussetzungen der Strafbarkeit des fahrlässigen Falscheides gerade in neuerer Zeit durch die Rechtsprechung des Reichsgerichts „sorgsam umschrieben" worden seien, und namentlich ist das bekannte Urteil (Entsch. 22 S. 297) betreffs der Begründung des subjektiven Schuldmoments in der Tat von „großem und segensreichem Einfluß" gewesen. (Olshausen, a. a. O. S. 12.)

Was hier vom fahrlässigen Falscheid gesagt ist, gilt meines Erachtens in gleicher Weise von der fahrlässig falschen uneidlichen Aussage.

IV. Falsche Versicherung an Eidesstatt. § 166.

Der § 166 des *DVE.* gibt die Bestimmungen der §§ 156 und 163 StGB. ohne Veränderung des Tatbestandes mit einer geringen redaktionellen Abweichung wieder. Zu erwägen wäre, ob die Vorschrift aufrecht zu erhalten ist. Der *OVE.* und *SchVE.* kennen sie nicht, wie sie überhaupt dem ausländischen Strafrecht fremd ist[4]). Stooß (S. 395 f.) hält sie für entbehrlich. Bedenklich sei, daß nicht Beweisaussagen, sondern vorwiegend Behauptungen und Er-

---

[1]) Vgl. Stooß, S. 326.

[2]) Der 27. Deutsche Juristentag hat die Strafbarkeit der fahrlässig falschen Aussage mit großer Majorität abgelehnt, Verhdl. *IV. 329.*

[3]) In Goltd. Arch. *LVI. 301.*

[4]) Vgl. Stooß, S. 371.

klärungen, und zwar mündliche und schriftliche, an Eides Statt bekräftigt würden. Es bestehe kein Zweifel, daß die falschen Behauptungen und Erklärungen, auf die sich die eidesstattliche Versicherung bezieht, als solche nicht strafbar wären; sie unterschieden sich von manchen anderen falschen Angaben nur durch die Form. „Diese Form ist lax, sie ermangelt der Klarheit und der Einheitlichkeit. In dem einen Staat wird die eidesstattliche Form für diese Erklärung vorgeschrieben oder zugelassen, in dem andern Staate für eine andere . . .“ „Deutschland wird mit der falschen Versicherung an Eides Statt eine Eigentümlichkeit seines Strafrechts aufgeben, aber keine berechtigte Eigentümlichkeit.“

Mir sind allerdings in der Praxis Fälle einer Verurteilung aus § 156 StGB. vorgekommen, die dem Rechtsgefühl sicherlich entsprachen[1]).

Bezüglich der Fahrlässigkeit ist auf das vorstehend zu III Gesagte hinzuweisen[2]).

V. Widerruf der falschen Erklärung oder Aussage. § 169.

Die Vorschrift des § 169 bezieht sich auf den fahrlässigen Falscheid, die fahrlässig falsche Versicherung an Eides Statt und die wissentlich oder fahrlässig falsche uneidliche Aussage. Der Widerruf muß erfolgen, „bevor ein Rechtsnachteil für einen anderen entstanden ist“. Nach § 183 des *OVE.* erlischt die Strafbarkeit jeder falschen Aussage, wenn der Täter „die Aussage bei einer öffentlichen Behörde freiwillig und nicht weil er weiß, daß seine Tat entdeckt ist, widerruft, bevor auf Grund der Aussage eine Entscheidung oder Verfügung getroffen ist“. Ist letzteres bereits geschehen, so tritt nach § 186 Ziff. 1 Strafmilderung ein, wenn der Täter die Aussage freiwillig „widerruft und dadurch die Fortdauer eines aus ihr entstandenen Nachteiles abwendet“. Nach Art. 215 Abs. 2 und 216 Abs. 3 des *SchVE.* kann, wenn die Partei oder ein Zeuge seine falsche Aussage usw. „berichtigt“, bevor eine Strafanzeige eingereicht ist „und bevor der Richter geurteilt hat, der Richter die Strafe nach freiem Ermessen mildern oder er-

---

[1]) Es handelte sich um Fälle, wo auf Grund einer wissentlich falschen Versicherung ein Arrest (§ 816 ZPO.) erwirkt war.

[2]) Interessant in dieser Beziehung ist das kürzlich in der DJZ. 1910 S. 596f. veröffentlichte Urteil des RG. v. 4. Febr. 1910. Soweit aus der kurzen Wiedergabe der Sachverhalt zu ersehen ist, will es mir zweifelhaft erscheinen, ob hier wirklich ein Strafbedürfnis vorlag. Vgl. allerdings auch Entsch. RG. *XX. 198* und *XXXIV. 298.*

lassen". Zu erwägen wäre, ob nicht auch für das deutsche Recht beim Widerruf auch der wissentlich falschen eidlichen Aussage, wenigstens „in besonders leichten Fällen" (§ 83) die Befugnis, von Strafe abzusehen, aufzustellen wäre.

Stooß (S. 401) findet es „engherzig, daß der Täter die falsche Aussage nur bei der Behörde, der sie abgegeben ist, widerrufen kann: die Wahrheit soll überall eine offene Tür finden und willkommen sein". Da aber der Widerruf auch schriftlich erfolgen kann, ist hieraus ein besonderes Bedenken wohl kaum herzuleiten; es wäre übrigens meines Erachtens aber auch unbedenklich, wenn dieses Merkmal fortfiele.

VI. Verleitung zum Meineide, zum Falscheide oder zur falschen Versicherung an Eidesstatt. §§ 167, 170.

1. Die §§ 167 und 170 entsprechen im wesentlichen den bisherigen §§ 159 und 160 StGB. Da der Entwurf von Aufnahme einer Vorschrift, die den Versuch der Anstiftung zu einem Verbrechen allgemein für strafbar erklärt, abgesehen hat, war allerdings eine Sondervorschrift nötig, auf die „im Interesse der Rechtssicherheit nicht verzichtet werden" könne (Begr. S. 546). Statt des bisherigen Ausdruckes „unternehmen" ist, „ohne eine sachliche Änderung zu bezwecken", das Wort „versuchen" gebraucht, womit die bisher an jenen Ausdruck geknüpften Kontroversen[1]) wohl erledigt sind. Die Vorschrift des § 170 hält der Entwurf für erforderlich, weil noch nicht genügend geklärt sei, inwieweit „in den hier in Betracht kommenden Fällen mittelbare Täterschaft anzunehmen sein würde" (Begr. S. 549 ff.).

2. Die versuchte Verleitung zu uneidlicher falscher Aussage ist im Entwurf nicht mit Strafe bedroht. Die Frage ihrer etwaigen Strafwürdigkeit ist in der Begründung auffallenderweise gar nicht berührt. Der deutsche Strafgesetzgeber muß aber meines Erachtens zu ihr Stellung nehmen. Und dieselben Gründe, die bestimmend waren, die falsche uneidliche Aussage im Interesse der Rechtssicherheit unter Strafe zu stellen, dürften auch für die Strafwürdigkeit der versuchten Verleitung hierzu sprechen. So sehr ich der Ansicht beitrete, daß im Zweifel gegen die Ausdehnung der staatlichen Strafgewalt zu entscheiden, und es stets ein Gewinn ist, wenn der Staat nicht strafen muß[2]), so meine ich doch, daß mit Rücksicht auf die Vorschrift des § 168 auch die Bestrafung

[1]) Vgl. Stooß, S. 304, 305 und Entsch. RG. 42 S. 266 ff.

[2]) Stooß, S. 391.

der Verleitung zur falschen uneidlichen Aussage ernstlich zu erwägen wäre. Wenn man die sich hiernach eröffnende „Perspektive beängstigend" findet[1]), so ist dem entgegenzuhalten, daß andere Strafgesetzentwürfe — so der *OVE.* und *SchVE.* — den ausgesprochenen Gedanken bereits verwirklicht haben. Bei der Behandlung der falschen Aussage im *SchVE.* erscheint dies allerdings wohl selbstverständlich. Aber auch der *OVE.* bestraft in § 184 Abs. 1, „wer einen anderen anzustiften versucht, eine falsche Aussage vor Gericht abzulegen," während die versuchte Verleitung zum Meineid nach der allgemeinen Vorschrift des § 15 („wer zu einer als Verbrechen bedrohten Tat anzustiften versucht") strafbar ist. Einer besonderen Vorschrift bedurfte es auch im *SchVE.* nicht, da nach Art. 23 bestraft wird, „wer jemand zu einem Verbrechen, das mit Zuchthaus bedroht ist, zu bestimmen versucht". Dem § 170 *DEV.* entspricht im wesentlichen Art. 217 („wer einen Zeugen usw. arglistig veranlaßt, in einem gerichtlichen Verfahren gutgläubig ein falsches Zeugnis usw. abzugeben"). Der *OVE.* kennt eine entsprechende Vorschrift nicht.

3. Die Zulassung mildernder Umstände in § 167 entspricht meines Erachtens einem in der Praxis hervorgetretenen Bedürfnis. Der in der Doktrin (Stooß, S. 404) aufgestellten Forderung, daß die Verleitung zum Falscheide keinesfalls milder bestraft werde als die Verleitung zum Meineide, trägt § 170 des *DVE.* nicht Rechnung, während der erwähnte Art. 217 *SchVE.* Gefängnis nicht unter drei Monaten oder Zuchthaus bis zu fünf Jahren androht.

Die Vorschrift des § 184 Abs. 2 *OVE.* („wer sich einem anbietet, eine falsche Aussage vor Gericht abzulegen") erübrigt sich im *DVE.* wohl durch § 132. Vgl. auch Art. 185 *SchVE.* („wer jemandem anbietet, ein Verbrechen zu begehen, das mit Zuchthaus bedroht ist . . .").

VII. Falsche Beschuldigung. § 171.

Der *DVE.* sieht die falsche Beschuldigung als ein „vorwiegend gegen die Rechtspflege gerichtetes Delikt" an und folgt damit der jetzt herrschenden Ansicht[2]). Ebenso der *OVE.*; der *SchVE.* behandelt das Delikt unter den „Verbrechen gegen die Strafverfolgung und den Strafvollzug".

Von dem in § 164 StGB. enthaltenen Merkmal der Anzeige

---

[1]) Ausdruck von Beling in der DJZ. *VI. 363.*

[2]) *VEBegr.* S. 551. Vgl. dagegen Heilborn in *Vergl. Darst. Bes. T. III. 121,* aber auch Klee in Golt. Arch. *LVI. 461.*

sieht der Entwurf — ebenso wie der *O.* und *SchVE.* — ab, weil dadurch der Form der Mitteilung an die Behörde „eine übermäßige, ihr nicht zukommende Bedeutung" beigelegt werde[1]). Um zu verhindern, daß auch nur „gelegentliche lügenhafte Angaben bei der Vernehmung, gelegentliche Vorwürfe strafbarer Handlungen bei deren Verhandlungen vor den Behörden" als falsche Beschuldigung strafbar seien, verlangt § 171 das Beschuldigen eines anderen, „um ihm eine Verfolgung . . . zuzuziehen". Diese Erwägungen (Begr. S. 552, 553) erscheinen mir durchaus zutreffend; nur möchte ich die Fassung vorschlagen: „um eine Verfolgung . . . herbeizuführen", vgl. auch Art. 210 des *SchVE.* Dieser[2]) und ebenso der *OVE.*[3]) dehnen den Tatbestand auch auf die fälschliche Herstellung oder Veränderung von Tatspuren oder sonstigen Indizien aus. Der Entwurf (Begr. S. 554) lehnt eine solche Ausdehnung als zu weitgehend ab, und in der Tat ist ein dringendes praktisches Bedürfnis hierfür bisher wohl nicht hervorgetreten. Zweifelhafter erscheint dies bezüglich der Frage, ob auch die nicht gegen eine bestimmte Person gerichtete Anzeige eines erdichteten Verbrechens strafbar sein soll. Der Entwurf (Begr. S. 555) erkennt auch hierfür (ebenso für die falsche Selbstbezichtigung) kein ausreichendes Bedürfnis an, während der *OVE.*[4]) ersteres unter Strafe stellt. In der Praxis kommen in der Tat wohl mitunter Fälle vor, die einen derart frivolen Mißbrauch der Rechtseinrichtungen enthalten, daß ein strafrechtliches Einschreiten dagegen nicht unerwünscht wäre[5]).

Die Beschuldigung muß nach § 171 eine strafbare Handlung oder die Verletzung einer Amtspflicht betreffen. Letzteres kennen

---

[1]) Vgl. über die Neigung, schon jetzt den Begriff der Anzeige im Sinne des § 164 StGB. weit auszulegen, das interessante Urteil in RG.-Entsch. *XLII. 18 f.*

[2]) „Wer einen Nichtschuldigen wider besseres Wissen einer strafbaren Tat bei der Behörde beschuldigt oder arglistig ein Strafverfahren gegen einen Nichtschuldigen herbeiführt . . ."

[3]) *OVE.* § 187: 1. „Wer wider besseres Wissen einen anderen bei einer öffentlichen Behörde einer strafbaren Handlung fälschlich beschuldigt oder sonst eine Beschuldigung dieser Art gegen einen anderen vorbringt, um sie zur Kenntnis einer öffentlichen Behörde gelangen zu lassen;

2. wer wider besseres Wissen einen anderen durch Unterschieben, Verändern oder Beseitigen eines Beweismittels einer strafbaren Handlung fälschlich verdächtig macht . . ."

[4]) *OVE.* § 191: „Wer in der Absicht, die öffentliche Behörde irrezuführen, den Schein der Begehung einer strafbaren Handlung erweckt, ohne eine bestimmte Person zu beschuldigen oder verdächtig zu machen . . ."

[5]) Ebenso Kohler in Goltd. Arch. *LVI. 305.*

der *O.* und der *SchVE.* nicht. Die Vorschrift ist „im Interesse des Beamtenschutzes gegen böswillige Anfeindungen" beibehalten und hat sich in der Tat wohl auch — wie die Begr. (S. 556) meint — bewährt.

Der § 187 *OVE.* erfordert übrigens, daß „die strafbare Handlung von Amts wegen zu verfolgen ist". Ein Bedürfnis für eine solche Einschränkung liegt meines Erachtens nicht vor. Der Gedanke ist aber immerhin vielleicht erwägenswert.

Als Strafsatz hat der Entwurf „bei der großen Gefährdung der Rechtspflege" durch die Tat wie bisher Gefängnis nicht unter einem Monat bestimmt, neu aber mildernde Umstände zugelassen, was mir gerechtfertigt erscheint. Der *SchVE.* droht Gefängnis oder Zuchthaus bis zu fünf Jahren an, der *OVE.* als Regelstrafe Gefängnis von zwei Wochen bis zu zwei Jahren, kennt aber in § 187 Ziff. 3 und 4 dieselben Strafschärfungsgründe wie für die falsche Aussage (vgl. oben zu II. 6) und droht für diese neben Gefängnis auch Kerker bis zu fünf bzw. zehn Jahren an. Strafmilderungsgrund ist es nach § 188 daselbst, „wenn die Beschuldigung nur eine Übertretung zum Gegenstande hat und für den Beschuldigten kein Nachteil an der Freiheit entstanden ist", auch wird in diesem Falle „der Täter nur auf Privatklage verfolgt". Nach § 189 daselbst erlischt die Strafbarkeit durch freiwilligen Widerruf der Beschuldigung, „bevor sie zur Einleitung eines Strafverfahrens geführt hat". Der *DVE.* hat von der Heraushebung schwerer Fälle geflissentlich abgesehen (Begr. S. 560) und es mag in der Tat ein Bedürfnis hierzu nicht vorliegen[1]). Zu erwägen wäre aber der Vorschlag von Heilborn (S. 122), die Zuerkennung einer Buße zu gestatten.

VIII. Strafvereitelung. § 172.

Aus der wenig glücklichen Vorschrift des § 257 StGB., der zwei an sich ganz verschiedene Delikte unter einem Tatbestand nur mit Differenzierung „im Punkte der Täterabsicht"[2]) behandelt, hat der *DVE.* die „Strafvereitelung" losgelöst und als selbständiges Delikt unter die Straftaten „in Beziehung auf die Rechtspflege" eingestellt. Diese Systematisierung entspricht der herrschenden Meinung und erscheint durchaus zutreffend[3]). Der *OVE.* und *SchVE.* stehen auf demselben Standpunkt.

---

[1]) Vgl. auch Heilborn S. 123.

[2]) Beling in *Vergl. Darst Bes. T. VII. 18.*

[3]) Vgl. *VEBegr.* S. 561 ff., 565; Binding *II. 643*; Beling, S. 61 ff., 224. Schon nach dem geltenden Recht bezeichnet das RG. (Entsch. 20 S. 223) das Delikt als „Eingriff in die staatliche Rechtspflege". Vgl. v. Liszt, Lehrb. S. 598.

Mit Recht beschränkt auch der Entwurf die Pönalisierung auf die Strafvereitelung: er bestraft nicht jeden Eingriff in die Rechtspflege schlechthin (Strafjustizvereitelung), sondern nur unter der Voraussetzung, daß eine strafbare Handlung begangen und deren Täter strafbar ist[1]). „Wer dem Staate einen Justizmord spart, macht sich um ihn trotz des formellen Bestandes eines Strafrechts nur verdient: er muß frei ausgehen[2]).“ Dies ist auch der Standpunkt des *OVE.* (§§ 193, 194), während *SchVE.* Art. 212 schon bedroht, „wer jemanden absichtlich der Strafverfolgung, dem Strafvollzuge oder dem Vollzuge einer sichernden Maßnahme entzieht“.

Während § 257 StGB. nur straft, wenn es sich um Begünstigung eines Verbrechens oder Vergehens handelt, spricht § 172 allgemein von einer „strafbaren Handlung“: „Die Gerechtigkeit und das öffentliche Wohl verlangen die gleichmäßige Anwendung des Rechts in allen, auch in unbedeutenden Sachen[3]).“ Gegen die Folgerichtigkeit dieses Standpunkts, auf dem auch der *OVE.* u. *SchVE.* stehen, dürfte kaum etwas einzuwenden sein, und eine übermäßige Häufung von Strafprozessen ist nach den Erfahrungen der Praxis meines Erachtens aus der Vorschrift auch nicht zu befürchten.

Der § 172 spricht lediglich von „vereiteln“ und vermeidet meines Erachtens mit Recht eine „Zersplitterung des Tatbestandes in verschiedene einzeln aufgezählte Tätigkeiten“[4]), wie dies z. B. der *OVE.*[5]) tut. Auch von einer Sonderstrafdrohung für qualifizierte Fälle, insbesondere wenn der Täter seines Vorteils wegen gehandelt hat, ist aus den in der Begr. (S. 570) hervorgehobenen Gründen meines Erachtens mit Recht abgesehen, ebenso wie im *OVE.* und *SchVE.*[6]).

Der Strafrahmen ist in § 172 Gefängnis oder Haft bis zu zwei Jahren oder Geldstrafe bis 3000 M, im *SchVE.* Gefängnis oder

---

[1]) *VEBegr.* S. 566 ff. Vgl. dagegen Beling, S. 205 ff.

[2]) So nicht unzutreffend Binding, *II. 647, 648.*

[3]) *VEBegr.* S. 567, 568. Vgl. aber auch Beling, S. 210. Die dort vorgeschlagene Unterscheidung erscheint mir aber unpraktisch.

[4]) Beling, S. 213.

[5]) Der *OVE.* unterscheidet in § 193: 1. wer den Täter einer strafbaren Handlung vor der nachforschenden Behörde verbirgt, 2. wer einen Gefangenen zur Flucht bestimmt oder ihm dazu Hilfe leistet, 3. wer einen solchen Flüchtling verbirgt oder sonst seine Ergreifung vereitelt; in § 194: 1. wer Beweismittel oder Spuren einer von einem andern begangenen strafbaren Handlung verändert oder beseitigt, um die Ermittelung des Sachverhalts zu vereiteln.

[6]) Ebenso Beling, S. 222.

Buße. Der *OVE.* droht Gefängnis oder Haft von vier Wochen bis zu drei Jahren an, kennt aber eine Strafmilderung, wenn die zu begünstigende Handlung „mit einer sechs Monate nicht übersteigenden Freiheitsstrafe oder nur mit Geldstrafe bedroht ist" oder (im Falle des § 193) wenn der Begünstigte eine einen Monat nicht übersteigende Freiheitsstrafe zu verbüßen hat (Gefängnis oder Haft bis zu sechs Monaten.) Die Strafe des § 172 trägt meines Erachtens dem praktischen Bedürfnis genügend Rechnung.

Nach § 172 Abs. 3 bleibt — wie bisher — straflos, wer die Handlung zugunsten eines Angehörigen begeht, ebenso nach dem *OVE.* (mit Ausnahme der Gefangenenbefreiung). Nach Art. 212 Abs. 2 *SchVE.* ist der Täter nicht strafbar, wenn er „in so nahen Beziehungen zu dem Begünstigten steht, daß sein Verhalten entschuldbar ist" [1]). Es wäre in der Tat zu erwägen, ob nicht auch für unser Gesetzbuch diesem Vorbild zu folgen wäre. Beling (S. 222) meint: „Es läge hierin ein entschiedener Fortschritt über die Schablone des § 52 II StGB. hinaus."

In gewisser Weise ergänzt werden die Vorschriften über Eingriffe in die Rechtspflege durch Art. 218 *SchVE.* (Fälschung und Unterdrückung von Beweismitteln, „um auf das Urteil des Richters einzuwirken oder um es zu hindern") und durch §§ 195 ff. des *OVE.* (Übernahme der Strafe eines andern, d. h. Strafverbüßung an Stelle eines anderen und Veranstaltung öffentlicher Sammlungen zur Aufbringung einer Geldstrafe, unbefugte Veröffentlichung, Abbildung eines Verbrechers usw.)[2]). Die Strafverbüßung für einen andern wird bei uns als intellektuelle Urkundenfälschung nach § 271 StGB.[3]) bestraft und dasselbe würde auch nach § 285 *DVE.* gelten. Die öffentliche Aufforderung zur Aufbringung einer Geldstrafe und die unbefugte Veröffentlichung von Schriftstücken eines Strafprozesses durch die Presse sind im Preßgesetz (§§ 16, 17) mit Strafe bedroht, die Verstöße gegen die zur Sicherung des Ausschlusses der Öffentlichkeit gegebenen Vorschriften durch das Reichsges. v. 5. April 1888 (RGBl. S. 133), vgl. auch § 184 b StGB. und § 258 *DVE.* Ob hierüber hinaus ein Bedürfnis zu Strafbestimmungen vorliegt, erscheint mir zweifelhaft. Erwägenswert wäre wohl aber die Vorschrift des § 196 *OVE.* betreffend öffentliche Bekanntmachung einer Tatsache, Schrift oder eines Gegenstandes,

---

[1]) Die Motive betonen, daß die starre Satzung, die die eximierten Personen aufzählt und die Straflosigkeit vorschreibt, besser dem richterlichen Ermessen weiche. S. 230. Vgl. Beling, S. 194 Anm. 5.

[2]) Vgl. hierzu Kohler in Goltd. Arch. *LVI. 306.*

[3]) RG. *XXII. 345, XXV. 308.*

„die dem Amtsgeheimnis unterliegen" und deren Kenntnis „durch den Bruch dieses Geheimnisses, durch Ausspähung oder auf Grund seiner Zusage, das Geheimnis zu bewahren", erlangt ist (Haft bis zu drei Monaten oder Geldstrafe bis zu 1000 Kronen). Vgl. auch Art. 259 *SchVE.*: „wer eine schriftliche Mitteilung veröffentlicht, die, wie er weiß, nicht für die Öffentlichkeit bestimmt ist, wird auf Antrag mit Haft oder Buße bestraft."

IX. Unwahre Entschuldigung von Zeugen und Sachverständigen. § 173.

Der § 173 übernimmt — unter Erhöhung der Strafe — die Vorschrift des bisherigen § 138 StGB., soweit Zeugen und Sachverständige in Frage kommen, beseitigt sie aber für Geschworene und Schöffen, worin der Begr. (S. 572 f.) nur beizutreten ist. Ob die Strafdrohung überhaupt einem zwingenden, praktischen Bedürfnisse entspricht, erscheint mir nicht zweifellos. Der *OVE.* und *SchVE.* kennen — soviel ich sehe — eine ähnliche Vorschrift nicht.

X. Unterlassene Verbrechensanzeige. § 174.

Der § 174 gibt den Gedanken des bisherigen § 139 StGB. mit allerdings erheblichen Abänderungen wieder. Es entsteht vor allem die Frage, ob für eine derartige Strafvorschrift überhaupt ein Bedürfnis vorliegt. Binding[1]) erhebt hiergegen „die größten Bedenken", während Heimberger[2]) die Frage unter näherer Begründung „unbedenklich" bejaht.

Ich möchte sie auch bejahen: mir sind aus der Praxis verschiedene Fälle bekannt, in denen das Rechtsgefühl eine Bestrafung unbedingt forderte, eine solche aber nur auf Grund des § 139 StGB. möglich war. Es ist freilich nicht zu verkennen, daß eine Reihe der wichtigsten Kulturstaaten eine entsprechende Vorschrift nicht kennen[3]).

Im übrigen ist den im *DVE.* vorgeschriebenen Änderungen (vgl. Begr. S. 575) durchweg beizutreten. Dies gilt meines Erachtens

---

[1]) Lehrb. *II. 671*: „Nicht nur werden alle Volksgenossen . . . zu polizeilichen Wächtern über alle anderen Volksgenossen bestellt, sondern eine Unmasse der schwierigsten Urteile wird ihnen dauernd zugemutet: die Urteile nämlich, ob die Voraussetzungen zu erstattender Anzeige gegeben seien oder nicht."

[2]) *Vergl. Darst. Bes. T. II. 427.*

[3]) Vgl. Heimberger S. 417.

auch von der Ausdehnung der Anzeigepflicht auf alle Verbrechen, da jede Sonderung doch mehr oder weniger schematisch bleibt[1]).

Der *OVE.* (§ 240) beschränkt das Delikt, das sich unter den „strafbaren Handlungen gegen den öffentlichen Frieden" findet, allerdings auf bestimmte Verbrechen (im wesentlichen die im § 139 StGB. aufgeführten, ferner tätliche Majestätsbeleidigung und Verrat im Kriege); im übrigen gleicht der Tatbestand im wesentlichen dem des *DVE.* („wer es unterläßt, die Begehung eines Hochverrats usw. zu hindern oder von der drohenden Ausführung rechtzeitig der bedrohten Person oder einer öffentlichen Behörde Mitteilung zu machen, . . . wenn das Verbrechen ausgeführt oder versucht worden ist"). Der *SchVE.* begründet eine Anzeigepflicht nur für bereits begangene Verbrechen und stellt den Tatbestand überhaupt anders ab als das deutsche Recht[2]).

Lilienthal[3]) bemerkt übrigens, daß der Ausdruck „beabsichtigtes" in § 174 *DVE.* in anderem Sinne gebraucht sei, als die „Absicht" in § 59 Abs. 3 definiert sei, und durch einen „farbloseren" Ausdruck z. B. „geplantes" ersetzt werden könnte. Zu erwägen wäre auch die Ersetzung des Wortes „Kenntnis" durch „Kunde"[4]) und vielleicht auch, da ja in dieser Beziehung mit Recht die subjektive Seite entscheiden soll, die Einschiebung des Wortes „ihm" vor „glaubhaft"[4]).

Bezüglich des in Abs. 2 des § 174 gebrauchten Ausdruckes „Angehörige" wäre das zu § 172 (oben zu VIII Abs. 6) Gesagte zu erwägen. Vgl. Art. 211 Abs. 3 *SchVE.*[5]) und § 241 *OVE.*[6]).

Übrigens bestraft der *OVE.* (§ 192) auch den umgekehrten Fall, wenn jemand Tatsachen oder Beweismittel, „die geeignet sind, die Schuldlosigkeit des Angeklagten oder Verurteilten darzutun", dem Gericht oder dem Beschuldigten nicht anzeigt. Die Vorschrift ist erwägenswert[7]).

---

[1]) Ebenso Heimberger S. 427 f.

[2]) *SchVE.* Art. 211: „Wer den Täter eines mit Zuchthaus bedrohten Verbrechens, den er kennt, nicht anzeigt, obwohl er weiß, daß ein Nichtschuldiger wegen dieses Verbrechens gerichtlich verfolgt wird oder verurteilt worden ist, wird mit Gefängnis oder mit Buße bestraft. Das Berufsgeheimnis bleibt vorbehalten."

[3]) Zeitschr. f. d. ges. Strafr.-W. *XXX. 243.*

[4]) Heimberger, S. 430.

[5]) „Steht die Person, die die Anzeige unterläßt, dem Schuldigen so nahe, daß ihr Verhalten entschuldbar ist, so bleibt sie straflos."

[6]) „Wer es wegen ernstlicher Gefahr für sich oder eine ihm nahestehende Person unterläßt, das Verbrechen zu hindern oder davon Mitteilung zu machen, ist nicht strafbar."

[7]) Ebenso Kohler in Goltd. Arch. *LVI. 306.*

XI. Parteiverrat. § 175.

Daß die Prävarikation — § 356 StGB. — nicht mehr unter die Amtsdelikte eingereiht ist, ist, da die Rechtsanwälte keine Beamten sind, meines Erachtens nur logisch[1]). Aber die Einstellung unter die Verbrechen gegen die Rechtspflege[2]) erscheint mir auch nicht zutreffend. Mit Recht bemerkt meines Erachtens Neumeyer (S. 504 Abs. 3): „Nicht die mittelbare Wirkung des Treubruchs, die zu einer Irreleitung der Staatsgewalt führen kann, sondern unmittelbar die Schädigung des Klienten, der sich dem treulosen Anwalt anvertraut hat, macht das Einschreiten des Strafrichters erforderlich." Das Delikt gehört „zum Gattungsbegriff der Untreue", wohin es auch der *OVE.*[3]) (§ 410 Ziff. 3 „Vertrauensmißbrauch") rechnet. Diesem Gedanken folgend hat auch der § 175 des *DVE.* den Tatbestand „im engsten Anschluß an die Untreue" (Begr. S. 575) auf die absichtliche Benachteiligung des Klienten abgestellt. Zu billigen ist meines Erachtens die Ausdehnung auf alle Rechtsangelegenheiten[4]) (nicht nur auf Rechtssachen, Parteisachen). Immerhin könnte die sehr weite Fassung des § 175 vielleicht doch „Besorgnis vor einer zu weitgehenden Anwendbarkeit des Gesetzes" erregen, was die Begründung S. 576 allerdings mit Rücksicht auf die subjektive Seite („absichtlich")[5]) verneint. Jedenfalls möchte ich den Standpunkt des *DVE.* dem des österreichischen vorziehen. Auch die weite Spannung des Strafrahmens unter Hervorhebung „besonders schwerer Fälle" erscheint mir zutreffend, ebenso wie die Pönalisierung des Versuchs. Der *OVE.* kennt Strafschärfungsgründe ebenfalls[6]).

---

[1]) Vgl. Neumeyer in *Vergl. Darst. Bes. T. IX. 504*; Frank, Anm. I zu § 356 StGB.

[2]) So Binding, *II. 579.*

[3]) § 410 Ziff. 3: „Der Rechtsbeistand, der in einer ihm anvertrauten Rechtssache zum Nachteil seiner Partei einem andern Rat oder Beistand gewährt, wird mit Gefängnis oder Haft von einer Woche bis zu einem Jahre bestraft."

[4]) Ebenso Neumeyer, S. 516.

[5]) Lilienthal (a. a. O. 243) bemerkt, daß auch hier der Ausdruck „absichtlich" nicht in dem Sinne des § 59 Abs. 3 gebraucht sei und wohl nur den dolus eventualis ausschließen solle. Vgl. oben X. Anm. 4.

[6]) § 410, 4.: „Wer die Tat bei Verwaltung von Vermögensangelegenheiten begeht, die ihm kraft Gesetzes obliegt oder von einer öffentlichen Behörde aufgetragen ist, 5. wer eine Fälschung, falsche Eintragung oder sonst einen besonderen Kunstgriff anwendet, um die Tat durch längere Zeit fortsetzen zu können, — wenn der mit der Tat verbundene Nachteil 500 K

Die meisten ausländischen Gesetze und Entwürfe, ebenso der *SchVE.* kennen ein dem § 356 StGB. entsprechendes Sonderdelikt nicht[1]).

XII. Gebührenüberhebung. § 176.

Es entsteht vor allem die Frage, ob die Strafbestimmung einem Bedürfnis entspricht. Der Entwurf (Begr. S. 577) bejaht das, weil die Disziplinarbestimmungen gegen Anwälte nicht für alle Fälle eine ausreichende Sühne bieten, der Tatbestand des Betruges aber nur in seltenen Fällen zutreffe. Bemerkenswert ist, daß die sämtlichen österreichischen Entwürfe (auch noch Entwurf XII) ein dem § 352 StGB. entsprechendes Delikt enthielten[2]), während der neueste *OVE.* (von 1909) eine solche Vorschrift nicht mehr kennt. Nach § 100 des *OVE.* sind auch die Anwälte nicht als „öffentliche Beamte“ anzusehen, während das derzeit in Österreich geltende Recht die Advokaten unter die Beamten rechnet[3]). Auch der *SchVE.* kennt eine entsprechende Strafvorschrift nicht; doch würden, soweit in der Schweiz Anwälte als Beamte anzusehen sind[4]), die Vorschriften über „Amtsausbeutung“ (Art. 226) anwendbar seien. Für das deutsche Recht erscheint mir die Beibehaltung der Vorschrift empfehlenswert: es entspricht in der Tat dem öffentlichen Interesse, „das Publikum, das vom Gesetz in vielen Fällen darauf verwiesen ist, die Hilfe der Rechtsanwälte in Anspruch zu nehmen, gegen Gebührenüberhebungen von ihrer Seite zu schützen“ (Begr. S. 577).

Im übrigen hat der Entwurf grundsätzlich den § 352 StGB. übernommen, an dessen Tatbestand jedoch mehrfache Änderungen vorgenommen, die meines Erachtens nur zu billigen sind. Dies gilt insbesondere davon, daß in subjektiver Hinsicht jetzt ein Handeln „wider besseres Wissen“ erfordert wird.

übersteigt.“ (Kerker von einem bis zu drei Jahren oder Gefängnis von vier Wochen bis zu drei Jahren.)

[1]) Vgl. Neumeyer, S. 509 ff.

[2]) Vgl. Kitzinger in *Vergl. Darst. Bes. T. IX. 482 f.*

[3]) Neumeyer, a. a. O. S. 509.

[4]) Neumeyer, a. a. O. S. 514 f. und Anm. 1 S. 515. Vgl. auch *SchVE.* Abs. 63 Ziff. I.

Urkundenfälschung. §§ 282 bis 288.

I.

1. Der *DVE.* behandelt die Urkundenfälschung im IV. Buch unter den „Verbrechen und Vergehen gegen das Vermögen"; der betr. Abschnitt 26 enthält im wesentlichen dieselben Delikte wie das bisherige StGB. in Abschnitt 23. Die Übertretung des § 363 StGB. ist als Vergehen („Fälschung von Ausweispapieren") in den Entwurf (§ 283) aufgenommen. Die Einreihung unter die Delikte gegen das Vermögen, die auch Wach[1]) bemängelt, erscheint allerdings nicht zutreffend. Bei der Verwandtschaft der Urkundenfälschung mit der Münzfälschung, die auch der Entwurf nicht verkennt (Begr. S. 520), wäre sie wohl am zweckmäßigsten an diese anzuschließen, was sich freilich mit der vom Entwurf gewählten Einteilung der Bücher nicht verträgt[2]). Auch die Überschrift ist zu eng. Besser wäre wohl schon „Urkundenverbrechen" oder „strafbare Handlungen an Urkunden" (v. Liszt).

Der *OVE.* enthält die „strafbaren Handlungen gegen die Sicherheit des Urkundenverkehrs" ebenfalls in einem besonderen „Hauptstück" (XVI) zwischen den „strafbaren Handlungen gegen Rechtspflege und Verwaltung" und denjenigen „gegen die Sicherheit des Geldverkehrs" (Münzfälschung), s. oben. Der *SchVE.* behandelt die Bestimmungen über Urkundenfälschung – wie bereits oben bei den Münzdelikten (unter I) bemerkt — in dem Abschnitt „Verbrechen gegen den geschäftlichen Verkehr".

2. Eine allgemeine Bestimmung des Begriffs der Urkunde bringt auch der Entwurf nicht, und er begründet diesen Standpunkt eingehend. Bemerkt wird insbesondere, daß der durch Rechtsprechung und Wissenschaft auf diesem Gebiet bisher erzielte Gewinn durch eine Legaldefinition in Frage gestellt werden würde, „weil sich an diese bei der Schwierigkeit der Sache und der Vielgestaltigkeit der Fälle alsbald neue Zweifel und Streitfragen knüpfen würden". Die Definition könnte auch immer nur eine abstrakte und deshalb für den Laien wenig verständliche Formel enthalten. Außerdem schaffe der Verkehr, in dem die Urkunde vornehmlich als Beweismittel in Betracht komme, „von Zeit zu Zeit

---

[1]) In der DJZ. XV. (1910) *15*.

[2]) Binding behandelt die Urkundenfälschung neben Meineid und Münzfälschung unter den „Verbrechen wider die Beweismittel und die Beglaubigungszeichen". Lehrb. II, 4. Buch. Vgl. auch v. Liszt, Lehrb. S. 521.

neue Formen und Bedürfnisse und damit zugleich neue Beweismittel und neue Urkundenarten"[1]). Der Gesetzgeber müßte daher bei Aufstellung einer Formel eine Fassung wählen, die weit genug wäre, um neue Erscheinungen nicht von vornherein auszuschließen. „Damit aber wäre die Gefahr einer zu weiten Ausdehnung des Urkundenbegriffs und folgeweise der Strafnorm unmittelbar gegeben."

Wenn es hiernach der Entwurf für das richtige hält, „die Bestimmung des Urkundenbegriffs nach wie vor der Wissenschaft und der Rechtsprechung zu überlassen", so ist diesem Standpunkt eine gewisse Berechtigung nicht abzusprechen. Andererseits ist die Bemerkung in der Begründung, es habe inzwischen Rechtsprechung und Wissenschaft „für die Beantwortung wenigstens der Hauptfragen eine feste Grundlage geschaffen", wohl nur bedingt richtig. Jedenfalls hat wohl auf keinem Rechtsgebiet die Rechtsprechung des Reichsgerichts solchen Widerspruch erfahren, wie auf dem der Urkundenfälschung, und in keiner Rechtsmaterie ist auch wohl die Rechtprechung selbst eine so schwankende gewesen wie in dieser. Es genügt, in dieser Beziehung auf die Ausführungen von Weismann und Binding[2]) Bezug zu nehmen. Daß die auf dem Gebiete der Urkundenfälschung vorhandenen Zweifel noch längst nicht durchweg beseitigt sind, dafür liefert fast jeder neue Band der Entscheidungen des Reichsgerichts Beweis[3]).

Die Lehre von der Urkundenfälschung ist freilich eine der schwierigsten des ganzen Strafrechts[4]). Welche „unsägliche geistige Mühe und Arbeit" hat es z. B. gekostet, welch „enormer Scharfsinn ist in zahlreichen Urteilen aufgewandt", um die Frage der Beweis-

---

[1]) Hingewiesen ist hierbei z. B. auf das Telegramm und die Phonographenschrifturkunde. RG. *XXXVIII. 345.*

[2]) Weismann, *Vergl. Darst. Bes. T. VII. 243 f., 331 ff.* — Binding, Lehrb. *II. 181 ff.*, insbes. S. 182 Anm. 1 u. ff., S. 184 Anm. 4, S. 186, 187 Anm. 6, S. 192 Anm. 1, S. 197 ff. usw.

[3]) Vgl. z. B. RG. *XL. 203 ff., 205* und dagegen *XXV. 69 ff., 72, XXXVIII. 220 ff.*, ferner *XLII. 97* u. a.

[4]) Vgl. z. B., Weismann S. 243 und Binding, *II. 169.* „Von der Urkundenfälschung sagt Garraud, Traité ... *III. 129*: Il n'est pas d'incrimination, qui ait soulevé plus de questions et donné lieu à plus de difficultés que celle du faux en écriture. Dies trifft genau zu für das gleiche Verbrechen des deutschen Strafrechts. Kein Tatbestand bereitet der Wissenschaft für die Erfassung seines Wesens und der Praxis für die Handhabung des Begriffs annähernd die gleichen Schwierigkeiten. Daraus erklärt sich die Fülle und zum Teil auch die mehrfach von einer gewissen Ängstlichkeit nicht freie Ausführlichkeit der Entscheidungen des RGs. über die Urkundenfälschung ..."

erheblichkeit und der Rechtserheblichkeit falscher Privaturkunden zu entscheiden, „die oft ganz entlegenen Beziehungen auszuklügeln, in denen die Rechtserheblichkeit der Urkunde begründet sei[1]).“ Jeder Praktiker weiß, wie sehr in diesen Fragen bei Erhebung der Anklage, bei Eröffnung des Hauptverfahrens und bei der Urteilsfindung die Meinungen oft auseinandergehen. Es kann aber, wie Weismann treffend sagt, „nicht scharf genug betont werden, daß es kein gesunder Rechtszustand ist, wenn es von begrifflichen Unterscheidungen, so fein, daß sie auch dem juristisch geschulten Verstande schwer faßbar sind, abhängen soll, ob eine Tat (als Betrug) mit Gefängnis oder (als schwere Urkundenfälschung) mit Zuchthaus zu bestrafen, ob sie (als einfache Urkundenfälschung) mit Gefängnis zu bestrafen oder völlig straflos zu lassen sei“[2]). Jedenfalls wäre es mit Freuden zu begrüßen, wenn es gelänge, durch eine gesetzliche Begriffsbestimmung wenigstens einen Teil der vorhandenen Zweifel zu beheben und so eine — wenn auch nur teilweise — „feste Grundlage“ zu schaffen[3]).

Tatsächlich geht wohl auch die Richtung der neueren Gesetzgebungen dahin, den Urkundenbegriff zu fixieren[4]).

Der *SchVE.* definiert in Art. 63 Ziff. 8: „Urkunden sind Schriften, deren Inhalt bestimmt oder geeignet ist, eine Tatsache von rechtlicher Bedeutung zu beweisen.“ In die Augen springend ist hierbei die Beschränkung des Urkundenbegriffs auf „Schriften“, und zwar ist dies um so bemerkenswerter, als bei der Beratung des vorletzten Schweizer Entwurfs ein Antrag, den Begriff der Urkunde auf Schriften zu beschränken, ausdrücklich abgelehnt worden ist, „da auch andere Gegenstände als Urkunden beweiserheblich sein könnten“[5]).

Der *OVE.* bestimmt in § 206:

„Urkunden sind

1. Schriften, die ein Recht oder Rechtsverhältnis begründen oder die bestimmt oder geeignet sind, eine Tatsache von rechtlicher Bedeutung zu beweisen;

2. andere Gegenstände, die nach der Verkehrssitte oder durch Ver-

---

[1]) So zutreffend Weismann, S. 343.

[2]) Weismann, S. 338.

[3]) Auch Lilienthal (Zeitschr. f. d. ges. Strafr.-W. *XXX. 245*) meint: Man kann z. B. . . . die Vermeidung jeder näheren Bestimmung des Begriffs „Urkunde“ in § 282 für nicht unbedenklich halten.

[4]) Vgl. hierüber des näheren Weismann, I. Teil (Rechtsvergleichung) S. 247 ff.

[5]) Vgl. Weismann, S. 314 Anm. 1.

einbarung dazu bestimmt sind, eine Tatsache von rechtlicher Bedeutung zu beweisen."

Bemerkenswert ist hierbei, daß der vorletzte Österreichische Entwurf von einer Definition der Urkunde (auch von einer Definition der öffentlichen im Unterschied von der Privaturkunde) mit Bedacht abgesehen hatte[1]).

Auf den Wert und die Zweckmäßigkeit der im *Sch.* und *ÖVE.* enthaltenen Definitionen kann im Rahmen dieser Betrachtung des näheren nicht eingegangen werden. Daß diese Begriffsbestimmungen allen vorhandenen Zweifeln ein Ende machten, wird sich freilich nicht behaupten lassen; insbesondere gilt dies von dem in beiden Vorentwürfen enthaltenen Ausdruck: „bestimmt oder geeignet, eine Tatsache von rechtlicher Bedeutung zu beweisen"[2]). Nicht mit Unrecht fragt Weismann (S. 343): „Wo wäre auch die Tatsache, von der es undenkbar wäre, daß sie nicht einmal unter irgendwelchen Umständen rechtserheblich sein könnte!"

Selbst wenn man aber die Beschränkung des Urkundenbegriffs auf Schriften — wie es der *SchVE.* tut — für zu weitgehend erachtet, so ist doch vielleicht schon dadurch etwas gewonnen, wenn — wie der *ÖVE.* — das Gesetz selbst es bestimmt ausspricht, daß auch „andere Gegenstände" Urkunden sein können, sofern sie nach der Verkehrssitte oder durch Vereinbarung dazu bestimmt sind, eine Tatsache von rechtlicher Bedeutung zu beweisen". Jedenfalls herrscht wohl allgemeine Übereinstimmung darüber, daß eine Erweiterung des Urkundenbegriffes nicht in Erwägung kommen kann[3]). Wenn daher bei einer neuen Begriffsbestimmung Fälle ausgeschieden werden müßten, die jetzt unter Aufbietung größten Scharfsinns als Urkundenfälschung angesprochen worden sind, und wenn solche Fälle[4]) künftig entweder nur als Betrug oder auch gar nicht mehr strafbar wären, so würde ich das als ein Unglück für die Rechtspflege nicht betrachten[5]).

---

[1]) S. Weismann, S. 308 unter 4.

[2]) Vgl. auch Weismann, S. 339 ff., 343.

[3]) Weismann, S. 331.

[4]) Man denke an das berüchtigte Loch auf der Papierscheibe der Kontrolluhr, RG. *XXXV. 435 ff.*, Weismann, S. 332, 335. Binding *II. 184 f.* Vgl. auch RG. *XLII. 97 ff.*

[5]) Vgl. Weismann, S. 244. „Es kommt ja nicht allein darauf an, logisch richtig, sondern auch zweckmäßig zu abstrahieren, die Tatbestände so abzugrenzen, daß der Rechtsprechung, der Strafanwendung eine hinreichend sichere Grundlage geboten, daß nach Möglichkeit eine unverhältnismäßige, dem allgemeinen Rechtsbewußtsein widerstreitende Bewertung der Straftaten

3. Von wissenschaftlicher Seite[1]) ist vorgeschlagen worden, den allgemeinen Tatbestand der Urkundenfälschung überhaupt aufzugeben und ihn nach der Verschiedenheit der Zwecke, denen die falsche Urkunde dienen soll, in Einzeltatbestände zu zerlegen. Strafbar solle demgemäß sein: die Fälschung sachlicher Beweismittel, um sie im Prozeß benützen, und die Benutzung solcher falscher Mittel im Prozeß. Daneben solle die Fälschung bestimmter Arten von Urkunden „von besonderer juristischer, wirtschaftlicher, politischer Bedeutung“ (z. B. von Wechseln, Testamenten u. dgl.) mit Strafe bedroht werden. Im übrigen solle die Urkundenfälschung kein Sonderdelikt mehr bilden, sondern nur („als Mittel zur Begehung einer strafbaren Handlung“) als strafschärfender Umstand berücksichtigt werden.

Der *DVE.* hat diese Regelung aus den in der Begr. S. 788f. näher dargelegten Gründen abgelehnt, und es sind in der Tat die Schwierigkeiten, die die Verwertung der Weismannschen Vorschläge für den Gesetzgeber in sich birgt, nicht zu verkennen, während der Standpunkt des deutschen Entwurfs jedenfalls den Vorzug der jede Kasuistik vermeidenden Einfachheit hat. Die neuere Strafgesetzgebung neigt wohl auch im allgemeinen dahin, die Urkundenfälschung als ein Sonderdelikt zu behandeln. Bemerkenswert ist auch, daß, während das geltende österreichische StGB. von 1852 die Urkundenfälschung als Unterart des Betruges[2]) behandelt, die neueren Entwürfe die Urkundenfälschung vom Betruge losgelöst und zu einem selbständigen Delikt gemacht haben. Bei dem neuesten *OVE.* erscheint mir allerdings eine gewisse Anlehnung an den Gedanken Weismanns unverkennbar.

II. Urkundenfälschung. § 282.

Der *DVE.*, der in § 282 zwei allgemeine Tatbestände der Urkundenfälschung aufstellt, tritt „allerdings mit wesentlichen Abänderungen im einzelnen grundsätzlich auf den Standpunkt des bisherigen Rechts“. (Begr. S. 787.)

1. Die Unterscheidung zwischen öffentlichen und Privat-

---

vermieden werde, daß nichts Strafwürdiges ungesühnt bleibe, und nicht bei allzu weiter Fassung des Gesetzes Handlungen strafbar werden, deren Bestrafung nicht durch ein entschiedenes Bedürfnis des Volkslebens gefordert wird oder gar wichtigen Interessen desselben widerstreitet. Vgl. auch Wach in DJZ. 1910 S. 9.

[1]) Weismann, S. 331, 352ff., *VEBegr.* S. 787 f.

[2]) Der Begriff des Betruges ist allerdings im österreichischen StGB. weiter gefaßt als im deutschen StGB. Im übrigen vgl. Weismann, 305 ff.

urkunden ist fallengelassen. Weshalb dies geschehen, ist in der Begr. nicht gesagt. Ich trete dem Standpunkt des *DVE.* bei, obwohl zahlreiche neuere Gesetze, z. B. auch der *OVE.* und *SchVE.*, den Unterschied zwischen öffentlichen und Privaturkunden aufrecht erhalten haben, wie noch gezeigt werden wird. Entscheidend für mich ist hierbei die Erwägung, daß, was oben von der Schwierigkeit des Urkundenbegriffs überhaupt gesagt ist, in erhöhtem Maße von der Unterscheidung zwischen öffentlichen und privaten Urkunden gilt. Mit Recht weist Weismann[1]) auf die ungemein große Zahl von gerichtlichen, speziell reichsgerichtlichen Entscheidungen hin, die sich mit dieser schwierigen Frage beschäftigen, und meint, „es würde eine sehr erhebliche Erleichterung der Rechtspflege bedeuten, wenn die Praxis dieser diffizilen Aufgabe enthoben würde; die Mühe und Arbeit, die ihr damit zugemutet wird, steht in keinem Verhältnis zu dem etwaigen Nachteil, den es haben könnte, wenn der Strafrahmen weiter gezogen würde, zu der Gefahr, daß vielleicht einmal in einem einzelnen Fall die Fälschung einer Privaturkunde zu schwer, die Fälschung einer öffentlichen Urkunde zu leicht bestraft werden möchte; viel schwerer wiegt die Gefahr, wie sie jetzt besteht, daß Privaturkunden unrichtigerweise als öffentliche Urkunden angesehen werden . . .“ Es besteht meines Erachtens in der Tat kein „Bedürfnis, die richterliche Strafzumessung durch die Unterscheidung öffentlicher und privater Urkunden einzuschränken“.

2. Auch das in § 267 StGB. für die Privaturkunden aufgestellte Merkmal, daß diese „zum Beweise von Rechten oder Rechtsverhältnissen von Erheblichkeit“ seien, ist aufgegeben — mit Rücksicht auf die hieran geknüpften Zweifel und da, wie überzeugend dargetan sei, „die Eignung zum Beweis von Rechten und Rechtsverhältnissen sich als ein sehr unsicheres Tatbestandsmerkmal herausgestellt“ habe (Begr. S. 796). „Zum Ersatz dafür“ spricht der § 282 nicht mehr von einem Gebrauche „zum Zwecke einer Täuschung“, sondern von dem Gebrauch „zur Täuschung eines andern über Rechte oder Rechtsverhältnisse“. Eine wesentliche sachliche Änderung dürfte hierdurch, wie auch die Begründung meint, wohl kaum eingetreten sein.

Erheblich ist dagegen, daß der § 282 — abweichend vom bisherigen Recht — aber nach dem Vorbild vieler Gesetze des Auslandes schon die Fälschung allein mit Strafe bedroht; begründet

---

[1]) Weismann, S. 348, 350. Die Ausführungen Weismanns zu diesem Punkte (S. 348ff.) sind meines Erachtens in jeder Beziehung zutreffend.

wird dies damit, daß der Standpunkt des bisherigen Rechts „nicht frei von Widerspruch“ sei, und daß doch tatsächlich die Handlung des Fälschers „sehr oft der bei weitem schwierigere Teil des Delikts“ sei[1]). Aus dem Wesen der Urkundenfälschung läßt sich allerdings, wie Weismann wohl mit Recht bemerkt[2]), „keineswegs mit zwingender Kraft folgern, daß zu ihrer Vollendung der Gebrauch der falschen Urkunde gehöre“. Der Standpunkt des *DVE.* wird freilich durchaus nicht allgemein geteilt. Der *SchVE.* bestraft in Art. 176:

„Wer, um jemanden am Vermögen oder an anderen Rechten zu schädigen, eine Urkunde fälscht oder verfälscht, oder das echte Namenszeichen eines andern zur Herstellung einer unwahren Urkunde benützt und die Urkunde zur Täuschung gebraucht,

wer wissentlich eine falsche oder verfälschte oder unwahre Urkunde zur Täuschung gebraucht ...“

Nach Art. 177 wird dagegen, wenn es sich um öffentliche Urkunden[3]) handelt, schon die bloße Fälschung oder Verfälschung, ebenso wie der Gebrauch solcher „zur Täuschung“ bestraft, ohne daß ein bestimmter Zweck erfordert wird.

Der *OVE.* bestimmt in § 208:

1. „Wer eine falsche öffentliche Urkunde[4]), eine falsche letztwillige Verfügung oder ein falsches Orderpapier oder Inhaberpapier anfertigt oder eine echte Urkunde dieser Art verfälscht, um einen Rechtsanspruch oder ein Beweismittel für eine Tatsache von rechtlicher Bedeutung zu schaffen;

2. wer eine falsche oder verfälschte Urkunde dieser Art zur Geltendmachung eines Rechtsanspruchs oder zum Beweise für eine Tatsache von rechtlicher Bedeutung gebraucht ...

Den Inhaberpapieren sind die Einlegebücher der Banken, Sparkassen und Vorschußkassen gleichgestellt.

§ 209: Wer eine falsche oder verfälschte Privaturkunde zur Geltendmachung eines Rechtsanspruches oder zum Beweise für eine Tatsache von rechtlicher Bedeutung gebraucht ...“

---

[1]) Vgl. Begr. S. 790, 791. Weismann, S. 365.

[2]) Weismann, S. 362, 363. Vgl. dagegen Binding *II. 247 f.*

[3]) Vgl. Art. 63 Ziff. 8: „Öffentlich ist eine Urkunde, wenn sie von einem Beamten kraft seines Amtes oder von einer Person öffentlichen Glaubens in dieser Eigenschaft ausgestellt wird.“

[4]) Der Begriff der öffentlichen Urkunde ist in § 207 des näheren bestimmt. Den öffentlichen Urkunden (zu denen auch die ausländischen gehören) sind gleichgestellt die von einer öffentlichen Behörde ausgehenden „amtlichen Bezeichnungen eines Gegenstandes, durch die dessen Verkehrswert, Feingehalt, Maß oder Gewicht oder eine andere für den Verkehr erhebliche Tatsache beglaubigt wird“.

Österreich und die Schweiz bestrafen also die Fälschung einer Privaturkunde als solche nicht, sondern nur, wenn von der falschen Urkunde ein täuschender Gebrauch gemacht wird (und zwar Österreich „zur Geltendmachung eines Strafanspruchs“ oder zum Beweise), während die Schweiz außerdem noch Schädigungsabsicht erfordert[1]). Es kann in der Tat zweifelhaft sein, ob der *DVE.* die Strafbarkeit nicht vielleicht zu weit ausdehnt, was die Begr. (S. 791) allerdings nicht besorgt, weil der Nachweis erforderlich sei, daß der Täter bei Herstellung des Falsifikats die Absicht zu täuschen gehabt haben müsse, so daß alle harmlosen Fälle aus dem Anwendungsbereich des Gesetzes ausschieden[2]). Gegen letztere Annahme kann ich Bedenken nicht unterdrücken. Liegt ein Bedürfnis vor, denjenigen zu bestrafen, der, von seinen Gläubigern bedrängt, in einem Augenblicke höchster Verzweiflung eine falsche Quittung über eine vielleicht wirklich bezahlte Schuld anfertigt, um sie als Beweismittel vorzuweisen, bald darauf aber, sein Unrecht einsehend, das falsche Schriftstück in seine Schreibmappe verschließt oder vernichtet? Es wäre, wenn man das allgemeine Erfordernis des Gebrauchmachens als zu weitgehend ablehnt, vielleicht zu erwägen, ob die Bestrafung etwa auf das „Unternehmen, die falsche Urkunde zur Täuschung eines andern zu verwenden“, abzustellen wäre[3]).

3. Der Entwurf hat die bisherige Ausdrucksweise „fälschlich anfertigt oder verfälscht“, die sich auch in § 159 des Entwurfs bei den Münzdelikten findet, beibehalten. Vgl. hierzu die Begr. S. 791. Bedenken dürften hiergegen kaum zu erheben sein, wenngleich mir die Ausdrucksweise des *OVE.* „falsche Urkunde anfertigt oder echte Urkunde verfälscht“ richtiger erscheint. Vgl. auch oben „Münzverbrechen“ unter II.

4. Die sog. Blankettfälschung, die der § 269 StGB. besonders hervorgehoben hat, ist im *DVE.* nicht — meines Erachtens zutreffend — erwähnt, weil sie sich tatsächlich als Anfertigung einer falschen Urkunde darstellt[4]).

Auch die Regelung weiterer Spezialtatbestände (z. B. der

---

[1]) Nach österreichischem Rechte ist auch nicht einmal der Versuch der Fälschung einer Privaturkunde strafbar, da diese im Deliktstatbestand nicht erwähnt wird. Vgl. Weismann, S. 307 unter 3.

[2]) Vgl. aber auch Kohler in Goltd. Arch. *LVI. 306.*

[3]) So Weismann, S. 368 a. E.

[4]) *VEBegr.* S. 791, 792. Ebenso Binding, *II. 236, 237.* Vgl. aber auch Weismann, S. 369 III.

Erschleichung einer echten Unterschrift durch Täuschung über den Inhalt des Unterschriebenen, Hinzufügung einer unwahren Eigenschaft zum richtigen Namen) hat der *DVE.* abgelehnt (Begr. S. 792). Es erscheint in der Tat recht zweifelhaft, ob ein Bedürfnis hierzu vorliegt[1]). Hervorzuheben ist jedoch, daß der *SchVE.* in dem bereits oben erwähnten Art. 176 („wer ... das echte Namenszeichen eines andern zur Herstellung einer unwahren Urkunde benützt") neben der Blankettfälschung wohl auch die Unterschrifterschleichung trifft und also diese Tatbestände zu regeln für nötig befunden hat.

Wenn endlich der *DVE.* auch das Tatbestandsmerkmal der „rechtswidrigen Absicht" aus § 267 StGB. nicht übernommen hat, so ist auch in dieser Beziehung den Ausführungen der Begr. (S. 792) nur beizutreten.

5. Die Fassung des Absatz 2 des § 282, der das Gebrauchmachen von einer „falschen" Urkunde betrifft, folgt aus dem Absatz 1 ohne weiteres; es fragt sich aber, ob es sich der Deutlichkeit wegen nicht empfiehlt, hinter „falschen" noch ausdrücklich zu setzen ist „oder verfälschten", wie dies der bisherige § 270 StGB. und auch der *OVE.* und *SchVE.* tun.

6. Der Absatz 3 des § 282 behandelt die sogenannte schwere Urkundenfälschung, wenn der Täter „bezweckte, sich oder einem andern unrechtmäßigen Gewinn zu verschaffen oder einem andern rechtswidrig Nachteil zuzufügen". Was die Begründung (S. 793f.) für die Abweichung vom bisherigen Rechte anführt, erscheint mir zutreffend. Der *OVE.* wie der *SchVE.* kennen eine derartige Qualifikation nicht, und es kann in der Tat die Frage auftauchen, ob die Aufstellung einer solchen ein zwingendes Bedürfnis ist, oder ob es genügte, wenn der Strafrahmen genügend weit wäre, oder ob etwa nur die Fälschung bestimmter Urkunden besonders zu qualifizieren wäre[2]).

7. Als Strafe droht Abs. 1 des § 282: Gefängnis bis zu zwei Jahren, bei mildernden Umständen Haft bis zu zwei Jahren oder Geldstrafe bis zu 3000 M an, der Abs. 2: Gefängnis, der Abs. 3: Zuchthaus bis zu zehn Jahren, bei mildernden Umständen Gefängnis. Den Erwägungen der Begründung bezüglich des Strafmaßes (S. 791, 793f.) dürfte beizutreten sein. Dies gilt insbesondere auch für das Fallenlassen der Begrenzung der Mindeststrafe im Falle des bisherigen § 268 StGB., für die in der Tat ein praktisches Bedürfnis meines Erachtens nicht vorhanden ist.

---

[1]) Vgl. Binding, *II. 235 f.*

[2]) Weismann, S. 350, 351.

Der *OVE.* droht im Falle des § 208 (öffentliche Urkunde; s. oben unter 2) Gefängnis von zwei Wochen bis zu zwei Jahren, im Falle des § 209 (Privaturkunde) Gefängnis oder Haft von einer Woche bis zu einem Jahre oder Geldstrafe von 50 bis 4000 Kronen an; im letzteren Falle ist es strafmildernd, wenn „die Tat lediglich in der Absicht einen unbegründeten Anspruch abzuwehren oder einen begründeten Anspruch durchzusetzen" begangen ist[1]) (Haft bis zu drei Monaten oder Geldstrafe bis zu 1000 Kronen). Kerkerstrafe ist hiernach für die Urkundenfälschung überhaupt nicht vorgesehen, dürfte aber wohl bei Zusammentreffen mit Betrug unter erschwerenden Umständen („mit großer Verschlagenheit") nach §§ 358, 360 Ziff. 1 eintreten können.

Der *SchVE.* sieht für die Urkundenfälschung des Art. 176 Gefängnis oder Zuchthaus bis zu fünf Jahren, bei der Fälschung öffentlicher Urkunden (Art. 177) Zuchthaus bis zu zehn Jahren vor. Daneben kennt der *SchVE.* noch die „geringfügige Urkundenfälschung"[2]), die nach Art. 274 als Übertretung „mit Haft oder Buße" bestraft wird. Für eine gleiche Vorschrift liegt wohl bei dem weiten Strafrahmen des *DVE.* und mit Rücksicht auf die „für besonders leichte Fälle" gegebene Vorschrift des § 83 ein Bedürfnis nicht vor.

Besondere Vorschriften über die „Fälschung und Unterdrückung von Beweismitteln" enthält noch Abs. 218 *SchVE.* unter den „Verbrechen gegen den gerichtlichen Beweis".

III. Fälschung von Ausweispapieren. § 283.

1. Daß es angezeigt ist, einzelne Fälle der Urkundenfälschung aus dem allgemeinen Strafrahmen herauszuheben und milderer Strafe zu unterwerfen, darüber herrscht wohl allgemeine Übereinstimmung. Fraglich kann aber sein, ob es sich empfiehlt, „ganz allgemein für leichte Fälle einen Strafrahmen mit milderen Strafen zu bilden", oder ob für bestimmte Arten von Fälschungen ein Ausnahmetatbestand aufzustellen ist. Der *DVE.* tut — dem bis-

[1]) Ebenso der Vorschlag von Weismann, S. 355.

[2]) Nicht identisch mit der sog. Fälschung von Ausweispapieren. Der Begriff ist nicht näher erläutert. Man wird als Analagon an den Begriff der Entwendung in Art. 246 (Wegnehmen einer Sache „von geringem Werte aus Not, Leichtsinn oder zur Befriedigung eines Gelüstes) zu denken haben. Vgl. auch Art. 247 (geringfügige Unterschlagung), Art. 248 (geringfügige Eigentumsschädigung), Art. 258 (geringfügige Beschimpfung).

herigen Rechte folgend — bewußt (Begr. S. 794) das letztere, ebenso wie der *OVE.* (§ 210) und der *SchVE.* (Art. 275); letzterer hat diese sog. „Urkundenfälschung ohne schädigende Absicht“ als aufnahmebedürftig erachtet, obwohl er — wie vorstehend zu *II. 7* a. E. bemerkt — doch auch die „geringfügige Urkundenfälschung“ kennt. Die in § 283 getroffene Regelung erscheint mir unbedenklich, zumal eine allgemeine Abgrenzung „leichter“ Fälle wohl auch auf Schwierigkeiten stoßen dürfte.

2. Eine grundsätzliche Abweichung vom bisherigen Recht liegt darin, daß der *DVE.* aus der bisherigen Übertretung des § 363 StGB. ein Vergehen (Gefängnis oder Haft bis zu sechs Monaten oder Geldstrafe bis zu 1000 M) gemacht hat, während im *SchVE.* und *OVE.* die Handlung eine Übertretung geblieben ist — nur die „gewerbemäßige“ Begehung ist nach *OVE.* (§ 210 Ziff. 4) ein Vergehen (Gefängnis von einer Woche bis zu einem Jahre). Richtig ist sicherlich, daß schwerere Fälle des Delikts vorkommen können (z. B. das gewerbs- oder gewohnheitsmäßige Fälschen von Legitimationspapieren); es erscheint mir aber doch zweifelhaft, ob ein zwingendes Bedürfnis vorliegt, das ganze Delikt zu einem „Vergehen“ auszugestalten, oder ob es nicht mindestens genügt hätte, dies — wie im *OVE.* — für das gewerbsmäßige Handeln zu tun. Selbst wenn aber eine allgemeine Steigerung der Höchststrafe und daher die Einstellung des Delikts als Vergehen als nötig anerkannt werden sollte, würde ich — mindestens für das nicht gewerbsmäßige Handeln — die kurze Verjährungsfrist für Übertretungen dringend befürworten, damit nicht auch die geringfügigsten Delikte dieser Art jahrelang verfolgt zu werden brauchen. Die hierdurch den Strafverfolgungsbehörden erwachsende Mehrarbeit stände in keinem Verhältnis zu dem erreichten Erfolge. Eine solche Regelung wäre auch nichts Außergewöhnliches, wie sich z. B. aus § 116 Abs. 2 des Entwurfs ergibt.

3. Als Objekt der Fälschung nennt § 283 „Ausweispapiere oder Zeugnisse“, ähnlich wie der *SchVE.* („Ausweisschriften, Zeugnisse, Bescheinigungen“) und der *OVE.*, der in § 200 Ziff. 1 und 2 von „behördlichen Legitimationsurkunden“, in Ziffer 3 von „falschen oder verfälschten Zeugnissen einer Privatperson“ spricht, bei letzterem aber nur das „Gebrauchmachen“ bestraft.

In subjektiver Beziehung erfordert der *DVE.* die Absicht, „sich oder einem anderen das Fortkommen zu erleichtern“, wörtlich ebenso der *SchVE.* Damit werden zwar die vielen Zweifel, die sich an den Ausdruck „Zweck besseren Fortkommens“ des § 363

StGB. geknüpft haben[1]), nicht beseitigt werden; immerhin erscheint mir die Vorschrift erheblich zweckmäßiger als die des *OVE.*, die den subjektiven Tatbestand — meines Erachtens viel zu eng — auf die Absicht, „sich oder einem anderen den Eintritt in einen Dienst oder eine Arbeit zu erleichtern", abstellt.

Übrigens droht der *OVE.* im Falle des § 210 Ziff. 1 und 2 (Fälschung usw. behördlicher Legitimationspapiere) lediglich „Gefängnis oder Haft bis zu sechs Monaten", im Falle der Ziff. 3 (Zeugnisse von Privatpersonen) Gefängnis oder Haft bis zu drei Monaten oder Geldstrafe bis zu 1000 Kronen an.

IV. Fälschung und Mißbrauch von amtlichen Wertzeichen. § 284.

Die Regelung dieser Materie ist im *DVE.* im allgemeinen entsprechend den Vorschlägen Weismann's[2]) und im Anschluß an die betreffenden Vorschriften über die Münzfälschung erfolgt. Ich möchte hierzu nur folgendes bemerken:

1. Aus den oben zu § 159 unter II. 4 erörterten Gründen würde ich vorschlagen, in den Absätzen 1, 2 und 3 vor dem Worte „verschafft" statt „sich" zu sagen: „sich oder einem anderen". Ähnlich § 211 Ziff. 3 des *OVE.* Der *SchVE.* (Art. 174 Ziff. 4) bestraft übrigens — abgesehen von der Fälschung („nachmachen oder nachahmen") und der Verfälschung — nicht schon das Sichverschaffen, Feilhalten oder Inverkehrbringen (wie der *DVE.* und *OVE.*), sondern nur das „wissentliche Verwenden"; ersteres käme nur als Teilnahme hieran in Betracht.

2. Der § 275 Ziff. 3 StGB. — ebenso wie der *OVE.* (§ 211 Ziff. 2) und der *SchVE.* (Art. 174 Ziff. 3) — verlangen bei der Verfälschung die Absicht, die gefälschten Zeichen „zu einem höheren Werte" zu verwenden. Dieses Erfordernis hat der *DVE.* absichtlich nicht aufgenommen, weil auch eine Verfälschung zu einem geringeren Werte, um einem andern Schaden zuzufügen, denkbar sei (Begr. S. 797, 798).

3. Nach der Bemerkung in Begr. S. 796 will der *DVE.* die ausländischen amtlichen Wertzeichen den inländischen gleichstellen. Im Entwurf ist dies aber nicht — ebensowenig wie in § 275 StGB. — zum Ausdruck gebracht. Die Frage ist für das geltende Recht zwar

---

[1]) Vgl. z. B. Weismann S. 387 ff. Binding, *II. 275 f.*

[2]) *Vergl. Darst. VII. 397 ff.*

vom Reichsgericht[1]) bejaht, trotzdem aber sehr bestritten. Ein ausdrücklicher gesetzlicher Ausspruch wäre zu empfehlen. Ebenso *OVE.* § 217, *SchVE.* Art. 180.

4. Gewerbsmäßigkeit der Begehung — wie Weismann[2]) vorschlägt — ist nach *OVE.* (§ 211 Ziff. 4), nicht aber nach *DVE.* und *SchVE.* Strafverschärfungsgrund.

5. Der *SchVE.* bestraft in § 174 Ziff. 2: „wer sich der Vorrichtungen, womit amtliche Wertzeichen hergestellt werden, bemächtigt, um sie unrechtmäßig zu gebrauchen“ und „wer diese Vorrichtungen unrechtmäßig gebraucht . . .“ Im *DVE.* und *OVE.* fehlt eine entsprechende Vorschrift; sie erscheint mir aber nicht unzweckmäßig.

V. Mittelbare Falschbeurkundung. § 285.

Der *DVE.* steht im wesentlichen auf dem Standpunkt des bisherigen Rechts (§ 271 StGB.), beschränkt also die Bestimmung auf öffentliche Urkunden. Den Begriff der sog. intellektuellen Urkundenfälschung (im *OVE.* „Urkundenerschleichung“ genannt) auch auf Privaturkunden im allgemeinen oder auf bestimmte Privaturkunden[3]) (z. B. Handelsbücher, Konossemente usw.) auszudehnen, scheint in der Tat ein Bedürfnis nicht vorzuliegen. Auch der *OVE.* und *SchVE.* beschränken das Delikt auf öffentliche Urkunden.

Die bisherige, durchaus — auch sprachlich — völlig verfehlte[4]) Fassung des § 271 StGB. ist aufgegeben. Dafür spricht der Entwurf von „vorsätzlich bewirkt, daß in einer öffentlichen Urkunde eine rechtlich erhebliche Tatsache unrichtig beurkundet wird“.

Die herrschende Meinung[5]) erfordert als wesentliches Moment für den Tatbestand die Täuschung der beurkundenden Person.

---

[1]) RG. *VI. 387*, Goltd. Arch. *XLVIII. 124*. Vgl. dagegen Binding, *II. 340* I; Olshausen, § 275 N. 2; Frank, 275 I u. a.

[2]) *Vergl. Darst. VII. 401* unter VI.

[3]) Vgl. aber Weismann, S. 381 ff.

[4]) Vgl. Weismann, S. 373, Binding, *II. 289*, *285* N. 5: die Fassung „des § 271 mit ihrer verfehlten Kasuistik ist ein Muster, wie man Gesetze nicht fassen soll“.

[5]) Namentlich auch das RG. (*XII. 62 ff.*, *XIII. 370 ff.*, *XXVII. 100 ff.*). Vgl. Weismann S. 375. Dagegen sehr energisch Binding *II. 289*, *290*. Sollte aber nicht bezüglich der von Binding erwähnten Fälle, deren Straflosigkeit er beanstandet, soweit Anstiftung aus § 348 StGB. versagt, Bestrafung nach den Grundsätzen der sog. mittelbaren Täterschaft nach § 348 StGB. möglich sein?

Ebenso der *OVE.*[1]) und der *SchVE.*[2]). Die Begr. zum *DVE.* (S. 800 und Anm. 7) berührt die Frage bei der Erörterung des Verhältnisses zu dem bisherigen § 348 StGB. (Entwurf § 205) und meint: wenn der Beamte ohne Schuld ist, „sei es, weil er getäuscht worden ist, sei es, weil aus anderen Gründen bei ihm der strafbare Vorsatz fehlt“, falle die Tat des Bewirkenden unter § 285 Abs. 1. Die Begr. hält also die Vorschrift auch im Falle der Nichttäuschung des Beamten für anwendbar. Bei der Stellungnahme der Praxis und Wissenschaft zu dem § 271 StGB. dürfte es sich aber jedenfalls empfehlen, wenn auch der Gesetzgeber hierzu bestimmt Stellung nähme und dieser auch Ausdruck gäbe. Es dürfte sich in der Tat fragen, ob nicht dem Beispiel des *OVE.* und *SchVE.* zu folgen wäre; wenn dieser Standpunkt aber nicht geteilt wird, möchte es sich vielleicht empfehlen, in § 285 hinter dem Worte „vorsätzlich“ etwa einzuschieben: „durch Täuschung (oder durch Erregung oder Benutzung eines Irrtums) oder auf andere Weise“.

Überhaupt scheint mir die etwas detailliertere Fassung des österreichischen und schweizerischen Entwurfs manches für sich zu haben. So dürfte z. B. das im *OVE.* aufgestellte Merkmal „um einen Rechtsanspruch oder ein Beweismittel für eine Tatsache von rechtlicher Bedeutung zu schaffen“ manchen Zweifel, der sich an die Fassung des bisherigen § 271 StGB. geknüpft hat, beseitigen. Vgl. RG. 41 S. 189.

Zu erwägen wäre auch, ob sich nicht die Aufnahme einer dem § 214 des *OVE.*[3]) entsprechenden Vorschrift empfiehlt. Es

---

[1]) *OVE.* § 212: „1. Wer um einen Rechtsanspruch oder ein Beweismittel für eine Tatsache von rechtlicher Bedeutung zu schaffen, durch Erregung oder listige Benutzung eines Irrtums bewirkt, daß in einer öffentlichen Urkunde eine unwahre Tatsache von rechtlicher Bedeutung beurkundet wird;

2. wer eine unwahre Urkunde dieser Art zur Geltendmachung eines Rechtsanspruchs oder zum Beweis einer Tatsache von rechtlicher Bedeutung gebraucht,

wird mit Gefängnis von zwei Wochen bis zu zwei Jahren bestraft.“

[2]) *SchVE.* Art. 178: „Wer einen Beamten oder eine Person öffentlichen Glaubens arglistig dazu veranlaßt, in gutem Glauben Unwahres zu beurkunden oder Falsches zu beglaubigen, namentlich eine falsche Unterschrift oder eine unrichtige Abschrift,

wer die unwahre Urkunde oder die falsche Beglaubigung wissentlich zur Täuschung gebraucht,

wird mit Gefängnis oder mit Zuchthaus bis zu fünf Jahren bestraft.“

[3]) „Wer bei der Errichtung einer öffentlichen Urkunde oder bei der öffentlichen Beglaubigung einer Urkunde die Identität eines anderen als

würde dadurch der oft beobachteten Leichtfertigkeit bei der Rekognition von Personen entgegengetreten werden.

Was den Strafrahmen anlangt, so scheinen mir die schweren Fälle des Abs. 2 des § 285 hinsichtlich ihrer Gefährlichkeit denen des § 283 Abs. 3 nicht nachzustehen[1]). Es dürfte daher ein Grund, nicht auch hier als Höchststrafe — wie bisher — zehn Jahre Zuchthaus zu wählen, nicht vorliegen. Der *OVE.* bestraft übrigens die „Urkundenerschleichung" (§ 212) gleich der Urkundenfälschung des § 208, ebenso der *SchVE.* die „intellektuelle Urkundenfälschung" des Art. 178 gleich der Urkundenfälschung des Art. 176. Vgl. im übrigen bezüglich des Standpunkts des *OVE.* oben zu II Ziff. 7.

VI. Ausstellung und Gebrauch unrichtiger Gesundheitszeugnisse. § 286.

Von der Aufnahme einer dem § 277 StGB. entsprechenden Vorschrift hat der *DVE.* als entbehrlich — ebenso wie der *O.* und *SchVE.* — abgesehen. Den hierfür in der Begr. (S. 802) angegebenen Gründen ist meines Erachtens durchaus beizutreten. Im übrigen sind die Vorschriften des §§ 278 und 279 StGB. in § 286 zusammengefaßt.

Die Strafbestimmung ist auf „Ärzte" beschränkt — ebenso wie Art. 191 des *SchVE.*, der die Vorschrift unter den „Berufsverbrechen" enthält, — während § 213 des *OVE.* als Täter aufzählt: „Arzt, Tierarzt oder ein von der öffentlichen Behörde bestellter Sachverständiger, Schätzmann oder Dolmetsch." Wenn auch eine solche Ausdehnung zu weit gehen mag, so wäre doch die Einbeziehung der Tierärzte zu erwägen, deren Zeugnisse, wie Weismann (S. 384) mit Recht hervorhebt, „in hohem Grade schädlich, ja geradezu gemeingefährlich wirken" können[2]).

Der § 286 erfordert ferner „ein unrichtiges Zeugnis über den Gesundheitszustand oder die Todesursache eines Menschen zum Gebrauch bei einer Behörde, einer öffentlichen Versicherungsanstalt oder einer anderen Versicherungsunternehmung". Der *OVE.* verlangt lediglich, daß der Täter „bei Ausübung seines Berufes eine unwahre Tatsache beurkundet", der *SchVE.* „ein unwahres

---

Zeuge bestätigt, obwohl er ihn nicht kennt, wird mit Haft bis zu drei Monaten oder mit Geldstrafe bis zu 100 K bestraft."

[1]) Ich denke an einen in der Praxis vorgekommenen Fall, wo jemand, um die Verfügung über eine sehr bedeutende wertvolle Hypothek zu erhalten, vor dem Notar eine fremde Frauensperson als seine Ehefrau ausgegeben hatte.

[2]) Ebenso Kohler in Goltd. Arch. *LVI. 306.*

Zeugnis, das dazu bestimmt ist, einer Behörde vorgelegt zu werden, oder das für Vermögensrechte Bedeutung hat". Die Vorschrift des *OVE.* erscheint mir allerdings etwas weitgehend, die Beschränkung des § 286 *DVE.* auf Behörden und Versicherungsunternehmen aber auch nicht genügend gerechtfertigt[1]). Es empfiehlt sich vielleicht eine Vorschrift nach dem Vorbild des *SchVE.* Den Ausdruck „unwahr" halte ich auch für besser als das „unrichtig" des *DVE.*

In subjektiver Beziehung ist wie bisher ein Handeln „wider besseres Wissen" gefordert. Der Begründung hierfür (S. 803) möchte ich beitreten.

Mit Rücksicht hierauf dürften auch gegen die ausgeworfene Strafe Bedenken nicht zu erheben sein. Der *OVE.* droht — und zwar gleichmäßig für die unwahre Beurkundung wie für den Gebrauch der unwahren Urkunde — Haft bis zu sechs Monaten oder Geldstrafe bis zu 2000 Kronen an, der *SchVE.* (der in Art. 191 überhaupt nur die Ausstellung des unwahren Zeugnisses berührt[2]), „Buße oder Gefängnis"; Strafschärfungsgrund ist hier, wenn der Arzt „dafür eine besondere Belohnung angenommen oder sich versprechen lassen" hat (Gefängnis nicht unter einem Monat). Ein Bedürfnis für eine derartige Vorschrift besteht wohl kaum[3]).

VII. Urkundenunterdrückung, § 287.

Der § 287 entspricht — fast wörtlich — dem bisherigen § 274 Ziff. 1 StGB. Die Begründung (S. 804f.) betont, daß bloß persönliche Ansprüche auf Herausgabe oder Vorlegung der Urkunde — wie bisher — nicht berücksichtigt werden sollen[4]), daß übrigens aber der Begriff der Urkunde hier kein anderer sei als in § 282 — entgegen der ständigen Rechtsprechung des Reichsgerichts[5]).

Schärfer als im *DVE.* ist im *OVE.* hervorgehoben, daß das Delikt auf „Vereitelung des Urkundenbeweises" hinzielt, wo der betr. § 215[6]) auch die erwähnte Überschrift erhalten hat. Folgerichtig

[1]) Ebenso Weismann, S. 383 unter 2.

[2]) Das Gebrauchen unwahrer Urkunden ist in Art. 176 unter Strafe gestellt. Vgl. oben unter II. 2.

[3]) Ebenso *VEBegr.* S. 804. Anderer Ansicht Weismann, S. 384 III.

[4]) Vgl. übrigens hierzu das neuerdings ergangene interessante Urteil des RG. bei Goltd. Arch. *LVI. 217* (ein gemeinschaftliches Testament der Ehegatten gehöre, selbst wenn es sich nach dem Tode des einen Gatten im Alleineigentum des andern befindet, diesem nicht ausschließlich).

[5]) S. RG. *IX. 142 ff.* und die dort zit. Vgl. auch Weismann, S. 392.

[6]) „§ 215: 1. Wer eine öffentliche Urkunde oder eine letztwillige Verfügung vernichtet, beseitigt oder beschädigt, um zu hindern, daß sie zur

ist hier auch das Erfordernis, daß die Urkunde dem Täter „nicht oder nicht ausschließlich gehört", nicht aufgenommen. Ebenso der *SchVE.* Art. 179[1]), der daher auch das „entwenden" mit aufführt. Nur eine Konsequenz des österreichischen Standpunkts — der übrigens hier wie auch sonst bei der Urkundenfälschung, die Art der Urkunden unterscheidet — ist wohl die eigentümliche Vorschrift des Schlußabsatzes.

Die österreichische und schweizerische Auffassung des Deliktbegriffs erscheint mir zu weitgehend, eine gewisse Folgerichtigkeit ist ihr wohl aber nicht abzusprechen.

Nicht zutreffend erscheint mir die Höchststrafe des § 287: Mit Recht bezeichnet es meines Erachtens Weismann (S. 399) als unbegreiflich, daß die Verfälschung eines Testaments, vielleicht in einem ganz untergeordneten Punkt, vielleicht nur um einen zweifellosen Schreibfehler z. B. in der Summe eines Vermächtnisses zu verbessern, nach § 268 StGB. als zuchthauswürdiges Verbrechen sich darstellt, dagegen die eigennützige Unterdrückung eines Testaments, eine Tat, die ganze Menschenschicksale tief beeinflussen kann, nur mit Gefängnis bedroht ist. Ich möchte daher vorschlagen, neben Gefängnis auch Zuchthaus — wie der *SchVE.* — wenn auch in beschränkter Höhe, anzudrohen.

Vgl. übrigens bezüglich des *SchVE.* noch oben unter II a. E.

VIII. Grenzverrückung, § 288.

Der § 288 entspricht dem bisherigen § 274 Ziff. 2 StGB. Auch der *OVE.*[2]) und der *SchVE.*[3]) enthalten eine entsprechende Vor-

---

Geltendmachung eines Rechtsanspruchs oder zum Beweise für eine Tatsache von rechtlicher Bedeutung diene oder um ihren Beweiswert zu verringern, wird mit Gefängnis von zwei Wochen bis zu zwei Jahren bestraft.

2. Wer die Tat an einer Privaturkunde begeht, wird mit Gefängnis oder Haft von einer Woche bis zu einem Jahr oder mit Geldstrafe von 50 bis zu 4000 K bestraft.

Der Täter ist wegen Vereitelung des Urkundenbeweises nicht strafbar, wenn sich der Benachteiligte eine andere Ausfertigung der Urkunde verschaffen kann."

[1]) „Wer eine Urkunde vernichtet, beschädigt, beiseiteschafft oder entwendet, um jemanden am Vermögen oder anderen Rechten zu schädigen. wird mit Gefängnis oder mit Zuchthaus bis zu fünf Jahren bestraft."

[2]) *OVE.* § 218: „Wer ein zur Bezeichnung einer Grenze oder eines Wasserstandes dienendes Zeichen falsch setzt, verrückt, beseitigt oder unkenntlich macht, um ein Beweismittel für eine Tatsache von rechtlicher Bedeutung zu schaffen oder zu unterdrücken . . ."

[3]) *SchVE.* Art. 182: „Wer in rechtswidriger Absicht einen Grenz-

schrift; letzterer spricht aber nur von „Grenzsteinen oder anderen Grenzzeichen", bezieht sich also wohl nicht auf die zur Bezeichnung des Wasserstandes dienenden Zeichen. Der im *OVE.* gebrauchte Ausdruck „dienendes" (Zeichen) empfiehlt sich übrigens meines Erachtens mehr als der des § 288 „bestimmtes" (Merkmal). Der § 288 verlangt — meines Erachtens zutreffend — wie bisher die Absicht „einem andern Nachteil zuzufügen"; warum hier — abweichend vom § 287 — der Ausdruck „um . . . zuzufügen" gebraucht wird, ist nicht ersichtlich. Der Art. 182 des *SchVE.* erfordert nur Handeln „in rechtswidriger Absicht", der § 218 *OVE.* — seiner Tendenz bei der Behandlung der Urkundendelikte entsprechend — die Absicht, „ein Beweismittel für eine Tatsache von rechtlicher Bedeutung zu schaffen oder zu unterdrücken".

Die Strafe des § 288 ist dieselbe wie im § 287, im *OVE.* Gefängnis oder Haft von einer Woche bis zu einem Jahre. Der *SchVE.* droht auffallenderweise Gefängnis nicht unter einen Monat oder Zuchthaus bis zu fünf Jahren an — meines Erachtens zu hoch, zumal bei der Abstellung des subjektiven Tatbestands.

Als Übertretung bestraft *OVE.* § 219 noch das „verrücken, beseitigen oder unkenntlichmachen" von Zeichen, die zu Vermessungszwecken, zur Vermarkung eines Bergbaus oder zur Bezeichnung des Wasserstandes angebracht sind.

Der *OVE.* bestraft endlich in § 216 auch noch die Vorbereitung der Fälschung öffentlicher Urkunden oder Wertzeichen (mit Gefängnis oder Haft bis zu sechs Monaten): „wer ein Mittel oder Werkzeug anfertigt oder erwirbt, das zur Fälschung oder Verfälschung einer öffentlichen Urkunde oder eines öffentlichen Wertzeichens dienen soll . . ." Ein Bedürfnis zu einer solchen dem *DVE.* und *SchVE.* unbekannten Strafvorschrift liegt meines Erachtens nicht vor.

---

stein oder ein anderes Grenzzeichen beseitigt, verrückt, unkenntlich macht oder falsch setzt . . ."

V.

Verbrechen und Vergehen gegen die Sicherheit des öffentlichen Verkehrs, gemeingefährliche Verbrechen und Vergehen und Verbrechen und Vergehen im Amte.

Von

Dr. jur. Friedrich Preiser,

Staatsanwaltschaftsrat, zur Zeit Hilfsarbeiter bei der Reichsanwaltschaft.

Allgemeine Vorbemerkungen, insbesondere zur Systematik.

Die im *Bes. T.* des geltenden deutschen StGB. in den Abschnitten 27 und 28 aufgezählten Verbrechen und Vergehen sind im *DVE.* auf drei Abschnitte verteilt. Der 15. „V. und V. im Amte" entspricht dem gleichnamigen 28. Abschnitte des geltenden Rechts, während die „gemeingefährlichen V. und V." des jetzigen Rechts etwa zu gleichen Teilen in den Abschnitten 13 und 14 des *DVE.* sich finden. Abschnitt 13 trägt die Überschrift „V. und V. gegen die Sicherheit des öffentlichen Verkehrs" und Abschnitt 14 hat die Benennung „gemeingefährliche V. und V." behalten. Alle drei Abschnitte sind Unterabteilungen des 2. Buches des *Bes. T.*, das „V. und V. gegen Einrichtungen des Staates" überschrieben ist.

Richtige systematische Gliederung der Deliktsgruppen ist von großer Bedeutung für die Auslegung der einzelnen Tatbestände und namentlich maßgebend für die Entscheidung der im deutschen Rechte praktisch sehr wichtigen Frage, ob eine bestimmte „Materie" reichsrechtlich geordnet ist oder ob auf einem bestimmten Gebiete landesrechtliche Satzungen das Reichsrecht ergänzen können [1]).

Die Einordnung der hier zu besprechenden Delikte unter eine größere Gruppe „V. und V. gegen Einrichtungen des Staates" ist unzutreffend und irreführend [2]).

Es ist nicht ersichtlich, welche „Einrichtungen des Staates" durch eine Brandstiftung, durch gefahrdrohende Störung des Schiffahrtsbetriebes u. ä. betroffen werden. Wenn ein fiskalisches Gebäude angezündet oder wenn ein Kriegsschiff zum Stranden gebracht wird, dann ist zwar Staatseigentum beschädigt worden, aber eine „Einrichtung" des Staates kommt auch in diesen Fällen nicht in Frage. Um „Einrichtungen" des Staates kann es sich bei dem Schutze der Eisenbahnanlagen und Telegraphenanstalten handeln,

---

[1]) Eine dem § 2 EGStGB. entsprechende Bestimmung wird auch das EG. zum neuen StGB. nicht entbehren können (vgl. *VEBegr.* S. XIII).

[2]) Wach, DJZ. XV. *15*.

aber keineswegs müssen diese Anlagen staatliche sein, um den Schutz des Gesetzes zu genießen. Auch die Beamten sind keine „Einrichtungen", sondern Organe des Staates. Nur die Post ist eine Einrichtung des Staates, auf sie allein paßt die Überschrift des 2. Buches.

Mit dem Schutze der Post befaßt sich aber nur ein einziger Paragraph der drei hier zu besprechenden Abschnitte des *DVE.* und auch er nur teilweise[1]), alle übrigen Bestimmungen beziehen sich auf staatliche Einrichtungen nicht. Daraus ergibt sich die notwendige Forderung, daß entweder die unzutreffende Überschrift des 2. Buches geändert werden muß, oder daß die Delikte und Deliktsgruppen, die sich unter jene Überschrift nicht einordnen wollen, anderswo unterzubringen sind.

Der *OVE.* und der *SchVE.* haben die Hauptstücke oder Abschnitte, in die auch bei ihnen der *Bes. T.* zerfällt, nicht noch in größere Hauptabteilungen („Bücher") zusammengefaßt, so daß bei diesen beiden Entwürfen der Fehler vermieden worden ist, der sich im *DVE.* findet.

Im übrigen behandelt der *OVE.* in seinem XIV. Hauptstücke die strafbaren „Verletzungen der Amtspflichten", während die übrigen hier zu besprechenden Delikte im XXXIV. und im XXXV. Hauptstücke „Gemeingefährliche strafbare Handlungen" und „Strafbare Handlungen in bezug auf die Seeschiffahrt" untergebracht sind.

Vom *Bes. T.* des *SchVE.* kommen außer dem 19. Abschnitte „Amtsverbrechen" drei Abschnitte, 7, 8 und 9, in Betracht: „Gemeingefährliche Verbrechen", „Verbrechen gegen die öffentliche Gesundheit" und „Verbrechen gegen die Verkehrssicherheit".

Daß hiernach die Entwürfe übereinstimmend einen eigenen, von den Amtsdelikten handelnden Abschnitt beibehalten, ist lediglich zu billigen. Gerade hierdurch wird deutlich gemacht, daß den Beamten, entsprechend den besonderen Rechten, die sie haben, auch besondere Pflichten obliegen, daß ihnen gegenüber die Strafgewalt des Staates anders und entschiedener sich äußern muß als gegenüber nichtbeamteten Personen.

Eine zweifellose Verbesserung des geltenden Rechts bringt der *DVE.* insofern, als er — dem *SchVE.* folgend — die neue Gruppe der gegen die Sicherheit des öffentlichen Verkehrs gerichteten Straftaten schaffen will[2]). Bei der stetig wachsenden Bedeutung des öffentlichen Verkehrs auf Schienen, Land- und Wasserstraßen, bei der täglich zunehmenden Benützung der Post, des Telegraphen und des Fernsprechers ist die Heraushebung und Zusammenfassung

[1]) § 184.

[2]) Binding, Lehrbuch *II. 35.*

der Verkehrsdelikte in einem besonderen Abschnitte eine sehr glückliche Neuerung, ganz abgesehen davon, daß die hier einschlagenden Straftaten, die im geltenden Rechte zu den sogenannten „gemeingefährlichen" gehören, unter diesen Begriff sich nur gezwungen einreihen ließen[1]).

Der *DVE.* hätte aber dem schweizerischen Vorbilde noch weiter folgen und die Gesundheitsgefährdungen von Menschen, Tieren und Nutzpflanzen[2]) durch deliktisches Handeln als leitenden Gedanken eines eigenen Abschnitts aufstellen sollen. Diese Gruppe von Gefährdungsdelikten bringt auch der *DVE.* bei den gemeingefährlichen V. und V. unter.

Die systematische Gliederung des *OVE.* ist noch weniger gelungen. Hier ist das allgemeine Sammelbecken der „gemeingefährlichen V. und V." in dem bisher üblichen, weiten Umfange beibehalten. Nur die Gefährdung der Seeschiffahrt ist ausgeschieden und mit dem Seeraube und zahlreichen anderen Delikten maritimen Charakters (Meuterei usw.) in das erwähnte Hauptstück XXXV verwiesen.

Diese allgemeinen Bemerkungen über die systematische Gliederung der hier zu besprechenden Delikte müssen vorerst genügen. Einzelheiten sind in der folgenden Betrachtung der drei Deliktsgruppen nachzuholen. Sie folgt in der Hauptsache der im *DVE.* vorgeschlagenen Anordnung.

---

13. Abschnitt.

Verbrechen und Vergehen gegen die Sicherheit des öffentlichen Verkehrs[3]).

I. Überblick und Systematik.

Der 13. Abschnitt will[4]) den gesamten öffentlichen Verkehr, wie er sich auf Land- und Wasserstraßen abspielt, unter den Schutz

---

[1]) Olshausen, Vorbem. 1 zum 27. Abschnitt, *VEBegr.* 599, 600.

[2]) Bestimmungen zum Schutze der Nutzpflanzen fehlen im *DVE.*

[3]) *DVE.* §§ 181—188, ferner 307 Nr. 13 u. 14, 308 Nr. 6, 7, 10 u. 11. *OVE.* §§ 423—433, 443—449. — *SchVE.* Artt. 160—162, ferner 266, 267. — StGB. §§ 315—323, 325, 326, 297, 145, ferner 366 Nr. 2—5, 8—10, 366a, 367 Nr. 5a, 8, 11, 12, 370 Nr. 1 u. 2. Die Übertretungen werden in diesem Werke besonders behandelt, auf sie kann deshalb hier nicht näher eingegangen werden.

[4]) *VEBegr.* 584, 585.

des Strafgesetzes stellen und den ungestörten Betrieb der Eisenbahnen, der Post, der Telegraphen-, Fernsprech- und Rohrpostanlagen und derjenigen Anstalten, die der Versorgung mit Wasser und Beleuchtung dienen, strafrechtlich sichern.

Der schwerste Fall der Beeinträchtigung des Schiffsverkehrs, das Bewirken der Strandung und des Sinkens eines Schiffes (§§ 323, 326 StGB.), ist ausgeschieden und bei der Gruppe der gemeingefährlichen V. und V. geblieben. Dagegen ist die Schiffsgefährdung durch Kontrebande (§ 297 StGB.), ein Delikt, das im geltenden Rechte im Sammelabschnitte 24 „Strafbarer Eigennutz" seine Stelle gefunden hat, als Verkehrsdelikt aufgefaßt. Ebenso ist aus dem Abschnitte 7 „V. und V. wider die öffentliche Ordnung" das Blankettgesetz des § 145 StGB. (Zuwiderhandlungen gegen die Kaiserlichen Verordnungen zur Verhütung von Schiffszusammenstößen usw.) unter die Verkehrsdelikte eingereiht. § 298 StGB. (Bruch des Heuervertrages) endlich ist in den *DVE.* überhaupt nicht aufgenommen worden [1]).

Nicht alle Delikte, die der *DVE.* unter dem Namen „V. und V. gegen die Sicherheit des öffentlichen Verkehrs" vereinigt hat, verdienen systematisch diese Stelle.

Unzweifelhaft gehören hierher die strafbaren Handlungen, die sich gegen die Ungestörtheit des öffentlichen Verkehrs auf den Land- und Wasserstraßen und auf den Eisenbahnen richten. Wie diese Wege für den Personen- und Güterverkehr von Bedeutung sind, so spielt sich der neuzeitliche Nachrichtenverkehr in der Hauptsache durch Vermittlung der Post-, Telegraphen- und Telephonanstalten ab. Auch diese Anstalten sind Verkehrseinrichtungen gleich den Land- und Wasserstraßen und den Eisenbahnen. Die Delikte, die eine Störung der Nachrichtenübermittlung bezwecken, stehen also gleichfalls in diesem Abschnitte an der richtigen Stelle.

Damit aber dürfte der Kreis der hier zu behandelnden Straftaten geschlossen sein.

Es ist aus dem 13. Abschnitte auszuscheiden der Tatbestand des § 184, insoweit darin die Verhinderung der Versorgung mit Wasser und Licht unter Strafe gestellt ist. Dieses — neue — Delikt gehört systematisch zu dem § 329 des geltenden StGB. Aber diesen Paragraphen hat der *DVE.* in der Hauptsache gestrichen und ihn nur als § 107 insoweit bestehen lassen, als es sich um den

[1]) Was mit *VEBegr.* 598, 599 gebilligt werden kann, weil die §§ 93 Abs. 3 und 121 der Seemannsordnung ausreichen und ein Bedürfnis zur Ausdehnung der Vorschrift auf die Binnenschiffahrt nicht hervorgetreten ist.

Bruch von Verträgen über Lieferung von Kriegsbedürfnissen bei ausgebrochenem oder drohendem Kriege handelt. Zu billigen ist es allerdings, daß dieser besondere Fall des Vertragsbruchs herausgehoben und den landesverräterischen Handlungen angereiht worden ist. Nicht aber erscheint es gerechtfertigt, daß das Delikt, soweit es sich auf Notstände bezieht, überhaupt beseitigt werden soll. Die Begründung[1]), die hierfür gegeben wird, wirkt wenig überzeugend. Sie geht im wesentlichen dahin, daß bei den heutigen Verkehrsverhältnissen ein Notstand nicht zu befürchten sei und daß das Zivilrecht ausreiche, dem gemeingefährlichen Vertragsbruche entgegenzutreten. Vielleicht könnte man aus der Leichtigkeit und Schnelligkeit des heutigen Weltverkehrs, zugleich im Hinblick auf die Kompliziertheit unseres Wirtschaftslebens eher das Gegenteil schließen. Man denke beispielsweise an die in anarchistischen und syndikalistischen Zeitschriften heute vielfach besprochene Frage des sog. Generalstreiks, der als das wirksamste Mittel zur Beseitigung der gegenwärtigen Wirtschafts- und Gesellschaftsordnung empfohlen wird. Erst unter den modernen Verkehrsverhältnissen ist die Propaganda für die Idee des Generalstreiks zu einer Gefahr geworden. Mit der Gefahr des Generalstreiks aber ist die eines Notstandes im Sinne des geltenden § 329 ohne weiteres gegeben. Aber ganz abgesehen hiervon empfiehlt es sich nicht, diesen Paragraphen für Friedenszeiten einfach fallen zu lassen. Der gesetzgeberische Gedanke, der ihm zugrunde liegt, ist gut und richtig. Auch der *DVE.* befindet sich auf dem richtigen Wege, wenn er meint, der Gefahr, daß die Zufuhr so wichtiger Lebensbedürfnisse, wie Wasser und Licht es sind, dem Publikum abgeschnitten werden könne, müsse das Strafgesetz entgegentreten. Muß die Einwohnerschaft etwa einer heutigen Großstadt mit einem Male Wasser und Beleuchtung entbehren, so bedeutet das in der Tat einen echten Notstand. Der geltende § 329 ist daher nicht zu beseitigen, sondern den Bedürfnissen der Neuzeit entsprechend auszubauen. Eine Strafbestimmung, die den Kontraktbruch mit gemeiner Gefahr oder die Störung der Zufuhr gewisser wichtigster Lebensbedürfnisse unter Strafe stellt, gehört systematisch aber nicht unter die Verkehrsdelikte, sondern unter die gemeingefährlichen V. und V. Der Vorschlag, den der *DVE.* bezüglich der Hinderung der Versorgung mit Wasser und Licht im § 184 macht, wird daher unten bei der Besprechung der gemeingefährlichen Delikte gewürdigt werden.

Kaum streiten läßt sich darüber, daß der § 181 des *DVE.*,

---

[1]) *VEBegr.* 435.

der an die Spitze der Verkehrsdelikte gestellt ist, in diese Klasse von Verbrechen nicht gehört. Zu den Verkehrsdelikten hat er nur insofern eine gewisse Beziehung, als er neben vielen anderen Dingen auch Brücken, Straßen, Wege, Fähren „und andere dem öffentlichen Verkehr dienende Einrichtungen" gegen Beschädigung oder Zerstörung schützen will. Der § 181 enthält den Tatbestand einer qualifizierten Sachbeschädigung, qualifiziert aus dem Gesichtspunkte „der Gefahr für Menschenleben oder in bedeutendem Umfange für fremdes Eigentum". Die Bestimmung schließt sich somit richtiger an die gemeingefährlichen V. und V. an und wird daher ebenfalls erst im nächsten Abschnitte besprochen werden.

Dagegen wird nicht zu beanstanden sein, daß unter die Verkehrsdelikte die Schiffsgefährdung durch Kontrebande (§ 187) und die Zuwiderhandlungen gegen die Kaiserlichen Verordnungen zur Verhütung der Schiffszusammenstöße usw. (§ 188) aufgenommen worden sind. Denn die letztgedachten Zuwiderhandlungen hängen aufs engste mit dem Schiffsverkehr („Seestraßenordnung" vom 5. Februar 1906) zusammen [1]) und auch die Schiffsgefährdung durch Kontrebande hat hier die passendste Stelle gefunden, weil, wie die Begründung [2]) hervorhebt, durch dieses Delikt gleichfalls „die Sicherheit des öffentlichen Verkehrs auf Wasserwegen in Frage gestellt wird".

Hiernach würde sich als zweckmäßige und übersichtliche Gruppierung des Abschnittes der Verkehrsdelikte das einfache Schema ergeben: Störung des Verkehrs auf Landwegen, des Eisenbahnverkehrs, des Post-, Rohrpost-, Telegraphen- und Telephonbetriebes und endlich des Schiffsverkehrs. An die Schiffsverkehrsstörungen hätten sich die im vorigen Absatze erwähnten Delikte der §§ 187 und 188 anzuschließen.

Das empfohlene Schema ist im wesentlichen verwirktlicht im *SchVE.*, während der *OVE.*, wie bereits angedeutet, anderen Einteilungsgrundsätzen folgt. Er beläßt die Mehrzahl der Verkehrsdelikte bei den gemeingefährlichen V. und V. und behandelt die auf die Seeschiffahrt bezüglichen in einem besonderen Abschnitte. Diese Gruppierung bietet nur den einen Vorteil, daß alle mit der Seeschiffahrt zusammenhängenden Strafhandlungen vereinigt sind [3]).

---

[1]) Zum Teil a. M. Binding, Lehrb. *II. 59.*

[2]) *VEBgr.* 585; jedenfalls fügt sich diese Straftat den Verkehrsdelikten zwangloser an, als z. B. der Sachbeschädigung, der Binding (Lehrbuch *I. 252*) sie anreiht.

[3]) Binding, Lehrb. *II. 54*, beklagt die Zersplitterung des Gegenstandes in der geltenden deutschen Gesetzgebung.

Aber dadurch wird der Nachteil nicht aufgewogen, daß in den Hauptstücken XXXIV und XXXV sehr ungleichartige Dinge zusammengewürfelt sind.

II. Die einzelnen Verkehrsdelikte.

Der *DVE.* zählt folgende hieher gehörige Delikte[1]) auf:

1. Die absichtliche[2]) Störung des öffentlichen Verkehrs auf Straßen, Wegen oder Plätzen mit der Absicht[3]), dadurch Gefahr für Menschenleben[4]) herbeizuführen — § 182;

2. die vorsätzliche Störung der Sicherheit des Betriebes einer Eisenbahn mit dem Vorsatze, dadurch Gefahr für Menschenleben oder in bedeutendem Umfange für fremdes Eigentum herbeizuführen — § 183 Abs. 1 und 2;

3. die fahrlässige Störung der Sicherheit des Betriebes

---

[1]) Die gemeingefährliche Sachbeschädigung (§ 181) und die Störung der Zufuhr von Wasser und Licht (§ 184) werden, wie hier nochmals hervorgehoben sei, bei den gemeingefährlichen Delikten besprochen werden.

[2]) Wegen der Bedeutung der Schuldformen des *DVE.* — bestimmter und unbestimmter Vorsatz, Absicht, Fahrlässigkeit — muß auf die §§ 58—62 und auf den bezüglichen Abschnitt im ersten Bande dieses Werkes verwiesen werden; vgl. auch die folgende Anm. 3.

[3]) Daß die Absicht sich gerade auch darauf richten muß, Gefahr für Menschenleben herbeizuführen, daß mit anderen Worten die Gefährdung hier Tatbestandsmerkmal ist, kann nicht bezweifelt werden. Ebenso verhält es sich in § 186 mit der Absicht, Gefahr für Menschenleben oder in bedeutendem Umfange für fremdes Eigentum herbeizuführen. Desgleichen ist die Gefährdung in den §§ 181, 183ff., 189ff. Tatbestandsmerkmal. Das ergibt sich nicht nur aus *VEBegr.* 587, 586 (bei Anm. 1), 606, sondern folgt vor allem aus den grundsätzlichen Bestimmungen der §§ 58ff. Die Zweifel v. Lilienthals (ZStW. 30, 228) sind nicht gerechtfertigt. Die Ausführungen, *VEBegr.* 221 Anm. 3, auf die v. Lilienthal Bezug nimmt, sind freilich nicht sehr klar. Vgl. auch v. Liszt ZStW. 30, 264 und Meyer (ein Mitglied der Kommission, die den *DVE.* ausgearbeitet hat) in DJZ. *XIV. 1294.*

[4]) Der Ausdruck: „Gefahr für Menschenleben" findet sich namentlich auch bei den gemeingefährlichen Delikten des *DVE.* Der *SchVE.* sagt ganz ähnlich: „Gefahr für das Leben von Menschen". Der *OVE.* dagegen drückt sich dahin aus: „Gefahr für das Leben anderer". Diese Wendung halte ich deshalb für klarer, weil dadurch zum Ausdrucke gebracht ist, daß eine Gefahr für das eigene Leben des Täters nicht ausreicht, um den Deliktstatbestand zu erfüllen. Nach der Tendenz aller drei Entwürfe muß dies als der Sinn der Bestimmung angesehen werden. Denn eine Gemeingefahr besteht nur, wenn nicht bloß ein Menschenleben und namentlich nicht bloß das Leben des Täters selbst gefährdet wird, sondern wenn diese Gefährdung sich auf andere Personen und zwar der Regel nach auf unbestimmt viele erstreckt.

einer Eisenbahn unter Gefährdung von Menschenleben oder in bedeutendem Umfange von fremdem Eigentum — § 183 Abs. 3;

4. die vorsätzliche Verhinderung des Betriebes einer dem öffentlichen Verkehre dienenden Eisenbahn oder der Post — § 184;

5. die vorsätzliche Verhinderung oder Gefährdung einer zu öffentlichen Zwecken dienenden Telegraphen-, Fernsprech- oder Rohrpostanlage — § 185 Abs. 1;

6. Die fahrlässige Verhinderung oder Gefährdung einer zu öffentlichen Zwecken dienenden Telegraphen-, Fernsprech- oder Rohrpostanlage — § 185 Abs. 2;

7. die absichtliche Störung der Sicherheit der Schiffahrt in der Absicht, dadurch Gefahr für Menschenleben oder in bedeutendem Umfange für fremdes Eigentum herbeizuführen — § 186;

8. die vorsätzliche (und widerrechtliche) Schiffsgefährdung durch Kontrebande — § 187;

9. die Zuwiderhandlung gegen die Kaiserlichen Verordnungen „zur Verhütung des Zusammenstoßens der Schiffe auf See, über das Verhalten der Schiffer nach einem Zusammenstoß von Schiffen auf See oder in Betreff der Not- und Lotsensignale für Schiffe auf See und auf den Küstengewässern" — § 188.

a) Schiffsgefährdung durch Kontrebande und Zuwiderhandlungen gegen die Kaiserlichen Verordnungen.

Bezüglich des Delikts unter Nr. 8 ist lediglich zu bemerken, daß der Tatbestand des gegenwärtigen § 297 StGB. durch § 187 in durchaus sachgemäßer Weise ausgestaltet werden soll. Der Vorentwurf hat sich dabei eng an die trefflichen Vorschläge Naglers[1]) angeschlossen. Namentlich wird außer Zweifel gestellt, daß die Tat nur vorsätzlich begangen werden kann, der Kreis der möglichen Täter wird sachgemäß erweitert, das Delikt grundsätzlich[2]) auf deutsche Schiffe, wo aber diese sich auch befinden mögen, beschränkt. Unrichtig erscheint es mir lediglich, die wahlweise zugelassene Geldstrafe auf die Summe von 5000 M zu beschränken, weil nach § 36 des *DVE.* neben der Freiheitsstrafe auf Geldstrafe bis zu 10000 M erkannt werden kann, wenn die Tat — was hier regelmäßig der Fall sein wird! — aus Gewinnsucht begangen ist[3]).

Der Wortlaut des § 188 stimmt mit dem geltenden § 145 StGB. überein, nur ist statt „übertritt" gesagt: „zuwiderhandelt". Die überwiegende Auffassung geht dahin, daß der § 145 auch fahr-

---

[1]) *Vergl. Darst. Bes. T. VI. 453 ff., VEBegr.* 595 f.

[2]) Ausländische Schiffe sollen — was durchaus billigenswert ist — nur geschützt werden, wenn die Gegenseitigkeit verbürgt ist — § 187 Abs. 3.

[3]) Vgl. *VEBegr.* 129.

lässig übertreten werden kann[1]), doch ist sie nicht unbestritten. Leider unterläßt es der Vorentwurf, zu dieser Meinungsverschiedenheit ausdrücklich Stellung zu nehmen. Die Begr.[2]) sagt nur, daß eine Änderung des geltenden Rechts nicht beabsichtigt sei. Nun fehlt im § 198 das Wort „fahrlässig" und da es sich um ein Vergehen handelt, würde nach der Legaldefinition des § 58 Abs. 2 des Vorentwurfs die fahrlässige Begehung nicht strafbar sein. Dem könnte nicht zugestimmt werden. Denn dann würde straflos bleiben müssen, wer die bezüglichen Verordnungen schuldhaft nicht gekannt und sie deshalb übertreten hat. Das wäre praktisch unhaltbar. Mit Olshausen wird man vielmehr dem rein polizeilichen Charakter des Delikts entsprechend Fahrlässigkeit für ausreichend ansehen müssen. Gemäß § 58 Abs. 2 des Vorentwurfs ist dies aber besonders zum Ausdrucke zu bringen. Der Paragraph würde also zu lauten haben: „Wer vorsätzlich oder fahrlässig den usw. erlassenen Verordnungen zuwiderhandelt."

b) Die eigentlichen Verkehrsdelikte, insbesondere die den Straßen- und Schiffsverkehr betreffenden. Weit wichtiger als die Bestimmungen der §§ 187 und 188 ist der übrige, oben unter 1—7 zusammengestellte Inhalt des Abschnitts. Bei diesen Gesetzesvorschlägen fällt gegenüber dem geltenden Rechte alsbald zweierlei auf. Einmal unterläßt es der *DVE.*, diejenigen Handlungen genauer zu bezeichnen, durch welche die Verhinderung, Störung oder Gefährdung herbeigeführt werden kann, und zweitens erscheint der subjektive Tatbestand der Delikte gegenüber dem geltenden Rechte erheblich eingeschränkt. Nur zweimal reicht Fahrlässigkeit als Schuldform aus, der Regel nach ist nur die vorsätzliche Begehung strafbar, zweimal wird sogar Absicht des Täters erfordert, d. h. der Täter muß nicht allein die Verkehrsstörung, sondern auch den im Gesetze bezeichneten Erfolg, also die Gefährdung des Lebens anderer oder die Gefährdung fremden Eigentums in bedeutendem Umfange, zum Zwecke seines Handelns machen[3]).

Der ersten Neuerung, mit der der *DVE.* zweckmäßigerweise den klaren Vorschlägen seines schweizerischen Vorgängers gefolgt ist[4]), kann lediglich zugestimmt werden. Nur ein ganz elastischer Tatbestand ist geeignet, alle die möglichen Arten strafwürdiger Verhinderungen, Störungen und Gefährdungen zu fassen, die bei

[1]) Olshausen, Anm. 3 zu § 145.

[2]) *VEBegr.* 599.

[3]) *VEBegr.* 587.

[4]) *VEBegr.* 587.

der Vielgestaltigkeit und der Massenhaftigkeit des neuzeitlichen Verkehrs sich ergeben können. Jede Einschränkung ist vom Übel. Die weiten Strafrahmen des *DVE.* und die von ihm vorgesehene Möglichkeit[1]), besonders leichte und besonders schwere Fälle einer ausnahmsweisen Strafbemessung zu unterziehen, bieten dem Richter eine ausreichende Handhabe, um eine dem Verschulden entsprechende Strafe auch dann zu finden, wenn der objektive Tatbestand sehr weit gefaßt ist.

Aber die Schutzwehr, die der *DVE.* nach der objektiven Seite der Verkehrsdelikte gegen verbrecherisches Handeln in dankenswerter Weise aufwerfen will, zerstört er mit eigener Hand — und damit komme ich auf die zweite Neuerung zurück —, indem er den subjektiven Tatbestand in den §§ 182 und 186 um so ängstlicher verklausuliert und für die strafbare Gefährdung des Straßen- und Schiffahrtsverkehrs „Absicht" des Täters im oben[2]) erörterten Sinne verlangt.

Ein Beispiel wird am besten geeignet sein, den hier meines Erachtens unhaltbaren Standpunkt des *DVE.* ins rechte Licht zu setzen, und zwar wähle ich einen Fall, der auch von der Begr.[3]) des Entwurfs zur Erläuterung herangezogen wird.

Das Verhalten eines Kraftwagenführers, der mit unbeleuchtetem Automobil und ohne Signale zu geben mit vollster Geschwindigkeit im Abenddunkel die menschenbelebte Dorfgasse durchjagt, gefährdet zweifellos in höchstem Maße die Sicherheit des Straßenverkehrs und erscheint gewiß äußerst strafwürdig. Daß aber dieser Automobilist die Gefährdung von Menschenleben als Erfolg angestrebt habe (d. i. „Absicht" i. S. der §§ 182, 59 Abs. 3 des *DVE.*), wird kaum jemals anzunehmen, so gut wie niemals nachzuweisen sein. Nicht einmal der Vorsatz (i. S. des § 59 Abs. 1 des *DVE.*) wird bei diesem gewissenlosen Fahrer auf die Gefährdung von Menschenleben direkt gerichtet sein. Wenn nun zufällig kein Unglück geschehen, wenn es den bedrohten Dorfbewohnern gerade noch gelungen ist, vor dem dahinsausenden Gefährt zur Seite zu springen, soll dann ein solcher Mensch nur mit einer Polizeistrafe belegt werden dürfen, weil er zu schnell oder ohne Licht gefahren ist? Das wäre die Folge, wenn der § 182 in der vom Entwurfe vorgeschlagenen Form Gesetz würde; mangels Erweislichkeit der auf die Gefährdung von Menschenleben gerichteten Absicht des Täters

[1]) *DVE.* §§ 83, 84, *VEBegr.* 321 ff.

[2]) S. 214.

[3]) *VEBegr.* 587.

könnte er wegen Störung des Straßenverkehrs aus § 182 nicht verurteilt werden. Sollte hingegen ganz ausnahmsweise einmal der Tatbestand dieses Paragraphen feststellbar, sollte also nachzuweisen sein, daß der Täter die „Absicht", Menschenleben zu gefährden, verfolgt hat, dann wüßte ich nicht, weshalb dieser Automobilist nicht auf Grund der §§ 212, 213, 75 des *DVE.* wegen Mord- oder Totschlagversuchs zur Verantwortung gezogen werden könnte und müßte, nicht aber nur wegen eines Vergehens (ordentliche Strafe Gefängnis) gegen die Sicherheit des öffentlichen Verkehrs. Denn der Zweck, das Leben anderer, hier das der etwaigen Straßenpassanten, zu gefährden, dürfte im vorausgesetzten Falle logischerweise den Vorsatz, das Leben der Straßenpassanten mindestens eventuell zu vernichten, notwendig mitumfassen: jeder Kraftwagenführer, der so gewissenlos handelt, der solche Zwecke im Auge hat, wird den Erfolg der Tötung eines Menschen „als nicht unwahrscheinlich eintretend" ansehen müssen (§ 59 Abs. 2 des *DVE.*).

Als ebenso verfehlt erweist sich im § 186 (Störung der Sicherheit der Schiffahrt) die Forderung, daß die Absicht des Täters dahin gehen müsse, „Gefahr für Menschenleben oder in bedeutendem Umfange für fremdes Eigentum" herbeizuführen.

Für beide Delikte wird, sollen die Bestimmungen überhaupt praktischen Wert haben, Vorsatz genügen müssen[1]). Gerade die Verkehrsdelikte werden ein wichtiges Anwendungsgebiet für den sog. eventuellen Dolus bilden. Ist die Annahme eines solchen indirekten Vorsatzes nach den Denkgesetzen zulässig und praktisch unentbehrlich[2]), so darf man nicht davor zurückschrecken, diesen Vorsatz auch bei den Verkehrsdelikten zuzulassen. Denn, wie gesagt, der direkte Wille, die Sicherheit des Verkehrs und besonders Menschenleben zu gefährden, wird hier selten nachgewiesen werden können. Wohl aber wird in Fällen dieser Art der Beweis zu erbringen sein, daß der Täter den Erfolg der Störung der Verkehrssicherheit und der Gefährdung des Lebens anderer für wahrscheinlich oder für nicht unwahrscheinlich gehalten hat. So wie die §§ 182 und 186 im Entwurfe formuliert sind, kann ich sie nur einem Messer vergleichen, dessen Klinge abgebrochen ist.

Allen Bedenken gegen eine uferlose Erstreckung beider Strafbestimmungen[3]) wird dadurch die Berechtigung entzogen, daß der Vorsatz sich auch auf die Herbeiführung einer Gefahr für das Leben

---

[1]) Ebenso v. Lilienthal, a. a. O. 243.

[2]) Für die Notwendigkeit durchaus zutreffend *VEBegr.* 204 f.

[3]) *VEBegr.* 587.

anderer oder auf eine bedeutende Gefahr für fremdes Eigentum erstrecken muß. Der Tatbestand ist also nicht erfüllt, wenn die Sicherheit des Verkehrs vorsätzlich gestört und dadurch eine bloß abstrakte Gefahr herbeigeführt wird.

Nicht ohne weiteres klar ist, weshalb im § 182 (Straßenverkehr) im Gegensatze zum § 186 (Schiffsverkehr) — übrigens auch zum § 183 (Eisenbahnverkehr) — nur die Gefahr für Menschenleben, nicht auch die Gefährdung fremden Eigentums „in bedeutendem Umfange" hervorgehoben wird. Eine ähnliche Unterscheidung trifft der *SchVE.* Er unterscheidet zwischen dem Straßen-, Schifffahrts- und Luftschiffahrtsverkehr (Art. 160) auf der einen und dem Eisenbahnverkehr (Art. 161) auf der anderen Seite. Im Eisenbahnverkehr fordert er Gefährdung von Menschen oder Sachen, während die übrigen Verkehrsdelikte das Leben von Menschen in Gefahr bringen müssen. Diese Unterscheidungen haben keine sachliche Berechtigung. Richtig ist nur soviel, daß beim Verkehr auf den Landstraßen weniger häufig eine Gefährdung von fremdem Eigentum als eine Gefahr für Menschenleben eintreten wird. Aber ausgeschlossen ist eine Gefahr für Sachen bei keiner der in beiden Entwürfen erwähnten Arten des Verkehrs. Es erscheint deshalb angezeigt, die Objekte der Gefährdung überall gleich zu normieren, also auch im § 182 des *DVE.* zu sagen: „Gefahr für das Leben anderer oder in bedeutendem Umfange für fremdes Eigentum". Eine bloße Gefahr ganz allgemein „für Sachen", wie sie im *SchVE.* gefordert wird, erscheint mir allerdings bei keiner der Verkehrsarten als ausreichend.

Da der *DVE.* in den §§ 182 und 186 als Schuldform „Absicht" fordert, konnte er konsequenterweise die fahrlässige Gefährdung des Straßen- und Schiffsverkehrs nicht für strafbar erklären. Wohl aber ist dies geschehen für den Eisenbahnverkehr (§ 183 Abs. 3). Es ist oben bereits dargelegt, daß die Schuldform des § 59 Abs. 3 bei den Verkehrsdelikten praktisch unhaltbar ist, daß vielmehr überall die vorsätzliche Begehung genügen müsse. Wird aber Vorsatz auch in den §§ 182 und 186 für ausreichend erachtet, dann ist weiter nicht einzusehen, weshalb nicht auch hier — im Straßen- und Schiffsverkehr — genau so wie im Eisenbahnverkehr die fahrlässige Begehung für strafbar erklärt werden soll. Beim Schiffahrtsbetriebe werden allerdings wohl die meisten strafwürdigen Fahrlässigkeitstatbestände unter den § 188 fallen. Indessen können sich auch hier Lücken ergeben.

Vorbildlich kann in dieser Beziehung der *SchVE.* sein. Er bestraft in den Art. 160 und 161 die Fahrlässigkeit bei allen

Verkehrsdelikten und berücksichtigt dabei auch die modernste Verkehrsmöglichkeit, die Luftschiffahrt. Daß der *DVE.* an sie nicht gedacht hat, muß auffallen, hat es doch den Anschein, als ob gerade in Deutschland die ersten regelmäßigen öffentlichen Luftrouten ins Leben treten sollen. Keinesfalls wird unser künftiges StGB. das neue Verkehrsmittel ungeschützt lassen dürfen.

c) Schutz des Eisenbahn-, Post-, Telegraphen- und Telephonverkehrs. Die noch verbleibenden §§ 183—185 sind zum Schutze des Eisenbahn-, Post-, Telegraphen-, Telephon- und Rohrpostbetriebes bestimmt.

Merkwürdigerweise ist in allen drei Paragraphen die strafwürdige Handlung verschieden ausgestaltet! § 183 bestraft die „Störung", § 184 die „Verhinderung" und § 185 die „Verhinderung und Gefährdung". Es fällt weiter auf, daß zwar in den §§ 183 und 185, nicht aber im § 184 auch die fahrlässige Begehung unter Strafe gestellt wird.

Die Bestimmungen würden an Klarheit und Übersichtlichkeit gewinnen, wenn sie sich auf zwei Paragraphen beschränkten. Der erste hätte — entsprechend den §§ 182 und 186 — Strafe festzusetzen, wenn jemand vorsätzlich oder fahrlässig die Sicherheit des Betriebes einer Eisenbahn stört und dadurch Gefahr für andere oder in bedeutendem Umfange für fremdes Eigentum herbeiführt. Der andere Paragraph hätte alsdann für strafbar zu erklären denjenigen, der den Betrieb der Post oder einer dem öffentlichen Verkehre dienende Eisenbahn-, Telegraphen-, Fernsprech- oder Rohrpostanlage vorsätzlich oder fahrlässig verhindert, stört oder gefährdet[1]).

Hinsichtlich der fahrlässigen Gefährdung der Eisenbahnbetriebssicherheit — § 183 Abs. 3 — findet sich eine bemerkenswerte Abweisung vom geltenden Rechte. § 316 StGB. unterscheidet, ob der Transport auf einer Eisenbahn durch einen Bahnangestellten gefährdet worden — § 316 Abs. 2 — oder ob eine andere Person der Täter ist — § 316 Abs. 1. — Für den letzteren Fall wird das Schuldmoment einfach in der Fahrlässigkeit gefunden. Dagegen genügt bei Bahnangestellten als subjektives Verschulden schon die Tatsache, daß die Täter „die ihnen obliegenden Pflichten" vernachlässigt haben. Natürlich wird die Vernachlässigung der dem Bahnangestellten obliegenden Pflichten sehr oft eine Fahrlässigkeit im gewöhnlichen Sinne des Wortes darstellen, notwendig ist es jedoch nicht, daß beide Begriffe sich decken. Vor allem aber ergibt die

---

[1]) Ähnlich *SchVE.* Art. 162.

Fassung des geltenden Rechts, daß zwar zum Tatbestande des Abs. 1, nicht aber zu dem des Abs. 2 die Voraussehbarkeit der Gefahr seitens des Täters gehört. Der Vorentwurf macht in seinem § 183 Abs. 3 keinen Unterschied, ob die Täter Bahnangestellte sind oder nicht. Er fordert in jedem Falle Fahrlässigkeit, d. h. schuldhaftes Nichtvorhersehen der vorhersehbaren Gefahr. Der Tatbestand soll also nach dem Vorschlage des Entwurfs hinsichtlich der Bahnangestellten eingeschränkt werden. Es erscheint mir zweifelhaft, ob es möglich sein wird, mit der so abgeschwächten Vorschrift auszukommen. Das geltende Recht hat sich jedenfalls in der Praxis bewährt, die überdies lehrt, daß die meisten Eisenbahnkatastrophen durch die Nichtbeachtung der Dienstvorschriften herbeigeführt werden.

Die Begriffe Post, Telegraphen-, Fernsprech- und Rohrpost anlage sind ohne weiteres klar und können zu Mißdeutungen nicht führen. Insbesondere würden unter den Begriff der Fernsprech und Telegraphenanlagen auch die Einrichtungen der drahtlosen Nachrichtenübermittelung fallen. Dagegen ist der Begriff der Eisenbahn mehrdeutig und es dürfte sich empfehlen, im Gesetze[1]) zum Ausdrucke zu bringen, daß darunter jedenfalls nur Beförderungsanlagen verstanden werden, deren rollendes Material auf Schienen läuft und mit elementarer oder mechanischer Kraft angetrieben wird. Von den drei Entwürfen versucht nur der österreichische eine solche Begriffsbestimmung[2]).

d) Der *Sch.* und der *OVE.* Aus der vorstehenden Darstellung ergab sich bereits, daß der *DVE.* bei der Ausgestaltung der Verkehrsdelikte sich den *SchVE.* im allgemeinen zum Muster genommen hat. Die Abweichungen beider Entwürfe voneinander sind angedeutet worden. Daß der *DVE.*, gerade da, wo er von seinem Vorbilde sich entfernt hat, nicht immer Beifall verdient, ist ebenfalls bemerkt.

Auch über die Verkehrsdelikte im *OVE.* ist nichts besonderes zu sagen. Daß er diese Straftaten lediglich aus dem Gesichtspunkte der Gemeingefahr behandelt, ist schon hervorgehoben. Im übrigen decken sich auch seine Bestimmungen sachlich mit denen des *SchVE.* Grundsätzlich abweichendes ist nur bezüglich der

[1]) Nicht bloß in der Begr.; vgl. *VEBegr.* 589. Für die Wichtigkeit einer Definition besonders Binding, Lehrb. *II. 38 ff.*

[2]) *OVE.* §§ 423, 424, 429, 430. Dagegen fehlt in den §§ 431 und 432 ein Hinweis auf die Betriebskraft, hier würde unter „Eisenbahn" also auch eine Pferdebahn zu verstehen sein.

Gefährdung der Seeschiffahrt bestimmt, die, wie erwähnt, in einem eigenen Abschnitte behandelt wird. Hier, in den §§ 446—448, hat der *OVE.* den spezialisierten Tatbestand beibehalten und die einzelnen Handlungen aufgezählt, durch die eine Gefährdung der Seeschiffahrt herbeigeführt werden kann: Zerstörung, Beseitigung oder Unwirksammachen von Seezeichen, Anbringen falscher Zeichen, endlich Nichtanbringung von Zeichen und Nichtbeachtung von Sicherheitsvorschriften. Daß die Regelung, wie sie der *D.* und der *SchVE.* getroffen haben, den Vorzug verdient, ist bereits früher dargelegt. Bezüglich der Binnenschiffahrt (§§ 431, 432) steht der *OVE.* auf dem gleichen Standpunkte wie die beiden anderen Entwürfe und hat hier eine Spezialisierung des Tatbestandes unterlassen.

---

14. Abschnitt.

Gemeingefährliche[1] Verbrechen und Vergehen[2].

I. Allgemeines.

Die Bezeichnung „gge. Verbrechen und Vergehen" für die im 27. Abschnitte des geltenden StGB. enthaltenen Delikte ist mit gutem Grunde beanstandet worden[3]. Denn bei den wenigsten dieser Tatbestände gehört die Herbeiführung einer Gg. zum Wesen des Delikts. Anders im *DVE.* Bei den Verbrechen und Vergehen, die in seinem 14. Abschnitte formuliert werden, ist die Bewirkung von „Gefahr für Menschenleben oder in bedeutendem Umfange für fremdes Eigentum" oder von Gefahr für Menschenleben oder für die menschliche Gesundheit zum Tatbestandsmerkmale erhoben worden[4]. Die Straftaten sind einheitlich als Gefährdungsdelikte ausgestaltet, und zwar ist die Gefährdung überall eine dem Maße und der Richtung nach unbestimmte, der Regel nach über Sondergefährdung einzelner Personen oder einzelner Eigentumsobjekte

[1] Im folgenden: Gg. = Gemeingefahr, gg. = gemeingefährlich.

[2] *DVE.* §§ 189—195 und die im vorigen Abschnitte nicht behandelten 181 und 184, ferner 307 Nr. 6—12, 14. — *SchVE.* Artt. 143—159, ferner 265, 268. — *OVE.* §§ 416—441, ferner 464—466. — StGB. §§ 306—315, 321, 323—330, 305, ferner 360 Nr. 10, 366 a, 367 Nr. 1—7, 13—15, 368 Nr. 2 bis 8, 369 Nr. 3.

[3] Besonders von Binding, Lehrb. *II. 1 ff.*

[4] Eine Ausnahme bilden nur die aus dem geltenden StGB. (§§ 327, 328) ohne wesentliche Änderung übernommenen §§ 193 und 194.

hinausgreifende. Im *DVE.* trägt deshalb[1]) die Gruppe der ggn. Delikte ihren geschichtlich begründeten Namen mit Recht.

Der *Sch.* und der *OVE.* stehen grundsätzlich auf dem gleichen Standpunkte, nur insofern weisen die drei Entwürfe Abweichungen voneinander auf, als die Zahl und die Art der Delikte, die sie den ggn. zurechnen, bei allen dreien verschieden ist.

Ein weiterer Unterschied — nicht zum Vorteile des *DVE.* — zwischen diesem und den beiden anderen Entwürfen besteht darin, das der *Sch.* und der *OVE.* das gesamte Material in den Entwurf eingearbeitet haben, während der *DVE.* den strafrechtlichen Inhalt der einschlägigen Reichsstrafnebengesetze, die gerade hier recht zahlreich und gewichtig sind[2]), beiseite läßt. Die Begründung meint, die Berücksichtigung der Nebengesetze sei „nicht zweckmäßig", „nicht angezeigt", nur „schwer ausführbar", sie gehörten nicht „in den Rahmen eines allgemeinen Strafgesetzes"[3]). Diese Annahme darf nicht ohne Widerspruch bleiben, zumal die Begründung selbst anerkennt[4]), daß die aufrechterhaltenen Sondergesetze durchaus änderungs- und verbesserungsbedürftig sind, der Entwurf übrigens auch keineswegs grundsätzlich die Einbeziehung der Nebengesetze unterlassen hat.

II. Die einzelnen Deliktstatbestände.

1. Die Brandstiftung[5]). Die B. bildet geschichtlich den Ausgangspunkt der ggn. Delikte, sie ist das „typische"[6]) und zugleich das praktisch wichtigste Verbrechen dieser ganzen Kategorie. Es empfiehlt sich deshalb, mit dem geltenden StGB. und mit dem *Sch.*, sowie dem *OVE.* das Verbrechen der B. an die Spitze des ganzen Abschnitts zu stellen. Auch der *DVE.* behandelt zwar in dem ersten Paragraphen (189) des 14. Abschnitts die B., aber er wirft sie zusammen[7]) mit der Verursachung einer Explosion, eines Einsturzes und einer Überschwemmung, also mit Tatbeständen, die ihrer praktischen Bedeutung nach auch nicht im entferntesten an

---

[1]) *VEBegr.* 599 f.

[2]) Es kommen namentlich in Betracht: das Sprengstoffgesetz, das Nahrungsmittelgesetz und die sonstigen Gesetze über den Verkehr mit gesundheitsgefährlichen Gebrauchsgegenständen, endlich die Gesetzgebung des Reichs über Menschen-, Tier- und Pflanzenseuchen.

[3]) *VEBegr. VI. 608, 614.*

[4]) *VEBegr.* 614, vgl. Binding, Lehrb. *II. 22, 74, 89.*

[5]) Im folgenden abgekürzt: B.

[6]) *Vergl. Darst. Bes. T. IX. 44.*

[7]) Nach dem schlechten Beispiele im § 148 des norwegischen StGB.

die B. heranreichen. Das ist ein Fehler, der die Lesbarkeit und Verständlichkeit des Gesetzes beeinträchtigt.

In der Ausgestaltung des Delikts stimmen alle drei Entwürfe im großen und ganzen überein. Sämtlich haben sie davon abgesehen, die Objekte, an denen eine B. verübt werden kann, näher zu spezialisieren. Sie nehmen also alle bewußtermaßen den entgegengesetzten Standpunkt ein wie das geltende deutsche StGB. Das ist schon um deswillen zu billigen, weil die Aufzählung der möglichen Bs.-Objekte im geltenden Rechte nicht lückenlos ist und weil eine solche Aufzählung kaum jemals erschöpfend sein kann. Es werden sich immer Lücken ergeben, wenn ein Gesetzbuch diese Objekte ausschließend aufzählt.

Am folgerichtigsten geht der *DVE.* vor. Er sieht von der Benennung eines Objekts überhaupt ab und sagt einfach: „Wer einen Brand . . . herbeiführt." Die beiden anderen Entwürfe bezeichnen als Bs.-Objekte „fremde oder eigene Sachen", bei der fahrlässigen B. (Art. 144) heißt es aber auch im *SchVE.* nur: „Wer fahrlässig eine Feuersbrunst verursacht."

Eine Einschränkung des objektiven Tatbestandes wird im *DVE.* dadurch getroffen, daß durch die B. „Gefahr für Menschenleben[1]) oder in bedeutendem Umfange für fremdes Eigentum" herbeigeführt sein muß, während die beiden anderen Entwürfe die Verursachung einer „Feuersbrunst" verlangen. Ich halte die deutsche Fassung für klarer, weil die Auslegung des Begriffes „Feuersbrunst" in der Praxis Schwierigkeiten hervorrufen kann.

Daß die B. nicht bloß objektiv geeignet sein muß, Gefahr für andere Menschen oder eine bedeutende Gefahr für fremdes Eigentum herbeizuführen, sondern daß der Vorsatz des Täters sich gerade auf die so geartete Gefährdung erstrecken muß, ergibt ohne weiteres die Fassung des Entwurfs[2]). Desgleichen muß sich nach den beiden anderen Entwürfen der Vorsatz des Brandstifters auf die Verursachung nicht nur eines Brandes, sondern gerade einer „Feuersbrunst" richten, d. h. offensichtlich auf die Herbeiführung eines Brandes von erheblicher Bedeutung, bei dem das entfesselte Element „einhertritt auf der eigenen Spur".

Zu Mißverständnissen kann die Fassung des Abs. 2 des § 189 im *DVE.* führen. Diese Bestimmung besagt nichts anderes, als daß beim Vorliegen mildernder Umstände statt auf Zuchthausstrafe auf Gefängnis nicht unter drei Monaten erkannt werden darf. Die

---

[1]) „Gefahr für andere" wäre besser — vgl. oben S. 214 Anm. 4.

[2]) Vgl. oben S. 214 Anm. 3.

Vorschrift begnügt sich aber nicht damit, die allgemeine Begriffsbestimmung der m. U. im § 82 des Vorentwurfs stillschweigend in Bezug zu nehmen, sondern sie führt daneben noch einen der B. eigentümlichen, besonderen m. U. an: die Handlung darf nur fremdes Eigentum, also nicht Menschenleben, gefährdet haben und der wirklich entstandene Schaden darf nur ein geringer gewesen sein. Ich halte diese ganze Sonderbestimmung für entbehrlich, es dürfte die Zulassung m. U. im gewöhnlichen Sinne ausreichen. Nicht unbedenklich ist die Sondervorschrift, weil dadurch der Anschein erweckt wird, als ob im Falle des Abs. 2 ein besonderer, milder zu beurteilender Tatbestand der vorsätzlichen B. festgesetzt werden soll: Gefährdung fremden Eigentums in nicht bedeutendem Umfange durch einen Brand. Glücklicher ist die Fassung der ähnlichen Bestimmung im *SchVE.* Art. 143 Nr. 1 Abs. 4.

Bei der Strafabmessung macht der *SchVE.* Unterschiede, je nachdem durch die Feuersbrunst fremdes Eigentum, ein Menschenleben oder das Leben vieler Menschen in Gefahr gebracht worden ist. Ebenso trifft der *OVE.* für alle ggn. Delikte in den §§ 427, 428 Bestimmungen über erhöhte Strafen, wenn schwere Körperverletzungen oder schwere Gesundheitsbeschädigungen, der Tod eines Menschen oder die Not vieler Menschen als Folge der Tat eingetreten sind. Der *DVE.* kennt solche Abstufungen nicht, sie sind angesichts der allgemeinen Strafzumessungsbestimmungen in den §§ 81 ff. des *DVE.* entbehrlich[1]).

Nur der *OVE.* (§ 427 Nr. 2) hat den Schärfungsgrund des § 307 Nr. 2 StGB. (B., um dabei Raub oder Mord zu begehen), keiner der Entwürfe den des § 307 Nr. 3 StGB. (Beseitigung der Löschgeräte[2]) aufgenommen. Der erstere Schärfungsgrund gewinnt praktische Bedeutung nur, wenn es bei Mord und Raub wenigstens zu Versuchshandlungen gekommen ist. Dann ist der Täter nach den Bestimmungen über Verbrechenskonkurrenz zu bestrafen. Die besondere Bosheit aber, die in der Erschwerung der Löschhilfe in die Erscheinung tritt, kann und muß bei der Strafzumessung, auch ohne daß eine besondere Bestimmung darüber vorhanden ist, berücksichtigt werden.

Eine dem § 310 StGB. entsprechende Sondervorschrift fehlt

---

[1]) Auch wohl in den beiden anderen Entwürfen aus dem gleichen Grunde — vgl. *SchVE.* Artt. 49 ff. und *OVE.* §§ 48 ff.

[2]) Die Vorschrift im § 433 des *OVE.* (Vereitelung oder Erschwerung der Hilfe zur Behebung einer gemeinen Gefahr) ist ein selbständiger Deliktstatbestand und wird unten bei Nr. 13 besprochen werden.

gleichfalls in allen drei Entwürfen. Es bedarf einer solchen auch nicht. Die Regeln, die die Entwürfe über den Rücktritt vom Versuche und über die tätige Reue getroffen haben (*DVE.* § 77, *OVE.* § 16, *SchVE.* Art. 22 Abs. 3), sind auch beim Verbrechen der B. ausreichend.

Eine Bestimmung über den sog. Versicherungsbetrug findet sich nur im *OVE.* (§ 361), allerdings in ganz anderer Ausgestaltung, als § 265 StGB. diesem Delikte gegeben hat. Mit dem Verbrechen der B. hat dieser Versicherungsbetrug des *OVE.* nichts zu tun. Bestimmungen, die der betrügerischen B. des § 265 StGB. entsprächen, sind in keinen der drei Entwürfe aufgenommen. Die Nichtaufnahme bedeutet keine Lücke. § 36 des *D.* und Art. 37 des *SchVE.* (Geldstrafe oder Buße als Nebenstrafe bei gewinnsüchtiger Absicht des Täters) werden hier ergänzend eintreten.

2. Herbeiführung einer ggn. Überschwemmung. Ganz gleich ist in allen drei Entwürfen die gge. Überschwemmung dahin charakterisiert, daß durch sie Gefahr für fremdes Eigentum in bedeutendem Umfange oder in großer Ausdehnung herbeigeführt sein muß. Gg. soll bei der Überschwemmung ferner dann vorliegen, wenn dadurch das Leben anderer Menschen gefährdet wird (*DVE.* § 189, *OVE.* § 421) oder wenn die Überschwemmung „Leib und Leben von Menschen" in Gefahr bringt (*SchVE.* Art. 149). Der *SchVE.* geht also weiter als die beiden anderen Entwürfe, er hält bloße Gesundheitsstörungen („Leib") für eine ausreichende Gg. Der schweizerische Vorschlag verdient insofern Beachtung, als erfahrungsgemäß durch stagnierendes Wasser allerlei Krankheitskeime verbreitet werden können, und eine Überschwemmung, mag sie auch Menschenleben nicht gerade in Gefahr gebracht haben, leicht die Ursache einer gefährlichen Epidemie sein kann. Daß der *SchVE.* auch diese Gefahr berücksichtigt, erscheint mir als ein Vorzug gegenüber den beiden anderen Entwürfen.

Es bedarf kaum besonderer Erwähnung, daß in allen drei Entwürfen nicht nur die vorsätzliche, sondern auch die fahrlässige Herbeiführung einer ggn. Überschwemmung unter Strafe gestellt wird.

3. Bezüglich der vorsätzlichen oder fahrlässigen Herbeiführung einer Explosion gelten nach dem *DVE.* lediglich die Bestimmungen über die B. (§ 189).

Der *OVE.* kennt diesen Ausdruck überhaupt nicht, er spricht nur von der „Gefährdung durch Sprengstoffe" (§§ 418—420) und behandelt ebenso wie der *SchVE.* (Artt. 146—148) auch den strafrechtlich zu fassenden Verkehr mit Sprengstoffen, der bei uns durch Spezialgesetz geregelt ist. Gerade die beiden außerdeutschen

Entwürfe sind ein schlagender Beweis dafür, daß die Einarbeitung der strafrechtlichen Bestimmungen des deutschen Dynamitgesetzes in das StGB. sehr wohl möglich ist. Den abweichenden Darlegungen in der Begr. des *DVE.* kann nicht beigetreten werden[1]). Bemerkenswert ist, daß es im *OVE.* den besonderen Begriff des anarchistischen Delikts gibt (§§ 107, 108, 113).

Im *SchVE.* (Art. 145) wird der Begriff der Explosion auf die gewaltsame Entladung von „Gas, Benzin und ähnlichen Stoffen" beschränkt. Von den „Sprengstoffen" ist, wie erwähnt, in dem besonderen Zusammenhange der Artt. 146—148 die Rede. Hinsichtlich der Gefährdung durch Sprengstoffe verlangt der *SchVE.* lediglich „eine gemeine Gefahr", hinsichtlich der Explosion von Gas, Benzin und ähnlichen Stoffen „Gefahr für Leib und Leben von Menschen oder für fremdes Eigentum". Der Grund der Unterscheidung erhellt nicht ohne weiteres, der Ausdruck „gemeine Gefahr" ist recht unbestimmt und die Gefahr bloßer Gesundheitsbeschädigung („Leib") hier nicht ausreichend. Der *D.* und namentlich der *OVE.* (Gefahr für das Leben anderer oder für fremdes Eigentum in großer Ausdehnung) verdienen unbedingt den Vorzug.

4. Verursachung eines Einsturzes. Die Strafbestimmung gegen die vorsätzliche oder fahrlässige Herbeiführung eines „Einsturzes, wodurch Gefahr für Menschenleben[2]) oder in bedeutendem Umfange für fremdes Eigentum" bewirkt wird, ist vom *DVE.* neu eingeführt und ihm allein eigentümlich. Die Bestrafung erfolgt genau nach den Bestimmungen über die B. (§ 189).

Der Begriff des „Einsturzes" dürfte nicht von vornherein klar oder selbstverständlich sein. Gleichwohl wird er im Entwurf selbst nicht erläutert, nur in der Begr.[3]) findet sich die Definition, daß einen Einsturz verursacht, „wer durch Lösung der organischen oder mechanischen Verbindung von Stoffen deren Schwerkraft dahin wirken läßt, daß die Stoffe, aus ihrer bisherigen Lage gebracht, plötzlich zu Boden fallen". Darnach würde z. B. einen Einsturz bewirken, wer einen Stein von einer Felswand abbricht oder den Knopf eines Turmdaches von seiner Unterlage loslöst und die losgelösten Teile in die Tiefe rollen läßt. In beiden Fällen ist die organische oder die mechanische Verbindung von Stoffen gelöst und ist der losgelöste Teil der Wirkung der Schwerkraft überlassen

---

[1]) Vgl. oben S. 223 Anm. 2 und Wach in DJZ. *XV. 11*; für die Einarbeitung speziell des Sprengstoffgesetzes Galli im „Recht" *XIV. 24, 25*.

[2]) Besser „Gefahr für andere" — vgl. oben S. 214 Anm. 4.

[3]) *VEBegr.* 609.

worden. Aber von einem „Einsturz" wird man doch nicht sprechen können. Die Begriffsbestimmung der Begr. versagt somit, ein Beweis, daß das neugeschaffene Delikt im ganzen von zweifelhaftem Werte ist. Mit dem *Sch.* und dem *OVE.* erscheint mir die Bestimmung entbehrlich. Der *DVE.* kennt genug andere Tatbestände, die geeignet sind, ein deliktisches Handeln, wie es bei einem „Einsturze" zutage treten kann, strafrechtlich zu fassen. In erster Linie kommt in dieser Beziehung die gge. Sachbeschädigung (§ 181) in Betracht, deren Tatbestand freilich anders begrenzt werden muß[1]), und die Bestimmung über kunstwidriges Bauen (§ 195). Ergänzend treten hinzu die Tatbestände der gewöhnlichen Sachbeschädigung (§ 289), des Totschlages, unter Umständen des Mordes, der vorsätzlichen und der fahrlässigen Sachbeschädigung (§§ 212 ff., 227 ff.) Angesichts aller dieser Strafvorschriften braucht es nicht noch einer weiteren über die Verursachung eines Einsturzes. Auch in der Praxis habe ich niemals die Erfahrung gemacht, daß unser geltendes Recht eine Lücke in dieser Richtung aufwiese.

5. Herbeiführung der Strandung eines Schiffes. § 191 des *DVE.* bietet gegenüber den §§ 323, 326 StGB. zunächst die eine Neuerung, daß die Gg. in Übereinstimmung mit den übrigen Tatbeständen des Abschnitts als „Gefahr für Menschenleben[2]) oder in bedeutendem Umfange für fremdes Eigentum" definiert ist. Sodann ist bei der fahrlässigen Begehung das Erfordernis des wirklichen Eintritts eines Schadens weggefallen, das der Auslegung Schwierigkeiten gemacht hat[3]). Beide Neuerungen sind unzweifelhafte Verbesserungen.

Aber auch diese ganze Strafbestimmung dürfte in Zukunft vielleicht entbehrlich sein. Der *SchVE.* kennt das Spezialdelikt nicht. Nach dem *SchVE.* würde die Herbeiführung einer Strandung oder des Sinkens eines Schiffes unter den weit allgemeineren Tatbestand der ggn. Störung der Sicherheit der Schiffahrt fallen (Art. 160) und die Schaffung dieses umfassenderen Tatbestandes ist offensichtlich der Grund gewesen, weshalb man das besondere Strandungsdelikt nicht aufgenommen hat. Die gleiche Erwägung trifft aber auch für den *DVE.* zu. Auch der *DVE.* kennt den allgemeinen Begriff der ggn. Störung des Schiffahrtsbetriebes (§ 186). Freilich soll dieses Delikt nach dem *DVE.* nur absichtlich, also

---

[1]) Vgl. unten die folgende Nr. 6.

[2]) Besser „Gefahr für andere" — vgl. oben S. 214 Anm. 4.

[3]) Vgl. Olshausen Anm. 4 zum § 326.

namentlich nicht fahrlässig begangen werden können. Wird die Bestimmung so Gesetz, wie der Entwurf es vorschlägt, dann ist allerdings daneben eine Vorschrift über die vorsätzliche und fahrlässige Bewirkung des Strandens und des Sinkens eines Schiffes nicht zu entbehren. Wird aber der § 186 in der von mir empfohlenen Weise umgestaltet[1]), dann ist diese Spezialbestimmung wie im schweizerischen, so auch im deutschen Entwurfe überflüssig.

Der *OVE.* kennt das Versenken eines Seeschiffes (§§ 443, 444) als Spezialdelikt, für die Binnenschiffahrt (§§ 431, 432) fehlt es. Die Zwiespältigkeit erklärt sich aus der früher[2]) erörterten Sachlage, wonach der *OVE.* zwar für den Binnenschiffahrtsbetrieb von einer Spezialisierung des Tatbestandes abgesehen, diese aber für die Seeschiffahrt beibehalten hat.

6. Die gge. Sachbeschädigung. Unter die Verkehrsdelikte aufgenommen hat der *DVE.* in § 181 den Tatbestand der Zerstörung oder Beschädigung einer Reihe namentlich aufgeführter Objekte, wenn dadurch Gefahr für andere oder eine bedeutende Gefahr für fremdes Eigentum herbeigeführt wird. Der *SchVE.* bringt dieses Delikt (Art. 150) systematisch richtig[3]) unter den ggn. unter, der *OVE.* kennt das Delikt als solches nicht.

Als mögliche Objekte dieser ggn. Sachbeschädigung zählt der *DVE.* die folgenden auf: 1. Wasserleitungen, 2. Schleusen, 3. Wehre, 4. Deiche, 5. Dämme, 6. andere Wasserbauten, 7. andere Schutzvorrichtungen gegen Naturereignisse, 8. Brücken, 9. Straßen, 10. Wege, 11. Fähren, 12. Schutzwehren, 13. ähnliche dem öffentlichen Verkehr dienende Einrichtungen. Auch der *SchVE.* hat hier eine namentliche Aufzählung der Deliktsobjekte. Er nennt nur die Gegenstände unter 2—7, außerdem elektrische Anlagen. Er unterscheidet sich vom *DVE.* weiter dadurch, daß er auch hier Gesundheitsgefährdung („Leib") für ausreichend erklärt.

Aufzählungen, wie sie sich im Tatbestande der ggn. Sachbeschädigung finden, sind sonst nicht die Art des *D.* oder *SchVE.* Wie bei den Verkehrsdelikten und bei der B. rühmend hervorgehoben werden konnte, haben sich im Gegenteile beide Entwürfe erfolgreich bemüht, solche bisher üblichen Aufzählungen durch eine allgemeine Fassung des Tatbestandes zu ersetzen. Eine Kasuistik, wie sie von beiden Entwürfen im Gegensatze zu ihren sonstigen Vorschlägen bei der ggn. Sachbeschädigung gebracht wird, muß

---

[1]) Oben S. 217 f. unter b.

[2]) Oben S. 221 f. unter d.

[3]) Oben S. 213.

immer Lücken aufweisen[1]). In beiden Entwürfen vermisse ich beispielsweise Eisenbahnanlagen, Bergwerke und Gebäude oder Bauwerke. Auch an Dampfkessel und Schiffe könnte man denken. Auch diese Gegenstände sind geeignete Objekte einer ggn. Sachbeschädigung. Andere werden andere Dinge hinzugefügt wissen wollen. Es frägt sich, ob es nicht möglich ist, statt der Aufzählung, bei der Lückenlosigkeit sich niemals erreichen läßt, auch hier eine allgemeinere Fassung des Tatbestandes zu finden. Eine solche allgemeine Fassung ist versucht worden im schweizerischen Entwurfe von 1894[2]). Einen anderen Versuch in der angegebenen Richtung macht der *OVE.*, indem er in den §§ 425, 426 ein subsidiäres Delikt der „Gemeingefährdung" formuliert[3]). Durch dieses Delikt wird ganz allgemein die vorsätzliche oder fahrlässige Gefährdung des Lebens anderer „unter anderen besonders gefährlichen Umständen" für strafbar erklärt. Beide Gesetzesvorschläge sind so weit gefaßt, daß ihre Tragweite sich nicht übersehen läßt. Mit Recht ist gegen die angezogene schweizerische Bestimmung angeführt worden, daß „ein so allgemeingefaßtes Gefährdungsdelikt eine geradezu unerträgliche Beschränkung menschlicher Handlungsfreiheit" bilde[4]). Einwendungen dieser Art haben denn auch dazu geführt, daß man den Art. 171 des Entwurfs von 1894 in den jetzigen Vorentwurf nicht wieder aufgenommen hat. Aber diese Bedenken würden verstummen müssen, wenn der Tatbestand eingeschränkt wird auf die Zerstörung und die Beschädigung von Sachen, und wenn außerdem Gefährdungsvorsatz verlangt und genau so gestaltet wird, wie es bei den übrigen ggn. Delikten der Fall ist, wenn er also sich richten muß auf die Gefährdung des Lebens (nicht bloß der Gesundheit!) anderer oder auf die Gefährdung von fremdem Eigentum in bedeutendem Umfange. Das Delikt würde sich als subsidiäres der B. und der Bewirkung einer Explosion anzuschließen haben und es könnte zur weiteren Begrenzung des objektiven Tatbestandes im Anschlusse an § 425 des *OVE.* eine Hindeutung auf die besondere Gefährlichkeit der Handlung einge-

---

[1]) Gegen die Kasuistik auch v. Lilienthal, ZStW. *XXX. 245.*

[2]) Art. 171: „Wer das Leben oder die Gesundheit einer unbestimmten Zahl von Menschen vorsätzlich in Gefahr bringt, wird mit Zuchthaus bestraft. Handelt der Täter aus Fahrlässigkeit, so ist die Strafe Gefängnis oder Geldstrafe bis zu 30000 Franken". Vgl. über diesen gesetzgeberischen Vorschlag: *Vergl. Darst. Bes. T. IX. 44.*

[3]) Übrigens in Übereinstimmung mit dem geltenden österreichischen Rechte — vgl. *Vergl. Darst. Bes. T. IX. 43.*

[4]) *Vergl. Darst. Bes. T. IX. 44.*

fügt werden. Daß die Bestimmung übrigens keinen Unterschied machen darf zwischen der Zerstörung eigener Sachen des Täters oder fremder, ist selbstverständlich. Denn auch die Zerstörung der eigenen Sache kann dritte Personen in Lebensgefahr bringen. Natürlich kennt auch § 181 des *DVE.* einen solchen Unterschied nicht.

Dieser § 181 würde hiernach etwa folgendermaßen zu lauten haben:

> „Wer unter anderen gefährlichen Umständen eigene oder fremde, bewegliche oder unbewegliche Sachen zerstört oder beschädigt und dadurch Gefahr für das Leben anderer oder in bedeutendem Umfange für fremdes Eigentum herbeiführt, wird mit Gefängnis oder Haft, in besonders schweren Fällen (§ 84) mit Zuchthaus bestraft."

Die fahrlässige Begehung dieses Delikts wäre meines Erachtens nur für den Fall der Gefährdung des Lebens anderer, nicht auch bloßer Gefährdung fremden Eigentums unter Strafe zu stellen, insoweit aber auch zweckmäßig, notwendig und ganz unbedenklich.

Eine meinem Vorschlage entsprechend gefaßte subsidiäre Strafbestimmung würde natürlich die Vorschläge des *DVE.* über die Verursachung eines Einsturzes erst recht entbehrlich machen.

7. Durch die Aufnahme einer Bestimmung in der vorstehend empfohlenen Fassung würde sich in der Hauptsache auch ein weiterer Deliktstatbestand erübrigen, der dem *DVE.* eigentümlich ist[1]): das vorsätzliche „Zerstören oder Unbrauchbarmachen[2]), das Außer-Tätigkeit-Setzen oder pflichtwidrige Nicht-In-Tätigkeit-Setzen von Sicherheitsvorrichtungen in lebensgefährlichen Betrieben" (§ 190). Nur das Außer-Tätigkeit-Setzen und das Nicht-In-Tätigkeit-Setzen würden nicht unter den Begriff der ggn. Sachbeschädigung fallen. Aber das würde keine merkbare Lücke bedeuten, insofern, als die Unfallverhütungsgesetzgebung, die solche Schutzvorrichtungen vorschreibt, ohnehin regelmäßig Strafbestimmungen für die Arbeitgeber und Aufsichtspersonen enthält, denen Unterlassungen auf diesem Gebiete zur Last fallen.

---

[1]) Die Bestimmung des § 429 im *OVE.* kann mit dem § 190 des *DVE.* nicht auf eine Stufe gestellt werden. § 429 straft — als Übertretung —, wenn die Anbringung einer Einrichtung unterlassen wird, „die für den Betrieb einer Eisenbahn, eines Schiffes, einer Werkanlage oder Maschine oder für den Betrieb eines Bergwerks ... zum Schutze der körperlichen Sicherheit oder der Gesundheit vorgeschrieben ist". Die Bestimmung entspricht also im wesentlichen dem § 147 Ziff. 4 der Reichsgewerbeordnung.

[2]) Sollte die Nebeneinanderstellung beider Ausdrücke nicht ein Pleonasmus sein?

Nun ist es freilich denkbar, daß Personen, die nicht zu den Arbeitgebern oder Aufsichtspersonen gehören, derartige Schutzvorrichtungen böswillig oder fahrlässig beseitigen. Die meisten Fälle dieser Art werden, wie gesagt, der ggn. Sachbeschädigung unterstellt werden können. Denn die Beseitigung einer Schutzvorrichtung wird regelmäßig eine Beschädigung der Maschine usw. sein, an der die Schutzvorrichtung angebracht ist. Für die wenigen Fälle aber, bei denen die Beseitigung nicht zugleich eine Sachbeschädigung bedeutet, werden die Bestimmungen über die vorsätzliche oder fahrlässige Tötung und Körperverletzung eine ausreichende Schutzwehr bilden. Ich halte hiernach einen Gesetzesvorschlag, wie er — in recht schwerfälliger Form — im § 190 des *DVE.* enthalten ist, für entbehrlich.

Höchstens könnte eine dem § 429 des *OVE.* entsprechende Strafvorschrift zum Ersatze der oben erwähnten, in der Fabrikgesetzgebung sich findenden Bestimmungen aufgenommen werden.

8. Gge. Bauausführung. Nur der *D.* und der *SchVE.* enthalten eine Strafsatzung über die Gefährdung durch Bauen. Im *OVE.* dürften in Fällen dieser Art die allgemeinen Bestimmungen der §§ 425, 426 eingreifen, die oben[1]) bereits besprochen sind.

Die Bestimmung des *DVE.* (§ 195) gibt im wesentlichen den geltenden § 330 StGB. wieder. Nur ist die „Gefahr für andere“ auch hier ersetzt durch die Worte: „Gefahr für Menschenleben oder in bedeutendem Umfange für fremdes Eigentum.“ Man ist bei der Auslegung des § 330 darüber einig, daß das Delikt vorsätzlich oder fahrlässig begangen werden kann. Da eine Änderung auch in dieser Richtung offenbar nicht beabsichtigt ist und zweckmäßigerweise auch nicht beabsichtigt sein kann, so müssen, der Terminologie des Entwurfs entsprechend und um Mißverständnisse zu vermeiden, die Worte „vorsätzlich oder fahrlässig“ in den Tatbestand eingeschoben werden. Sonst ist gegen die Fassung nichts zu erinnern. Höchstens wäre zu erwägen, ob nicht mit dem *SchVE.* (Art. 152) statt „eines Baus“ zu sagen wäre „eines Baus oder des Abbruchs eines Baus“. Denn der Abbruch ist sprachlich und begrifflich eigentlich das Gegenteil eines Baus, wenn auch die deutsche Rechtsprechung[2]) — freilich nach anfänglichem Schwanken! — auch Abbruchsarbeiten unter den Begriff des „Baus“ subsumiert hat. Im übrigen bestraft der *SchVE.* lediglich Fahrlässigkeit bei Leitung

---

[1]) S. 230.

[2]) Vgl. RG. *XXI. 142*, aber später *XXV. 90*, welch letztere Entscheidung dann maßgebend geblieben ist.

oder Ausführung eines Baus oder des Abbruchs eines Baus, wenn „dadurch das Leben von Menschen gefährdet wird". Es liegt nach den praktischen Erfahrungen, die mit der deutschen Fassung gemacht worden sind, kein Anlaß vor, dem *SchVE.* zu folgen.

10. Der gge. Vertragsbruch. Wie schon früher[1]) erwähnt, hat der *DVE.* den § 339 StGB. nur insofern aufrecht erhalten, als er sich auf die Lieferungen von Kriegsbedürfnissen bezieht, und die so eingeschränkte Bestimmung als § 107 systematisch richtig im 2. Abschnitte „Landesverrat" untergebracht. Daß die Beseitigung des § 329 seinem sonstigen Inhalte nach nicht gebilligt werden kann, ist ebenfalls schon dargelegt worden.

Der jetzige § 329 wird freilich nicht ohne Änderung in das künftige StGB. übernommen werden können. Zunächst nicht hinsichtlich seines Absatzes 2, weil die Bestrafung der bloß fahrlässigen Nichterfüllung eines Vertrages unter allen Umständen dem modernen Rechtsgefühle widerspricht. Andererseits erscheint der Tatbestand zu eng, weil § 329 die Nichterfüllung nur von Lieferungsverträgen und zwar nur von Verträgen über die Lieferung von Nahrungsmitteln unter Strafe stellt. Die Nichtleistung vertragsmäßig übernommener Arbeiten und die Nichtlieferung von anderen notwendigen Lebensbedürfnissen außer den Nahrungsmitteln kann genau so geeignet sein, einen Notstand herbeizuführen oder die Beseitigung eines solchen zu hindern. Auch die Beschränkung auf Verträge, die mit einer Behörde geschlossen sind, erscheint nicht gerechtfertigt. Endlich wird die Strafbestimmung mit den übrigen Paragraphen des Abschnittes 14 insofern in Einklang gebracht werden müssen, als auszusprechen ist, daß der Vorsatz des Täters auf die Herbeiführung eines Notstandes oder auf die Hinderung der Beseitigung eines solchen gerichtet sein muß.

Bei Berücksichtigung aller dieser Forderungen kann die entsprechende Bestimmung des *OVE.* (§ 434) nicht durchweg als vorbildlich angesehen werden. Vielmehr würde sich etwa folgende Fassung empfehlen:

> „Wer vorsätzlich einer übernommenen Rechtspflicht zuwider Lebensmittel oder andere Sachen überhaupt nicht oder nicht rechtzeitig oder nicht vertragsmäßig liefert oder wer Arbeiten, die er übernommen, nicht rechtzeitig oder nicht vertragsmäßig leistet und dadurch die Gefahr eines Notstandes herbeiführt oder die Beseitigung eines Notstandes hindert, wird mit Gefängnis bis zu drei Jahren oder mit Haft bestraft".

---

[1]) S. 211f.

Bei dieser Fassung erübrigt sich die Sondervorschrift, die § 434 des *OVE.* über die „Beförderung" von Notstandsbedürfnissen enthält, und einer besonderen Berücksichtigung der Unterlieferanten usw. (§ 329 Abs. 3 StGB., § 434 Ziff. 2 des *OVE.*) bedarf es ebenfalls nicht. In der vorgeschlagenen Fassung kommt auch, was ich für notwendig halte, ganz besonders scharf zum Ausdruck, daß die Nichterfüllung einer bloß moralischen Pflicht niemals zur Bestrafung führen kann, sondern daß es sich immer um die Verletzung einer Rechtspflicht handeln muß. Eine solche Verletzung würde z. B. nicht vorliegen, wenn Angestellte oder Arbeiter von einem ihnen zustehenden Kündigungsrechte Gebrauch machen und Notstandsarbeiten erst nach Ablauf der Kündigungsfrist einstellen.

Hinsichtlich der Bestrafung greift natürlich auch hier der § 36 (fakultative Geldstrafe neben der Freiheitsstrafe bei Gewinnsucht des Täters) Platz.

10. Im Zusammenhange mit diesem Vergehen des ggn. Vertragsbruches ist die vom *DVE.*[1]) im § 184 mitbehandelte Störung des Betriebes der zur öffentlichen Versorgung mit Wasser oder Beleuchtung dienenden Anstalten zu besprechen.

Die Motive[2]) heben mit Recht hervor, daß Wasser und Licht zu den wichtigsten Lebensbedürfnissen gehören und daß eine Schädigung weitester Bevölkerungskreise eintritt, wenn ihr Zustrom versiegt. Was aber vom Wasser und Gas und vom elektrischen Strome als Beleuchtungsmittel gilt, das trifft gleichermaßen zu von der Elektrizität als Kraftquelle und gilt mindestens ebenso von der ununterbrochenen Zufuhr der Kohle, weil ohne sie es nach der derzeitigen Wirtschaftslage unmöglich ist, Gas, Elektrizität und die ganz unentbehrliche Dampfkraft zu erzeugen.

Wenn also die ungestörte Zufuhr von Wasser und Licht strafrechtlich sichergestellt werden muß, wie die Motive mit Recht meinen, so liegt das gleiche Bedürfnis vor hinsichtlich des elektrischen Stromes als wichtiger Kraftquelle und namentlich hinsichtlich der Kohle, ohne die unser ganzer Verkehr, unser ganzes Wirtschaftsleben einfach stocken müßte.

Der § 184 des *DVE.* will ferner nur die Verhinderung des Betriebes unter Strafe stellen. Das reicht nicht aus. Nicht bloß die Verhinderung, d. h. die völlige Stillegung des Betriebes bedeutet eine Gg., sondern schon die bloße Störung. Überdies wird es zu einer völligen Lahmlegung des Betriebes so leicht nicht kommen,

---

[1]) Ganz ähnlich die §§ 431, 432 des *OVE.*

[2]) *VEBegr.* 592.

wohl aber kann es geschehen, daß empfindliche Betriebsstörungen hervorgerufen werden.

Die Begr.[1]) hebt richtig hervor, daß eine Betriebsstörung namentlich durch eine Dienstverweigerung der Angestellten oder Arbeiter herbeigeführt werden kann, und meint, daß die Strafbestimmung auf streikende Angestellte oder Arbeiter keine Anwendung finden könne, wenn sie den Dienst berechtigtermaßen, insbesondere unter Beobachtung der vereinbarten oder gesetzlichen Kündigungsfrist, eingestellt haben. Diesem Gedanken ist unbedingt zuzustimmen, aber im Entwurfe hat er keinen Ausdruck gefunden. Es müßte dies dadurch geschehen, daß das Wort „rechtswidrig" in den Text eingeschaltet wird.

Fahrlässigkeit als Schuldform kann hier nicht als ausreichend angesehen werden.

Nach alledem würde die fragliche Bestimmung etwa zu lauten haben:

> „Wer vorsätzlich und rechtswidrig den Betrieb eines Kohlenbergwerks oder einer zur öffentlichen Versorgung mit Wasser, Leucht- und Heizgas oder elektrischem Strome dienenden Anstalt verhindert oder stört, wird usw."

11. Der ggc. Mißbrauch einer Naturkraft ist ein dem *SchVE.* eigentümliches Delikt. Nach Art. 151 soll bestraft werden, wer durch den Mißbrauch einer Naturkraft, namentlich einer Dampfkraft, Leben oder Gesundheit von Menschen oder fremdes Eigentum wissentlich oder fahrlässig in Gefahr bringt. Ein Bedürfnis für diese etwas vage Bestimmung scheint mir nicht vorzuliegen.

12. Desgleichen verneine ich mit den Motiven[2]) des *DVE.* die Notwendigkeit einer dem § 430 des *OVE.* entsprechenden Vorschrift über die Bestellung oder Belassung untauglicher Personen im Eisenbahn-, Schiffs-, Fabrik- und Bergwerksbetriebe. Die ähnlichen, allerdings weniger umfassenden Bestimmungen des § 320 StGB. sind ebensowenig wie der § 319 in den *DVE.* übernommen worden.

13. Endlich ist nach § 433 des *OVE.* — Störung der Hilfe bei gemeiner Gefahr — zu besprechen.

§ 433 will mit Gefängnis von drei Monaten bis zu drei Jahren bestrafen, „wer die zur Behebung einer bestehenden oder unmittelbar drohenden gemeinen Gefahr notwendige Hilfe vereitelt oder erschwert". Die Aufnahme einer ähnlichen Bestimmung in das deutsche Strafrecht erachte ich für wünschenswert. § 433 geht

---

[1]) *VEBegr.* 591.

[2]) *VEBegr.* 593.

erheblich weiter als der Übertretungstatbestand des § 360 Abs. 10 StGB., der sich mit einigen leisen Änderungen im *DVE.* als § 308 Nr. 8 wiederfindet[1]). Dieser speziellere Übertretungstatbestand kann daneben bestehen bleiben. Die dem § 433 entsprechende deutsche Bestimmung müßte zum Ausdrucke bringen, daß das Delikt nur vorsätzlich begangen werden kann, und an Stelle des unbestimmten Ausdrucks „gemeine Gefahr" hätte auch hier die allgemeine Definition „Gefahr für andere oder in erheblichem Umfange für fremdes Eigentum" zu treten.

Anhang. Die Gesundheitsgefährdungen[2]) durch Verbreitung von Menschen- und Tierseuchen, sowie von Pflanzenschädlingen haben im *DVE.* eine ganz unzulängliche Regelung erfahren[3]). Bestimmungen über die Verbreitung von Pflanzenschädlingen fehlen ganz[4]). Im übrigen ist der Inhalt der §§ 324, 326 StGB. über die vorsätzliche und fahrlässige Vergiftung von Brunnen, aus denen Menschen[5]) ihr Wasser entnehmen, mit einer unbedeutenden Änderung wiederholt, die Strafsatzung im übrigen, soweit sie sich auf Gebrauchsgegenstände bezieht, gestrichen (§ 192). Sodann sind die beiden Blankettgesetze der §§ 327, 328 StGB. sachlich unverändert aufgenommen (§§ 193, 194), in der Hauptsache aber soll das große, wichtige und schwierige Gebiet nach wie vor der Sondergesetzgebung überlassen bleiben.

Demgegenüber verdienen die beiden anderen Entwürfe entschieden den Vorzug. Sie haben das ganze einschlägige Material, soweit es strafrechtlicher Natur ist, in das StGB. eingearbeitet und damit auch hier dargetan, daß die Einbeziehung des Inhalts der bisherigen Nebenstrafgesetze in weit höherem Maße möglich ist, als *VEBegr.* es für das Reichsrecht wahr haben will. Auch sachlich erscheint der von beiden Entwürfen unternommene Versuch, ganz besonders aber der schweizerische Gesetzesvorschlag, durchaus gelungen. Auf Grundlage des *Sch.*, nicht auf den hier höchst spärlichen Bestimmungen des *DVE.* wird weiter gebaut werden müssen.

---

[1]) Ebenso in recht guter Fassung als Art. 243 des *SchVE.*

[2]) *DVE.* §§ 192—194, ferner 305 Nr. 4, 306 Nr. 5, 307 Nr. 5, 6, 8, 12. — *SchVE.* Artt. 153—159, ferner 245, 268, 288. — *OVE.* §§ 435—441, ferner 464—467, 469 Nr. 2. — StGB. §§ 324, 326—328, ferner 361 Nr. 6, 367 Nr. 1—3, 5, 7, 368 Nr. 2.

[3]) Wegen der systematischen Stellung dieser Deliktsgruppe vgl. oben S. 210.

[4]) Vgl. dagegen *OVE.* §§ 440, 441 und *SchVE.* Art. 155.

[5]) Analoge Bestimmungen über Viehtränken und Viehweiden fehlen (auch im *OVE.*), vgl. dagegen *SchVE.* Art. 156.

15. Abschnitt.

Verbrechen und Vergehen im Amte[1].

1. Allgemeines.

Der *DVE.* enthält in diesem Abschnitte nur 16 Paragraphen, während das StGB. 29 aufweist; daneben aber zählt es außerhalb des 28. Abschnitts noch eine weitere Reihe von Tatbeständen auf, bei denen Beamte als Täter in Betracht kommen. Die Zahl der Amtsdelikte ist also im *DVE.* etwa auf die Hälfte des gegenwärtigen Bestandes herabgemindert.

Dieses erfreuliche Ergebnis ist in der Hauptsache dadurch ermöglicht worden, daß der *DVE.* in seinem § 210 eine neue Bestimmung allgemeiner Natur getroffen hat. § 210 besagt, daß die Beamteneigenschaft des Täters einen erhöhenden Umstand bildet, sofern der Täter a) vorsätzlich, b) in oder bei Ausübung des Amtes handelt und c) ein im StGB. enthaltenes Verbrechen oder Vergehen (nicht eine bloße Übertretung) begeht, das nicht im 15. Abschnitt als Amtsdelikt besonders geregelt ist.

Auf diese Weise konnten die sog. uneigentlichen Amtsdelikte des geltenden Rechts — Körperverletzung im Amte, Freiheitsberaubung im Amte, Hausfriedensbruch im Amte, Entweichenlassen eines Gefangenen seitens eines Beamten (§§ 340—342, 347 StGB.[2])) — als besondere Tatbestände dieses Abschnittes ausgeschieden worden.

§ 210 Abs. 1 berücksichtigt aber lediglich Tatbestände, die „in den übrigen Abschnitten dieses Gesetzes", d. h. des künftigen StGB. als Verbrechen oder Vergehen bezeichnet sind. Er läßt also die Nebengesetze unberücksichtigt. Dem kann nicht zugestimmt werden. Man denke z. B. an Sprengstoffdelikte, an die Verbrechens- und Vergehensbestände des Nahrungsmittelgesetzes, an die Vergehen der Gewerbeordnung, des Weingesetzes. Aller dieser Delikte kann ein Beamter (beispielsweise der staatlichen Bergverwaltung, der fiskalischen Weindomänen) sich in oder bei Ausübung seines Amtes schuldig machen. Sollte dann die geschärfte Strafe weniger am Platze sein als wenn ein Delikt in Frage steht, das in das StGB. selbst aufgenommen worden ist? Die Lücke, die sich hiernach bei der jetzigen Fassung des § 210 ergibt, ist

---

[1]) *DVE.* §§ 196—211, 12 Ziff. 3. — *SchVE.* Artt. 223—232, 63 Ziff. 1, 204. — *OVE.* §§ 167—175, 100. — StGB. §§ 331—359, ferner 174 Ziff. 2 u. 3, 222 Abs. 2, 330 Abs. 2, 300, 316, 318, 322, 128 Abs. 2, 129 Abs. 2.

[2]) Über die Amtsunterschlagung, die der *DVE.* als Sonderdelikt beibehält, vgl. unten IV. Nr. 9.

unschwer zu beseitigen. Es braucht einfach gesagt zu werden: „Begeht ein Beamter... sonst ein Verbrechen oder Vergehen usw.“

§ 210 Abs. 2 ergänzt den Abs. 1 in durchaus sachgemäßer Weise, indem bestimmt wird, daß es zur Strafverfolgung gegen einen unter den Voraussetzungen des Abs. 1 delinquierenden Beamten des sonst etwa erforderlichen Strafantrages nicht bedarf.

Eine andere gegenüber dem geltenden Rechte höchst einschneidende Bestimmung findet sich im *Allg. T.* des *DVE.*, nämlich im § 12, Ziff. 3. Hier wird bestimmt, daß das Gesetz unter einem Beamten versteht: „eine Person, die zur Ausübung eines öffentlichen Amtes berufen ist“. Die Ausdehnung, die damit dem Begriffe gegenüber dem geltenden § 359 StGB. gegeben ist, springt in die Augen: den eigentlichen Beamten, die allein[1]) bisher ein Amtsdelikt begehen konnten, werden die unbeamteten „Amtsträger“ an die Seite gestellt. Der *DVE.* füllt damit eine Lücke aus, die immer fühlbarer wird, je mehr das Reich, die Einzelstaaten und die Selbstverwaltungskörper (Provinzen, Städte, Kreise) in immer steigendem Maße zur Ausübung amtlicher Funktionen auf Grund gesetzlicher Ermächtigung die Dienste nichtbeamteter Privatpersonen in Anspruch nehmen. Es ist recht und billig, daß die Lauterkeit der Amtsführung auch dieser nichtbeamteten Amtsträger unter den Schutz des Strafgesetzes gestellt wird. Daß diese bloßen Amtsträger meist nicht noch eine besondere persönliche Verpflichtung zur Treue gegen das Staatsoberhaupt oder den Staat übernommen haben (Amtseid) und daß sie nicht ihre g e s a m t e Tätigkeit dem Amte widmen, das sind Umstände, die bei der Strafabmessung zu ihren Gunsten berücksichtigt werden mögen, die aber nicht auschlaggebend sein können, um bei den nichtbeamteten Funktionären eine lässigere Auffassung von der Reinheit der Amtsführung zu rechtfertigen.

Auch diese zweite bedeutsame Neuerung des *DVE.* ist also an sich aufs freudigste zu begrüßen. Aber die Definition: „Beamter ist eine Person, die zur Ausübung eines öffentlichen Amtes berufen ist“ gibt zu Zweifeln Anlaß, ob man darunter nur inländische Beamte zu verstehen hat oder auch Personen, die nach außerdeutschem Rechte Beamte sind, wenn auch nicht deutsche. Nach der Begriffsbestimmung des § 359 StGB. ist es klar, daß nur inländische Beamte in Frage kommen („Personen im Dienste des Reichs oder im unmittelbaren oder mittelbaren Dienste eines Bundesstaats“).

---

[1]) Von den Ausnahmen in den §§ 334—336 — Schiedsrichter, Geschworene, Schöffen — abgesehen.

Der *DVE.* hat vom geltenden Rechte nicht abweichen wollen[1]). Aber im Gesetzestexte ist das nicht zum Ausdrucke gekommen. Es wird daher im § 12 Ziff. 3 noch das Wort „inländischen" vor „öffentlichen" einzuschieben sein.

Eine Begriffsbestimmung darüber, was unter einem „öffentlichen Amte" zu verstehen sei, findet sich im *DVE.* nicht. Nach wie vor wird also diese Frage auf Grund des geltenden Staats- und Verwaltungsrechts in jedem Einzelfalle zu prüfen und zu entscheiden sein.

Weder im *Sch.* noch im *OVE.* ist eine dem § 210 des *DVE.* entsprechende Bestimmung enhalten. Hinsichtlich der Definition des Beamtenbegriffs dürften beide Entwürfe auf dem gleichen Standpunkte stehen wie der *DVE.* Art. 63 Ziff. 1 des *SchVE.* spricht von „öffentlichen Beamten und Angestellten" und der *OVE.* fügt seiner sehr umständlichen Definition des Beamtenbegriffs (§ 100) eine eingehende Kasuistik aller derjenigen Personen bei, die als Beamte oder Quasibeamte anzusehen ist. Ob diese Aufzählung nach dem österreichischen Staats- und Verwaltungsrechte erschöpfend ist, kann hier nicht nachgeprüft werden. Besser ist es, wenn eine solche Aufzählung, wie in den beiden anderen Entwürfen, unterbleibt.

II. Strafbare und disziplinarisch zu ahndende Tatbestände.

Eine begrifflich faßbare, grundsätzlich feststehende Grenze zwischen kriminellem und bloß disziplinärem Beamtenunrecht gibt es nicht. Die Ansichten darüber, welche Handlungen der Beamten strafbar sind und welchen nur im Dienstaufsichtswege oder im Wege des förmlichen Disziplinarverfahrens entgegenzutreten ist, haben im Laufe der Zeiten gewechselt und es weisen die geltenden Strafgesetzbücher der einzelnen Staaten in dieser Richtung große Mannigfaltigkeit auf.

Wie verschieden die Frage auch in den modernsten Kodifikationen beantwortet werden kann, zeigt ein Blick auf die drei Entwürfe, die hier zu besprechen sind.

Der *DVE.* bringt keine Abweichungen von dem heute in Deutschland geltenden Rechte. Kein Tatbestand, der bisher nur disziplinarisch zu behandeln war, wird einer neuen Strafbestimmung unterworfen[2]).

---

[1]) *VEBegr.* 617.

[2]) Auch § 207 Abs. 2 des *DVE.*, der die Strafbestimmung des geltenden § 355 auf den Fall ausdehnt, daß ein Telegraphenbeamter die Diskretion in Bezug ein telephonisches Gespräch nicht wahrt, kann als eine solche neue Strafbestimmung nicht angesehen werden. Denn nach der über-

Ganz anders der *SchVE.* Er stellt folgende nach deutschem Rechte im allgemeinen nur disziplinarisch zu ahndende Tatbestände unter kriminelle Strafe: 1. ganz allgemein die Verletzung des Amtsgeheimnisses (Art. 223), 2. die Amtsverweigerung (Art. 224), 3. ganz allgemein jeden Amtsmißbrauch (Art. 225) und 4. endlich jede „grobe" Vernachlässigung oder Verletzung der Amtspflichten (Art. 232). Es würden also künftig im schweizerischen Rechte der disziplinaren Verfügung nur verbleiben die nicht groben Amtspflichtverletzungen, soweit sie nicht unter 1—3 fallen!

Lange nicht so weit geht der *OVE.* Er will unter Strafe stellen: 1. gewinnsüchtigen oder in Schädigungsabsicht verübten Amtsmißbrauch (§ 167), 2. die Unterlassung der Amtsausübung unter den gleichen Voraussetzungen (§ 167), 3. die in Kriegszeiten verübte Amtspflichtverletzung in Bezug auf militärische Verhältnisse (§ 168), 4. die Verletzung des Amtsgeheimnisses unter gewissen näheren Bedingungen (§§ 171, 172).

Der Standpunkt des *SchVE.* ist für deutsche Verhältnisse unbedingt abzulehnen. Er verwischt völlig den Unterschied zwischen den beiden Arten des Beamtenunrechts und setzt an Stelle festumrissener Tatbestände, die allein für das Strafrecht verwendbar sind, vage und schwankende Bestimmungen und Begriffe. Ganz besonders bedenklich erscheint in dieser Beziehung der Art. 232, der jede „grobe" Amtspflichtverletzung mit krimineller Strafe belegen will.

Auf der andern Seite muß die Frage aufgeworfen werden, ob der *DVE.* nicht allzu zurückhaltend gewesen ist, indem er den bestehenden Rechtszustand einfach konserviert. Er scheint dabei nicht genügend berücksichtigt zu haben, daß in den 40 Jahren, die das StGB. in Kraft ist, der Bsamtenstand einschneidende Veränderungen namentlich der Zahl nach erfahren hat. In diesen 40 Jahren ist das ungeheure Heer der Staatseisenbahnbeamten dem Beamtenkörper angewachsen; auch das andere große Verkehrsinstitut, die Post, hat die Zahl seiner Beamten in diesem Zeitraume gewaltig vermehrt. Hierzu tritt die große Masse der mittelbaren Staatsbeamten, die ebenfalls stark gewachsen ist.

Doch nicht bloß der Zahl nach hat sich der deutsche Beamten-

---

wiegenden Meinung umfaßt § 355 schon jetzt diesen Tatbestand. Das Reichsgericht — RG. *XLII. 412* — ist freilich anderer Ansicht, die Gründe der Entscheidung sind aber nicht überzeugend. Vgl. die Literatur für und gegen die Strafbarkeit bei Olshausen Anm. 1 Abs. 3 zum § 355. Die Frage soll bei Gelegenheit der dem Reichstage zurzeit vorliegenden Novelle zum StGB. im Sinne des Vorentwurfs geregelt werden.

stand verändert. Man wird auch die Augen nicht davor verschließen dürfen, daß der Geist, der unsere Beamtenschaft beseelt, nicht durchweg mehr derselbe ist und sein kann wie vor 40 Jahren. Die soziale Bewegung, die den vierten Stand erfaßt hat, ist nicht spurlos vorübergegangen an unserem Beamtenheer, das sich ja vielfach aus denselben Schichten wie die Arbeiterbevölkerung rekrutiert. Noch ist es bei uns zwar nicht zu so bedenklichen Gährungen unter der Beamtenschaft gekommen wie in den romanischen Ländern. Aber es wäre unklug zu warten, bis auch bei uns ähnliche staatsfeindliche Erscheinungen sich zeigen, und dann erst Vorsorge zu treffen, um die Bewegung einzudämmen. Wenn irgendwo, so muß hier das StGB. vorbeugende Bestimmungen schaffen.

Es bedarf deshalb das geltende deutsche Strafrecht mindestens nach zwei Richtungen der Ergänzung: das Beamtenkomplott und der Bruch des Amtsgeheimnisses sind aus dem Kreise der bloßen disziplinaren Verfehlungen herauszuheben und zu kriminell strafbaren Tatbeständen auszugestalten.

Wenn ein Beamter als einzelner seine Pflicht vernachlässigt oder verletzt, so wird dem auf disziplinarem Wege, schlimmstenfalls durch die Entlassung des pflichtvergessenen Beamten unschwer entgegengetreten werden können. Diese Maßregeln versagen aber, sobald eine größere Anzahl oder eine ganze Gruppe von Beamten sich vereinigt, um den Dienst zu verweigern oder zu vernachlässigen. Hier ist der Punkt, wo die bloße Beamtendisziplin nicht mehr ausreicht, um den daraus für Staat und Gesellschaft entstehenden Gefahren zu begegnen. Gegen derartige Beamtenkomplotts muß vielmehr das Strafrecht zu Hilfe gerufen werden. Viele Staaten (Frankreich, Italien, Ungarn, Belgien, Bulgarien)[1]) besitzen bereits Strafvorschriften gegen diese Form der Amtspflichtverletzung. Auch das künftige deutsche StGB. wird solche nicht entbehren können.

Eine derartige Strafvorschrift wird ihren Platz nicht unter den Beamtendelikten zu finden haben, sondern wird allgemeiner Natur sein müssen. Sind Beamte die Täter, so ist natürlich die bereits besprochene Bestimmung des § 210 des *DVE.* anzuwenden. Ein Beispiel für eine solche Strafvorschrift bietet der *OVE.* in seinem § 163 („Aufwiegelung"). Er bestraft die Aufforderung zu Pflichtverletzungen, ihre Anpreisung, die Gründung von Verbindungen behufs Herbeiführung von Pflichtverletzungen, endlich das Anwerben von Mitgliedern für solche Verbindungen. Er be-

1) Zitate: *Vergl. Darst. Bes. T. IX. 271* Anm. 10.

straft jedoch nicht die bloße Teilnahme an Verbindungen dieser Art. Ohne diese Voraussetzung aber wird man Beamtenkomplotten nicht wirksam begegnen können.

Bloße disziplinarische Maßnahmen reichen heute gleichfalls nicht mehr aus, um dem Amtsgeheimnisbruche mit der nötigen Entschiedenheit entgegenzutreten. Auch hier muß das staatliche Strafrecht abschreckend und vergeltend eingreifen. Fast kein Kulturstaat[1]) hat den Amtsgeheimnisbruch straflos gelassen. Der *DVE.* ist dem nicht gefolgt. Er hat sich damit begnügt, den schlechten und unzulänglichen § 353a zu wiederholen[2]), und selbstverständlich auch die Bestimmungen über den Schutz des Postgeheimnisses aufrecht erhalten, dagegen eine allgemeine Strafvorschrift gegen die Verletzung des Amtsgeheimnisses nicht aufgenommen. Ich halte das für eine bedauerliche Lücke[3]).

Im *SchVE.* hätte es kaum einer besonderen Bestimmung über den Amtsgeheimnisbruch bedurft, da nach Art. 232 ohnehin jede grobe Amtspflichtverletzung strafbar ist. Gleichwohl hat der *SchVE.* an die Spitze des ganzen Abschnitts den Art. 223 gestellt, der noch besonders und ausdrücklich jede Verletzung des Amtsgeheimnisses mit Gefängnis oder mit Buße bedroht.

Auch der *OVE.* hat die Verletzung des Amtsgeheimnisses in den bereits erwähnten §§ 171, 172, die sehr umständlich und kasuistisch gefaßt sind, unter hier nicht näher zu erörternden Umständen für strafbar erklärt.

III. Die Bestrafung der Amtsdelikte.

Bei der Bestrafung der Amtsdelikte hat der *DVE.* mit gutem Grunde auf dem strengen Standpunkte stehen bleiben wollen[4]), den unser deutsches Strafrecht seit langem einnimmt. Trotzdem finden sich eine ganze Reihe von Strafmilderungen gegenüber dem geltenden Rechte. Sie bestehen hauptsächlich darin, daß Strafminima weggefallen oder Strafmaxima geringer bemessen oder daß hier und da mildernde Umstände neu zugelassen sind, auch in einzelnen Fällen Haftstrafe wahlweise vorgesehen ist. Alle diese Änderungen lassen aber den Grundsatz strengster Bestrafung der

---

[1]) *Vergl. Darst. Bes. T. IX. 27f.* Anm. 1.

[2]) Mit zwei ganz leisen sprachlichen Änderungen und unter Zulassung auch der Haftstrafe.

[3]) Vgl. meinen Aufsatz in DJZ. *XII. 874.*

[4]) *VEBegr.* 617, 618.

Amtsdelikte unberührt und sind nicht zu beanstanden[1]). Schärfungen finden sich hinsichtlich der Maxima der Geldstrafen.

Die allgemeinen Bestimmungen über die Aberkennung der bürgerlichen Ehrenrechte (§§ 45 ff.) und über die Folgen dieser Aberkennung für beamtete Personen (§§ 46 Abs. 1, Abs. 2 Ziff. 3, 47), sowie über die neue Einrichtung der „Wiedereinsetzung" (§ 50) gelten natürlich auch bei Verurteilungen wegen Amtsdelikten.

Daneben ist in Anlehnung an § 358 StGB. im § 211 des *DVE.* bestimmt, daß bei jeder mindestens dreimonatigen Gefängnisstrafe, die wegen eines vorsätzlich begangenen Amtsverbrechens oder Amtsvergehens verwirkt ist, auf Verlust der Fähigkeit „zur Ausübung öffentlicher Ämter oder eines bestimmten öffentlichen Amtes auf die Dauer von einem bis zu fünf Jahren erkannt werden" kann. Diese Bestimmung im § 211 soll[2]) sich aber nur auf die eigentlichen Amtsdelikte der §§ 196—209 beziehen, dagegen nicht Anwendung finden dürfen, wenn in Gemäßheit des § 210 ein Beamter in oder bei der Ausübung ein nicht zu den eigentlichen Amtsdelikten gehörendes, gemeines Verbrechen oder Vergehen verübt. Ob diese Absicht des Gesetzgebers im Wortlaute des § 211 zum klaren Ausdrucke gekommen ist, möchte ich bezweifeln. Denn der Beamte, der in Ausübung seines Amtes beispielsweise eine vorsätzliche Körperverletzung begeht und deshalb auf Grund der §§ 227, 210 des Vorentwurfs mit der Maximalstrafe von $4\frac{1}{2}$ Jahren Gefängnis belegt wird, hat doch auch „auf Grund dieses Abschnittes", nämlich des Abschnittes 15, seine Strafe verwirkt. Auch § 210 steht ja im 15. Abschnitte, und ohne Anwendung des § 210 (z. B., wenn die Körperverletzung nicht in oder bei Ausübung des Amtes begangen wäre) könnte der Beamte höchstens drei Jahre Gefängnis erhalten. Es ist zudem aber kein sachlicher Grund einzusehen, weshalb die Sonderbestimmung des § 211 nicht Anwendung finden soll, wenn der Beamte zwar kein eigentliches Amtsdelikt, aber doch in oder bei der Amtsausübung ein gleich strafwürdiges sonstiges Delikt begangen hat. Auch in einem solchen Falle ist die Nebenstrafe des § 211, die ja nur ausgesprochen werden kann, nicht muß, unter Umständen durchaus angebracht. Ich würde also vorschlagen, im § 211 zu setzen statt „dieses Abschnitts" die Worte „der §§ 196—210".

Der *O.* und der *SchVE.* bieten hinsichtlich der Bestrafung der Amtsdelikte keine Besonderheiten.

---

[1]) Mit zwei unten S. 252 und 255 zu besprechenden Ausnahmen.

[2]) *VEBegr.* 637 letzter Absatz.

IV. Die einzelnen Amtsdelikte.

1. Die Bestechungsdelikte. Wie die Brandstiftung als das typische der ggn. Verbrechen bezeichnet werden kann, so gebührt unter den Beamtendelikten diese Stelle der Bestechung. Die Bestechungsdelikte sind deshalb wie im StGB. so auch im *DVE.* an die Spitze der Gruppe gestellt.

Auch inhaltlich bringt der Entwurf nicht viel Neues. Insbesondere ist hinsichtlich der Bestechungshandlungen (Geschenke oder Vorteile fordern, annehmen oder sich versprechen lassen auf der passiven — anbieten, versprechen oder gewähren auf der aktiven Seite) und der daraus sich ergebenden Abgrenzung zwischen Vollendung und Versuch nichts geändert. Es wird mit Recht betont[1]), daß das geltende Recht sich im großen und ganzen in der Praxis bewährt habe.

So ist denn weiter auch die aktive Bestechung, die ja kein Beamtendelikt ist (§§ 333, 334 Abs. 2 StGB., §§ 197 Abs. 2, 198 Abs. 2 des *DVE.*) mit unter den Amtsverbrechen geregelt worden. Dem kann beigestimmt werden. Denn so wird am einfachsten und klarsten der enge Zusammenhang festgelegt, der zwischen der aktiven und der passiven Seite der Bestechungsdelikte, dem Bestechen und dem Sichbestechenlassen, besteht[2]).

Beibehalten ist der bisherige Grundcharakter der Bestechungsdelikte. Es sind dies Handlungen, die gegen die Unkäuflichkeit der Amtsverrichtungen verstoßen. Die Bindingsche[3]) Auffassung, daß die Unverletzlichkeit der Amtspflicht das geschützte Rechtsgut sei, findet im geltenden Rechte so wenig eine Stütze wie im *DVE.*; denn auch dieser straft wegen Bestechlichkeit (§ 196) den Beamten, der für eine „nicht pflichtwidrige Amtshandlung" Vorteile, die ihm nicht gebühren, fordert, annimmt oder sich versprechen läßt.

---

[1]) *VEBegr.* 617, 618.

[2]) Nur der Name „Bestechung", der in den §§ 332, 333 StGB. sich findet, ist aus dem Entwurf verschwunden. Das war nicht nötig. Denn für die aktive Seite paßt die Benennung, und unsere Rechtssprache ist zu arm an solchen schlagenden Bezeichnungen für einzelne Delikte, als daß man die wenigen, die vorhanden sind, ohne Not aufgeben soll. Es wird also die Benennung „Bestechung" für die aktive Seite des Delikts, d. h. in den §§ 197 Abs. 2 und 198 Abs. 2, aufrecht zu erhalten sein. Will man eine kurze Bezeichnung auch für die passive Seite haben, so sind begründete Bedenken gegen die Wahl des Ausdruckes „Bestechlichkeit" meines Erachtens nicht geltend zu machen. Vgl. *VEBegr.* 624 und *Vergl. Darst. Bes. T. IX. 324, 325.*

[3]) Lehrb. *II. 173 ff.*

Der Grundsatz, daß auf der aktiven Seite die Bestechung nur strafbar ist, wenn dadurch Amtspflichtverletzungen erstrebt werden, ist ebenfalls beibehalten und sogar noch schärfer herausgearbeitet (Abs. 2 des § 197, der in seinem ersten Absatze von der Käuflichkeit lediglich pflichtwidriger Amtshandlungen spricht). Es verdient Billigung, daß der *DVE.* die aktive Bestechung mit Bezug auf nicht pflichtwidrige Amtshandlungen straflos läßt. Birkmeyer[1]) hebt mit Recht hervor, daß in dem Erkaufenwollen einer nicht pflichtwidrigen Amtshandlung auf seiten des Privaten zwar eine unmoralische, eigennützige und skrupellose Verfolgung seiner Privatinteressen liegen mag, daß aber sein Verhalten — im Gegensatz zu dem des Amtsträgers — nicht ohne weiteres strafwürdig erscheint.

Nicht berührt hat der Vorentwurf die Sonderbestimmungen[2]), die sich in zahlreichen Zoll- und Steuergesetzen finden über die Strafbarkeit (Ordnungsstrafen!) dessen, der einem Zoll- oder Steuerbeamten Geschenke anbietet, verspricht oder gewährt, „sofern nicht der Tatbestand des § 333 StGB. (= § 197 Abs. 2 des *DVE.*) vorliegt". Diese Spezialbestimmungen sollen auch in Zukunft in Kraft bleiben, was nicht zu beanstanden ist. Denn die besondere Versuchung, der die Zoll- und Steuerbeamten ausgesetzt sind, rechtfertigt die Ausnahmevorschrift. Sie in das allgemeine Beamtenstrafrecht einzuarbeiten, möchte ich nicht empfehlen.

In Übereinstimmung mit dem geltenden Rechte befindet sich der *DVE.* sodann darin, daß er die Bestechlichkeit[3]) unter Strafe stellt, sowohl dann, wenn ein Entgelt für noch zu vollziehende Amtshandlungen gewährt wird, als auch dann, wenn die Geschenkannahme für eine bereits vollzogene Amtstätigkeit erfolgt. Daß das geltende Recht auch diesen letzteren Tatbestand umfaßt, wird nur von Binding[4]) bestritten, aber zu Unrecht. Der Entwurf hat an diesem Rechtszustande nichts ändern wollen, und die Begr.[5]) meint, durch die Beibehaltung des Wörtchens „für" komme hinreichend zum Ausdrucke, daß beide Arten von Amtshandlungen, bevorstehende und bereits vollzogene, gemeint seien. In der Sache

---

[1]) *Vergl. Darst. Bes. T. IX. 317.*

[2]) Eine Aufzählung dieser Gesetze in *VEBegr.* 618 Anm. 6.

[3]) Im Sinne der §§ 331 und 332 StGB. (= §§ 196, 197 des Entwurfs). Anders § 334 Abs. 1 hinsichtlich der Richterbestechlichkeit und ebenso § 198 Abs. 1 des Entwurfs.

[4]) Lehrb. *II. 727, 730* bei Anm. 4, vgl. dagegen die überzeugenden Ausführungen der Entscheidung RG. *II. 129* und Olshausen, Anm. 8 zum § 331.

[5]) *VEBegr.* 619.

selbst wird man ohne weiteres sagen müssen, daß ein Beamter zu strafen ist auch dann, wenn er sich für eine in der Vergangenheit liegende Amtstätigkeit belohnen läßt. Das erscheint schon, wie die Begr. betont, aus rein praktischen Gesichtspunkten geboten. Denn anderenfalls würden die Belohnungen immer erst nach Erledigung der erkauften Amtstätigkeit erfolgen. Der Beweis, daß es sich gleichwohl um eine vorher in Aussicht gestellte Bezahlung gehandelt habe, würde sehr oft mißglücken und der feile Beamte straflos bleiben müssen. Es verdient also Billigung[1]), daß der *DVE.* an der Strafbarkeit der passiven Bestechung auch insoweit festhalten will, als es sich um nachträgliche Belohnungen für eine bereits vollzogene Amtstätigkeit handelt. Es dürfte sich aber empfehlen, diesen Standpunkt noch klarer und zweifelsfreier im Gesetze zum Ausdrucke zu bringen, da es doch immerhin möglich gewesen ist, daß eine Autorität wie Binding — wenn auch er allein — aus dem Texte des geltenden Rechts, mit dem der Vorentwurf übereinstimmt („für"), den gegenteiligen Sinn herausliest. Ich schlage deshalb vor, hinter das Wort „Amtshandlung" in den §§ 196 und 197 etwa noch hinzuzufügen: „mag sie erst bevorstehen oder bereits erfolgt sein".

Für den schwersten Fall der Bestechlichkeit, der des Richters, bestimmt das StGB. Abweichendes. Der Wortlaut des § 334: „um eine Rechtssache . . . zu leiten oder zu entscheiden" macht es zweifellos, daß hier nur eine in der Zukunft liegende Amtstätigkeit gemeint sein kann[2]). Der *DVE.* übernimmt Wortlaut und Sinn des geltenden Rechts, die Richterbestechlichkeit soll — im Gegensatz zu den leichteren Fällen der Bestechlichkeit — ein reines Bestimmungsverbrechen bleiben. Ich kann diese Unterscheidung nicht für berechtigt halten. Es erscheint mir vielmehr geradezu unlogisch und der Gerechtigkeit widersprechend zu sein, den schwersten Fall des Gattungsbegriffs hier anders und noch dazu milder zu behandeln als die beiden anderen Fälle. Die besondere Vertrauensstellung des Richters, die dazu geführt hat, seine Käuflichkeit unter viel strengere Strafsatzungen zu stellen als die Bestechlichkeit der nichtrichterlichen Beamten, nötigt dazu, ihn diesen strengeren Satzungen auch dann zu unterwerfen, wenn er Belohnungen annimmt für eine bereits in der Vergangenheit liegende Richtertätigkeit.

Es kann auch nicht zugegeben werden, daß eine derartige

---

[1]) Gleicher Ansicht Birkmeyer, *Vergl. Darst. Bes. T. IX. 342.*

[2]) Olshausen, Anm. 2 zum § 334.

Stellungnahme „für die Laienrichter leicht zu weit gehen würde“[1]). Wenn unsere Gesetzgebung in immer steigendem Maße das Laienelement an der Ausübung des Richteramtes beteiligt, dann muß dem hohen Vertrauen, das damit den nicht beamteten Richtern geschenkt wird, auch ein gesteigertes Pflichtgefühl auf ihrer Seite entsprechen. Mit der Ehrenstellung des Richters muß der Laie auch das geschärfte richterliche Pflichtbewußtsein auf sich nehmen. Wenn von irgendeinem Träger staatlicher Hoheitsrechte, so ist gewiß vom Richter zu fordern, daß seine Amtstätigkeit unter keinen Umständen käuflich sei, mag die Bezahlung vor oder nach Ausübung des Richteramtes erfolgen. Das gilt für den beamteten Richter genau so gut wie für den Laienrichter. Und wenn hier und da in Laienkreisen etwa eine weniger peinliche Auffassung herrschen sollte — was die Motive mit den oben angezogenen Worten anzudeuten scheinen —, so ist es Sache des Strafgesetzes, den Grundsatz von der Nichtkäuflichkeit des Richteramts als einen rocher de bronce zu stabilieren[2]). Der Standpunkt des *DVE.* hat die Folge, daß auch die aktive Richterbestechung sich nur auf künftige Amtshandlungen beziehen kann (§ 198 Abs. 2).

Die Stellungnahme des *DVE.* ist um so inkonsequenter, als sich nach ihm (wie nach dem geltenden Rechte) die Richterbestechung als eine Abart, als ein schwererer Fall der Bestechung zur Amtspflichtverletzung (§ 197) darstellt[3]). Denn es ist auch im Entwurf daran festgehalten, daß der bestochene Richter eine Rechtssache zugunsten oder zum Nachteile eines Beteiligten leiten oder entscheiden soll. Den Gegensatz bildet die rein objektive, lediglich auf Grund der Gesetze und der Überzeugung des Richters erfolgende Entscheidung. Der Richter, der nicht rein objektiv entscheidet, sondern welcher der Gunst oder der Mißgunst einen Einfluß auf seine richterliche Tätigkeit einräumt, übertritt die vornehmste Richterpflicht, nur der Stimme des Gesetzes zu gehorchen. Er begeht also immer und notwendig eine Amtspflichtverletzung im Sinne des § 197 Abs. 1. Diesem Paragraphen, nicht dem leichtesten Fall der Bestechlichkeit im Sinne des § 196, muß die

---

[1]) *VEBegr.* 622.

[2]) Vgl. Birkmeyer, *Vergl. Darst. Bes. T. IX. 372* und die von ihm angezogenen, im Sinne des Textes lautenden Strafbestimmungen Österreichs, Norwegens und Englands, ferner den *SchVE.* Art. 227 Ziff. 2 Satz 1 und den *OVE.* § 175.

[3]) Die Frage ist freilich nicht unbestritten. Im Sinne des Textes namentlich Olshausen, Anm. 2 zu § 334 und Binding, Lehrb. *II. 728* Nr. 5; a. A. Hälschner *II. 1070* und Birkmeyer, *Vergl. Darst. Bes. T. IX. 372, 373.*

Richterbestechlichkeit zur Seite gestellt werden. Bezieht sich aber der § 197 in seinen beiden Absätzen zweifellos auf vorzunehmende und auf vorgenommene Amtshandlungen, so ist nicht einzusehen, wieso der schwerste Fall der Bestechlickeit oder der Bestechung eines Richters einer anderen, und zwar milderen Behandlung unterstellt werden soll!

Eine zweite Ausstellung, die ich gegen die allzu konservative Auffassung des *DVE.* erheben muß, bezieht sich auf die §§ 197 und 198. Das geltende Recht macht bei der Bestrafung keinen Unterschied, mag es infolge der Bestechung zu einer Amtspflichtverletzung wirklich gekommen sein oder nicht. Ist freilich die Amtspflichtverletzung eine strafbare Handlung, so treten die allgemeinen Regeln über die Konkurrenz ein, ist die begangene — gegenüber der Bestechlichkeit — zweite Pflichtverletzung kriminell nicht strafbar, so bewendet es bei dem gewöhnlichen Strafmaße für die Bestechung. Das ist auch die Auffassung des Vorentwurfs[1]. Es wäre ein Fortschritt gewesen, wenn er einen verschärften Strafrahmen gegen die Bestechlichkeit wenigstens für den Fall geschaffen hätte, daß der bestochene Beamte infolge der Bestechung eine kriminell nicht strafbare Amtspflichtverletzung tatsächlich begangen hat[2].

Neuerungen von Bedeutung — einzelne redaktionelle Änderungen, kleine Verschiebungen in den Strafmaßen bedürfen keiner besonderen Betrachtung — hat der *DVE.* gegenüber dem geltenden Rechte nur drei vorgeschlagen.

Die erste ist schon gestreift worden. Sie bezieht sich auf die Strafbarkeit der aktiven Bestechung mit Bezug auf Amtspflichtverletzungen, die in der Vergangenheit liegen. § 333 StGB. läßt diesen Tatbestand straffrei, da er nur denjenigen trifft, der Geschenke anbietet, „um zu einer pflichtwidrigen Handlung zu verleiten". Der *DVE.* will dies ändern. Von der aktiven Bestechung handelt er im § 197 Abs. 2. Dieser Absatz bezieht sich auf den vollen Tatbestand des § 197 Abs. 1, also auch auf bereits in der Vergangenheit liegende, pflichtwidrige Amtshandlungen. Der Vorschlag des Entwurfs verdient nicht nur Billigung, sondern es muß gefordert werden, daß die Richterbestechung ebenso behandelt wird.

Die zweite Neuerung betrifft die Richterbestechung allein. Der Kreis der möglichen Täter wird erweitert. Nach § 334 StGB.

---

[1]) *VEBegr.* 620.

[2]) Birkmeyer, *Vergl. Darst. Bes. T. IX. 368* unter 3 b und Binding, Lehrb. 710 IV. A.

können nur Richter, Schiedsrichter, Geschworene und Schöffen Täter sein. Die Begr. hebt mit Recht hervor, daß dieser Kreis zu eng gezogen sei und im wesentlichen nur die beamteten Richter berücksichtige. Die zahlreichen Gattungen nichtbeamteter Richter stehen bisher außerhalb der Strafbestimmung[1]). Diese Lücke füllt der *DVE.* — ganz entsprechend seiner erweiterten Auffassung des Beamten — in sachgemäßer Weise aus, indem er bestimmt, daß die Richterbestechung sich beziehe auf jeden, „der zur Ausübung des Richteramtes oder als Schiedsrichter berufen" ist. Natürlich trifft dies auch zu bei den nicht mehr besonders erwähnten Schöffen und Geschworenen.

Verdienen die beiden bisher erwähnten Neuerungen uneingeschränkte Billigung, so finde ich in der dritten eine ganz unnötige Abschwächung des geltenden Rechts. § 335 StGB. schreibt für die sämtlichen Fälle der aktiven und der passiven Bestechung vor, daß das „Empfangene oder der Wert desselben" für dem Staate verfallen zu erklären sei. Der *DVE.* will diese sehr zweckmäßige und dem gesunden Rechtsbewußtsein entsprechende Bestimmung ohne überzeugenden Grund[2]) auf die Fälle der passiven Bestechung beschränken. Eher sollte man mit Binding[3]) den Vorschlag erwarten, daß nicht bloß der empfangene, sondern schon der angebotene Vorteil dem Staate verfallen müsse! Entbehrlich wird eine solche Erweiterung des bisherigen Rechts nur im Hinblick auf den mehrerwähnten § 36 des *DVE.* Seine Voraussetzungen werden bei den Bestechungsdelikten der Regel nach vorliegen.

Der *SchVE.* erfüllt manche der Forderungen, die im vorstehenden erhoben sind, ist aber im allgemeinen milder als der *DVE.* Er stellt die aktive Bestechung nicht unter die Amtsdelikte, sondern unter die „Verbrechen gegen die Staatsgewalt". Art. 204 ist reines Bestimmungsverbrechen, und zwar muß die Absicht des Täters dahin gehen, den Beamten zu einer Amtspflichtverletzung zu veranlassen. Bestraft wird, wer einem Beamten, Schiedsrichter, Geschworenen oder Gerichtsbeisitzer Geschenke oder andere Vorteile anbietet, verspricht oder gibt, damit er seine Amtspflicht verletze. Die passive Bestechung behandelt Art. 227. Abs. 1 spricht von der Bestechlichkeit des Beamten, Abs. 2 von der Käuflichkeit

---

[1]) *VEBegr.* 622 erwähnt: Mitglieder der Gewerbe- und Kaufmannsgerichte, Beisitzer der Seemannsämter, der Konsular- und Kolonialgerichte, Mitglieder der Generalkommissionen und der Ehrengerichte der Anwaltskammern. Die Aufzählung ließe sich noch vermehren.

[2]) *VEBegr.* 623.

[3]) Lehrb. *II. 734* Anm. 1 Nr. 2.

des Richters, Schiedsrichters, Geschworenen und Gerichtsbeisitzers, also von der Richterbestechlichkeit. Die Bestechlichkeit des Beamten setzt eine zukünftige Amtshandlung, und zwar eine Amtspflichtverletzung voraus. Straflos ist die Annahme eines Geschenks für eine bereits vollzogene Amtshandlung und für eine — zukünftige oder in der Vergangenheit liegende — Amtshandlung, die keine Amtspflichtverletzung bedeutet[1]). Verschärfte Strafe tritt ein, wenn der Beamte seine Amtspflicht verletzt hat. Strenger sind die Vorschriften über die Richterbestechung. Der Richter macht sich schon strafbar, wenn er überhaupt nur ein Geschenk oder einen Vorteil annimmt oder sich versprechen läßt. Die Strafe wird geschärft, wenn das Geschenk den Richter bestimmen sollte, in einer Sache parteiisch zu urteilen. Noch schwerere Strafe trifft ihn, wenn er infolgedessen sich einer Parteilichkeit schuldig gemacht hat. Jeder Beamte oder Richter, der sich hat bestechen lassen, wird seines Amtes entsetzt, das Geschenk, das der Schuldige empfangen hat, oder sein Wert verfällt der Staatskasse (Art. 227 Abs. 3 und 4).

Weder mit dem überaus klaren *Sch.*, noch auch mit dem *DVE.* kann der *O.* sich messen. Er behandelt die aktive Bestechung im § 173, die passive im § 174. § 175 gibt eine Sondervorschrift über die Annahme von Geschenken, „um die Rechtspflege auszuüben“ oder „eine öffentliche Angelegenheit zu entscheiden“. Im übrigen wird zwischen der Bestechung richterlicher und nichtrichterlicher Personen nicht unterschieden. Nur ist bestimmt (§ 173 Abs. 3), daß die Vorschriften über die aktive Bestechung auch auf den Österreicher angewendet werden sollen, der einen ausländischen Richter besticht. In den §§ 173 und 174 wird ein Unterschied gemacht, ob die Verletzung einer Amts- oder Dienstpflicht oder ein Mißbrauch der Amtsgewalt im Wege der Bestechung erstrebt oder belohnt werden soll. Strafbar ist hiernach auf der aktiven Seite die Bestechung hinsichtlich zukünftiger und bereits erledigter Amtshandlungen. Bedenklich erscheint mir die Konstruktion der aktiven Bestechung: „Wer jemandem einen Vermögensvorteil gewährt, um mittelbar oder unmittelbar einen Beamten zu bestimmen oder zu belohnen.“ Es ist zwar nach dem geltenden deutschen Strafrechte — und der *DVE.* ändert hierin nichts — nicht zweifelhaft, daß die aktive und die passive Bestechung sich auch durch eine Mittelsperson vollziehen kann[2]). Wenn aber der *OVE.* diese Möglichkeit

---

[1]) Selbstverständlich nur, soweit nicht Art. 226 (Amtsausbeutung) einschlägt.

[2]) Vgl. RG. *I. 404, XIII. 396, XXXIX. 197.*

nur bei der aktiven, nicht aber bei der passiven Bestechung hervorhebt — vgl. § 174 im Gegensatze zu dem eben zitierten § 173 —, so erweckt das den Anschein, als ob die passive Bestechung nur strafbar sein soll, wenn der Beamte unmittelbar mit dem Bestecher in Verbindung getreten ist. Das kann doch unmöglich die Absicht des *OVE.* sein. Bei der passiven Bestechung wird die Wendung gebraucht: „Für eine Verletzung der Amtspflicht" und „für einen Mißbrauch der Amtsgewalt". Das Wörtchen „für" dürfte denselben Sinn haben wie im Reichsrechte, der § 174 wird sich also ebenfalls auf zukünftige und auf vergangene Amtshandlungen beziehen. Die „Annahme von Geschenken" im Sinne von § 175 ist grundsätzlich als Bestimmungsdelikt strafbar. Begehrt der Beamte einen Vermögensvorteil, tritt also der Beamte seinerseits mit einer Forderung an den Dritten heran, so ist er auch dann strafbar, wenn der Rechtspflegeakt oder die Entscheidung der öffentlichen Angelegenheit bereits der Vergangenheit angehören. Als Nebenstrafe kennt auch der *OVE.* die Einziehung des dem Bestochenen zugewendeten Vermögensvorteils (§§ 174 Abs. 3, 175 Abs. 2).

2. Die Rechtsbeugung. Von den drei Entwürfen hat nur der *DVE.* dieses Verbrechen als besonderen Tatbestand in § 200 aufgenommen. Im *OVE.* fällt das Delikt unter den weiteren Begriff des Amtsmißbrauchs (§ 167) und im *SchVE.* bildet die Parteilichkeit, der sich ein Richter schuldig gemacht hat, zugleich den schwersten Fall der Bestechlichkeit (Art. 227 Nr. 2).

Nach § 336 StGB. sind taugliche Täter „Beamte und Schiedsrichter bei Leitung oder Entscheidung einer Rechtssache". Der *DVE.* begrenzt den Kreis der Täter auf alle „zur Ausübung des Richteramts oder als Schiedsrichter berufenen" Personen. Der sachliche Unterschied beider Fassungen ist wohl nicht groß. Bisher kann Täter sein jeder Beamte, aber nur wenn er eine richterliche Tätigkeit ausübt. Dann ist er aber ein „Richter". Daß der Vorentwurf auch nichtbeamtete Richter als taugliche Täter ansieht, geht aus der dem § 12 Ziff. 3 entsprechenden Ausdrucksweise hervor.

Bei der neuen Fassung ergab sich die Weglassung der Worte „bei Leitung oder Entscheidung einer Rechtssache" von selbst, und auch die Beseitigung der Wendung „zugunsten oder zum Nachteile einer Partei" bedeutet keine sachliche Änderung[1]).

Der Begriff der Rechtsbeugung — bewußt unrichtige Anwendung des objektiven Rechts in einer Streitsache — wird als bekannt und feststehend vorausgesetzt.

---

[1]) *VEBegr.* 624; ebenso *Vergl. Darst. Bes. T. IX. 377.*

Die Strafe ist wie im § 336 Zuchthaus bis zu fünf Jahren. Hierbei hat Binding[1]) darauf hingewiesen, daß diese Strafe zu der der Richterbestechlichkeit (Zuchthaus bis zu 15 Jahren) nicht recht stimmt. Trotzdem ist der bisherige Strafrahmen beibehalten. Da das Verbrechen der Rechtsbeugung mindestens den gleichschweren Charakter annehmen kann wie die schwersten Fälle der Richterbestechlichkeit, empfiehlt sich auch für die Rechtsbeugung Zuchthausstrafe ohne zeitliche Beschränkung.

Noch in einem zweiten Punkte muß dem Vorentwurf widersprochen werden. Auch er hat gleich dem geltenden deutschen Rechte die Parteilichkeit des Schiedsrichters der Rechtsbeugung durch den Richter gleichgestellt. Das ist unhaltbar. Die Parteilichkeit des Schiedsrichters ist ein besonders krasser Fall der Untreue und gehört daher in den 24. Abschnitt. Mit dem Verbrechen der Rechtsbeugung hat die Untreue des Schiedsrichters nichts zu tun[2]). Die Gleichstellung im Strafmaß ist zudem ungerecht, denn der Schiedsrichter verletzt durch seine Parteilichkeit lediglich vertraglich übernommene, also privatrechtliche Pflichten, während der parteiische Richter, wenn er das Recht beugt, die Fundamente des Staatswesens untergräbt.

3. Strafbare Handlungen bei der Strafverfolgung und Strafvollstreckung. Die in den §§ 343 bis 346 StGB. behandelten Rechtspflegeverbrechen hat der *DVE.* sachgemäß in die beiden §§ 201 und 202 zusammengezogen. Im § 201 sind die Delikte behandelt, die bei der Strafverfolgung, und im § 202 diejenigen, die bei der Strafvollstreckung vorkommen können. § 201 stellt unter Strafe die Aussagenerpressung, die Verfolgung eines Unschuldigen und die Nichtverfolgung eines Schuldigen, § 202 die vorsätzliche und gesetzwidrige Bewirkung oder Unterlassung einer Strafvollstreckung und die fahrlässige Falschvollstreckung einer Strafe.

Als dankenswerte Neuerung oder wenigstens Klarstellung gegenüber dem geltenden Rechte bringt der *DVE.* zum Ausdrucke, daß es sich bei den hier geregelten Tatbeständen nur um die Verfolgung von kriminell strafbaren Handlungen und um die Vollstreckung oder Nichtvollstreckung von kriminellen Strafen, mit anderen Worten um das eigentliche Strafverfahren handelt[3]). Nach dem geltenden Rechte ist es zum mindesten zweifelhaft[4]),

[1]) Lehrbuch *II. 729* IV.

[2]) Binding, Lehrbuch *II. 564,* Birkmeyer, *Vergl. Darst. Bes. T. IX. 376.*

[3]) *VEBegr.* 625, 627.

[4]) Olshausen, Anm. 2a zum § 343, 2a zum § 344, 5 zum § 345 und 2a Abs. 2 zum § 346.

wie die Begriffe „Untersuchung“ und „Strafe“ zu verstehen sind. Die im *DVE.* ausgesprochene Einschränkung auf das eigentliche kriminelle Strafverfahren und auf die Kriminalstrafen ist durchaus zu billigen.

Eine weitere Klarlegung bezieht sich darauf, welche Handlung mit der „gesetzwidrigen Strafvollstreckung“ gemeint sei. Bisher ist es kontrovers, ob im § 345 StGB. unter dem „Vollstreckenlassen“ einer Strafe auch das „Selbstvollstrecken“ einer solchen verstanden werden könne. Die Streitfrage ist zwar von der Praxis in bejahendem Sinne entschieden worden[1]), aber nicht ohne daß sich noch in jüngster Zeit Widerspruch gegen diese Entscheidung erhoben hätte[2]). Der *DVE.* braucht in dem entsprechenden § 202 den Ausdruck „eine Strafvollstreckung bewirkt“[3]) und umfaßt damit zweifellos das Vollstreckenlassen wie das Selbstvollstrecken, ein Ergebnis, dem nur zugestimmt werden kann.

Ebenso verdient es Billigung, daß der *DVE.* nunmehr bei allen hier in Frage kommenden Tatbeständen mildernde Umstände zulassen will, da auch bei diesen an sich schweren Verbrechen so milde Fälle denkbar sind, daß die Zuchthausstrafe unangemessen erscheint.

Im übrigen ist der Wortlaut der Paragraphen überall zweckmäßig vereinfacht, so daß die Neufassung dieser Bestimmungen durchweg als eine Verbesserung des geltenden Rechts anzuerkennen ist.

Der *Sch.* und der *OVE.* haben die hier behandelten Delikte als besondere Tatbestände nicht, sie fallen unter den allgemeineren Begriff des Mißbrauchs der Amtsgewalt (Art. 225, § 267).

4. Urkundendelikte im Amte. § 203 des *DVE.* enthält zwei verschiedene Tatbestände: die Falschbeurkundung (Abs. 1) und die Verfälschung, Vernichtung, Beschädigung oder Unterdrückung von Urkunden (Abs. 2). Der Abs. 3 wiederholt die Schärfungsgründe des § 349 StGB. mit zwei leisen Abweichungen, die sich daraus ergeben, daß der Vorentwurf diese Schärfungsgründe auch bei der gewöhnlichen Urkundenfälschung einschränkend gefaßt hat. Die sog. schwere Urkundenfälschung wird nämlich im § 282 Abs. 3 des Vorentwurfs dahin charakterisiert, daß der Täter bezweckt haben muß, sich oder einem anderen einen unrechtmäßigen Gewinn zu verschaffen oder einem anderen rechts-

---

1) Olshausen, Anm. 3 zum § 345.

2) Köhler, *Vergl. Darst. Bes. T. IX. 440.*

3) So auch der Vorschlag Köhlers, a. a. O. 448.

widrig Nachteil zuzufügen. Diese Einschränkungen finden sich auch im § 203 Abs. 3 des Vorentwurfs. Die Würdigung der Neuerung kann nicht hier, sondern muß bei den Urkundendelikten erfolgen. Mir erscheint sie durchaus annehmbar.

Ebensowenig ist hier der Ort, um den Begriff der „Urkunde" und der „öffentlichen Urkunde" im Sinne des Vorentwurfs zu erörtern. Die kritische Besprechung auch dieser wichtigen Begriffe des Vorentwurfs kann zweckmäßigerweise nur im Zusammenhange mit der Würdigung des 26. Abschnitts geschehen. Bei den an dieser Stelle allein in Frage stehenden Amtsdelikten hat der Vorentwurf keinesfalls etwas Neues schaffen wollen[1]), sondern beide Begriffe in demselben Sinne gebraucht, den sie in dem bisherigen § 348 Abs. 1 (öffentliche Urkunde) und § 348 Abs. 2 (Urkunde) haben. Danach werden unter öffentlichen Urkunden, wie bisher, solche zu verstehen sein, „die von einer öffentlichen Behörde innerhalb der Grenzen ihrer Amtsbefugnisse oder von einer mit öffentlichem Glauben versehenen Person innerhalb des ihr zugewiesenen Geschäftskreises in der vorgeschriebenen Form aufgenommen sind"[2]). Das Wort „Urkunde" aber im Abs. 2 des § 203 ist wie im § 348 Abs. 2 ohne jeden Zusatz gebraucht, der Begriff muß also im weitesten Sinne verstanden werden. Eine Beziehung zu „Rechten oder Rechtsverhältnissen" (wie im § 282 Abs. 1 des *DVE.*) wird daher von der Urkunde des § 203 Abs. 2 ebensowenig gefordert werden dürfen wie die Beweiserheblichkeit bei der des § 348 Abs. 2[3]).

Eine sachliche Änderung bringt der *DVE.* zunächst in folgendem Punkte. § 348 Abs. 1 spricht von einem zur „Aufnahme" öffentlicher Urkunden befugten Beamten. Statt dessen sagt § 203 Abs. 1: „ein Beamter, der zur Ausstellung öffentlicher Urkunden befugt" ist. Es wird damit allerdings nicht ganz der Zustand des früheren preußischen Rechts wiederhergestellt, wie die Begr.[4]) meint. Denn § 323 des preußischen StGB. v. 14. April 1851 handelt von Beamten, denen „Aufnahme oder Ausstellung" gewisser Urkunden vermöge ihres Amtes obliegt. Der Vorentwurf will durch die neue Fassung eine einschränkende Auslegung beseitigen, die die Praxis dem § 348 Abs. 1 gibt, indem sie unter der „Aufnahme" von Urkunden

---

[1]) *VEBegr.* 628.

[2]) ZPO. § 415.

[3]) Über die Auslegung des Begriffs „Urkunde" im Sinne des § 348 Abs. 2 vgl. RG. *XVII. 169, XXIII. 236, XXIX. 238.*

[4]) *VEBegr.* 629.

nur den Akt versteht, „durch den der Beamte eine vor ihm von einem anderen abgegebene Erklärung oder eine von ihm als Beamten gemachte Wahrnehmung zum Zwecke des Beweises feststellt"[1]). Ein Beamter, der zur „Ausstellung" öffentlicher Urkunden befugt ist, fällt hiernach nicht unter § 348 Abs. 1. Dem will der Vorentwurf entgegentreten, und zwar mit Recht. Wenn er aber zu diesem Zwecke nur „Ausstellung" statt „Aufnahme" sagt[2]), so ergeben sich möglicherweise neue Auslegungsschwierigkeiten. Es empfiehlt sich deshalb in der Tat, den vom *DVE.* beabsichtigten Schritt zu unternehmen und zu der Fassung des preußischen § 323 zurückzukehren. Dann aber muß es im § 203 Abs. 1 heißen: „Ein Beamter, der zur Ausstellung oder zur Aufnahme öffentlicher Urkunden befugt usw.".

Eine zweite sachliche Änderung betrifft das Strafmaß. § 348 sieht sowohl im Abs. 1 wie im Abs. 2 Gefängnis von einem Monat bis zu fünf Jahren, in dem schweren Falle des § 349 Zuchthaus von ein bis zehn Jahren und zugleich Geldstrafe von 150—3000 M vor. Demgegenüber will der Vorentwurf festsetzen: im § 203 Abs. 1 und 2 Gefängnis von einem Tage bis zu fünf Jahren, im schweren Falle des § 203 Abs. 2 Zuchthaus von ein bis zehn Jahren, bei mildernden Umständen Gefängnis von drei Monaten bis zu fünf Jahren, keine Geldstrafe.

Das Fehlen der Geldstrafe wird nicht zu beanstanden sein, weil § 36 des *DVE.* ergänzend eintritt. Auch die Zulassung von mildernden Umständen und dementsprechend die Möglichkeit, selbst in einem Falle des erschwerten Urkundendelikts auf Gefängnis zu erkennen, mag gerechtfertigt erscheinen. Aber die Minimalstrafe von einem Tag Gefängnis für die Normalfälle des § 203 Abs. 1 und 2 ist zu gering. Denn der mildeste Fall dieses Amtsdelikts liegt unzweifelhaft immer schwerer als ein Durchschnittsfall der gewöhnlichen Urkundenfälschung. Die mildeste Strafe im Falle des § 282 ist aber ebenfalls ein Tag Gefängnis, bei mildernden Umständen allerdings Haft oder Geldstrafe. Ist auch die Auffassung Bindings[3]), daß die Strafen des geltenden § 348 „unbegreiflich gering" seien, nicht begründet, so müssen allerdings die Minimalstrafen des § 203 Abs. 1 und 2 als zu milde bezeichnet werden. Als geringste zulässige Strafe erscheint mir in beiden Absätzen

---

[1]) RG. *I. 313* und öfter, vgl. Olshausen, Anm. 2 zum § 348.

[2]) Kitzinger, *Vergl. Darst. Bes. T. IX. 466* hält den Begriff „Ausstellung" allerdings für den umfassenderen.

[3]) Lehrb. *II. 269.*

ein Monat Gefängnis durch die Schwere der Verfehlung gerechtfertigt.

Alle sonstigen vom Vorentwurf beabsichtigten Änderungen sind nur redaktioneller Art: die Eintragung in öffentliche Bücher oder Register brauchte nicht besonders erwähnt zu werden, denn hierin liegt gerade eine Art der amtlichen Beurkundungstätigkeit. Die Worte „innerhalb seiner Zuständigkeit" konnten weggelassen werden, da schon durch den Ausdruck „befugt" hinreichend klargestellt ist, daß der Beamte innerhalb seiner sachlichen und örtlichen Zuständigkeit gehandelt haben muß. Sachgemäß ist endlich die Ersetzung des Wortes „beiseiteschafft" im Abs. 2 durch den allgemeineren Ausdruck „unterdrückt", der das Beiseiteschaffen mitumfaßt.

Mit dem *DVE.* stimmt der *O.* in seinem § 169 im wesentlichen überein. Als Strafmaß setzt er vier Wochen bis drei Jahre Gefängnis fest.

Der *SchVE.* kennt als besonderes Amtsdelikt nur die Falschbeurkundung. Die Fassung des Art. 228 ist überaus klar und gefällig. Die Tatbestände des § 203 Abs. 2 sind aus dem allgemeineren Gesichtspunkte des Amtsmißbrauchs (Art. 225) zu beurteilen.

5. Gebührenüberhebung. Die Änderungen, die der *DVE.* bei der Neufassung der §§ 352 und 353 StGB. vorsieht, sind sämtlich als Verbesserungen zu bezeichnen. Sie bestehen in folgendem:

Als taugliche Täter sollen in Zukunft lediglich Beamte in Betracht kommen. Advokaten, Anwälte und sonstige Rechtsbeistände, von denen § 352 spricht, scheiden hier aus. Gebührenüberhebungen dieser Personen sind im § 176 des Vorentwurfs besonders unter Strafe gestellt.

Unter Beamten sind gemäß § 12 Ziff. 3 eigentliche Beamte und nichtbeamtete Amtsträger zu verstehen. Die bisherige Beschränkung, daß es sich um Beamte handeln muß, die zur Erhebung von Gebühren für eigene Rechnung oder für die Staatskasse zuständig sind, fällt weg.

Der eben erwähnte Unterschied der beiden §§ 352 und 353, ob es sich um Gebühren für die eigene Rechnung des Beamten oder für die Staatskasse handelt, ist gleichfalls beseitigt; die bisherigen zwei Paragraphen sind in einen einzigen — § 204 — zusammengezogen, und dieser Paragraph spricht ganz allgemein von Steuern, Abgaben, Gebühren oder anderen Vergütungen.

Damit dürfte die Streitfrage des geltenden Rechts, ob es sich bei den „Steuern, Gebühren oder anderen Abgaben" des § 353 um solche Gefälle handeln müsse, die vom Staate an sich erhoben werden, oder ob der Beamte sich auch dann aus § 353 strafbar macht, wenn er unter dem fälschlichen Vorgeben, er habe — nicht existierende — Steuern u. dgl. einzuziehen, einen Staatsbürger bedrückt. Das Reichsgericht hat die Streitfrage im ersteren Sinne entschieden[1]), indem es sich im wesentlichen auf die Entstehung des § 353 aus dem § 413 II 20 Allg. Landrechts stützt. Bei der geschilderten Umgestaltung, die § 204 des *DVE.* gegenüber dem § 353 StGB. erfahren soll, versagt diese historische Analogie. Aus der ganz allgemeinen Fassung, die der Bestimmung gegeben werden soll, wird man schließen müssen, daß sie auch den zweiten Fall umfassen will. Es werden also künftig nicht bloß wirklich existierende Steuern usw. den Gegenstand des übermäßigen Sportulierens bilden können, sondern das bloße Vorgeben des Beamten, Steuern usw. erheben zu wollen, wird zur Erfüllung des Tatbestandes genügen.

Dieser Tatbestand ist dadurch wesentlich vereinfacht, daß das Delikt im ganzen als ein einaktiges ausgestaltet worden ist. Bisher ist nur § 352 ein einaktiger Tatbestand. Künftig gehört die Tatsache, ob der Beamte das rechtswidrig Erhobene nicht zur Staatskasse abgeführt hat, überhaupt nicht mehr zum Tatbestande. Das Vergehen ist vielmehr in jedem Falle vollendet mit dem Augenblicke der Erhebung der Steuern usw.

Der Versuch ist für strafbar erklärt, während es bisher zwar im Falle des § 352, merkwürdigerweise aber nicht bei dem schwereren Tatbestande des § 353 einen strafbaren Versuch gibt.

Für den subjektiven Tatbestand verlangt der *DVE.* Handeln „wider besseres Wissen“. Er schließt also einerseits Fahrlässigkeit, andererseits aber auch den Eventualdolus aus, eine Bestimmung, die namentlich im Interesse der Beamten liegt, die sonst vielleicht mancherlei ungerechtfertigten Verdächtigungen ausgesetzt sein würden.

§ 353 Abs. 2 — Verkürzung eines anderen bei der Verausgabung von Geldern oder Naturalien — kehrt als § 204 Abs. 2 im *DVE.* wieder. Auch dieses Delikt ist einaktig gestaltet. Mit der Verkürzung des andern ist es vollendet, was in Rechnung gestellt wird, belanglos,

Im *OVE.* fehlt das im § 204 des *DVE.* behandelte Vergehen als besonderes Delikt. Auch hier würde § 167 — Mißbrauch der Amtsgewalt — einschlagen. Dagegen kennt der *SchVE.* außer dem

---

[1]) RG. *XXIII. 263.* Die Richtigkeit dieser Entscheidung wird entschieden bekämpft von Binding, Lehrbuch *II. 933*, dem Kitzinger, *Vergl. Darst. Bes. T. IX. 481* beistimmt.

Art. 225 über den Amtsmißbrauch auch noch das Delikt der Amtsausbeutung (Art. 226) in ziemlich weiter Fassung, die sich nur teilweise mit § 204 *DVE.* deckt.

6. Der sog. Arnimparagraph — § 353ª StGB. — ist sachlich unverändert als § 205 in den *DVE.* übergegangen. Er enthält drei verschiedene Tatbestände:

a) Bruch des Amtsgeheimnisses, begangen durch einen Beamten im Dienste des Auswärtigen Amtes (§ 353ª Abs. 1 = § 205 Abs. 1),

b) Amtsungehorsam,

c) Irreführung des Amtsvorgesetzten mittels inhaltlich unwahrer Berichte,

wofern im Falle b und c Täter ein bei einer auswärtigen Mission beschäftigter Beamter ist (§ 353ª Abs. 2 = § 205 Abs. 2).

Es ist oben[1]) darzulegen versucht worden, daß die Verletzung der Pflicht zur Amtsverschwiegenheit ganz allgemein unter Strafe gestellt werden muß. Die Beschränkung der Strafbarkeit auf die Beamten des Auswärtigen Amtes, bei denen der Bruch des Amtsgeheimnisses allerdings besonders bedenklich und daher besonders strafwürdig sein mag, ist unzulänglich. Es empfiehlt sich die Streichung von § 205 Abs. 1 und dafür die Aufnahme einer allgemeinen Vorschrift über die Strafbarkeit des Amtsgeheimnisbruches seitens aller Beamten.

Die ganz anders gearteten Delikte unter b und c gehören nicht unter die Kategorie der Amtsverbrechen, sondern sind zweckmäßiger als Unterarten der landesverräterischen Untreue auszugestalten, also etwa bei § 113 des *DVE.* (§ 92 Ziff. 2 und 3 StGB.) unterzubringen. Es dürfte möglich sein, hierbei eine allgemeine Fassung zu finden, so daß als taugliche Täter nicht bloß Beamte einer auswärtigen Mission in Frage kämen. Ist der Täter ein Beamter, so würde der Schärfungsgrund des § 210 Platz greifen. Auf diese Weise würde der Strafbestimmung zugleich der Charakter eines „häßlichen Gelegenheitsgesetzes"[2]) genommen werden.

7. Verletzungen des Post-, Telegraphen- und Telephongeheimnisses. Die §§ 354, 355 StGB. sind sachlich unverändert als §§ 206 und 207 in den *DVE.* aufgenommen worden. Eine Ausdehnung des Täterkreises ergibt sich aus der Bedeutung des Wortes „Postbeamter", worunter nach § 12 Ziff. 3 auch hier unbeamtete Personen mit zu verstehen sind, die zur Ausübung

---

[1]) S. 242.

[2]) Binding, Lehrbuch *II. 494.*

eines Amtes im öffentlichen Postdienste berufen sind. Dagegen konnte mit Rücksicht auf die eben erwähnte Legaldefinition des Beamten weggelassen werden der Zusatz des § 355: Beamte „und andere mit der Beaufsichtigung und Bedienung einer zu öffentlichen Zwecken dienenden Telegraphenanstalt betraute Personen".

Da nach dem geltenden Rechte Zweifel bestehen konnten und jedenfalls bestehen[1]), ob unter den § 355 auch der Verrat des telephonischen Gesprächs fällt, so ist zweckmäßigerweise als § 207 Abs. 2 eine ausdrückliche Bestimmung auch für diese Art des Nachrichtenverkehrs hinzugefügt worden.

Die Minimalstrafen sind von drei Monaten auf einen Tag Gefängnis für die Verletzung des Post- und Telegraphengeheimnisses herabgesetzt; für den Telephonverrat, der zweifellos mildere Bestrafung verdient, ist auch Haft oder Geldstrafe wahlweise zugelassen.

Damit sind die Unzulänglichkeiten des geltenden Rechtes nicht beseitigt. Sie bestehen hauptsächlich in folgenden vier Punkten:

a) in der Beschränkung des Tatbestandes auf „Briefe oder Pakete",

b) im Mangel des Strafschutzes gegen die unbefugte Mitteilung der Tatsache, daß zwischen bestimmten Personen ein postalischer, telegraphischer oder telephonischer Verkehr besteht oder bestanden hat,

c) in der Straflosigkeit der fälschlichen Anfertigung einer Depesche und der Fingierung einer telephonischen Mitteilung seitens eines Telegraphen- oder Fernsprechbeamten[2]),

d) in der schwerfälligen Dreiteilung des Tatbestandes: 1. Öffnen oder Unterdrücken, 2. Gestatten dieser Handlungen, 3. Wissentlich dabei Hilfe leisten.

Die Sanktionierung des Post- und Telegraphengeheimnisses[3])

---

[1]) Vgl. oben S. 239 Anm. 2.

[2]) Insoweit dadurch nicht etwa ein anderes Delikt begangen wird, z. B. ein Betrug oder eine Urkundenfälschung, wobei im letzteren Falle nach § 282 des *DVE.* erforderlich ist, daß das Telegramm fälschlich angefertigt wird, „um es zur Täuschung eines anderen über Rechte und Rechtsverhältnisse zu gebrauchen".

[3]) Reichspostgesetz § 5: „Das Briefgeheimnis ist unverletzlich" hat zweifellos einen viel weiteren Sinn als sein Wortlaut besagt. Die Geheimhaltungspflicht bezieht sich nicht bloß auf „Briefe" im gewöhnlichen Sinne des Wortes, sondern auf alle der Post anvertrauten Sendungen. Vgl. Binding *II. 942ff.* Das Telegraphengesetz vom 6. April 1892 ist in seiner Fassung

ist nicht ausreichend geschützt, solange nicht die Mängel unter a und b behoben sind. Daß nur die Verfälschung, nicht grundsätzlich auch die Fingierung eines Telegramms als solche unter Strafe gestellt ist, muß als eine Lücke des Gesetzes bezeichnet werden[1]). Die Dreiteilung der Handlung endlich läßt sich vereinfachen, indem bestraft wird einmal das Eröffnen oder Unterdrücken, andererseits das Dulden dieser Handlungen. Denn unter das „Dulden" fällt es auch, wenn der Post- oder Telegraphenbeamte einem Dritten nicht allein gestattet, einen Brief unbefugt zu eröffnen, sondern wenn er ihm dabei noch behilflich ist, ihm beispielsweise den Zugang zu den Diensträumen ermöglicht, damit der eigentliche Täter sich den gewünschten Brief heraussuchen kann[2]).

Der *SchVE.* (Artt. 229 und 230, deren überaus klare Fassung rühmend hervorzuheben ist) kann vorbildlich dafür sein, wie die vorgeschlagenen Verbesserungen sich in den Gesetzestext einfügen lassen.

Im *OVE.* fehlen besondere Bestimmungen über die Amtsdelikte der Post-, Telegraphen- und Telephonbeamten. Die sehr weit gefaßten Vorschriften über Mißbrauch der Amtsgewalt (§ 167), über Urkundenvergehen im Amte (§ 169) und über Verletzung und Verwertung eines Amtsgeheimnisses (§§ 171, 172) müssen auch hier aushelfen. Dagegen hat der *OVE.* eine Sonderbestimmung (§ 170), die sich in keinem der beiden anderen Entwürfe findet[3]). Nach dieser Sonderbestimmung wird bestraft eine „Person des öffentlichen Dienstes, die in Ausübung ihres Amtes oder Dienstes einen verschlossenen Brief oder ein anderes unter Verschluß gehaltenes Schriftstück in Beschlag nimmt oder öffnet, obwohl die gesetzlichen Bedingungen für diese Amtshandlungen fehlen". Es handelt sich bei diesem Vergehen um folgendes. Nach geltendem Rechte findet der Grundsatz von der Unverletzlichkeit des Briefgeheimnisses seine

---

genauer. § 8 lautet: „Das Telegraphengeheimnis ist unverletzlich, vorbehaltlich der gesetzlich für strafgerichtliche Untersuchungen, im Konkurse und in zivilprozessualischen Fällen oder sonst durch Reichsgesetz festgestellten Ausnahmen. Dasselbe erstreckt sich auch darauf, ob und zwischen welchen Personen telegraphische Mitteilungen stattgefunden haben." Daß der hervorgehobene Satz auch für das sog. Briefgeheimnis Geltung hat, ist nicht zu bezweifeln, wenn er ins Postgesetz auch nicht ausdrücklich aufgenommen ist.

[1]) Binding, Lehrbuch *II. 953* unter Nr. 4.

[2]) Binding, a. a. O. 950 B.

[3]) Der Art. 225 des *SchVE.* (Amtsmißbrauch) umfaßt allerdings den Tatbestand des § 170 des *OVE.*

Schranke darin, daß andere wichtigere Staatsinteressen scheitern könnten, wenn nicht unter Umständen eine der Post anvertraute Sendung auch gegen den Willen des Adressaten oder Absenders behördlicherseits beschlagnahmt und geöffnet werden dürfte. Diese Ausnahmen müssen aber gesetzlich festgelegt sein. Der Hauptfall ist im Reichsrechte die in den §§ 99—101 StPO. geregelte Beschlagnahme von Postsendungen im Strafverfahren. Den Mißbrauch der Befugnisse, die in diesen und ähnlichen Fällen gewissen Beamten hinsichtlich der Durchbrechung des Briefgeheimnisses eingeräumt sind, hat die Strafbestimmung im § 170 des *OVE.* im Auge. Eine Strafvorschrift dieser Art ist von Kitzinger auch für das künftige deutsche StGB. empfohlen worden, Kitzinger muß aber selbst zugeben, daß ein Bedürfnis danach noch nicht fühlbar geworden ist. Vom Standpunkte der Praxis kann lediglich bestätigt werden, daß ein solches Bedürfnis nicht vorliegt. Es könnte sich bei den einschlägigen Verfehlungen auch wohl nur um Irrtümer oder Unbedachtsamkeiten handeln, die einem vielleicht übereifrigen Beamten untergelaufen sind. Solche Verfehlungen werden im Aufsichts- und Disziplinarwege die erforderliche Sühne finden, kriminelle Bestrafung wird kaum am Platze sein.

8. Verleitung Untergebener zu Amtsdelikten. § 357 StGB. ist so gut wie ohne praktische Bedeutung geblieben. Ob er im künftigen deutschen StGB. ganz zu entbehren ist[1]), ob namentlich sein Inhalt in der Hauptsache durch die allgemeinen Bestimmungen über Teilnahme und Anstiftung, sowie durch den § 132 des Vorentwurfs (der dem § 49a StGB. entspricht) gedeckt wird, das ist eine Frage, die nur im Zusammenhange mit den erwähnten allgemeinen Lehren behandelt werden kann. Auf sie kann an dieser Stelle natürlich nicht eingegangen werden.

Weder der *Sch.*, noch der *OVE.* kennen eine dem § 357 StGB. entsprechende Vorschrift. Die in beiden Entwürfen enthaltenen Bestimmungen über Amtsmißbrauch, auch der schweizerische Art. 232 über Amtspflichtverletzung werden natürlich Anwendung finden können.

Der *DVE.* hat nicht den ganzen § 357 übernommen. Letzterer enthält drei strafbare Tatbestände:

a) die Verleitung eines Untergebenen durch den Amtsvorgesetzten[2]) zu einem Amtsdelikt,

[1]) Wie Neumeyer, *Vergl. Darst. Bes. T. IX. 522* anregt.

[2]) Dem hier wie auch bei b und c der zur Kontrolle bestellte Beamte gleichsteht, soweit es sich um Geschäfte handelt, die in den Kontrollbereich fallen — § 357 Abs. 2 StGB.

b) das Unternehmen einer solchen Verleitung und

c) das wissentliche Geschehenlassen eines Amtsdelikts.

Von diesen drei Tatbeständen ist nur der zu b in den Vorentwurf — § 208 — übergegangen, wobei statt „zu verleiten unternimmt" gesagt ist „zu verleiten versucht". Es ist also mit anderen Worten insoweit die erfolglose Anstiftung unter Strafe gestellt. Da der dem geltenden § 49 a entsprechende § 132 des *DVE.* nur die Aufforderung zur Begehung eines Verbrechens bestrafen will, mag die Bestimmung des § 208, die sich auch auf Amtsvergehen bezieht, nicht ohne Wert sein. Die Begr.[1]) verspricht sich namentlich eine „präventive Wirkung" davon. Dem kann beigestimmt werden.

9. Die Amtsunterschlagung ist als besonderes Beamtendelikt nur in den *DVE.* — § 209 — aufgenommen. Weder der *Sch.*, noch der *OVE.* kennen sie als solches. Man wird zweifeln dürfen, ob angesichts des § 210 in Verbindung mit § 271 des *DVE.* die Sonderbestimmung notwendig ist. Die Begr.[1]) hält sie „sowohl aus dem Gesichtspunkte der Generalprävention wie zum Schutze des fiskalischen Vermögens für unerläßlich". Am Tatbestande ist gegenüber dem geltenden Rechte (§§ 350, 351 StGB.) nichts geändert. Nur sind die beiden Paragraphen in einen einzigen zusammengezogen, und der erschwerende Umstand des § 351 ist einfacher und klarer gefaßt. Das Strafmaximum ist für den erschwerten Fall auf fünf Jahre Zuchthaus bemessen, dafür aber „in besonders schweren Fällen" — vgl. § 84 des *DVE.* — Zuchthaus bis zu zehn Jahren zugelassen, so daß im Endergebnisse auch die Strafmaße wieder mit dem geltenden Rechte übereinstimmen.

Ergebnis.

Zieht man zum Schlusse noch einmal einen Vergleich zwischen den Vorschriften des geltenden deutschen StGB. auf dem Gebiete der Verkehrsdelikte, der gemeingefährlichen und der Amtsdelikte und der Ausgestaltung, die der *DVE.* diesem Teile des Strafrechts geben will, so muß man rückhaltlos anerkennen, daß die Sachverständigenkommission eine höchst gediegene Arbeit geleistet hat. Der *DVE.* bedeutet auch für das hier behandelte Gebiet einen bedeutenden Fortschritt gegenüber dem geltenden Rechte.

[1]) *VEBegr.* 635.

Die Fehler und Mängel, die sich nach meiner Meinung im Entwurfe noch finden und die ich im vorstehenden nachzuweisen versucht habe, sind kaum grundsätzlicher Natur. Sie können überall getilgt werden. Namentlich gibt der *SchVE.*, der mir in den besprochenen Abschnitten im großen und ganzen noch besser gelungen zu sein scheint als der *DVE.*, vielfach treffliche Hinweise, wie die Anstände zu beseitigen sein möchten. Den *OVE.* dagegen vermag ich den beiden anderen nicht gleichzustellen.

VI.

Verbrechen und Vergehen gegen das Leben, Zweikampf, Körperverletzung.

Von

Dr. Karl von Lilienthal,

Professor an der Universität Heidelberg.

I.

Verbrechen und Vergehen gegen das Leben.

(16. Abschnitt §§ 212—219.)

Der Entwurf weicht in diesem Abschnitt nur wenig von dem geltenden Recht ab.

Die Begriffsbestimmung des Mordes und des Totschlags ist unverändert beibehalten. Beim Morde ist die Möglichkeit mildernder Umstände anerkannt und die Strafe für diesen Fall auf lebenslängliches Zuchthaus oder Zuchthaus nicht unter zehn Jahren festgesetzt worden, während als Grundstrafe die Verurteilung zum Tode beibehalten ist. Beim Totschlag ist das Mindestmaß der Strafe von fünf auf zwei Jahre Zuchthaus herabgesetzt, bei mildernden Umständen von sechs Monat auf ein Jahr Gefängnis erhöht. § 213 StGB. ist weggefallen. Er ist in der Tat überflüssig, wenn mildernde Umstände im allgemeinen zugelassen werden. § 214 StGB. hat einige nicht sehr erhebliche Änderungen erfahren, das Mindestmaß der Strafe ist von zehn auf fünf Jahre herabgesetzt. § 215 StGB. ist als praktisch überflüssig beseitigt. § 216 ist inhaltlich unverändert geblieben, das Mindestmaß der Strafe ist von drei Jahren auf sechs Monate herabgesetzt, der Versuch ausdrücklich für strafbar erklärt worden. § 217 StGB. ist nur im Strafmaß verändert: Zuchthaus, statt Zuchthaus nicht unter drei Jahren, bei mildernden Umständen Gefängnis nicht unter sechs Monaten, statt nicht unter zwei Jahren. §§ 218—220 StGB. sind in einen Paragraphen zusammengezogen. Der Tatbestand der Abtreibung ist der gleiche geblieben, alle Beihilfehandlungen sind der Täterschaft gleichgestellt. Sie werden härter bestraft, wenn sie gegen Entgelt geschehen. Die Abtreibung wider Willen der Schwangeren bildet einen erschwerten Fall wie im geltenden Recht, nur sind mildernde Umstände zugelassen. Die Mindestmaße der angedrohten Strafe sind durchweg erheblich herabgesetzt. § 221 StGB. ist im Tatbestand insofern verändert, als die Gründe der Hilflosigkeit nicht mehr aufgezählt sind. Auch ist die härtere Bestrafung der Eltern beseitigt, dagegen die Strafschärfung mit Rücksicht auf den schweren Erfolg beibehalten. Der Strafrahmen ist unverändert geblieben. Bei § 222 StGB. ist neben Gefängnis auch Haft zugelassen, sonst sind Tatbestand und Strafrahmen die gleichen.

Die grundsätzlich wichtigste Frage bei Regelung der ganzen Materie ist es, ob die Tötung als ein einheitliches Delikt behandelt werden soll oder nicht. Der Entwurf folgt dem geltenden Recht bei der Verneinung. Darauf, daß das ein legislativ-technischer Fehler ist und auf die zahlreichen Schwierigkeiten, die sich aus diesem Fehler ergeben, hat Wach[1]) in scharfer Betonung hin gewiesen. Einige Bedenken z. B. aus § 216 StGB. sind freilich durch den Entwurf beseitigt, aber im ganzen ist ebensowenig wie im geltenden Rechte der Übelstand vermieden, daß an andern Stellen, z. B. bei der Kindestötung die Unterscheidung zwischen Mord und Totschlag aufgegeben ist. Was die Begründung zu ihrer Rechtfertigung anführt, ist ziemlich dürftig. Die Notwendigkeit einer Unterscheidung zwischen zwei Arten der Tötung wird im Hinblick auf die Verwendung der Todesstrafe für eine von ihnen gerechtfertigt. Das paßt eher zum Standpunkt des geltenden Rechtes als zu den Bestimmungen des Entwurfs. Wenn Mord und Totschlag mit völlig verschiedenen Strafen bedroht sind, dann mag es gut sein, den todeswürdigen Tatbestand durch ein zweifelloses Merkmal (was aber „Überlegung“ ganz sicher nicht ist) zu kennzeichnen. Nun hat aber der Entwurf — und das bedeutet sachlich einen erheblichen Fortschritt — anerkannt, daß es auch bei den schwersten Fällen mildere Umstände geben kann und damit die Entscheidung, ob ein schwerster Fall vorliege, nicht mehr dem Gesetze in abstracto, sondern dem Richter in concreto überlassen. Es wäre dementsprechend folgerichtig, für die vorsätzliche Tötung eine Normalstrafe festzusetzen, die in besonders leichten Fällen gemildert, in besonders schweren Fällen durch die Todesstrafe ersetzt werden kann. Das ist übrigens auch der Standpunkt gerade der neuen Gesetze und Entwürfe. Es tritt hier überall das Bestreben hervor, die schwersten, d. h. mit der höchsten überhaupt zur Verfügung stehenden Strafe zu belegenden Fälle, nicht durch ein Merkmal zu bestimmen, sondern in mehr oder minder entwickelter Kasuistik alle Umstände zu berücksichtigen. Den Nachweis dafür hat v. Liszt (*Vergl. Darst. Bes. T. V. 31ff.*) erbracht, es genügt hier auf seine Darstellung zu verweisen. Hinzuzufügen ist, daß auch der neueste österreichische Entwurf (1909) sich auf denselben Standpunkt stellt. Er bestraft (§ 285) als Mord

[1]) *Vergl. Darst. Allg. T. VI. 3f.*

1. die Tötung mit Kerker von fünf bis zu zwanzig Jahren oder mit lebenslangem Kerker, 2. mit lebenslangem Kerker oder mit dem Tode die Gefährdung des Lebens vieler Menschen durch die Tat, die Begehung mit besonderer Grausamkeit, um eines Vermögensvorteils willen oder bei Ausführung eines Diebstahls, Raubes oder eines Sittlichkeitsverbrechens, ferner wenn dem Täter der Mord an mehr als einem Menschen zur Last fällt, oder er wegen Mordes schon einmal bestraft ist (§ 286). Ausschließlich Todesstrafe wird angedroht, wenn ein Sträfling während des Vollzuges einer lebenslangen Kerkerhaft einen Mord begeht (§ 287). Als Totschlag wird (§ 288) die Tötung in heftiger Gemütsbewegung mit Kerker oder Gefängnis von ein bis zehn Jahren, oder mit Gefängnis von 6 Monaten bis fünf Jahren bestraft. Diese Bestimmungen sind offenbar in Anlehnung an den schweizer Entwurf von 1903 [1]) getroffen, der ebenfalls (Art. 60) ein Grunddelikt der Tötung aufstellt, dessen schwerste Fälle kasuistisch bestimmt und mit lebenslänglichem Zuchthaus (der Entwurf kennt die Todesstrafe nicht) bedroht, während als Totschlag die Tötung in leidenschaftlicher Aufwallung bestraft wird.

Man braucht diese Kasuistik nicht für nachahmenswert zu halten, sie beweist aber doch das Empfinden, daß mit Anführung nur eines Tatbestandsmerkmales nicht wohl auszukommen ist. Jedenfalls nicht mit dem nach französischem Vorbilde im StGB. und im Entw. aufgestellten der „Überlegung". Die deutsche Wissenschaft ist darüber ziemlich einig [2]). Die Begr. (S. 639) hält das „nach den Erfahrungen der Praxis" nicht für berechtigt. Auf diese sich zu berufen ist bei einem Gesetze, dessen Anwendung in weitaus den meisten Fällen durch die Geschworenen geschieht, kaum zulässig. Das geht übrigens aus den weiteren Ausführungen der Begr. selbst deutlich hervor. Die Praxis soll gelehrt haben, daß der Begriff den Geschworenen bei genügender Rechtsbelehrung keine Schwierigkeiten bereite. Wenn trotzdem die Überlegung mitunter zu Unrecht verneint wurde, so liege das nicht an einem Irrtum der Geschworenen, sondern daran, daß sie im gegebenen Falle die Todesstrafe hätten ausschließen wollen. Die Motive der Geschworenen lassen sich mit Sicherheit nicht feststellen, aber das dürfte richtig sein, daß die Geschworenen die Mordfrage nur bejahen, wenn sie den Täter für todeswürdig halten, ohne sich viel

---

[1]) Ebenso im Entwurf von 1908 (Art. 64), der hier im allgemeinen zugrunde gelegt wird.

[2]) Vgl. v. Liszt *Vergl. Darst. V. 37ff.* und Wachenfeld: Die Tötungsdelikte 1909 S. 30ff.

um den Wortlaut des Gesetzes zu kümmern. Wie man daraus eine Empfehlung für diesen ableiten kann, ist nicht ganz verständlich. Auch daß „Überlegung“ ein unklarer Begriff sei, will die Begr. nicht gelten lassen, denn unter einer mit Überlegung ausgeführten Tat versteht man „allgemein eine solche, die sich als das Ergebnis einer auf Abwägung des ‚Für‘ und ‚Wider‘ gerichteten Verstandestätigkeit darstellt“. Leider entbehrt diese Erklärung ihrerseits der nötigen Klarheit. Ohne eine solche Verstandestätigkeit ist vorsätzliches Handeln überhaupt nicht denkbar, am wenigsten bei einer Tat, deren schwerwiegende Bedeutung keinem Täter unbekannt bleibt. Natürlich verlangt die Begr. stillschweigend mehr. Dieses „mehr“ aber wirklich scharf zu bestimmen, darin liegt gerade die bisher noch völlig ungelöste Aufgabe. Ihre Schwierigkeit wird praktisch nicht so empfindlich fühlbar, weil die Richter — Juristen im Grunde ebensogut wie Laien — dem Gesetze stillschweigend etwas hinzufügen und Überlegung durchschnittlich nur annehmen, wenn die Tötung sich als die kaltblütige Ausführung eines lange vorher gefaßten Entschlusses darstellt. Daß solche Fälle die denkbar schwersten sind, wird meist zutreffen, daß sie die einzigen mit Überlegung begangenen seien, ist gerade so unrichtig wie, daß sie die einzigen wirklich schweren seien. Tatsächlich unrichtig ist auch die beliebte Gegenüberstellung von Mord und Totschlag als Tötung mit Überlegung und Tötung im Affekt. Das Reichsgericht sagt in einer seiner letzten Entscheidungen (U. IV. S. 26. III. 09 E. *XLII. 260*): „Nur wenn der Täter bei der Ausführung in genügend klarer Erwägung über den zur Erreichung seines Zweckes gewollten Erfolg der Tötung, über die zum Handeln drängenden und von diesem abhaltenden Beweggründe sowie über die zur Herbeiführung des gewollten Erfolges erforderliche Tätigkeit handelt, führt er die Tat mit Überlegung aus. Im Affekt aber handelt er dann, wenn ein die naturgemäße Aufregung dessen, der einen andern zu töten im Begriff steht, übersteigendes und das folgerichtige Abwägen der vorbezeichneten Umstände ausschließende Maß der Gefühlserregung sein Tun beherrscht.“ (S. 262.) Wäre das richtig, dann würde es kaum einen „Totschlag“ geben, bei dem sich nicht der Täter in einem annähernd unzurechnungsfähigen Zustande befände, denn wenn wirklich seine Gefühlserregung das folgerichtige Denken ausschlösse, dann läge eine krankhafte Störung der Geistestätigkeit vor, die seine freie Willensbestimmung beseitigte. Tatsächlich handelt im Affekt, wer unter dem Drucke einer Leidenschaft steht. Eine solche beeinflußt regelmäßig zwar nicht das Denken, wohl aber den Willen so stark, daß erfahrungsgemäß der Widerstand gegen die Handelnsimpulse erheblich herabgesetzt ist. Das kann sowohl bei Mord wie bei Totschlag der Fall sein, denn die Überlegung ist nicht ausgeschlossen, sondern nur ihr Ergebnis im Sinne des Entschlusses zu rechtswidrigem Handeln besonders beeinflußt. Eine Tötung ohne Überlegung ist deshalb im Grunde nur eine Körperverletzung mit tötlichem Ausgang.

Wie bedenklich die ganze Unterscheidung ist, zeigt am besten der § 214 (StGB. und Entwurf). Wer jemanden vorsätzlich tötet um bei Begehung einer strafbaren Handlung ein Hindernis zu beseitigen oder der Entdeckung oder der Ergreifung zu entgehen oder um sich die Vorteile der Tat zu sichern, kann gar nicht ohne Überlegung handeln, denn er muß sich vorstellen, daß die Tötung das geeignete Mittel zur Erreichung dieses Zweckes ist. Daß diese Überlegung eine kurze sein muß, ändert daran nichts. Kein Teufel ist schneller als der Übergang vom Guten zum Bösen — das ist ein Dichterwort voll psychologischer Feinheit. Praktisch wird in solchen Fällen wohl meist wegen Totschlags verurteilt werden, aber nicht weil die Überlegung fehlt, sondern weil die eigentümlichen Umstände, unter denen sie erfolgte, Todesstrafe nicht angemessen erscheinen lassen.

Das ist eben das Entscheidende. Für die schwersten Tötungsfälle gilt einstweilen die Todesstrafe als unentbehrlich. Ob sie das wirklich ist, soll hier nicht erörtert werden. Dem Empfinden der Mehrzahl der Juristen und der Laien entspricht diese Meinung wohl. Dann soll man sie im Gesetze aussprechen aber nicht den Eintritt der schwersten Strafe ausschließlich an ein Merkmal anzuknüpfen suchen. § 84 *DVE.* kann hier so gut verwendet werden, wie bei anderen Delikten.

Was nun die Bestrafung der Tötung anlangt scheint mir der Entwurf zu milde zu sein. Eine reguläre Strafe von Zuchthaus von 5—15 Jahren, in schwereren Fällen von lebenslänglichem Zuchthaus, ist wohl keineswegs zu hart. Wenn bei mildernden Umständen bis auf Zuchthaus oder Gefängnis bis zu zwei Jahren und bei schwerer Reizung des Täters bis auf ein Jahr Gefängnis herabgegangen werden kann, so entspricht das auch dem Bedürfnis vollständig. Es würde sich daraus etwa folgende Formulierung ergeben:

> Wer vorsätzlich einen Menschen tötet, wird bestraft mit Zuchthaus nicht unter fünf Jahren oder mit lebenslänglichem Zuchthaus, bei mildernden Umständen mit Zuchthaus oder mit Gefängnis nicht unter zwei Jahren, und wenn der Täter ohne eigene Schuld durch den Getöteten schwer

verletzt oder sonst zum Zorne gereizt war, mit Gefängnis nicht unter einem Jahre.

In besonders schweren Fällen ist auf Todesstrafe zu erkennen.

Damit würde auch § 214 überflüssig. Die im Entwurf gewählte Fassung geht ohnedies von ganz falschen psychologischen Voraussetzungen aus. Es ist schwer verständlich, warum es entscheidend sein soll, ob die strafbare Handlung als Verbrechen erscheint. Es ist nicht ein leichterer, sondern ein viel schwererer Fall der Tötung, wenn sie geschieht um ein Hindernis zu beseitigen, das der Ausführung einer Übertretung im Wege steht. Je geringfügiger die Veranlassung zur Tat, um so größer ist die verbrecherische Gesinnung des Täters. Ob jemand bei einem qualifizierten oder einfachen Diebstahl den Bestohlenen tötet um sich die Vorteile der Tat zu sichern, kann doch eine grundsätzlich leichtere Bestrafung im letzteren Falle nicht rechtfertigen. Ist die für die Tötung regelmäßig angedrohte Strafe genügend hoch, so bedarf es keiner besonderen Hervorhebung dieses Falles, weil er dann bei der Strafbemessung ausreichend gewertet werden kann. Andererseits ist es keineswegs richtig, hier das Vorhandensein mildernder Umstände grundsätzlich für unmöglich zu erklären. Die Handlung kann ebensowohl größter Verzweiflung, wie größter verbrecherischer Energie entspringen.

Als einzigen Spezialfall die Tötung zu bezeichnen, zu der sich jemand infolge einer schweren Kränkung hat hinreißen lassen, dürfte notwendig sein, weil hier das Mindestmaß von zwei Jahren Gefängnis zu hoch erscheint, während es andererseits für die Tötung im allgemeinen eben ausreichen dürfte. Hier liegen die Dinge doch häufig so, daß es mehr von der gesellschaftlichen Stellung des Täters als von seiner verbrecherischen Energie abhängt, ob er den Beleidiger zum Zweikampf fordert oder sofort zur Gewalttat schreitet. Außerdem wird stets die faktische Unterscheidung von Körperverletzung mit tötlichem Ausgang besonders schwer fallen, und es liegt entschieden im Interesse der Rechtspflege, die Zweifel nicht noch durch die Rücksicht auf das für beide Fälle sehr verschiedene Strafmaß zu vermehren.

Damit wären auch die Bedenken beseitigt, die man gegen die Strafabmessungen im Entwurfe kaum unterdrücken kann. Das Mindestmaß von zwei Jahren Zuchthaus für den Totschlag ist bei der Schwere des Delikts wohl erheblich zu niedrig.

Tatsächlich auch niedriger als im *SchVE.* und *OVE.* Denn wenn auch hier die Mindestmaße noch geringer sind als im *DVE.*

(*SchVE.* Art. 265 Zuchthaus oder Gefängnis von einem Jahre, *OVE.* § 288 Kerker oder Gefängnis von ein bis zehn Jahren oder Gefängnis von sechs Monaten bis fünf Jahren) so ist das daraus zu erklären, daß in beiden Entwürfen der „Totschlag" überhaupt als Tötung unter mildernden Umständen erscheint. Das grundsätzliche Mindestmaß des § 212 StGB. von fünf Jahren Zuchthaus erscheint keineswegs als zu hoch während das Mindestmaß von sechs Monaten bei mildernden Umständen in § 213 StGB. entschieden zu gering ist und gegenüber den §§ 216 und 217 StGB. geradezu unverständlich erscheint. Daß der Entwurf eine Erhöhung vorschlägt ist durchaus gerechtfertigt, nur sollte sie regelmäßig bis auf zwei Jahre gehen und nur ausnahmsweise bei einem Jahre Halt machen.

Der Entwurf führt den Aszendententotschlag nicht mehr als besonders schwer zu bestrafenden Fall an. Mit Recht führt die Begr. (S. 642) aus, daß häufig sich die Strafe als zu hoch und die Versagung mildernder Umstände als unbillig erwiesen habe. „Denn nicht allzu selten hat die Tötung von Aszendenten ihren Grund in ihrem unsittlichen oder grausamen oder sonst rechtswidrigem Verhalten; nicht selten sind hier der Tötung schwere Provokationen vorausgegangen, so daß das erschwerende Gewicht, welches dem nahen Verwandtschafts- und Respektsverhältnis beizulegen ist, von den auf seiten des Täters anzunehmenden Milderungsgründen aufgewogen wird." Auch sei der gewöhnliche Strafrahmen weit genug, um auch den schweren Fällen gerecht werden zu können. Das gilt natürlich erst recht, wenn das Delikt der Tötung einheitlich bestimmt wird.

Allerdings erscheint auch das für gewisse Arten der Tötung noch zu hoch. Diese aber verdienen wegen der besonders bei ihnen obwaltenden Umstände eine besondere Tatbestandsfeststellung. Das sind die Tötung auf Verlangen und die Kindestötung.

An dem Tatbestand der Tötung auf Verlangen (§ 216 StGB.) hat der Entwurf nichts geändert. Denn wenn auch nur von einem „dringenden" Verlangen des Getöteten gesprochen wird, so ist es wohl zweifellos richtig, daß ein „dringendes" Verlangen immer ein „ausdrückliches und ernstliches" sein muß. (Vgl. Begr. S. 643.)

Der Ausdruck „dringend" ist dem Schweizer Entwurf entnommen, der pleonastisch „von einem dringenden und ernstlichen" Verlangen redet (Art. 65)[1]).

---

[1]) E. von 1908, E. von 1903 Art. 61 ebenso.

Der österreichische Entwurf verlangt, daß der Täter auf „ernstliches“ Verlangen „in der dadurch hervorgerufenen, heftigen Gemütsbewegung“ gehandelt habe.

Daß diese Tatbestandsbestimmungen sämtlich eine Lücke haben, hebt v. Liszt (S. 131 ff.) zutreffend hervor. Sobald das Verlangen des Getöteten das allein entscheidende Merkmal bildet, wird nur das Verlangen eines im allgemeinen Rechtssinne Handlungsfähigen in Betracht kommen, also nicht das eines Unzurechnungsfähigen, eines Kindes usw. Und doch kann es tatsächlich für das Motiv des Handelnden völlig gleichgültig gewesen sein, ob der Getötete eine rechtlich erhebliche Willenserklärung abzugeben imstande war oder nicht. Tatsächlich entscheidend für die mildernde Behandlung ist doch nur, daß der Täter aus Mitleid mit dem infolge körperlicher oder seelischer Leiden unerträglich gewordenem Zustande des Getöteten handelt. Es fragt sich nur, ob sich diese Lücke ausfüllen läßt, ohne daß sich daraus andere Gefahren ergeben. Die von v. Liszt (S. 133) vorgeschlagene Fassung: „Wer durch das Verlangen des Getöteten oder durch den hoffnungslosen Gesundheitszustand einer ihm nahestehenden Person zur Tötung bestimmt worden ist“ ist wohl nicht ganz einwandsfrei. Die „Hoffnungslosigkeit“ ist doch ein recht unbestimmter Begriff, jedenfalls würde damit die Entscheidung über Leben und Tod mehr in die Hände der Umgebung eines Kranken gelegt, als diesem lieb sein kann. Aber selbst eine ausdrückliche Beschränkung auf die Fälle der Willensunfähigkeit des Getöteten wäre nicht unbedenklich. Es kommen gar nicht selten Fälle vor, in denen ein von Geburt an blödsinniges Kind körperlich gedeiht — das ist sicher ein hoffnungsloser Gesundheitszustand, aber die Tötung eines solchen Kindes durch die Eltern wird doch kaum als privilegierter Tötungsfall angesehen werden sollen. Um so weniger als in solchen und ähnlichen Fällen das Motiv der Tat weniger im Mitleid als in dem Wunsche liegen dürfte, sich von einer schweren Last zu befreien. Man müßte deshalb schon eine Fassung wählen, in der das Motiv: Handeln aus Mitleid deutlich hervorgehoben wird, die aber weiter jeden Zweifel darüber ausschließt, daß bei einem Willensfähigen nur dessen dringendes Verlangen die mildere Bestrafung rechtfertigt. Aber auch dann bleibt immer noch eine wichtige Frage unentschieden: Ist die Erleichterung des Todeskampfes (Herbeiführen der Euthanasie) auch dann zulässig, wenn sie eine Abkürzung der Lebensdauer darstellt. Solche Fälle sind in der ärztlichen Praxis gar nicht so selten. Heute kümmert man sich mit vollem Recht darum nicht, weil man in einem solchen Verhalten die Erfüllung einer ärztlichen Pflicht sieht. Je vollständiger man den Tatbestand des § 216 StGB. zu bestimmen sucht, um so näher rückt die Gefahr, daß ein solches Verfahren des Arztes nicht mehr als straflos, sondern nur noch als minder strafbar erscheint. Ich glaube nicht, daß es möglich ist, eine völlig befriedigende Tatbestandsbestimmung zu geben. Eine ganze Reihe von hierhin gehörende Handlungen werden dem Rechtsempfinden nicht strafwürdig erscheinen. Bei diesen kann es sich um einen Pflichtenkonflikt handeln, bei dessen Entscheidung schließlich die größere oder geringere Strafe eine ganz untergeordnete Rolle spielt. Wollte man darauf ausschließlich Rücksicht nehmen, so käme man zu Bestimmungen, deren verbrecherischer Mißbrauch recht wohl möglich wäre. Es ist deshalb gewiß kriminalpolitisch am richtigsten, für die Fälle, die mildere Behandlung heischen, einen möglichst einfachen Tatbestand aufzustellen, die verwickelten aber der Gnade zu überlassen, sei es, daß sie als Begnadigung im eigentlichen Sinne auftritt, sei es, daß sie von den Richtern, praktisch wohl stets den Geschworenen, geübt wird. Das geht um so eher, als die Anwendung dieser Vorschrift außerordentlich selten nötig fällt[1]).

Eine durchgreifende Änderung des Tatbestandes des § 216 ist deshalb auch nicht erforderlich. Dagegen ist eine Herabsetzung des Mindestmaßes der Strafe durchaus wünschenswert. Der deutsche Entwurf hat sechs Monate, der schweizer acht Tage, der österreichische drei Monate Gefängnis vorgesehen, v. Liszt verlangt das Minimum der angedrohten Strafart, also einen Tag Gefängnis. Der österreichische Entwurf dürfte das Richtige getroffen haben. Die Strafe darf nicht allzu geringfügig sein, aber sie sollte ein Maß nicht überschreiten müssen, das eine bedingte Strafaussetzung, die gerade hier sehr häufig angemessen sein wird, erschwert. Auch sechs Monate Gefängnis als Mindestmaß machen sie nach § 38 *DVE.* nicht unmöglich. Praktisch wird das dazu führen, daß das Gericht, wenn es Strafaussetzung für erforderlich hält, auf das Mindestmaß erkennt. Ihm einen etwas weiteren Spielraum zu lassen, ist wohl unbedenklich.

Daß der Versuch mit Strafe bedroht wird, ist eine wesentliche Verbesserung, darüber kann kein Zweifel bestehen.

Auf eine Bestrafung der Teilnahme am Selbstmord, wie sie der schweizer Entwurf Art. 66 und der österreichische § 290 vorsehen, hat der Entwurf wohl mit Recht verzichtet.

---

[1]) Im Durchschnitt 1882—91 : 1, 1892—1901 : 3, 1902 : 0, 1903 : 3, 1904 : 4, 1905 : 2, 1906 : 5 Personen.

Bei der Kindestötung (§§ 217 StGB, 216 *DVE.*) ist das Strafmaß erheblich herabgesetzt worden, statt Zuchthaus nicht unter drei Jahren, bei mildernden Umständen Gefängnis nicht unter zwei Jahren, schreibt der Entwurf als regelmäßige Strafe Zuchthaus, bei mildernden Umständen Gefängnis nicht unter sechs Monaten vor. Dies entspricht im wesentlichen auch dem Schweizer und dem österreichischen Entwurf, wenigstens was das Mindestmaß angeht. Das Höchstmaß der Zuchthausstrafe ist bei ihnen geringer, praktisch hat das keine große Bedeutung und es läßt sich nicht leugnen, daß Fälle denkbar sind, die den schwersten Tötungsfällen so nahe stehen, daß auch eine Strafe von 15 Jahren Zuchthaus nicht zu streng erscheint.

Der Tatbestand des Verbrechens ist in dem Entwurfe nicht geändert. Das eine ist also im StGB. wie im Entwurfe deutlich ausgesprochen, daß es für die Anwendung der Gesetzesvorschrift nicht darauf ankomme, ob die Täterin mit oder ohne Überlegung gehandelt habe. Wenn aber das Gesetz auf ein Unterscheidungsmerkmal verzichtet, von dem es sonst Leben oder Tod abhängig macht, so läßt sich das schwerlich anders erklären, als aus der unwiderleglichen Voraussetzung, daß in einem solchen Falle Überlegung immer ausgeschlossen sei. Es wird also tatsächlich das Hauptgewicht auf den körperlichen und geistigen Zustand gelegt, in dem sich die Gebärende in und gleich nach der Geburt erfahrungsmäßig zu befinden pflegt. Daraus folgt, daß die Kindestötung stets nur als Totschlag behandelt werden soll, daß also auch Teilnehmer an der Handlung nur wegen Teilnahme an einem Totschlage behandelt werden können. Die herrschende Lehre steht bekanntlich auf anderm Standpunkt und hält es dementsprechend für zulässig, daß im einzelnen Falle festgestellt werde, ob die Mutter mit oder ohne Überlegung gehandelt habe. Es liegt darin (wie auch Frank in § 50 II, 2 hervorhebt) ein Widerspruch mit der sonst festgehaltenen akzessorischen Natur der Teilnahme. Jedenfalls aber beweist dieser Fall, wie wenig geeignet die Überlegung als Unterscheidungsmerkmal überhaupt ist. Will man aber an der Privilegierung aus physiologischen Gründen festhalten, so würde es sich empfehlen, das im Gesetz zum Ausdruck zu bringen. Die rein zeitliche Bestimmung „gleich nach der Geburt“ ist dazu wenig geeignet. Der Schweizer Entwurf Art. 67 sagt: „Tötet eine Mutter, die noch unter dem Einflusse des Geburtsvorganges steht, ihr Kind vorsätzlich usw.“, der österreichische § 291, 1: „Die Mutter, die während der Geburt oder unter Einwirkung der durch den Geburtsvorgang hervorgerufenen Störungen ihr Kind tötet usw.“

Eine ähnliche Fassung ist auch für ein deutsches StGB. wünschenswert. Daß dieser Grund für die eheliche Mutter so gut zutrifft wie für die uneheliche ist zweifellos. Ihre Handlung wird alsdann als Tötung unter mildernden Umständen anzusehen sein. Für die uneheliche Mutter kommen aber noch besondere Milderungsgründe in Betracht. Einmal der Ehrennotstand, in dem sie sich häufig befindet, nicht minder aber Vorstellungen anderer Art: Nahrungssorgen, Sorgen um die Zukunft des Kindes u. a. m. Daß diese Vorstellungen in dem Zustande, in dem sich die Gebärende befindet, besonders unwiderstehlich wirken, bedarf kaum der Hervorhebung Ebensowenig daß sie eine milde Behandlung dieses Verbrechens rechtfertigen. Eine andere Frage ist es, ob ihr Vorhandensein in den Tatbestand des Deliktes aufgenommen werden soll. Daß dabei, wie es das niederländische StGB. (§§ 290, 291) tut und v. Liszt (S. 118 f.) für Deutschland empfiehlt, der Ehrennotstand allein berücksichtigt werden solle, reicht wohl nicht aus[1]). Der österreichische Entwurf § 291, 2 sagt: „Hat die Mutter die Tat infolge schwerer Notlage, oder um ihre Entehrung zu verheimlichen, verübt usw.“ Eine ähnliche Fassung zu wählen wäre wohl unbedenklich aber auch überflüssig, wenigstens wenn man daran festhält, nur die Tötung des unehelichen Kindes zu privilegieren. Wenn auch nicht in Abrede gestellt werden kann, daß die Geburt eines Kindes auch die eheliche Mutter in eine schwere Notlage versetzen kann, so kann dieser Umstand innerhalb des gewöhnlichen Strafrahmens für Tötung unter mildernden Umständen berücksichtigt werden. Von einem Ehrennotstand kann aber bei einer verheirateten Frau oder Witwe nur unter Umständen die Rede sein, die auch heute schon das Kind als ein uneheliches im Sinne des Strafrechts erscheinen lassen. Die Tötung durch die eheliche Mutter ebenso zu privilegieren, wie die durch die uneheliche, wie das der Schweizer und der österreichische Entwurf tun und v. Liszt ebenfalls vorschlägt, dürfte dem allgemeinen Rechtsempfinden kaum entsprechen. Und wohl mit Recht, denn alle Gründe, die die ehelichen Mütter zur Tötung ihres Kindes veranlassen können, sind keineswegs an dem Geburtsvorgang geknüpft und wirken deshalb auch im Augenblick der Geburt nicht mit besonderer Stärke. Sollte aber die Erregung durch den Ge-

[1]) Auch Wachenfeld, Tötungsdelikte S. 65 nimmt an, daß die mildere Behandlung der Kindestötung allein aus dem Ehrennotstande zu erklären sei. Man mag dieses Motiv so hoch wie möglich einschätzen, es als das einzig beachtenswerte anzusehen, ist den tatsächlichen Verhältnissen gegenüber doch kaum durchführbar.

burtsvorgang bei ihr eine Beeinträchtigung der Zurechnungsfähigkeit zur Folge gehabt haben, so würde § 63 Abs. 2 *DVE.* eine angemessen milde Bestrafung ermöglichen. Das gilt selbstverständlich auch für die uneheliche Mutter, nur daß bei dieser ihre eigentümliche Lage eine besondere Berücksichtigung erfordert, selbst wenn von einer Verminderung der Zurechnungsfähigkeit im Sinne des Entwurfs nicht gesprochen werden kann.

Die Abtreibung behandelt der Entwurf grundsätzlich nicht anders wie das geltende Recht. Daß die Beseitigung der Strafbarkeit überhaupt in der Begründung gar nicht erwähnt wird, muß bei der Beachtlichkeit der Gründe für diese Forderung ungemein befremden. Es erklärt sich wohl daraus, daß man einen solchen Vorschlag einstweilen für gänzlich aussichtslos hielt, und das ist gewiß richtig.

Eine Änderung des Tatbestandes hielt man nicht für erforderlich, da es keinem Zweifel mehr unterliegt, daß die Handlung gegen das Leben der Leibesfrucht gerichtet sein müsse, und daß eine Unterbrechung der Schwangerschaft zum Zwecke einer Frühgeburt nicht als Abtreibung anzusehen sei.

Schwierigkeiten bereitet dagegen die Behandlung der Teilnahme anderer Personen. Daß sie als Täter anzusehen sind, wenn sie die Abtreibung oder Tötung an der Schwangeren vornehmen, ist selbstverständlich und im Entwurf nur zu schärferen Ausdruck gebracht als dies im StGB. geschieht. Etwas anders steht es, wenn sie der Schwangeren nur die von ihr angewendeten Mittel verschafft haben. Das ist ein typischer Fall der Beihilfe. Lediglich ein Versuch der Beihilfe läge vor, wenn die Schwangere die ihr verschafften Mittel gar nicht benutzt hat. Der Entwurf sieht auch das als selbständiges Verbrechen an, das eben strafbar sein soll ohne Rücksicht darauf ob die Schwangere ihre Leibesfrucht wirklich abgetrieben hat. Das ist im heutigen Rechte für § 218 mindestens zweifelhaft, während für § 219 zweifellos die Vollendung der Abtreibung ausdrücklich zur Voraussetzung der Strafbarkeit gemacht ist. Die gegenteilige Auffassung bringt der Entwurf nicht klar zum Ausdruck. Es würde übrigens praktisch genügen nur die Verschaffung der Abtreibungsmittel gegen Entgelt als selbständiges Delikt zu behandeln, denn nur sie ist eine besonders gefährliche Handlung. Das könnte leicht dadurch geschehen, daß man den Zusatz „oder der die Mittel hierzu verschafft hat“ streicht und den Eingang des folgenden Satzes so faßt: „Handelt er gegen Entgelt oder verschafft er der Schwangeren Mittel zur Abtreibung oder Tötung der Leibesfrucht gegen Entgelt“ usw.

Die Abtreibung wider Wissen und Willen der Schwangeren wird im Entwurf wörtlich so behandelt wie in § 220 StGB. Nur sind mildernde Umstände zugelassen. Überhaupt sind für alle Fälle die Strafen erheblich herabgesetzt worden. Dagegen ist kaum etwas einzuwenden. Fraglich ist nur, ob die Androhung von Zuchthaus für die Schwangere erforderlich ist. Die Begr. (S. 645) glaubt, das sei notwendig „soweit Fälle vorkommen, in denen wegen besonderer Verwerflichkeit der Gesinnung, wiederholter Begehung der Straftat usw. eine schwere Strafe erforderlich erscheint“. Für die Wiederholung reichen wohl die allgemeinen Vorschriften über Rückfallschärfung aus, und besonders Verwerflichkeit der Gesinnung wird gerade bei diesem Delikt recht selten sein. Sie könnte höchstens für die Bestrafung einer anderen Person, die an der Schwangeren Abtreibungshandlungen vornimmt, ins Gewicht fallen und auch da nicht eben häufig, sofern nicht Lohnabtreibung vorliegt. Der Übelstand ist aber nicht sehr groß, da in der Praxis Zuchthausstrafen wohl nur ganz ausnahmsweise angewendet werden dürften, sofern es sich nicht um Lohnabtreibung handelt, wo sie gewiß mitunter sehr gerechtfertigt sind. Mitentscheidend war wohl der Gedanke, die Strafbarkeit des Versuchs nicht besonders hervorheben zu müssen. Und darauf will man aus praktischen Gründen nicht verzichten (Begr. S. 645). Ob diese wirklich so schwer wiegen und ob namentlich die Schwierigkeit „den Kausalzusammenhang zwischen der Abtreibungshandlung und dem Tode der Frucht mitzuwissen“, so große sind, daß sonst die Strafverfolgung leicht vereitelt würde, ist doch recht fraglich. Bei der großen Rolle, die gerade hier der Versuch mit untauglichen Mitteln und am untauglichen Objekt spielt, läßt sich in der Tat mancherlei für die Straflosigkeit des Versuches überhaupt anführen. Denn wenn auch der untaugliche Versuch an sich mit Recht als strafbar angesehen werden muß, so liegt doch eine Einschränkung der Anwendungsgebiete dieser Lehre durchaus im Interesse des Einklanges zwischen Rechtsanwendung und Volksbewußtsein.

Daß fahrlässige Abtreibung straflos bleibt, ist wohl richtig. Nicht, weil solche Fälle selten wären, sondern weil eine ernsthafte Anwendung einer solchen Strafbestimmung das ganze Leben einer Schwangeren einer praktisch kaum durchführbaren Überwachung aussetzen würde.

Daß die sog. Perforation und mit ihr die aus ärztlichen Rücksichten gebotene Unterbrechung der Schwangerschaft nicht ausdrücklich für straflos erklärt worden ist, scheint mir durchaus richtig. Das Schweigen des Gesetzes hat bisher zu wirklichen Übelständen nicht geführt. Die Hervorhebung eines einzelnen Falles könnte aber für die Beurteilung der ärztlichen Handlung überhaupt verhängnisvoll werden. Die ganze Frage muß grundsätzlich oder gar nicht geregelt werden.

Die Aussetzung (§ 221 StGB.) bedroht § 218 *DVE.* mit den gleichen Strafen. Auch der Tatbestand ist nur insofern geändert, als die Gründe der Hilflosigkeit nicht mehr angegeben sind. Der Schweizer Entwurf Art. 69, der nur von „Hilflosen" spricht, steht auf demselben Standpunkt, im Wesen auch der österreichische, der als Objekt die Handlung bezeichnet (§ 303): ein Kind oder sonst jemanden, der infolge seines geistigen oder körperlichen Zustandes sich nicht zu retten vermag. Nach beiden Entwürfen gehört zum Tatbestand der Eintritt einer Gefahr für das Leben (Österreich), oder daneben (Schweiz) einer schweren unmittelbaren Gefahr für die Gesundheit. Der Entwurf hat auf eine nähere Bestimmung wohl deshalb verzichtet, weil nach der herrschenden Meinung (vgl. RGU. 3. S. vom 21. IV. 1880 E. *II. 15*) eine „Aussetzung" nur vorliegt, wenn der Ausgesetzte dadurch in einen hilflosen Zustand gerät, d. h. in einen Zustand, in dem er, ohne den Eintritt eines rettenden Zufalls, an Leben oder Gesundheit gefährdet ist (vgl. RGU. 1. S. vom 23. X. 1882 E. *VII. 111*). Es ist wohl auch keine Gefahr vorhanden, daß sich die Auffassung der gewählten Ausdrücke in Zukunft ändere. Dagegen ist es bedenklich, daß auch die Fassung: in hilfloser Lage verlassen, beibehalten werden soll. Bekanntlich besteht heute eine Meinungsverschiedenheit darüber, ob das „Verlassen" nur durch ein Handeln oder auch durch ein Unterlassen verwirklicht werden kann. Das Reichsgericht und mit ihm eine große Anzahl von Schriftstellern, nehmen an, daß ein „Verlassen" nur dann vorliege, wenn der Täter sich von dem Hilflosen räumlich entfernt habe, eine „für die Ausübung der Fürsorgepflicht nachteilige Änderung der örtlichen oder räumlichen Beziehungen zwischen dem Verpflichteten und dem Hilflosen" ein getreten sei (vgl. RGU. 4. S. vom 20. III. 1906 E. *XXXVIII. 377*). Ob das de lege lata richtig ist, wird man freilich bezweifeln dürfen. Nach dem Sprachgebrauch hat „verlassen" jedenfalls die Nebenbedeutung: einem seinen Schutz entziehen, im Stiche lassen, preisgeben (vgl. Grimm, Wörterbuch h. v. Bd. 12 Sp. 728), aber de lege ferenda ist es jedenfalls wünschenswert, daß eine auf die räumliche Entfernung beschränkte Auffassung unmöglich gemacht werde. Das Entscheidende ist doch nicht das Weggehen, sondern das Nichtgewähren von Hilfe. Nach der herrschenden Meinung würde, streng genommen, nach § 221 zu verurteilen sein, wer das ihm anvertraute Kind in einer Notlage verläßt, um Hilfe herbeizuholen, aber freizusprechen sein, wer in gleicher Lage dableibt, ohne sich um das kranke oder verunglückte Kind zu kümmern. Die Änderung wäre sehr einfach: es genügte, statt „verlassen“ zu sagen „im Stiche lassen“ wie der Schweizer Entwurf Art. 69 das tut. Der österreichische Entwurf hat das Verlassen bei der Aussetzung (§ 303) nicht erwähnt, dafür aber in §§ 311, 312 ein besonderes Delikt der vorsätzlichen und fahrlässigen Gefährdung der körperlichen Sicherheit und in § 314 ein solches der Unterlassung der Hilfeleistung aufgestellt, worunter dann auch das Verlassen in hilfloser Lage fallen würde. Auch der Schweizer Entwurf Art. 72 kennt neben der Aussetzung in unserem Sinne noch eine wissentliche und gewissenlose Herbeiführung einer unmittelbaren Lebensgefahr[1]). Man wird der Begr. (S. 647) zustimmen können, wenn sie die Aufnahme einer ähnlichen Bestimmung ablehnt, „weil die Tragweite jenes ganz allgemein gehaltenen Gefährdungsdeliktes, das die Mittel der Gefährdung in keiner Weise bezeichnet, nicht überblickt werden kann und von einer solchen Vorschrift eine unerträgliche Behinderung der Bewegungs- und Betätigungsfreiheit der Staatsbürger und eine Gefährdung ihrer Rechtssicherheit zu besorgen sein könnte“. Um so nötiger aber ist es, den Begriff der Aussetzung nicht in einer Weise einzuschränken, die mit dem natürlichen Rechtsgefühl geradezu in Widerspruch steht.

Daß der Entwurf auf eine Strafschärfung für die leiblichen Eltern verzichtet, die ihr Kind aussetzen, dürfte ebenfalls durch die Erwägung (Begr. S. 648) gerechtfertigt sein: in solchen Fällen habe meist die größte Not zur Tat gedrängt.

Die Behandlung der fahrlässigen Tötung (§ 222 StGB., § 219 *DVE.*) ist im wesentlichen unverändert geblieben. Nur soll neben Gefängnis auch auf Haft erkannt werden können, was wohl als ein Fortschritt bezeichnet werden darf. Der zweite Absatz ist einfacher und klarer gefaßt. Es kann außerdem nach § 36 *E.*, falls die Pflichtverletzung aus Gewinnsucht geschah, neben der Freiheitsstrafe auf Geldstrafe erkannt werden. Auch das verdient gewiß Billigung.

---

[1]) Der Entwurf 1903 stellte noch der Lebensgefahr die schwere Gefahr für die Gesundheit gleich (Art. 68).

II.

Zweikampf.

17. Abschnitt §§ 220—226.

Der Entwurf geht wie das geltende Recht davon aus, daß der Zweikampf ein Sonderdelikt darstellt. Das entspricht entschieden der geschichtlichen Entwicklung und der herrschenden gesellschaftlichen Anschauung. Es gibt kaum eine andere strafbare Handlung, bei der Sitte und Recht in so schroffem Widerspruch stehen wie beim Zweikampf. Die Sitte fordert ihn unter Umständen genau so gebieterisch, wie ihn das Recht verbietet. Diesen Zwiespalt so lösen zu wollen, daß man den Zweikampf als solchen zu ignorieren vorgibt und nur die dabei zugefügten Verwundungen und Tötungen bestraft, heißt dem Zweikampf tatsächlich Straflosigkeit sichern. Andererseits kann man aber auch nicht durch drakonische Strafen die Sitte überwinden wollen. Die Geschichte hat zu deutlich die Erfolglosigkeit dieses Versuches erwiesen. Es bleibt somit nur übrig, Strafe anzudrohen, dabei aber zu berücksichtigen, daß die Schuldigen sehr häufig unter einem starken Zwange gehandelt haben. Gewiß ist das kein erfreulicher Zustand, aber beseitigt werden kann er nur durch eine Änderung der Sitte, die gar nicht schwer herbeizuführen wäre, wie das Beispiel Englands lehrt. Das Gesetz kann auch indirekt die Häufigkeit des Zweikampfes nicht vermindern. Weder durch härtere Strafen für Beleidigung, solange die Sitte verbietet, in solchen Fällen Genugtuung vor Gericht zu suchen, statt zum Zweikampf zu schreiten. Ebensowenig aber durch Einführung von Ehrengerichten, denn darin liegt die wenigstens hypothetische Anerkennung der Berechtigung des Zweikampfes selbst, wenigstens solange sich die gesellschaftlichen Anschauungen nicht wesentlich geändert haben.

Die Bestimmungen des Entwurfs weichen im einzelnen von denen des geltenden Rechts ab. So ist dem allgemeinen Strafensystem entsprechend an Stelle der Festungshaft die Haft getreten und damit den Rechtsfolgen des Zweikampfs der Strafcharakter in höherem Maße gesichert. Außerdem ist für einige Fälle Gefängnisstrafe vorgeschrieben: wahlweise, wenn ein erschwerter Zweikampf (§ 220 Abs. 2) zu einer Tötung geführt (§ 221 Abs. 1) und wenn die Aufreizung Erfolg gehabt hat (§ 226 Abs. 2), grundsätzlich für den, der den Zweikampf freventlich verschuldet hat (§§ 220 Abs. 3, 221 Abs. 2).

Es ist durch die letztere Vorschrift eine differentzierte Behandlung der Duellanten ermöglicht, und das bedeutet zweifellos einen Fortschritt. Nur erscheint mir der Gedanke nicht folgerichtig durchgeführt. Daß die freventliche Herbeiführung eines Zweikampfes mit Gefängnis bestraft werden soll, ist gewiß zu billigen. Eine notwendige Ergänzung dazu aber würde die gleiche Behandlung der Herausforderung sein. Eine freventliche Herausforderung verdient nicht die mindeste Schonung, und darum wäre für den Raufbold, der den herrschenden Ehrenkodex zu einer in sich ehrlosen Handlung mißbraucht, eine Gefängnisstrafe wohl am Platze. Das gilt um so mehr, als die Ausführung des Zweikampfes gar nicht mehr allein von dem Herausfordernden abhängt. Die eigentliche Schuld liegt in diesem Falle in der Herausforderung, denn daß der freventlich Fordernde nachher tatsächlich nicht gut zurückziehen kann, wenn die Herausforderung angenommen wird, das muß wohl zugegeben werden. Natürlich ist das kein Grund, die frevelhafte Verschuldung des Zweikampfes auch in diesem Falle härter zu bestrafen. Gelegentlich kann die Sache freilich anders liegen und die schwerere Schuld nicht den Herausforderer, sondern den Herausgeforderten treffen. Ja wie die sehr zutreffenden Ausführungen in der Begr. (S. 652) beweisen, hat man zunächst gerade an solche Fälle gedacht. Daß der Ausdruck „freventlich“ zu denen gehört, denen erst die Praxis einen sichern Inhalt geben kann, wird in der Begründung nicht verkannt. Aber einen besseren zu finden, ist schwer. Denn was damit gemeint ist, kann das Gesetz mit deutlichen Worten nicht wohl sagen. Es gibt eben Fälle, in denen der Zweikampf nach der herrschenden Sitte unvermeidlich ist. Die eigentliche Schuld trifft den, der ihn notwendig gemacht hat. Aber das Gesetz kann natürlich eine solche Notwendigkeit nicht anerkennen, sondern den gesellschaftlichen Zwang höchstens stillschweigend als Milderungsgrund gelten lassen. Nun ist ja in den meisten Fällen der eine Teil in diesem Sinne schuldig. Das würde aber nicht ausreichen, um ihn zu einer Strafe zu verurteilen, in deren Wahl eine recht schwere Verurteilung seines Verhaltens liegt. Das ist erst möglich, wenn er entweder gehandelt hat zu dem Zwecke der Herbeiführung eines Zweikampfes, oder wenn sein zu dem Zweikampfe führendes Verhalten an sich eine Rechtsverletzung oder ein unsittliches Verhalten darstellt. Die in der Begründung gewählten Beispiele für ein freventliches Verschulden: der händelsuchende Raufbold und der Schänder der Familienehre, können in der Tat als typisch gelten. Man wird sagen können: Freventlich hat den Zweikampf verschuldet, wer den andern entweder absichtlich oder tatsächlich zur Herausforderung gezwungen hat. Daß die Gerichte solche Verhältnisse richtig einschätzen werden, darf man ihnen wohl zutrauen.

Außerdem ist Gefängnis wahlweise zugelassen bei Tötung im erschwerten Zweikampfe. Die Begründung geht davon aus, daß der erschwerte Zweikampf, d. h. der ohne Sekundanten oder in einer Weise ausgefochtene, die den Tod eines der Kämpfenden herbeiführen soll[1]), als Ausfluß eines schweren sittlichen Verschuldens angesehen wird. Das dürfte zutreffen. Es ist deshalb nur folgerichtig im Gegensatz zum geltenden Rechte, in beiden Fällen ohne Rücksicht auf den Erfolg härtere Bestrafung eintreten zu lassen. Wenn gleichwohl Gefängnis nur dann angedroht wird, wenn eine Tötung stattgefunden hat, so liegt darin ein gewisser Widerspruch mit dem leitenden Gedanken. Die Erschwerung der Bedingungen ist vorsätzlich geschehen, der Eintritt der beabsichtigten Folgen hängt stets mehr oder weniger vom Zufall ab. Daß der Erfolgseintritt hier strafschärfend wirken soll, entspricht den herrschenden Anschauungen, aber die Schärfung sollte nur in der Dauer, nicht in der Art der Strafe liegen, denn die Gründe, die für die Strafart Ausschlag geben, sind von dem Eintritt des Erfolges unabhängig. Es würde deshalb wahlweise Androhung von Gefängnisstrafe schon in § 220 Abs. 2 notwendig sein. Allerdings läge es dann nahe, das Strafmindestmaß für das freventliche Verschulden heraufzusetzen, was wohl auch unbedenklich wäre. Dasselbe gilt von § 221 Abs. 2. Daß im Fall der Tötung das freventliche Verschulden des Zweikampfs nicht höher gewertet werden muß wie die erschwerte Form bewertet werden kann, scheint mir den Verhältnissen nicht genügend gerecht zu werden. Eine Heraufsetzung des Mindestmaßes auf drei Jahre würde sich empfehlen.

Endlich ist Gefängnisstrafe vorgesehen bei der Aufreizung zum Zweikampf (§ 226 Entwurf). Daß sie grundsätzlich für strafbar erklärt wird, auch ohne Rücksicht darauf, ob ein Zweikampf stattgefunden hat, ist gegenüber dem § 210 StGB. ein entschiedener Fortschritt. Nicht folgerichtig dagegen erscheint es, daß Gefängnisstrafe nur dann verhängt werden kann, wenn ein Zweikampf stattfand. Das gilt um so mehr, als ein ursächlicher Zusammenhang

---

[1]) Der Schweizer Entwurf kennt diese Erschwerungsgründe nicht (Art. 71), der österreichische Entwurf § 306 Ziff. 3 zwar den tödlichen Zweikampf, nicht aber den ohne Sekundanten, behandelt dafür aber die Vereinbarung härter, daß bis zur Kampfunfähigkeit gekämpft werden soll, (§ 316 Ziff. 2).

zwischen der Aufreizung und dem Zweikampf gar nicht gefordert wird. Ihn stillschweigend vorauszusetzen, ist gewiß unstatthaft. Geschieht das nicht, so sollte die Wahl der Strafart ebensowenig wie die Bestrafung selbst von dem Stattfinden des Zweikampfes abhängen. Der österreichische Entwurf, der diese Abhängigkeit nicht kennt und ebenfalls Haft und Gefängnis wahlweise androht (§ 307), verdient hier den Vorzug.

Durch die Androhung der Gefängnisstrafe wird nach § 45 Entwurf wenigstens für schwerere Fälle auch die Möglichkeit gegeben, auf Verlust der bürgerlichen Ehrenrechte zu erkennen. Man braucht diese Nebenstrafe im allgemeinen nicht für besonders wirksam zu halten und doch zugeben können, daß sie gerade für die Gesellschaftsschichten, in denen der Zweikampf zu Hause ist, ein sehr schweres Übel bedeutet. Eine ausgiebige Verwendung freventlichen Duellanten gegenüber würde sich deshalb wahrscheinlich als ein gutes Mittel zur Hintenanhaltung frivoler Zweikämpfe erweisen.

Als einen besonderen, milder zu behandelnden Fall erwähnt der Entwurf in § 224 den neu, daß der Zweikampf unter Vorkehrungen stattfindet, welche gegen Lebensgefahr zu schützen geeignet und bestimmt waren. Die Strafe für den Zweikampf wie für die Herausforderung sind hier erheblich milder (Haft bis zu einem Jahre und bis zu sechs Monaten)[1]. Daß sich diese Bestimmung auf die studentische Schlägermensur bezieht, liegt auf der Hand (vgl. Begr. S. 654f.). Eine besondere Bestimmung ist in der Tat notwendig, denn der heutige Zustand, daß die Schlägermensuren theoretisch als Zweikämpfe gelten, praktisch aber nicht verfolgt werden, ist eine direkte Verhöhnung der Reehtspflege. Man wird aber zweifeln können, ob nicht eine ausdrückliche Strafloserklärung, wie sie der österreichische Entwurf in § 310[2]) enthält, vorzuziehen wäre. Es hieße das den gegenwärtigen tatsächlichen Zustand legalisieren. Ausschreitungen könnten dann disziplinarer Ahndung unterliegen. In Wahrheit sind ja die Schlägermensuren nur eine besondere Art des Sports und keineswegs ge-

[1]) Der Schweizer Entwurf Art. 71 Abs. 1 hat eine ähnliche Bestimmung. Er setzt aber nur das Höchstmaß der Strafe herab, wenn sich die Kämpfer durch geeignete Vorkehrungen gegen Lebensgefahr schützen.

[2]) § 310: Die Beteiligung an einer Mensur, bei der vereinbarungsgemäß durch entsprechende Schutzmaßregeln der Eintritt erheblicher Verletzungen verhütet werden soll, unterliegt nicht den Bestimmungen über Zweikampf und Körperbeschädigung.

fährlicher wie etwa Fußballspiel oder Rodelfahrten. Das ist um so mehr zu erwägen, als auch § 224 Entwurf nicht wirklich angewendet werden kann. Ernst damit machen, hieße ungefähr die Hälfte der deutschen Studierenden regelmäßig in Haft halten. In Universitätsstädten würde man im Anfang wenigstens sicher besondere Mensurgerichte einführen müssen. Daß eine Bestrafung notwendig sei, wird zudem niemand behaupten wollen. Die tatsächliche Straflosigkeit hat wenigstens bis jetzt zu wirklichen Unzuträglichkeiten nicht geführt. Auch würde das allgemeine Rechtsgefühl durch die rechtliche Straflosigkeit viel weniger verletzt als durch die tatsächliche, aber widerrechtliche. Zudem kann man die Mensur gar nicht ernstlich bekämpfen, ohne eine vollständige Umwälzung des akademischen Verbindungslebens herbeizuführen. Ob dieser Nebenerfolg wünschenswert ist oder nicht, soll dahingestellt bleiben. Tatsächlich ist heute das Verbindungswesen gerade für die Juristen ein so wesentlicher Faktor des akademischen Lebens, daß die Beamten sich schwer entschließen werden, die Axt an seine Wurzel zu legen. Wenn aber der § 224 doch nur auf dem Papiere stehen bleibt, dann braucht man ihn eigentlich nicht erst darauf zu setzen.

Im übrigen ist an dem geltenden Rechte nicht viel geändert worden. Der Begriff des Zweikampfes ist nicht definiert[1]). Bei der Übereinstimmung von Theorie und Praxis über diesen Begriff scheint das auch kaum erforderlich. Ebenso sind die Qualifikationen des einfachen Zweikampfes, die das geltende Recht kennt, auch im Entwurf verwertet worden. Die Anordnung der Bestimmungen ist übersichtlicher geworden. Sie beginnt mit den Vorschriften über den Zweikampf mit tödlichen Waffen, der qualifiziert wird, wenn er ohne Sekundanten stattfindet, den Tod eines der Kämpfenden herbeiführen sollte oder freventlich verschuldet worden ist (§ 220). Tötung im Zweikampf wirkt unter allen Umständen straferhöhend, sowohl bei dem einfachen wie bei dem qualifizierten § 221. Die Übertretung der Regeln des Zweikampfes hat dieselben Folgen wie im StGB. § 222. Dann folgen die Strafbestimmungen für die Herausforderung und deren Annahme, die härter strafbar, wenn sie freventlich oder zu einem tödlichen

[1]) Das ist auch weder in dem *SchVE.* noch in dem *OVE.* geschehen. Letzterer sagt nur in § 306 Ziff. 1: „Wer in einem Zweikampf von der Waffe Gebrauch macht.“ Es wird damit die Vollendung des Delikts gegenüber dem deutschen Rechte etwas verschoben, aber doch nur für so seltene Fälle, daß eine solche Bestimmung keinen besonderen praktischen Wert hat.

Zweikampfe geschieht, deren Strafbarkeit aber bei freiwilliger Aufgabe des Zweikampfes erlischt (§ 223). Dann folgen in § 224 die Bestimmungen über leichte Zweikämpfe und Herausforderungen dazu, in § 225 über die Fälle der strafbaren Teilnahmehandlungen und in § 226 die Strafandrohungen für die Anreizung zum Zweikampf.

Der Entwurf ist hier entschieden leichter übersichtlich als das StGB. Die Änderungen, die er vorschlägt, sind im allgemeinen empfehlenswert, etwaige Bedenken gegen sie sind schon besprochen, ebenso die wesentlichen Abweichungen des *SchVE.* und des *OVE.*

Mit Recht hat der Entwurf das sog. amerikanische Duell nicht berücksichtigt. Wenn es überhaupt vorkommt, was keineswegs feststeht, so handelt es sich dabei nur um eine Anstiftung zum Selbstmord, die nach der Anschauung des Gesetzes nicht strafbar sein würde. Übrigens fehlt eine solche Bestimmung auch im *SchVE.* und *OVE.*[1]), die allerdings beide die Anstiftung und Beihilfe zum Selbstmorde unter Strafe stellen (Art. 66 § 290). Die Begr. des *DVE.* (S. 614) hat eine solche Bestimmung wohl mit Recht für überflüssig erklärt.

III.
Körperverletzung.
(18. Abschnitt §§ 227 bis 233.)

Auch der Körperverletzung gegenüber hat der Entwurf sich nicht weit von dem Standpunkt des geltenden Rechtes entfernt. Er unterscheidet selbstverständlich vorsätzliche und fahrlässige Begehung, behält die Einteilung der vorsätzlichen Körperverletzung in einfache, gefährliche und schwere Körperverletzung bei, be-

[1]) Der *OVE.* von 1893 enthält in § 163 folgende Bestimmung: „Wenn zwei Personen übereingekommen sind, daß ein voraus bestimmter Zufall zu entscheiden habe, welcher von beiden sich selbst töten soll, so sind dieselben mit Zuchthaus oder Gefängnis bis zu zehn Jahren zu bestrafen. — Hat sich infolge einer solchen Vereinbarung ein Teil selbst getötet, so tritt Zuchthaus von 3 bis 15 Jahren ein. — Die Aufforderung zu einem solchen Übereinkommen ist als Versuch anzusehen. — Die Teilnehmer sind nach den Bestimmungen der §§ 53 und 54 zu behandeln.“ In der Ausschußberatung wurde dieser Paragraph beibehalten und im § 228 eingeschoben, der Anstiftung und Beihilfe zum Selbstmord bestraft.

handelt besonders die Körperverletzung mit tödlichem Ausgang und den Raufhandel und gibt Vorschriften über den Strafantrag. Weggefallen ist die „Vergiftung", die, wie die Begr. (S. 665) zutreffend hervorhebt, entweder Tötungsversuch oder gefährliche Körperverletzung ist. § 229 StGB. ist in der Tat ein sehr hübsches theoretisches Spielzeug, das aber praktisch kaum Verwendung findet. Es wurden wegen Vergiftung verurteilt im Deutschen Reiche 1900: 8, 1901: 9, 1902: 8, 1903: 7, 1904: 11, 1905: 8, 1906: 6 Personen. Bei wie vielen davon die Geschworenen Vergiftung angenommen haben, weil sie nicht wegen Mord oder Mordversuch verurteilen wollten, entzieht sich natürlich der Feststellung. Auch der *SchVE.* hat auf einen besonderen Tatbestand der Vergiftung verzichtet. Der *OVE.* von 1893 enthält in § 243 eine dem § 229 fast wörtlich entsprechende Bestimmung, nur war in Abs. 2 tätige Reue ausdrücklich als Strafausschließungsgrund bezeichnet. Der Entwurf von 1909 führt es nur noch als eine besondere Art der schweren Körperverletzung an (§ 229 Ziff. 4), wenn sie „durch Beibringen von Gift oder eines ähnlichen zur Zerstörung der Gesundheit geeigneten Stoffes oder derart verübt worden ist, daß sie mit besonderen Qualen für den Verletzten verbunden ist". Das hängt offenbar mit der Neigung zur Kasuistik zusammen, die den ganzen Entwurf kennzeichnet und gerade bei den Erschwerungsgründen der Körperverletzung sehr deutlich hervortritt.

Weiter fehlen Vorschriften über Buße, was sich aus § 57 Entwurf und über Kompensation, was sich aus § 227 Schlußsatz erklärt.

1. Einfache Körperverletzung (§ 227). Der Tatbestand ist unverändert geblieben, wohl mit Recht, denn die Praxis ist ganz gut mit ihm ausgekommen. Es ist freilich nicht zu leugnen, daß die Grenze zwischen Mißhandlung und Gesundheitsbeschädigung eine fließende ist. Aber wenn man bisweilen zweifeln kann, ob eine Handlung als Mißhandlung oder Gesundheitsbeschädigung aufzufassen sei, so ist doch Körperverletzung kaum denkbar, die nicht unter die eine oder die andere Alternative fiele. Jedenfalls sind die Begriffsbestimmungen des schweizerischen und des österreichischen Entwurfes nicht besser. Der schweizerische Entwurf sagt (Art. 76): Wer einen Menschen vorsätzlich an seinem Körper oder an seiner Gesundheit schädigt oder schwächt usw., der österreichische (§ 296): Wer einen anderen am Körper verletzt oder an der Gesundheit schädigt usw. Auch hier sind Alternativen mit unbestimmter Abgrenzung aufgestellt, und es wird sich kein zweifel-

hafter Fall einem dieser Tatbestände besser unterordnen lassen wie dem deutschen Rechte. Auch sie geben keinen Anhalt für die Unterscheidung von Körperverletzung und Realinjurie, wie im deutschen Rechte wird auch hier der Wille des Täters entscheidend sein müssen. Vielleicht wäre dadurch etwas klarer zum Ausdruck gebracht, daß jede Verletzung der körperlichen Integrität strafbar sein soll. Aber in allen einigermaßen erheblichen Fällen reicht dazu auch die Definition des deutschen Rechtes aus. Wichtiger wäre es, wie Löffler (*Vergl. Darst.* S. 362) fordert, daß nur wirklich erhebliche Schädigungen strafbar sein sollten. Aber das ließe sich nur auf dem Wege einer ziemlich verwickelten Kasuistik durchführen, wie gerade das von Löffler herangezogene russische StGB. beweist. Der Entwurf hat zur Erfüllung dieser Forderung einen einfacheren Weg eingeschlagen, indem er vorschreibt, daß in besonders leichten Fällen (§ 83) von Strafe abgesehen werden kann. Das wird für das praktische Bedürfnis durchaus genügen. Auch die bisherigen Bestimmungen über „Kompensation“ sind dadurch, wie die Begr. hervorhebt, überflüssig geworden. Der Angreifer kommt dabei allerdings unter Umständen schlechter weg, aber die Möglichkeit, auch ihn straflos zu lassen, wenn er von dem Angegriffenen genügend bestraft erscheint, ist eine nicht recht passende Übertragung zivilistischer Anschauungen auf das Strafrecht. Jedenfalls hat sie der Entwurf (vgl. Begr. 665f.) bewußt abgelehnt, wohl mit Recht. Auch die härtere Bestrafung der Körperverletzung gegen Verwandte aufsteigender Linie ist beseitigt. Wenn dieser Erschwerungsgrund bei der Tötung weggefallen ist, so kann es folgerichtig scheinen, ihn auch bei der Körperverletzung nicht zu erwähnen. Man wird dem freilich entgegenhalten dürfen, daß die Verhältnisse doch nicht unwesentlich verschieden sind. Es kann zugegeben werden, daß die Tötung eines Aszendenten meist einen tragischen Hintergrund hat, während seine Mißhandlung sehr häufig von einer besonderen Roheit des Täters zeugt. Da aber das geltende Recht nur eine Erhöhung des Mindestmaßes vorsieht, so stellt sie nur eine Anweisung für die Strafzumessung dar, die man wohl ohne Schaden als überflüssig bezeichnen darf.

Das Strafmaß ist nur insofern geändert, als neben Gefängnis Haft zugelassen und das Höchstmaß der Geldstrafe heraufgesetzt worden ist. Gegen beide Veränderungen dürfte nichts einzuwenden sein.

2. Gefährliche Körperverletzung (§ 228). Daß § 223a StGB. eine gesetzgeberische Mißgeburt ist, wird wohl von niemandem bestritten werden. Gleichwohl findet er weit öfter Anwendung als

§ 223. So wurden 1906 verurteilt wegen leichter Körperverletzung 28446, wegen erschwerter 97943 Personen, und in den Jahren 1902/06 wurden im ganzen Erwachsene verurteilt aus § 223: 130146, aus § 223a: 450046, von diesen aber zu Geldstrafen 240630, zu Gefängnisstrafen unter drei Monaten 128470, woraus sich ergeben dürfte, daß tatsächlich mehr als 80% der Fälle als einfache Körperverletzungen behandelt worden sind. Der Gedanke freilich, dem § 223a die Entstehung verdankt, ist durchaus richtig: die besondere Gefährlichkeit der Handlung verdient besondere Berücksichtigung. Der Ausdruck, den dieser Gedanke in § 228 E. gefunden hat, ist wenig glücklich. Erschwerend soll wirken jede Lebensgefährdung und jede erhebliche Gefährdung der Gesundheit. Das ließe sich einfach etwa so ausdrücken: Ist die Handlung des Täters geeignet, das Leben des Verletzten zu gefährden oder seine Gesundheit erheblich zu schädigen usw. Eine Bezugnahme auf die Mittel ist, wie die Begr. (S. 661) eigentlich selbst zugibt, überflüssig. Dann hat aber auch die Anführung von „Waffe“ und „Messer“ als Beispiel keinen rechten Sinn. Erst recht nicht, wenn es darauf ankommt, daß sie in gefährlicher Weise gebraucht sein müssen. Das ist offenbar hinzugefügt, um die jetzt die Praxis gelegentlich entstellenden Zweifel zu beseitigen. Gegen die Richtigkeit der Auffassung ist gewiß nichts einzuwenden, aber die Exemplifizierung ist mindestens unnötig. Man kann es ruhig dem Richter überlassen, die Gefährlichkeit auch in diesem Falle ohne besondere Anweisung zu berücksichtigen, er wird Stechen und Schießen immer als Erschwerungsgrund ansehen.

Das Mindestmaß der Strafe ist dasselbe wie im § 223a. Bei mildernden Umständen tritt die gleiche Strafe ein wie bei den Regelfällen der einfachen Körperverletzung. Auch das entspricht dem geltenden Recht. Nur ist die Bestrafung des Versuches, die die Begründung (S. 661) wohl zutreffend mit der Schwere des Delikts sowie damit rechtfertigt, daß „die Rücksicht auf die allgemeine Sicherheit es gebietet, den Angriffen der sog. Messerhelden, die den beabsichtigten Erfolg mitunter nur durch einen Zufall vereitelt sehen, ferner den Oleumattentaten rachsüchtiger Personen u. dgl. schon im Versuchsstadium entgegenzutreten“. Ob neben einer Strafandrohung für den Versuch der gefährlichen Körperverletzung der sog. Messerparagraph 360 Z. 10 StGB. = 306 Z. 9 *DVE.* noch eine Existenzberechtigung hat, ist mindestens zweifelhaft.

3. Schwere Körperverletzung, § 229. Auch § 224 StGB. läßt in seiner Fassung viel zu wünschen übrig. Seine Kasuistik gibt zu einer Menge von Streitfragen Veranlassung und nötigt

dazu, tatsächlich sehr schwere Körperverletzungen als leichte zu behandeln. Daß der Entwurf den Tatbestand vereinfachen und in ihm nicht nur dauernde, sondern auch vorübergehende, aber schwere Folgen einbeziehen will, ist durchaus gerechtfertigt. Ob die in Abs. 2 enthaltene Anweisung an den Richter notwendig ist, wird man bezweifeln dürfen. Sie ist im Grunde so selbstverständlich, daß sie ohne Schaden wegbleiben könnte. Gerade darin liegt ein entschiedener Vorzug des deutschen vor dem schweizer und dem österreichischen Entwurfe, daß er bei der Körperverletzung die Kasuistik vermeidet. Je ausnahmsloser das geschieht, um so besser. Praktisch würde sich dagegen wohl empfehlen, die Gesundheitsschädigung in Abs. 1 aufzunehmen. Es ist das wünschenswert, um klarzustellen, daß auch z. B. traumatische Neurosen hierhin gehören. Abs. 1 könnte dann etwa so gefaßt werden: Hat die Körperverletzung eine schwere Schädigung des Körpers oder der körperlichen oder geistigen Gesundheit zur Folge gehabt usw. Beides nebeneinander zu erwähnen ist notwendig, weil z. B. eine erhebliche Entstellung im Gesicht keineswegs immer auch eine Funktionsstörung der Gesichtsmuskulatur und damit der Gesundheit herbeizuführen braucht, während sie eine schwere Schädigung des Körpers sehr wohl darstellen kann. Jedenfalls aber ist diese Funktionsstörung das Nebensächliche und kann sehr wohl als ziemlich unbedeutend erscheinen. Eine erhebliche Entstellung des Gesichtes aber kann eine so schwere Schädigung des Verletzten bedeuten, daß eine strenge Bestrafung durchaus am Platze ist.

Die Höhe der Strafe entspricht dem geltenden Rechte, doch ist Gefängnis nur bei mildernden Umständen zulässig, was wohl Billigung verdient.

§ 225 StGB. ist in § 229 Abs. 3 aufgenommen. Die Strafe ist im Mindestmaß auf ein Jahr Zuchthaus herabgesetzt, was der durchgängigen Tendenz des Entwurfes entspricht.

Die Frage der Berechtigung der Erfolgshaftung überhaupt braucht nicht aufgeworfen zu werden, da diese im *Allg. T.* (§ 62) befriedigend geregelt ist.

4. Körperverletzung mit tödlichem Ausgang, § 230. Der Tatbestand ist unverändert geblieben. Die Strafe ist von Zuchthaus von 3—15, auf 1—10 Jahre herabgesetzt, die Zulässigkeit der Gefängnisstrafe (mindestens sechs Monate statt drei Monate im geltenden Recht) nur bei mildernden Umständen anerkannt. Die Herabsetzung des Höchstmaßes ist gewiß unbedenklich, da auch jetzt schon über zehn Jahre wohl kaum hinausgegangen wird. Dagegen scheint die Herabsetzung des Minimums auf ein Jahr nicht

unbedenklich. Sie ist dem geltenden Recht gegenüber um so größer, als der Entwurf den Eintritt des Todes als Strafschärfungsgrund nur anwendet, wenn es hätte vorhergesehen werden können. Damit wird die Erhöhung des Mindestmaßes der Strafe bei mildernden Umständen in der Begründung (S. 663) zutreffend gerechtfertigt. Entscheidend war wohl der Wunsch, die Strafe geringer zu bemessen wie beim Totschlag. Eine andere Gestaltung der Tötungstatbestände ließe diese Rücksicht hinfällig erscheinen.

5. Raufhändel. § 230 *DVE.* gibt den § 227 Abs. 1 StGB., der sich in der Praxis übrigens ganz gut bewährt hat, unverändert wieder. Dagegen soll § 227 Abs. 2 StGB. wegfallen, wohl mit Recht, da er bei einer sachgemäßen Behandlung der Teilnahme überflüssig ist.

Der schweizer Entwurf A 78 enthält ebenfalls Bestimmungen über Schlägerei: „Wer an einer Schlägerei teilnimmt und nicht bloß abwehrt oder scheidet, wird mit Gefängnis bestraft; überdies finden die Bestimmungen über Körperverletzung Anwendung.“ Daß diese Vorschrift klar gefaßt sei, wird man kaum behaupten dürfen. Das deutsche Recht dürfte hier, namentlich auch darin den Vorzug verdienen, daß es nur die Teilnahme an einer gefährlichen Schlägerei härter bestraft. „Abwehren“ und „Scheiden“ sind auch bedenkliche Begriffe, um so mehr, als die ursprünglichen Friedenstifter sehr häufig tatsächlich recht energisch Mitwirkende werden. Der österreichische Entwurf § 302 macht die höhere Bestrafung davon abhängig, daß jemand sich an einer schweren Schlägerei in einer Weise beteiligt hat, daß eine der eingetretenen schweren Folgen auf seine Beteiligung zurückgeführt werden könnte. Das wird im Einzelfall sehr schwer oder sehr leicht festzustellen sein, je nach der strengen oder gelinden Auffassung des Gerichts. Jedenfalls ist der Ausdruck „sich auf eine solche Art beteiligt, daß daraus dieser Erfolg entstanden sein konnte“ so unbestimmt, daß die Fassung des deutschen Gesetzes entschieden den Vorzug verdient.

6. Fahrlässige Körperverletzung, § 231, vgl. auch § 36 *DVE.* Nur die Strafbestimmungen sind geändert, neben Gefängnis ist Haft zugelassen und das Höchstmaß der Geldstrafe auf 3000 (bei Verletzung besonderer Pflichten 5000) M, heraufgesetzt worden.

7. Strafantrag, § 233. Auch hier sind die Bestimmungen des geltenden Rechts, die auch zu Bedenken keine Veranlassung gegeben haben, sachlich unverändert übernommen worden.

Eine ganze Reihe von Reformvorschlägen hat der Entwurf unberücksichtigt gelassen.

Er enthält ebensowenig wie das geltende Recht Bestimmungen

über den Einfluß, den die Einwilligung des Verletzten, die Ausübung eines Züchtigungsrechtes, oder die Vornahme einer ärztlichen Handlung auf die Strafbarkeit haben sollen. In der Begr. ist der Versuch gemacht, sich mit diesen Fragen auseinanderzusetzen (§ 659 f.). Nach diesen Ausführungen soll die Rechtswidrigkeit einer körperverletzenden Handlung durch die Einwilligung des Verletzten nicht beseitigt werden. Bei geringfügigen Verletzungen hätte man daran denken und dann überhaupt geringfügige Tätlichkeiten als eine besondere Deliktsgruppe den eigentlichen Körperverletzungen gegenüberstellen können. Man habe wegen der Schwierigkeit bei der Abgrenzung dieser Gruppen davon abgesehen, da überhaupt die Einwilligung des Verletzten gerade bei der Körperverletzung keine große praktische Bedeutung habe. Das ist wohl nur deshalb richtig, weil man in der Praxis auch ohne besondere Ermächtigung der Einwilligung strafausschließende Bedeutung beimißt, selbst da, wo sie nicht ausdrücklich erteilt ist, z. B. bei allen Kampfspielen, bei denen es ohne Verletzung nicht abgeht. Bei schwereren Verletzungen hat der österreichische Entwurf eine besondere Vorschrift für nötig gehalten. § 302 lautet: „Wer einen anderen mit dessen Einwilligung eine schwere Verletzung am Körper oder schweren Schaden an der Gesundheit zufügt, wird mit Gefängnis oder Haft von zwei Wochen bis zu zwei Jahren bestraft." Daraus geht wohl hervor, daß im allgemeinen die Einwilligung als Strafausschließungsgrund anzusehen ist. Ob diese Behandlung vorbildlich sein sollte, ist gewiß fraglich, schon deshalb, weil die mit Strafe bedrohten Fälle nicht häufig vorkommen werden und dann entweder überhaupt keine Strafe verdienen, z. B. wenn ein gefährlicher, bisher noch nicht erprobter ärztlicher Eingriff, die Prüfung einer neuen Behandlungsmethode usw. vorliegt oder durchaus nicht milder anzusehen sind, wenn z. B. eine Verschneidung aus religiösem Aberglauben gefordert und ausgeführt wurde. Die ganze Frage muß einheitlich im allgemeinen Teil geregelt werden, wenn man sie überhaupt regeln will.

Ähnlich steht es mit dem Verhalten des Arztes und des Züchtigungsberechtigten. Die Begründung erklärt die Straflosigkeit in beiden Fällen für selbstverständlich. An anderer Stelle (S. 252 f.) spricht sie sich gegen eine ausdrückliche Regelung des „Berufsrechtes" aus, weil sie auf fast unüberwindliche Schwierigkeiten stoße. Wenn, wie in allen solchen Fällen, die Entscheidung der Wissenschaft zugeschoben wird, so ist damit nicht viel gebessert. Denn die Aufstellung leitender Grundgedanken ist für die Wissenschaft nicht leichter wie für die Gesetzgebung und nur das ist zweifellos, daß eine kasuistische Behandlung gefährlich sein würde und daß Grundregeln nur in Verbindung mit dem Begriffe der Rechtswidrigkeit gegeben werden können.

Weiter hat der Entwurf darauf verzichtet, besondere Vorschriften über Mißhandlung von Kindern und Schutzbefohlenen aufzustellen. Daß sie dem geltenden Rechte gegenüber notwendig sind, ist in der dem Reichstage augenblicklich zur Beratung vorliegenden Novelle praktisch anerkannt. Der Entwurf (S. 661) glaubt, von einer besonderen Vorschrift absehen zu können, da grausame Mißhandlungen von Kindern oder wegen Gebrechlichkeit und Krankheit wehrloser Personen unter § 228 *DVE.* fallen würden und somit von Amts wegen verfolgt und genügend hart bestraft werden könnten. Das ist wohl zutreffend. Jedenfalls führen auch die ausführlicheren Sonderbestimmungen, die der schweizerische Entwurf in § 80 enthält, nicht zu anderen Ergebnissen, als sie sich bei sachgemäßer Anwendung des Entwurfes ebenfalls erzielen lassen. Eine andere Frage ist es, ob nicht ein weit über den Rahmen der Körperverletzung hinausgehender Jugendschutz[1]) nötig wäre. Aber das kann nur in einem besonderen Jugendgesetz gewährt werden, an das heranzugehen aber vor einer Reform des geltenden formellen und materiellen Strafrechts kaum empfehlenswert ist.

Für einen wesentlichen Mangel dagegen halte ich es, daß der Entwurf keine Bestimmungen enthält, die sich auf die Übertragung ansteckender Krankheiten beziehen. Die Übertragung von Geschlechtskrankheiten ist dabei der vielleicht strafrechtlich wichtigste aber keineswegs der einzige Fall. Es würde aber einstweilen genügen, ihn allein zu behandeln, schon deshalb, weil kaum bei einer anderen Gruppe von ansteckenden Krankheiten die Übertragung so sicher erfolgt und weiter, weil in keinem anderen Falle die Versuchung so groß ist, sich über die Gefährdung fremder Gesundheit hinwegzusetzen. Die Begründung des Entwurfs (S. 665) spricht sich gleichwohl gegen die Einführung besonderer Strafbestimmungen aus. Die Gründe scheinen nicht besonders stichhaltig, schon deshalb nicht, weil sie offensichtlich nur an die Ansteckung durch Geschlechtsverkehr denken. Nicht zutreffend ist es, daß dabei jemals von einer leichten Körperverletzung die Rede sein könne, durch eine Geschlechtskrankheit bedeutet unter allen Umständen eine schwere Schädigung des Körpers. Dagegen würde

---

[1]) Der schweizerische Entwurf hat in Art. 81 besondere Strafen gegen gewissenlose Überanstrengung von Kindern und Untergebenen vorgesehen.

man sehr häufig zwischen Vorsatz und Fahrlässigkeit nur schwer unterscheiden können und doch sind die durchschnittlichen Fahrlässigkeitsstrafen hier viel zu gering. Es ist auch keineswegs erforderlich, die Handlung nur auf Antrag zu verfolgen. Es handelt sich dabei um die Verhinderung der Verbreitung von Geschlechtskrankheiten, also um ein so außerordentlich wichtiges öffentliches Interesse, daß demgegenüber die Schonung von Privatinteressen zurücktreten muß. Für die Möglichkeit einer Erpressung ist es ganz gleich, ob ein Strafantrag erforderlich ist oder nicht. Natürlich ist diese Möglichkeit stets vorhanden, sie ist aber nicht größer, wie bei einer Menge von anderen Delikten, z. B. der widernatürlichen Unzucht oder dem unerlaubten Geschlechtsverkehr überhaupt. Die Erpressung hängt ja überhaupt nicht von der Strafbarkeit der Handlung ab, sondern davon, daß diese der öffentlichen Mißbilligung unterliegt. Darum ist es auch unbedenklich, die fragliche Handlung nicht als Verletzungs- sondern als Gefährdungsdelikt zu bestrafen. Das eine allerdings ist zutreffend, daß Anzeigen vielleicht nicht so oft erstattet werden, als es nötig wäre. Aber selbst wenn „das Strafverbot weniger durch seine Anwendung als durch sein Dasein wirken“ könnte, so ist das keineswegs, wie die Begründung meint, ein geringer und ungewisser Gewinn. Diese Wirkung so gering einzuschätzen, heißt die in der Strafandrohung liegende Generalprävention sehr niedrig bewerten. Gerade diese Strafandrohung, darauf haben v. Liszt (Aufsätze *II. 488*) und Löffler (*Vergl. Darst. V. 374*) sehr zutreffend hingewiesen, würde namentlich den erkrankten Männern das Gewissen schärfen und sie aus ihrer häufig geradezu ruchlosen Gleichgültigkeit aufrütteln.

Selbstverständlich ist nicht allein die Gefährdung durch den Geschlechtsverkehr, sondern ebensogut die Gefährdung des Säuglings durch die Amme und nicht minder der Amme durch den Säugling, und jeder andere Fall der Gefährdung mit Strafe zu bedrohen.

Das haben sowohl der österreichische wie der schweizer Entwurf erkannt. Der österreichische ist in § 304 wie gewöhnlich kasuistisch vorgegangen. Er bedroht den Geschlechtsverkehr und die Vorschubleistung dazu, sowie die Gefährdung von Säugling und Amme. Der schweizer Entwurf bestraft in Art. 79 eine geschlechtskranke Person, die jemanden wissentlich, namentlich durch geschlechtlichen Verkehr, in unmittelbare Gefahr bringt, von ihr angesteckt zu werden. v. Liszt a. a. O. S. 498 schlägt vor, die Bestimmung so zu fassen: „Wer wissend, daß er an einer ansteckenden Geschlechtskrankheit leidet, den Beischlaf ausübt oder auf andere Weise einen Menschen der Gefahr der Ansteckung aussetzt, wird mit Gefängnis bis zu zwei Jahren bestraft, neben welchen auf Verlust der bürgerlichen Ehrenrechte erkannt werden kann."

Diese Fassung hat, ebenso wie die des schweizer Entwurfs, den Nachteil, daß sie z. B. die Amme nicht schützt, wenn zwar der Säugling, aber nicht dessen Eltern augenblicklich geschlechtskrank sind. Ebenso würde nach diesen Strafbestimmungen der Barbier, der ohne krank zu sein, die Gerätschaften undesinfiziert benutzt, mit denen er soeben wissentlich einen Luetischen behandelt hat, straflos bleiben. Es würde sich deshalb empfehlen zu sagen: „Wer wissentlich einen andern der unmittelbaren Gefahr der Ansteckung mit einer Geschlechtskrankeit aussetzt, wird mit Gefängnis von einer Woche bis zu zwei Jahren bestraft." Die Hervorhebung der Unmittelbarkeit der Gefahr — wie im schweizer Entwurf — scheint mir erforderlich, um nicht den Kranken von jedem Verkehr auszuschließen. Auch bei verhältnismäßig leichten Fällen sollte die Strafe nicht unter acht Tage Gefängnis herabgehen. Der Verlust der bürgerlichen Ehrenrechte kann nach § 45 Entwurf ausgesprochen werden, eine besondere Androhung ist deshalb nicht erforderlich. Hinzuzufügen wäre — in Übereinstimmung mit dem schweizer und österreichischen Entwurfe und dem Vorschlage v. Liszts —: „Ist die Handlung von einem Ehegatten gegen den andern begangen, so tritt die Verfolgung nur auf Antrag ein." Allerdings ist diese Handlung besonders schwer und strafwürdig, aber ein Eindringen des Staates in die ehelichen Verhältnisse ist anderseits mit so viel Übelständen verknüpft, daß hier ein Strafantrag abgewartet werden muß.

VII.

Verbrechen und Vergehen gegen die persönliche Freiheit. Ehrverletzung und Verletzung fremder Geheimnisse.

(§§ 234—242 und 259—268.)

Von

Dr. E. Kronecker,

Geheimer Justizrat, Kammergerichtsrat in Berlin.

§ 1.

Verbrechen und Vergehen gegen die persönliche Freiheit[1]).

I. Sklavenraub (§ 234 StGB. und *DVE.*).

A. Dieser Paragraph, welcher die deutsche Rechtsprechung noch nicht beschäftigt hat, ist entsprechend den Vorschlägen von Rosenfeld (S. 496f.), Wach (*Vergl. Darst. Allg. T. VI. 26, 59*) und Lindenberg in mehreren Punkten anders formuliert als bisher.

1. Der Tatbestand wird mit Recht auf die Vollendung, nicht auf den Versuch abgestellt; das Bringen in Sklaverei oder einen ähnlichen Zustand bildet das entscheidende Moment, während das „Sichbemächtigen" als Versuch erscheint.

2. Die Aufzählung der Mittel „List, Drohung oder Gewalt" ist entsprechend dem Bestreben des *DVE.*, unnötige Kasuistik zu vermeiden, abweichend von § 318 des (überhaupt mehr in Einzelheiten eingehenden) *OVE.* weggelassen. Auch dies verdient Billigung.

3. Neben der Sklaverei ist nur noch ein „ähnlicher Zustand der Unfreiheit" genannt, während das StGB. noch von „Leibeigenschaft" und „auswärtigen Kriegs- und Schiffsdiensten" spricht. Die Begr. (S. 667) sagt, daß diese Verhältnisse auch unter den „ähnlichen Zuständen" einbegriffen sein sollen. Daß fremde Kriegs- oder Schiffsdienste unter allen Umständen einen der Sklaverei ähnlichen Zustand der Unfreiheit begründen, kann nicht zugegeben werden; es wird sich deshalb empfehlen, diese Dienste neben den „andern ähnlichen Zuständen der Unfreiheit" ausdrücklich anzuführen.

4. Das der *DVE.* die nicht hierher gehörige „Aussetzung in hilflosem Zustande" ausscheidet und „unter die Verbrechen und Vergehen gegen das Leben" in § 218 einreiht, erscheint gerechtfertigt.

---

[1]) Die Ausführungen von Rosenfeld (*Vergl. Darst. Bes. T. V. 385–497*) und die Beurteilung von Lindenberg (DJZ. *XI. 1165—1170*) sind nur mit dem Namen der Verfasser angeführt.

B. Das Sklavenraubgesetz vom 28. Juli 1895 ist hier nicht eingearbeitet. Dies ist nicht zu bemängeln, weniger weil, wie die Begr. S. 667 meint, das Gesetz nach seiner Entstehung besondern afrikanischen Verhältnissen angepaßt ist[1]), als weil die dort angedrohten Strafen sich in das System des StGB. nicht recht einfügen (so mit Recht Lindenberg S. 1168).

II. Kinderraub.

A. Rosenfeld regt (S. 497) an, das Delikt unter die strafbaren Handlungen gegen Ehe und Familienstand einzureihen (so *OVE.* § 255 Abs. 1). Dies ist wohl richtiger, aber nicht gerade geboten, da sich die Straftat auch, wie die Begründung zutreffend ausführt, gegen das Aufsichtsrecht desjenigen, dem die Verfügung über die Freiheit des Minderjährigen zusteht, und dadurch mittelbar gegen diese Freiheit selbst richtet.

B. § 235 ändert am geltenden Recht (Fassung des Art. 34 EG. zum BGB.) nur die Fassung und das Strafmaß.

1. Die Aufzählung der Entziehungsmittel „List, Drohung, Gewalt“ ist aus demselben Grunde wie in § 234 beseitigt.

2. Zur größeren Deutlichkeit ist das nicht notwendige Wort „vorsätzlich“ eingefügt.

3. Bei den Entziehungszwecken im Falle schweren Kinderraubes ist das „Betteln“ weggelassen, weil es entweder ein gewinnsüchtiger oder ein unsittlicher Zweck sei.

4. Die Worte „oder Beschäftigungen“ sind als entbehrlich gestrichen.

Die Änderungen zu 3 und 4 verdienen Beifall.

5. Die Ermäßigung des Maximums auf drei Jahre Gefängnis und die Zulassung von Haft erscheinen unbedenklich; dagegen dürfte es kaum richtig sein, beim schweren Kinderraub mildernde Umstände zuzulassen. Hier reicht für die sehr seltenen besonders milden Fälle § 83 Abs. 1 aus. Allerdings droht auch der *OVE.* (§ 255 Abs. 2) in den schweren Fällen neben Kerker Gefängnis von drei Monaten bis zu fünf Jahren an, während der *SchVE.* sich in allen Fällen mit Gefängnis bis zu zwei Jahren begnügt.

C. Der § 235 bedarf nach verschiedenen Richtungen der Erweiterung:

---

[1]) Allerdings bezieht sich die Generalakte der Brüsseler Antisklavereikonferenz vom 2. Juli 1890 (RGBl. 1892 S. 605), aus welcher das Gesetz hervorgegangen ist, nur auf Afrika. Das Gesetz selbst ist aber allgemein gefaßt und auf alle Erdteile anwendbar.

1. auf die Beihilfe zur Selbstentziehung Minderjähriger, (so Rosenfeld S. 497, Lindenberg S. 1168),

2. auf die bisher nur landesrechtlich unter Strafe gestellte Entziehung aus der Fürsorgeerziehung, sowie auf die bisher straflose (RGE. XXXVIII. 258) Entziehung aus einer gemäß § 56 Abs. 2 StGB. angeordneten Anstaltserziehung.

3. Ferner empfiehlt es sich, nach dem Vorgang des *OVE.* (§ 255[1]) denjenigen zu bestrafen, welcher einen Geisteskranken dem rechtmäßigen Inhaber der Obhut entführt oder vor diesem verborgen hält, ihn zur Selbstentziehung bestimmt oder ihm hierbei Hilfe leistet. § 120 StGB. (129 *DVE.*) betrifft nur diejenigen Geisteskranken, welche auf Anordnung einer Behörde in einer Irrenanstalt untergebracht sind.

II. Entführung (§§ 236—238)[1].

A. In der *Vergl. Darst.* ist diese Straftat unter die Sittlichkeitsdelikte aufgenommen[2]. Dies ist bei der Entführung zum Zweck der Unzucht gerechtfertigt, weniger bei derjenigen zum Zweck der Eheschließung. Da sich nun eine Trennung nach dem Zweck nicht empfiehlt[3]) und die hier aufgeführten Tatbestände mit dem des § 235 verwandt sind, möchte ich der Anordnung im Vorentwurf (ebenso *OVE.* § 317, *SchVE.* Art. 113) nicht widersprechen.

B. § 236 *DVE.* ändert wenig. Wie in §§ 234, 235 ist auch hier die Aufzählung „List, Drohung, Gewalt" gestrichen. Die Zulassung von Gefängnisstrafe bei der Entführung zu unzüchtigen Zwecken erscheint nicht gerechtfertigt; für die sehr seltenen milderen Fälle reicht § 83 aus. — Mit Recht wird davon abgesehen, die Entführung junger Männer unter Strafe zu stellen[4]); hier genügen, wie die Begr. zutreffend hervorhebt, für den allein in Betracht zu ziehenden Fall der Entführung zu unzüchtigen Zwecken[5]) die übrigen Strafvorschriften (§§ 235, 240, 250 *DVE.* — Ebensowenig erscheint es erforderlich — wie Mittermaier will —, den Frauenhandel besonders aufzuführen, da hierfür § 253 [1]

[1]) Hierüber Mittermaier, *Vergl. Darst. Bes. T. IV. 136--143.*

[2]) Dies billigt Lindenberg S. 1165.

[3]) Vgl. Mittermaier S. 139.

[4]) Dies will Mittermaier S. 137.

[5]) Mittermaier möchte auch den Fall hier berücksichtigt wissen, wo jemand einen Minderjährigen entführt, um ihn zur Ehe zu bringen. Abgesehen davon, daß die Eheschließung doch erst nach Erreichung der Großjährigkeit erfolgen könnte (§ 1303 BGB), kommt eine solche Möglickeit praktisch nicht in Betracht.

DVE. in Verbindung mit § 48 des Gesetzes über das Auswanderungswesen vom 9. Juni 1897 (RGBl. S. 463) ausreicht. Dagegen dürfte sich eine Vorschrift im Sinne des Art. 114 *SchVE.* empfehlen, wonach derjenige bestraft würde, welcher eine geisteskranke, blödsinnige, im Bewußtsein schwer gestörte oder zum Widerstand unfähige Frau in Kenntnis ihres Zustandes entführt, um sie zur Unzucht zu mißbrauchen oder der Unzucht zu überliefern.

C. § 237 ist ebenfalls nahezu unverändert. Das Wort „unverehelichte" ist durch „unverheiratete" ersetzt, um klarzustellen, daß hier auch minderjährige Witwen gemeint sind. Die Herabsetzung des Maximums der Gefängnisstrafe von fünf auf drei Jahre ist nicht zu beanstanden. Unangemessen erscheint es mir, als ordentliche Strafe auch für die Entführung zu unzüchtigen Zwecken Haft oder gar Geldstrafe wahlweise zuzulassen. Aber dieser ganze Tatbestand ist entbehrlich. Denn die Entführung zu unzüchtigen Zwecken in § 237 unterscheidet sich von der „Entziehung" zu unsittlichen Zwecken in § 235 nach jetzigem Recht wesentlich nur dadurch, daß für diese die Anwendung von List, Drohung oder Gewalt erforderlich ist (RGE. XVIII. 273 ff., bes. 284). Da dies jetzt beseitigt werden soll, ist ein erheblicher Unterschied zwischen beiden Tatbeständen nicht mehr vorhanden. Der § 237 kann daher auf die Entführung zum Zweck der Eheschließung beschränkt werden.

III. Freiheitsberaubung.

A. Die Begr. (S. 670) sieht in dieser Straftat (mit Binding S. 98 II) eine hervorgehobene schwerer strafbare Unterart der Nötigung. Mit Recht bekämpft Olshausen (S. 910 Anm. 4) diese Auffassung. Denn die einzigen Nötigungsmittel sind Gewalt und Drohung, während eine Freiheitsberaubung auch auf andere Weise, besonders durch List oder Betäubung geschehen kann. Nun fällt zwar die Betäubung jetzt nach § 12[4] *DVE.* unter den Begriff der Gewalt, nicht aber die List. In der Praxis kommt allerdings diese Art der Freiheitsberaubung kaum vor.

B. Der § 239 *DVE.* erklärt, einer allseitigen und begründeten Forderung entsprechend, auch den Versuch für strafbar, ändert aber sonst an dem jetzigen Tatbestande nichts. Die Weglassung des selbstverständlichen „widerrechtlich", der Worte „des Gebrauchs" und „persönlichen" sind nur Verbesserungen der Fassung.

C. Dagegen sind die Strafdrohungen wesentlich geändert. Die bisherige Abstufung ist beseitigt, dagegen für besonders schwere

Fälle (§ 84 Abs. 2) Zuchthaus angedroht, im übrigen neben Gefängnis auch Haft oder Geldstrafe zugelassen, so daß der Richter, da der Begriff des „besonders schweren“ Falles fließend ist, die Auswahl zwischen allen vorhandenen Strafarten hat. Mir erscheint diese Freiheit des richterlichen Ermessens zu weitgehend. Auch Rosenfeld (S. 495) und Lindenberg (S. 1169) sprechen sich, wenngleich im einzelnen voneinander abweichend, für eine Hervorhebung besonderer, schwerer zu ahndender Fälle aus; die beiden andern Entwürfe enthalten eine Reihe von Strafschärfungsgründen, darunter auch, übereinstimmend mit dem geltenden deutschen Recht, die Dauer der Freiheitsentziehung (*OVE.* § 315^{2} eine Woche, § 315^{3} drei Monate, *SchVE.* Art 112^{2} Abs. 3 ein Monat). Eine solche Vorschrift empfiehlt sich allerdings weniger, weil sie, wie die Begr. S. 671 treffend hervorhebt, eine Willkürlichkeit enthält und nicht berücksichtigt, daß durch besondere Umstände für den einen die kürzere Freiheitsberaubung einen schwereren Nachteil bilden kann als für den andern eine längere. Dagegen stehen einer Berücksichtigung des schweren Erfolges, wie sie § 239 Abs. 2 StGB. vorsieht, jetzt um so weniger Bedenken entgegen, als § 62 *DVE.* (mit Recht) die Haftung für den Erfolg von dessen Voraussehbarkeit abhängig macht. Ferner wird die zu unzüchtigen Zwecken erfolgende Einsperrung (*OVE.* § 315^{2}, *SchVE.* Art. 112^{2} Abs. 1) und die Verbringung in ein Irrenhaus besonders hervorzuheben sein (hierfür auch Lindenberg a. a. O.; *SchVE.* Art. 112^{2} Abs. 2 „wenn er einer Person die Freiheit unter dem falschen Vorgeben, sie sei geisteskrank, entzieht oder arglistig entziehen läßt“.) Eine solche Bestimmung entspricht zwar nicht völlig dem System des *DVE.*, wohl aber dem praktischen Bedürfnis. Daneben wird die allgemeine Klausel des *DVE.* (Ahndung besonders schwerer Fälle mit Zuchthaus) beizubehalten sein; unter diese kann z. B. eine Freiheitsberaubung mit besonders grausamer Behandlung, sowie — was die Begr. mit Recht anführt — eine Einsperrung mit schwerer Schädigung des Verletzten an Ehre und Vermögen fallen.

Von der Zulassung von Haft oder Geldstrafe als ordentlicher Strafe möchte ich abraten. Für die sehr seltenen besonders leichten Fälle (z. B. Einsperrung eines widerspenstigen Dienstboten oder Knechts auf kurze Zeit) reicht auch hier § 83 *DVE.* aus.

IV. Nötigung.

A. § 240 StGB. straft denjenigen, der widerrechtlich durch Gewalt oder durch Bedrohung mit einem Verbrechen oder Vergehen einen andern zu einer Handlung, Duldung oder Unterlassung nötigt. Der *DVE.* läßt zunächst die Worte „mit einem Verbrechen oder Vergehen" weg und ersetzt „Bedrohung" durch „Drohung". Er bringt damit, einer mehrfach ausgesprochenen Forderung nachkommend, die Nötigungs- und Erpressungsmittel in Einklang, erklärt also jede Drohung für ausreichend. Dann ersetzt er „widerrechtlich" durch „in rechtswidriger Absicht", während die Worte „Handlung, Duldung oder Unterlassung" stehen bleiben[1]. Damit wird der Tatbestand völlig geändert. Zurzeit ist nach der herrschenden Meinung die Widerrechtlichkeit bei der Nötigung nicht in der Unerlaubtheit und Rechtswidrigkeit des erreichten Zwecks, sondern in der Widerrechtlichkeit der zu dessen Erreichung angewendeten Zwangsmittel zu finden[2]. Die Anwendung rechtswidriger Mittel ist also auch zu einem rechtmäßigen Zwecke, z. B. zur Verhinderung einer unsittlichen oder gar strafbaren Handlung, unzulässig (von Liszt S. 352 Anm. 4), dagegen die Erreichung eines rechtswidrigen Ziels durch rechtmäßige Mittel, z. B. die Nötigung eines Mädchens zum Beischlaf durch Drohung mit einer Strafanzeige gegen den schuldigen Vater, straflos[3].

Der Vorentwurf kehrt dies um. Er erfordert zum Tatbestand die rechtswidrige Absicht, läßt aber dann jede Gewalt und jede Drohung, also auch die mit einer erlaubten Maßregel (Anzeige wegen wirklich begangener Straftat, Kündigung einer Hypothek), die Strafbarkeit begründen. — Der *SchVE.* (Art. 111) verlangt als Nötigungsmittel Gewalt oder schwere Drohung, stimmt aber sonst mit dem deutschen überein. — Der *OVE.* (§ 321) fordert — hierin den beiden andern sich nähernd — als Nötigungszweck eine Handlung, Duldung oder Unterlassung, zu welcher der

---

[1]) Mit Recht. Die Annahme Geyers (in von Holtzendorffs Handb. III. 574), daß „Duldung" überflüssig sei, wird überzeugend widerlegt von Haelschner (Strafr. II. 119). Eine zutreffende Rechtfertigung der Dreiteilung gibt auch die Begr. S. 673.

[2]) S. RGE. *VIII. 304* und die dort angeführten früheren Urteile; E. *XII. 196.* Im einzelnen gehen die Meinungen über die Bedeutung des Wortes „widerrechtlich" auseinander (vgl. u. a. Bruck, Verbrechen gegen die Willensfreiheit S. 56; John, ZStW. *I. 222—244*; von Buri GS. *XXXIII. 402ff.*; Zimmermann, ebenda S. 600ff.; meine Ausführungen GS. *XXXII. 51—62* und ZStW. *III. 638—655*; Goldschmidt, Strafbarkeit der widerrechtlichen Nötigung S. 21ff.; Olshausen S. 919 Anm. 11).

[3]) S. Goldschmidt a. a. O. S. 5f.; Binding, S. 85f. Es kann deshalb de lege lata Olshausen nicht beigetreten werden, wenn er annimmt, daß aus der Rechtswidrigkeit des Nötigungszwecks regelmäßig auch die des Nötigungsmittels folge.

Genötigte nicht verpflichtet ist; als Nötigungsmittel aber führt er neben der Gewalt nur die Bedrohung des andern oder einer ihm nahestehenden Person mit Gewaltanwendung oder einem rechtswidrigen Nachteil an Freiheit, Ehre oder Vermögen[1]) auf.

Der oben angeführte Fall (Nötigung der Tochter zum Beischlaf durch Drohung mit einer Strafanzeige gegen den Vater) ist also nach dem *OVE.* straflos, nach den andern beiden strafbar.

Ich stimme der deutschen Fassung zu. Es mag zunächst in positiver Beziehung befremden, daß beim Vorhandensein eines rechtswidrigen Zwecks jede Drohung, auch eine geringfügige, genügen soll[2]). Die Sachwidrigkeit und Willkürlichkeit der jetzigen Beschränkung auf Bedrohung mit einem Verbrechen oder Vergehen ist allgemein anerkannt. Aber eine Ausdehnung auf alle Drohungen ist bisher wohl kaum je gesetzlich vorgeschrieben oder in der Literatur vertreten worden. Man könnte also eine andere Beschränkung, etwa die von Rosenfeld empfohlene des norwegischen StGB. auf Zwang durch rechtswidriges Verhalten oder durch Drohung mit solchem, Drohung mit Anklage oder Anzeige wegen strafbarer Handlung, — oder die des *SchVE.* auf schwere Drohung für zweckmäßig halten. Aber alle diese Fassungen sind entweder, wie die schweizerische, zu unbestimmt, oder sie engen, wie die österreichische, das Gebiet der strafbaren Nötigung zu sehr ein. Die Ausdehnung auf alle Drohungen wird daher keinem wesentlichen Bedenken unterliegen, zumal die Strafe bis auf 3 M heruntergehen hann. Nur muß daran festgehalten werden, daß unter „rechtswidriger Absicht" nur die Absicht verstanden werden kann, einen der Rechtsordnung zuwiderlaufenden Zweck zu erreichen, — also nicht etwa die Absicht, eine Handlung herbeizuführen, auf welche der Nötigende kein Recht hat und zu welcher wie es im *OVE.* heißt — der Genötigte nicht verpflichtet ist.

Auf der andern Seite mag es auffallen, daß jede Gewalt und jede Drohung zur Erreichung eines rechtmäßigen Zweckes, — mag es sich um eigene Interessen des Nötigenden, wie bei der Selbst-

---

[1]) Diese Aufzählung hat den Nachteil fast jeder Kasuistik: sie ist unvollständig. So fallen z. B. Drohungen mit Nahrungsentziehung oder andern Nachteilen für den Körper, die sich nicht als Gewaltanwendung darstellen, nicht darunter.

[2]) Binding S. 85 sieht als Drohung nur die Ankündigung wirklicher Eingriffe in den unversehrten Bestand an Rechten oder Rechtsgütern oder eine Gefährdung desselben an. Diese Begriffsbestimmung, die in der Rechtsprechung und sonst in der Literatur nicht vertreten wird, dürfte zu eng sein. Vgl. Frank, *Vgl. Darst. Bes. T. VI. 23f.*

hilfe, oder um fremde, etwa um Verhinderung einer Straftat, handeln, — der Bestrafung aus § 240 entzogen sein soll. Es wird damit die Rechtsverfolgung ähnlich privilegiert, wie die Rechtsverteidigung durch die Vorschriften über die Notwehr (§§ 53 StGB. 66 VorE.). Diese weite Anwendung des Satzes, daß der Zweck die Mittel entschuldigt, ist wohl ebenfalls bisher ohne Beispiel und geht insbesondere, soweit die Selbsthilfe in Frage kommt, wesentlich über die Grenzen der §§ 229—231 BGB. hinaus; sie wird aber erträglich, wenn man erwägt, daß übermäßige Gewaltanwendung gegen eine Person als Körperverletzung anzusehen ist, während gefährliche friedenstörende Drohungen, auch wenn damit ein erlaubter Zweck verfolgt wird, unter § 241 *DVE.* fallen, sofern nicht durch eine besondere Befugnis des Drohenden die Rechtswidrigkeit der Drohung ausgeschlossen wird (vgl. z. B. RGE. *XII. 196*).

B. Eine weitere Ausdehnung des § 240, besonders auf die Nötigung durch List[1]), ist als durch das praktische Bedürfnis nicht geboten abzulehnen.

C. Der *DVE.* hat auch hier, seinem Prinzip getreu, davon abgesehen, die Sonderbestimmungen, von denen für die Rechtsprechung vor allen § 153 RGO. in Betracht kommt, einzuarbeiten. Man wird sich hier wie sonst damit abfinden müssen, weniger aus sachlichen Gründen als deshalb, weil durch die Aufnahme aller Strafnebengesetze die Fertigstellung des neuen StGB. ins unbestimmte vertagt werden würde. Jedenfalls muß aber dann durch eine Novelle zur RGO. klargestellt werden, daß § 153 nicht, wie jetzt angenommen wird[2]), mit § 240 StGB. ideell konkurrieren kann, sondern ausschließlich anzuwenden ist.

D. Die Steigerung des Höchstsatzes der Geldstrafe (von 600 auf 5000 M) erscheint hier wie bei andern Vergehen schon mit Rücksicht auf vermögende Täter gerechtfertigt. Aber auch die Erhöhung des Maximums der Freiheitsstrafe von einem auf zwei Jahre wird bei dieser Straftat kaum zu beanstanden sein. Es können

---

[1]) Dies verlangt Bruck a. a. O. S. 56; dagegen Knitschky G. S. 44, 277.

[2]) So unter anderen die Urteile des RG. vom 20. Juni 1895 und 16. November 1897 (E. *XXVII. 301, XXX. 359*) und des Kammergerichts vom 18. März 1904 (Gew. Arch. *IV. 344*). In Wirklichkeit liegt schon jetzt bei dem ersten der vier Tatbestände des § 153 RGO. (Anwendung körperlichen Zwanges) Gesetzeskonkurrenz, nicht Idealkonkurrenz mit § 240 StGB. vor; nach dem Vorentwurf, welcher die Einschränkung „mit einem Verbrechen oder Vergehen" beseitigt, wird das auch bei dem zweiten Tatbestande der Fall sein.

hier sehr schwere Fälle vorkommen, wenn auch die bei Rosenfeld und in der Begr. (S. 674) erwähnte „Chantage" fast ausnahmslos sich als Erpressung darstellt. Auch der *SchVE.* schreibt Gefängnis bis zu zwei Jahren vor (Art. 111 in Verbindung mit Art. 29), während der *OVE.* (§ 321) dieses Maximum nur für die schweren Fälle (Gewalt der Drohung mit Gewalt) festsetzt.

V. Bedrohung (§ 241).

A. Statt der „Bedrohung mit einem Verbrechen" ist hier die „Friedensstörung durch gefährliche Drohung" unter Strafe gestellt. Die Fassung der beiden andern Entwürfe ist enger. Der *SchVE.* Art. 110 beschränkt die Vorschrift auf schwere Drohungen und wirkliche Gefährdungen („wer die Sicherheit einer Person durch eine schwere Drohung gefährdet"); der *OVE.* § 322 engt den Tatbestand anderweit, namentlich durch Aufstellung des Erfordernisses der Rechtswidrigkeit ein, („wer jemanden mit Gewalt oder mit einem rechtswidrigen Nachteil an Freiheit, Ehre oder Vermögen unter solchen Umständen bedroht, daß die Drohung geeignet ist, ernstliche Furcht hervorzurufen").

Mit Recht bezeichnet die Begr. S. 675 den jetzigen § 241 als unzweckmäßig, da er viele an sich strafwürdige Drohungen ausschließe und doch nicht verhindere, daß zahlreiche im täglichen Leben unter Ungebildeten vorkommende, den Rechtsfrieden nicht störende Redensarten[1]) bestraft würden. Aber die vorgeschlagene Fassung geht viel zu weit. Selbst wenn man die von Rosenfeld (S. 494) angeregte Beschränkung auf überlegte Drohungen ablehnen und die in der Form schwerfällige, in der Sache aber sehr beachtenswerte österreichische Fassung als zu kasuistisch bemängeln wollte, muß doch eine Beschränkung auf Drohungen mit rechtswidrigen Nachteilen gefordert werden. Das entspricht auch der geschichtlichen Entwicklung, nach welcher hier vorzugsweise Gewalt gegen die Person, sowie Brandstiftung und Überschwemmung als Schreckmittel in Betracht kommen. Drohungen mit begründeten Strafanzeigen, mit rechtmäßiger Pfändung, Wohnungs- oder Hypothekenkündigung können den Bedrohten sehr gefährden und in seinem Frieden stören, müssen aber, wenn sie nicht zur Erreichung eines rechtswidrigen Zwecks erfolgen, straflos bleiben.

B. Die Erhöhung der Strafmaxima dürfte auch hier unbe-

---

[1]) Über solche „Drohungen" Goehrs, ZStW. *XIX. 505*, Lindenberg S. 1170.

denklich sein. Betreffs der Freiheitsstrafe hält der *DVE.* mit einem Jahr hier die Mitte zwischen dem *OVE.* (sechs Monate) und dem *SchVE.* (zwei Jahre). Der *OVE.* schreibt aber in § 322² höhere Strafe (zwei Wochen bis zwei Jahre Gefängnis ohne Zulassung von Geldstrafe) vor, wenn der Täter den Bedrohten in Bestürzung oder einen qualvollen Zustand versetzt hat.

---

§ 2.

Hausfriedensbruch.

A. Der Hausfriedensbruch ist einer mehrfach aufgestellten Forderung[1]) entsprechend in Übereinstimmung mit den beiden andern Entwürfen unter die Freiheitsdelikte gestellt worden. Mir erscheint dies künstlich. Richtiger wäre meines Erachtens gewesen, die Vorschriften zum Schutz von öffentlichen Dienst- oder Verkehrsräumen, die mit dem Hausfrieden nichts zu tun haben, bei den Vergehen gegen die öffentliche Ordnung zu belassen, die Straftat aber im übrigen als Eingriff in die persönliche Rechtssphäre den Beleidigungen anzureihen, wie dies mit der Verletzung des Briefgeheimnisses, dem „moralischen Hausfriedensbruch“, geschehen ist.

B. Der § 242 *DVE.* ändert am geltenden Recht wenig.

a) Den bisher geschützten Objekten werden „Räume, welche dem öffentlichen Verkehr dienen“, hinzugefügt. Hierher gehören nach der Begründung z. B. Eisenbahnabteile, Straßenbahnwagen, Postomnibusse. Gegen die Einbeziehung dieser Verkehrsmittel und Verkehrsmittelteile, welche jetzt nicht unter § 123 fallen (RGE. *XXXII. 371*), ist meines Erachtens nichts einzuwenden, und es könnte sogar erwogen werden, ob nicht eine weitere Ausdehnung auf nicht abgeschlossene Verkehrsmittel und Verkehrsmittelteile (offene Omnibusse und Straßenbahnwagen, Trittbretter, Plattformen) sich rechtfertigt.

b) Neben dem widerrechtlichen Eindringen wird das „Verweilen gegen den Willen des Berechtigten“ unter Strafe gestellt, während nach dem bisherigen Wortlaut die Nichtentfernung des unbefugt Verweilenden trotz Aufforderung des Berechtigten den zweiten Tatbestand bildet. Sachlich sollte damit nichts geändert werden, da schon jetzt die Aufforderung zur Entfernung

---

[1]) So Haelschner, *II. 144*, Rosenfeld, S. 392. Ähnlich von Liszt, S. 397: der Hausfrieden sei „ein der persönlichen Freiheit verwandtes aber doch eigenartiges Rechtsgut“.

auch durch schlüssige Handlungen geschehen kann (Begr. S. 676, vgl. Olshausen S. 506 Anm. 16 Abs. 2). Ich würde die jetzige Fassung trotz ihrer Schwerfälligkeit beibehalten (so auch Lindenberg S. 1166 f.; § 323 [2] *OVE.* verlangt sogar wiederholte Aufforderung) oder doch wie Art. 116 *SchVE.* nur ein Verweilen gegen den erklärten Willen des Berechtigten als strafbar bezeichnen. Bei der deutschen Fassung wird das Gericht oft aus Mienen des Berechtigten oder aus andern Anzeichen den Schluß ziehen, daß dieser ein weiteres Verweilen des Täters nicht will, und weiter feststellen, daß dieser Wille dem Angeklagten zum Bewußtsein gekommen ist. Hierbei können leicht Irrtümer zu Ungunsten des Angeklagten vorkommen, die durch das Verlangen einer Aufforderung oder Willenserklärung vermieden werden.

c) Der Höchstsatz der Freiheitsstrafe (jetzt nur Gefängnis, nach dem *DVE.* möglicherweise auch Haft) wird von drei Monaten auf ein Jahr, derjenige der Geldstrafe von 300 auf 2000 M erhöht. Dafür fallen die besonders hervorgehobenen Tatbestände (§§ 123 Abs. 3, 124) weg. Diese Regelung ist der jetzigen und der sehr ähnlichen des *OVE.* (§§ 323, 324) vorzuziehen. Zuwiderhandlungen gegen § 124 StGB. kommen in der Praxis kaum vor, und der § 123 Abs. 3 mit seinem Mindestsatz von einer Woche Gefängnis bei Nichtzulassung einer Geldstrafe wird bei den sehr häufig vorkommendeu leichten Fällen in der Praxis durchweg als zu hart empfunden.

d) Der *SchVE.* behandelt in Art. 116 Satz 2 das Einschleichen in diebischer Absicht besonders. Diese auch von Rosenfeld S. 496 geforderte Vorschrift erscheint aber entbehrlich, da ein solches Einschleichen oder Eindringen als versuchter schwerer Diebstahl zu bestrafen ist (§§ 243 [7] StGB., 270 [5] *DVE.*; RGE. *XXXVIII. 177*).

D. Rosenfeld S. 446 (vgl. S. 454) verlangt noch weitere Sonderbestimmungen. Zunächst eine solche im Sinne von Art. 505 des spanischen StGB., wonach derjenige straflos ist, welcher in die fremde Wohnung eintritt, um ein schweres Übel von sich, den Bewohnern oder einem Dritten abzuwenden, oder um der Menschlichkeit oder der Gerechtigkeit einen Dienst zu erweisen. Die zweite Alternative enthält keine nach deutschen Begriffen für die Rechtsanwendung brauchbare Vorschrift, die erste ist durch § 67 *DVE.* gedeckt. — Ferner fordert Rosenfeld, daß hier zur Klarstellung der Rechtswidrigkeitsfrage das Verhältnis von Mietern zu Mitmietern, des Hausherrn zu den Hausangehörigen, des Wirtes zu den Gästen geregelt wird. Eine derartige Regelung rein zivilrechtlicher Fragen gehört aber nicht in ein StGB. und ist bisher wohl auch noch von keiner Strafgesetzgebung versucht worden. Mit Recht hebt Lindenberg (S. 1167) hervor, daß jede Kasuistik hier an der wechselvollen Gestaltung des modernen Verkehrslebens scheitern würde.

§ 3.

Die Beleidigung[1]).

I. Begriff und Arten.

1. Wie bei den meisten Abschnitten des *Bes. T.*, so hat auch in der schwierigen und vielumstrittenen Materie der Beleidigung der *DVE.* auf grundlegende Änderungen des geltenden Rechts verzichtet. Er bestimmt ebensowenig wie die Mehrzahl der ausländischen Strafgesetzbücher den Begriff der Beleidigung und gibt damit zu erkennen, daß es in dieser Beziehung bei den Ergebnissen der jetzigen Rechtsprechung, besonders der des Reichsgerichts, verbleiben soll. Damit ist jede Einschränkung des herrschenden weit ausgedehnten Beleidigungsbegriffs abgelehnt. Zurückgewiesen ist also die neuerdings namentlich von Kohler (S. 1 ff., 29 ff.) vertretene, aber nicht streng festgehaltene[2]) Beschränkung auf Kundgebungen, welche eine Nichtachtung des sittlichen Werts ausdrücken; abgelehnt auch die von v. Bar (S. 86 ff.) aufgestellte, aber ebenfalls nicht folgerichtig durchgeführte[3]) Ansicht, wonach unter Beleidigung nur eine absichtliche Seelenschmerzerregung zu verstehen sei. Abgelehnt ist endlich eine Beschränkung

---

[1]) Die Ausführungen von Liepmann und v. Lilienthal in der *Vergl. Darst. Bes. T. IV.* die Abhandlungen von v. Bar (GS. 52 S. 81 ff.) und Kohler (Goltd. Arch. 47 S. 1—48, 89—154) sind nur mit den Namen der Verfasser angeführt.

[2]) Vgl. z. B. S. 42, wo es unter Umständen als eine Beleidigung angesehen wird, wenn jemand den Lieblingshund einer alten Jungfer tötet, um dieser ein Leid zuzufügen

[3]) So wird S. 182 (mit Recht) angenommen, daß Kinder und Geisteskranke im Rechtssinn beleidigt werden können, trotzdem diese in den meisten Fällen die Kränkung nicht empfinden. Von Bar findet hierin eine Ausdehnung des Beleidigungsbegriffs über die vollkommene Konsequenz hinaus; in der Tat liegt hierin aber ein Beweis dafür, daß seine Begriffsbestimmung der Beleidigung unrichtig ist. Von Bar rechnet nur Handlungen hierher, die objektiv einen Seelenschmerz verursachen. Solche Handlungen gibt es nicht; ein Schmerz ist stets eine subjektive Empfindung.

der verfolgbaren Beleidigungen im Sinne des englischen Rechts, wonach das bloße slander, also die wörtliche mündliche Beleidigung ohne Vorwurf einer bestimmten ehrenrührigen Tatsache, regelmäßig kein gerichtliches Verfahren herbeiführt. Die beiden anderen Entwürfe stehen hier auf einem abweichenden Standpunkt. Sie bestrafen, abgesehen von der üblen Nachrede und der Verleumdung, nur die Beschimpfung, also eine besonders schroffe Kundgebung der Nichtachtung (*OVE.* § 326; *SchVE.* Art. 108), Österreich auch diese nur, wenn die Beschimpfung öffentlich oder vor einem Dritten, also nicht, wenn sie unter vier Augen stattfindet. Auch diese Einschränkungen fehlen im *DVE.*[1]).

Der gegenwärtige Rechtszustand, den der Entwurf aufrecht erhalten will, ist unerfreulich. Wohl werden auch mit der Privatklage Ehrenkränkungen verfolgt, die den Beleidigten wirklich verletzen oder schädigen und an deren Ahndung er ein begründetes Interesse hat. Aber die Regel ist das nicht, wie jeder Richter bezeugen kann, der das Privatklageverfahren aus eigener Praxis kennt. Die meisten Sachen entstehen aus Streitigkeiten geringfügiger Art, die öfter längere Zeit dauern, bis die Grenze des rechtlich Zulässigen überschritten wird. Die Gründe, aus denen schließlich die Klage angestrengt wird, haben mit der Kränkung des Ehrgefühls meist wenig zu tun. Das geht schon daraus hervor, daß die Klage vielfach erst gegen Schluß der Antragsfrist angestrengt wird und daß Vergleiche sehr leicht zustande kommen, wenn sie nicht an der Kostenfrage scheitern. Bei der Geringfügigkeit dieser Vergehen werden regelmäßig nur kleine Strafen erkannt, die weder bessern, noch abschrecken. Viel Zeit und Arbeitskraft der Beteiligten und Zeugen, der Richter und Anwälte wird hier verschwendet; ansehnliche Geldbeträge gehen den meist nicht sehr bemittelten Parteien verloren. Die Überhäufung mit diesen geringfügigen Beleidigungsfällen ist teilweise daran schuld, daß viele Gerichte sich nicht leicht gewöhnen, in wirklich ernsten Fällen schwere Strafen zu verhängen.

Es wäre also wünschenswert, wenn lediglich schwere Fälle zur gerichtlichen Entscheidung gelangten, wenn man einen dem englischen Recht ähnlichen Zustand herstellen könnte.

Trotzdem ist eine Regelung in diesem Sinne nicht zu befürworten. Der jetzige Rechtszustand hat sich eingelebt und ent-

[1]) Jedoch darf in Deutschland nach geltendem Prozeßrecht, das nach dem Entwurf zur StPO. nicht geändert werden soll, der Privatkläger nicht als Zeuge vernommen werden. Infolgedessen bleiben regelmäßig auch bei uns Beleidigungen unter vier Augen straflos.

spricht den Gewohnheiten und Anschauungen der Bevölkerung. Eine Änderung würde Unzufriedenheit hervorrufen und dazu führen, daß Streitigkeiten häufig, statt gerichtlich ausgetragen zu werden, in Schlägereien ausarten.

Es ist deshalb dem Entwurf darin beizustimmen, daß er sachlich die jetzigen Grenzen der strafbaren Beleidigung nicht einengt, aber auch darin, daß er formell auf eine Begriffsbestimmung verzichtet. Es kann zwar nicht zugegeben werden, daß, wie die Begr. S. 701 sagt, der Begriff der Ehre (und demgemäß der Beleidigung) als bekannt und gegeben vorauszusetzen sei, wie er in dem Bewußtsein der Bevölkerung lebe. Denn wenn schon in der Literatur über den Begriff der Ehre wie über den der Ehrverletzung die verschiedensten Auffassungen bestehen, so ist dies noch in weit höherem Maße in der Bevölkerung der Fall, um so mehr, als hier die Auffassung nicht nur nach Gegenden, Bevölkerungskreisen, Ständen, Temperamenten verschieden ist, sondern auch bei den einzelnen wechselt, je nachdem sie als Beleidiger oder Verletzte in Betracht kommen. Viele glauben, ihren Nachbarn, der einmal gestohlen hat, ungestraft einen Dieb, jemanden, dessen Handlungsweise sie für unredlich halten, einen Schurken nennen zu dürfen. Manche fühlen sich schon beleidigt, wenn ihnen der bisher üblich gewesene Gruß versagt wird, andere, wenn sie nicht in der ihnen vermeintlich zustehenden Weise angeredet werden, noch andere, wenn man ihnen die Tüchtigkeit in ihrem Berufe abspricht. Wir haben es also hier mit durchaus flüssigen Begriffen zu tun. Trotzdem ist eine gesetzliche Festlegung nicht zu empfehlen, weil, wie die Begr. weiter zutreffend ausführt, eine allgemein anerkannte und befriedigende Feststellung dieses Begriffs noch nicht gelungen ist. Alle bisher gegebenen Begriffsbestimmungen sind entweder, wie die von Kohler und von Bar gegebenen, von der Praxis als zu eng mit Recht abgelehnt worden oder sie enthalten Merkmale, welche ihrerseits wieder der näheren Bestimmung bedürfen. Nach der überwiegend in der Literatur und Rechtsprechung festgehaltenen Umgrenzung ist Beleidigung eine vorsätzliche rechtswidrige, die Kränkung der Ehre eines andern enthaltende Kundgebung (so E. *III. 433*, Olshausen 731 Anm. 1). Hier bedarf es wieder einer Erläuterung dessen, was Kränkung und was Ehre ist. Alle derartigen Bestimmungen sind nur Umschreibungen, welche die Rechtsprechung wenig fördern. Es kann daher von Liszt nicht beigestimmt werden, wenn er S. 334 auch den Mangel einer gesetzlichen Begriffsbestimmung zu den Ursachen der Unzulänglichkeit unserer deutschen Gesetzgebung in Beleidigungssachen zählt.

2. Während der 14. Abschnitt des StGB. „Beleidigung" überschrieben ist, trägt Abschnitt 21 des *DVE.* die Überschrift „Ehrverletzung"[1]) („und Verletzung fremder Geheimnisse"). Die Bezeichnung „Ehrverletzung" findet sich aber nur in der Überschrift; im Text ist nur von Beleidigungen die Rede (§§ 259, 260, 263—266), abgesehen von dem Falle des § 262 (Beschimpfung des Andenkens eines Verstorbenen, § 189 StGB.), wo weder von einer Ehrverletzung noch von einer Beleidigung gesprochen wird. Kohler (Goltd. Arch. *LVI. 289*) billigt diese Überschrift; sie gebe einen Fingerzeig, wie das Wort Beleidigung aufzufassen ist. Er meint aber, es wäre richtiger gewesen, das Wort „Beleidigung" überhaupt aufzugeben und durch „Ehrverletzung" zu ersetzen. — Ich halte diese Änderung des StGB. für unschädlich, aber für bedeutungslos. Daß nicht jede Zufügung eines Leides, nicht jede injuria im römischen Sinne, sondern nur eine gegen die Ehre gerichtete Kundgebung als Beleidigung anzusehen ist, wird schon jetzt allgemein anerkannt; daß die Ehrverletzung nicht im Sinne Kohlers auf die Erklärung sittlicher Mißachtung beschränkt werden soll, ergibt sich daraus, daß der *DVE.* an dem durch die Rechtsprechung festgelegten Beleidigungsbegriff nichts ändern will.

3. Die meisten fremden Rechte behandeln das in § 186 StGB. „Beleidigung" genannte Vergehen als eine von der Ehrverletzung verschiedene Straftat, so auch der *OVE.* in § 327 unter dem Namen „Beleidigung", der *SchVE.* in Art. 106 unter der Bezeichnung „üble Nachrede". Dagegen sieht der *DVE.* in § 260 in der Behauptung oder Verbreitung ehrenrühriger[2]) Tatsachen nur einen besonderen Fall der Beleidigung. Ich halte das für eine Verbesserung. Ob die in der Wissenschaft (vgl. besonders v. Liszt S. 337) herrschende strenge Scheidung zwischen der einfachen Beleidigung als Verletzung und der üblen Nachrede als Gefährdung der Ehre theoretisch haltbar ist[3]), mag hier dahin gestellt bleiben; jedenfalls

[1]) Ähnlich *SchVE.* Abschnitt 3 „Verbrechen gegen die Ehre"; *OVE.* 24. Hauptstück: „Strafbare Handlung gegen die Ehre".

[2]) Diese kürzere Fassung ist zweckmäßiger als die des § 186 StGB. Eine Grenze zwischen „verächtlich machen" und „in der öffentlichen Meinung herabwürdigen" läßt sich in der Praxis nicht ziehen. Die neue Formel ist auch besser als die umständliche des sonst so knappen *SchVE.* der „unehrenhaftes Verhalten, schwere sittliche Gebrechen oder Tatsachen, die geeignet sind, den guten Ruf des Verletzten zu schädigen", aufzählt. Auch diese drei Gruppen sind in der Rechtssprechung nicht auseinanderzuhalten.

[3]) Eine öffentlich oder doch vor einer größeren Zahl von Menschen ausgesprochene üble Nachrede wird fast stets auch eine Verletzung, ein

muß der Begr. (S. 703) darin beigetreten werden, daß der Unterschied in der Rechtsprechung öfter schwer zu ziehen ist, namentlich wenn Urteile und Behauptung von Tatsachen zusammenfließen, und daß diese Unsicherheit häufig unnötige Aufhebungen in der Revisionsinstanz zur Folge hat.

II. Der Strafausschließungsgrund der Wahrheit.

1. Der Gedanke, daß wahre ehrenrührige Tatsachen straflos verbreitet werden dürfen, ist in § 186 StGB. dahin gestaltet, daß die Bestrafung regelmäßig nur durch einen vor dem erkennenden Richter geführten Wahrheitsbeweis ausgeschlossen wird[1]). Der § 260 *DVE.* stimmt damit grundsätzlich überein, bringt aber mehrere Änderungen des geltenden Rechts.

2. Der Täter soll straflos bleiben, wenn die Tatsache wahr ist. Die Weglassung des Wortes „erweislich" entspringt aus dem Bestreben des Vorentwurfes, prozessuale Vorschriften zu vermeiden und sich auf das materielle Recht zu beschränken (Begr. S. 708ff.). Dieser Grundsatz, welcher die Beseitigung des § 191 StGB. zur Folge hatte, ist jedoch in § 260 Abs. 3 verlassen.

3. Eine sachgemäße[2]) Erweiterung dieses Strafausschließungsgrundes enthält der *DVE.*, indem er in § 260 Abs. 1 die Worte „in Beziehung auf einen anderen" wegläßt, so daß auch bei den nur in Gegenwart des Verletzten getanen Äußerungen die Wahrheit des Vorwurfs die Bestrafung ausschließt (Begr. S. 704).

4. § 260 Abs. 3 wiederholt den § 190 StGB. mit der gerechtfertigten Änderung, daß die Behauptung einer strafbaren Handlung durch jede rechtskräftige Freisprechung im Strafverfahren, also nicht nur durch eine Freisprechung vor der Behauptung oder Verbreitung, als widerlegt gilt.

5. Die wichtigste Änderung dieses Abschnitts enthält § 260 Abs. 2. Danach schließt die Wahrheit der behaupteten Tatsache die Bestrafung nicht aus, wenn die Beleidigung öffentlich oder durch Verbreitung von Schriften, Abbildungen oder Darstellungen

---

beleidigendes Urteil, das nach seiner Fassung auf Tatsachen Bezug nimmt (Betrüger, Wucherer), regelmäßig auch eine Gefährdung der Ehre enthalten.

[1]) Abweichend wohl nur Binding S. 158 Nr. 2a, wonach auch die Überzeugung von der Beweisbarkeit die Bestrafung ausschließen soll. Nach der Fassung des *DVE.* ist diese Ansicht unmöglich.

[2]) Die Beurteilung des *DVE.* in diesem Abschnitt gilt nur für den Fall, daß der Wahrheitsbeweis in seiner jetzigen Gestalt beibehalten wird. Mein abweichender Standpunkt wird weiter unten dargelegt werde.

begangen ist und lediglich Verhältnisse des Privatlebens betrifft, die das öffentliche Interesse nicht berühren.

Ähnliche Vorschriften sind in den meisten ausländischen Rechten enthalten. (Vgl. von Lilienthal S. 413ff.; kürzer Begr. S. 709—711.) Der *OVE.* läßt in § 329, falls die Beschuldigung eine Tatsache des Privat- oder Familienlebens[1]) betrifft, den Wahrheitsbeweis zu, wenn die Beschuldigung nicht öffentlich vorgebracht war oder das öffentliche Vorbringen nach Inhalt und Form durch ein öffentliches Interesse oder ein berechtigtes Privatinteresse gerechtfertigt war. Der *SchVE.* Art. 106 Abs. 2 schließt den Wahrheitsbeweis nur bei den eine Straftat nicht enthaltenden Tatsachen des ehelichen[2]) und Familienlebens aus.

Die zurzeit der Reichstagskommission vorliegende Novelle zum StGB. (Drucks. 1909 Nr. 6) enthält sachlich die gleiche Vorschrift, fügt aber noch die prozessuale Beschränkung hinzu: „Eine Beweisaufnahme über die behauptete oder verbreitete Tatsache ist nur mit Zustimmung des Beleidigten zulässig." Der *DVE.* hat das Beweisverbot nicht aufgenommen. Die Begr. weist darauf hin, daß auch hier entsprechend dem allgemeinen Bestreben des Entwurfs, auf dem Boden des materiellen Rechts zu bleiben, Vorschriften über das Verfahren nicht aufgenommen sind, daß sich aber die prozessualen Folgen von selbst ergeben. Die Begr. meint damit, wie aus den vorangegangenen allgemeinen Erörterungen sich ergibt, daß eine Beweisaufnahme über die erwähnten Tatsachen überhaupt nicht, also auch nicht mit Zustimmung des Beleidigten — wie die Novelle will — zugelassen wird. Es ist aber nicht anzuerkennen, daß sich diese Prozeßfolge aus der Bestimmung des *DVE.* ergibt. Wird § 260 Abs. 2 Gesetz, wird weder im StGB., noch in einer späteren Novelle zur StPO. ein ausdrückliches Beweisverbot, wie es die Novelle enthält, ausgesprochen, so ist der Beweis über die erwähnten Tatsachen, wenn sein Gelingen auch nicht die Straflosigkeit bewirkt, zur Herbeiführung einer milderen Strafe zulässig. Um die Abschneidung des Beweises über jene Tatsachen zu erreichen, müßte also das Beweisverbot aufgenommen werden; dann entsteht wieder die Frage, ob ein Beweis mit Zustimmung des Beleidigten zugelassen werden soll.

Über die Einschränkung des Wahrheitsbeweises in dem Sinne, wie sie hier vorgeschlagen wird, sind die Stimmen in der Wissen-

---

[1]) Die Worte „oder Familienlebens" sind entbehrlich. Das Familienleben ist ein Teil des Privatlebens.

[2]) Hier sind die Worte „ehelichen und" überflüssig.

schaft geteilt[1]). Ebenso gingen bei der Beratung der Novelle im Reichstage die Meinungen auseinander[2]). Mehrfach wurde ein Mangel an Folgerichtigkeit darin gefunden, daß diese Beweisbeschränkung nur bei öffentlicher Beleidigung eintreten soll, und auf manchen Seiten fand man deshalb in dem Vorschlage ein Spezialgesetz gegen die Presse. Man hob hervor, daß der Begriff „Verhältnisse des Privatlebens" eine sichere Abgrenzung nicht ermögliche. Insbesondere führte der Abgeordnete Rechtsanwalt Dr. Osann (S. 8137) aus, daß dieser Begriff sich ja nicht wie im *SchVE.* auf Verhältnisse des Familienlebens beschränke[3]). Es könne zum Privatleben gerechnet werden, wenn ein Arzt Schmiergelder empfange, ein Fabrikant seine Arbeiter nicht angemessen behandele. Auch der Begriff des öffentlichen Interesses wurde von diesem und andern Abgeordneten als dehnbar bezeichnet[4]). Es wurde darauf hingewiesen, daß die Aufnahme des „öffentlichen Interesses" in § 416 StPO. sich nicht durchweg bewährt habe, daß die Handhabung dieser Vorschrift durch die Staatsanwaltschaft im Prozeß Moltke-Harden und sonst die erforderliche Sicherheit habe vermissen lassen. Endlich wurde ausgeführt, daß die (in den *DVE.* nicht aufgenommene) Zulassung des Wahrheitsbeweises mit Zustimmung des Beleidigten ein zweischneidiges Schwert sei; stimme er nicht zu, so werde die Öffentlichkeit vermuten, daß dies aus Furcht vor dem Gelingen des Wahrheitsbeweises geschehe.

Diese Einwendungen sind im wesentlichen begründet. Der Begriff „Privatleben" ist, wenn er auch bei dieser Gelegenheit in vielen Gesetzgebungen[5]) verwertet wird, wegen seiner Un-

[1]) Dafür besonders ausführlich Finger, GS. *LXXIV. 309—342*; ferner von Liszt, S. 334 unten, Kohler, Goltd. Arch. *LVI. 298*; dagegen sehr eingehend Beling, „Wesen, Strafbarkeit und Beweis der üblen Nachrede" 1909, besonders S. 26ff.; ferner von Lilienthal S. 455 und ZStW. *XXIX. 649—652.*

[2]) Sten. Ber. 1909 S. 8126—8128, 8130—8132, 8136—8138, 8141f., 8143—8145, 8148—8150, 8155f., 8159—8161, 8163—8165; 1910 S. 567f.

[3]) Das wird meines Erachtens von Kohler a. a. O. zu wenig berücksichtigt, wenn er für die Weglassung des Zusatzes, „die das öffentliche Interesse nicht berühren", ausführt: „Durch die Bezeichnung ‚Verhältnisse des Privatlebens' ist bereits genügend zum Ausdruck gebracht worden, daß, wenn es sich um solche Dinge handelt, welche zugleich das allgemeine soziale Leben betreffen, z. B. um die Behandlung von Arbeitern oder Arbeiterinnen, der Schutz des intimen Familienlebens nicht zutreffen kann."

[4]) Amtsgerichtsrat Engelen (S. 8130), Amtsgerichtsrat Perniok (S. 8139).

[5]) Von Lilienthal (S. 416; ZStW. *XXIX. 650* weist darauf hin, daß

bestimmtheit unbrauchbar. Läßt man überhaupt die Einrichtung des Wahrheitsbeweises in der jetzigen Gestalt fortbestehen, so empfiehlt sich der Ausschluß nur bei Verhältnissen des Familienlebens; in diesem Falle wird man mit Kohler die Klausel betreffs des öffentlichen Interesses weglassen können, weil von einem solchen hier kaum je die Rede sein kann.

Aber die ganze Einrichtung des Wahrheitsbeweises, mag sie getroffen werden wie sie will, ist für beide Teile unbefriedigend.

Wird der Wahrheitsbeweis mit Zustimmung des Verletzten zugelassen, so entsteht der bereits geschilderte Übelstand; die Zulassung wird zu einem moralischen Zwang. Wird er dagegen auch mit dieser Zustimmung nicht zugelassen, so entbehrt der Beleidigte jeder Möglichkeit, seinen Ruf durch einen Beweis der Unwahrheit wieder herstellen zu lassen; die Rufgefährdung, welche durch die ehrenrührige Behauptung bewirkt ist, kann zur Zerstörung des guten Rufs werden (v. Lilienthal, ZStW. *XXIX. 650*). Die Bestrafung des Beleidigers ohne Feststellung der Wahrheit oder Unwahrheit der behaupteten Tatsache nützt dem Verletzten wenig. Noch schlimmer steht es für diesen, wenn der Äussernde, worüber weiter unten zu reden ist, aus einem der in § 263 *DVE.* (§ 193 StGB.) erwähnten Gründe freigesprochen wird, denn dann hat derjenige, über den eine vielleicht unwahre ehrenrührige Tatsache verbreitet ist, nicht einmal die Genugtuung der Bestrafung, muß im Privatklageverfahren alle Kosten tragen und außerdem noch die unwahre Beschuldigung auf sich sitzen lassen.

Durch die jetzige vom *DVE.* übernommene Regelung kann also der Verletzte erheblich geschädigt werden; nicht minder ungünstig kann sich andererseits die Stellung seines Gegners gestalten, wenn ihm aus irgend einem Grunde der Schutz des § 263 (§ 193 StGB.) versagt wird. Er hat sich vielleicht eingehend und sorgsam erkundigt; aber in der Hauptverhandlung versagt der Beweis: der betreffende Zeuge hält die mündlich oder schriftlich abgegebene Erklärung unter dem Eide nicht aufrecht, oder er stirbt, verfällt in Geisteskrankheit oder ist nicht zu erreichen, oder er erhält, wenn er Beamter ist, nicht die Erlaubnis zur Aussage. Der Schuldspruch wegen des vorsätzlichen Vergehens der üblen Nachrede hängt in Wirklichkeit von einem Faktor ab, „der jenseit der Schuld gelegen ist“[1]), also vom Zufall.

---

wo solche Vorschriften bestehen, die Rechtsprechung dazu neigt, auf Umwegen den Wahrheitsbeweis zuzulassen und die Freisprechung des gutgläubigen Beleidigers zu ermöglichen.

[1]) So Finger, ein Anhänger der Novelle (s. oben S. 315 Anm. 1) a. a. O.

Wie diesem Übelstande im Interesse des Äußernden abzuhelfen ist, soll später erörtert werden. Im Interesse des Verletzten gibt es nur ein Mittel: es muß ihm gestattet werden, im Strafverfahren selbst oder in einem weiteren vor dem Strafrichter stattfindenden Feststellungsverfahren den Beweis seiner Nichtschuld zu führen[1]).

Die Begr. (S. 723—725) macht hiergegen mehrfache Bedenken geltend. Einem im Beleidigungsverfahren, so heißt es dort, wenigstens im Privatklageverfahren meist auf Grund des Parteivorbringens ergehenden Urteile könne nicht eine Wirkung beigelegt werden, wie den meist im Amtsverfahren erfolgenden Freisprechungen im Sinne des § 260 Abs. 3 (190 StGB.). Die Feststellung der Unerweislichkeit dürfe einem dritten Verbreiter gegenüber, der am Verfahren nicht teilgenommen habe und vielleicht im Besitz der Beweise für die Wahrheit sei, nicht als Feststellung der Unwahrheit behandelt werden. Eine solche Regelung würde den Rechtsanschauungen der Bevölkerung widerstreiten und unter Umständen dazu führen, einen ehrloser Handlungen Schuldigen dauernd gegen berechtigte Angriffe dadurch zu schützen, daß er gegen einen mit ihm im Einverständnis handelnden oder der Beweise unkundigen Verbreiter rechtzeitig eine Verurteilung herbeiführe. Die Zulassung einer Feststellungsklage in denjenigen Fällen, in denen ein Strafverfahren nicht eingeleitet oder nicht durchgeführt werden könne, verliere damit ihre Bedeutung. Sei der Beleidiger in Geisteskrankheit verfallen oder geflohen, so habe ohnehin die von ihm ausgegangene Behauptung keine Bedeutung. Eine Straflosigkeit der Äußerung aus § 263 (193 StGB.) können

S. 318. — Die schweren Mißstände, zu denen § 186 schon jetzt führt, und bei Annahme der Novelle noch mehr führen müßte, sind in der S. 315 Anm. 1 erwähnten Abhandlung Belings zutreffend und erschöpfend dargestellt. Vgl. auch meine Ausführung DJZ. *XIII. 452.*

[1]) Dafür vor allem die eingehenden Arbeiten von Otto Friedmann „Das Recht der Wahrheit und der Schutz des guten Namens“ und „Vorschläge zur Umgestaltung des Österreichischen Preßrechts 1901“, auf dessen Ausführungen hiermit verwiesen wird; in letzterer Schrift S. 110 ff. ausführliche Gesetzentwürfe; vgl. besonders dort S. 134 ff. §§ 493—501 über objektive Erkenntnisse; ferner Liepmann S. 372 f.; von Lilienthal S. 481 ff.; Beling a. a. O. S. 79 bis 83; vgl. auch § 253 des Norwegischen StGB. „In allen Fällen, in denen die Möglichkeit bestanden hat, für eine Beschuldigung den Wahrheitsbeweis zu führen, kann der Verletzte verlangen, daß das Gericht, sofern der Wahrheitsbeweis nicht für geführt erachtet wird, die Beschuldigung für tot und machtlos erklärt“.

aber nach dem *DVE.* nur noch bei der üblen Nachrede, nicht mehr bei der Verleumdung vorkommen; für solche verhältnismäßig seltenen Fälle gesetzliche Vorsorge zu treffen, sei umsoweniger erforderlich, als den Verletzten bei vermögensrechtlichen Schädigungen der Weg des Zivilprozesses, bei Beleidigungen durch die Presse das Berichtigungsverfahren auf Grund des § 11 RPreßg. zur Verfügung stehe. — Diese Einwendungen sind meines Erachtens nicht durchschlagend. Das Verfahren muß, namentlich wenn es sich um eine öffentlich behauptete oder verbreitete ehrenrührige Tatsache handelt, so gestaltet werden, daß es die von der Begründung vermißten Garantien gewährt. Ist noch keine öffentliche oder Privatklage erhoben, so müßte der Verletzte nur als Antragsteller, nicht als Kläger auftreten und in der dann folgenden Verhandlung ebenso wie sein Gegner uneidlich gehört werden, während im übrigen eine Beweisaufnahme nach den Grundsätzen des jetzigen Strafprozesses stattzufinden hätte. Unter allen Umständen wird eine Voruntersuchung zuzulassen sein; ist schon ein Privatklageverfahren anhängig, so muß dies in geeigneten Fällen von der Staatsanwaltschaft übernommen werden. (So mit Recht von Lilienthal S. 422.) Auf diese Weise kann eine völlige Klärung erreicht und die Grundlage für ein sachgemäßes Urteil über die Wahrheit oder Unwahrheit der Behauptung gewonnen werden. Auch die Annahme eines mangelnden Bedürfnisses erscheint nicht zutreffend. Es ist unrichtig, daß im Falle des § 263 (193) die straflose Behauptung ehrenrühriger Tatsachen nach Ausscheidung der Verleumdung verhältnismäßig selten sein werden. Im Gegenteil sind die Fälle der durch § 193 gedeckten verleumderischen Behauptungen überaus selten, dagegen diejenigen, in denen objektiv ehrenrührige Tatsachen in gutem Glauben zur Wahrnehmung berechtigter Interessen vorgebracht werden, häufig. Der Weg der Zivilklage ist hier weit weniger geeignet, weil er Kosten verursacht und nur in geringerem Maße zur Feststellung der objektiven Wahrheit dient. Die Berichtigung gemäß § 11 kann ein unwahres Vorbringen ehrenrührigen Inhalts nicht entkräften, weil hier Behauptung gegen Behauptung steht und es vom Zufall abhängt, welcher Partei das Publikum mehr glaubt. Die Einführung des erwähnten Feststellungsverfahrens ist daher entschieden zu befürworten. Es wird sich weiter empfehlen, in den Fällen, wo ein Strafverfahren möglich ist, dem Verletzten die Wahl zwischen dem Feststellungsverfahren und dem Strafantrage zu lassen; er wird dann meist den ersteren Weg wählen. (So mit Recht von Lilienthal S. 463).

III. Der Schuldausschließungsgrund der mangelnden Rechtswidrigkeit.

1. Die Frage der Rechtswidrigkeit ist in § 263 *DVE.* im wesentlichen ebenso geregelt, wie in § 193 StGB. Nur drei Änderungen sind getroffen.

a) Die Fassung ist sachgemäß vereinfacht. Außer den „tadelnden Urteilen über wissenschaftliche, künstlerische oder gewerbliche Leistungen" sind hier nur noch Äußerungen, die „in Erfüllung von Rechtspflichten, in Ausübung rechtlicher Befugnisse oder zur Wahrnehmung von Rechten oder berechtigten Interessen gemacht sind und ähnliche Fälle" aufgeführt. Wie die Begr. S. 718 mit Recht hervorhebt, fallen die im jetzigen § 193 genannten „Vorhaltungen und Rügen der Vorgesetzten gegen ihre Untergebenen", sowie die dienstlichen Anzeigen und Urteile von Seiten eines Beamten" teils unter die „Äußerungen, die in Erfüllung einer Rechtspflicht", teils unter diejenigen, welche „in Ausübung rechtlicher Befugnisse" gemacht sind, die „Äußerungen zur Ausführung und Verteidigung von Rechten" unter diejenigen „zur Wahrnehmung von Rechten".

b) Der Absatz 2 schließt, was bisher streitig war, die Anwendung dieser Schuldbefreiung bei der Verleumdung aus. Diese Einschränkung ist zu billigen; ob sie weit genug geht, wird später erörtert werden.

c) Wie beim Wahrheitsbeweis (§ 260 Abs. 1 StGB.), so wird auch hier gesagt, daß Strafbarkeit trotzdem eintritt, wenn aus der Form der Äußerung oder den Umständen, unter denen sie geschah, die Absicht der Beleidigung hervorgeht. Die Begr. (S. 708) rechtfertigt diese den §§ 154, 158 Pr. StGB. entsprechende Fassung damit, daß die Rechtsprechung auch bisher das Vorhandensein der Beleidigung in §§ 192, 193 StGB. in diesem Sinne ausgelegt habe. Das ist im wesentlichen richtig (vgl. jedoch E. 3 S. 328)[1]. Aber es ist mehrfach darauf aufmerksam gemacht worden, daß dieser Rechtsprechung wesentliche Bedenken entgegenstehen und daß es vielmehr darauf ankommen muß, ob der Äußernde die Grenzen der Wahrnehmung von Rechten oder Berechtigten bewußt überschritten hat. Sehr häufig geschehen solche Überschreitungen, namentlich in öffentlichen Kundgebungen, nicht in der Absicht, den Betroffenen zu verletzen, sondern nur um der Sensation zu dienen. Eine Änderung nach dieser Richtung erscheint deshalb wünschens-

---

[1]) Vgl. meine Abh., GS. *XXXVIII. 525—530*; Binding, *I. 151*; von Liszt S. 340; Frank, Komm. 5.—7. A. S. 319.

wert. — Es empfiehlt sich aber ferner, neben der „Form" und den „Umständen" hier auch den Inhalt der Äußerung aufzuführen (Schütze Lehrb. 2. Aufl. S. 368, 370). Denn abgesehen davon, daß hier Inhalt und Form oft sehr schwer zu trennen sind, wird eine Überschreitung der Grenzen berechtigter Interessenwahrnehmung häufig objektiv eine schwerere Verletzung enthalten und subjektiv ein höheres Maß von Schuld zeigen, als eine solche, welche bloß aus der Form oder den Umständen zu entnehmen ist. Bei trennbaren Äußerungen wird hier schon nach jetzigem Recht eine Verurteilung unter der Feststellung erfolgen können, daß der überschreitende Teil nicht „zur", sondern nur bei Gelegenheit berechtigter Interessen erfolgt ist. Bei untrennbaren Kundgebungen versagt diese Möglichkeit.

2. Während der übrige Inhalt des § 193 des StGB. geringere Schwierigkeiten bereitet hat, bildet die Wahrnehmung berechtigter Interessen einen Begriff, über den die Meinungen in Literatur und Praxis weit auseinandergehen und sich noch immer nicht geklärt haben[1]).

Unter denjenigen Fragen, die hier auftauchen, ist die wichtigste die, ob und inwieweit auch Äußerungen zur Wahrnehmung fremder berechtigter Interessen den Schutz des § 193 StGB. genießen. Das RG. hat in dieser Frage früher einen freieren Standpunkt eingenommen und teils ausgesprochen, daß das Gesetz überhaupt einen Unterschied zwischen Wahrung eigener und fremder Interessen nicht mache (E. *VI. 409*), teils den Schutz wenigstens dann zugebilligt, wenn der Täter aus sittlich gerechtfertigten Gründen zur Wahrnehmung berechtigter Interessen handelt (E. *V. 121*). In neuerer Zeit hat aber der höchste Gerichtshof im Anschluß an eine Äußerung Laskers im Reichstage bei Begründung des vom Bundesratstische aus bekämpften Antrages auf Einfügung der Worte „Wahrnehmung berechtigter Interessen" (StBer. S. 647f.) und an die Ausführungen von Bülows (GS. *XLVI. 261 ff.*, *XLVIII. 1 ff.*) in jetzt ständiger Rechtsprechung diese Befreiung nur dann eintreten lassen, wenn der Schutz des fremden Interesses bei vernünftiger billiger Beurteilung der konkreten Sachlage als eine den Täter selbst nahe angehende Angelegenheit anzusehen ist. Besondere Schwierigkeiten entstehen hier in den Fällen, wo es sich um Interessen eines größeren Kreises, insbesondere einer Gemeinde, oder sämtlicher

---

[1]) Die hier vorkommenden Fragen sind nur insoweit behandelt, als zur Begründung des weiter unten gemachten Vorschlages erforderlich erscheint.

Staatsangehörigen handelt. Auch hier wurde in einzelnen Fällen der Schutz zugebilligt, so z. B. den Mitgliedern eines Ausschusses, welche zur Vorbereitung einer Reichstagswahl beleidigende Äußerungen über einen Beamten veröffentlichen (E. *XXVI. 18*), weil es sich hier um Ausübung des Wahlrechts und der gesetzlich gewährten Befugnis handle, sich zur Vorbereitung dieser Ausübung zu organisieren (ähnlich E. *XXXIX. 399*), — so dem Redner in einer Volksversammlung, der aus Anlaß bevorstehender Stadtverordnetenwahlen Übelstände in einem städtischen Krankenhause zur Sprache brachte (E. *XXXIX. 264*). Auch abgesehen von solchen Veranlassungen ist angenommen worden, daß unter besonderen Umständen das Interesse der Allgemeinheit seiner Natur nach ein erhebliches auch gegenüber dem Achtungsanspruche des Dritten ins Gewicht fallendes eigenes Interesse des Äußernden darstellen könne, z. B. die Verhinderung Ärgernis erregender, wenn auch nicht unter § 360 Nr. 13 StGB. fallender Tierquälerei (Urt. v. 9. Dezember 1897, Goltd. Arch. *XLVI. 45*). Im allgemeinen aber haben jetzt alle Senate des RG. seit Jahren entschieden, daß die Wahrnehmung fremder Interessen seitens eines Redakteurs, sofern nicht besonders persönliche Beziehungen dies rechtfertigen, den Schutz des § 193 auch dann nicht genießen, wenn er den Artikel im Auftrage der Beteiligten veröffentlicht und daß ein solcher Schutz ebensowenig dem Redakteur oder dem Redner in einer Versammlung zuzubilligen ist, welcher vermeintliche Übelstände des öffentlichen Lebens unter Kränkung einzelner Personen erörtert [1]).

Die Ansicht des RG. ist jetzt auch in der Rechtsprechung der Untergerichte die herrschende, hat aber in der Literatur mehrfachen Widerspruch gefunden [2]).

---

[1]) Vgl. unter anderem E. *XLI. 284ff.* (Fall Harden-Moltke) und die dort angeführten früheren Urteile.

[2]) Gegen das RG. u. a. Meyer-Allfeld, Lehrb. 6. Aufl. S. 425 f.; Frank, Komm. 5.—7. Aufl. S. 3226; Kohler, S. 108 ff. und Goltd. Arch., *LVI. 298*; meine Abh., GS. *XXXVIII. 510ff.*; von Bar, S. 135 ff.; Rotering, GS. *LXII. 42ff.*; von Lilienthal, S. 410 ff.; Hamm, DJZ. *XV. 859f.* — Binding, S. 153, führt aus, Wahrnehmung berechtigter Interessen sei Wahrnehmung seitens der Interessenten; stelle sich aber die Presse in den Dienst öffentlicher Interessen, so sei sie als Mitinteressentin oder Gehilfin in der Wahrnehmung berechtigter Interessen gedeckt. — von Liszt, S. 339 f., sagt, die Wahrnehmung berechtigter Interessen dritter Personen falle nur insoweit unter § 193, als der Handelnde zu der Wahrnehmung berufen sei; jedoch müsse auch der Redakteur wie jeder Staatsbürger zur Wahrnehmung öffentlicher Interessen als persönlich berufen erachtet werden,

Auch wenn man mit dem RG. die Wahrnehmung berechtigter, aber die Öffentlichkeit nicht berührender Interessen durch einen Unberufenen als Schuldausschließungsgrund nicht gelten lassen will, so wird doch die Verfolgung allgemeiner Interessen vor der Öffentlichkeit, sei es in Versammlungen oder Druckschriften, grundsätzlich auch dann zu gestatten sein, wenn dabei objektive Beleidigungen Einzelner vorkommen. Es handelt sich hier um eine Abwägung verschiedener Rechtsgüter gegeneinander; die Wahrnehmung von Interessen der Allgemeinheit muß da unter Umständen dem Interesse des Einzelnen an der Unterlassung mißachtender oder rufgefährdender Kundgebungen vorgehen. Vielfach wird behauptet, daß bei den mit Kränkung von Personen verbundenen öffentlichen Besprechungen die Förderung von Interessen der Gesamtheit regelmäßig nur vorgeschützt, aber weder beabsichtigt noch erreicht werde. Das ist in dieser Allgemeinheit nicht zuzugeben; vielmehr ist häufig durch öffentliche Besprechung die Beseitigung von Übelständen bezweckt und erzielt worden, die durch Eingaben bei Behörden oder an einem anderen vorschriftsmäßigen Wege vergeblich versucht wurde.

In der Rechtsprechung des RG. wird vielfach hervorgehoben, daß durch Anerkennung eines solchen Rechts die Ehre des Einzelnen und besonders die der im öffentlichen Leben stehenden Personen schutzlos den Angriffen preisgegeben würde. Diese Befürchtung wird sich als unbegründet erweisen, wenn die Zulässigkeit derartiger strafloser Angriffe sachgemäß begrenzt wird[1]).

a) Die Äußerung darf nicht zu andern Zwecken, insbesondere nicht zur Befriedigung des Sensationsbedürfnisses oder der Neugier erfolgen. Sie muß nicht bloß „in“ und „bei Gelegenheit“, sondern zur Wahrnehmung berechtigter Interessen getan sein; der Äußernde muß also die Wahrnehmung des Interesses als Ziel seines Vorgehens im Auge haben und in der Überzeugung handeln, daß durch sein Vorgehen die Erreichung dieses Ziels eine bestimmte von ihm gewollte Förderung erfahre.

b) Die gewollte Förderung des öffentlichen Interesses muß in einem angemessenen Verhältnis zu der Kränkung stehen; die

---

und ein „ähnlicher Fall“ könne auch da vorliegen, wo die Wahrnehmung berechtigter Interessen zu leugnen sei. Beide Schriftsteller kommen also, obwohl ihre Grundauffassung der des RG. nahesteht, betreffs der Presse zu dem entgegengesetzten Ergebnis.

[1]) Vgl. zum folgenden von Bar S. 132ff.; meine Ausführungen GS. *XXXVIII. 524f.* und DJZ. *XIII. 452.*

Ehre einer Person darf nicht in einer den guten Sitten widersprechenden Weise um eines geringfügigen öffentlichen Interesses willen schwer verletzt oder gefährdet werden.

c) Die Notwendigkeit, die Ausnahmebestimmung des Schlußsatzes auf den Inhalt der Äußerung auszudehnen ist bereits oben erörtert.

d) Der wichtigste Punkt ist die Änderung der Vorschrift betreffs der Äußerungen tatsächlichen Inhalts, soweit sie die Wahrnehmung berechtigter Interessen bezwecken. Man mag es in bezug auf die übrigen Gruppen bei den Bestimmungen des § 263 *DVE.* belassen. Erhebliche Unzuträglichkeiten haben sich hier bei Anwendung des in der Hauptsache übereinstimmenden § 193 StGB. nicht gezeigt; auch erscheint namentlich eine weitere Beschränkung des Angeklagten bei seiner Verteidigung über den Abs. 2 des § 263 hinaus nicht angemessen. Aber kränkende Äußerungen zur Wahrnehmung berechtigter Interessen dürfen nur gestattet werden, wenn sie auf Grund sorgfältiger Prüfung in entschuldbar gutem Glauben an die Richtigkeit und Erweislichkeit vorgebracht werden.

Die Schuldbefreiung des § 260 ist deshalb auf die Wahrnehmung öffentlicher oder doch einen größeren Kreis betreffender Interessen auszudehnen, dagegen nach den zu c und b angegebenen Richtungen zu beschränken, während die Rechtsprechung die Punkte a und b zu beachten hätte.

Dadurch wird der anständigen Presse ihr Recht verschafft und die Möglichkeit gewährt, zur Beseitigung von Übelständen im öffentlichen Leben durch öffentliche Besprechung beizutragen, dabei aber grundlosen Kränkungen anderer tunlichst vorgebeugt. Durch die Einschränkung zu d wird auch die Wahrnehmung privater Interessen, z. B. die Tätigkeit der Auskunfts- und Schuldeneinziehungsbureaus, die Warnung vor böswilligen Schuldnern, zweckentsprechend geregelt.

Bei dieser Regelung kann die Einrichtung des Wahrheitsbeweises in ihrer heutigen Gestalt wegfallen. Ein Grund dafür, die Behauptung oder Verbreitung wahrer ehrenrühriger Tatsachen auch dann straflos zu lassen, wenn sie nicht zu einem berechtigten Zweck im Sinne des § 263 *DVE.* erfolgt, liegt nicht vor. Die Allgemeinheit hat mangels eines derartigen Zweckes kein Interesse daran, daß unehrenhafte Handlungen einzelner verbreitet werden; der Satz des Paulus „peccata nocentium nota esse et oportere et expedire“ (l. 47 pr. D. de injuriis 47, 10) entspricht in diesem Umfange nicht mehr der heutigen Rechtsanschauung. Für den einzelnen aber ist die Möglichkeit einer solchen straflosen Weiterverbreitung, welche das RG. früher einmal (E. *II. 381*) nicht sehr treffend als das „Recht, die Wahrheit zu sagen" bezeichnete, ohne Wert; denn er muß, wie oben gezeigt, bei Ausübung dieses „Rechts" auch nach sorgsamster Prüfung des Sachverhalts mit der Möglichkeit einer Verurteilung rechnen.

Die Begr. lehnt (S. 712) im Anschluß an von Lilienthal (S. 455) eine Änderung in dem hier befürworteten Sinne mit dem Bemerken ab, es sei schwer, mit Sicherheit festzustellen, aus welchen Beweggründen der Täter gehandelt und welchen Zweck er verfolgt habe. Es könnten ihn gleichzeitig verschiedene Motive, ehrenhafte und verwerfliche, geleitet haben und sein wahrer Zweck könne zur Zeit des Urteils noch verborgen sein; eine derartige Vorschrift stelle daher den Richter unter Umständen vor eine unlösbare Aufgabe. — Wäre das richtig, so würde § 263 (193 StGB.) ebenfalls den Richter leicht vor eine unlösbare Aufgabe stellen können, da nach den dort gegebenen Vorschriften doch auch der Zweck der Äußerung für die Strafbarkeit maßgebend ist (vgl. Begr. S. 717 zu § 263, Satz 2 und 3). In Wirklichkeit ist regelmäßig unschwer festzustellen, ob die Äußerung zu einem berechtigten Zweck getan wurde. Ist ein solcher nicht ersichtlich, so muß Bestrafung eintreten; wird neben einem berechtigten Zweck ein andrer verfolgt, so schließt das Vorhandensein des berechtigten Zweckes die Schuld aus. Dagegen ist der Beweggrund des Handelnden unerheblich (Olshausen S. 770); hat jemand mit der ernstlichen Absicht, ein Strafverfahren herbeizuführen, bei einer Behörde strafbare Tatsachen angezeigt, die er für richtig hält, so ist er freizusprechen, auch wenn er aus Rachsucht handelt (E. *XX. 164*).

Die in den *DVE* übernommene Straflosigkeit wahrer ehrenrühriger Behauptungen ist daher zu beseitigen. Im Interesse des Angeklagten ist nur der Beweis darüber zu erheben, ob die zu einem berechtigten Zweck getane Äußerung nach sorgfältiger Prüfung und in entschuldbar gutem Glauben erfolgt ist; denn nur diese Momente sind für die Schuldfrage von Bedeutung. Irgend welcher Einschränkungen dieses Beweises im Sinne des § 260 Abs. 2 bedarf es nicht. Allerdings wird damit eine teilweise fahrlässige Beleidigung eingeführt; das ist aber ein Fortschritt gegen den jetzigen § 186, bei dem die Bestrafung oder Freisprechung teilweise vom Zufall abhängt. — Nur im Interesse und auf Verlangen des Verletzten ist in der oben geschilderten Art der Beweis zu erheben.

Nach § 328 des *OVE.* ist der Täter nicht strafbar, wenn er nach Inhalt und Form der Beschuldigung eine Pflicht erfüllt oder ein Recht ausübt, oder wenn die Beschuldigung erweislich wahr ist. Außerdem hat das Gericht von Strafe abzusehen, wenn der Täter zureichende Gründe hatte, die Beschuldigung für wahr zu halten, sie weder in einer Druckschrift, noch in einer öffentlichen Versammlung vorbrachte und das Vorbringen durch ein öffentliches Interesse oder ein berechtigtes Privatinteresse geboten war. — Hier wird also der Wahrheitsbeweis wie im StGB. und im *DVE.* geregelt; dagegen werden, wie hier vorgeschlagen, die beiden in § 263 *DVE.* aufgeführten Gruppen von Schuldausschließungsgründen verschieden behandelt und das Vorbringen zur Wahrnehmung berechtigter Interessen nur auf Grund einer subjektiv gerechtfertigten Überzeugung von der Richtigkeit des Vorwurfs gestattet. Hierbei wird aber die Möglichkeit strafloser Äußerungen noch weiter eingeschränkt als nach § 193 in der Auslegung des deutschen RG.; die nicht erweisliche Beschuldigung darf überhaupt nicht öffentlich durch Wort oder Schrift erfolgt sein. — Diese Regelung ist, auch wenn man sich grundsätzlich auf den Standpunkt des *OVE.* stellt, nicht zu billigen. Es ist nicht ersichtlich, inwieweit ein nichtöffentliches Vorbringen durch ein öffentliches Interesse gerechtfertigt werden kann. — Der *SchVE.* enthält über die Rechtswidrigkeit bei Ehrverletzungen keine Vorschriften.

IV. Verleumdung.

Der Tatbestand der verleumderischen Ehrverletzung ist im § 261 *DVE.* derselbe geblieben wie im § 187 StGB., wenn auch dieses Vergehen formell als Unterfall des § 260 behandelt wird[1]). Die seinerzeit vom Reichstag eingefügte sogenannte Kreditverleumdung ist ausgeschieden. Die Begr. (S. 714) rechtfertigt dies damit, daß das Bedürfnis nach einer derartigen Strafvorschrift durch § 7 des Gesetzes zur Bekämpfung des unlauteren Wettbewerbs vom 27. Mai 1896 gedeckt sei. Sofern man überhaupt den in der deutschen Strafgesetzgebung herrschenden und vom *DVE.* übernommenen Gedanken der Verweisung aller an besondere Normen anknüpfenden Strafvorschriften in Nebengesetze billigt, ist diesem Vorschlage auch nach dem jetzigen Rechtszustande (§ 15 des Gesetzes vom 7. Juni 1909, RGBl. S. 499) beizustimmen. — Die von mir vorgeschlagene Änderung der §§ 260, 263 *DVE.*

---

[1]) Mit Recht bemängelt Mittermaier, ZStW. *XXX. 624*, diese Fassung, da jeder Tatbestand aus sich selbst heraus klar sein müsse.

würde den § 261 nicht berühren, da es sich hier um den Beweis der Unwahrheit, nicht um den der Wahrheit handelt.

V. Beschimpfung des Andenkens Verstorbener.

Der Begriff der Beschimpfung des Andenkens eines Verstorbenen, welcher in § 189 StGB. lediglich die wider besseres Wissen erfolgte Behauptung ehrenrühriger Tatsachen umfaßt, ist mit Recht auf andere gröbliche oder böswillige Beschimpfungen ausgedehnt, weil solche geeignet sind, das Pietätsgefühl in besonderem Maße zu verletzen[1]). Diese Abgrenzung verdient den Vorzug vor § 333 Abs. 2 des *OVE.*, wonach jede Beleidigung eines Verstorbenen und vor Art. 107 *SchVE.*, wonach Verleumdungen und alle übeln Nachreden gegen einen Verstorbenen strafbar sind.

VI. Strafantrag.

1. Die Bestimmungen über den Strafantrag bei Beleidigungen (bisher § 194—196) sind im wesentlichen aufrechterhalten und mit den unverändert übernommenen betreffs der Ermächtigung in § 264 vereinigt; nur die Regelung des Antragsrechts bei wechselseitigen Beleidigungen ist wie bisher in einem besonderen Paragraphen (265) erfolgt. Die Vorschläge verdienen im allgemeinen Billigung; jedoch ist folgendes hervorzuheben:

2. Die in den beiden anderen Vorentwürfen nicht enthaltene Vorschrift, wonach dem Ehemann bei Beleidigung seiner Ehefrau wie bisher (§ 195 StGB.) ein selbständiges Antragsrecht gewährt wird, ist meines Erachtens abzulehnen. Sie ist unnötig; denn der Ehemann kann stets für seine Ehefrau in deren ausdrücklicher oder vermuteter Vollmacht Strafantrag stellen und Privatklage erheben. Es liegt kein Grund vor, ihm ein weiteres Recht, insbesondere zu einem Vorgehen gegen den Willen der Frau, zu gewähren. Der entsprechende § 162 PrStGB. beruht, wie die Entstehungsgeschichte ergibt[2]), auf der Annahme einer mittelbaren Injurie. Daß diese Annahme dem § 195 trotz seines gleichen Wortlauts nicht zugrunde liegt, ergeben nicht bloß die Motive („der § 195 berücksichtigt nicht die sog. mittelbare Injurie, will vielmehr nur die Rechte beleidigter Ehefrauen besonders wahren"), sondern

---

[1]) Dagegen Kohler, Goltd. Arch. *LVI. 298*: Jedes Urteil über den Toten sei unbedingt zu gestatten. Sachlich ist das zuzugeben; aber ein Urteil in beschimpfender Form braucht deshalb nicht straffrei gelassen zu werden.

[2]) Vgl. Goltdammer, Materialien zum PrStGB. *I. 338—340.*

auch die Ausdehnung auf die Körperverletzungen (§ 232 Abs. 3 des StGB., § 233 Abs. 3 *DVE.*), bei denen doch von einer mittelbaren Verletzung nicht die Rede sein kann[1]). Diese Vorschrift ist aber nicht bloß überflüssig, sondern schädlich, weil sie namentlich beim Vorliegen wechselseitiger Beleidigungen eine ungerechtfertigte Benachteiligung der Gegenpartei enthält. Denn dieser wird das Recht aus § 265 (§ 198 StGB.), noch nach Ablauf der Frist den Strafantrag zu stellen, entzogen. Das hierdurch für das Strafverfahren bedingte selbständige Privatklagerecht des Ehemannes (§ 414 Abs. 2 StPO., § 378 Satz 2 des Entwurfs zur StPO.) bringt ferner die Ehefrau in eine Stellung, welche derjenigen eines Verletzten im Offizialverfahren ähnlich ist. Sie kann als Zeugin vernommen und beeidigt werden; nach jetzigem Recht ist die Beeidigung mangels besonderer Hindernisse sogar notwendig. Die Gegenpartei verliert durch diese Klageanstellung die Möglichkeit, eine Widerklage zu erheben und muß sich mit der Prozeßstellung des Angeklagten begnügen; ihre Vernehmung als Zeugin ist unzulässig. Bei den sehr häufigen wechselseitigen Schimpfereien zwischen Frauen niederer Stände hängt hiernach die Prozeßstellung jeder der beiden Beteiligten und damit vielfach der Ausgang des Verfahrens davon ab, welcher von beiden zuerst klagt. Dieser Zustandt ist unhaltbar und muß durch Streichung der Bestimmung beseitigt werden.

3. Die Ausdehnung des Antragsrechts bei Beschimpfung des Andenkens Verstorbener (§ 264 Abs. 1 Satz 3 *DVE.*), das jetzt nur Ehegatten, Eltern und Kindern zusteht, auf die Geschwister ist zu billigen, dagegen geht es zu weit und über das praktische Bedürfnis hinaus, wenn ein solches Antragsrecht auch den Großeltern und Enkelkindern zugestanden wird[2]). Diese stehen dem Verstorbenen nicht nahe genug, um eine solche Vorschrift zu rechtfertigen. Allerdings wird nach Art. 107 des *SchVE.* das Antragsrecht außer den Geschwistern und den Ehegatten noch weitergehend allen Verwandten gerader Linie gewährt (vgl. § 63 Nr. 3), während der *OVE.* dies wie § 189 StGB. auf Ehegatten und Verwandte ersten Grades beschränkt.

4. Die jetzigen §§ 196, 197 sind unverändert in § 264 Abs. 2 und 3 *DVE.* übernommen. Damit ist zunächst in negativer Beziehung klargestellt, daß anderen Personeneinheiten als Behörden

---

[1]) So mit Recht Binding, Handb. *I. 628* Anm. 13.

[2]) So Kohler, a. a. O., der aber auch die Ausdehnung auf die Geschwister ablehnt.

und politischen Körperschaften eine Beleidigungsfähigkeit nicht zukommt (Begr. S. 720). Da das Gesetz mit Aufstellung dieser Gruppen den Ehrbegriff von der Einzelperson loslöst, würde es folgerichtig sein, auch andere öffentlich anerkannten organisierten Personengesamtheiten die Beleidigungsfähigkeit zuzusprechen[1]). Ein praktisches Bedürfnis hierfür liegt aber nicht vor, da in der Beleidigung einer kollektiven Einheit fast stets auch eine solche der einzelnen Mitglieder zu finden ist und gefunden wird. — Der § 196 ist ein Rest der früher herrschenden Annahme einer besondern Amtsehre, d. h. der von dem persönlichen Wert unabhängigen Würde des Beamten als Vertreters des Staates in seinem Amtskreise (Liepmann, S. 355f.); indessen erkennt die Vorschrift in ihrer jetzigen Fassung diesen besondern Tatbestand der Amtsehre nicht mehr an (vgl. E. *XXVII. 195ff.*, Binding, a. a. O. S. 176). Die Wiedereinführung eines derartigen an § 164 Abs. 1 und 2 *OVE.* aufgenommenen Tatbestandes — auf eine solche zielt die Darlegung Bindings — wäre systematisch richtiger, als die jetzige in den *DVE.* übernommene Unterbringung dieser Straftaten unter den Beleidigungsbegriff. Ein Bedürfnis liegt aber auch für diese Änderung nicht vor. Der § 196 hat namentlich in Preußen eine umfassende Anwendung gefunden und sich als ausreichend gezeigt, um das Ansehen des Staates und seiner Beamten gegen verletzende Angriffe zu schützen.

5. § 265 wiederholt lediglich den, wie die Begründung meint, bewährten § 198 StGB. In Wirklichkeit hat sich diese Vorschrift im Verfahren auf erhobene öffentliche Klage in keiner Weise bewährt. Dem Angeklagten wurde die Stellung des Strafantrages „bis zum Schluß der Verhandlung in erster Instanz“ zu dem Zweck aufgegeben, um eine gemeinsame Verhandlung über Klage und Widerklage zu ermöglichen. Dies ist aber bei Erhebung der öffentlichen Klage nicht zu erreichen, da die prozessuale Form hierfür fehlt (E. *XXIX. 116*). Trotzdem wird wohl diese Vorschrift aufrechterhalten werden müssen, denn für Privatklagesachen ist eine Bestimmung unentbehrlich, welche die gleichzeitige Verhandlung wechselseitiger Beleidigungen ermöglicht (§§ 428 StPO., 400—402 des Entwurfs zur StPO.). Man kann aber die Gestaltung des Antragsrechts, das nicht ausschließlich prozessualer, sondern

[1]) Dafür eingehend Liepmann S. 350—354, ferner von Liszt S. 336 und andere. Manche Schriftsteller nehmen schon nach jetzigem Recht eine Beleidigungsfähigkeit solcher Gesamtheiten an; vgl. die Nachweisungen bei von Liszt, a. a. O. Anm. 7.

auch materiellrechtlicher Natur ist, nicht von der Entschließung des Staatsanwalts über die Erhebung der öffentlichen Klage abhängig machen. — Dagegen wird es sich empfehlen, den § 263 ausdrücklich auf diejenigen Fälle zu beschränken, in denen die wechselseitigen Beleidigungen in einem tatsächlichen oder ursächlichen Zusammenhange stehen. Ob § 198 einen solchen Zusammenhang fordert, ist in der Literatur streitig[1]). Die Rechtsprechung folgt der verneinenden Ansicht des RG. (E. *II. 87*). Aber nur die Fälle, in denen ein solcher Zusammenhang besteht, eignen sich für eine gemeinsame Verhandlung (vgl. §§ 2, 4, 13 StPO). Für eine Vorschrift, nach welcher jahrelang zurückliegende, vielleicht längst vergessene Kränkungen bei einer solchen Gelegenheit wieder hervorgesucht und zum Gegenstande eines Verfahrens gemacht werden können, fehlt es an jedem gesetzgeberischem Grunde.

VII. Straffolgen.

1. Die Strafen der Beleidigung waren im preußischen StGB. vielfach abgestuft; während einfache Ehrverletzungen als Übertretungen behandelt wurden, konnte bei öffentlicher übler Nachrede oder Verleumdung bis auf eineinhalb Jahre Gefängnis, und wenn die Beleidigung gegen Behörden oder Beamte gerichtet war, bis auf zwei Jahre Gefängnis erkannt werden. Das RStGB. verschärfte diese Strafandrohung wesentlich; schon bei einfacher Beleidigung und übler Nachrede kann bis auf ein Jahr, bei tätlicher Beleidigung und öffentlicher übler Nachrede bis auf zwei, bei Verleumdung bis auf fünf Jahre Gefängnis hinaufgegangen werden. Auch der Höchstbetrag der Geldstrafe bei qualifizierten Beleidigungen wurde gegenüber dem preußischen StGB. von 900 auf 1500 M erhöht. Trotzdem machten sich immer aufs neue Stimmen geltend, die auch diese Strafmaße für nicht ausreichend erachteten. Der Entwurf der Novelle gab diesen Forderungen insoweit nach, als er das Höchstmaß der Geldstrafe für die öffentliche üble Nachrede auf 10000 M festsetzte und gleichzeitig bestimmte, daß auf die Geldstrafe auch neben der Freiheitsstrafe erkannt werden kann. Dagegen wurde eine Erhöhung der Freiheitsstrafen nicht vorgeschlagen. Die Begründung bemerkt (S. 13), daß die Höchstbeträge der angedrohten Freiheitsstrafen ausreichend erscheinen, um selbst schwere Fälle angemessen zu ahnden. Der Entwurf ist dem Reichstage am 23. November 1909 wieder vorgelegt worden. Warum der ungefähr gleichzeitig fertiggestellte *DVE.* es nunmehr für

[1]) Vgl. die Übersicht bei Olshausen, S. 781 Anm. 1 Abs. 3.

nötig findet, in besonders schweren Fällen das Höchstmaß bei allen Beleidigungen — abgesehen von der Verleumdung — auf drei Jahre zu steigern, ist aus der Begründung nicht ersichtlich. Ich halte diese und jede andere Erhöhung der Freiheitsstrafe bei Beleidigungen für unnötig[1]). Ungemein selten wird auf die Höchststrafe erkannt und wohl nie ist in der Rechtsprechung ein Fall vorgekommen, wo diese Höchststrafe nicht als ausreichend erschienen wäre. Es wird öfters behauptet (so von Liszt S. 334), die Unausrottbarkeit des Zweikampfs beweise die Unzulänglichkeit der Gesetzgebung in Beleidigungssachen. Wenn dies auf die Strafen zuträfe, so könnte es sich doch höchstens auf die von den Gerichten erkannten Strafen beziehen, die sich bei Beleidigungen unpolitischer Natur allerdings oft mehr als richtig dem Mindestmaß nähern, nicht aber auf die weiten Rahmen des StGB. Ich halte jedoch diesen ganzen Gedankengang für eine Täuschung. Wollte man auch alle Beleidigungen mit schweren Freiheitsstrafen ahnden, nicht ein Zweikampf würde weniger stattfinden. Das Duell besteht in Deutschland fort, weil die herrschende, in der geschichtlichen Entwicklung wurzelnde, im Heere und in studentischen Kreisen gepflegte Sitte diese Art der Austragung von Ehrenhändeln fordert und die Genugtunng durch ein gerichtliches Verfahren ablehnt.

Auch die Erfahrungen anderer Länder rechtfertigen die hier bekämpfte Auffassung nicht. Italien, das die üble Nachrede mit Gefängnis bis zu fünf Jahren bestraft, hat kaum weniger Duelle als Deutschland, während in England, wo das slander in der Regel straflos bleibt, der Zweikampf unbekannt ist. (So mit Recht Kohler S. 14.) — Abgesehen von Italien, haben jetzt wohl alle ausländischen Gesetzgebungen und Entwürfe hier niedrigere Freiheitsstrafen als Deutschland. Der *OVE.* geht bei Beschimpfungen bis zu drei, bei einfacher übler Nachrede bis zu sechs Monaten, bei öffentlichen bis zu einem Jahr Gefängnis, der *SchVE.* bei Beschimpfungen nur bis zu einem, bei übler Nachrede bis zu drei Monaten. Die Steigerung des Höchstsatzes von zwei auf drei Jahre ist daher abzulehnen.

2. Mit Recht will dagegen der *DVE.* die Höchstsätze für die Geldstrafe hier wesentlich steigern. Es ist hier mehrfach vorgeschlagen worden[2]), bei Geldstrafen nicht zwei feste Be-

---

[1]) Übereinstimmend Kohler S. 14, Liepmann S. 371, von Lilienthal S. 450.

[2]) Vgl. aus früherer Zeit meine Ausführung Goltd. Arch. *XXVII. 87 f.* und jetzt Liepmann S. 371.

träge, sondern zwei Prozentsätze vom Vermögen oder aber vom Einkommen als Strafgrenzen festzusetzen. Jedoch ist der Begr. (S. 111—114) zuzugeben, daß diesen Vorschlägen gewisse Bedenken entgegenstehen. Um vermögende Beleidiger zu fassen, wird daher nichts übrig bleiben, als den Strafrahmen nach oben angemessen zu erweitern. Der Satz in § 259 (10000 M) ist keinesfalls zu hoch. Ich würde aber eine Steigerung über 3000 M hinaus nicht, wie der *DVE.* will, nur „in besonders schweren Fällen" eintreten lassen. „Besonders schwere Fälle" eignen sich mehr zur Verhängung einer Freiheitsstrafe. Diese Zwischengrenze ist zu beseitigen; innerhalb des ganzen Rahmens von 5 M bis 10000 M muß der Richter die Strafe unter Berücksichtigung der Vermögensverhältnisse des Schuldigen (§ 30 Satz 2) bemessen.

3. Die meisten Gesetzgebungen und auch der *O.* und *SchVE.* bedrohen die üble Nachrede mit höheren Strafen, als die einfache Beleidigung. von Lilienthal, der sonst eine Steigerung der Beleidigungsstrafen mißbilligt, verlangt doch für die üble Nachrede S. 450) ein höheres Strafminimum (ebenso § 327² *OVE.* für den Fall der Öffentlichkeit). Der *DVE.* hat dies, getreu seiner Grundauffassung von der Gleichheit beider Vergehen, abgelehnt und hat wohl daran getan. Jeder Praktiker kann bezeugen, daß bei der üblen Nachrede, genau wie bei der einfachen Beleidigung, zahllose geringfügige Fälle vorkommen, in denen nur eine kleine Geldstrafe am Platze ist. — Ebenso ist es zu billigen, daß der Vorentwurf von einer besonderen Schärfung bei tätlicher Beleidigung und öffentlicher übler Nachrede, wie sie die §§ 185, 186 StGB. enthalten, absieht. Diese Umstände können als Zumessungsgründe innerhalb des ordentlichen Strafrahmens berücksichtigt werden.

4. Die Strafe für die Verleumdung wird insofern geschärft, als auch bei nichtöffentlichen Äußerungen auf Verlust der bürgerlichen Ehrenrechte und neben der Gefängnisstrafe auf Geldstrafe bis zu 10000 M erkannt werden darf; dagegen ist von der Festsetzung eines höheren Mindestmaßes für die Freiheitsstrafe, das § 331¹ *OVE.* und für öffentliche Verleumdungen § 187 Abs. 1 StGB. und § 331² *OVE.* androhen, Abstand genommen. Ersteres ist zu billigen, letzteres nur dann, wenn man überhaupt die kurzen Freiheitsstrafen gutheißt[1]). Es kann in Frage kommen, ob für besonders schwere Fälle eine härtere Strafe vorzusehen ist. Nach

---

[1]) Ich persönlich halte mit v. Liszt u. a. ganz kurze Freiheitsstrafen ohne die Schärfungen des § 18 Abs. 2 *DVE.* für ein unzweckmäßiges Strafmittel.

Art. 105 Abs. 2 *SchVE.* kann statt des ordentlichen Strafmaßes (Gefängnis bis zu zwei Jahren, § 29) auf Zuchthaus bis zu fünf Jahren erkannt werden, wenn der Verleumder planmäßig darauf ausgegangen ist, den guten Ruf des Verletzten zu untergraben. Die Notwendigkeit einer derartigen Schärfung ist zu bezweifeln. Die bezeichneten Fälle sind in der Rechtsprechung so selten, daß ihretwegen die Aufstellung eines besonderen Strafrahmens kaum nötig erscheint. Kommen sie doch vor, so genügt eine Gefängnisstrafe von fünf Jahren, die bei einer Mehrheit von Äußerungen noch gesteigert werden kann (§ 91), nebst den zugelassenen Nebenstrafen — Aberkennung der bürgerlichen Ehrenrechte und Geldstrafe bis zu 100000 M —. Andererseits ist zu erwägen, ob für mildere Fälle, entsprechend dem § 187 Abs. 2 StGB., anstatt des Gefängnisses eine Geldstrafe zugelassen werden soll. Derartige mildere Fälle sind äußerst selten, aber nicht völlig ausgeschlossen; ein solcher würde z. B. bei Erwiderung auf eine schwere Beleidigung, ferner unter Umständen dann angenommen werden können, wenn ein Angeklagter gegen einen Belastungszeugen einen solchen Vorwurf erhebt. In solchen Fällen kann aber, wie die Begr. S. 715 zutreffend hervorhebt, von dem allgemeinen Strafmilderungsrecht des § 83 Gebrauch gemacht werden, unter Umständen sogar Straflosigkeit eintreten (vgl. Nr. 5).

5. Der Vorentwurf gestattet nämlich (§ 259 Satz 2) bei allen Beleidigungen, in besonders leichten Fällen (§ 83), von Strafe abzusehen. Dieser Vorschlag verdient Billigung. Dadurch wird namentlich auch § 199 StGB., welcher eine Fülle von Streitigkeiten und Zweifeln hervorgerufen hat[1]), für den zuerst Beleidigten entbehrlich. Die jetzige Vorschrift ist auch nach dieser Richtung hin nicht ausreichend, weil auch derjenige gleiche Rücksicht verdient, welcher durch Kränkung einer andern ihm nahestehenden Person zu einer Beleidigung sich hinreißen läßt (Begr. S. 721). Es könnte sich fragen, ob nicht die Straflosigkeit auf solche Fälle zu beschränken ist, in denen der Täter durch das unmittelbar vorangegangene Benehmen des andern zu der Tat veranlaßt worden ist (so § 326 Abs. 2 *OVE.*, Art. 108 Abs. 2 *SchVE.*). Aber auch das erscheint nicht empfehlenswert, denn es ist sehr wohl möglich, daß jemand durch ein früheres, erst nach längerer Zeit zu seiner Kenntnis gelangendes Verhalten entschuldbar zu einer Beleidigung veranlaßt

[1]) Vgl. u. a. Olshausen, S. 783—787; Beling, Die geschichtliche Entwicklung der Retorsion und Kompensation 1894; Steinitz, Die sog. Kompensation 1894; meine Abh. GS. *XLI. 192—243.*

wird; es lassen sich auch andere Fälle denken, in denen Straflosigkeit angemessen ist. Die Bestimmung des *DVE.* erscheint daher richtiger. Es ist aber weiter zu prüfen, ob nicht die Vorschrift des § 199 StGB. für den ersten Angreifer aufrechtzuerhalten ist dessen Tat ja nicht dadurch zu einem „besonders leichten Falle" würde, daß der Angegriffene sie mit einer Beleidigung erwidert. Die Bestimmung beruht insoweit auf der weitverbreiteten Volksanschauung, daß derjenige, dessen Kränkung von dem Verletzten durch Wort oder Tat sofort erwidert wird, damit genügend bestraft ist, seine Strafe, wie man sagt, „weg hat", und daß deshalb eine gerichtliche Ahndung entbehrlich ist. Aber ich möchte auch hier dem *DVE.* beitreten, welcher den § 199 StGB. gänzlich beseitigt. Die Entgegnung durch ein Wort wird nicht als ausreichende Ahndung einer vorangegagenen Beleidigung anzusehen sein; im übrigen kann die Erwiderung bei der Strafzumessung berücksichtigt werden.

6. Während der *SchVE.* nur im allgemeinen Teil eine Veröffentlichung des Urteils dann vorschreibt, wenn sie „im öffentlichen Interesse oder im Interesse des Verletzten geboten" ist (Art. 48), und der *OVE.* diese Veröffentlichung nur dann auf Antrag des Verletzten zuläßt, wenn die Beleidigung in einer Druckschrift oder Versammlung erfolgte (§ 334), enthält § 266 *DVE.* hierüber ausführliche und weitgehende Bestimmungen, durch welche § 200 StGB. — unter Weglassung des in das Verfahren verwiesenen dritten Absatzes — an mehreren Punkten zweckmäßig geändert wird.

a) Die Befugnis zur Veröffentlichung soll in allen Fällen, also auch bei nicht öffentlichen Beleidigungen, gewährt werden dürfen, weil die nicht öffentlich geäußerte Beleidigung in weite Kreise dringen kann und weil die Bestrafung durch die Veröffentlichung besonders wirksam wird.

b) Die Bekanntmachung soll nur auf Ansuchen erfolgen. Dies ist eine wesentliche Verbesserung; die vielfach, z. B. bei öffentlichen, nicht unter § 186 StGB. fallenden mündlichen Beleidigungen der Polizeibeamten ausgesprochene Befugnis zur Anheftung an die Gerichtstafel ist ohne allen Wert. Die Beamten oder ihre Vorgesetzten werden in derartigen Fällen von einem entsprechenden Antrage regelmäßig absehen.

c) Der Richter soll, wenn die Beleidigung nicht in einer Zeitung oder Zeitschrift erfolgt ist, nach freiem Ermessen entscheiden, ob die Befugnis zu gewähren ist.

d) Die richterliche Frist für die Bekanntmachung wird in eine gesetzliche (ein Monat) umgewandelt.

e) Bei Beleidigungen in Zeitungen oder Zeitschriften kann die Veröffentlichung auch auf die Gründe ausgedehnt werden.

7. Die Vorschriften über das vielumstrittene Institut der Buße (§ 188 StGB.) konnten wegfallen, weil der *DVE.* in § 57 allgemein den Adhäsionsprozeß aufgenommen hat — trotz der bedauerlichen Beschränkung auf den Betrag von 20000 M und auf den nach bürgerlichem Recht zu ersetzenden Schaden einer der erheblichsten Fortschritte des Entwurfs, gegenüber dem jetzigen Recht [1]).

---

§ 4.

Geheimnisverletzung [2]).

A. Verletzung des Briefgeheimnisses.

I. Mit Recht hat der Vorentwurf die Verletzung des Brief- und Urkundengeheimnisses (§ 299 StGB.) in § 267 nicht mehr, wie das geltende Recht, an die Vorschriften über strafbaren Eigennutz, sondern an diejenigen über die Ehrverletzung angeschlossen. Es handelt sich hier um eine der Beleidigung nahestehende Verletzung der Privatrechtssphäre, für deren Tatbestand weder auf seiten des Täters, noch auf derjenigen des Verletzten eine Beziehung auf das Vermögen erfordert wird.

II. Der Tatbestand wird in Übereinstimmung mit § 400 [3] *OVE.* und Art. 117 *SchVE.* und im Anschluß an § 299 StGB. mit vier Fassungsänderungen gestaltet:

a) An Stelle der „verschlossenen Urkunde" tritt das „verschlossene Schriftstück".

b) Das „Eröffnen" wird durch „Öffnen" ersetzt, weil „Eröffnen" nach jetzigem Sprachgebrauch den Sinn von „Mitteilen" hat.

c) Das Begriffsmerkmal „nicht zu seiner Kenntnisnahme bestimmt" ist, als in dem „unbefugt" enthalten weggelassen.

d) Das Wort „vorsätzlich" ist beseitigt, weil „das Vergehen nur als vorsätzliches denkbar" sei. Diese Begründung geht meines Erachtens fehl. Die Straftat ist auch als fahrlässige denkbar: es erbricht z. B. jemand versehentlich einen in seine Hände gelangten nicht an ihn gerichteten Brief. Es wäre sehr wohl denkbar, solche

---

[1]) Vgl. meine Ausführungen DJZ. *XIV. 295f.*

[2]) Finger, *Vergl. Darst. Bes. T. VI. 293—415* ist bloß mit dem Namen des Verfassers angeführt.

[3]) Vgl. Begr. zum Entwurf des StPO. S. 208.

Fälle unter Strafe zu stellen. Trotzdem ist die Weglassung gerechtfertigt, weil auch nach dem System des *DVE.* fahrlässig begangene Vergehen nur dann strafbar sind, wenn dies ausdrücklich gesagt ist; das Erfordernis des Vorsatzes ist hier durch das Begriffsmerkmal „unbefugt" noch besonders außer Zweifel gestellt.

III. Die in der Praxis selten angewendete Vorschrift bezweckt den Schutz des Brief- und Schriftengeheimnisses. „Schriftstück" im Sinne des § 267 *DVE.* ist jede Gedankenäußerung in Schriftform. Ein solches Schriftstück ist ein Brief, wenn es an eine bestimmte Person (Adressat, Empfänger) gerichtet ist. „Verschlossen" ist ein Schriftstück, dessen Einsichtnahme bis zur Öffnung seitens des Berechtigten durch eine an dem Schriftstück selbst oder seiner Umhüllung (Kuvert, Briefumschlag) angebrachte Vorrichtung verhindert werden soll. Nach dem Wortlaut der Vorschrift wird nur die Öffnung eines Briefes und andern verschlossenen Schriftstücks bestraft. Befindet sich also in dem unbefugt geöffneten Verschluß kein Schriftstück, sondern ein Bild oder ein anderer Gegenstand oder gar nichts, so ist der Täter nach § 267 sowenig wie nach § 299 StGB. strafbar[1]). Offenbar wird aber, wie (Finger (S. 317) mit Recht hervorhebt, die Brauchbarkeit der Vorschrift beeinträchtigt. Denn häufig ist erst nach Lösung des Verschlusses ersichtlich, was darin ist. Öffnet also jemand aus Neugier eine Hülle, in der Meinung, daß sie nur ein Bild enthält, so wäre er straflos, wenn sich auch nachher herausstellte, daß sich auf dem Bilde eine briefliche Mitteilung befindet[2]). Zur Beseitigung derartiger Zweifel wäre es wohl richtiger, mit Finger den Schutz des Briefgeheimnisses in einen solchen des Verschlußgeheimnisses umzuwandeln und das unbefugte Öffnen von Verschlüssen, Siegeln, Briefen, Paketen unter Strafe zu stellen[3]).

---

[1]) So namentlich Gerhard, Der strafrechtliche Schutz des Briefes 1905 S. 11; Friedländer, Z. f. StW. *XVI. 777ff.*; Binding, Lehrb. *I. 129*: „Das Schriftstück kann nicht in der Adresse allein bestehen. Ein Brief mit Mustern ohne Wert hat an dem Schutz des § 299 keinen Anteil." Auch Kohler, Recht an Briefen 1893 S. 12, versteht unter Briefen nur vertrauliche schriftliche Kundgebungen. Anderer Meinung, de lege lata ohne ausreichenden Grund; Finger S. 317; Seréxhe, Die Verletzung fremder Geheimnisse 1906 S. 43, 64: „Um den Kern zu schützen, bedroht der Gesetzgeber schon die Verletzung der Schale mit Strafe." — Der weitere Begriff in § 1¹ Reichspostges. (Galli in Stenglein, Nebenges. 4. A. S. 79 Anm. 3 und die dort angeführten Urteile) kommt hier nicht in Frage.

[2]) Falls nicht, was meist der Fall ist, der Verschluß beschädigt und damit § 303 StGB. (§ 289 *DVE.*) anwendbar wird.

[3]) So Solothurn § 192⁵; vgl. Finger S. 329.

Zuzugeben ist der Begr. (S. 727), daß der Verschluß von Paketen öfter nur dem Schutz der verpackten Sache, nicht dem eines Geheimnisses dient; aber die Fälle sind nicht selten, in denen Absender wie Empfänger ein Interesse an der Geheimhaltung des Paketinhalts haben. Allerdings sind derartige Zweifel in der Rechtsprechung bisher noch nicht aufgetaucht.

IV. Die meisten Schwierigkeiten bereitet das Begriffsmerkmal „unbefugt". Unzweifelhaft wird eine Befugnis nicht bloß durch Erlaubnis des Adressaten und durch ausdrückliche gesetzliche Ermächtigungen (vgl. z. B. § 110 StPO., § 121 KonkOrdn.) begründet. Sie kann auch aus bestimmten Rechtsverhältnissen, z. B. dem Erziehungsrecht folgen, während eine allgemeine Befugnis des Ehemanns zur Öffnung der an seine Frau gerichteten Briefe nicht besteht[1]). Einige Schriftsteller gehen weiter und lassen nicht nur eine Geschäftsbesorgung ohne Auftrag, sondern jedes im sozialen Leben anerkannte Interesse die Befugnis zur Öffnung begründen[2]). Eine Lösung dieser Schwierigkeiten kann im Rahmen einer Strafvorschrift kaum erfolgen.

V. Zweifelhafter erscheint, ob sich nicht eine nähere Bestimmung des Antragsrechts empfiehlt. Nach der am meisten verbreiteten Meinung steht diese Berechtigung zunächst dem Absender, nach der Bestellung aber dem Adressaten zu, während andere Schriftsteller beide Personen für befugt halten. Meines Erachtens ist die erste Meinung die richtigere. Einer Regelung im Gesetz steht aber die Schwierigkeit entgegen, bei den verschiedenen Beförderungsarten den Zeitpunkt für den Übergang dieses Rechts vom Absender auf den Empfänger sachgemäß zu bestimmen.

VI. Weitere Strafdrohungen gegen das Eindringen in fremde Geheimsphären sind nicht wünschenswert[3]). Dagegen wird zu prüfen sein, ob nicht auch, wie der *OVE.* dies in § 400[1] tut, die

---

[1]) Vgl. die Nachweisungen bei Olshausen S. 1235 A. 5 Abs. 4; die Alleinherrschaft des Mannes in der Ehe, aus welcher Kohler S. 56ff. ein unbeschränktes Brieföffnungsrecht des Mannes behauptet, ein gleiches Recht der Frau aber S. 59 als „Recht der Empörung gegen das Haupt der Familie" ablehnt, besteht jedenfalls nach dem BGB. nicht mehr.

[2]) So Mittermaier, Z. f. StW. *XXI. 221*; Graf Dohna, Rechtswidrigkeit (1905) S. 114.

[3]) So auch Finger S. 342, der aber zu erwägen gibt, ob nicht das Eindringen in fremde, durch Raumverschluß geschützte Geheimsphären mittels Anwendung phonographischer oder photographischer Apparate bestraft werden soll. Ein Bedürfnis hierfür scheint mir jedoch nicht vorzuliegen.

Unterdrückung von Briefen zu bestrafen ist. Diese Frage wird jedoch besser im Anschluß an § 287 *DVE.* zu regeln sein.

VII. Während die Erhöhung der Geldstrafe auf 1000 M sich mit Rücksicht auf vermögendere Täter rechtfertigt, liegt kein Grund vor, den Höchstsatz der Freiheitsstrafe, wie der *DVE.* dies tut, von drei auf sechs Monate zu steigern. Eine Gefängnisstrafe von drei Monaten, die bisher wohl kaum je erkannt worden ist, erscheint ausreichend, selbst wenn ein beträchtlicher Schade angerichtet ist. Die wenigen in der Praxis vorgekommenen Fälle sind meist geringfügiger Art[1]).

B. Geheimnisbruch.

I. Der § 268 *DVE.*, welcher aus demselben Grunde wie § 267 der Ehrverletzung angereiht wird, ist kürzer im Ausdruck und umfassender an Inhalt als § 300 StGB. Während dieser „Rechtsanwälte, Advokaten, Notare, Verteidiger in Strafsachen, Ärzte, Wundärzte, Hebammen, Apotheker, sowie die Gehilfen dieser Personen" als Subjekte des Vergehens bezeichnet, nennt § 268 „Personen, die zur Ausübung der Heilkunde, Geburtshilfe, Krankenpflege, des Apothekergewerbes oder zur Beratung oder Vertretung in Rechtsangelegenheiten oder zur Beurkundung von Rechtsgeschäften öffentlich bestellt oder zugelassen sind, sowie die Gehilfen dieser Personen".

Was § 268 mit „öffentlicher Bestellung" meint, ist klar. Unter „öffentlicher Zulassung" soll nach der Begr. (S. 728 f.) nicht ein bloß passives Verhalten der Staatsgewalt, sondern ein staatlicher Akt der Anerkennung für den betreffenden Beruf verstanden sein. Es würde sich empfehlen, dies im Gesetz selbst klarzustellen, da der Ausdruck „Zulassung zum Gewerbebetriebe" sich für das bloß passive Verhalten der Staatsgewalt (§ 1 RGO.) in Wissenschaft und Rechtsprechung eingebürgert hat.

II. Durch die Fassung „Personen, die zur Ausübung der Heilkunde, Krankenpflege öffentlich bestellt oder zugelassen sind", soll nach der Begr. der Kreis der Schweigepflichtigen auf alle Angestellten, Unternehmer und Unternehmergehilfen von privaten, sowie die Angestellten und Vorstände von öffentlichen Heilanstalten (die Begr. spricht auch bei diesen, wohl versehentlich, von Unternehmern und Unternehmergehilfen) ausgedehnt werden. Auch hier hätte die Fassung meines Erachtens klarer sein können. Man kann wohl von dem gemäß § 30 Abs. 1 RGO. konzessionierten

---

[1]) Vgl. Begründung zum Entwurf der StPO. S. 208.

Unternehmer einer Privatkrankenanstalt sagen, daß er „zur Ausübung der Krankenpflege öffentlich zugelassen“ ist, nicht aber von dem Verwaltungsdirektor der Charité, daß er zu dieser Tätigkeit öffentlich bestellt sei. — Durch die Fassung des § 268 sind ferner mit Recht Zahnärzte, was bisher zweifelhaft war, sowie über § 300 StGB. hinaus geprüfte und zugelassene Krankenschwestern und Heildiener (Bader) der Schweigepflicht unterworfen.

III. Zu den Personen, welche zur Beratung und Vertretung in Rechtssachen öffentlich zugelassen sind, gehören, wie die Begr. mit Recht hervorhebt, neben den in § 300 genannten Rechtsanwälten insbesondere auch Patentanwälte (Reichsges. vom 21. Mai 1900) und „Prozeßagenten“ (§ 157 Abs. 4 ZPO.; für Preußen JME. vom 25. September 1899, JMBl. S. 272). Dagegen werden von dem Wortlaut kaum umfaßt die vom Gericht zur Verteidigung eines anwesenden Angeklagten bestellten oder zugelassenen Personen, welche nicht Rechtsanwälte sind. Deshalb empfiehlt es sich, „Verteidiger in Strafsachen“ ausdrücklich aufzuführen.

IV. Die letzte Gruppe „Personen, die zur Beurkundung von Rechtsgeschäften öffentlich bestellt oder zugelassen sind“, begreift außer den in § 300 allein genannten Notaren namentlich die Richter, sofern sie, wie in Grundbuchsachen und in der freiwilligen Gerichtsbarkeit, Rechtsgeschäfte zu beurkunden haben, ferner Standesbeamte und Schiedsmänner.

V. Mehrfach ist vorgeschlagen, noch weitere Personengruppen in die Schweigepflicht einzubeziehen.

1. Studierende der Medizin[1]). Dies empfiehlt sich; jedoch ist eine weitere Fassung wünschenswert, welche alle bei klinischen Demonstrationen zugelassenen Personen begreift.

2. Kahl (Z. f. StW. *XXIX. 353*) regt an, die Schweigepflicht auch auf nichtapprobierte Krankenbehandler auszudehnen. „Warum soll es Naturärzten und Kurpfuschern gestattet sein, Anvertrautes straflos auszuplaudern?“ Wollte man diesem Gedanken nachgehen, so müßten neben den Rechtsanwälten die Winkelkonsulenten, neben den Apothekern die mit Arzneimitteln handelnden Drogisten hier zum Schweigen verpflichtet werden. Der Vorschlag ist aber abzulehnen. Der Staat schützt hier das Berufsgeheimnis, weil es im öffentlichen Interesse liegt, daß Kranke sich an einen Arzt und dann an einen Apotheker, daß eines Rechtsbeistandes Bedürftige sich an einen Rechtsanwalt wenden, und weil dies nur dann mit

---

[1]) Lohsing im Archiv für Kriminalanthropologie *XV. 145*; Finger S. 356 Anm. 1; Placzek, Das Berufsgeheimnis des Arztes 3. A. 1909 S. 14.

vollem Vertrauen geschehen wird, wenn die Nachsuchenden des Schweigens der Angegangenen sicher sind. Daß Kurpfuscher und Winkelkonsulenten angegangen werden, liegt nicht im öffentlichen Interesse.

3. Ferner wurde vorgeschlagen, auch Beamte und Organe der Landesversicherungsanstalten[1]), Krankenkassen, Armendirektionen und ähnlicher Behörden und Anstalten aufzuführen. Die Begr. bemerkt hiergegen, die Regelung dieser Frage würde, wenn hierfür ein Bedürfnis anzuerkennen sei, zweckmäßig in einem Sondergesetz, etwa der Reichsversicherungsordnung, erfolgen. Denn nur bei einer solchen Regelung könne die notwendige Berücksichtigung der eigentümlichen Verhältnisse der Arbeiterversicherung erfolgen; im Rahmen des allgemeinen StGB. sei dies unmöglich. — Dieser Ausführung ist meines Erachtens nicht beizutreten. Die besonderen Verhältnisse der Arbeiterversicherung kommen für die Regelung der Schweigepflicht nicht in Betracht[2]). Dies ergeben auch die beinahe gleichlautenden Vorschriften der Unfallversicherungsgesetze von 1900, in denen die unbefugte Offenbarung von Betriebsgeheimnissen geregelt wird (vgl. Finger S. 356f. und die folgende Nr. VI).

VI. Abgesehen von dem StGB. wird die unbefugte Offenbarung von Geheimnissen noch in §§ 17 und 20 des Reichsgesetzes gegen den unlauteren Wettbewerb vom 7. Juni 1909 und in verschiedenen Reichs- und Landesgesetzen unter Strafe gestellt[3]). Diese Zersplitterung wäre vermieden worden, wenn man bei Erlaß des RStGB. die Materie umfassend geregelt, etwa den § 155 PrStGB.[4]) mit angemessenen Einschränkungen (besonders

[1]) Bezüglich der Betriebsgeheimnisse besteht bereits eine solche Vorschrift.

[2]) § 154 des Entwurfs der Reichsversicherungsordnung bedroht denjenigen, der unbefugt offenbart, was ihm in amtlicher Eigenschaft als ... über Krankheiten oder andere Gebrechen Versicherter oder ihre Ursachen bekannt geworden ist," mit Strafe. Das könnte ebensogut im StGB. vorgeschrieben werden. (§ 155 enthält Bestimmungen über Offenbarung von Geschäfts- und Betriebsgeheimnissen.)

[3]) Der Übersicht bei Finger S. 365f. ist § 186 des Invalidenversicherungsgesetzes vom 13./19. Juni 1899 hinzuzufügen. Die §§ 12 und 14 des Weingesetzes von 1901 sind durch die §§ 24 und 27 des Gesetzes vom 7. April 1909, der § 69 des preußischen Einkommensteuergesetzes von 1891 ist durch § 75 des Gesetzes vom 19. Juni 1906 ersetzt.

[4]) „Medizinalpersonen und deren Gehilfen, sowie alle Personen, welche unbefugterweise Privatgeheimnisse offenbaren, die

in bezug auf die Dauer der Schweigepflicht) übernommen hätte. Zum mindesten empfiehlt es sich jetzt, wenn auch die Vorschriften des Gesetzes gegen den unlauteren Wettbewerb aufrecht erhalten werden, unter Beseitigung der übrigen Sonderbestimmungen nach dem Vorschlage Fingers (S. 351) die Schweigepflicht jedem aufzuerlegen, dem aus öffentlichem Interesse ein Einblick in eine fremde Geheimsphäre gewährt wird. Die Begr. (S. 729) wendet gegen eine solche Vorschrift ein, die Gesetzgebung sei, soweit nicht schon Strafvorschriften beständen oder bei Beamten die Disziplinargesetze Schutz gewährten, in der Lage, sobald sich auf einem Sondergebiet ein Bedürfnis dafür geltend mache, durch Vorschriften einzugreifen, die sich den Besonderheiten der dann vorliegenden Einzelfälle besser anpassen könnten. Aber eine solche Gesetzgebung mit immer neueren Strafvorsehriften ist meines Erachtens nicht zu billigen, die Aufstellung eines einheitlichen Prinzips vorzuziehen. Für die Befürchtung der Begr., eine derartige allgemeine Bestimmung würde unberechenbare Wirkungen haben und verkehrshemmend wirken, fehlt es an jedem Anhalt. Die entsprechenden Vorschriften des PrStGB. und anderer Partikulargesetzgebungen (vgl. Finger S. 347ff.) haben unangefochten bestanden und auch der Art. 378 des französischen code pénal, der außer bestimmten medizinisch tätigen Personen noch „toutes autres personnes dépositaires, par état on profession, des secrets, qu'ou leur confie“ nennt, hat insoweit zu Bedenken keine Veranlassung gegeben. Ähnlich sagt der *OVE.* (§ 403[1]): „Wer nach den für seine Berufstätigkeit geltenden Vorschriften, insbesondere als Advokat ... zur Wahrung des Geheimnisses verpflichtet ...“, während Art. 192 des *SchVE.* die Frage nach Art des § 300 StGB. regelt[2]).

VII. § 268 ersetzt in zweckmäßiger Kürzung die Worte „kraft ihres Amtes, Standes oder Gewerbes“ durch „kraft ihres Berufs“. Wenn weiter hinter „anvertraut“ die Worte „oder zugänglich geworden“ eingeschoben sind, so ist dies nur ein deut-

---

ihnen kraft ihres Amtes, Standes oder Gewerbes anvertraut sind, werden ... bestraft.“

[1]) Vgl. das eingehende Referat von Olshausen auf dem 19. Juristentage zu Stettin (1888) und die darauffolgende Erörterung. Verhandlungen *III. 239 ff.*

[2]) Dieser *VE.* führt hier auch „Geistliche“ auf. Eine solche Erweiterung ist entbehrlich. An der Aufrechterhaltung des Beichtgeheimnisses hat in erster Reihe die Kirche Interesse; sie schützt dieses Interesse wirksam und ausreichend.

licherer Ausdruck für den Gedanken des schon bisher in diesem Sinne ausgelegten geltenden Rechts. Dagegen möchte ich die Übernahme der Fassung „kraft ihres . . .“ aus § 300 StGB. nicht billigen. Allerdings stimmen damit die beiden andern Vorentwürfe überein (*OVE.*: „in seiner Berufseigenschaft“, *SchVE.*: „zufolge seines Berufes“). Aber die eingehenden Ausführungen von Finger (S. 359 bis 362) ergeben, zu welchen Zweifeln und schwierigen Unterscheidungen namentlich in bezug auf die Stellung der Ärzte diese Einschränkung führen muß. Finger hält z. B. eine Schweigepflicht dann nicht für gegeben, wenn der Patient bei Gelegenheit einer Konsultation von seinen finanziellen Sorgen berichtet, — wenn der Arzt bei Untersuchung einer Frau in deren Boudoir Toilettengeheimnisse wahrnimmt. Mit Recht wendet sich Placzek S. 17f. der Anm. 10 angeführten Schrift gegen eine derartige Auffassung, die den Anschauungen des Publikums zuwiderläuft und die Vertrauensstellung des Arztes zu untergraben geeignet ist. Da die Ansicht Fingers aber in dem jetzigen Wortlaut eine Stütze findet, wird die Schweigepflicht der genannten Personen auf alle Geheimnisse auszudehnen sein, welche ihnen bei Ausübung ihres Berufes bekannt geworden sind.

VIII. Die Hauptschwierigkeit liegt auch hier wie bei § 299 StGB. in dem Worte „unbefugt“; am meisten hat sich die Literatur und Rechtsprechung mit der hochwichtigen Frage befaßt, wann der Arzt zur Offenbarung von Privatgeheimnissen berechtigt ist[1]).

1. Die strengste Meinung[2]) betrachtet jede Mitteilung als unbefugt, die nicht ausdrücklich von dem Anvertrauenden oder dem Patienten gestattet wird, mag auch der Arzt durch Gesetz zu der Angabe verpflichtet sein.

2. Andere Schriftsteller[3]) halten die Offenbarung dann, aber auch nur dann für zulässig, wenn sie entweder von dem Berechtigten gestattet oder durch ausdrückliche gesetzliche Vorschrift geboten (z. B. § 139 StGB., § 18 des Personenstandsgesetzes und die Vorschriften der Seuchengesetze) oder zugelassen ist. Verschiedene

---

[1]) Vgl. hierüber die umfassende, mit reichen Literaturangaben versehene Schrift von Placzek (oben S. 338 A. 1); besonders wertvoll ist die Anführung und Beurteilung einer Reihe von Fällen aus der ärztlichen Praxis (S. 100ff.).

[2]) Bendix, Goltd. Arch. *LII. 1ff.*, bes. S. 9.

[3]) Finger S. 364ff.; Günther, Verschwiegenheitspflicht des Arztes 1894 S. 31; Aschaffenburg, Berufsgeheimnis, Sonderabdr. aus der Ärztl. SachvZtg. 1901 Nr. 23 S. 4ff.; Hippe, Goltd. Arch. *XLVI. 293ff.*; Kohler, Monatsschr. f. Krim.-Psychol. 1909 S. 593ff.; Pallaske, DJZ. 11 S. 293ff.

Mitglieder dieser Gruppe lassen jedoch weitere Ausnahmen zu, z. B. Kohler (S. 595) für den Fall unmittelbarer Gefahr. Deshalb soll z. B. dem Arzte, der eine Amme an Syphilis behandelt, das Offenbarungsrecht zustehen. Finger (S. 368 Anm. 1) will hier eine Notwehr auf seiten des Arztes annehmen, wobei meines Erachtens die Bedeutung des Wortes „Angriff" in § 53 StGB. (ebenso § 66 *DVE.*) verkannt wird. Eher könnte ein Notstand in Sachen des § 67 *DVE.* angenommen werden.

3. Die überwiegende Meinung[1]) erachtet auch diejenige Mitteilung als befugt, welche der Arzt im Falle einer Pflichtenkollision zur Förderung eines höheren Interesses auf Grund von Erwägungen macht, die seiner Berufspflicht Rechnung tragen. Diese Auffassung vertritt das RG. in dem vielbesprochenen Urteil vom 16. Mai 1905 (E. *XXXVIII. 62*). Ein Arzt warnte eine Mutter davor, das von ihm geimpfte Kind mit ihrer Schwester in einem Bett schlafen zu lassen, welche er an Syphilis behandelte. Die Strafkammer hatte den Arzt aus § 300 bestraft. Das RG. hob auf und verwies die Sache in die Vorinstanz zurück. Es hätte geprüft werden müssen, ob eine derartige Warnung nicht zur gewissenhaften Erfüllung der Berufspflichten des Arztes gehörte; war dies der Fall, so sei bei Unterlassung der Warnung die Möglichkeit einer Bestrafung des Angeklagten aus § 230 Abs. 2 StGB. gegeben gewesen. Eventuell müsse festgestellt werden, ob Angeklagter sich nicht subjektiv zu einer solchen Warnung für befugt erachtet habe.

Die Entscheidung ist vielfach gebilligt, aber auch öfters, so in dem S. 341 Anm. 3 erwähnten Artikel von Pallaske, angegriffen worden. Finger (S. 364 Anm. 1) erklärt sie für „sehr bedauerlich". Die Frage kam im preußischen Herrenhause zur Sprache. Den von dem Grafen Hutten-Czapski geäußerten Bedenken gegen das Urteil schloß sich der Ministerialdirektor Dr. Foerster im großen und ganzen an. Er führte aus, das RG. werde bei gegebener Gelegenheit seine Auffassung einer Nachprüfung und Korrektur zu unterziehen haben. Andernfalls müssen gesetzgeberische

[1]) So unter anderen Groß, Archiv für Kriminalanthropologie *XIII. 246*; Liebmann, Pflicht des Arztes zur Bewahrung anvertrauter Geheimnisse 1890 S. 39ff.; Mittermaier, Z. f. StW. *XXI. 221ff.*; Kahl, ebenda *XXIX. 360f.*; Graf Dohna, Rechtswidrigkeit S. 112ff.; Hausberg (San. Rat in Dortmund) Monatsschr. für krim. Psychologie *III. 706ff.*; Jaeger, DJZ. *XI. 800ff.*; von Liszt S. 402f.; Olshausen S. 1240; Frank, Komm. 5.—7. Aufl. S. 500f.; mit zivilistischer Begründung Jellinek, Monatsschr. f. krim. Psych. *III. 683ff.* (S. 688: Schweigepflicht falle weg, wenn das Schweigbegehren den guten Sitten zuwiderlaufen würde).

Maßnahmen in Erwägung gezogen werden, durch welche sowohl den Bedürfnissen der Allgemeinheit, als der Vertrauensstellung zwischen Arzt und Patient Rechnung getragen werde.

Eine anderweite Entscheidung des RG. ist bisher nicht veröffentlicht worden. Trotzdem hat der *DVE.* der Anregung des damaligen preußischen Regierungskommissars keine Folge gegeben, sondern es bei den bestehenden Vorschriften belassen. Die Begr. (S. 730) führt, ohne näher auf den Streitpunkt einzugehen und ohne die Entscheidung des RG. zu erwähnen, aus, daß der Arzt die Schweigepflicht wohl im Staatsinteresse, etwa zur Verhütung einer Verbreitung ansteckender Krankheiten, nicht aber, falls nicht etwa die Voraussetzungen der Notwehr oder des Notstandes vorlägen, im Interesse eines einzelnen zustehen, selbst wenn dieses Interesse gegenüber demjenigen des Anvertrauenden überwiegen sollte.

Die Frage bedarf aber im allgemeinen Interesse wie in demjenigen des Ärztestandes dringend einer ausdrücklichen gesetzlichen Lösung.

Die brandenburgische Ärztekammer schlägt vor, unter Weglassung des „unbefugt" die Offenbarung dann zu gestatten, wenn sie mit Genehmigung der anvertrauenden Person oder in Wahrnehmung berechtigter Interessen erfolgt (ähnlich § 403 Nr. 4 Abs. 2 *OVE.*). Mit Recht bezeichnet Hausberg (a. a. O. S. 708) dies als zu weitgehend. Jede Lebensversicherungsgesellschaft hat ein berechtigtes Interesse daran, über den Gesundheitszustand ihrer Antragsteller, jeder Vorstand eines kaufmännischen oder gewerblichen Unternehmens über die Krankheiten ihrer Angestellten, jede Dienstherrschaft über die etwaige Schwangerschaft ihres Dienstmädchens Näheres zu erfahren; trotzdem muß die Offenbarung in solchen Fällen als unbefugt erachtet werden. — Die westfälische Kammer wünscht dagegen, das „unbefugt" beizubehalten und hinzuzusetzen: „Die Offenbarung ist straflos, wenn sie zur Abwendung von Gefahr für Gesundheit und Leben des Anvertrauenden oder eines Dritten durch einen approbierten Arzt erfolgt." Streicht man die Worte „durch einen approbierten Arzt", so erscheint die Fassung sachgemäß. Das Interesse an der Wahrung des ärztlichen Geheimnisses muß hier dem besondern Interesse des Schutzes von Leben und Gesundheit weichen. Der § 67 *DVE.* genügt hier nicht, weil es sich nicht um gegenwärtige Gefahren zu handeln braucht. Das „unbefugt" muß stehen bleiben, weil abgesehen von solcher Gefahr noch andere Fälle denkbar sind, in denen die Offenbarung zulässig oder geboten ist[1]).

---

[1]) Außer der Einwilligung des Anvertrauenden, z. B. die von Kohler

IX. Bei diesem Vergehen, wo recht schwere Fälle vorkommen können, empfiehlt sich die in § 268 vorgenommene Steigerung der Höchstsätze. Auch der *OVE.* hat für die nichtqualifizierten Fälle ein Maximum von sechs Monaten Gefängnis oder 2000 M, während auf eine Gefängnisstrafe von zwei Wochen bis zu zwei Jahren erkannt werden soll, wenn der Täter aus grobem Eigennutz oder um jemandem einen sehr schweren Nachteil zuzufügen gehandelt hat. Der *SchVE.* droht hier allgemein Buße (bis 5000 Fr) oder Gefängnis (bis zu zwei Jahren) an; beide Strafen können verbunden werden.

---

a. a. O. S. 595 aufgeführten Fälle (Ehrennotwehr des Arztes, Einklagung von Honorar). — Vom Gesichtspunkte des überwiegenden Interesses aus muß auch die Frage beantwortet werden, wann der Arzt als Zeuge Geheimnisse offenbaren darf. Das wird — abgesehen von dem Falle, wo das Gericht den Arzt zur Aussage nötigt (Wex, DJZ. *X. 309f.*) — im Gegensatz zu der herrschenden Auffassung (vgl. die Übersicht der Meinungen bei Olshausen S. 1240 Anm. 9) nur dann zu bejahen sein, wenn die Aussage zur Rettung eines Unschuldigen von drohender Verurteilung dienen kann, nicht aber dann, wenn es sich lediglich um Untersuchung eines Verbrechers, um Lösung einer Ehe (Beschl. des VI. ZivSen. des RG. vom 19. Jan. 1903, EZS. *LIII. 315ff.* bes. *317*) oder gar nur um vermögensrechtliche Interessen handelt.

VIII.

Diebstahl, Unterschlagung, Raub, Erpressung.

Von

Dr. W. Mittermaier,

Professor an der Universität Gießen.

Diebstahl, Unterschlagung, Raub, Erpressung [1]).

I.
Systematisches, Allgemeines.

1. Systematisch sind die vier hier zu behandelnden Delikte nicht näher verwandt, da die Erpressung kein Sachdelikt ist; praktisch berühren sie sich vielfach. Der *DVE.* hat sie in zwei Abschnitten wie bisher vereinigt und an den Anfang der Straftaten gegen das Vermögen gestellt. Ebenso ist die Stellung im *OVE.*, während im *SchVE.* zuerst alle Sachdelikte vereinigt sind, dann Betrug und Erpressung folgen. Trotz gewisser Bedenken ziehe ich die deutsche Systematik vor, da sie dem praktischen Bedürfnis besser entspricht. Zudem haben die Sachdelikte eine (allerdings anfechtbare) Erweiterung durch Aufnahme der elektrischen Energie gefunden, die ihre Einheit schon an sich sprengt.

Innerhalb der zwei Gruppen haben wir mit Recht die bisherige Systematisierung; mag auch Unterschlagung in der Lehre voranstehen (Binding, Lehrb. I, 254), im Gesetzbuch nennt man zuerst den schweren Fall; daher geht auch der Raub richtig der Erpressung vor (umgekehrt *OVE.*).

---

[1]) Literatur seit Harburger und Frank, *Vergl. Darst.* VI, vor allem: Gleispach, W. Die Veruntreuung an vertretbaren Sachen, 1905. — v. Tischendorff, Koalitionszwang und Erpressung im gewerblichen Lohnkampfe. Goltd. A. 54, 441. J. Kohler, Über den Begriff der Erpressung. ebda. 56, 190. Frank, Chantage, Seuff. Bl. Rsanw. 74, 231, 257. Finger, DJZ. 14, 1348. Reinhold J., Die Chantage. Abh. des Krim. Seminars der U. Berlin, N. F. VI, 2. 1909. — Zur Novelle 1909: Träger DJZ. 14, 453. Frank, v. Lilienthal, Heine, ZStRW. 29, 637, 653, 656. Finger, GS. 74, 296. Dörr, Seuff. Bl. Rsanw. 74, 304. — Redslob, Der zivilrechtl. Besitz und d. strafrechtl. Gewahrsam. ZStRW. 30, 215. — Zum *DVE.* s. Unger im Recht *XVI. 299* (Diebstahl, Unterschlagung) und Baumgarten, ebenda 405, zur Kritik der §§ 269, 271 *DVE.*

Daß vom Diebstahl die ihm systematisch verwandten Taten (Munitionsaneignung 154, furtum possessionis 294) getrennt sind[1]), ist wohl verständlich. Die Übertretungen, Verringerung von Grundstücken, Wegnahme von Erde, von Viehfutter (StGB. 370, Ziff. 1, 2, 6) stehen gesondert (*DVE.* 308, Ziff. 10, 11, 12). Der Mundraub wurde als Entwendung Vergehen im Diebstahlsabschnitt. — Bei der Erpressung ist zu beachten, daß RStGB. 339 verschwunden ist. Vorentwurf 210 ersetzt ihn nicht. Der verschwundene § 339 war auch für den Fall des § 253 bedeutungslos. — Verschwunden ist auch der Bettel unter Drohungen (RStGB. 362).

2. Für alle vier Tatbestände ist zu beachten, daß die Grundauffassung unseres StGB. beibehalten und nur gemäß der Novelle von 1909 fortgebildet wurde. Grundsätzlich neu ist nur die Einbeziehung der elektrischen Energie in die Tatbestände, so daß das RG. 9. 4. 1900 beseitigt wird (*DVE.* § 12 Ziff. 5). Ob aber in beiden Richtungen unser Vorentwurf zu billigen ist, das ist sehr fraglich! Ich möchte es für die Tatbestände des Raubes und der Erpressung ohne weiteres bestreiten, und ebenso für die Art, wie die elektrische Energie behandelt wird. Ferner muß bei Diebstahl, Unterschlagung, Raub die Bereicherungsabsicht verlangt werden.

3. Im wesentlichen gleichen sich der *DVE.*, *OVE.* und *SchVE.* In wichtigen Einzelheiten weichen sie voneinander ab: Für den Diebstahl und die Unterschlagung verlangen der *OVE.* und der *SchVE.* Bereicherungsabsicht. In der Unterschlagung trennen der *OVE.* und der *SchVE.* von 1903 schärfer Veruntreuung und Unterschlagung; der *SchVE.* von 1908 vereinigt beide, scheidet aber noch die Fundunterschlagung ab. Beim Raube verlangen beide ebenfalls Bereicherungsabsicht; bemerkenswert ist die Fassung des *OVE.*, der wie der *SchVE.* die räuberische Erpressung sofort in die Erpressung miteinbezieht, aber den räuberischen Diebstahl als Diebstahlsqualifikation faßt; der *SchVE.* faßt die zwei Tatbestände Raub und räuberischer Diebstahl kurz als Raub zusammen und charakterisiert diesen als qualifizierten Diebstahl. — Bei der Erpressung nennt der *OVE.* die Mittel spezialisiert, sagt aber nichts von Vermögensbeschädigung; der *SchVE.* faßt die Erpressung ähnlich dem *DVE.*, aber charakterisiert die Chantage selbständig.

---

[1]) furtum usus, StGB. 290 ist verschwunden. S. *VEBegr. 812.*

II.

Diebstahl, Unterschlagung, Entwendung.

§ 1. Neuerungen des Vorentwurfs: Gleichstellung von elektrischer Energie und Sache; — genauere Abgrenzung von Diebstahl und Unterschlagung; — Hervorhebung besonders schwerer Fälle beim einfachen Diebstahl; — elastischere Fassung der Qualifikationen; — Hervorhebung der gewerbs- und gewohnheitsmäßigen Diebe; — Verallgemeinerung der Rückfallsbehandlung; — Neuformulierung der privilegierten Entwendung.

§ 2. Hauptfrage ist hier die, ob Diebstahl und Unterschlagung Bereicherungsdelikte sein sollen. Harburger und die Begründung verneinen die Frage; damit ist sie aber sicher nicht beseitigt. Man muß die verschiedenen Fälle feststellen: Wegnehmen oder sich aneignen, um sich zu bereichern; — um sich als Gläubiger bezahlt zu machen; — um eine Sache zu erlangen, deren Wert der Täter ersetzen will. Alle drei sind strafwürdig; alle drei sind nach StGB. und *DVE.* Diebstahl oder Unterschlagung, obwohl der zweite Fall sicher vom Volk niemals derart charakterisiert wird; der dritte ist zwar Eigentumsangriff, aber nicht Delikt gegen das wirtschaftliche Vermögen. Der *OVE.* faßt den zweiten und dritten Fall als eigenmächtige Aneignung 345 zusammen und trennt davon die Sachentziehung in § 408 ab. Der *SchVE.* trennt Eigenmacht des Gläubigers 250 und Eigentumsentziehung, die in § 88 mit unserer Sachbeschädigung verbunden ist. Dabei übersieht er aber die reine Aneignung, Österreich 345. Diese muß nur die Möglichkeit erheblich höherer Strafe als drei Monate Gefängnis, wie in Österreich 345, haben.

Ich halte die Auffassung des *DVE.* für viel zu äußerlich; danach kommt es einheitlich nur auf den formalen Schutz des Eigentums gegen Entziehung an; in diesem Schema stecken aber ganz verschiedene Individualitäten. Die Bemerkungen der Begr. 732 f. hierzu sind nicht anzunehmen: Die Wegnahme wertloser Sachen fällt unter die Eigentumsschädigung, ist also nicht straflos, wenn wir diese aufnehmen. Die übrigen von der Begründung genannten Fälle sind entweder gar keine Diebstahls-, sondern Sachbeschädigungsfälle (Erschießen des Jagdhundes) oder ebenfalls Eigentumsschädigungen (Inswasserwerfen des Rings, Zurücklassen des Wertes der Sache). Schwere Fälle dieser Art straft der *SchVE.* genau so hoch wie schwere Diebstähle. Ist also hier die Begründung schon leicht zu widerlegen, dann ist noch zu bemerken, daß die meisten Qualifikationen des Diebstahls auf die zwei auszuscheidenden Fälle nicht passen[1]).

Harburgers Bekämpfung der Einengung geht ganz formalistisch von dem Satz aus, daß das Motiv beim Diebstahl einerlei sei (S. 216f.). Damit werden aber die psychologischen und wirtschaftlichen Verschiedenheiten der Fälle nie beseitigt; die Behauptung der Straflosigkeit der ausgeschiedenen Fälle (S. 218) ist ein Irrtum. Harburger stellt auch fest, daß die Mehrzahl der ausländischen Gesetze gegen ihn spricht (S. 246f.).

Dagegen betont Gleispach mit aller Entschiedenheit das Richtige (a. a. O. S. 199ff.).

Hier bleibt unser Vorentwurf an einer verkehrten Auffassung haften, die den Erscheinungen des Lebens nur ganz formal nachgeht und ihnen daher nicht gerecht wird. Das Vorbild des *Sch.* und *OVE.* ist vielmehr zu befolgen: Diebstahl und Unterschlagung sind Bereicherungsdelikte. Diese Ansicht vertritt auch Unger, S. 299.

§ 3. Hiernach muß gefragt werden, ob die elektrische Energie richtig untergebracht ist, wenn unser Vorentwurf sie nach § 12 mitverstanden haben will, so oft er von einer „beweglichen Sache“ spricht. Dies ist zwar von Wach und Harburger vorgeschlagen; auch der *OVE.* verfolgt dasselbe Prinzip, § 105; aber die Neuerung ist nicht zu billigen. Sie versucht es, die Natur in eine ihr nicht angepaßte juristische Form zu zwängen. Ich sehe ganz ab von der Uneleganz einer „Fiktion“; auch davon, daß der Vorentwurf die „in einer elektrischen Anlage oder Einrichtung enthaltene Energie“ nennt; eine andere kann gar nicht in Betracht kommen, da die freie Energie außerhalb einer Anlage jedermann frei zugänglich ist. Aber durch diese Art der Regelung bürdet das Gesetz dem Richter die Formulierung des Tatbestandes auf, da der Energiediebstahl eben doch immer nur analog dem Sachdiebstahl zu behandeln ist: Energie ist keine Sache[2]), steht nicht im Eigentum, nicht im Gewahrsam, wird nicht weggenommen, nicht zugeeignet. Sie unterliegt einem besonderen „Verfügungsrecht“, wird diesem „entzogen“ und von einem andern widerrechtlich „verbraucht“. Viel häufiger ist die Tat der Unterschlagung

[1]) Es muß auffallen, daß die Begründung zur Novelle 1909 § 248a ganz allgemein anerkennt, daß unser Recht vor allen Dingen zu wenig individualisiert.

[2]) Der Ausdruck „Sache“ muß trotz der herrschenden Meinung — Harburger 189 — im Strafrecht dasselbe bedeuten wie im Zivilrecht, wollen wir nicht die größte Verwirrung erzeugen!

analog. Bei der Regelung des Vorentwurfs weiß der Richter oft genug nicht, welchen Tatbestand er anwenden soll, was für die Qualifikationen erhebliche Bedeutung hat. Deswegen muß für die Energie eine Sonderregelung getroffen werden, ähnlich der des *SchVE.* 83 und 88, aber den Verhältnissen besser angepaßt. Diebstahl, Unterschlagung, Sachbeschädigung werden dabei wohl vereinigt werden können. Der Tatbestand wäre etwa zu formulieren: „Wer fremde (oder dem Verfügungsrecht eines andern unterstehende) elektrische Energie vorsätzlich und rechtswidrig verbraucht, wird (wegen Energiediebstahls) ... bestraft." Die Strafe könnte die der Unterschlagung sein; die Qualifikationen des Diebstahls kommen nicht in Betracht; unter Umständen kann die Bereicherungsabsicht hervorgehoben werden. Bei Anwendung von Gewalt oder Drohung haben wir nicht Raub, sondern Erpressung, deren Strafdrohung, unter Umständen im Zusammentreffen mit anderen völlig genügt. Damit hat das Gesetz selbst Klarheit geschaffen und sich der doch nicht wegzuleugnenden Eigenart der elektrischen Energie auch wirklich angepaßt. Mit Recht fallen natürlich die törichten Einengungen des Gesetzes vom 9. IV. 1900 weg[1]).

Daß der *SchVE.* 1908 und der *DVE.* nur die elektrische Energie nennen, halte ich für berechtigt; die Einbeziehung anderer Energien nach dem Muster des *SchVE.* 1903, 79 und des *OVE.* ist etwas zu sehr zukunftssicher und heute noch unpraktisch[2]).

§ 4. Die Tatbestände beider Delikte sind im allgemeinen scharf und elastisch genug gefaßt, um weder Unsicherheiten aufkommen zu lassen, noch die Praxis zu sehr zu beengen.

a) Beim Diebstahl bleibt Gegenstand eine „fremde bewegliche Sache". Wenn Schweiz und Österreich das „beweglich" fortlassen, so meinen sie doch dasselbe wie unser Vorentwurf. Ich sehe ab von der Energie und finde dann: Sache ist ein körperlicher Gegenstand; beweglich ist bewegbar (hier ist der strafrechtliche Sprachgebrauch selbständig, aber absolut festgestellt); fremd heißt im Eigentum eines anderen stehend; nach der sicheren Praxis ist — entgegen Harburger 365 — auch der Miteigentümer durch den Ausdruck einbezogen[3]). Zweifel wie bei gewildertem Jagdwild

---

[1]) Hierzu **Binding**, Lehrb. *I. 258, 268, 334*; bes. **Kloeß**, Ziv. Arch. *CIII. 34ff.*; bes. § 10, S. 82 ff. Die Kritik, die hier an den Gegnern geübt wird, halte ich für schlagend. Seinem Vorschlag S. 120 entnehme ich meine Fassung. Daneben ist der zweite Tatbestand, S. 124, zu beachten!

[2]) Harburger, 366.

[3]) Begr. 734, ebenso die österreichische Praxis; s. Ausgabe Manz, 1908, zu § 171 Nr. 50.

und Zopfabschneiden sind der Praxis zu überlassen[1]). Das Eigentum an der wirtschaftlich wertlosen Sache bedarf natürlich auch des Schutzes; die Wegnahme ist nach *DVE.* Diebstahl, nach *SchVE.* 88 richtiger „Eigentumsschädigung"; nach *OVE.* 347 ist die Tat leider straflos, da §§ 405, 408, Sachbeschädigung und Vermögensschädigung, nicht genügend aushelfen.

b) Die Handlung ist dieselbe geblieben wie bisher: Wegnehmen aus dem Gewahrsam eines andern; dasselbe treffen wir in den zwei anderen Entwürfen. Die Neuerung des *DVE.* „aus dem Gewahrsam eines andern", statt „einem anderen" ist zu billigen, da damit die Unterschlagung schärfer dem Diebstahl im Ausdruck angegliedert wird. Auffallen muß aber, daß es beim Raub noch heißt: „einem anderen wegnimmt". Vielleicht ist das beabsichtigt; jedenfalls könnte mit dieser Fassung unter Umständen besser der Fall gedeckt werden, daß der Räuber erst totschlägt und dann wegnimmt; denn dann hat ein Gewahrsam aufgehört.

Macht uns das „Wegnehmen" keine Schwierigkeiten[2]), so tut es um so mehr der „Gewahrsam". Wann ist er vorhanden? Ich halte mit Harburger (S. 198 f., 366 f.) unsere heutige Praxis für nicht ganz befriedigend, aber doch ihre ausdehnende Tendenz für etwas sehr Gesundes; bei ihr kommt tatsächlich der strafrechtliche Gewahrsam wesentlich auf den zivilistischen Besitz hinaus[3]); vielfach kann man die Entscheidungen als stark gefühlsmäßige ansprechen. Deswegen sollte man aber weder einfach den zivilrechtlichen Besitzbegriff hier einsetzen (so Redslob, 223), noch den Ausdruck „Gewahrsam" erläutern (so Harburger); namentlich befriedigt Harburgers Umschreibung nicht, da sie einerseits zu eng, andererseits doch viel zu wenig bestimmt ist. Hier ist vielmehr so recht eigentlich das Gebiet, auf dem der Praxis Freiheit zu lassen ist. Nur soll der Ausdruck „Gewahrsam" bleiben, da er uns heute wirklich nicht mehr an das ALR. erinnert[4]), aber dem Richter die Freiheit gegenüber dem zivilrechtlichen Besitz läßt. Etwas anstößig wirkt der Ausdruck „Besitz" beim räuberischen Diebstahl 274^{II}; er muß natürlich geändert werden[5]).

---

[1]) S. Frank zu § 242 III, 2, b, e.

[2]) Wer sich von einem Kind, einem Wahnsinnigen etwas schenken läßt, nimmt weg; Vorentwurf 291 schlägt nicht ein. Das ist heute schon gemeine Meinung. S. v. Liszt, Lehrb. (16, 17) 425, Harburger, 205.

[3]) So ganz richtig Redslob, ZStRW. 30, 205 ff.

[4]) Das befürchtet Binding, Lehrb. *I, 286.*

[5]) Österreich gebraucht bisher „Besitz", deutet diesen aber ganz so wie unsere Praxis, s. Ausgabe Manz 1908 zu § 171 Nr. 72 ff. — Die Zweifel

c) Auch für die subjektive Seite ist eine Änderung nicht vorgesehen. Die neue Wendung „um sich zuzueignen", statt „in der Absicht . . ." ist bedeutungslos. Harburgers Auffassung, daß sie besser sei (S. 367 Nr. 6, S. 216ff.), vermag ich nicht zu folgen, da der neue Ausdruck genau ebenso wie der alte eine Verwechslung von Absicht und Motiv zuläßt; er führt am Ende doch nur auf die verfehlte Bestimmung des § 59 Abs. II Vorentwurf zurück. Wollte aber der Vorentwurf gerade den Hinweis auf diese Bestimmung vermeiden, dann verstehe ich weder, was § 59, noch was § 269 sagen soll. Bei Erpressung und Betrug ist das Wort „Absicht" ohne Bedenken stehen geblieben[1]). — Eine besondere Kritik ist wohl unnötig, nachdem ich die Frage der Bereicherungsabsicht schon behandelt habe[2]). — Zu beachten ist, daß auch nach dem *DVE.* die einfache Enteignung (Fliegenlassen eines Vogels, Inswasserwerfen eines Ringes) straflos bleibt; § 291 ist zu eng gefaßt. Dem würde mein Vorschlag (oben S. 348) einer Teilung der Delikte abhelfen; nach *SchVE.* 88 („dem Eigentümer dauernd entzieht") und *OVE.* 408 („einem andern dauernd entzieht, um ihm einen rechtswidrigen Vermögensnachteil zuzufügen") wird die fatale Lücke beseitigt[3]).

Ich schlage danach folgende Tatbestände — in Anlehnung an den *OVE.* vor:

Diebstahl: Wer eine fremde bewegliche Sache aus dem Gewahrsam eines anderen wegnimmt, um durch ihre Aneignung sich oder einem Dritten einen rechtswidrigen Vermögensvorteil zu verschaffen . . .

---

entstehen wesentlich bei verlorenen, vergessenen Sachen, beim Mitgewahrsam, bei Erbschaftssachen. — Siehe hierzu noch Vorentwurf 158, einen Leichnam aus dem Gewahrsam wegnehmen; 294 „Wegnahme", 308^{12} „Wegnahme" von Viehfutter.

[1]) Dazu ganz gut Binding, Lehrb. *I. 375* Anm. 1.

[2]) Was Zueignung bedeutet, braucht das Gesetz nicht zu bestimmen. Zweifelsfälle (Sparkassenbuch, Verpfändung, sofortiges Weggeben) löst die Praxis. — In der Frage des Vollendungsmoments kann ich Binding nicht dahin folgen, daß Diebstahl gleich „Aneignung" sein soll. Lehrb. *I, 271, 285.* Dazu noch unten § 5 Anm. 2 S. 353.

[3]) S. J. Kohler, Goltd. Arch. *54, 11.* Wie künstlich hilft sich manchmal die Praxis! S. RGer. I, 1. 2. 04 Goltd. Arch. *51, 182.* — Ebenso wie hier Schmoller, *Vergl. Darst. 6, 181.* Die Kritik in Begr. 807f. ist nicht zutreffend, namentlich ist es irrig, daß „in der Regel eine Zueignung" vorliege; das Zivilrecht reicht nicht aus; dem praktischen Bedürfnis wird jetzt ganz ungenügend abgeholfen.

Eigenmächtige Aneignung: Wer sich eine fremde bewegliche Sache aneignet, ohne dadurch einen Vermögensvorteil anzustreben ...

Vermögensbeschädigung, durch Erweiterung des § 291 Vorentwurf: Wer böswillig das Vermögen eines anderen dadurch beschädigt, daß er eine Sache dem Eigentümer dauernd entzieht oder daß er ...

§ 5. Der Tatbestand der Unterschlagung ist, wie schon erwähnt, insofern präzisiert, als er schärfer an den des Diebstahls angerückt wurde durch die Fassung: „Sache, die sich nicht im Gewahrsam eines anderen befindet." Damit sind viele Streitfragen beseitigt: Bei Fundsachen oder bei der noch nicht wieder in den Gewahrsam des abwesenden Erben oder Verwalters übergegangenen Erbschaft ist Diebstahl ausgeschlossen. Ob das ganz der Natur dieser Taten entspricht, ist mir freilich zweifelhaft[1])[2]). — Auf die Art der Erlangung des Gewahrsams durch den Täter kommt es grundsätzlich nicht an: Die Auffassung der Begr. 744, daß Unterschlagung nicht vorliege, „wenn der Täter den Gewahrsam durch eine strafbare Handlung erlangt hat", ist in dieser Allgemeinheit falsch und nur für den Fall richtig, daß er die Sache in Zueignungsabsicht erlangt hat; die Frage ist als eine solche der Konstruktion über das Zusammentreffen mehrerer Tatbestände vom Gesetz selbst nicht zu lösen, jedenfalls nicht einseitig nur für diesen Tatbestand[3]).

Hier kann man nun an der Frage nicht vorbeigehen, wie die Fälle der Veruntreuung von Sachen zu behandeln sind, die

---

[1]) Harburger S. 335f., 343f., 374 Nr. 35. — Binding, Lehrb. *I. 275* faßt schon unser heutiges Recht so auf, wie es der Entwurf vorschlägt.

[2]) Baumgarten, Recht *XIV. 405* sagt: nach gem. Mg. fallen Wegnahme und Aneignung stets auseinander; da aber der Täter eine unbesessene Sache erst wegnehmen muß, kann er sie nicht sofort sich aneignen, wie § 271 *DVE.* annimmt. Der richtige Weg für die Fassung des Falles sei bei Binding Lehrb. *I. 267ff.* angedeutet. — Ich halte diese Kritik für unrichtig. Wenn auch logisch Wegnahme und Aneignung auseinanderfallen, so vereinigen sie sich praktisch in 90 von 100 Fällen: der Täter hebt das Geldstück von der Straße auf und steckt es ohne weiteres in den Geldbeutel. Binding, S. 268 letzter Absatz, scheint mir nicht der Fassung des § 271 *DVE.* zu widersprechen.

[3]) Harburger S. 335f., 347, 374 ist hierüber nicht klar genug. — S. bes. Frank, Kommentar zu § 246, II, 4a, Binding, Lehrb. *I. 278d*, v. Liszt § 131, II, 2. — Die Frage kann richtig nur beantwortet werden, wenn man sie allgemein stellt: Welcher Tatbestand ist der maßgebende? Eine richtige Entscheidung z. B. im Fall RGE. *XXXXII. 420* bei Untreue.

der Täter zwar formell zu eigen besitzt, aber für Rechnung eines andern. In solchen Treuhandsfällen kann von Unterschlagung nicht die Rede sein, da es einen eigenen strafrechtlichen Eigentumsbegriff nach jetzt doch endgültig feststehender Auffassung nicht gibt. Ganz irrig ist die Auffassung der Begr. 747, daß hier wesentlich eine Beweisfrage vorliege und daß vorgeschlagen werde, gesetzliche Vermutungen zu schaffen. Die Fälle sind rechtlich wie tatsächlich vollkommen klar[1]). Sie kritisch eingehend gewürdigt zu haben, ist das Verdienst Gleispachs[2]), dessen Arbeit auffallenderweise weder von Harburger, noch von der Begründung zitiert wird. Man möchte annehmen, daß hier Untreue in der Fassung von *DVE.* 277 gegeben sei. Offenbar steht Begr. 766 (vorletzter Absatz a. E.) auf diesem Standpunkt. Freudenthal, der auf die Lücke im StGB. hingewiesen hatte, wollte jedenfalls die Taten der Untreue zuweisen[3]). Das ist aber in 277 *DVE.* nicht geschehen! Denn von einer „Verfügung über das Vermögen eines andern" kann man in all diesen Fällen nur dann reden, wenn man nicht den allein denkbaren Rechtsbegriff von Vermögen anerkennt, sondern den in einem Strafrechtsbuch unhaltbaren Begriff eines sog. „wirtschaftlichen" Vermögens. Der Täter erhält Geld zum Einkauf eines Kunstwerks für den Auftraggeber. Er kauft das Stück, wird sein Eigentümer, verkauft es wieder auf Grund eines erst nachträglich gefaßten Entschlusses und zahlt mit dem Gewinn seine Schulden. Der Auftraggeber verliert Geld und Kunstwerk. Das ist weder Unterschlagung noch Untreue und doch strafwürdig. Nach dem *SchVE.* 94 könnte man wohl von „ungetreuer Geschäftsführung", nach dem *OVE.* 410 von „Vertrauensmißbrauch" reden. Teilweise schlagen auch die Fälle der unrechtmäßigen Verwendung anvertrauten Gutes, namentlich Geldes ein, die der *SchVE.* 1903 in Art. 84 selbständig, dagegen 1908 in Art. 85 mit der Unterschlagung vereinigt behandelt, während *OVE.* 340 die Veruntreuung von „anvertrautem Gut" gemäß dem heutigen StGB. 181—183 selbständig stellt. Bei diesen Fällen kommt es nicht mehr darauf an, ob das Gut dem Anvertrauenden oder dem Täter formell zu Eigentum gehört.

Ich halte mit der Begr. 745[4]) eine Spaltung der Tatbestände entsprechend etwa *OVE.* 340, 346 nicht für richtig: wenn das an-

---

[1]) Harburger § 49 u. S. 374 Nr. 36 hebt sie nicht scharf genug heraus.

[2]) Die Veruntreuung an vertretbaren Sachen, 1905.

[3]) *Vergl. Darst. VIII. 112 f., 144.*

[4]) Allerdings ist hier die Auffassung keineswegs einwandfrei.

vertraute Gut fremdes Eigentum war, dann haben wir richtiger die qualifizierte Unterschlagung. Den österreichischen Gedanken vertritt auch Gleispach (198, 205). Ich möchte hier noch nicht vorschlagen, den Untreuetatbestand so allgemein zu fassen, daß er die uns interessierenden Fälle mit ergreift, wohl aber, ihm in der Fassung des § 277 *DVE.* den weiteren Tatbestand anzuhängen: „Wer (absichtlich? besser: vorsätzlich) einer ihm durch Gesetz oder Rechtsgeschäft auferlegten Pflicht, über Gegenstände im Interesse eines anderen in bestimmter Weise zu verfügen, derart zuwiderhandelt, daß daraus dem andern ein Vermögensschaden entsteht . . .“[1] [2])

Hier ist weiter noch besonders der Fall zu erwähnen, den Rönnberg in seinem lesenswerten Aufsatz im Recht *X. 1345, 1411* behandelt, nämlich die rechtswidrige Zueignungshandlung des mittelbaren Besitzers. Der Angeklagte ist Entleiher von Wertpapieren, die er rechtmäßig verpfändet; in seinem Auftrag verkauft sie die Pfandgläubigerin (RGE. *XXXVII. 198*). Rönnberg möchte hier entgegen dem RG. Unterschlagung annehmen, da er den Angeklagten als Besitzer im Sinn von StGB. 246 ansieht. Dem aber halte ich entgegen, daß die völlige Gleichstellung von Gewahrsam und bürgerlich-rechtlichem Besitz doch recht bedenklich ist, daß wir hier vielmehr einen typischen Untreuefall haben, der durch *DVE.* 277 getroffen wird. Nach *SchVE.* 85 ist es eine zur Unterschlagung gezogene Veruntreuung; nach *OVE.* könnte es unter die Veruntreuung 340 (Vorenthalten anvertrauten Gutes) fallen, da der sog. Vertrauensmißbrauch, 410, entsprechend StGB. 266 zu eng gefaßt ist[3]).

§ 6. Einige Einzelheiten:

a) Daß der Versuch bei beiden Tatbeständen strafbar ist, darf man wohl loben.

b) Über die Teilnahme ist nichts zu bemerken; der Teilnehmer am räuberischen Diebstahl kann trotz der Stellung dieses Tatbestandes beim Raub einfacher Dieb sein.

c) Verletzte beim Diebstahl sind Eigentümer und Gewahr-

---

[1]) Wie künstlich ist doch die Entscheidung RG. 34, 39! S. Frank zu § 246, II, 3, c mit Zitaten.

[2]) Auf die Frage der Untreue gehe ich nicht ein. Aus Freudenthals Arbeit, *Vergl. Darst. VIII. 148* scheint mir hervorzugehen, daß sie zu eng gefaßt ist.

[3]) Baumgarten a. a. O. möchte Unterschlagung annehmen.

samsinhaber, bei Unterschlagung nur der Eigentümer; die technische Gestaltung von 269 kann nichts in dieser Frage entscheiden[1]).

d) Wichtig ist das Verhältnis unserer Delikte zum Forst- und Felddiebstahl: Ich stimme Harburger (372 Nr. 23) darin völlig zu, daß auf diesem Gebiete endlich einmal die antiquierte und kaum noch den Rechtshistoriker interessierende, praktisch völlig wertlose, ja sogar ungerechte Ungleichheit aufhören muß. Aber hier kann nicht nur eine Übereinkunft der Bundesstaaten aushelfen, wie Harburger meint, sondern diesen rein willkürlichen Eingriff in seine Normen muß das Reich von sich aus in feste Grenzen bannen! *OVE.* 344 grenzt die Fälle selbst ab.

§ 7. Arten des Diebstahls. Der Vorentwurf hat eine größere Menge von Unterarten geschaffen. Er kennt: a) den einfachen D., 269; b) denselben in besonders schweren Fällen, 269; c) den schweren oder gefährlichen D., 270[2]); d) denselben in besonders schweren Fällen, 270; e) denselben unter mildernden Umständen, 270; f) den auf Gewinnsucht beruhenden D., 36; g) die Entwendung, 272; h) den Haus- und Familiend., 273. — Den räuberischen D., 274, rechnen wir vorläufig zum Raube. §§ 272, 273 werden wegen ihrer Bedeutung besser gesondert behandelt. Auf § 36, der wohl einmal beim D. zur durchaus berechtigten Anwendung kommen kann, weise ich nur nebenbei hin. — Nur der einfache D. und die Entwendung sind Vergehen, alle anderen Verbrechen. Praktische Schwierigkeiten wird es kaum machen, daß der Richter den einfachen Diebstahl völlig frei als „besonders schweren Fall" ansehen und so zum Verbrechen stempeln kann (s. bes. §§ 87—89). Zweifelhaft ist mir bei diesen besonders schweren Fällen nur die Verjährungsfrage.

Es muß auffallen, daß der Vorentwurf hier neben den besonders schweren Fällen noch die selbständigen Qualifikationen aus StGB. 243 beibehalten hat, um so mehr, als er sie beim Raube, 274 im § 84 aufgehen läßt! Ohne allen Zweifel sind viele Qualifikationsfälle des § 270 besonders schwere Fälle des § 269; die zwei Paragraphen konkurrieren elektiv. Jedoch sind viele Fälle aus 270 nicht so schwer wie die besonders schweren Fälle des § 269; denn sonst wäre § 270 auch ganz überflüssig. Umgekehrt

[1]) v. Liszts Auffassung, § 127 VII, kann ich nicht folgen.

[2]) Das Marginale von 270 lautet „D. unter erschwerenden Umständen"; das ist zwar zur Abgrenzung gegen die „besonders schweren Fälle" gedacht, aber zu unhandlich. Man denke ein Rubrum: „wegen eines besonders schweren Falles eines D. unter erschwerenden Umständen". Außerdem könnte man vermuten, die Begehung des D. sei hier als schwierige bezeichnet.

gibt es bekanntlich viele Fälle, die nicht unter die Qualifikationen des § 270 (alt 243) zu zählen und doch qualifiziert zu nennen sind. Ich stimme dem Gedanken des Vorentwurfs zu, daß sowohl § 84 als auch selbständige Qualifikationen genannt werden; denn sonst wäre § 84 unerträglich weit, jeder Willkür zugänglich. Aber ich sehe nicht ein, warum sich die Verfasser des Vorentwurfs plötzlich scheuten, hier dem Richter eine gewisse Freiheit zu geben, wie sie Harburger (369 Nr. 11) noch viel zu vorsichtig vorschlägt. Einmal war man beim Raub doch viel liberaler; und sodann nützt die Beschränkung auf die einzelnen Qualifikationen gar nichts, da die besonders schweren Fälle des § 269 dem Richter ja jede erwünschte Freiheit geben. Bei diesen — oft viel schwereren — Fällen des § 84 ließ man dem Richter weitesten Spielraum. Das ist offenbar folgewidrig. Es müssen also die Fälle oben b—e einheitlich und nicht so stark kasuistisch gefaßt werden[1]). Hier ist der *SchVE.* A 83[3] ein gutes Vorbild. Die österreichische Kasuistik §§ 336—339 kann nicht zur Nachahmung reizen!

Soll aber § 270 bleiben, dann ist zu bemerken:

Zu 1. „Gebäude" ist zu eng; es muß heißen „Raum"[2]).

Zu 2. Hier ist ein guter Gedanke stark in der Art eines Gelegenheitsgesetzes behandelt: Warum nur an „ausgestellten" Sachen? — Wie ist es, wenn das „unersetzliche Kunstwerk" in einem Schloß, einer Kirche steht[3])?

Zu 3. Die bisherige Ziffer 4 § 243 StGB. ist besser gefaßt: Das Objekt ist sachlich unverändert, aber besser bezeichnet; die zu enge Art der Begehung ist nicht mehr erwähnt; der Ort ist teils weiter, teils enger, aber viel zu kasuistisch bezeichnet; Streitfragen sind da unvermeidlich[4]).

Zu 4. Der Fortschritt gegenüber den unpraktischen Finessen der Ziffern 2, 3 § 243 StGB. ist unverkennbar. Aber die Kasuistik bleibt immer noch viel zu schwerfällig! Soll das „erheblich" für alle Hindernisse gelten, also auch für den Einbruch, das Ein-

---

[1]) Hoher Wert der Sache, D. unter Täuschung, halber Raub, D. einer dem Gottesdienst gewidmeten Sache aus einer Prozession, eines unersetzlichen Kunstwerkes aus einer privaten Sammlung — alles fällt nicht unter 270, ist aber „besonders schwer".

[2]) Genaueres mit Zitaten bei Frank, § 243 II.

[3]) Begr. 736 und 738 stimmen nicht miteinander überein!

[4]) Gepäckstücke vor dem Bahnhof, Postsachen vor der Post? Warum Schiffe fehlen, erklärt die Begr. 740 durchaus nicht befriedigend. Das tadelt auch Unger a. a. O. mit Recht. — Der Streit, was „Eisenbahn" ist, bleibt ungelöst; hierzu Harburger 370 Nr. 13.

steigen? Ich glaube, nein; die Begr. 740f. ist mir zweifelhaft; wenn das „erheblich“ für die ganze Ziffer gelten soll, muß es am Anfang stehen. Während Einbruch, Einsteigen auch innerhalb eines Gebäudes denkbar ist, können umgekehrt jetzt die Behältnisse auch außerhalb desselben erbrochen werden. Aber trifft die Qualifikation zu, wenn der Dieb einfach den ganzen Koffer stiehlt und ihn nun zu Hause in Ausübung seiner Zueignung aufbricht? „Gestohlen“ hat der Schlauberger dann nicht durch Erbrechen eines Behältnisses, wie Begr. 741 in sehr ausdehnender Auslegung annimmt. — Mit Recht bleiben Einbruch usw. Mittel der Wegnahme[1]).

Zu 5. Die sehr freie Art, in der hier die Fälle der bisherigen Ziffern 5 und 7 § 243 StGB. behandelt werden, muß gegenüber der Bemerkung S. 738 Begr. erstaunen. Unklar bleibt hier die Frage, wieweit der Vorsatz zu gehen hat: nach der Fassung scheint die Qualifikation einen rein objektiven Charakter zu haben[2]).

Zu 6. Die bisherige Ziffer 6 ist kurz und gut wiedergegeben.

Zu 7. Daß der gewerbsmäßige Dieb besonders zu behandeln sei, stand schon lange fest. Ich halte es nur für verkehrt, daß der Vorentwurf nicht den gewerbsmäßigen Betrieb als solchen, wie z. B. unser StGB. 260 bei der Hehlerei, sondern die eine Tat eines Menschen, der gewerbsmäßig stiehlt, hervorhebt; eine Vereinfachung des Verfahrens bedeutet das nicht[3]). Der Ausdruck als solcher ist klar. Doch ist die enge Beschränkung des gewerbsmäßigen Betriebs auf das Stehlen nicht recht begründet. — Dem Richter steht es frei, wann er ein gewerbsmäßiges Betreiben des D. annehmen will; so kann er z. B. zwar wegen Rückfalls nach § 88 verurteilen müssen, aber doch 270 Ziff. 7 nicht anwenden, oder zwar nach § 89, aber nicht nach 270 Ziff. 7 entscheiden. In diesem Falle müßte er nach § 89 wegen des Vergehens auf zwei bis zehn Jahre Zuchthaus erkennen. Hält der Richter §§ 89 und 270^7 für vorliegend, was wohl oft genug der Fall, dann muß er wohl nach § 89 wegen Verbrechens (270^7!) auf Zuchthaus nicht unter

---

1) Begr. 740 gegen Harburger 370 Nr. 13. — Der Vorsatz muß das Mittel umfassen. Im Fall der Plenarentscheidung RG. 14, 312 bin ich aber der Ansicht, daß der Täter, der unter bewußter Benutzung des früheren Einbruchs eine andere als die zuerst gewollte Sache stiehlt, dies durch Einbruch tut; er hätte ohne diesen ja nicht gestohlen.

2) Die Begr. 741 ist unklar. — Die Nachtzeit braucht das Gesetz nicht formal festzustellen. A. M. Harburger 370 Nr. 13.

3) Merkwürdig verschwommen und zweideutig ist der Schlußsatz des Abs. 1 S. 743 Begr.

fünf Jahren erkennen. Im übrigen ist § 270[7] an weniger strenge Bedingungen geknüpft als § 89; der Absatz 2 dieses Paragraphen kommt wohl bei 270[7] zur Anwendung. Aus welcher Bestimmung ist aber die Strafe zu berechnen, wenn der Dieb rückfällig nach § 88 und Gewerbedieb ist? Da für § 88 die gerade vorliegende neue Tat den Ansatz der zu berechnenden Strafe liefert, so wird wohl die Strafe aus 270 und nicht aus 269 erhöht werden müssen. Ob diese Komplikationen sehr praktisch und nicht zu vermeiden sind?

Unger, a. a. O. 301 schlägt noch eine Ziffer 8 gegen die Taschendiebe vor: „an Geld oder Wertsachen, die Personen bei sich führen." Sollte das nötig sein?

§ 8. Über die zwei Arten der Unterschlagung, — die einfache und die Veruntreuung, — diese zweite als gewöhnlichen und besonders schweren Fall — ist wenig zu bemerken. Ich habe oben schon die völlige Verselbständigung der Veruntreuung abgelehnt und halte auch eine Abspaltung der Fundunterschlagung nicht für nötig, da ich für diese nicht wie der *SchVE.* 86 das Bereicherungsmoment fallen lasse, sondern mit Österreich 346 beibehalte[1]). — Auffallen muß, daß die besonders schweren Fälle nur hier und nicht bei der Untreue, 277, erwähnt sind.

§ 9. In der „Entwendung" des § 272 ist ein freundlicher Gedanke technisch recht wenig vollkommen behandelt. Freilich befriedigt auch der *SchVE.* 246, 247 nicht ganz. Verständiger ist hingegen die Entfremdung des *OVE.* 347 gestaltet. — Nach § 272 ist die Entwendung ein privilegierter Fall von Diebstahl oder Unterschlagung; und zwar ist es ganz klar, daß auch die Qualifikationen dieser zwei Delikte durch § 272 aufgehoben werden, da hier beide Delikte schlechthin genannt sind[2]). Wer also durch Einbruch entwendet, der wird nur nach § 272 bestraft; wer aber unter Gewalt oder Drohung entwendet, den trifft die Raubstrafe. Wendet er aber die Gewalt erst nach der Entwendung an, dann muß erst das Reichsgericht entscheiden, ob er nach § 272 oder 274 Abs. 2 zu bestrafen ist. Merkwürdig ist, daß der Abschnitt nur „Diebstahl und Unterschlagung" überschrieben ist, daß aber § 273

---

[1]) Harburger, 374[32] will eine Dreiteilung. — Über die Frage der Veruntreuung außerhalb der Unterschlagung und die reine Aneignung s. oben S. 353 ff. Unger a. a. O. will die Veruntreuung nach dem Vorbild des *OVE.* verselbständigen.

[2]) Über die Berechtigung einer solchen Beseitigung der Qualifikationen kann man streiten. Siehe z. B. dagegen Finger, GS. *LXXIV. 353.* Anders aber v. Lilienthal, ZStRWiss. *XXIX. 654.*

Diebstahl, Entwendung und Unterschlagung nebeneinander und in dieser Reihenfolge (!) nennt[1]). Endlich ist das Verhältnis der Entwendung zu den besonders leichten Fällen von Diebstahl und Unterschlagung unklar: ich kann mir die Entwendung nur als typisches Schulbeispiel eines besonders leichten Diebstahls vorstellen! Der Vorentwurf freilich ist andrer Meinung; denn sonst kennte er nicht noch besonders leichte Fälle der Entwendung. Das einzige Besondere des § 272 ist nur das Antragserfordernis. — Gerade mit Rücksicht darauf, daß § 83 doch überall aushilft, ist die von der Begr. (S. 748) lebhaft empfohlene Einengung der Objekte der Entwendung recht belanglos[2]). — Zweifel erweckt auch die Bezeichnung des Motivs „aus Not". Heißt das „Mangel an solchen Gegenständen"? Nur Not des Täters selbst oder auch eines andern? Ist auch verschuldete Not gemeint? Offenbar soll nur eine unverschuldete wirtschaftliche Notlage genügen; es wird verständigem richterlichen Ermessen überlassen bleiben, den Ausdruck richtig zu verwenden. Wenn die Begr. 749 sagt: „Not bedeutet hier dasselbe wie die Notlage beim Wucher," dann ist das aus dem Gesetz selbst nicht ohne weiteres klar. — Auch die Befriedigung eines Gelüstes kann ethisch sehr verschieden zu bewerten sein; es muß der Begr. (S. 747) widersprochen werden, wenn sie für die Privilegierung nur die stark beherrschende Macht des Gelüstes anführt. — Ich kann danach nur die einfachere, klare Bestimmung des *OVE.* 347 — trotzdem sie erheblich weiter geht — vorschlagen: „Wer sich eine fremde Sache von geringem Werte zum unmittelbaren Verbrauch oder zur unmittelbaren Verwendung für sich oder einen Dritten aneignet..." Praktisch ebenso gut wäre aber die einfache Bestimmung: „In besonders leichten Fällen von Diebstahl und Unterschlagung tritt die Verfolgung nur auf Antrag ein; der Antrag kann zurückgenommen werden. Auch kann von Strafe abgesehen werden[3])." Die ganze Regelung des Vorentwurfs sieht

[1]) Nach der Begründung soll offenbar Entwendung eine Unterart des Diebstahls oder der Unterschlagung sein. S. S. 747 zu § 272 Satz 1, S. 750 Anm. 1 und 2. — Umgekehrt deutet der selbständige Name „Entwendung" sowie die eigenartige Zusammenfassung von Diebstahl und Unterschlagung darauf, daß hier ein ganz selbständiges Delikt geschaffen sein soll.

[2]) „Gegenstände des wirtschaftlichen Gebrauchs oder Verbrauchs" (formalistische Vollständigkeit!) sind sicher auch Geld, Seife, Kleidung.

[3]) An sich ist die Erweiterung von StGB. 370^5 durchaus zu begrüßen. — Im Verhältnis zur Novelle 1909 ist zu beachten, daß diese im § 248a als Objekt ganz allgemein „geringwertige Gegenstände" nennt, und daß sie

zu sehr nach der Gelegenheitsgesetzgebung der Novelle 1909 aus. Der hier verwertete Gedanke ist bei Betrug, Urkundenfälschung z. B. genau ebenso wichtig, vom Vorentwurf aber nicht beachtet. Die Einzelregelung dieses „besonders leichten Falles“ erschwert das Verständnis des § 83[1]).

§ 10. § 273 gibt im wesentlichen die Bestimmungen des § 247 StGB. über Haus- und Familiendiebstahl wieder[2]). — Ich kann dem Gedanken der Straflosigkeit eines Diebstahls oder einer Unterschlagung, die der Aszendent gegen den Deszendenten, ein Ehegatte gegen den andern begeht, nicht ganz zustimmen. Solange eine Hausgemeinschaft besteht, mögen hier die Bemerkungen der Begr. S. 751 zutreffen; aber sobald die Gemeinschaft aufhört, ist nach heutigen Verhältnissen die Straflosigkeit bedenklich. Wenn in Familienverhältnissen Zwist über Eigentumsfragen vorhanden, dann wird er nicht dadurch gemildert, daß man jede Strafbarkeit beseitigt, — die des etwaigen Hausfriedensbruchs bleibt doch bestehen. Viel richtiger machen *SchVE.* 83² und *OVE.* 354 den Familiendiebstahl zum Antragsdelikt; dem stimmt auch Harburger S. 371 Nr. 20 zu[3]).

Beim sog. Hausdiebstahl habe ich einmal Bedenken, ob nicht durch Einfügung des Pflegers neben dem Vormund eine zu starke Erweiterung vorgenommen wurde, da es ja auch Pfleger von Volljährigen gibt (BGB. 1910, 1911); wenn ferner dadurch, daß nicht mehr von „Gesinde“ als Täter gesprochen ist, der Kreis der Täter erheblich erweitert wurde (z. B. auf Pensionäre, selbst vorübergehende Gäste), dann ist es nicht mehr folgerichtig, daß nur die Tat privilegiert ist, die gegen die Lehrherrn oder Hausherrn be-

---

nicht von „Gelüst“ spricht. Weiter stellt die Novelle noch „Entwenden“ und „Unterschlagen“ nebeneinander, während nach Vorentwurf 272 der Ausdruck „Entwendung“ so gut die Unterschlagung wie den Diebstahl trifft. — Kritisch zur Novelle 1909 bes. v. Lilienthal, ZStRWiss. *XXIX. 653* und Finger, GS. *LXXIV. 350.* Dieser verweist auch auf die Schwierigkeit der Abgrenzung der Entwendung vom Notstandsfall BGB. 904. Ferner Träger, DJZ. *XIV. 455.*

[1]) Den Automatenmißbrauch besonders zu nennen, halte ich für unnötig, soweit Diebstahl in Betracht kommt. Anders vielleicht, soweit es sich um Leistungen handelt. S. *SchVE.* 251.

[2]) Abs. 1 findet sich analog bei § 294 Rechtsvereitelung wieder, Abs. 2 bei § 278 Betrug; — warum hier nicht auch Abs. 1? Begr. 769f. befriedigt mich nicht; sie spricht gerade so gegen die Straflosigkeit beim Diebstahl.

[3]) S. schon Binding, Lehrb. *I. 306* Anm. 2.

gangen wurde. Die Praxis hat hier schon den § 247 weit über seinen Wortlaut hinaus auf Angehörige des Hausherrn ausgedehnt (RGE. *XL. 1*); dem muß der Ausdruck des Gesetzes Rechnung tragen. Da das Lehrlingsverhältnis heute ein ganz anderes als früher ist, erscheint seine allgemeine Aufführung hier überhaupt nicht mehr zeitgemäß; viel richtiger ist es, mit *Sch.* und *OVE.* die Tat „gegen Familiengenossen" oder „im Familienverhältnis" zu nennen[1]).

Fortgefallen ist Abs. 3 des § 247 StGB. Die Begr. (S. 750) erwähnt das nur für den Fall des Abs. 1: Die Straflosigkeit des Ehegatten und Aszendenten kommt dem Teilnehmer nicht zugute, wie die persönliche Fassung klar sagt; auch das spricht aber gegen die Straflosigkeit. Für Abs. 2 ist die Frage aber sehr zweifelhaft. Offenbar will die Begründung, daß auch der Teilnehmer an der Tat des Privilegierten nur auf Antrag zu verfolgen sei (S. 277 zu § 73); das wäre auch zu billigen. Aber § 73 sagt nur, daß alle Beteiligten zu verfolgen seien, wenn einmal ein Antrag auch nur gegen einen von ihnen gestellt sei; das Umgekehrte, — daß die nichtprivilegierten Teilnehmer nicht verfolgt werden dürfen, wenn ein Strafantrag gegen den privilegierten Beteiligten nicht gestellt ist —, folgt aber aus § 73 nicht. Und wie ist es, wenn der begünstigte Täter nicht Haupttäter ist? Soll dann etwa der Haupttäter auch nur auf Antrag verfolgt werden? Der Vorentwurf bleibt mir die Antwort schuldig.

§ 11. Die Behandlung der Delikte. Der einfache Diebstahl ist Vergehen, als „typisch ehrwidrig" (Begr. 736) mit Gefängnis bedroht. Bedenken habe ich gegen den Vorschlag Ungers, bei mildernden Umständen Geldstrafe bis zu 5000 M (!) eintreten zu lassen; § 83 scheint mir zu genügen. Bei Entwendung steht Geldstrafe obenan, die vermutlich nur in Ausnahmefällen bezahlt werden kann. Immerhin ist die Geldstrafe beim Diebstahl, der aus Gewinnsucht begangen wird, § 36, zu beachten. Die Strafen des *DVE.* dürfen in allen Fällen als angemessen erscheinen, so auch die Zuchthausstrafe der besonders schweren Fälle des § 269, sowie der größere Spielraum in den Strafen der Unterschlagung gegenüber § 246 StGB. Unger möchte auch die Unterschlagung qualifizieren; das ist wohl zu überlegen. — Es muß nur gefordert werden, daß die gewerbsmäßigen Diebe (ebenso Betrüger, Hehler, Wilderer) zu-

[1]) Hierzu Frank zu § 247 *II. 2*; Buddee, Recht 1906, 1162; Galli, DJZ. *XII. 1353.* Die Begr. (S. 751f.) überzeugt mich nicht; besonders die Ausführungen von Buddee sind lehrreich.

sammen mit den gewerbsmäßigen Verbrechern des § 89 in den dort genannten Sonderanstalten untergebracht werden: alle gewerbsmäßigen Täter gehören psychologisch in eine Kategorie. Sehr zu begrüßen ist die Möglichkeit, den Dieb ins Arbeitshaus zu bringen, § 269; doch dürfte das auch im Fall der mildernden Umstände des § 270 folgerichtig angewendet werden.

III.

Raub und Erpressung.

§ 1. Allgemeines. Die Vereinigung von Raub und Erpressung in einem Abschnitt halte ich für berechtigt. Beide sind durch die Gleichartigkeit der Mittel zusammengehalten und als Angriffe auf die Freiheit charakterisiert. Ja, der Raub ist eine Unterart der Erpressung; Frank, *Vergl. Darst. VI. 141* hält ihn als durch die Intensität der Zwangsmittel hervorgehobene Erpressung[1]). Das kann ich nicht ganz gelten lassen; es gibt Erpressungsmittel, die viel schwerer wiegen als die Raubmittel; nur wirken diese drastischer, da sie körperlich wirken. Es liegt vielleicht in der Hervorhebung des Sachraubes etwas Antiquiertes: heute tritt praktisch vielfach die Erpressung als das den sozialen Verhältnissen besser angepaßte Delikt an die Stelle des Raubes. Daher ist es zweifelhaft, ob man noch recht tut, wenn man die Erpressung erheblich gelinder als den Raub behandelt. Von diesem Standpunkt aus wäre vorzuschlagen, daß man die Erpressung als Grunddelikt hinstellte und darauf den Raub als Qualifikation (identisch mit räuberischer Erpressung) aufbaute; dann dürften die Raubmittel aber nicht nur persönliche Gewalt, sondern müßten überhaupt „schwere Gewalt und Drohungen" sein, und das Objekt des Raubes wäre das Vermögen schlechtweg[2]). In der zweiten Richtung hat Frank diese Entwicklung ebenfalls angedeutet (S. 141). Der Vorentwurf aber bleibt „in Übereinstimmung mit der Rechtsentwicklung" (Begr. 752) auf dem alten Standpunkt, was ich bedauere[3]).

Wenn der Vorentwurf auch noch deutlicher als das StGB. den Raub als qualifizierte Erpressung hinstellt, so hat er ihn tech-

---

1) Nicht ganz klar steht dazu der Absatz auf S. 110 u. 111 bei Frank.

2) Binding, Lehrb. *I. 312* Anm. 1 scheidet offenbar Raub und Erpressung völlig. S. 373 Anm. 1 sagt er: Erpressung sei dem Raub subsidiär. Das ist nach dem Gesetz und Vorentwurf richtig.

3) S. auch noch Frank 110, 111.

nisch doch von dieser insofern verschieden gestaltet, als er bei ihm nur Zueignungsabsicht, bei der Erpressung aber die Absicht eines Vermögensvorteils verlangt. Daher wäre Idealkonkurrenz möglich — ja wohl meist gegeben, wenn nicht die Erpressung ausdrücklich als dem Raub subsidiär hingestellt wäre.

Daß der Raub nicht als qualifizierter Diebstahl behandelt wird, wie im *SchVE.* 84, ist nach dem Vorausgesagten zu billigen. Auch die Behandlung des räuberischen Diebstahls als Raub billige ich, was ich später begründen will.

Zur Nötigung stehen Raub und Erpressung als Sonderfälle. An sich ist jene allen besonderen Nötigungsfällen subsidiär; sie wäre überflüssig, könnte man diese vollzählig ausgestalten. Es ist danach auch erwünscht, daß in der gesetzlichen Fassung die allgemeine Nötigung und ihre Sonderfälle miteinander besser harmonieren, als es in unserem StGB. der Fall ist. Im Vorentwurf ist das auch erreicht; es zeigt sich folgendes Schema:

Nötigung:	Erpressung:	Raub:
Wer in rechtswidriger Absicht	Wer in der Absicht unrechtmäßigen Gewinns	Wer, um sich rechtswidrig zuzueignen
einen anderen durch Gewalt oder Drohung	einem anderen durch Gewalt oder Drohung	einem anderen mit persönlicher Gewalt oder Drohung mit solcher Gewalt
zu einer Handlung, Duldung od. Unterlassung nötigt.	einen Vermögensvorteil abnötigt.	eine Sache wegnimmt oder abnötigt.

Nur darf man sich nicht dazu verleiten lassen, um dieser Harmonie willen die Erpressung zu formalistisch der Nötigung anzupassen, wie das der Vorentwurf tut[1]). — Die Erpressung fordert zur Vollendung mehr als die Nötigung, nämlich die Verwirklichung des Vermögensvorteils; der Raub ist lediglich in den Mitteln enger begrenzt als die Nötigung. Idealkonkurrenz mit diesem allgemeinen Tatbestand halte ich nach dem Vorentwurf für ausgeschlossen.

§ 2. Der Raub. a) Vorweg bemerke ich, daß der Raub ebenso Bereicherungsdelikt werden muß, wie Diebstahl und Unterschlagung, wie es Erpressung und Betrug schon sind. *SchVE.* 84 und *OVE.* 356 behandeln ihn jetzt schon so. Wo die Bereicherungsabsicht fehlt, hilft die Nötigung aus.

b) Der *DVE.* will drei bisher selbständige Tatbestände

[1]) Über diese „sachgemäße Übereinstimmung", Begr. 757 und Anm. 2, weiter unten eingehend.

vereinen: Raub, räuberische Sacherpressung und räuberischen Diebstahl, StGB. 249, 252, 255. Ich halte das für durchaus berechtigt; denn es steht einmal fest, daß praktisch das Wegnehmen einer Sache und der Zwang zur Herausgabe sich nicht trennen lassen[1]). Und dasselbe gilt, wenn die Gewalt vor der Bemächtigung oder sofort nach ihr angewendet wird, um sich im Besitz der erlangten Sache zu erhalten; praktisch ist in diesem Fall die Bemächtigung eben noch nicht vollendet. Es ist nicht richtig, daß man den räuberischen Diebstahl als qualifizierten Diebstahl deswegen behandeln müßte, damit er in richtige Harmonie mit den einzelnen Diebstahlsfällen zu bringen sei[2]).

Aber der Vorentwurf ist in der Vereinigung unklar. Die Begr. sagt zwar: die räuberische Erpressung „wird zum Raube", und: der räuberische Diebstahl soll „im Raube aufgehen" (S. 753, 754). Der Vorentwurf selbst stellt auch Wegnehmen und Abnötigen nebeneinander in einen Tatbestand (alternativ), aber warum heißt es im Marginal noch „Raub und räuberische Erpressung"? Das ist ein Fehler. Diesem gesellt sich ein viel bedenklicherer: der räuberische Diebstahl ist im Marginal nicht genannt, aber im Text selbst tritt er als ganz selbständiger Tatbestand neben den Raub. Damit bleibt die alte Unklarheit; es ist einerlei, ob die äußerliche Gleichstellung in der Strafe in einem Paragraphen oder in zweien geschieht. Auch sagt die Begr. S. 752: „Der Entwurf ... vereinigt den Tatbestand des sog. räuberischen Diebstahls mit dem des Raubes." Soll das heißen, daß es nun nur noch einen Tatbestand des Raubes geben soll, oder daß zwei bestehen bleiben sollen? *SchVE.* 84 vereinigt klar die zwei Fälle (vergißt freilich die räuberische Erpressung!); *OVE.* 339 und 356 trennt klar und deutlich. Der Gesetzgeber muß sich nach der einen oder anderen Seite entscheiden. Ich halte ein völliges Aufgehen der drei Tatbestände in einen einzigen und seine einheitliche Bezeichnung als Raub für richtig. Dabei ist auch das Verhältnis des neuen Tatbestandes zum qualifizierten Diebstahl durchaus klar; irgend etwas Anstößiges, wie bei der heutigen Regelung, ist vermieden: wer zuerst einbricht und nach der Wegnahme sich mit Gewalt im Besitz erhält, begeht natürlich nicht realkonkurrierend zwei Taten, sondern nur Raub; er wird aus § 274 schwerer als aus § 270 bestraft.

Bei diesem neuen, einheitlichen Tatbestand ist aber noch

---

1) Frank 140 II.

2) A. Mg. Harburger S. 260f.

etwas zu beachten: das „Wegnehmen“ geht im „Abnötigen“ auf; es ist nichts anderes als ein Nötigen zur Duldung der Wegnahme. Unser Vorentwurf hat viel zu äußerlich die zwei alten Tatbestände aneinandergeschweißt. Franks Vorschlag (141), nach dem Vorbild andrer Gesetzgebungen (z. B. *OVE.* 356) den einheitlichen Ausdruck „sich bemächtigen“ zu verwenden, ist mit allem Nachdruck zu wiederholen[1]). Das Wort „Abnötigen“, das vom Vorentwurf hier in Übereinstimmung mit der Erpressung gebraucht wird, ist schon in diesem zweiten Tatbestand zu beanstanden; überdies ist der Gegensatz sehr bedenklich, daß es beim Raube heißt: eine Sache, d. h. ein Objekt des Vermögens des Verletzten abnötigen, bei der Erpressung aber: einen Vermögensvorteil, d. h. etwas für den Täter zu Erwartendes.

Danach wäre (unter vorläufiger Ausschaltung weiterer Fragen) etwa zu formulieren:

„Wer in der Absicht, sich oder einem Dritten einen rechtswidrigen Vermögensvorteil zu verschaffen, sich mit Gewalt ... oder Drohung ... einer fremden beweglichen Sache bemächtigt, sowie wer auf einem Diebstahl betroffen, ... Gewalt ... anwendet, um sich im Besitz ... zu erhalten, wird wegen Raubes ... bestraft.“

c) Daß als Gegenstand des Raubes richtiger das Vermögen als solches zu benennen ist, habe ich schon oben S. 363 erwähnt; gewaltsame Entziehung von Elektrizität ist richtiger Erpressung oder Nötigung (oben S. 350).

d) Die Tätigkeit beim Raube wird vom Vorentwurf als „wegnehmen oder abnötigen mit Gewalt ...“ bezeichnet. Einheitlich gefaßt besteht die Tätigkeit darin, daß der Räuber Gewalt oder Drohung derart anwendet, daß er den Widerstand des Opfers überwindet oder ihm zuvorkommt und es so nötigt, herzugeben oder sich wegnehmen zu lassen. In der Fassung des Vorentwurfs kommt der Fall, daß der Räuber dem Widerstand zuvorkommt, nicht richtig zum Ausdruck. Frank (123 f.) will ihn gar nicht zum Raub rechnen. Ich kann ihm darin nicht folgen, sehe in seiner Anschauung vielmehr die Folge einer formalistisch einseitigen Grundauffassung des Raubes; zudem ist hier doch von einer Beeinträchtigung der Freiheit zu reden. Jedenfalls aber muß der Fall strenger als ein Diebstahl bestraft werden, und dafür gäbe der Vorentwurf keine Handhabe. Auch der *SchVE.* trifft den Fall nicht besonders, während der *OVE.* in § 356 sehr gut sagt: „Den

[1]) Damit wird auch das oben S. 351 genannte Bedenken gegen das „einem anderen wegnehmen“ beseitigt.

Widerstand überwindet oder verhindert.“ Deswegen schlage ich (vorausgesetzt, daß der Raub Sachdelikt bleibt!) die österreichische Fassung vor, an der ich einen Mangel nicht finde: „Wer sich dadurch einer Sache bemächtigt, daß er ... den Widerstand eines andern überwindet oder verhindert.“ Hierdurch wird noch ein weiteres gewonnen: wenn — richtigerweise — beim Raube auch hypnotische, narkotische und ähnliche Mittel mit getroffen sind (§ 12 *DVE.*), dann ist der Ausdruck „Abnötigen“ ganz verkehrt; gerade diese Fälle, — die Frank auch einbeziehen will, — beweisen aber wieder, daß nicht bloß das Abnötigen nach Überwindung durch köperliche Gewalt Raub ist.

e) Als Raubmittel führt der Vorentwurf auf: 1. „Gewalt gegen eine Person,“ — genau wie StGB. 249. Ob der Zusatz „gegen eine Person“ beim „Wegnehmen“ nicht etwa überflüssig ist, mag dahingestellt bleiben; beim „Abnötigen“ hat er jedenfalls seine Bedeutung, da dies auch durch Gewalt geschehen kann, die nicht gegen die Person, d. h. den Leib gerichtet ist. Auch der *SchVE.* bleibt bei der persönlichen Gewalt („an jemandem Gewalt verübt“); der *OVE.* sagt nur „durch Gewalt ... überwindet“. Hier wäre Gewalt an Sachen denkbar; ja diese braucht nicht einmal zugleich eine Drohung mit Gewalt gegen die Person zu bedeuten. Ich halte die einfache Gewalt an Sachen auch nicht für genügend zum Raube; daher ist der deutsche Ausdruck zu billigen[1]). — 2. Anders bei den Drohungen. Hier nennt der *DVE.* „Drohungen mit gegenwärtiger persönlicher Gefahr“. Die Neufassung gegenüber StGB. 249 halte ich — schon wegen der Übereinstimmung mit dem Ausdruck „Gewalt gegen eine Person“ — für gut. Österreich gebraucht natürlich auch hier den allgemeinen Ausdruck „Drohung mit unverzüglicher Gewaltanwendung“. Der *SchVE.* sagt: „Wer ... ihn gefährlich bedroht.“ Dabei bleibt unsicher, ob das eine persönliche Bedrohung sein soll oder nicht. Ich stimmme aber hier — entgegen der herrschenden Ansicht! — der weiteren Auffassung zu und halte Drohungen gegen die Ehre z. B. für oftmals schwerer und gemeiner als jede Drohung gegen das körperliche Leben. Ich hätte nichts dagegen zu sagen, wenn die Praxis das Wort „persön-

[1]) Das Einsperren (Frank 141 III) kann Gewalt gegen die Person sein, braucht sie aber nicht immer zu sein. Ich halte es nicht für nötig, es besonders hervorzuheben. — Die Ausdrücke in § 126 „persönliche Gefahr“, 133 „Gewalttätigkeiten gegen Personen oder Sachen“, 243, 244 „Drohung mit gegenwärtiger persönlicher Gefahr“ stimmen zwar mit § 274 überein, helfen aber wenig zur genaueren Auslegung. S. Begr. 753 Anm. 2.

liche Gefahr" dahin auslegte, daß damit nicht nur leibliche Gefahr gemeint sei.

Aber entgegen dem StGB. und Vorentwurf schlage ich den Ersatz des Wortes „gegenwärtig" durch das „unverzüglich" des *OVE.* vor (*SchVE.* vermeidet beides): dies ist weniger eng als unser deutsches und doch genau genug; nach dem *DVE.* muß die Gefahr auf dem Platze selbst sein; nach dem *O.* genügt richtiger, daß sie ohne Verzug erscheint, wenn sie auch noch nicht da ist. — 3. Der Gewalt gleichgeachtet wird nach *DVE.* § 12 Ziff. 4 „die Versetzung in einen Zustand der Bewußtlosigkeit oder Widerstandsunfähigkeit durch hypnotische oder narkotische oder ähnliche Mittel". Denselben Gedanken sprechen *OVE.* § 96 und *SchVE.* § 63 aus; wenn sie die Mittel weglassen, so scheint mir das belanglos. In der Praxis darf nur das „unfähig" nicht zu weit ausgelegt werden, da sonst jeder Diebstahl, nachdem man das Opfer etwas angetrunken gemacht hat, als Raub angesehen werden könnte.

Wenn bei den Mitteln nicht eindeutig gesagt ist, gegen wen die Gewalt oder Drohung gerichtet sein müsse („gegen eine Person ... einem andern wegnimmt"), dann halte ich das für bedeutungslos; da es heißt, daß „mit Gewalt, unter Anwendung von Drohungen wegnimmt", so ist doch wohl die nötige kausale Beziehung genügend (— bei den Drohungen vielleicht nicht ganz scharf —) ausgedrückt: es muß eben der Widerstand einer Person beseitigt werden, der die Wegnahme hindern kann und hindert[1]).

Die Hervorhebung der kausalen Beziehung zwischen Mittel und Erfolg halte ich auch insoweit für genügend, als damit die räumliche und zeitliche Verbindung ausgedrückt wird: „durch Gewalt oder Drohung" bemächtigt sich der Täter eines Gutes eben nur solange das Mittel wirkt; ich sehe nicht ein, warum ich den Raub verneinen sollte, wenn einmal die Wirkung feststeht, ohne daß die räumliche und zeitliche Nähe des Mittels eine absolute ist[2]).

Daß der Räuber seine Mittel bewußt anwenden muß, bedarf keiner Hervorhebung.

f) Für den räuberischen Diebstahl (um einmal diesen Ausdruck anzuwenden) halte ich die Neuerung „auf einem Diebstahl betroffen", die der Vorentwurf nach dem Vorbild des *SchVE.* 84 an Stelle des bisherigen „bei einem Diebstahl auf frischer Tat be-

---

[1]) Die von Frank 141 unten hervorgehobene Schwierigkeit scheint mir praktisch nicht zu bestehen. Auch hier ist der österreichische Ausdruck sicherer. S. übrigens Frank 123.

[2]) Dagegen Frank 130.

troffen," bringt, entgegen der Begr. S. 754 für viel weniger gut. Denn der neue Ausdruck weißt viel zu eng darauf hin, daß der Täter auf dem Platze des Diebstahls betreten werde, und gerade das ist ein Fehler[1]). Auch sollte bei möglichst genauer Formulierung gesagt sein, daß der Täter Gewalt anwendet, um sich oder einem Dritten das Gut zu erhalten, — so im *OVE.* 339. Ebenso ist der österreichische Gedanke der Fluchtermöglichung sehr zu erwägen.

g) Ich habe schon auf den merkwürdigen Gegensatz hingewiesen, der in der Kasuistik des § 270 und der freien Manier der Artbildung des § 274 liegt. An sich ist gegen diese Gewährung freien Ermessens wenig zu sagen. Sollte sie aufgegeben werden, dann müßten der bandenmäßige Raub, der zur Nachtzeit, auf einem Fahrzeug und der unter schwerer körperlicher Verletzung verübte hervorgehoben werden[2]). Erwünscht wäre dann auch, daß die Tat eines gewerbsmäßigen Diebes oder Räubers genannt würde, die auch heute wohl kaum in den besonders schweren Fällen aufgeht, da ihr oft die ungewöhnlich bedeutende Folge der Tat mangeln wird.

h) Ich schlage danach folgende Fassung des Tatbestandes vor:

> Wer in der Absicht, sich oder einem Dritten einen rechtswidrigen Vermögensvorteil zu verschaffen, sich einer fremden beweglichen Sache dadurch bemächtigt, daß er Gewalt gegen eine Person oder Drohungen mit unverzüglicher persönlicher Gefahr anwendet,
>
> sowie wer bei einem Diebstahl auf frischer Tat betroffen, solche Gewalt oder Drohungen anwendet, um das gestohlene Gut behalten zu können, wird wegen Raubes ...

§ 3. Die größten Schwierigkeiten treten uns ohne Zweifel bei dem Tatbestand der Erpressung entgegen. Ich halte ihn in allen drei Vorentwürfen für den am wenigsten geglückten. Er ist jetzt auch der am meisten umstrittene; doch glaube ich, daß wir auch bei ihm ganz gut eine bestimmte Richtung in der Entwicklung erkennen können, und daß weniger über diese Richtung als über

---

[1]) Siehe Harburger 261. Die Begründung schließt sich einer einseitigen Meinung an. Wenn sie die „juristische Vollendung" nicht entscheiden läßt, dann ist der Ausdruck des Vorentwurfs noch dazu recht ungenau.

[2]) *OVE.* 357, *SchVE.* 84. Frank 132ff. — Den einfachen Straßenraub kann ich heute nicht mehr als einen besonders qualifizierten Fall ansehen.

die Fassung Zweifel bestehen. Vor jeder Erörterung möchte ich davor warnen, hier eine Gelegenheitsgesetzgebung zu schaffen. Gerade hier scheint sie mir nahe zu liegen, da wir bestimmte Erscheinungen unseres sozialen Lebens beobachten und ihnen den Tatbestand anzupassen suchen; nämlich die wirtschaftlichen Kämpfe der Arbeiter und Arbeitgeber sowie der großen gewerblichen Vereinigungen (Trusts, Kartelle) und daneben das Treiben der Chantage. Auf beiden Gebieten scheinen unsere Gesetzgebung und Praxis zu versagen. Wir dürfen aber nicht vergessen, daß nicht allein diese zwei Erscheinungen — und sie auch nicht immer in rein typischer Form — zu beachten sind. Wenn wir also dafür sorgen müssen, daß der Tatbestand nicht zu einseitig den zwei Verhältnissen angepaßt wird, dann dürfen wir daneben nie außer acht lassen, daß die Gesetzgebung nicht allein und unmittelbar herrscht, sondern immer nur durch das Mittel der freischaffenden Praxis. Dieser zweiten wirft man hier (und offenbar nicht zu Unrecht!) mehr Fehler vor als dem Gesetz: sie ist hier so stark formalistisch geworden, daß sie den Lebenserscheinungen nicht mehr gerecht wird.

Welche Änderung gegenüber dem StGB. und der Novelle 1909 bringt der Vorentwurf? Wir finden, daß bei der Novelle betont wurde, die Gesamtreform müsse den Tatbestand gründlich umarbeiten, was bei einer Teilreform nicht möglich sei[1]). Wieweit geht der Vorentwurf über die Novelle hinaus? — Welche Kritik wird am StGB. und an der Novelle geübt? Wie wird der Vorentwurf ihr gerecht? Und wenn er ihr noch nicht nachkommt, was müssen und dürfen wir noch verlangen, was können wir noch erwarten?

a) Die Novelle 1909 fügte dem Tatbestand des § 253 StGB. die Worte bei: „Das Vermögen eines andern dadurch beschädigt, daß er durch . . .“ Damit wurde der Charakter der Erpressung als eines Vermögensdeliktes klarer ausgedrückt; die Neuerung wurde zumeist beifällig begrüßt[2]). — Der Vorentwurf hat in § 275 diese Fassung wieder aufgegeben und in der Weise den Tatbestand des § 253 geändert, daß er an Stelle der Worte: „um sich . . . zu verschaffen“ sagt: „in der Absicht, sich oder einem Dritten unrechtmäßigen Gewinn zu verschaffen,“ und daß er danach die Tätigkeit so umschreibt: „einem andern durch Gewalt oder durch Drohung

---

[1]) Begründung zur Novelle 1909 S. 18. Heine, ZStRWiss. *XXIX. 657.*

[2]) Dagegen bes. Oborniker, MonSchrKrimPsych. 6, 498. Finger, GS. *LXXIV. 357.*

einen Vermögensvorteil abnötigt." — Die erste Änderung soll nach der Begr. 758 nur eine „gemeinverständlichere Fassung" sein. Ich finde die alte Fassung mindestens ebenso gut; das Wort „Gewinn" wählte man wohl nur, da das Wort „Vermögensvorteil" noch einmal wiederkehrt; ich gebe zu, daß in ihm schärfer der wirtschaftliche Zuwachs zum Vermögen im Gegensatz zu einer bloß rechtlich besseren Position zum Ausdruck kommt; aber bedeutet nicht auch diese zweite immer einen wirtschaftlichen Gewinn? „Unrechtmäßig" statt „rechtswidrig" soll offenbar etwas deutlicher die Auffassung ablehnen, daß der Gewinn contra legem gehen müsse; ich zweifle, ob dies auch erreicht ist[1]). — Die zweite Änderung hat Frank, 112, vorgeschlagen; der Ausdruck ist dem *SchVE.* 1903, 91, entlehnt. (Der *SchVE.* 1908, 91, hat ihn formell und sachlich verbessert.) Wenn aber nach Frank, dem die Begr. 756 folgt, damit außer anderm gesagt sein soll, daß die Nötigung eine Vermögensbeschädigung herbeiführe, und daß die Objekte der Bereicherung und Beschädigung zusammenfallen, — dann muß ich sagen, daß ich das nicht verstehe; denn ich kann den Ausdruck „einen Vermögensvorteil abnötigen" ganz gut auf den Arbeitslosen anwenden, der einen andern zwingt, ihm die freie, gut bezahlte Hausmeisterstelle zu geben, auf die er keinen Anspruch hat, für die er aber durchaus befähigt ist. Wenn Frank meint, der abgenötigte Vermögensvorteil sei nur rechtswidrig, wenn er zugleich einen Schaden für den Genötigten darstelle, dann folgt er doch wohl zu vertrauensvoll einer Meinung, die hauptsächlich von Merkel vertreten wurde (Holtz. Hdb. 3, 733)[2]), die aber durch die Praxis als widerlegt gelten sollte; gerade gegen die Praxis, die einen rechtswidrigen Gewinn auch ohne Schädigung des Gegners annimmt, ist ja die Novelle gerichtet. So kann ich hier im Vorentwurf nur einen Rückschritt von der Novelle zum StGB. sehen; nur die eine Neuerung liegt vor: der Erpresser muß den Gewinn wirklich gemacht haben. Ich sehe in diesem zaudernden Hinausschieben der Vollendung keinen Fortschritt; daß die Praxis doch eine frühere Vollendung annehmen würde, deutet schon Frank an (112 vor Anm. 4). Die Erpressung unterscheidet sich damit auch vom Betrug und dem Wucher, die früher vollendet sind; die Abweichung in der Fassung der Erpressung von der des Betrugs leistet auch noch der Ansicht Vorschub, daß zu jener eine Vermögensschädigung nicht gehöre.

[1]) Nur nebenbei bemerke ich, daß das Wort „rechtswidrig" beim Diebstahl und Raub stehenblieb.

[2]) S. auch Binding, Lehrb. *I. 375* oben. Frank 25 ff. — Vgl unten S. 375.

Der Vorentwurf ändert also am Wesen des Tatbestandes gegenüber dem StGB. nichts. Alle Kritiken gegenüber diesem gelten noch gegenüber jenem. Wenn wir aber die Kritik unseres StGB. in ihren Einzelheiten verfolgen, dann dürfen wir nicht vergessen, daß jeder Punkt nur im Zusammenhalt mit allen andern richtig gewürdigt werden kann.

b) Die Erpressung ist Vermögensschädigung. Das ist heute so ziemlich allgemein anerkannt. Es entspricht der geschichtlichen Entwicklung; es hebt den Tatbestand scharf von der allgemeinen Nötigung ab; es begründet auch mit vollem Recht seine Stellung unter den Vermögensdelikten, die es behalten muß, wollen wir anders an einer klaren Systematik festhalten[1]). — Man sagt, unser StGB. habe die Vermögensschädigung nur deswegen nicht hervorgehoben, weil man die Vollendung früher ansetzen wollte. Das mag sein; aber der Gedanke, daß die rechtswidrige Bereicherung ohne Angriff auf das Vermögen unmöglich sei, ist mindestens recht anfechtbar und jedenfalls doch nicht so scharf im Gesetz ausgedrückt, daß ihn die Praxis hätte anerkennen müssen. Da sie ihn vielmehr vernachlässigt, muß der Text ihn klar hervorheben. Damit erst wird die notwendige Übereinstimmung mit Diebstahl, Unterschlagung, Raub, Betrug, Untreue, Ausbeutung hergestellt. Dann ist es auch erst möglich, die einzelnen Fälle auf ihre gesetzliche Unterbringung genau zu prüfen.

Nun aber werden dagegen Einwände erhoben: Finger erklärt[2]) gegenüber der Novelle 1909, daß durch die Beschränkung „zweifellos strafwürdige Vorgänge" straflos blieben. Nach unserem StGB. ist das ja richtig, da unser Nötigungstatbestand in den Mitteln viel zu eng ist. Der Vorentwurf hat hier die erwünschte Erweiterung gebracht, und so sind alle von Finger angeführten Fälle als Nötigung oder auch als Bedrohung strafbar, da vielfach eine Friedensstörung durch gefährliche Drohung gegeben ist. Die Strafrahmen dieser Delikte reichen — besonders, wenn man § 36 Vorentwurf zu Hilfe nimmt — völlig aus. Somit hält diese Befürchtung gegenüber dem Vorentwurf nicht Stich[3]).

Anderseits wird betont, daß die Auslegung, die der Begriff

---

[1]) Scharf Binding, Lehrb. *I. 374*; bedenklich Frank 101 im Anschluß an Fränkel. Wir haben doch die Systematik, die an die Angriffsmittel anknüpft, so ziemlich überwunden!

[2]) GS. 74, 357. S. auch Oborniker, MonSchrKrPsych. 6, 498.

[3]) S. noch Frank 102, 116. — Ich bemerke, daß durch die weitere Fassung der Nötigung auch dem Vorwurf begegnet ist, daß andere Rechtsgüter geringer geschützt seien, als das Vermögen.

Vermögensschädigung in unserer Rechtsprechung erfahren habe, so weit sei, daß man damit fast immer eine Vermögensbenachteiligung annehmen könne[1]). Das ist nun nicht unrichtig, — aber ich wüßte nicht, was dagegen zu machen wäre. Daß bei allen Vermögensdelikten auch ein wirtschaftlicher Schaden neben der Rechtseinbuße vorhanden sein muß, ist mir klar; es genügt nicht eine wirtschaftlich gleichgültige Rechtsvertauschung (z. B. zwangsweise Zession gegen genügende Zahlung) und nicht eine rein wirtschaftliche Schmälerung ohne Rechtsschaden (z. B. zwangsweise Zahlung einer fälligen Forderung). Wie man das aber schärfer als durch das Wort „Schaden" ausdrücken soll, weiß ich nicht, oder sollte man sagen: „wer das Vermögen rechtlich und wirtschaftlich schädigt"? Ebensowenig kenne ich ein Kraut gegen eine verkehrte Anschauung wirtschaftlicher Verhältnisse. Es ist danach zwar durchaus richtig, „daß der Kern des Erpressungsproblems an einer andern Stelle liegt"[2]), aber es wäre ein großer Fehler, deswegen die scharfe Hervorhebung dieses einen notwendigen Elementes zu unterlassen. Hier zeigt sich gerade, wie die einzelnen Tatbestandselemente ineinandergreifen: ich halte es für unmöglich, das Element des Zwangs und das des rechtswidrigen Gewinns klar zu erfassen, wenn man sie nicht in Verbindung mit dem Vermögensschaden bringt. Umgekehrt sehe ich in diesen beiden Elementen die erforderlichen Beschränkungen des Tatbestandes gegenüber einer etwa zu weiten Auslegung des Schadensbegriffes. Ich halte es deswegen für unnötig, ja nutzlos, die Erpressung in ähnlicher Weise wie den Wucher gesetzgeberisch zu behandeln, wie Heine es vorschlägt (665)[3]).

c) Die Erpressung ist Bereicherungsdelikt. Der Täter will aus dem Opfer für sich einen Vermögensvorteil herauspressen. Ich sage, es muß das ein Zuwachs zum Vermögen sein, ein erkennbarer wirtschaftlicher „Gewinn", nicht bloß eine andere rechtliche Lage: wer seine fällige Forderung zwangsweise beitreibt, oder wer einen anderen zwingt, gegen Vergütung als Schuldner an Stelle des faulen Schuldners zu treten, gewinnt nichts an Ver-

---

[1]) So bes. Heine, ZStRWiss. *XXIX. 662ff.* — Oborniker, MonSchr. *VI. 495ff.*, bes. 498 schießt weit über das Ziel hinaus.

[2]) Frank, ZStRW. *XXIX. 644*; ebenso Heine, ebenda 665; Oborniker, 498.

[3]) Der *OVE.* 355 hebt den Vermögensschaden nicht hervor; der *SchVE.* 91 tut es für die zweite Alternative des Tatbestandes (v. Vermögensleistungen), während er die Schädigung in der ersten Alternative nicht scharf heraushebt. Daher gilt unsere Kritik auch gegen diese beiden Entwürfe.

mögensrechten, wenn auch vielleicht eine bessere wirtschaftliche Lage; wer eine neue Forderung zwangsweise erwirbt, gegen die er aber eine Rechtspflicht übernimmt, gewinnt rechtlich, verliert aber vielleicht wirtschaftlich. In keinem Fall liegt ein Vermögensvorteil vor, den ich „erpressen" kann. Daß die Praxis und die Theorie ziemlich allgemein anders denken, ist ja sicher. Aber auch hier, wie beim Schaden, kann ich durch die Fassung des Gesetzes nichts erreichen, sondern muß auf die Einsicht der Rechtsanwendung vertrauen. —

Ist man über das Erfordernis der Bereicherung einig, dann schon nicht mehr darüber, ob der Gewinn ein rechtswidriger sein müsse, — und wenn ja, was das heiße. Kohler nimmt sogar Erpressung an, wenn jemand seine fällige Forderung durch unlauteren Zwang eintreibt[1]). Er widerlegt damit Franks Satz (S. 112): „Wer auf die Gewährung des Vermögensvorteils, den er erreichen will, einen rechtlich begründeten Anspruch hat, begeht keine Erpressung: das ist der einzige . . . Punkt, über den sich die Interpreten des Rechtswidrigkeitsbegriffs einig sind." Es nehmen eben viele an, daß die bare Zahlung wirtschaftlich vorteilhafter als die ausstehende Forderung sei, und daß sie „rechtswidrig" werde durch das im Recht nicht vorgesehene Mittel des Zwangs (oder der Täuschung).

Doch ist hier zum mindesten eine Unklarheit wegen des „rechtswidrig" vorhanden. Niemals hört der Rechtsanspruch auf die Zahlung deswegen auf zu bestehen, weil man ihn auf unerlaubte Weise zu verwirklichen sucht. Ich möchte nicht einmal mit Frank, S. 103, sagen, daß er durch das Mittel zu einem unerlaubten werde. — Wir müssen — entgegen Frank! — in dieser Frage über den Charakter des Vorteils ganz vom Mittel des Täters absehen und können nur fragen: genügt zur Erpressung jeder Vorteil, oder nur der, auf den der Täter keinen Anspruch hat? Darüber kann man gesetzgeberisch streiten. Ich bejahe die zweite Alternative und sehe in der zwangsweisen Realisierung eines Rechts höchstens Nötigung, da die „rechtswidrige Absicht" dieses Delikts ja sicher vorliegt. Wir müssen aber, um Zweifel zu beseitigen, deutlich sagen, was wir meinen, also das Wort „rechtswidrig" hier ebenso vermeiden, wie „unrechtmäßig", und nur Vermögensvorteile nennen, „auf die ein Rechtsanspruch nicht besteht[2])[3]). Das ist die erste, absolut nötige Grundlage

[1]) Goltd. A. 56, 195.

[2]) Frank 112, Wach, *Vergl. Darst.* A. *VI. 60* Anm. 1.

[3]) *OVE.* sagt „unberechtigt", *SchVE.* „auf den er keinen Anspruch hat".

für die Rechtswidrigkeit des Delikts. Vermeiden wir aber an diesem Punkt das ominöse Wort „rechtswidrig", dann vermeiden wir auch den von Heine mit Recht gegeißelten Widersinn, daß sich unser ganzes Wirtschaftsleben in Rechtswidrigkeiten bewege. Vielleicht verwendet man dann besser das Wort bei den Mitteln; doch ist das noch nicht hier zu prüfen. Danach kann Erpressung begehen, wer eine Lohnerhöhung, einen Kauf, eine Anstellung, eine nicht im Gesetze vorgesehene Entschädigung, eine Zahlung an die Armenkasse verlangt. Jedoch gehört eben zu unserem Delikt noch mehr, und vor allem eine rechtliche und wirtschaftliche Schädigung des Gegners als rechtliches und wirtschaftliches Gegenstück der Bereicherung. Dies Element wird uns jetzt noch deutlicher. Nur wenn man einen Vorteil, auf den man keinen Anspruch hat, dadurch erlangt, daß man einen andern rechtlich und wirtschaftlich schädigt, wird der Vorteil ein unlauterer. Freilich genügt diese Schädigung allein auch noch nicht zur Rechtswidrigkeit; dazu muß noch ein verbotenes Mittel angewendet werden. — Wenn ich mich hier mit Merkels Anschauung begegne, dann treffe ich mich nicht völlig mit ihr. (S. oben S. 371.) Stehen der anspruchslose Rechtsvorteil und die Rechtseinbuße des Gegners wirtschaftlich nicht im Mißverhältnis, dann haben wir keinen „Vorteil" und keinen „Schaden" im Sinne der Erpressung. Eben deswegen müssen wir also bei unserm Delikt den Vorteil, auf den ein Rechtsanspruch nicht besteht, und den Vermögens schaden einander gegenüberstellen. Damit drücken wir aber schon vollauf genügend das wirtschaftliche Mißverhältnis des Gewinns sowie der Rechtseinbuße aus. Es ist ganz unnötig, das noch hervorzuheben, wie es Heine a. a. O. wünscht.

Bei dieser ganzen Betrachtung muß man aber rein auf dem wirtschaftlichen Gebiete bleiben. Es ist verkehrt, von einem „Schaden" deswegen reden zu wollen, weil der Verletzte durch den wirtschaftlich durchaus einwandfreien Zwangskauf ein Stück von hohem Affektionswert verliert[1]). Es ist ebenso verkehrt, eine Schädigung deswegen nicht annehmen zu wollen, weil der Verletzte einen moralischen Gewinn neben dem wirtschaftlichen Verlust gemacht hat[2]). Ganz dasselbe gilt natürlich auf der Gewinnseite: wer durch Zwang von einem andern ein Bild für das Doppelte des Wertes kauft, weil er damit einen hohen Affektionsgewinn erzielt, der erpreßt nicht. — Vielfach sind die wirtschaftlichen

---

[1]) Frank 114.

[2]) Bedenklich Begr. 758 Abs. 3. — Hierüber eingehend unten S. 378f.

Verhältnisse gewiß nicht leicht zu erkennen: Wer bislang ohne Schreibmaschine oder Automobil auskam, hat vielleicht im Augenblick des Ankaufs einen Vermögensverlust zu verzeichnen; nach einigen Wochen erkennt er den wirtschaftlichen Vorteil. Für den Bummler freilich, der nur selten einen Brief schreibt und selbst zum Spazierenfahren zu träge ist, ist die wirtschaftliche Berechnung nicht leicht. Jedenfalls aber hat Heine recht, wenn er die ganz äußerliche Zahlenrechnung der reichsgerichtlichen Praxis scharf verurteilt. Gegen sie aber kann das Gesetz nichts tun. — Aus diesem Gesichtspunkt allein betrachtet, könnten wir allerdings von Erpressung reden, wenn jemand eine Beleidigungsklage gegen Zahlung einer Summe an die Armenkasse fallen läßt (Oborniker, a. a. O. 498). Aber wir haben damit eben noch nicht alle Elemente des Erpressungsbegriffs festgestellt!

Vor dieser Prüfung des letzten Elementes aber noch eines: soll der Schaden oder der Vorteil ein „unangemessener" oder ein unwirtschaftlich hoher sein, damit wir von Erpressung reden können[1])?

Ich halte die Anschauung von Frank und Heine für einseitig durch bestimmte Fälle beeinflußt. Wer einen Gewinn, auf den er keinen Anspruch hat, derart macht, daß ein andrer dadurch wirtschaftlich zu Schaden kommt, macht ihn unangemessen. Ob er groß oder gering ist, ist für die abstrakte Strafwürdigkeit ohne Bedeutung. Heine möchte durch die Beschränkung offenbar Fälle ausschalten, bei denen die Beschuldigten einen Gewinn machten, der ihrer wirtschaftlichen Lage entsprach, und Frank möchte die Fälle ausscheiden, bei denen die Täter eine für den Gegner unangenehme Angelegenheit auf eine den Verhältnissen angemessene Weise erledigten. Prüft man aber Heines Beispiele, dann erkennt man, daß sie richtig zu entscheiden sind, sobald man den Vermögensschaden wirtschaftlich verständig berechnet, und bei Franks Fällen folgt die richtige Entscheidung ohne weiteres aus der Betrachtung des Verhältnisses zwischen Zwang, Gewinn und Schaden. Sollte es gelingen, die Erpressungsmittel scharf genug zu bezeichnen, dann ist das „unangemessen" beim Vermögensvorteil überflüssig und vielleicht sogar schädlich, jedenfalls würde es die systematische Übereinstimmung zwischen Erpressung und Betrug stören. Scheut man dies nicht und glaubt man, die Zwangsmittel nicht scharf

[1]) Frank 107 verlangt für die Chantage eine „unangemessene" Bereicherung und 113 dasselbe für die Erpressung allgemein. Heine 665 sagt, der Erpresser erstrebe „Gewinne, die nicht mehr als wirtschaftlich angesehen werden können".

genug hervorheben zu können, dann mag man das „unangemessen“ einfügen. Doch bemerke ich, daß bei Gewalt oder Drohung mit Gewalt, die nur unter bestimmten Ausnahmebedingungen nicht rechtswidrig ist, das Unangemessene des Erpressergewinnes recht bedenklich ist! Auch möchte es schwierig sein zu sagen, was hier den Maßstab abgeben soll. —

d) In der Kritik besteht Einigkeit darüber, daß die Erpressungsmittel beschränkt werden müssen, daß unser bisheriges Gesetz und die sich darauf aufbauende, stark formalistische Praxis verkehrt, lebensfremd sind. Am bestimmtesten hat Frank den Gedanken ausgedrückt: Jedermann ist zu jeder Zeit in irgendeinem Maße in Unfreiheit; wollte man daher jede Art von Zwang als Erpressung bestrafen, dann wäre am Ende unser ganzes Geschäftsleben eine fortdauernde Reihe von Erpressungen. Um so mehr muß es erstaunen, daß der *DVE.* hier nichts änderte, sondern jede Gewalt und jede Drohung, also auch die mit erlaubten Handlungen, genügen läßt. Die Begr. 757 ist mir hier unverständlich. Sie sagt: da der Tatbestand zum Vollendungsdelikt gestaltet sei (?), da der Täter den Eintritt der rechtswidrigen Vermögensbeschädigung wollen müsse, so genüge jede Drohung. Entweder kündige sie eine unerlaubte Handlung an, oder sie enthalte „doch eine so erhebliche Einwirkung auf den Willen des Bedrohten (?), daß dadurch in Verbindung mit dem verfolgten unlauteren Zweck (?) der strafrechtliche Eingriff gerechtfertigt wird“. — Da nun aber doch der Zweck einfach ein „im Rechte nicht begründeter“ Vorteil zu sein braucht, also von „Unlauterkeit“ (!) durchaus nicht immer die Rede ist, da ferner selbst die gerechteste Drohung den Willen oft recht erheblich beeinflußt, so reicht diese Begründung nicht aus! Das ist der alte Zirkel: der Vorteil braucht nicht unlauter zu sein, er wird es aber durch das Mittel, — das Mittel kann berechtigt sein, es wird rechtswidrig durch den Zweck. Auch heute schon geht der Wille des Täters genau so weit wie nach dem Vorentwurf, nämlich auf den rechtswidrigen Vorteil; hier bringt der Vorentwurf also keine Einschränkung. Diese Regelung muß verschwinden. Es ist verkehrt zu glauben, daß man auf diese Weise die Chantage am richtigsten treffe. Gewiß fällt auch sie unter die weite Fassung[1]), aber diese deckt eben auch tausend durchaus lautere Fälle.

Der Fehler steckt immer in dem „rechtswidrig“. Nur wenn der erstrebte Vorteil schon von sich aus, ohne Rücksicht auf den Zwang, ein vom Gesetz verpönter ist, kann jede Art von Zwang

---

[1]) S. dazu Finger, DJZ. *XIV. 1347.*

genügen. Ich folge nun zwar Frank nicht so weit, daß ich sagte, „einen Vermögensvorteil an sich unerlaubt zu nennen“, sei verkehrt (103); so ist der Vermögensvorteil des Hehlers, der Dirne, des Bordellwirts doch wohl „an sich unerlaubt“. Aber ich komme mit ihm zum gleichen Ergebnis für die Erpressung, wenn er hier die Rechtswidrigkeit auf die Unerlaubtheit der Mittel gründet. Denn ich habe mit der Begr. 757 die Auffassung, — die auch Frank 112 billigt, — daß wir einfach den Vorteil nennen müssen, auf den ein Rechtsanspruch nicht besteht. Wer aber einen solchen durch einen völlig erlaubten Zwang zu erreichen strebt, — selbst auf Kosten eines anderen — der begeht nichts rechtlich Unerlaubtes! Diese Erwägung ist so einfach, daß selbst die formalistischste Rechtsprechung sich ihr nicht entzieht. Man scheut immer nur vor einem allgemeinen Ausdruck zurück. Somit fragt sich nur, welcher Zwang erlaubt ist, damit man durch ihn einen Vorteil erreiche, auf den man keinen Anspruch hat. Frank sagt, der verkehrsmäßige (105), Kohler, der nicht gegen die guten Sitten verstoßende (GA. 56, 193), und ganz derselbe Gedanke wird von allen neuen Schriftstellern vorgetragen[1]). Rein formalistisch könnte daher das Gesetz hier das Wort „rechtswidrig“ verwenden, das beim Vorteil gar keinen Sinn hat. Dann wäre die Praxis aber zu sehr auf sich selbst angewiesen, und deswegen muß es andre Wege gehen.

Nun kann man unbedenklich das Wort „Gewalt“ ohne Zusatz verwenden; denn die Gewalt ist grundsätzlich verpönt; es möchte sich kaum ein Fall denken lassen, daß im Vermögensverkehr Gewalt erlaubt ist. Also beschränken sich die Zweifel auf die Drohung, die auch eine solche mit an sich erlaubten Mitteln sein kann, mit Arbeitseinstellung, Strafanzeige, Klage, Lieferungseinstellung. Es ist ein richtiger Gedanke, daß diese Drohung nur dann verboten ist, wenn das durch sie geforderte Vermögensopfer nicht mehr als billige Gegenleistung zur Abwendung des Zwangs erscheint[2]). Eine solche billige Gegenleistung des Bedrohten ist kein Schaden im Rechtssinn oder wirtschaftlich: so die Zahlung erhöhten Lohnes auf die Streikdrohung, die Zahlung des Beleidigers an die Armenkasse auf die Drohung der Strafklage. In allen diesen Fällen haben wir einen Anlaß, der nach durchaus gebilligter Anschauung des Verkehrs die Anwendung des angedrohten Übels — Arbeitseinstellung wegen zu

---

[1]) Genau genommen, macht ihn auch die Begr. zur Novelle 1909 zu dem ihrigen, wenn sie ein Mißverhältnis zwischen Vorteil und Nachteil zur Erpressung verlangt. — Einen Zweifel über diesen Gedanken finde ich nur bei Klee, DJZ. *14. 399, 1321.*

[2]) Binding, Lehrb. *I. 379.*

geringen Lohnes, Nichtlieferung, weil der Gegenkontrahent mit Outsidern in Geschäftsverbindung, Strafklage wegen Beleidigung — zuläßt. Das Opfer des Bedrohten ist der im Verkehr völlig übliche Kaufpreis für die Annehmlichkeit der Nichtanwendung des zulässigen Übels, d. h. es erscheint nicht als Schädigung. Dies ist freilich bei der Fassung des Gesetzes nicht leicht zum Ausdruck zu bringen. Geht aber der Zwang zu weit oder wird er aus einem Anlaß angewendet, bei dem er nicht vom „redlichen Lebensverkehr gestattet" ist (Kohler), dann sind Opfer wie Gewinn „unangemessen", jenes ein Schaden, dieser eine Rechtswidrigkeit — dann haben wir Erpressung[1]).

Wer sich das klar gemacht hat, der wird mit dem einfachen Ausdruck „verkehrswidrige Drohung" zufrieden sein. Aber das Gesetz soll durch seine Worte auch dem eine Anleitung bieten, der noch nicht jenem Gedankengang gefolgt ist. Ich ziehe daher den tiefergreifenden Ausdruck Bindings vor und würde den Tatbestand so formulieren:

„Wer in der Absicht, sich oder einem Dritten einen Vermögensvorteil zu verschaffen, auf den ein Rechtsanspruch nicht besteht, das Vermögen eines andern dadurch beschädigt, daß er durch Gewalt oder Drohung zu einer Handlung, Duldung oder Unterlassung nötigt, wird mit Gefängnis bestraft. Ist die Drohung eine an sich nicht rechtswidrige, dann darf die Vermögensaufwendung nicht mehr eine den Verhältnissen angemessene Gegenleistung für die Abwendung des Zwanges sein[2])."

e) Mit einer solchen Formulierung glaube ich allen Schwierigkeiten zu begegnen. Bei den Mitteln vermeide ich die doch zu unbestimmte Fassung „schwere Drohung" des *SchVE.* oder den rein formalistischen Ausdruck „rechtswidrig" des *OVE.* Insbesondere kann ich auch nicht die Kasuistik billigen, die der *SchVE.* ver-

[1]) Einen mehrfach genannten Fall — die Arbeiter fordern Lohnerhöhung zu einer Zeit, da der Unternehmer sie einfach nicht entbehren kann — möchte ich in seiner abstrakten Fassung nicht entscheiden. Lag wirtschaftlicher Grund zur Lohnerhöhung an sich vor, dann ist die Drohung des Ausstandes nicht verkehrswidrig. Ist aber die Drohung nur Schikane, dann ist sie den Verhältnissen billigerweise nicht entsprechend. Eine Wuchernotlage anzunehmen, erscheint mir höchst bedenklich. So aber Frank, ZStRW. *XXIX. 642*; anders Heine, ebenda 663; v. Tischendorff, GA. *LIV. 458* nimmt Erpressung an.

[2]) Die Zweiteilung ist erwünscht, um die Unlogik zu vermeiden, daß der „Schaden" als „angemessene Gegenleistung" erscheint.

wendet, um die Chantage zu treffen („wer jemanden wissen läßt, er werde etwas bekannt machen . . . und ihn dadurch arglistig veranlaßt, sein Schweigen . . . zu erkaufen"), die auch Frank, 106, empfiehlt, die dann im *OVE.* so ausführlich ist, daß sie wieder zu wortreich erscheint. Ich vermeide aber auch das Wort „abnötigen", das nicht unbedenklich ist, da es dazu verleiten möchte, verkehrterweise von dem Gezwungenen eine Disposition zu verlangen, die nicht erforderlich ist, wie heute feststehen dürfte[1][2].

Endlich deckt meine Formulierung auch die Chantage. Ich stimme denen, die hierfür einen selbständigen Tatbestand fordern, nicht zu[3].

Frank will wegen der Verschiedenheit der Mittel und auch deswegen teilen, weil die Chantage als Ausbeutung ähnlich dem Wucher erscheine; so ist sie auch im russischen StGB. 615 behandelt[4]. Reinhold fügt dem weiter hinzu: die Chantage gefährde zugleich die Ehre des Opfers; der Chanteur erwarte „in der Regel" die Initiative zur Leistung vom Opfer. — Die zwei letzten Charakteristika sind sicher nebensächlich. Die zwei ersten aber kommen sicher eben so häufig in Verbindung mit der „eigentlichen" Erpressung vor, daß wir viel zu oft eine bedenkliche Idealkonkurrenz der zwei Delikte annehmen müßten[5]. Da der Begriff der Drohung auf die Chantagemittel selbstverständlich paßt (a. M. offenbar Reinhold 107), da ich ihre Kasuistik verwerfe und in der Strafdrohung keinen Unterschied machen kann, halte ich ein Vordringen

[1]) Binding, Lehrb. *I. 376*; Frank 25 f., 110 f.

[2]) Ich möchte auch hier darauf hinweisen, daß gegenüber der Anwendung von Narkoticis Vorsicht geboten ist: sonst wird eine Unterschrift, die im Wirtshaus gegeben ist, zu leicht erpressungsverdächtig. — Nach der ausdrücklichen Einbeziehung der Narkotika durch die Vorentwürfe halte ich Franks Bedenken gegen den Ausdruck „Gewalt" (S. 108) für erledigt. — Übrigens ist der norwegische Ausdruck „rechtswidriges Verhalten" nicht absolut zu verwerfen.

[3]) Besonders Frank 106f., Reinhold, Die Chantage 99. Gerade diese Arbeit beweist die Einseitigkeit der Auffassung, daß man die Chantage nur als selbständigen Tatbestand richtig treffen könne.

[4]) Den Unterschied, daß bei der Chantage der Vermögensvorteil ein „unangemessener" sein müsse, S. 107, gibt Frank, S. 115, offenbar selbst wieder auf.

[5]) Die Frage, wann das Ausnützen einer vorhandenen Zwangslage nicht mehr als das Herbeiführen einer solchen erscheint, also nicht mehr Erpressung ist, möchte ich der Praxis überlassen. Sehr oft wird mindestens eine Verstärkung der Notlage, d. h. eine erpresserische Drohung vorliegen. S. Frank 115f.

zum einheitlichen Tatbestand für das richtige. Damit wird auch irgendeine Lücke vermieden, die Frank, S. 113f. vorsehen muß. Der *SchVE.* enthält auch gar nicht zwei getrennte Tatbestände, wie Frank und Reinhold sagen, sondern unter dem einen Marginale „Erpressung" in einem Artikel zwei denkbare Formen des einen Delikts; der *OVE.* 355 hat einen in sich durchaus geschlossenen Tatbestand [1]) [2]).

f) Daß die Erpressung im Verhältnis zum Raube das Grunddelikt ist, habe ich schon hervorgehoben (S. 363) [3]). Danach mögen die Worte „abgesehen von den Fällen des § 274" stehen bleiben. Sie sind aber unschön und überflüssig. Bei der Nötigung müßte es ja auch heißen „abgesehen von den Sonderbestimmungen", bei der Nötigung zur Unzucht, § 244³, müßte gesagt sein „abgesehen von der Notzucht". Richtiges systematisches Verständnis weiß das Verhältnis der Bestimmungen zueinander selbst zu finden. — Man beachte, daß ein großer Teil der sog. räuberischen Erpressung des § 255 StGB. jetzt im allgemeinen Tatbestand aufgegangen ist.

Wie sich der neue Tatbestand zu § 152, 153 GewO. verhält, berührt uns hier nicht. Das Verhältnis zum Zivilrecht — BGB. 123 — braucht den Strafgesetzgeber nicht ängstlich zu machen; die verschiedenen Zwecke der zwei Rechtsgebiete erheischen oft Divergenzen der Normen [4]).

g) Behandlung: Der *DVE.* droht als Regelstrafe Gefängnis ohne besonderes Maximum, für besonders schwere Fälle Zuchthaus bis zu fünf Jahren; er läßt auch die Verwendung des Arbeitshauses zu. Damit sollen wohl besonders die Chanteurs getroffen werden. Ich möchte aber für gewerbsmäßige Erpresser ähnlich dem Betruge Zuchthaus bis zu zehn Jahren für durchaus angebracht halten. So auch *SchVE.* 91. — Auch ist wohl zu beachten, daß die raub-

---

[1]) Höchst bedenklich ist es, den allgemeinen Grundtatbestand der Nötigung allzuoft zum Lückenbüßer werden zu lassen und ihn gegen die Chantage zu verwerten, wie Begr. 674 vorschlägt. Der typischen Chantage muß der Erpressungsparagraph gerecht werden!

[2]) Ein gangbarer deutscher Ausdruck für Chantage — über dessen Herkunft bes. Frank, Seuff. Bl. 74, 231 ff. — besteht nicht, wäre aber sehr erwünscht. Die Übersetzung des neuen japanischen StGB. von Prof. Loenholm gebraucht in § 249 das Wort „Einschüchterung". Dies oder ein ähnliches wäre wohl brauchbar.

[3]) Frank S. 30.

[4]) Ich habe aus den Schriften der Zivilisten nichts für uns wichtiges Neues gelernt.

ähnlichen Fälle des § 255 StGB. nicht mehr alle gleich dem Raube, d. h. wesentlich milder behandelt werden. Da Erpressung ohne Gewinnsucht nicht wohl denkbar, wird gemäß § 36 stets Geldstrafe zur Ergänzung zulässig sein [1]).

[1]) Die „Erläuternden Bemerkungen" zum *OVE.* gingen mir erst nach Abschluß der Korrektur zu. Sie erklären manche Besonderheit des österreichischen Rechts, stellen manche Frage in ein helleres Licht, können mich aber in meinen Grundanschauungen nicht wesentlich beeinflussen. —

IX.

Betrug und Untreue. Begünstigung und Hehlerei.

Von

Geh. Oberjustizrat Dr. Paul Koffka,
Senatspräsident in Berlin.

Zum 24. Abschnitt.

Betrug und Untreue.

Die Absicht des *DVE.* ist, wie es in der Einleitung der Begründung heißt, nicht gewesen, etwas vollständig Neues, noch nie Dagewesenes zu schaffen; er will vielmehr — und damit trifft er nur das Richtige — in strenger Anknüpfung an das historisch Gewordene das allgemeine Strafrecht auf diejenige Stufe heben, die nach den jetzt herrschenden Überzeugungen als die nächsthöhere anzusehen ist. So hat der Entwurf denn auch beim Betruge an den zurzeit herrschenden Betrugsbegriff angeknüpft und ihn als ein Vermögensdelikt, einen Angriff auf das Vermögen durch das Angriffsmittel der Täuschung charakterisiert. Diesen Begriff vertritt die Wissenschaft, ihm folgen die meisten anderen Gesetzbücher[1]), nur mit dem Unterschiede, daß die einen, wie das deutsche und die ihm folgenden das Tatbestandsmerkmal der Vermögensverschiebung bzw. Entziehung durch Täuschung allgemein fassen, während die anderen, wie der code penal und die ihm folgenden bestimmte Täuschungshandlungen und bestimmte Vermögensverschiebungsakte verlangen. Der *DVE.* hat sich mit Recht dem bisherigen deutschen Rechte angeschlossen, gleichwohl aber den Tatbestand des Betruges in mehrfacher Hinsicht anders gefaßt, als das deutsche StGB. Während der § 263 dieses bestimmt: „Wer in der Absicht, sich oder einem Dritten einen rechtswidrigen Vermögensvorteil zu verschaffen, das Vermögen eines anderen dadurch beschädigt, daß er durch Vorspiegelung falscher oder durch Entstellung oder Unterdrückung wahrer Tatsachen einen Irrtum erregt oder unterhält, wird wegen Betruges ... bestraft“, lautet der § 276 des Entwurfs:

> „Wer in der Absicht, sich oder einem Dritten unrechtmäßigen Gewinn zu verschaffen, fremdes Vermögen dadurch beschädigt, daß er jemand durch arglistige Täuschung zu einer Verfügung darüber bestimmt, wird ... bestraft.“

---

[1]) Hegeler, *Vergl. Darst. VII. 448 ff.*

Der rechtswidrige Vermögensvorteil ist also durch „unrechtmäßigen Gewinn“ ersetzt, die Vorspiegelung falscher und Entstellung oder Unterdrückung wahrer Tatsachen beseitigt und dafür die arglistige Täuschung eingeführt, und endlich ist die Verfügung über das Vermögen des Geschädigten zum Tatbestandsmerkmal ausdrücklich erhoben. Was die erste Änderung betrifft, so ist sie, und zwar nicht nur beim Betrug, sondern bei allen Vergehen, bei denen die Erlangung eines Vermögensvorteils eine Rolle spielt, nach der *VEBegr.*[1]) vorgenommen, um das jetzt im Gesetz enthaltene, „mehrfach angefochtene, jedenfalls zu Zweifeln Anlaß gebende Tatbestandsmerkmal der Verschaffung eines rechtswidrigen Vermögensvorteils“ zu vermeiden. Das RG. hat in ständiger Rechtsprechung[2]) angenommen, daß rechtswidrig jeder Vermögensvorteil sei, auf den ein Rechtsanspruch nicht bestehe. Gegen diese in der Literatur mehrfach geteilte Auffassung ist von verschiedenen Schriftstellern, so von Binding[3]), v. Liszt[4]), Olshausen[5]) u. a. Widerspruch erhoben. Olshausen erklärt einen Vermögensvorteil nur dann für rechtswidrig, wenn das Objekt, auf welches er sich bezieht, einerseits nicht Gegenstand eines dem Betreffenden zustehenden Rechtsanspruchs ist, andererseits aber dem Vermögen eines anderen in einer den privatrechtlichen Grundsätzen widersprechenden Weise, d. h. wider den wahren Willen desselben, insbesondere mittels Täuschung, oder Gewalt bzw. Drohung entzogen wird. v. Liszt und Binding verstehen unter dem rechtswidrigen Vorteil nur einen vom objektiven Vermögensrechte gemißbilligten. Es wird mit Recht geltend gemacht, daß z. B. niemand ein Recht habe, beschenkt zu werden, daß aber, wenn sich ihm jemand zur Schenkung verpflichtet, er einen Vorteil erhält; dieser Vorteil aber ist, obwohl ein subjektives Recht darauf nicht besteht, ein rechtmäßiger, vom Gesetz gebilligter. Frank erklärt unter Billigung von Binding den Vermögensvorteil für rechtswidrig, der vom Gewährenden im Wege des Rechts zurückverlangt werden kann. Hegeler[6]) verwirft diese Ansicht, da sich das Strafrecht nicht vom Privatrecht abhängig machen dürfe. Es handle sich um das Interesse des Staats und seine Verletzung, und die Behandlung unter diesem Gesichtspunkte

---

[1]) S. 760.

[2]) RGSt. *XXVI. 354.*

[3]) Lehrb. S. 363.

[4]) Lehrb. S. 474.

[5]) A. 45 zu § 263.

[6]) *Vergl. Darst.* S. 435.

könne nicht abhängig sein von der Beantwortung der unter ganz anderen Gesichtspunkten zu behandelnden Frage, wem das bürgerliche Recht ein Rückforderungsrecht gewähre oder nicht gewähre. Dem letzteren möchte ich ebenfalls beitreten. Eine Abhängigkeit des Strafrechts von privatrechtlichen Begriffen läßt sich aber nicht ganz ablehnen. Von diesen wird bei den meisten vermögensrechtlichen Vergehen vielmehr auszugehen sein; man denke z. B. an Unterschlagung, die ohne den privatrechtlichen Eigentumsbegriff nicht zu erklären ist, an das Bevollmächtigungsverhältnis bei der Untreue usw. Wenn man also auch die Frage der Rückforderungsmöglichkeit bei dem Begriff des rechtswidrigen Vermögensvorteils wird ausscheiden müssen, so folgt daraus doch nicht, daß nicht das objektive Privatrecht, die Rechtsordnung im privatrechtlichen Sinne als Voraussetzung für die Rechtswidrigkeit des Vermögensvorteils hingestellt werden kann. Entgegen der Ansicht des RG. wird mit den gedachten Schriftstellern unter dem rechtswidrigen Vermögensvorteil nur ein wider das Recht erlangter Vermögensvorteil zu verstehen sein. Um die Streitfrage durch das Gesetz zu lösen, dürfte es sich deshalb empfehlen, im Gesetz statt des rechtswidrigen Vermögensvorteils einzusetzen „einen dem Recht zuwiderlaufenden Vermögensvorteil". Der *DVE.* will sich der vom RG. festgehaltenen Ansicht[1]) anschließen und die bisherige nur durch eine gemeinverständliche Fassung ersetzen. Selbst wenn man dem folgen würde, muß bezweifelt werden, daß dies durch die gewählte Fassung erreicht wird. Der Betrüger soll nach dem Entwurf bestraft werden, wenn er sich einen Vorteil verschafft, auf den ein Rechtsanspruch nicht besteht. Es ist aber mit ziemlicher Sicherheit anzunehmen, daß auch bei der Fassung des Entwurfs die gleichen Zweifelsfragen wie bisher auftauchen würden, so daß diese sich, auch wenn man die Ansicht des RG. über den Begriff des rechtswidrigen Vermögensvorteils teilt, nicht empfehlen würde. Die in der Wissenschaft vertretene Auffassung verdient aber den Vorzug, so daß es angezeigt erscheint, den Standpunkt im Gesetz zum Ausdruck zu bringen. Mit Recht behält der Entwurf die Bereicherung nicht nur des Täters selbst, sondern auch eines Dritten bei; durch diese wird der Betrogene in gleicher Weise geschädigt, wie durch die Bereicherung des Täters selbst, und dessen Tat ist nicht minder strafwürdig, zumal in der Tat zumeist auch eine Bereicherung des Täters selbst liegen wird[2]).

---

[1]) *VEBegr.* S. 758.

[2]) Hegeler a. a. O. S. 528.

Zu billigen ist ferner die Beseitigung des Tatsachenbegriffs als Mittels der Täuschung im *DVE.* Schon sprachlich ist es zu begrüßen, wenn der Begriff der „falschen Tatsache" aus dem Gesetz verschwindet. Das Reichsgericht[1]) führt und gegenüber dem geltenden Recht zutreffend aus, daß die Vorspiegelung einer falschen Tatsache begrifflich in dem Behaupten einer Tatsache bei positiver Kenntnis der Unwahrheit der letzteren bestehe; aber sprachlich gibt es weder wahre noch falsche Tatsachen. Eine Tatsache ist etwas Geschehenes und kann deshalb nur bestehen oder nicht bestehen; falsch kann nur die Behauptung sein, daß etwas geschehen sei, niemals aber das Ereignis selbst, also die Tatsache. Vor allem aber ist es zu billigen, daß nach dem Entwurf die Unterdrückung wahrer Tatsachen als Täuschungsmittel in Fortfall kommt. Die Erfahrung lehrt, daß eine Vorspiegelung falscher Tatsachen sich leicht konstruieren läßt, daß dagegen dauernd Zweifelsfragen bei dem Tatbestandsmerkmal der Unterdrückung wahrer Tatsachen auftreten. Die Praxis hat sich bezüglich dieses Tatbestandes dahin ausgesprochen, daß eine Verpflichtung zur Mitteilung der Wahrheit bestehen müsse, wenn ein Schweigen als Unterdrücken sich darstellen solle[2]), und es wird jetzt zumeist nicht das Vorliegen einer moralischen Pflicht für genügend erachtet, sondern eine gesetzlich oder durch vorangegangene Tätigkeit begründete Rechtspflicht als notwendig erfordert. Wann aber im Einzelfalle eine solche Rechtspflicht anzuerkennen, bietet häufig große Schwierigkeiten. Dazu kommt, daß die Wissenschaft den Standpunkt der Praxis zum Teil mißbilligt und die Rechtspflicht der Mitteilung nicht für ausreichend erklärt[3]). Olshausen führt unter Billigung von Binding aus, daß die Frage. wann jemand durch Unterdrückung wahrer Tatsachen täuschen könne, sich allein nach den Grundsätzen der Kommissivdelikte durch Unterlassung beantworten lasse. Diese Zweifelsfragen werden beseitigt, wenn die Fassung des *DVE.* zum Gesetz erhoben, der Tatsachenbegriff ausgeschaltet wird. Dadurch entsteht auch der Vorteil, daß die Täuschungsmittel nicht beschränkt werden. Der Entwurf ist hier v. Liszt[4]) gefolgt, der nicht jede, sondern nur eine arglistige Täuschung zum Begriffe des Betruges für genügend hält. Unter dieser versteht er aber eine solche, die durch

[1]) RGSt. *XXIV. 145.*

[2]) Olshausen A. 13 zu § 263 und die dort zitierten Urteile.

[3]) Binding *I. 348*, Olshausen a. a. O.

[4]) Lehrbuch S. 472.

Vorspiegelung falscher oder Entstellung oder Unterdrückung wahrer Tatsachen erfolgt. Er identifiziert mithin den Begriff der arglistigen Täuschung mit dem Tatsachenbegriff im Sinne des geltenden StGB. Daraus folgt, daß der *DVE.* im wesentlichen das geltende Recht aufrecht erhält und nur eine bessere Fassung gewählt hat. Eine Erweiterung des Betrugsbegriffs soll durch die Weglassung des Tatsachenbegriffs mit Recht nicht geschaffen werden. Die *VEBegr.*[1]) spricht dies ausdrücklich aus und aus dem Wortlaut der Bestimmung ist eine Erweiterung auch nicht zu folgern. Zutreffend hat man vom Betrugsbegriff allgemeine Anpreisungen oder Urteile ausgeschaltet[2]). Es kann keine Rede davon sein, daß diese Beschränkung durch den Entwurf wieder beseitigt werden soll. Hegeler[3]) will den Tatsachenbegriff im Gesetz beibehalten wissen; er verkennt aber auch nicht das Mißliche der bisher gebrauchten Wendungen, insbesondere der des Vorspiegelns falscher Tatsachen. Wenn er diese aber ersetzen will durch „falsche Vorspiegelung von Tatsachen", so kann dem unmöglich zugestimmt werden; denn eine richtige Vorspiegelung gibt es nicht, die falsche Vorspiegelung aber würde nur ein Pleonasmus sein. Für die Praxis würde es jedenfalls ausreichen, wenn mit dem Entwurf die Fassung der arglistigen Täuschung gewählt würde. Daß dann das bisherige Tatbestandsmerkmal der Irrtums — Erregung oder Unterhaltung fortbleiben kann, kann nicht zweifelhaft sein; denn durch die gelungene Täuschung wird naturgemäß ein Irrtum erregt oder unterhalten. Die Täuschung kann auch durch Verschweigen von Tatsachen begangen werden; einer besonderen Hervorhebung im Gesetz bedarf dies nicht, wie dann ja auch im geltenden Recht schon Erregung und Unterhaltung eines Irrtums durch Verschweigen von Tatsachen angenommen ist[4])

Der Entwurf verlangt endlich, daß jemand durch die arglistige Täuschung zu einer Verfügung über sein Vermögen bestimmt wird. In Übereinstimmung mit dem geltenden Recht geht der Entwurf davon aus, daß der Geschädigte und der Getäuschte nicht dieselbe Person zu sein brauchen. Auch die Verfügung über das Vermögen entspricht dem geltenden Recht[5]), wenn dies auch

---

[1]) S. 762.

[2]) Olshausen A. 3 zu § 263.

[3]) *Vergl. Darst. S.* 528.

[4]) v. Liszt Lehrb. S. 472, Binding Lehrb. *I. 348,* Olshausen A. 14 zu § 263.

[5]) v. Liszt S. 473, RGSt. *XXVIII. 144,* Olshausen A. 26 zu § 263, Hegeler *Vergl. Darst. S.* 424.

im Gesetz bisher nicht ausdrücklich ausgesprochen ist. Es ist bisher stets angenommen, daß die Täuschungshandlung ein Verhalten des Getäuschten verursachen muß, die eine Vermögensverschiebung mit sich bringt. Zur Behebung von Zweifeln ist aber ein Ausspruch dahin erwünscht, daß die Vermögensverschiebung durch die Verfügung des Geschädigten erfolgt, damit nicht etwa Fälle, in denen durch die Täuschung nur die Vermögensentziehung durch einen anderen ermöglicht wird, als Betrug angesehen werden. Gegen den Ausdruck „Verfügung“ über das Vermögen wird sich ein Einwand kaum erheben lassen. Nur darf nicht verkannt werden, daß der Ausdruck „Verfügung“ hier ein weiterer ist, als das BGB. im Auge hat, das darunter diejenigen Rechtsgeschäfte versteht, durch welche unmittelbar ein Recht übertragen, belastet, geändert oder aufgehoben wird[1]).

Ganz ohne Grund ist aber in der Fassung des § 276 das Wort „Betrug“ ausgelassen. Ebenso wie es im bisherigen Gesetz heißt, „wird wegen Betrugs“ bestraft, wird es auch in Zukunft heißen müssen, zumal der Entwurf in anderen Paragraphen die Namen der betreffenden Vergehen hinzugefügt hat.

Der *SchVE.* enthält unter der Überschrift „Betrug“ im Art. 90 folgende Bestimmung: „Wer in der Absicht, sich oder einen andern zu bereichern, jemanden durch fälschliches Vorspiegeln oder durch Unterdrücken von Tatsachen arglistig irreführt oder den Irrtum eines andern arglistig benutzt und dadurch den Irrenden zu einem Verhalten bestimmt, durch das der Irrende sich selbst oder einen andern am Vermögen schädigt, wird . . . bestraft.“ Der Entwurf spricht also statt von der Verschaffung unrechtmäßigen Gewinns von Bereicherung. Auch gegenüber diesem Ausdruck können dieselben Streitfragen wie im deutschen Recht auftauchen. Ist darunter zu verstehen eine von objektivem Recht gemißbilligte Bereicherung, oder eine solche, auf die ein Rechtsanspruch nicht besteht? Der Entwurf behält ferner den Tatsachenbegriff bei, freilich in besserer Form als das deutsche StGB.; denn er spricht nicht von wahren und falschen Tatsachen; aber immerhin beschränkt er die Täuschungsmittel. Es ist deshalb dem *DVE.* der Vorzug zu geben. Endlich ist das Tatbestandsmerkmal der Verfügung über Vermögen nicht zum Ausdruck gekommen; es wird vielmehr nur ein Verhalten des Irrenden verlangt, durch das er sich oder einen andern am Vermögen schädigt. Auch hier halte ich die Verfügung des *DVE.* für klarer.

---

[1]) Planck *I. 185.*

Der *OVE.* bestimmt im § 358: „Wer jemanden durch Erregung oder listige Benützung eines Irrtums zu einer Handlung, Duldung oder Unterlassung veranlaßt, die für dessen oder eines andern Vermögen nachteilig ist, um dadurch sich oder einem Dritten einen unberechtigten Vermögensvorteil zuzuwenden, wird . . . bestraft." Hier ist vor allem in Übereinstimmung mit dem *DVE.* der Tatsachenbegriff aufgegeben. Dagegen ist der unberechtigte Vermögensvorteil beibehalten, statt der arglistigen Täuschung ist Erregung oder listige Benutzung eines Irrtums gesetzt, was auf dasselbe herauskommen dürfte, und endlich ist die Verfügung über das Vermögen, die der *DVE.* enthält, in seine Bestandteile aufgelöst „Handlung, Duldung oder Unterlassung, die für das Vermögen nachteilig ist." Begrifflich ist der Betrug also ebenso gefaßt wie im *DVE.* Die Spezialisierung der Tatbestände, in der der *OVE.* überhaupt viel zu weit geht, ist aber besser fortzulassen; sie engt den Richter unnötig ein und wird doch immer unzureichend und lückenhaft bleiben. Beide Entwürfe, der *Sch.* wie der *OVE.* betonen ausdrücklich, daß es sich um eine Schädigung des Vermögens des Getäuschten oder eines andern handeln kann, stimmen also insoweit mit dem geltenden deutschen Recht überein. Der *DVE.* steht, wie gesagt, auf demselben Standpunkt. Seine Fassung ist in dieser Beziehung vielleicht nicht so deutlich wie die jener beiden Entwürfe. Gleichwohl ergibt die Fassung „fremdes Vermögen" doch auch, daß eine Personenidentität nicht gewollt ist, und so kann es auch bei dem Wortlaut des Entwurfs verbleiben, der jedenfalls im ganzen dem des *Sch.* und *OVE.* vorzuziehen ist.

Was die Strafen anbetrifft, so hat das geltende deutsche StGB. Gefängnis, neben welchem auf Geldstrafe bis zu 3000 M, sowie auf Verlust der bürgerlichen Ehrenrechte erkannt werden kann, angedroht und hinzugefügt, daß beim Vorliegen mildernder Umstände ausschließlich auf die Geldstrafe erkannt werden kann. Der *DVE.* droht demgegenüber wahlweise Gefängnis oder Geldstrafe bis zu 10000 M an, läßt deshalb die mildernden Umstände fallen und bestimmt ferner, daß in besonders schweren Fällen Zuchthaus bis zu fünf Jahren eintreten kann, und daß die Vorschrift des § 42 Anwendung finden soll. Daß hier vom Verlust der bürgerlichen Ehrenrechte keine Rede, hat darin seinen Grund, daß nach § 45 des Entwurfs bei ehrloser Gesinnung neben zeitiger Zuchthausstrafe und Gefängnisstrafe auf zeitigen Verlust der bürgerlichen Ehrenrechte erkannt werden kann, und zwar neben der Gefängnisstrafe dann, wenn diese wegen eines Verbrechens oder vorsätzlichen Vergehens verhängt wird und mindestens sechs Monate beträgt. Mit Grund wird ausgeführt[1]), es sei erwünscht in manchen Fällen, obwohl mildernde Umstände nicht vorliegen, auf Geldstrafe erkennen zu können, weil gerade diese dem gewinnsüchtigen Täter besonders empfindlich ist. Daß auch dem geltenden Recht entsprechend Gefängnis und Geldstrafe nebeneinander verhängt werden können, folgt aus der Vorschrift des § 36 des Entwurfs. So entsprechen die festgesetzten Strafen im ganzen den Forderungen, die Hegeler[2]) aufgestellt hat. Daß die Geldstrafe bis auf 10000 M erhöht ist, ist bei den veränderten Geldverhältnissen nur zu billigen, ebenso daß in besonders schweren Fällen, d. h. nach § 84 solchen, in denen die rechtswidrigen Folgen der Tat ungewöhnlich bedeutend und der verbrecherische Wille des Täters ungewöhnlich stark und verwerflich erscheint, auf Zuchthaus bis zu fünf Jahren erkannt werden kann. Der § 42 gestattet ferner, wenn eine strafbare Handlung auf Liederlichkeit oder Arbeitsscheu zurückzuführen und für sie eine mindestens vierwöchige Gefängnis- oder Haftstrafe verwirkt ist, neben der Strafe, oder wenn die Strafe drei Monate nicht übersteigt, an ihrer Stelle auf Unterbringung des arbeitsfähigen Verurteilten in ein Arbeitshaus auf die Dauer von sechs Monaten bis zu drei Jahren zu erkennen, falls diese Maßregel erforderlich erscheint, um den Verurteilten wieder an ein gesetzmäßiges und arbeitsames Leben zu gewöhnen. Daß von dieser Befugnis auch im Falle des Betrugs Gebrauch gemacht werden kann, ist nur zu billigen, da Betrügereien häufig von liederlichen oder arbeitsscheuen Personen begangen werden[3]). Freilich fallen die sog. Zechpreller nicht unter diese Vorschrift; von ihnen wird noch weiter unten zu reden sein.

Der Versuch des Betrugs bleibt nach dem Entwurf mit Recht strafbar. Vorschriften über den Rückfall finden sich im Gegensatz zu § 264 StGB. beim Betruge nicht. Das ist nicht erforderlich, weil der Entwurf in den §§ 87—89 hier weiter nicht zu besprechende Bestimmungen über den Rückfall im allgemeinen enthält. Dagegen hat der Entwurf eine Vorschrift über gewerbs- oder gewohnheitsmäßigen Betrug aufgenommen und hierfür Zuchthaus bis zu zehn Jahren, bei mildernden Umständen Gefängnis nicht unter drei Monaten, in besonders schweren Fällen Zuchthaus nicht unter zwei Jahren angedroht. Diese das gewerbsmäßige Verbrechertum treffenden Bestimmungen, können, zumal dieses gerade auf dem Gebiet

---

[1]) *VEBegr.* S. 762.

[2]) *Vergl. Darst.* S. 530.

[3]) *VEBegr.* S. 763.

des Betruges gemeingefährlich ist, nur dringend empfohlen werden; sie füllen eine Lücke aus, auf die besonders v. Liszt und Hegeler hingewiesen haben[1]).

Der *SchVE.* droht für den Betrug Gefängnis oder Zuchthaus bis zu fünf Jahren an und sieht ebenfalls eine Erhöhung, Zuchthaus bis zu zehn Jahren, vor, wenn der Betrüger den Betrug gewerbsmäßig betreibt. Der Versuch wird hier nicht besonders unter Strafe gestellt, da der Entwurf im Art. 22 allgemein den Versuch strafbarer Handlungen mit Strafe bedroht. Den Betrug zum Nachteil eines Ängehörigen oder Familiengenossen will der *SchVE.* nur auf Antrag bestrafen. Dabei versteht er nach Art. 63 unter Angehörigen die Verwandten gerader Linie, vollbürtige und halbbürtige Geschwister und den Ehegatten, unter Familiengenossen den, der mit einer Person in demselben Haushalt lebt.

Wesentlich milder bedroht der *OVE.* den Betrug, nämlich nur mit Gefängnis bis zu sechs Monaten. Wer die Tat durch Anwendung von falschem oder geringhaltigem Maß oder Gewicht in einem Gewerbe begeht, soll härter, nämlich mit Gefängnis von vier Wochen bis zu drei Jahren bestraft werden, und die gleiche Strafe soll über den wiederholt rückfälligen Täter verhängt werden, sowie dann, wenn der mit der Tat verbundene Nachteil 100 bis 500 Kronen beträgt. Auf noch höhere Strafe soll erkannt werden, wenn der Täter sich fälschlich einen Auftrag einer öffentlichen Behörde oder eine Befugnis einer Person des öffentlichen Dienstes beilegt, ferner, wenn er gewerbsmäßig fremdes Vermögen angreift, oder wenn der mit der Tat verbundene Nachteil 500 Kronen übersteigt. Endlich ist noch schwerere Strafe angedroht, wenn die Tat mit großer Verschlagenheit begangen, und der Nachteil 500 Kronen übersteigt, sowie wenn durch die Tat eine größere Zahl von Personen schwer geschädigt wurde, und wenn der Täter gewerbsmäßig fremdes Vermögen angreift und der mit der Tat verbundene Nachteil 500 Kronen übersteigt. Der *OVE.* spezialisiert hiermit in unangebrachter Weise und namentlich unzutreffend durch Angabe der Werte der Schädigung viel zu viel. Hier hat vielmehr die richterliche Strafzumessung einzugreifen, und es ist deshalb zu billigen, daß der *DVE.* dem richterlichen Ermessen größere Freiheit gibt. Seine Bestimmungen sind deshalb unbedenklich vorzuziehen. Geldstrafe läßt der *OVE.* nur neben der Freiheitsstrafe zu, nicht statt einer solchen. Privilegiert ist der im Familienverhältnisse begangene Betrug, der mit Gefängnis oder Haft bis zu sechs Mo-

[1]) *Vergl. Darst.* S. 531.

naten bestraft, aber nur mit Ermächtigung des Verletzten verfolgt wird. Den Versuch des Betruges erwähnt der *OVE.* auch nicht besonders. Er enthält in § 14 eine dem *SchVE.* entsprechende Bestimmung, wonach der Versuch allgemein mit Strafe bedroht wird, sofern nicht die Handlung mit einer drei Monate nicht übersteigenden Freiheitsstrafe oder einer tausend Kronen nicht übersteigenden Geldstrafe bedroht ist. Da die für den Betrug angedrohten Strafen höher sind, wird der Betrugsversuch also auch bestraft und zwar mit derselben Strafe, die für den Täter der vollendeten strafbaren Handlung gilt. Der *DVE.* ist in Übereinstimmung mit dem deutschen StGB. und mit dem *SchVE.* dabei verblieben, den Versuch milder zu bestrafen, als die vollendete strafbare Handlung, und überdies bestraft er den Versuch eines Verbrechens zwar allgemein, den eines Vergehens aber nur in den im Gesetz besonders bestimmten Fällen.

Wie oben bereits erwähnt, fordert der *DVE.* in Übereinstimmung mit dem geltenden Recht und der Volksanschauung, daß der Betrüger in Bereicherungsabsicht handle. Er will aber auch die Vermögensbeschädigung ohne Bereicherungsabsicht strafen und hat deshalb eine neue Bestimmung hierfür eingeführt, sie aber nicht in den Abschnitt vom Betruge, sondern in den von „Sachbeschädigung und Vermögensbeschädigung“ handelnden eingestellt. Der § 291 bestraft den, der böswillig das Vermögen eines andern dadurch beschädigt, daß er durch arglistige Täuschung jemand zu einer Verfügung darüber bestimmt, sieht aber eine geringere Strafe, als die des Betruges vor. Gegen die Bestrafung dieser Vermögensbeschädigung läßt sich nichts einwenden; im Gegenteil empfiehlt sich die Strafdrohung im Anschluß an auswärtige Gesetzgebungen[1]). Richtiger aber dürfte die Unterbringung der Strafbestimmung in den Betrugsabschnitt sein, da sie das Wesen der Vermögensverschiebung mit dem Betrug teilt. Daß diese Vermögensbeschädigung milder bestraft werden soll, als die mit Bereicherungsabsicht verbundene, kann kein Grund dafür sein, dieses Vergehen aus dem Betrugsabschnitt auszuscheiden; denn auch in diesem Abschnitt werden Fälle behandelt, für die eine geringere Strafe, als die des Betruges, angedroht wird. So ist in dem Abschnitt der gleich zu erwähnende Fall des blinden Passagiers und ähnliche untergebracht, obwohl hier der Tatbestand der Irrtumserregung fehlt.

Es empfiehlt sich aber nicht, Zusammengehöriges auseinanderzureißen. Wenn man auch die Vermögensbeschädigung ohne Be-

---

[1]) Hegeler a. a. O. S. 519[6].

reicherungsabsicht nicht Betrug nennen wlll, so ist das Vergehen doch so verwandt mit diesem, daß man beide auch gemeinschaftlich behandeln sollte.

Der *SchVE.* enthält eine dementsprechende Vorschrift nicht; wohl aber der *OVE.*, der im § 408 die Vermögensbeschädigung in ähnlicher Weise wie der *DVE.* behandelt. Auch hier ist sie nicht in den Betrugsabschnitt aufgenommen, sondern in den Abschnitt, der von Sachbeschädigung, Vermögensbeschädigung und Vertrauensmißbrauch handelt.

Der Praktiker empfindet oft, wie schwer es ist, jemand der Bestrafung zuzuführen, der ohne Fahrkarte einen Eisenbahnzug benutzt oder mit einer Fahrkarte für eine geringere Klasse eine höhere benutzt. Das Reichsgericht hat für diese Fälle bekanntlich die Anwendung des Betrugsparagraphen zugelassen, und die Praxis hat sich dem allgemein angeschlossen, in der Erwägung, daß derartige Täuschungshandlungen nicht ungestraft bleiben können. Wie schwer aber ist es, in diesen Fällen die Irrtumserregung zu begründen, da, wenn der Schaffner sich die Fahrkarten von dem im Zuge sitzenden Publikum nicht vorzeigen läßt, von der Erregung eines Irrtums in einer bestimmten Person kaum die Rede sein kann. Der *DVE.* will dieser Schwierigkeit in der Weise abhelfen, daß er im § 279 diesen Tatbestand aus dem Betrugsbegriff besonders heraushebt und bestraft

> „Wer den nur gegen Entgelt gestatteten Zutritt zu einer Vorstellung, Ausstellung oder ähnlichen Veranstaltung, zur Beförderung durch eine Verkehrsanstalt oder zu einer anderen, zur allgemeinen Benutzung bestimmten Einrichtung arglistig erschleicht."

Der Entwurf hat diese Fälle dem Betrugsabschnitt eingereiht, obwohl ihnen charakteristische Tatbestandsmerkmale des Betrugsbegriffs, insbesondere der Irrtumserregung fehlen. Es handelt sich hier nicht nur um den Fall des sog. blinden Passagiers; vielmehr umfaßt die Bestimmung eine Reihe ähnlich liegender Tatbestände, die in ausländischen Gesetzgebungen[1]) auch bereits aus dem Betrugsbegriff herausgehoben und besonders unter Strafe gestellt sind. Hegeler hatte in der *Vergl. Darst.* schon die Frage zur Erörterung gestellt, ob es sich nicht empfehle, das rechtswidrige Sichverschaffen des von der zuständigen Instanz nur gegen Bezahlung zugänglich gemachten Genusses oder Gebrauchs von Veranstaltungen oder Einrichtungen ohne Bezahlung allgemein aus

---

[1]) Hegeler, a. a. O. S. 533.

dem Betrugsbegriff auszusondern. Der *DVE.* hat diese Frage bejaht und dementsprechend die obige allgemeine Bestimmung getroffen. Das Wort „erschleichen" ist gebraucht, weil es weiter als „einschleichen" geht, das Sichverschaffen der Benutzung[1]) betont, ohne daß notwendig ein heimliches Eintreten erfordert wird. Nach der Begründung soll durch diese Bestimmung auch der getroffen werden, der in einen Automaten, der gegen Einwurf eines Geldstücks Fahrkarten ausgibt, ein wertloses Geldstück einwirft und auf diese Weise sich den Besitz der Fahrkarte und die Beförderung durch eine Verkehrsanstalt verschafft. Es wird auch nicht zweifelhaft sein, daß dieser Fall unter die Begriffsbestimmung fällt. Zweifelhafter kann aber sein, ob die gleiche Benutzung von Automaten, die Genußmittel oder ähnliche Dinge enthalten, unter die Strafbestimmung fällt. Auch die Begründung, die von Badeanstalten, Erholungsstätten usw. spricht, löst den Zweifel nicht. Die mißbräuchliche Benutzung der gedachten Automaten muß unbedenklich aber in gleicher Weile unter Strafe gestellt werden, wie die der Fahrkartenautomaten. Nun ist es zwar möglich, die Aufstellung der Automaten auch als eine der allgemeinen Benutzung gegen Entgelt zugängliche Einrichtung anzusehen, so daß die mißbräuchliche Benutzung dieser Automaten auch unter die gedachte Strafbestimmung fällt, aber zweifelsfrei ist dies nicht zum Ausdruck gebracht. Deutlicher ist in dieser Beziehung die unten noch zu erwähnende Vorschrift des *SchVE.*, so daß es sich empfehlen würde, die deutsche Bestimmung durch die schweizerische zu ersetzen. Denn an sich ist die Heraushebung dieser Handlungen aus dem allgemeinen Betrugsbegriffe um so mehr zu billigen, als es in Zweifel gezogen wird, daß diese Tatbestände sich als Betrug qualifizieren[2]).

Der § 279 will ferner in gleicher Weise, wie die gedachten Fälle den Tatbestand der Zechprellerei aus dem Betrugstatbestande herausheben und bestraft also

> „Wer Nahrungs- oder Genußmittel oder sonstige Wirtschaftsgegenstände zum alsbaldigen Verbrauch oder wer eine Unterkunft oder Dienstleistungen, die nach der Verkehrssitte sofort zu bezahlen sind, in der Absicht sich gewähren läßt, die Zahlung nicht zu leisten, sofern der Schaden unbedeutend ist."

Auch in diesen Fällen sind, wie die *VEBegr.*[3]) hervorhebt,

---

[1]) *VEBegr.* S. 771.

[2]) Hegeler, a. a. O. S. 533.

[3]) S. 770.

in der Praxis häufig Zweifel, insbesondere hinsichtlich der Irrtumserregung entstanden, weshalb es sich empfehle, sie besonders aus dem Betrugstatbestand herauszuheben. Hegeler[1]), der die Zechprellerei mit Recht als wirklichen Betrug anspricht, empfiehlt[2]) doch die Aussonderung, weil die Subsumierbarkeit unter den allgemeinen Betrugstatbestand immer Zweifeln unterliegen werde. Wäre der Entwurf dem allgemein gefolgt, so hätte der Schlußsatz „sofern der Schaden unbedeutend ist“ fortbleiben müssen. Denn die Subsumierbarkeit des Tatbestandes unter den allgemeinen Betrugsbegriff kann naturgemäß nicht von der Höhe des Schadens abhängen. Der Entwurf steht vielmehr auf dem von der Praxis jetzt wohl allgemein eingenommenen Standpunkt, daß die Zechprellerei, Logisprellerei u. dgl. als Betrug anzusehen sind; er will nur die betreffenden Fälle, sofern der Schaden unbedeutend ist, milder bestraft wissen, als mit der regelmäßigen Betrugsstrafe. Es heißt ausdrücklich in der *VEBegr.*[3]), daß die privilegierte Strafbestimmung, da sie das ganze Geschäftsleben berührt, während bei der vorher gedachten Vorschrift nur bestimmte Einrichtungen oder Veranstaltungen in Frage kämen, nach der objektiven Seite einer Einschränkung bedürfe, daß der Grund für die mindere Strafwürdigkeit nur dann gegeben sei, wenn der Schaden auf seiten des Gewährenden unbedeutend sei, daß Vermögensbeschädigungen in beträchtlichem Umfange aber dem Tatbestande des Betruges vorzubehalten seien. Anders wie bei der erstgedachten Vorschrift steht die Subsumtion des Tatbestandes unter den Betrugsbegriff hier also nicht in Frage, sondern lediglich die Heraushebung wegen geringerer Strafwürdigkeit. Die Zusammenfassung der beiden Fälle paßt deshalb nicht, weil ein übereinstimmender Grund für die Heraushebung nicht vorliegt. Dieserhalb wird aber von der Aussonderung der zweitgedachten Fälle überhaupt abzusehen sein. Hält man es für zweifelhaft, ob diese Fälle unter den Betrugsbegriff fallen, dann muß man sie, wie Hegeler dies will, allerdings aussondern und besonders unter Strafe stellen, damit nicht etwa Straflosigkeit eintritt. Ist man aber mit dem Entwurf der jetzt von der Praxis befolgten und zu billigenden Ansicht, daß die Fälle der Zechprellerei usw. als Betrug anzusehen, dann bedarf es der Heraushebung nicht, weil der § 276 dem Richter durch den weiten Strafrahmen die Möglichkeit gibt, für leichte Fälle eine ange-

---

[1]) A. a. O. S. 436.
[2]) A. a. O. S. 533.
[3]) S. 772.

messene niedrige Strafe zu verhängen. Gegenüber dem § 263 StGB. wäre eine Aussonderung geboten gewesen, da hier wegen Betruges nur bei mildernden Umständen auf Geldstrafe erkannt werden kann. Die *VEBegr.*[1]) verweist auf die Aussonderung der Nahrungsmittelentwendung aus dem Diebstahl und hält hier das gleiche für angezeigt. Aber die Sache liegt dort insofern erheblich anders, als der Diebstahl nur mit Gefängnis bestraft wird, die Aussonderung der Nahrungsmittelentwendung also erforderlich ist, um Geldstrafe verhängen zu können.

Nun soll freilich in den Fällen des § 279 die Verfolgung nur auf Antrag eintreten, der Antrag auch zurückgenommen werden können. Indessen ließe sich dies dem § 276 leicht anfügen durch eine Bestimmung, daß im Falle der Zechprellerei die Verfolgung nur auf Antrag eintritt. Aus demselben Grunde, aus dem eine Aussonderung der Zechprellerei nicht erforderlich erscheint, bedarf es auch einer Hervorhebung des Bettelbetrugs[2]) nicht, da der § 276 die Verhängung milder Strafen für ihn zuläßt. Der Entwurf hat von einer Ausscheidung dieses auch abgesehen[3]).

Der *SchVE.* hat die Zechprellerei einmal insofern von dem Betrugstatbestande herausgehoben, als er seiner oben angeführten Betrugsdefinition hinzufügt „wer sich in einem Gasthofe oder in einer Pension beherbergen läßt, um dort auf Kosten des Wirts zu leben“. Diesen Tatbestand bestraft er mit der Betrugsstrafe, so daß im Gegensatz zum *DVE.* eine bloße Geldstrafe, oder wie der *SchVE.* sagt „Buße“ nicht zur Anwendung kommen kann. Sodann aber ist als Übertretung im Art. 252 eine Bestimmung dahin aufgenommen: „Wer sich in einer Wirtschaft oder einer Pension Speisen oder Getränke in der Absicht vorsetzen läßt, den Wirt um die Zeche zu prellen, wird auf Antrag mit Haft oder mit Buße bestraft“. Der *SchVE.* trennt also die beiden Tatbestandsmerkmale, die der *DVE.* in e i n e r Bestimmung zusammenfaßt. Für ihn ergibt sich die Notwendigkeit, die Zechprellerei aus dem Betrugstatbestande herauszuheben deshalb, weil er Haft nur bei Übertretungen kennt und den Betrug nur mit Gefängnis oder Zuchthaus bedroht. Eine der Nr. 1 des § 279 des *DVE.* entsprechende Vorschrift hat der *SchVE.* ebenfalls dem Abschnitt über Übertretungen eingereiht. Art. 251 bestimmt: „Wer sich eine Leistung, die, wie er weiß, nur gegen bar geleistet wird arglistig ohne zu zahlen, erschleicht

---

[1]) S. 771.

[2]) Für diskutabel erklärt Hegeler a. a. O. S. 534 diese Frage.

[3]) *VEBegr.* S. 773.

oder verschafft, namentlich die Fahrt auf einer Eisenbahn, Straßenbahn, einem Dampfschiff, den Zutritt zu einer öffentlichen Aufführung, Ausstellung oder Veranstaltung, eine Leistung, die ein Automat vermittelt, wird auf Antrag mit Haft oder mit Bußen bestraft". Hinzugefügt ist dem aber „die Strafe des Betrugs bleibt vorbehalten". Der Entwurf geht dabei offenbar von der Ansicht aus, daß in den gedachten Fällen unter Umständen ein Betrug vorliegen kann, die Tatbestandsmerkmale dieses festgestellt werden können, daß dies aber nicht immer der Fall zu sein braucht. Die vom *DVE.* vorgeschlagene Strafbestimmung wird auch ausreichen, um schwerere Fälle in genügender Weise zu bestrafen.

Der *OVE.* enthält im Betrugsabschnitt einen besonderen, die Prellerei betreffenden § 363. Dieser schreibt vor: „1. Wer die Verrichtung eines Automaten erschleicht, ohne das Entgelt zu leisten; 2. wer durch Erregung oder listige Benutzung eines Irrtums sich den Zutritt zu einer entgeltlichen Veranstaltung oder Ausstellung oder die Benutzung eines entgeltlichen Transportmittels verschafft, ohne das Entgelt zu leisten, wird mit Gefängnis oder Haft bis zu zwei Wochen oder mit Geldstrafe bis zu zweihundert Kronen bestraft, wenn das dem Berechtigten entgangene Entgelt ein geringes ist." Auch dieser Vorschrift gegenüber ist die des *SchVE.* vorzuziehen. Dagegen hat der *OVE.* die Zechprellerei nicht besonders aus dem Betrugstatbestande herausgehoben, obwohl wegen Betruges nicht auf bloße Geldstrafe erkannt werden kann.

Das geltende StGB. hat in § 265 noch zwei Fälle, den Brand- und den Seeversicherungsbetrug, hervorgehoben und sie besonders unter Strafe gestellt. Der *DVE.* hat diese Fälle fortgelassen und mit Recht. Durch diesen § 265 sollen besonders die Versicherungsgesellschaften geschützt werden[1]). Deren Schutz ist aber, wie die *VEBegr.* zutreffend hervorhebt[2]), schon gegeben durch die Vorschriften über die Bestrafung gemeingefährlicher Verbrechen und Vergehen. Das gegenwärtige StGB. bestraft den, der in betrügerischer Absicht eine gegen Feuersgefahr versicherte Sache in Brand setzt, also die Inbrandsetzung einer versicherten Sache in betrügerischer Absicht. Hegeler will den Versicherungsbetrug in zwei Teile zerspalten und einmal als strafbare Vorbereitungshandlungen zum Betruge behandeln, alle Zerstörungen oder Beschädigungen versicherter Sachen seitens des Eigentümers oder mit dessen Einwilligung in der Absicht, sich oder einem anderen auf

---

[1]) Hegeler a. a. O. S. 532 A 7.

[2]) S. 764.

Kosten des Versicherers einen rechtswidrigen Vorteil zu verschaffen und sodann die Brandstiftung bei Vorliegen der gedachten Absicht als qualifizierte Fälle der Brandstiftung behandeln. Er gibt aber selbst zu, daß sich die Notwendigkeit, solche Vorbereitungshandlungen zum Betruge unter Strafe zu stellen, bezweifeln lasse. Und in der Tat scheint zutreffend, was die Begründung ausführt: ist mit der Vorbereitungshandlung eine Gemeingefahr verbunden, so trifft den Täter die im 14. Abschnitt des Entwurfs vorgesehene Strafe, und trifft die gedachte Voraussetzung nicht zu, so bedarf es keiner besonderen Strafbestimmung, da regelmäßig Betrugsversuch vorliegen wird; dies nämlich dann, wenn der Brandschaden bei der Versicherungsgesellschaft angemeldet wird. Ist dies aber nicht der Fall, ein Versuch, die Gesellschaft zu schädigen, überhaupt nicht vorgenommen, so liegt auch — abgesehen vom Fall strafbarer Sachbeschädigung — kein Anlaß zum Strafen vor.

Der § 265 StGB. bestraft ferner den, der in betrügerischer Absicht ein Schiff, welches als solches oder in seiner Ladung oder in seinem Frachtlohn versichert ist, sinken oder stranden macht. Auch hierfür gilt das gleiche, wie für den Brandversicherungsbetrug; es genügt auch hierfür die im 14. Abschnitt vorgesehene schwere Strafe für das Bewirken der Strandung oder des Sinkens eines Schiffes.

Der *SchVE.* enthält ebenfalls keine Strafbestimmung für diese besonderen Strafarten, wohl aber der *OVE.*, der in § 361 den Versicherungsbetrug und in § 362 noch besonders die betrügerische Verleitung zur Auswanderung unter Strafe stellt. Der Versicherungsbetrug ist hier aber ausgedehnt; er bezieht sich nicht nur auf Brandversicherung, sondern umfaßt jede gegen Untergang, Beschädigung, Verlust oder Diebstahl versicherte Sache, und bestraft wird der, der eine solche Sache zerstört, beschädigt oder beiseite schafft, um für sich oder einen Dritten einen unberechtigten Anspruch auf die Versicherungssumme zu begründen, gleich einem Betrüger. Der *OVE.* folgt hiermit einer in der Literatur gegebenen Anregung; mit Recht macht hiergegen aber die *VEBegr.*[1]) geltend, daß den Interessen der Versicherungsgesellschaften auch hier der Tatbestand des Betruges genüge, der infolge der Strafbarkeit des Versuchs auch den Fall einer in betrügerischer Absicht vorgenommenen Schadensliquidation treffe.

Erfordert der Betrugstatbestaud Beschädigung des Vermögens

[1]) S. 764.

durch arglistige Täuschung in Bereicherungsabsicht, bestraft der § 291 *DVE.* das ohne Bereicherungsabsicht verübte Vergehen, so stellt die Vermögensbeschädigung ohne Täuschung den Tatbestand der Untreue dar. Auf die Frage, ob dieser Tatbestand ganz zu entbehren und etwa durch Ausdehnung des Tatbestandes anderer Vergehen zu ersetzen wäre, soll hier nicht näher eingegangen werden. Der von Freudenthal[1]) hervorgehobene Umstand, daß ein Strafgesetzbuch nach dem anderen den Untreuetatbestand aufgenommen, keins ihn wieder aufgegeben hat, spricht für seine Unentbehrlichkeit, ganz abgesehen von der Frage, ob der Tatbestand anderer Vergehen, wie der Unterschlagung, sich in der erforderlichen Weise ausdehnen ließe.

Der *DVE.* behandelt die Untreue in § 277 in demselben Abschnitt mit dem Betruge und befindet sich damit im Einklang mit dem geltenden StGB. Freudenthal[2]) tritt dem entgegen; er hält zutreffend dafür, daß die Untreue zu den gegen das Vermögen im allgemeinen, nicht gegen einzelne Bestandteile des Vermögens gerichteten Vergehen zu stellen sei, daß also Betrug, Erpressung, Glücksspiel die Nachbardelikte der Untreue seien, daß dieser aber, wie früher im preußischen StGB., ein eigener Abschnitt im System zuzuweisen sei. Der Entwurf dürfte aber gleichwohl nicht fehlgehen, wenn er, wie bisher, die Untreue mit dem Betrug in demselben Abschnitt behandelt. Hierfür spricht nicht nur das jetzt geltende Gesetz, sondern vor allem der Umstand, daß Betrug und Untreue zwei verwandte Vergehensarten sind, die sich beide gegen das Vermögen als solches richten. Das geltende StGB. (§ 266) spezialisiert die Subjekte des Vergehens in 18 Klassen und schließt ihnen noch ein chausula generalis an; dazu kommen in 14 Reichsstrafnebengesetzen noch verschiedene andere Untreuesubjekte[3]). Es werden ferner drei verschiedene Tatbestände der Untreue aufgeführt. 1. Für Vormünder, Kuratoren, Güterpfleger, Sequester, Massenverwalter, Vollstrecker letztwilliger Verfügungen und Verwalter von Stiftungen ist Bestrafung angedroht, wenn sie absichtlich zum Nachteile der ihrer Aufsicht anvertrauten Personen oder Sachen handeln. 2. Für Bevollmächtigte, wenn sie über Forderungen oder andere Vermögensstücke des Auftraggebers absichtlich zum Nachteile desselben verfügen und 3. für Feldmesser, Versteigerer, Mäkler, Güterbestätiger, Schaffner, Wäger, Messer,

---

[1]) *Vergl. Darst. VIII. 136.*

[2]) a. a. O. S. 157.

[3]) Freudenthal a. a. O. S. 108 und S. 137.

Bracker, Scheuer, Steuer und andere zur Betreibung ihres Gewerbes von der Obrigkeit verpflichtete Personen, wenn sie bei den ihnen übertragenen Geschäften absichtlich diejenigen benachteiligen, deren Geschäfte sie besorgen. Demgegenüber lautet der § 277 des *DVE.* ganz kurz:

> „Wer absichtlich das Vermögen eines anderen dadurch beschädigt, daß er die ihm durch Gesetz oder Rechtsgeschäft eingeräumte Befugnis, über dieses Vermögen zu verfügen, mißbraucht, wird mit Gefängnis oder Haft oder mit Geldstrafe bis zu zehntausend Mark bestraft."

Er enthält also erhebliche Vereinfachungen und Veränderungen des geltenden Rechts und schließt sich damit beinahe genau der Fassung an, die Binding[1]) für den Begriff der Untreue aufgestellt hat. Zunächst sind die Subjekte des Vergehens nicht mehr einzeln aufgeführt. Dies ist ein wesentlicher Vorteil. Binding[2]) sowohl wie Freudenthal[3]) weisen auf das Lückenhafte der bisherigen Aufzählung hin und darauf, daß das geltende Recht in seiner Verteilung des Tatbestandes der Untreue auf fünfzehn Gesetze höchst unübersichtlich ist. Das Reichsgericht hat zahlreiche Streitfragen darüber entscheiden müssen, ob gewisse Personen zu den Subjekten des Untreuevergehens gehören, so Gegenvormünder[4]), der der Mutter bestellte Beistand[5]), der über Kindesvermögen verfügende Vater[6]), der Konkursverwalter[7]), der Agent[8]), der Handlungsgehilfe[9]), die Mitglieder des Vorstandes einer Aktiengesellschaft[10]) u. a. Es kann sich für ein neues Strafgesetz deshalb nur darum handeln, ob die bisherigen Lücken auszufüllen, oder ob der Tatbestand der Untreue zu verallgemeinern ist. Freudenthal[11]) weist mit Recht darauf hin, daß, wenn die bisher vorhandenen Lücken geschlossen würden, sich doch im Laufe der Jahre bald wieder neue Lücken auftun würden, die dann wie bisher durch Gelegenheitsgesetze ausgefüllt werden müßten. Es empfiehlt sich deshalb

---

[1]) Lehrbuch *I. 398.*
[2]) a. a. O. S. 397ff.
[3]) a. a. O. S. 137.
[4]) RGSt. *II. 345.*
[5]) RGSt. *XXXV. 338.*
[6]) *XV. 211.*
[7]) *XXVI. 106.*
[8]) RGSt. *XXVI. 230.*
[9]) RGSt. *XXVIII. 155.*
[10]) RGSt. *VII. 279.*
[11]) a. a. O. S. 139.

eine allgemeine Fassung des Gesetzes zu geben und nicht wie bisher bestimmte Subjekte des Untreutatbestandes namhaft zu machen. Geschieht dies so, wie der Entwurf will, so fallen dann alle die Vorschriften der 14 Spezialgesetze bezüglich der Untreue fort. Auch objektiv ist nach dem geltenden Strafgesetz der Tatbestand für die verschiedenen Subjekte des Vergehens ein anderer. Die zu 1 genannten Personen müssen zum Nachteil der ihrer Aufsicht anvertrauten Personen oder Sachen handeln, die zu 2 über Forderungen oder Vermögensstärke des Auftraggebers absichtlich zum Nachteile desselben verfügen und die zu 3 absichtlich diejenigen benachteiligen, deren Geschäfte sie besorgen. Eine Vermögensbeschädigung wird, wenn das Erfordernis auch nicht ausdrücklich gestellt ist[1]), in allen drei Nummern gefordert; die Untreue ist Vermögensvergehen und soll, worüber ziemliche Übereinstimmung herrscht, es auch bleiben. Die Handlung, die die Ziffern 1 und 3 im Auge haben, ist im wesentlichen die gleiche[2]), es ist deshalb nicht zu billigen, daß das Gesetz verschiedene Ausdrücke für den gleichen Tatbestand gewählt hat[3]). Bedenklich ist aber besonders die Fassung der Ziffer 2. In der Begründung wird hier zutreffend dargelegt, zu welchen Unzuträglichkeiten diese Fassung geführt hat. Sollte sich das neue Gesetz gleichwohl für die Spezialisierung der Tatbestände, wie bisher, entscheiden, so wäre vor allem dahin zu wirken, daß die Untreuhandlung nicht nur auf Forderungen und Vermögensstücke abgestellt wird, die sich im Eigentum des Auftraggebers befinden. Es ist der Fall vorgekommen, daß jemand einem anderen Generalvollmacht erteilte mit der mündlichen Abrede, daß der Bevollmächtigte über eine bestimmte Hypothek in gewisser Weise verfügen, sie versilbern und den Erlös zur Befriedigung der Gläubiger des Auftraggebers verwenden sollte. Auf Wunsch des Bevollmächtigten, um leichter über die Hypothek verfügen zu können, trat der Auftraggeber dem Bevollmächtigten gleichzeitig die Hypvthek formell ab und händigte ihm den Hypothekenbrief aus. Der Bevollmächtigte versilberte darauf die Hypothek und verwandte den Erlös für sich. Nach jetzigem Recht ist der Tatbestand der Untreue nicht gegeben; denn die Hypothek gehörte, als der Bevollmächtigte über sie verfügte, nicht mehr dem Auftraggeber, sondern war in das Eigentum des Bevollmächtigten übergegangen. Das Reichsgericht hat, und für

---

[1]) Vorentwurf Begr. S. 766.
[2]) Olshausen A. 2 zu § 266.
[3]) Freudenthal, a. a. O. S. 142.

das geltende Recht gewiß zutreffend[1]) ausgeführt, daß die Verfügung, um als Untreue strafbar zu sein, Vermögensstücke betreffen muß, welche nach den Bestimmungen des maßgebenden Zivilrechts der ausschließlichen Herrschaft des Machtgebers unterworfen sind. Dem entgegen hat das preußische Obertribunal allerdings nur wirtschaftliche Zugehörigkeit zum Vermögen des Auftraggebers gefordert[2]); als Vermögensstücke des Auftraggebers im Sinne des § 266 sind die Sachen anzusehen, die einem anderen nach dem Inhalt des zwischen dem Täter und dem Verletzten bestehenden Vertrages zukommen. Dieser Theorie vom sog. strafrechtlichen Eigentum ist die herrschende Ansicht und insbesondere das Reichsgericht entgegengetreten und nach geltendem Recht durchaus zutreffend. Aber de lege ferenda empfiehlt sich die Subsumierung des mitgeteilten Falles unter den Begriff der Untreue durchaus. Nur bedarf es dazu nicht des Begriffs des strafrechtlichen Eigentums. Wie einerseits der wegen Untreue zu bestrafen ist, der eine ungetreue Verfügung über Gegenstände, deren fiduziarischer Eigentümer er ist, vornimmt, so muß auch der andererseits bestraft werden, der über Vermögensstücke verfügt, die zwar nicht im Eigentum des Auftraggebers stehen, wohl aber seiner Obhut mit der Befugnis zur rechtlichen Verfügung darüber anvertraut sind. Alles das muß der Tatbestand der Untreue mit begreifen. Freudenthal[3]) will hiernach den Tatbestand ungefähr so fassen: „Wer, unter Verletzung der Pflicht zur Wahrung fremder Vermögensangelegenheiten das Vermögen eines anderen beschädigt." Er hält das Erfordernis des Verfügens für fehlerhaft, weil dieses voraussetze, daß der Täter in der rechtlichen Beziehung des Auftraggebers zum betreffenden Vermögensstücke eine Veränderung verursacht hat, während verspätete Erfüllung wie Nichterfüllung oder Nichterwerb eines Vermögensstückes straflos bleibe. Er hält ferner für fehlerhaft, daß der Tatbestand auf Vermögensstücke, d. h. auf Aktiva beschränkt sei. Der *DVE.* hat sich dem insofern angeschlossen, als er statt der Forderungen und Vermögensstücke allgemein die Beschädigung des Vermögens als Tatbestandsmerkmal hinstellt. Im übrigen hat er den Begriff der Verfügung beibehalten und sich damit Binding[4]) angeschlossen, der wegen Untreue bestraft wissen will alle, welche durch Gesetz oder Rechts-

[1]) RGSt. *XXVI. 110*, vgl. auch *XXXIX. 184*, Olshausen A. 8 zu § 266, v. Liszt Lehrb. S. 459.

[2]) S. die Citate bei Freudenthal, a. a. O. S. 112.

[3]) a. a. O. S. 148.

[4]) Lehrb. S. 398.

geschäft berufen werden, über fremde Vermögensrechte zu verfügen, wenn sie durch ihre Verfügung vorsätzlich die Inhaber jener Rechte schädigen. Freudenthal hätte recht mit seiner Forderung, wenn der Begriff der Verfügung hier im Sinne der Verfügungen des BGB. gemeint wäre; denn dann würden allerdings die oben gedachten strafbaren Handlungen straffrei bleiben oder wenigstens nicht als Untreue zu bestrafen sein. Wird der Begriff der Verfügung aber so allgemein gefaßt, wie dies oben für den Tatbestand des Betruges aufgestellt ist, so kann über die Aufnahme der „Verfügung" in den Tatbestand der Untreue kein Bedenken bestehen. Das Reichsgericht[1]) versteht unter Verfügung im Sinne des § 266 eine Maßregel, welche in irgendeiner Weise eine Veränderung in dem Verhältnisse des Auftraggebers zu dem betreffenden Vermögensstücke herbeiführt, und es führt ferner aus, daß, wenn eine solche Änderung der Regel nach auch nur durch positive Handlungen des Bevollmächtigten herbeigeführt werden könne, doch auch beispielsweise die unterlassene Geltendmachung einer Forderung des Auftraggebers mit der beabsichtigten Wirkung des Eintritts der Verjährung der Forderung, oder die in gleicher Weise absichtlich unterlassene Einlegung eines Rechtsmittels unter die Mittel zu rechnen sei[2]), durch die Untreue begangen werden kann. Gilt dies aber für das jetzige Recht, so ist natürlich kein Grund, den Begriff der Verfügung in Zukunft enger aufzufassen. Die Fassung des Entwurfs unterliegt hiernach insoweit keinem Bedenken.

Was die Schuldfrage betrifft, so fordert das geltende Recht Absicht des Täters. Freudenthal[3]) wie Olshausen[4]) legen dar, daß der Ausdruck „Absicht" statt „Vorsatz", den das preußische StGB. enthielt, ohne jede Begründung in das Gesetz gekommen sei, und daß unter der Absicht hier deshalb nichts anderes als der Vorsatz habe bezeichnet werden sollen. Auf diesem Boden steht auch das Reichsgericht[5]), das auch den eventuellen Dolus zur Strafbarkeit genügen läßt. Freudenthal verlangt, daß im neuen StGB. das Wort „absichtlich" durch dasjenige Wort ersetzt werde, das dort die Schuldform des Vorsatzes bezeichnen werde, d. h. er ist damit einverstanden, daß das bewußte Wollen rechtswidriger Benachteiligung[6]) zur Strafbarkeit genüge. Der Entwurf hat sich dem nicht an-

[1]) RGSt. *XI. 413.*

[2]) Übereinstimmend Olshausen A. 9 zu § 266.

[3]) A. a. O. S. 117.

[4]) A. 12 zu § 266.

[5]) S. die bei Olshausen a. a. O. angeführte Entscheidung.

[6]) Binding, Lehrb. S. 402.

geschlossen. Er erfordert Absicht, aber in anderem Sinne als Theorie und Praxis mit dem Worte Absicht im § 266 StGB. bisher verbunden haben. Der § 59 des Entwurfs bestimmt, daß vorsätzlich handelt, wer die Tat mit Wissen und Willen ausführt, und daß eine vorsätzliche Handlung eine absichtliche ist, wenn der Täter sie verübt, um einen bestimmten Erfolg herbeizuführen. Diese Absicht des Täters wird zur Strafbarkeit verlangt. Die *VEBegr.*[1]) führt dazu aus, daß die Anwendung des eventuellen Vorsatzes auf die Fälle dieses Paragraphen nicht selten eine Überspannung der Strafbarkeit enthalte, daß häufig Fälle vorkämen, in denen es schwer zu entscheiden sei, ob dem Täter, dem die Absicht der Schädigung nicht nachgewiesen sei, jenes Bewußtsein innegewohnt habe. Die von der Strafdrohung betroffenen Rechtsverhältnisse erforderten eine gewisse Bewegungsfreiheit des Bevollmächtigten, die durch die Unsicherheit, möglicherweise dem Strafgesetz zu verfallen, beeinträchtigt werde. Diese Bedenken aber würden durch die Erweiterung des Tatbestandes im Entwurf noch verschärft. Diesen Bedenken wird nicht beizutreten sein. Daß die Vermögensinteressen, die einem andern zur Wahrung anvertraut sind, einen erweiterten Schutz verlangen, erkennt auch die Begründung an. Ist dies aber der Fall, so ist nicht einzusehen, weshalb der, der den Vorsatz hat, zum Nachteil des Auftraggebers zu handeln, d. h. sein Vermögen zu beschädigen, nicht zur Strafe gezogen werden soll. Es muß genügen, daß der Täter den eingetretenen rechtsverletzenden Erfolg wenigstens eventuell gewollt hat[2]). Es ist nicht anzuerkennen, daß sich durch eine derartige Strafbestimmung pflichttreue Elemente der Bevölkerung von Übernahme der in Frage stehenden Vertrauensstellungen werden abhalten lassen. Läßt der Täter in seinem Handeln sich allein durch den eigenen Vorteil bestimmen, so kann er nicht straflos bleiben, da sonst der gebotene Schutz den Auftraggebern nicht zuteil würde. Es wird sich deshalb empfehlen, es in dieser Beziehung bei dem bestehenden Rechtszustande zu belassen. Wie gesagt enthält das StGB. auch das Tatbestandsmerkmal der Absicht. Da hierunter nach Theorie und Praxis aber nur Vorsatz zu verstehen ist, so wird zur Verdeutlichung des Willens des Gesetzgebers im neuen StGB. das Wort absichtlich durch vorsätzlich zu ersetzen sein.

Der *SchVE.* handelt in Art. 94 von der ungetreuen Geschäftsführung und bestimmt: „Wer jemanden wissentlich am Vermögen

---

[1]) S. 767.

[2]) RGSt. *VII. 283.*

schädigt, für das er zufolge einer Rechtspflicht sorgen soll, wird mit Gefängnis bis zu fünf Jahren und, wenn er aus Gewinnsucht handelt, überdies mit Buße bis zu 20000 Frank bestraft." Der Entwurf verlangt also nur Wissentlichkeit der Vermögensschädigung, d. h. den Vorsatz, und sieht von einer besonderen Absicht mit Recht ab. Im übrigen ist der Inhalt der Bestimmung der des *DVE.* ganz ähnlich. Nach dem *SchVE.* muß es sich um Vermögen handeln, für das der Täter zufolge einer Rechtspflicht sorgen soll, während der *DVE.* von einer durch Gesetz oder Rechtsgeschäft eingeräumten Befugnis, über Vermögen zu verfügen, spricht. Da die Rechtspflicht aber wohl nur auf Gesetz oder Rechtsgeschäft zurückzuführen sein wird, so ist in beiden Entwürfen in dieser Beziehung nichts wesentlich Verschiedenes gesagt. Der *SchVE.* privilegiert aber nicht wie der *DVE.* die gegen Angehörige begangene Untreue.

Der Versuch der Untreue ist im geltenden StGB. nicht mit Strafe bedroht; auch der *DVE.* sieht von einer Strafbestimmung hierfür ab. Er befindet sich hierin in Übereinstimmung mit Freudenthal[1]), der von der Bestrafung des Versuchs absehen will, weil die der Untreue eigene Verletzung der Fürsorgepflicht für den Strafrichter prozessual zu schwer zu fassen sei. Dem ist nicht beizutreten. Der Versuch wird ebenso zu bestrafen sein wie der der verwandten Vergehen des Betruges und der Unterschlagung.

Während das jetzige StGB. nur Gefängnis als Strafe androht, neben welchem auf Verlust der bürgerlichen Ehrenrechte erkannt werden kann, droht der Entwurf Gefängnis oder Haft, oder Geldstrafe bis zu 10000 M an. Die Geldstrafe empfiehlt sich, da es, wie beim Betruge, auch hier milde Fälle geben kann, für die die Verhängung einer Freiheitsstrafe nicht am Platze ist. Die Androhung des Verlusts der bürgerlichen Ehrenrechte ist hier wegen der schon oben erwähnten Vorschrift des § 45 des Entwurfs nicht erforderlich. Die Haftstrafe, deren Berechtigung im allgemeinen hier nicht zu erörtern, ist milder als die Gefängnisstrafe und gibt dem Richter eine nur zu begrüßende Auswahl in den Strafmitteln. Gegenüber diesem weiten Strafrahmen bedarf es der Einfügung milderer Strafen beim Vorliegen mildernder Umstände nicht. Der § 266 StGB. sieht eine Strafschärfung durch Verhängung einer Geldstrafe neben der Gefängnisstrafe für den Fall vor, daß die Untreue begangen wird, um sich oder einem andern einen Ver-

---

[1]) A. a. O. S. 145. A. A. Binding S. 396, der sagt „Versuch leider straflos".

mögensvorteil zu verschaffen. Dieser Verschärfung bedarf es für den Entwurf schon wegen der oben gedachten Vorschrift des § 36 nicht. Von einer Verschärfung der Strafen in schweren Fällen kann bei dem weiten Strafrahmen überhaupt abgesehen werden.

Der *OVE.* bestraft in § 410 dagegen die Untreue, die er Vertrauensmißbrauch nennt, überhaupt nur, wenn der Täter handelt, um sich oder einem Dritten einen unberechtigten Vermögensvorteil zuzuwenden. Er sieht hierin also nicht, wie das deutsche StGB., einen erschwerenden Umstand, sondern ein Tatbestandsmerkmal. Nun wird ja die Bereicherungsabsicht bei derartigen strafbaren Handlungen in der Regel vorliegen, sie zum Tatbestandsmerkmal des Vergehens zu erheben, ist aber nicht ratsam; denn damit werden alle anderen Fälle, z. B. Begehung aus Rachsucht, Haß, Neid, Frivolität, Leichtsinn ungestraft gelassen[1]), was gewiß dem Rechtsempfinden nicht entspricht. Der *OVE.* steht im Widerspruch zu den früheren Entwürfen des österreichischen StGB. Diese hatten durchweg die Kasuistik der Untreuesubjekte aufgegeben und den strafen wollen, der sich an fremden, seiner Obsorge anvertrauten Vermögensrechten vergreift[2]). Im Gegensatz hierzu hebt der Vorentwurf wieder nur einzelne Fälle hervor; er bestraft 1. den, der bei einer ihm obliegenden Verwaltung von Vermögensangelegenheiten eines anderen pflichtwidrig zu dessen Nachteil handelt, 2. den Kommissionär, der bei Ausführung eines ihm übertragenen Geschäfts pflichtwidrig handelt zum Nachteil seines Auftraggebers, 3. den Rechtsbeistand, der in einer ihm anvertrauten Rechtssache zum Nachteil seiner Partei einem anderen Rat oder Beistand gewährt. Mit schwerer Strafe wird ferner bedroht 4., wer die Tat bei der Verwaltung von Vermögensangelegenheiten begeht, die ihm kraft Gesetzes obliegt oder von einer öffentlichen Behörde aufgetragen ist und 5., wer eine Fälschung, falsche Eintragung oder sonst einen besonderen Kunstgriff anwendet, um die Tat durch längere Zeit fortsetzen zu können. Die Bestimmungen des *DVE.*, die die Spezialisierung aufgegeben haben, verdienen demgegenüber unbedenklich den Vorzug.

Während das deutsche StGB. nur beim Betrug, nicht auch bei Untreue gegen Angehörige, Vormünder oder Erzieher die Strafverfolgung vom Antrage des Verletzten abhängig macht und die Zurücknahme des Antrages für zulässig erklärt, enthält der Ent-

---

[1]) Freudenthal a. a. O. S. 150.

[2]) Freudenthal a. a. O. S. 140.

wurf eine gemeinschaftliche Vorschrift für beide Straftaten und bestimmt im § 278:

> „Wer Betrug oder Untreue gegen Angehörige, gegen seinen Vormund, Pfleger oder Erzieher begeht, ist nur auf Antrag zu verfolgen. Der Antrag kann zurückgenommen werden. Das gleiche gilt, wenn die Handlung gegen eine Person begangen wird, zu welcher der Täter im Lehrlingsverhältnis steht oder in deren häuslicher Gemeinschaft er lebt, sofern die Vermögensbeschädigung unbedeutend ist."

Die *VEBegr.*[1]) erklärt die Ausdehnung des Antragserfordernisses für sachgemäß, insbesondere, da die Fälle der gesetzlichen Verwaltung des Ehemannes und des elterlichen Gewalthabers in den Tatbestand der Untreue einbezogen sind. Es wird sich hier immer fragen, welches Interesse überwiegt, das der Familie an der Nichtverfolgung des Täters oder das Interesse des Staats an seiner Bestrafung. Die *VEBegr.* erklärt die Verfolgung von Amts wegen für einen schweren Eingriff in Familienverhältnisse und ähnliche Beziehungen. Dem ist gewiß zuzustimmen. Gleichwohl möchte ich mich gegen das Erfordernis des Strafantrags erklären, und zwar soweit die Untreue und der Betrug begangen sind gegen Verwandte und Verschwägerte der absteigenden Linie, Adoptiv- und Pflegekinder. Bezüglich dieser macht Freudenthal[2]) mit Recht geltend, daß sie in der Regel nicht selbst antragsberechtigt sein werden und daß dann, da der gesetzliche Vertreter als Objekt des Antrags für dessen Stellung wegfällt, die Entscheidung einem Dritten, nämlich einem hierfür zu bestellenden Pfleger obliegen würde. Dies kann aber als angemessen nicht erachtet werden. Deshalb empfiehlt sich für diese Fälle die Verfolgung von Amts wegen, während in den übrigen Fällen das Antragserfordernis wohl begründet ist. Daß der Betrug oder die Untreue gegen Verwandte absteigender Linie oder gegen den Ehegatten nicht straflos bleibt, scheint mir ein dringendes Bedürfnis der Rechtsordnung. Bedenklich ist ferner die Ausdehnung des Erfordernisses des Strafantrags für den sog. Hausbetrug und Hausuntreue, auch mit der Beschränkung auf unbedeutende Vermögensbeschädigung. Das bisherige Recht kennt hierfür das Erfordernis des Strafantrags nicht, und die *VEBegr.* führt nur die Übereinstimmung mit der zu Diebstahl und Unterschlagung vorgeschlagenen Bestimmung an. Selbst wenn sie dort am Platze sein sollte, was hier dahingestellt

[1]) S. 769.

[2]) A. a. O. S. 152.

bleiben kann, würde sie sich für die hier in Frage stehenden Straftaten wegen der Intensität des verbrecherischen Willens, um mit der Begründung selbst zu reden, nicht eignen. Will man aber dem Erfordernis des Strafantrags mit dem Entwurf zustimmen, so ist nicht einzusehen, weshalb die Zurücknahme des Strafantrages nur im Fall des Absatz 1, nicht aber auch in dem des Absatz 2 zulässig sein soll. Die Konsequenz erfordert dann die Möglichkeit der Zurücknahme in beiden Fällen.

Der *O.*, wie der *SchVE.* enthalten, wie oben angeführt, zwar das Antragserfordernis bei dem Betruge von Angehörigen. Bei der Untreue ist dagegen in beiden Entwürfen eine Privilegierung der Angehörigen nicht enthalten.

Zum 25. Abschnitt.

Begünstigung und Hehlerei.

Das geltende StGB. umfaßt in einem Abschnitt die Begünstigung und die Hehlerei. Kaum ein Abschnitt hat mehr Angriffe als dieser erfahren, und zwar insbesondere deshalb, weil hier die persönliche Begünstigung, sachliche Begünstigung und Hehlerei zusammengestellt sind[1]). Es herrscht jetzt ziemliche Übereinstimmung darüber, daß die gemeinschaftliche Behandlung dieser drei Arten von Straftaten unangebracht ist, und daß mindestens die persönliche Begünstigung, d. h. diejenige, die dem Täter geleistet ist, um ihn der Bestrafung zu entziehen, vom Tatbestande der Begünstigung und Hehlerei zu trennen ist. Der *DVE.* hat denn auch die persönliche Begünstigung als „Strafvereitlung“ aus diesem Abschnitt herausgenommen, in dem Abschnitt über Verbrechen und Vergehen in Beziehung auf die Rechtspflege untergebracht und dort besonders unter Strafe gestellt. Von diesem Vergehen ist daher hier nicht zu handeln. Das StGB. behandelt im § 257 aber auch den Fall der Begünstigung zu eigenem Vorteile beim Vorliegen von Diebstahl, Unterschlagung, Raub oder einem dem Raube gleich zu bestrafenden Verbrechen. Der § 257 enthält ferner die Bestimmung, daß die Begünstigung als Beihilfe zu bestrafen ist, wenn sie vor Begehung der Tat zugesagt worden ist.

Der § 280 des *DVE.* schreibt demgegenüber nur vor:

„Wer vorsätzlich einem anderen nach Begehung eines

---

[1]) Binding, Lehrb. S. 382; Beling, *Vergl. Darst. VII. 201 ff.*

Verbrechens oder Vergehens Beistand leistet, um ihm die Vorteile der Tat zu sichern, wird wegen Begünstigung mit Gefängnis bis zu drei Jahren oder mit Haft oder mit Geldstrafe bis zu 5000 M bestraft."

Der folgende § 281 enthält dann den Tatbestand der Sachhehlerei in wesentlicher Übereinstimmung mit dem geltenden Recht.

Beling[1]) will dagegen den Begriff der sachlichen Begünstigung beseitigen. Es sei, so führt er aus, etwas absolut Gleichgültiges, daß dem Verbrecher nach der Tat Gunst oder Interessenförderung erwiesen werde; es könne doch keine Rede davon sein, daß ein Verbrecher nach der Tat keinerlei Wohltaten mehr empfangen solle, daß der Arzt ihn nicht solle heilen, niemand ihm solle ein Geschenk machen dürfen. Es käme allein darauf an, daß nicht durch Gunsterweisungen an den Verbrecher Beeinträchtigungen anderer stattfänden; es dürfe deshalb die gesetzgeberische Regelung durch die Vorstellung, als komme es irgendwie auf Förderung des Vortäters an, in keiner Weise beeinflußt werden. Damit, meint er, sei der sachlichen Begünstigung das Verdikt gesprochen. Er will daher — abgesehen von der persönlichen Begünstigung gleich Strafvereitlung — nur die Sachhehlerei, Partiererei als Straftat aufgestellt haben. Diese wiederum weist er aus dem besonderen Teil des Strafrechts hinaus; sie gehört nach ihm[2]) in den Allgemeinen Teil an die Seite der Teilnahme. Auch Binding[3]) hat sich schon vorher für Identifizierung der unechten Begünstigung und der Sachhehlerei ausgesprochen. Es handelt sich, sagt er, um die Aufrechterhaltung des erfolgreich erlangten Vermögensvorteils, also zugleich des verbrecherisch gestifteten Vermögensschadens zugunsten des Verbrechers und zuungunsten des Geschädigten; Perpetuierung eines durch das Verbrechen erzeugten, dem Rechte widerstreitenden Vermögenszustandes ist sein Kern; unechte Begünstigung und echte Hehlerei fließen zu einem einheitlichen Delikt zusammen, die Begünstigung ist Hehlerei zugunsten dessen, der den rechtswidrigen Zustand verbrecherisch geschaffen hat. Dem ist einmal insofern nicht zuzustimmen, als die Begünstigung sowohl im geltendon StGB. wie im *DVE.* anders als die Hehlerei nicht auf den Erfolg abgestellt ist. Die *VEBegr.*[4]) rechtfertigt dies zutreffend damit, daß, wenn die Begünstigung zum Erfolgs-

---

[1]) A. a. O. S. 203.
[2]) A. a. O. S. 226.
[3]) Lehrb. *II. 665.*
[4]) S. 778.

delikt gestaltet wäre, sich daraus für die Praxis erhebliche Schwierigkeiten ergeben würden, da im einzelnen Falle kaum festgestellt werden könne, ob die Sicherung der Tatvorteile bereits erreicht oder nur angestrebt ist, und es häufig schwer zu entscheiden wäre, ob vollendete oder versuchte Begünstigung vorläge. Richtig ist nur, daß die Begünstigung sich zumeist gegen Vermögensrechte richtet, und deshalb ist es zu billigen, daß die Begünstigung mit der Hehlerei in einem Abschnitt zusammengefaßt wird. Verschiedene Schriftsteller[1]) nehmen an, daß die Vorteile, die der § 257 im Auge hat, nur Vermögensvorteile sind; Olshausen insbesondere führt aus, die sachliche Begünstigung sei ihrer Natur nach bei solchen strafbaren Handlungen ausgeschlossen, bei welchen die Sicherung der Vorteile des Verbrechens oder Vergehens ohne Teilnahme an denselben nicht denkbar sei, wie insbesondere bei den Vergehen gegen Ehre, Freiheit, Gesundheit, Sittlichkeit, so daß nur diejenigen strafbaren Handlungen übrig blieben, durch welche direkt oder indirekt eine widerrechtliche Vermögenslage geschaffen werde. Dieserhalb aber sei hier der Begriff des Vorteils mit dem des Vermögensvorteils zu identifizieren. Der *DVE.* teilt diesen Standpunkt nicht. Er versteht nach der Begr.[2]) unter Vorteilen nicht nur Vermögensvorteile. Es wird dort ausgeführt, daß, wenn auch die Vermögensvorteile bei der großen Zahl und Häufigkeit der Vermögensdelikte stets in erster Reihe stehen werden, sich doch Vorteile anderer Art als Ziel des Täters denken ließen, so aus Entführung, Nötigung, Urkundenfälschung u. a. m. In vielen derartigen Fällen wird es jedenfalls zweifelhaft sein, ob Begünstigung oder Teilnahme an der strafbaren Handlung vorliegt. So nimmt Beling[3]) an, die Beistandsleistung bei der Entführung sei als Begünstigung zu bestrafen, während Olshausen Beihilfe annimmt, da es sich um ein Dauerdelikt handle. Es bedarf hier keiner Stellungnahme zu dieser Frage; denn auch wenn man sich der Ansicht anschließt, daß die Vorteile, die bei der Begünstigung in Frage stehen, nur Vermögensvorteile sind, rechtfertigt es sich doch, das Vergehen der Begünstigung als selbständiges neben der Hehlerei, mit der sie ja unbedenklich nahe verwandt ist, bestehen zu lassen. Der Tatbestand beider ist doch insofern verschieden, als bei der Hehlerei lediglich ein Handeln zu eigenem Vorteile in Frage steht, bei der Begünstigung ein Handeln zum Vorteile des

---

[1]) Olshausen A. 30 zu § 257 und die dort Zitierten.

[2]) S. 777.

[3]) A. a. O. S. 20.

Vortäters, mag man diesen Vorteil als einen Vermögensvorteil oder auch einen Vorteil anderer Art ansehen. Daß aber unter Begünstigung nicht solche Handlungen zu verstehen, wie Beling anführt, dürfte zweifellos sein. Niemand wird daran denken, den Arzt wegen Begünstigung zu bestrafen, der einen Verbrecher heilt u. dgl. Der Tatbestand des § 280 des Entwurfs verlangt ausdrücklich ein Handeln in der Absicht, dem Täter die Vorteile des Verbrechens zu sichern.

Nach bisheriger Auffassung ist es streitig, ob die sachliche Begünstigung gleich der persönlichen Begünstigung als ein Vergehen gegen die staatliche Rechtspflege oder als Vermögensvergehen anzusehen ist. Während die persönliche Begünstigung den Täter der Bestrafung entziehen will, soll die sachliche Begünstigung die zivilrechtliche Ausgleichung hindern[1]). Dieser Auffassung ist Olshausen[2]) entgegengetreten, der die sachliche Begünstigung in Verfolg seiner Ansicht, daß unter Vorteilen nur Vermögensvorteile zu verstehen, als Vermögensdelikt ansieht, ferner v. Buri und Binding[3]), der sagt, diese ganze angebliche Vereitlung zivilistischer Verfolgung stehe ganz in der Luft. In ähnlicher Weise führt Beling[4]) aus, daß die Zivilrechtspflege als legislatorisches Schutzobjekt nicht in Betracht komme.

Das Reichsgericht[5]) scheint die Begünstigung auch als Vergehen gegen die staatliche Rechtspflege anzusehen. Allerdings handelt das Urteil vom 13. Februar 1890 direkt nur von der persönlichen Begünstigung; die sachliche Begünstigung ist darin aber auch erwähnt und als ihr Zweck die Ausnutzung der Straftat bezeichnet, im Gegensatz zur Vereitlung der Bestrafung, die als Zweck der persönlichen Begünstigung hingestellt ist. Mag man sich nun in dieser Beziehung welcher Ansicht auch immer anschließen, so ist doch der Begriff der sachlichen Begünstigung aus dem Strafrecht nicht auszuscheiden. In dem einen Fall, wenn man nämlich die sachliche Begünstigung als ein gegen die staatliche Rechtspflege gerichtetes Vergehen ansieht, würde sie allerdings aus dem Abschnitt, der von der Hehlerei handelt, zu entfernen und mit der persönlichen Begünstigung zusammenzustellen sein. Im andern Falle aber — und dieser Ansicht ist der Vorzug zu geben —, wenn man das Wesen der sachlichen Begünstigung darin erblickt,

---

[1]) v. Liszt Lehrb. S. 605.

[2]) A. 31 zu § 257.

[3]) Lehrb. *II. 644.*

[4]) A. a. O. S. 205.

[5]) RGSt. *XX. 233.*

daß der durch eine strafbare Handlung geschaffene, dem Recht widerstreitende Zustand im Interesse des Vortäters aufrecht erhalten wird, ist sie im besonderen Teil des Strafrechts unterzubringen. Wenn man dem Entwurf bzw. seiner Begr. auch darin folgt, daß die Vorteile des Vortäters nicht nur Vermögensvorteile sein können, wird das Vergehen doch im wesentlichen immer gegen das Vermögen gerichtet sein, so daß die Begünstigung als Vermögensdelikt zu bezeichnen ist und dieserhalb in denselben Abschnitt mit der Hehlerei gehört. Ein triftiger Grund, die Unterscheidung des Handelns zu eignem Vorteile und zum Vorteile des Vortäters fallen zu lassen, ist bisher nicht beigebracht, so daß kein Anlaß vorliegt, in dieser Beziehung vom geltenden Rechte abzuweichen. Der *DVE.* trifft deshalb das Richtige.

Das geltende StGB. hat in dem bereits erwähnten § 258 noch die sog. Personenhehlerei unter Strafe gestellt. Dieser Begriff ist von der Wissenschaft besonders angefochten. Es fehlt[1]) jeder vernünftige Grund dafür, die vorteilssüchtige Begünstigung nach Raub, Diebstahl oder Unterschlagung in Hehlerei zu verwandeln, und es wird ganz ohne Grund die Absicht, einen Vorteil für sich zu erlangen, als Einteilungsgesichtspunkt aufgestellt. Der *DVE.* begnügt sich zutreffend mit dem Begriff der sachlichen Begünstigung. Handelt der Täter zugleich seines eignen Vorteils wegen, so kann ihn im Strafrahmen des § 280 eine schwerere Strafe treffen. Im übrigen wird ohne jeden eignen Vorteil wohl schwerlich jemand überhaupt handeln. Der Entwurf schafft deshalb klares Recht, wenn er den Mischtatbestand der Personenhehlerei fallen läßt und nur Begünstigung und Hehlerei als strafbare Tatbestände hinstellt. Ebenso ist es zu billigen, daß der Entwurf die Bestimmung des geltenden Rechts gestrichen hat, nach welcher Begünstigung als Beihilfe zu bestrafen ist, wenn sie vor Begehung der Tat zugesagt ist. Sie ist, wie die *VEBegr.*[2]) in Übereinstimmung mit Beling[3]) ausführt, ein Überbleibsel der früheren Auffassung der Begünstigung als nachfolgender Teilnahme. Über die Beseitigung dieser Vorschrift herrscht ziemlich allgemein Übereinstimmung. Ebenso fehlt im Entwurf eine Bestimmung darüber, daß die Begünstigung gegenüber Angehörigen straflos ist. Mit Recht. Auch das jetzige StGB. läßt die Begünstigung nur straflos, wenn sie dem Täter oder Teilnehmer von einem Angehörigen gewährt

---

[1]) Beling a. a. O. S. 204.

[2]) S. 571.

[3]) A. a. O. S. 220.

worden ist, um ihn der Bestrafung zu entziehen. Es ist dies aber der Fall der persönlichen Begünstigung, der, wie erwähnt, in einem andern Abschnitt als Strafvereitlung behandelt ist. Und dort ist die Straflosigkeit für Angehörige vorgesehen. Der Strafrahmen, den der Entwurf aufstellt, ist weit genug, um leichte und schwere Fälle mit den richtigen Strafen treffen zu können. Es fehlt die Zuchthausstrafe, die das geltende StGB. im Fall der sog. Personenhehlerei androht, wenn der Begünstigte einen schweren Diebstahl, Raub oder ein dem Raub gleich zu bestrafendes Verbrechen begangen hat. Diese Fälle werden aber stets unter den Tatbestand der Hehlerei zu subsumieren sein, so daß es für die Begünstigung der Androhnng schwererer Strafen nicht bedarf. Der Versuch der Begünstigung ist in Übereinstimmung mit dem geltenden StGB. nicht unter Strafe gestellt.

Der *SchVE.* hat gleieh dem deutschen die persönliche Begünstigung in einem andern Abschnitt, nämlich in dem über Verbrechen gegen die Strafverfolgung und den Strafvollzug, untergebracht, die sachliche Begünstigung aber ganz fortgelassen und sich damit den Rechtslehrern angeschlossen, die nur die Hehlerei unter Strafe stellen wollen. Der *OVE.* hat ebenfalls die persönliche Begünstigung in den Abschnitt über Vereitlung des Strafverfahrens oder Strafvollzugs gestellt, so daß insoweit Übereinstimmung aller Entwürfe herrscht, er behält aber gleich dem deutschen die sachliche Begünstigung neben der Hehlerei bei und behandelt sie im § 413 in ganz gleicher Weise wie der *DVE.*

Der § 281 des *DVE.* bestimmt dann:

> „Wer vorsätzlich, um sich Gewinn zu verschaffen, Sachen, die durch eine strafbare Handlung erlangt sind, verheimlicht, ankauft, zum Pfand nimmt oder sonst an sich bringt, oder zu deren Absatz bei anderen mitwirkt, wird wegen Hehlerei mit Gefängnis oder mit Haft, oder mit Geldstrafe bis zu fünftausend Mark, in besonders schweren Fällen (§ 84) mit Zuchthaus bis zu fünf Jahren bestraft. Den Sachen stehen ihr Erlös, ferner die für sie angeschafften Gegenstände gleich. Die Vorschrift des § 42 findet Anwendung."

Der zweite Absatz verhängt sodann schwerere Strafen für den Fall der gewerbs- oder gewohnheitsmäßigen Hehlerei.

Die Hehlerei ist danach als reines Vermögensdelikt hingestellt. Sie unterscheidet sich nicht wesentlich von der Hehlerei des StGB. Nach § 259 dieses muß die Tat des eigenen Vorteils des Täters wegen begangen sein. Der Entwurf spricht statt dessen von der Absicht des Gewinnverschaffens. Es ist zurzeit auch hier streitig, ob unter Vorteil nur Vermögensvorteile oder auch sonstige Vorteile zu verstehen sind. Im Gegensatz zu der Bedeutung der „Vorteile" des Verbrechens oder Vergehens, die der Begünstiger sichern will, nimmt Olshausen[1]) an, daß hier kein Grund vorliege, den Begriff des Vorteils in dem engen Sinne von Vermögensvorteil zu verstehen. Gleicher Ansicht ist das RG.[2]), v. Liszt[3]) u. a.; es ist dies wohl die herrschende Ansicht. Das RG. führt aus, durch die Wahl des allgemeinen Ausdrucks „Vorteil" gebe das Gesetz schon zu erkennen, daß darunter nicht nur Vermögensvorteile zu verstehen seien. Es genüge deshalb, wenn der Täter wissentlich aus einer strafbaren Handlung herrührende Sachen an sich bringe, um sich auch nur einen augenblicklichen Genuß zu verschaffen, da er auch damit einen Vorteil erlange, den er ohne Erwerb der Sachen nicht gehabt haben würde. Das RG. leitet ferner aus der Entstehungsgeschichte des Gesetzes her, daß der Gesetzgeber diesen weiten Begriff des Vorteils im Auge gehabt habe; denn bei den Vorarbeiten zum preußischen StGB., auf dem das deutsche Gesetz beruhe, sei ausdrücklich der Antrag abgelehnt worden, den Ausdruck Gewinnsucht zu brauchen, weil jeder egoistische Beweggrund auch ohne Gewinnsucht strafbar sei, so daß der Begriff des eignen Vorteils nicht zu eng aufgefaßt werden dürfe. Binding[4]) wendet sich sehr scharf gegen diese Ansicht; der allgemeine Begriff „Vorteil" erscheint ihm gesetzgeberisch ganz unbrauchbar; er bezieht die Worte im geltenden Gesetz nur auf Vermögensvorteile. Ob dem für das geltende Recht zuzustimmen, mag zweifelhaft sein; die vom RG. aus der Entstehungsgeschichte hergeleitete Ansicht spricht wohl mehr für die entgegengesetzte Ansicht, und was Binding für seine Ansicht anführt, spricht nur de lege ferenda uud nicht de lege lata. Er hält die von ihm angeführten Fälle nicht für besonders strafwürdig. Aber der Entwurf folgt ihm und den übrigen Vertretern seiner Ansicht, und wie ich annehme mit Recht; denn um irgend welchen Vorteils wegen wird jede Handlung vorgenommen, wie Binding zutreffend hervorhebt. Wie beim Betruge, wird es sich aber auch hier empfehlen, die Worte „um sich Gewinn zu verschaffen" durch die bisherigen zu ersetzen, und um klarer zum Ausdruck zu bringen, daß nur ein Vermögensvorteil des Hehlers den Tatbestand des

[1]) A. 39 zu § 257.

[2]) RGSt. *IV. 49.*

[3]) Lehrb. S. 492.

[4]) Lehrb. *I. 383.*

Vergehens ausmacht, zu sagen „um sich einen Vermögensvorteil zu verschaffen“.

Binding[1]) schlägt vor, den Tatbestand so zu fassen: Wer vorsätzlich rechtswidrig Sachen, die durch eine strafbare Handlung erlangt sind, selbst in Besitz nimmt, oder einem Unberechtigten den Besitz daran sichert oder verschafft, oder sie gegenüber dem Berechtigten verheimlicht, ist als Hehler zu strafen. Damit vereinigt er den Tatbestand der Sachbegünstigung und der Hehlerei, schaltet die Handlung zum eignen Vorteil des Täters ganz aus und spezialisiert die Handlungen des Täters nicht wie das Gesetz und der *DVE.* Beling hält diese Fassung noch für zu eng; er will, wie schon erwähnt, die Hehlerei aus dem besonderen Teil ganz herausbringen und statt dessen in den Allgemeinen Teil die Bestimmung einfügen: „Wer einen rechtswidrigen Zustand, der durch eine rechtswidrige, einem strafrechtlichen Tatbestand unterfallende Handlung begründet ist, aufrecht erhält, wird . . .“ Er begründet dies damit, daß das Wesen der Straftat, für die der Name der Hehlerei nicht passe, die Perpetuierung eines durch die Vortat geschaffenen Zustandes sei; Schaffung eines rechtswidrigen Zustandes und dessen Aufrechterhaltung seien bloße Modalitäten der Verletzung eines identischen Rechtsguts. Die Partiererei empfange ihr charakteristisches Gepräge von der Vortat. Infolgedessen sei eine selbständige Vertypung der Partiererei ebenso verkehrt, wie es die Ausprägung der Beihilfe zum delictum sui generis sein würde; die Partiererei dürfe also nur als Erscheinungsform der Vortat auftreten. Sie stehe und falle und ihre Strafbarkeit steige und sinke je nach dem Wesen und der Strafbarkeit der Vortat. Die Höhe der Vortatstrafdrohung sei für die Hehlerei von grundlegender Bedeutung. Die Forderung der Proportionalität lasse sich aber durch Aufstellung eines delictum sui generis nicht befriedigen.

Es sei danach die Aufstellung einer allgemeinen Erscheinungsform des Verbrechens zu fordern, die durch eine zu der Strafdrohung der Vortat in Verhältnis gesetzte Strafdrohung denjenigen treffe, der einen durch strafbare Handlung geschaffenen rechtswidrigen Zustand aufrecht erhalte; dies sei die Nachtäterschaft Grundsätzlich verwirklicht hält Beling die Nachtäterschaft in seinem Sinne im skandinavischen Recht. Von den neuen Entwürfen ist ihm aber keiner gefolgt; weder der *DVE.*, noch der *Sch.* und der *O.* haben die Hehlerei als delictum sui generis aufgegeben. Es ist

[1]) Lehrb. *I. 389.*

nicht zu leugnen, daß der Belingsche Vorschlag viel Bestechendes hat. Gewiß würden viele Einzelbestimmungen des Strafgesetzes in Fortfall kommen können und eine einheitliche Satzung an Stelle mehrerer verschieden geregelter Fälle treten; auch würde einer großen Zahl von Streitfragen des heutigen Rechts das verdiente Ende bereitet werden, dieses vermutlich aber nur mit dem Erfolge, daß ebensoviel neue Streitfragen an ihre Stelle träten. Es wäre der Begriff der Hehlerei, wie ihn das jetzige Strafrecht aufgestellt hat, ganz aufgegeben. Die *VEBegr.*[1]) erkennt den Vorschlag auch als durchdacht und folgerichtig an. Sie verwirft ihn, weil damit an die Stelle genau umschriebener Tatbestände, in denen das Gesetz sog. Nachhandlungen nur in gewissen Fällen und unter bestimmten Voraussetzungen mit Strafe bedroht, eine allgemeine Formel treten würde, deren richtige Anwendung dem Richter eine kaum zu erfüllende Aufgabe stellen würde. Diese Schwierigkeit würde sich in der Praxis wohl überwinden lassen. Sie zu schaffen würde aber doch nur dann angezeigt sein, wenn eine zwingende Notwendigkeit dazu vorläge. Die Hehlerei im gegenwärtigen Sinne ist als delictum sui generis nicht erst durch die neuen Strafgesetzbücher geschaffen; schon das römische Recht[2]) hat die Hehlerei als selbständiges Vergehen mit Strafe bedroht. Das deutsche Mittelalter hat ein solches allerdings nicht gekannt, wohl aber die partikuläre Gesetzgebung im Gegensatz zum gemeinen Recht. Die Strafgesetzbücher des 19. Jahrhunderts haben den Begriff der Hehlerei, wenn auch mehr oder minder mit der Begünstigung vermischt, aufgenommen; er ist jetzt allgemein auch im Volke verstanden, so daß es nicht angebracht ist, ihn ohne Not aufzugeben. Die von Beling angeführten Gründe sind nur theoretischer Art, und insbesondere der, daß sich bei Aufstellung eines delictum sui generis die Forderung der Proportionalität der Strafe mit der Vortat nicht befriedigen lasse, ist nicht zutreffend. Der *DVE.* hat den Strafrahmen so weit gefaßt, daß in allen Fällen eine im Verhältnis zur Vortat angemessene Strafe verhängt werden kann. Mit dem Entwurf, der ausdrücklich auch das Bedürfnis nach einer so weit reichenden Strafvorschrift leugnet, ist deshalb davon abzusehen, den bisherigen Begriff der Hehlerei aufzugeben.

In Übereinstimmung mit dem geltenden Gesetz verlangt der Entwurf auch, daß der Hehler die Sachen verheimlicht, verkauft, zum Pfand nimmt oder sonst an sich bringt oder zu deren Absatze

---

[1]) S. 775.

[2]) v. Liszt, Lehrb. S. 490.

bei anderen mitwirkt. Gegen Beling[1]), der diese Spezialisierung ein bloßes Gestammel nennt, wird sie doch beizubehalten sein; sie hat bisher zu wesentlichen Bedenken in der Praxis keinen Anlaß gegeben. Dagegen läßt der Entwurf die Worte des bisherigen Gesetzes fort, „Sachen, von denen er weiß oder den Umständen nach annehmen muß, daß sie mittels einer strafbaren Handlung erlangt sind“, und sagt statt dessen nur „Sachen, die durch eine strafbare Handlung erlangt sind“. Dem Entwurf ist beizutreten. Die Gleichstellung des Wissenmüssens mit dem Wissen hat zu der Streitfrage Anlaß gegeben, ob die bloße Fahrlässigkeit zum Tatbestande genügt. v. Liszt[2]) u. a. nehmen dies an, das Reichsgericht, ihm folgend Olshausen[3]) u. a. verneinen, daß die Handlung fahrlässig begangen werden könne. Auch Binding[4]) bestreitet die Möglichkeit der fahrlässigen Begehung und sagt, das Gesetz folgere, da die Umstände den Täter nach seiner Individualität zwingen, den verbrecherischen Ursprung anzunehmen, hat er ihn angenommen. Die Streitfrage ist jedenfalls de lege ferenda in dem Sinne zu lösen, daß Fahrlässigkeit zur Begehung der Straftat nicht genügt; das fahrlässig begangene Vergehen könnte doch auch mindestens nicht der gleichen Strafe unterliegen wie das vorsätzlich begangene. Da aber unbestritten Eventualdolus zur Strafbarkeit genügt, bedarf es der besonderen Hervorhebung des Wissenmüssens nicht.

Dem jetzigen StGB. entgegen bestimmt der Entwurf ferner, daß den Sachen ihr Erlös sowie die für ihn angeschafften Gegenstände gleichstehen sollen. Daß diese Ausdehnung dem geltenden Strafgesetz widerspricht, kann kaum zweifelhaft sein, obwohl in neuerer Zeit dieser Ansicht in der Wissenschaft widersprochen ist[5]). Das Reichsgericht hat in ständiger Rechtsprechung ausgeführt, daß Hehlerei nur an den durch die strafbare Handlung selbst erlangten Sachen, nicht aber an ihrem Erlös begangen werden könne. Auf demselben Standpunkt stehen v. Liszt[6]), Binding[7]), Olshausen[8]). Die *VEBegr.* macht für die Ausdehnung geltend, daß die Beschränkung des Tatbestandes in keiner Weise dem Gerechtigkeitsgefühl und den Bedürfnissen des Lebens entspreche, zumal bei den entwickelten

---

[1]) A. a. O. S. 232.
[2]) Lehrb. S. 493.
[3]) A. 21 zu § 259.
[4]) Lehrb. *I. 392.*
[5]) *VEBegr.* S. 782.
[6]) Lehrb. S. 491.
[7]) Lehrb. *I. 388, II. 667.*
[8]) A. 5 zu § 259.

Verkehrsverhältnissen der Gegenwart sich eine gegen frühere Zeiten um vieles gesteigerte Möglichkeit zur Umsetzung durch strafbare Handlungen erlangter Sachen in ihren Gegenwert darbiete. Das RG. hat im Urteil vom 11. April 1892[1]) ausgeführt, daß die gedachte Beschränkung mit dem inneren Wesen der Hehlerei übereinstimme, welche nur darin erblickt werden könne, daß die vom Täter verursachte Rechtsverletzung durch die hinzutretende kausale Tätigkeit des Hehlers in ihrem Fortbestande aufrecht erhalten werde. Sonst käme man zu ganz unhaltbaren Ergebnissen. Das RG. hat aber auch bereits ausgesprochen, daß eine Hehlerei an dem an die Stelle des durch eine strafbare Handlung erlangten Sparkassenbuchs getretenen Betrage desselben begangen werden könne[2]). Das RG. meint, daß für diese Entscheidung die eigentümliche Natur des Objekts maßgebend sei, welches an und für sich keinen Wert besitze, da dieser vielmehr lediglich in der durch dasselbe beurkundeten Einlage bestehe. Dies ist wohl zutreffend; allein nichtsdestoweniger ist der Betrag des Sparkassenbuchs doch nicht der durch die strafbare Handlung unmittelbar erlangte Gegenstand. Der aufgestellte Satz ist mithin durchbrochen. Danach kann es im Wesen der Hehlerei nicht begründet sein, daß sie nur an der durch die strafbare Handlung erlangten Sache selbst möglich ist. Trotz aller Bedenken, die das RG. gegen die Ausdehnung des Begriffs aufstellt, trifft der *DVE.* doch das Richtige. Gegen eine zu weite Ausdehnung werden, wie die *VEBegr.* hervorhebt, die subjektiven Erfordernisse des Tatbestandes wirken und die Beschränkung, daß sich die Hehlerei nur auf die für die Sache angeschafften Gegenstände erstreckt.

Während das geltende StGB. den Hehler nur mit Gefängnis bestraft, droht der Entwurf Gefängnis, Haft oder Geldstrafe an, und für besonders schwere Fälle Zuchthaus. Der Strafrahmen ist sehr weit, bietet aber dem Richter die erwünschte Möglichkeit, die Strafe nach Lage jedes Falles in geeigneter Weise abzumessen. Sehr erwünscht ist die durch den Entwurf geschaffene Möglichkeit der Unterbringung des Täters im Arbeitshause, da die Hehlerei häufig von liederlichen und arbeitsscheuen Personen verübt wird. Entsprechend dem geltenden Gesetz bestraft der Entwurf die gewerbs- oder gewohnheitsmäßige Hehlerei besonders streng mit Zuchthaus bis zu zehn Jahren; er sieht aber auch zutreffend das Vorliegen mildernder Umstände vor und droht dann Gefängnis

---

[1]) RGSt. *XXIII. 53.*

[2]) *XXXIX.* 236, Rechtspr. *II. 72.*

nicht unter drei Monaten an, in besonders schweren Fällen aber Zuchthaus nicht unter zwei Jahren. Daß für die Hehlerei auch auf Verlust der bürgerlichen Ehrenrechte erkannt werden kann, folgt aus § 45 des Entwurfs.

Der *SchVE.* behandelt im Art. 87 die Hehlerei und bestimmt: „Wer eine Sache, von der er weiß oder annehmen muß, daß sie durch eine strafbare Handlung erlangt worden ist, erwirbt, zum Pfande nimmt, verheimlicht oder absetzen hilft, wird mit Gefängnis oder mit Zuchthaus bis zu drei Jahren bestraft. Betreibt er das Hehlen als Gewerbe, so ist die Strafe Zuchthaus bis zu zehn Jahren und Buße bis zu 20000 Frank." Der Entwurf läßt gegenüber dem deutschen also das Tatbestandsmerkmal des Gewinnverschaffens fort und stellt den Sachen nicht ihren Erlös und die dafür angeschafften Gegenstände gleich. Mit dieser Beschränkung folgt der Entwurf der Ansicht des RG., das, wie gesagt, die Beschränkung als im Wesen der Hehlerei liegend ansieht, während der *DVE.* eine Fortentwicklung des Rechts in der Ausdehnung auf den Erlös und die dafür angeschafften Sachen annimmt. Daß es sich nicht empfiehlt, wie der Entwurf will, das Wissenmüssen dem Wissen gleichzustellen, ist oben bereits auszuführen versucht.

Der *OVE.* teilt dagegen mehr den Standpunkt des *DVE.* Er schreibt im § 411 vor: „1. Wer eine fremde Sache, die jemand durch eine mit Strafe bedrohte Tat erlangt hat, ihren Erlös oder eine für sie eingetauschte oder angeschaffte Sache zum Nachteil eines Berechtigten an sich bringt, als Pfand nimmt, veräußert oder verbirgt; 2. wer einem anderen, der eine fremde Sache durch eine mit Strafe bedrohte Tat erlangt hat, dazu Hilfe leistet, die Sache zu verpfänden, zu veräußern oder zu verbergen, wird mit Gefängnis bis zu sechs Monaten bestraft. Neben der Freiheitsstrafe kann Geldstrafe bis zu 2000 Kronen verhängt werden." Der Entwurf hat das Tatbestandsmerkmal des eignen Vorteils hiernach allerdings gleich dem *SchVE.* fortgelassen, aber aus anderem Grunde wie dieser; denn er bestraft die Begünstigung neben der Hehlerei besonders. Daß im § 411 der Tatbestand auf den eigenen Vorteil des Täters hat abgestellt werden sollen, ergibt sich aus § 413, der von der Begünstigung handelt und den bestraft, der eine der im § 411 bedrohten Handlungen lediglich in der Absicht begeht, den aus der Tat erlangten Vorteil demjenigen zu sichern, der die Tat begangen hat. Der Gegensatz hierzu ist der eigene Vorteil, den § 411 im Auge hat. Die vom *OVE.* angedrohte Strafe ist geringer als die des deutschen; der § 412 enthält aber Erschwerungen für den Fall, daß die Vortat von einem Jugendlichen begangen ist, ferner daß der Täter rückfällig oder der Wert der Sache erheblich ist und daß der Täter gewerbsmäßig handelt. Die Verschärfung der Strafe gegenüber dem, der eine Sache verhehlt, die ein Jugendlicher durch eine mit Strafe bedrohte Tat erlangt hat, ist gewiß empfehlenswert. Kann im Strafrahmen des *DVE.* der Richter auch hierauf Rücksicht nehmen, so wäre doch die Aufnahme einer derartigen Bestimmung immerhin wünschenswert.

Nach diesen Ausführungen muß ich als Ergebnis feststellen, daß im ganzen den Vorschriften des *DVE.* der Vorzug vor denen des *Sch.* und *OVE.* zu geben ist, und daß, soweit die Abschnitte 24 und 25 in Frage stehen, der *DVE.* durchaus zu billigende Vorschläge enthält, die nur geringfügiger Änderungen bedürfen, um ein wohlgefügtes Ganze zu ergeben.

X.

Sachbeschädigung und Vermögensbeschädigung.

Von

Dr. Siegfr. Löwenstein,

Rechtsanwalt in Berlin.

27. Abschnitt.

Allgemeines.

Unter der Überschrift „Sachbeschädigung und Vermögensbeschädigung“ behandelt der *DVE.* im 27. Abschnitt des 4. Buches „Von den Verbrechen und Vergehen gegen das Vermögen“ folgende Delikte:

1. Die einfache und die gemeinschädliche Sachbeschädigung, §§ 289, 290, 292 *DVE.*, §§ 303, 304, 168 StGB.

2. Das dem geltenden Strafrecht unbekannte Delikt der böslichen Vermögensbeschädigung durch arglistige Täuschung §§ 291, 292 *DVE.*

3. Die Vereitelung der Zwangsvollstreckung § 293 *DVE.*, § 288 StGB.

4. Die Vereitelung der Ausübung von Nießbrauchs-, Pfand-, Gebrauchs- und Retentionsrechten (Rechtsvereitelung), § 294 *DVE.*, § 289 StGB.

5. Die Jagdwilderei, §§ 295, 298 *DVE.*, §§ 292—295, 368 Nr. 11 StGB., und die Fischwilderei, §§ 296, 297, 298 *DVE.*, §§ 296, 296a, 370 Nr. 4 StGB.

Die Einteilung ist neu. Das geltende Recht behandelt die Sachbeschädigung im 26. Abschnitt des besonderen Teils gesondert, die übrigen Tatbestände zugleich mit anderen Delikten unter der Gesamtbezeichnung „Strafbarer Eigennutz“ im 25. Abschnitt.

Der *SchVE.* hat die Jagd- und Fischwilderei nicht aufgenommen. Er überläßt ihre strafrechtliche Regelung der Spezialgesetzgebung. Die übrigen Delikte behandelt er im 2. Abschnitt des besonderen Teiles unter den Verbrechen gegen das Vermögen (Art. 88, 89, 98), die geringfügige Eigentumsbeschädigung, sowie die boshafte Vermögensbeschädigung als Übertretungen in den Art. 248 u. 249.

Der *OVE.* hat die Jagd- und Fischereivergehen im 25. Hauptstück des II. Teiles unter „Diebstahl und verwandte strafbare Handlungen“ (§§ 348—352), die übrigen Delikte unseres Abschnittes verstreut, und zwar die Sachbeschädigung und böswillige Vermögensbeschädigung im 32. Hauptstück unter Sachbeschädigung,

Vermögensbeschädigung, Vertrauensmißbrauch (§§ 405—409), die Vollstreckungsvereitelung im 28. Hauptstück, Benachteiligung von Gläubigern (§ 372) und die Rechtsvereitelung in demselben Kapitel (§ 374) behandelt.

Die Neueinteilung des *DVE.* ist keine glückliche. Die Überschrift „Vermögensbeschädigung" ist irreleitend. Sie ist so allgemein, daß man unter ihr die Behandlung aller Delikte, die mit einer Vermögensbeschädigung verknüpft sind, vermuten kann, und wiederum so eng, daß sie auf das im § 291 Vorentwurf behandelte Spezialdelikt der Vermögensbeschädigung durch arglistige Täuschung ausschließlich hinweist. Schwerlich werden mit der Terminologie des Vorentwurfes nicht vertraute Juristen oder Laien in diesem Abschnitte die Jagd- und Fischereidelikte vermuten, zumal diese mit einer Schädigung des Berechtigten nicht verbunden zu sein brauchen.

Die Einteilung wäre logischer und übersichtlicher, wenn in einem Abschnitt „Sachbeschädigung und Rechtsvereitelung" die Delikte der §§ 289—294, mit Ausnahme des § 291, ferner in besonderem Abschnitt die Jagd- und Fischereivergehen behandelt würden. Das Delikt des § 291, das dem Betruge dem Wesen und seiner Begriffsbestimmung nach aufs engste verwandt ist, würde, wie noch näher dargelegt werden soll, einen Bestandteil des § 276 bilden können.

Sachbeschädigung.

a) Einfache Sachbeschädigung.

Der Tatbestand der einfachen Sachbeschädigung des *DVE.* unterscheidet sich vom geltenden Recht nur dadurch, daß das Tatbestandsmerkmal der Rechtswidrigkeit als selbstverständlich[1]) fortgefallen ist. Aus dem gleichen Grunde hätte es auch mit Rücksicht auf § 58 *DVE.* besonderer Hervorhebung der Vorsätzlichkeit nicht bedurft. Das Überflüssige ist schädlich. Es verführt zu der Annahme, daß der Vorsatz bei der Sachbeschädigung ein anderer sei, wie bei den Delikten, in deren Tatbestand er nicht aufgenommen ist. Dies ist aber nicht die Absicht des Entwurfes.

Gleichfalls könnte ohne Änderung des Sinnes das Zerstören als besonderes Tatbestandsmerkmal fortfallen. Der weitere Begriff der Beschädigung umfaßt bereits den engeren der Zerstörung.

---

[1]) *VEBegr.* S. 808.

In bewußtem Gegensatz zu einer in Wissenschaft und Praxis oft erhobenen Forderung, der auch in den beiden ausländischen Entwürfen Rechnung getragen ist, hat der *DVE.* die Erweiterung des Tatbestandes auf Fälle dauernder Entziehung der Sache ohne Verletzung ihrer Substanz abgelehnt. Die Begründung verneint ein ausreichendes Bedürfnis[1]). Sie befürchtet auch, daß die praktische Tragweite solcher Bestimmung nicht recht übersehbar sei. Das letztere Bedenken wird sich durch scharfe Umgrenzung des Tatbestandes beseitigen lassen. Die Annahme mangelnden Bedürfnisses erklärt sich daraus, daß solche Fälle, weil sie straflos sind, nur selten zwecks Strafverfolgung zur Kenntnis der Behörde gebracht werden. Sie ereignen sich aber häufig. Das öffentliche Rechtsbewußtsein verlangt ihre Strafbarkeit in gleicher Weise wie die Bestrafung der Sachbeschädigung.

In dem bekannten Falle des Perlendiebstahls bei der Gräfin Wartensleben behauptete das angeklagte Dienstmädchen der Gräfin, daß sie die in einem Versteck aufgefundenen Perlen sich nicht habe aneignen, sondern lediglich ihrer Herrin wegen schlechter Behandlung dauernd habe entziehen wollen. Wenn das Gericht dieser durch eine Reihe von Umständen unterstützten Behauptung Glauben geschenkt hätte, wäre der schwere Rechtsbruch ungesühnt geblieben. Das Fliegenlassen von Vögeln, Verjagen von Haustieren, Fortwerfen und Verstecken von Wertgegenständen zwecks Befriedigung eines Haß- und Rachebedürfnisses, aus Neid oder andern unedlen Motiven sind häufige Tatbestände, für die weder das geltende Recht, noch der Vorentwurf den erforderlichen Strafschutz gewähren. Der Gefahr, daß Fälle, die des Strafschutzes nicht bedürfen, unter den Tatbestand fallen könnten, wird dadurch zu begegnen sein, daß die Schädigungsabsicht zum Tatbestandsmerkmal erhoben wird.

Deshalb ist die Fassung des *SchVE.* Art. 88: „Wer fremdes Eigentum dem Eigentümer dauernd entzieht,“ zu weit, denn darunter müssen auch Fälle bezogen werden, in denen die Entziehung in wohlmeinender Absicht gegenüber dem Eigentümer geschieht, z. B. die Fortnahme gesundheitsschädlicher Nahrungs- oder Genußmittel u. dgl.

Die Fassung des § 408 des *OVE.* dagegen: „Wer eine fremde Sache einem andern dauernd entzieht, um ihm einen Vermögensnachteil zuzufügen,“ ist zu eng. Der strafrechtliche Schutz dient allerdings dem Vermögen, das durch dauernde Entziehung eines seiner Bestandteile beschädigt oder gefährdet wird. Das Straf-

---

[1]) *VEBegr.* S. 808.

würdige der Tat ist aber die mit dem rechtswidrigen Eingriff bezweckte Schädigung des Berechtigten. Es darf daher nicht darauf ankommen, daß gerade die Vermögensschädigung der Endzweck ist. Es muß vielmehr die Absicht der Schadenszufügung genügen; sonst würden gerade solche Fälle nicht getroffen werden, die durch die neue Strafbestimmung bedroht werden sollen, z. B. die Fortnahme eines ärztlichen Rezeptes zwecks Gesundheitsschädigung, einer schriftlichen Ehrenerklärung zwecks Ehrenschädigung u. dgl.

Auch ein dauernder, d. h. nicht wieder gutzumachender Schaden muß beabsichtigt sein, damit nicht allzuviele und unwesentliche Fälle unter die Strafvorschrift fallen. Dagegen wird der Erfolg dauernder Entziehung zum Tatbestandsmerkmal nicht erhoben werden dürfen, weil sonst der Nachweis der Vollendung der Tat sich nur selten würde erbringen lassen. Daß das Vergehen ebenso wie die Sachbeschädigung Antragsdelikt und die Zurücknahme des Strafantrages unter den gleichen Voraussetzungen wie bei der Sachbeschädigung zulässig sein muß, bedarf kaum besonderer Hervorhebung.

b) Gemeinschädliche Sachbeschädigung.

In Übereinstimmung mit dem geltenden Rechte und dem *OVE.*, im Gegensatz zum *SchVE.*, hat der *DVE.* an der Aufstellung eines Spezialdeliktes der gemeinschädlichen Sachbeschädigung festgehalten.

Die Kasuistik ist die gleiche wie bisher, nur ist sie durch Einreihung der Beisetzungsstätten (Urnenhallen) und Aufnahme der Grabschändung aus § 168 StGB. etwas erweitert worden. Dagegen hat der Tatbestand dadurch eine erhebliche Einschränkung erfahren, daß bei der gemeinschädlichen Sachbeschädigung künftighin nur fremde Sachen, nicht aber die eigenen des Täters Strafschutz genießen sollen. Durch diese Einschränkung des Tatbestandes, die sich im wesentlichen auch mit dem *OVE.* § 408 Nr. 2, allerdings im Gegensatz zu § 406 daselbst (Schädigung eigener hervorragender Kunst-, wissenschaftlicher und Naturwerke), deckt, entfällt die Notwendigkeit eines besonderen Tatbestandes für die gemeinschädliche Sachbeschädigung. Sie kompliziert das Gesetz, ohne es zu verbessern. Man wird sich in dieser Frage dem Standpunkte des *SchVE.* um so williger anschließen, als der Tatbestand der gemeinschädlichen Sachbeschädigung eine weitläufige Kasuistik erfordert, die der *DVE.* in anderen gleichartigen Fällen aus guten

Gründen vermieden hat[1]). Jede Kasuistik qualifizierter Tatbestände birgt die Gefahr in sich, daß ihr Fälle unterstellt werden, die durch die allgemeine Strafbestimmung genügend hart getroffen werden, während sie in Fällen, die eines erhöhten Strafschutzes bedürfen, oft versagt. Zudem führt jede Kasuistik eine unerwünschte Fülle von Streitfragen darüber herbei, auf welche Fälle sie zu beziehen ist. Die praktische Anwendbarkeit des Gesetzes wird dadurch erschwert; auch lehrt die Erfahrung, daß in der Praxis Spezialfälle sehr häufig nach dem allgemeinen Gesetz entschieden werden. Die Gesetzgebung muß diesen Tatsachen Rechnung tragen und durch Vereinfachung der Tatbestände, soweit dies ohne Schaden für die Sache geschehen kann, die Anwendbarkeit des Gesetzes erleichtern. Ein solcher Schaden ist aber im Falle der Streichung des § 290 nicht zu befürchten. Das Strafminimum soll für beide Vergehen auch nach dem *DVE.* das gleiche sein. Der Unterschied im Strafmaximum, zwei Jahre bzw. drei Jahre Gefängnis, ist nicht so bedeutend, daß nicht bei Fortfall des Spezialdeliktes der für dieses in Aussicht genommene weitere Strafrahmen für die Sachbeschädigung allgemein zur Anwendung kommen könnte. Alsdann bleibt als einziger Unterschied der Mangel des Erfordernisses eines Strafantrages bei der gemeinschädlichen Sachbeschädigung bestehen. Aber dieser Unterschied kann ohne Beifügung besonderer Qualifikationsfälle in der Weise festgehalten werden, daß das Antragserfordernis auf Beschädigung von Sachen beschränkt wird, die im Privateigentum stehen. Dadurch würde das Antragserfordernis allerdings etwas erweitert werden.

Andererseits aber wird, ohne Rücksicht auf ihren Gegenstand, diejenige Sachbeschädigung, durch die der Täter bewußt eine gemeine Gefahr verursacht, unter den Verbrechen und Vergehen gegen die Sicherheit des öffentlichen Verkehrs oder unter den gemeingefährlichen Verbrechen und Vergehen als Spezialdelikt besondere Behandlung unter erschwerter Strafandrohung erfahren müssen[2]). Hier rechtfertigt sich die Beifügung eines besonderen Tatbestandes aus der veränderten, verbrecherischen Willensrichtung des Täters.

---

[1]) Z. B. ist die Kasuistik der qualifizierten Jagdvergehen § 293 StGB., der qualifizierten Wucherfälle § 302b StGB., des Hausfriedensbruchs § 123 Abs. 2 usw. gefallen.

[2]) Schmoller, *Vergl. Darst. VI. 182*; vgl. auch *SchVE.* 7. Abschn. Art. 143—152.

Versuch, Strafantrag, Strafe.

In Übereinstimmung mit den beiden ausländischen Entwürfen bedroht der *DVE.* auch den Versuch sowohl der einfachen, wie der gemeinschädlichen Sachbeschädigung mit Strafe. Es ist aber beim Vergleich mit den ausländischen Vorentwürfen zu berücksichtigen, daß bei ihnen die Strafdrohung des Versuchs aus allgemeinen Rechtsgrundsätzen sich ergibt[1]), während der *DVE.* den Versuch eines Vergehens nur in den vom Gesetz besonders bestimmten Fällen mit Strafe bedroht (§ 75). Es wäre wünschenswert, daß das künftige Strafgesetz der vernünftigen und konsequenten Regelung der ausländischen Entwürfe sich anschlösse und damit der gegen den Vorentwurf erhobenen berechtigten Kritik, daß bei der Auswahl der Versuchsvergehen willkürlich und inkonsequent verfahren sei, die Spitze abbräche..

Wenn aber eine prinzipielle Regelung der Strafbarkeit des Versuchs bei Vergehen nicht erfolgen soll, dann ist kein Grund ersichtlich, den Versuch der Sachbeschädigung als strafbar besonders hervorzuheben. Die Motive enthalten hierfür kein Wort der Begründung. Gegen die Strafbarkeit spricht eine Reihe von Umständen.

Zunächst dürfte vom kriminalpolitischen Standpunkte eine Notwendigkeit, den Versuch bei Antragsdelikten mit Strafe zu bedrohen, überhaupt zu verneinen sein. Hier gilt der Strafschutz in erster Linie der Person des Verletzten, nicht der Allgemeinheit. Ist die Tat im Versuchsstadium unterbrochen worden, dann ist ein Geschädigter nicht vorhanden; das Bedürfnis strafrechtlicher Reaktion gegenüber dem bloß beabsichtigten Rechtsbruch fällt für ihn fort. Es ist daher auch die Stellung von Strafanträgen gegenüber nur versuchten Vergehen verhältnismäßig selten. Wo dies dennoch geschieht, sind meist unlautere Motive, Haß, Rachsucht, Schadenfreude die Triebfeder. Sie zu fördern, ist nicht Aufgabe des Gesetzgebers. Gegen die Straidrohnung des Versuchs der Sachbeschädigung spricht aber noch besonders die Inkonseqenz, die darin zu finden ist, daß die versuchte Verletzung des Körpers nach § 227 *DVE.* straflos bleiben soll. Ein modernes Strafgesetz wird den Vorwurf vermeiden müssen, daß es der Integrität des Körpers minder starken Schutz gewähre, als der Unversehrtheit jeder beliebigen Sache.

Als Strafe der einfachen Sachbeschädigung droht der *DVE.*

---

[1]) *OVE.* § 14, *SchVE.* Art. 22.

Geldstrafe bis zu 3000 M oder Freiheitsstrafe, Haft oder Gefängnis bis zu zwei Jahren, in besonders schweren Fällen, Gefängnis nicht unter drei Monaten, als Strafe der gemeinschädlichen Sachbeschädigung Geldstrafe bis zu 5000 M, Freiheitsstrafe bis zu drei Jahren und in besonders schweren Fällen Gefängnis nicht unter sechs Monaten an. Es ist überaus schwierig, die für die einzelnen Tatbestände angedrohten Strafen kritisch zu erörtern, ohne gleichzeitig zum Strafensystem des Entwurfes Stellung zu nehmen. Dadurch aber würde der Rahmen der gestellten Aufgabe weit überschritten werden. Die Kritik der einzelnen Strafdrohungen kann daher nur unter Zugrundelegung des im Entwurf herrschenden Strafensystems erfolgen. Da erregt es zunächst Befremden, daß gerade bei dem Delikt, dessen sich wohl schon jeder ohne verbrecherische Willensrichtung schuldig gemacht hat und das in seinen leichten Formen vom öffentlichen Rechtsbewußtsein als strafbarer Tatbestand kaum bewertet wird, wiederum im Gegensatz zur Körperverletzung, die Anwendbarkeit des § 83, Straflosigkeit für leichte Fälle, ausgeschlossen bleiben soll[1]).

Umgekehrt birgt die Androhung eines Strafminimums von drei bis sechs Monaten Gefängnis für besonders schwere Fälle die Gefahr einer dem Gesetz widerstreitenden Rechtsprechung in sich. Es ist zuzugeben, daß schwere Fälle dieses Deliktes vorkommen, für die selbst solche Strafen milde erscheinen. (Die bekannte Denkmalsschändung in der Siegesallee.) Aber auch ihnen gegenüber bietet der weite ordentliche Strafrahmen genügend Spielraum zu sachgemäßer Reaktion. Die außerordentliche Höhe des für besonders schwere Fälle angedrohten Strafminimums muß zur Folge haben, daß das Vorliegen eines besonders schweren Falles lediglich deshalb verneint wird, damit nicht der Richter sich gezwungen sieht, die ihm zu schwer erscheinende Mindeststrafe zu verhängen, ähnlich wie schon heute das Vorliegen qualifizierten Hausfriedensbruches, gewerbsmäßiger Hehlerei, wissentlichen Meineides, trotz Vorhandenseins überzeugender Schuldbeweise verneint und das mildere Delikt des einfachen Hausfriedensbruches, der einfachen Hehlerei, des fahrlässigen Falscheides festgestellt wird, um nicht die zu schwer erscheinende Strafe verhängen zu müssen.

Soll die Strafandrohung für besonders schwere Fälle praktische Bedeutung erlangen, so muß das Minimum der Freiheitsstrafe er-

---

[1]) Beide ausländischen Vorentwürfe haben für die leichten Fälle der Sachbeschädigung Ausnahmebestimmungen getroffen. *OVE.* § 405 Abs. 4 läßt sie straffrei, *SchVE.* Art. 248 behandelt sie als Übertretung.

heblich herabgesetzt werden. Daneben würde die Androhung einer sehr empfindlichen Geldstrafe, vielleicht nicht unter 300 M, vor deren Anwendung die Gerichte notorisch nicht zurückschrecken, durchaus am Platze sein. Auch läßt sich der Rahmen für die Geldstrafe nach oben hin unbedenklich sehr erweitern. Dadurch würde die Besorgnis [1]), es könne der Wohlhabende vor dem Armen begünstigt werden, nicht erhöht, der umgekehrten Gefahr dagegen wirksam begegnet. Eine Geldstrafe, selbst von einigen tausend Mark, ist für den Wohlhabenden oder gar reichen Mann nicht fühlbar. Ihm gegenüber muß der Richter bei so geringfügigen Maximalsätzen, wie der Entwurf sie vorsieht, sofort auf Freiheitsstrafe erkennen, wenn er durch die Strafe überhaupt einen Eindruck auf den Täter erzielen will, während er den minder Bemittelten noch sehr nachhaltig durch Verhängung einer mäßigen Geldstrafe treffen kann. Andererseits trifft die Freiheitsstrafe den in günstiger Vermögenslage und guter sozialer Position befindlichen Bürger mit einer Härte, die wieder in keinem Verhältnis zu seiner Verfehlung steht. So führt das System der niedrigen Strafmaxima in Geld dazu, daß das Gesetz gegenüber dem bemittelten Täter überhaupt keine Handhabe zu gerechter Strafe bietet.

Böswillige Vermögensschädigung.

Schon bei Erlaß des Reichsstrafgesetzbuchs wurde auf eine Lücke im Vermögensschutz hingewiesen, wonach die durch Täuschung ohne gewinnsüchtige Absicht verursachte Vermögensschädigung durch das Strafgesetz nicht getroffen werde[2]). Nach dem Vorbilde einer Reihe ausländischer Strafgesetze versucht jetzt auch der *DVE.* diese Lücke auszufüllen, indem er im § 291 folgendes bestimmt:

> „Wer böswillig das Vermögen eines anderen dadurch beschädigt, daß er durch arglistige Täuschung jemand zu einer Handlung darüber bestimmt, wird mit Geldstrafe bis zu 3000 M oder mit Haft oder Gefängnis bis zu zwei Jahren bestraft.“

Ein analoges Gesetz enthält der *SchVE.* Er behandelt die boshafte Vermögensbeschädigung als Übertretung und bedroht im Art. 249 mit Haft oder Buße den, der jemanden aus Bosheit durch falsches Vorspiegeln oder durch Unterdrücken von Tatsachen irre-

---

[1]) *VEBegr.* S. 109.

[2]) *VEBegr.* S. 810.

führt und dadurch arglistig zu einem Verhalten bestimmt, durch das der Irregeleitete sich oder einen anderen am Vermögen schädigt.

Auch der *OVE.* bedroht im § 408 Nr. 2 mit Gefängnis oder Haft bis zu sechs Monaten oder mit Geldstrafe bis zu 2000 Kronen, und in besonders schweren Fällen (bei Rückfall oder erheblicher Schädigung) mit Freiheitsstrafe von zwei Wochen bis zu zwei Jahren den, der durch Erregung oder listigen Benutzung eines Irrtums einen anderen zu einer Duldung oder Unterlassung veranlaßt, die für sein oder eines anderen Vermögen nachteilig ist.

Es ist zunächst zu prüfen, ob ein Bedürfnis zur Ausfüllung der zweifellos vorhandenen Lücke vorliegt. Trotz grundsätzlicher Gegnerschaft gegen jede nicht unbedingt gebotene Vermehrung der Strafgesetze wird man den Standpunkt des *DVE.* billigen müssen. Schon der Umstand, daß die meisten ausländischen Strafgesetze eine Strafdrohung gegen die böswillige Vermögensschädigung enthalten, und daß die beiden ausländischen Vorentwürfe unabhängig voneinander die Strafdrohung einführen bzw. beibehalten wollen, beweist, daß gewichtige Gründe für die Neuerung sprechen. Und in der Tat lehrt die Erfahrung, daß häufig in Ermangelung einer Strafbestimmung erhebliche betrugsähnliche Rechtsbrüche ungesühnt bleiben müssen und dadurch zur Wiederholung und Nachahmung geradezu herausfordern.

Die Begr. erwähnt als Beispiel die Aufgabe fingierter Bestellungen, die Anzeige erdichteter Festlichkeiten. Es gehört hierher ferner die Täuschung des unerfahrenen Eigentümers über den Wert ihm gehöriger Kunstgegenstände oder Raritäten in der Absicht, ihn zur Dereliktion oder zur Veräußerung unter dem wahren Werte zu veranlassen. In allen diesen Fällen ist die Niedrigkeit und Strafwürdigkeit der Gesinnung des Täters, die Gefährlichkeit seines Verhaltens, die Schädigung des Verletzten gleichwertig derjenigen beim Betruge und nur der Mangel der Bereicherungsabsicht, an deren Stelle hier die Schädigungsabsicht tritt, unterscheidet die Tat vom Betruge und hindert nach geltendem Recht die Bestrafung.

Ist demnach die Bedürfnisfrage zu bejahen, so fragt sich weiter, ob die Begriffsbestimmung des Entwurfes genügend klar und eng gefaßt ist, damit sie nicht auf Fälle bezogen werden kann, für die sie nicht bestimmt ist. Diese Gefahr ist besonders groß. Wer durch das Verhalten eines anderen sich geschädigt fühlt, ist nur zu leicht geneigt, Böswilligkeit und absichtliche Täuschung beim anderen anzunehmen und unter Hinweis auf das Strafgesetz Ersatz seines Schadens zu verlangen. Die Ruhe des Bürgers und die Sicherheit des geschäftlichen Verkehrs können daher durch eine ungenaue Fassung des Gesetzes schwer gefährdet werden. Das erkennt auch die Begr. des Vorentwurfes an, indem sie ausführt, daß hier der Schutz des Strafrechtes nicht jede Vermögensschädigung durch arglistige Täuschung umfassen darf, und daß nur das „aus böser Gesinnung" hervorgehende Handeln getroffen werden soll[1]).

Aus dieser zutreffenden Erwägung erscheint auch die Fassung des *OVE.*, der im Gegensatz zu den beiden anderen Vorentwürfen das Tatbestandsmerkmal der Boshaftigkeit nicht aufgenommen hat, viel zu weit. Seine Fassung muß dazu führen, daß in allen Fällen, wo jemand zu einer Rechtshandlung sich hat bestimmen lassen, die er nachträglich als unvorteilhaft bereut, die Anwendbarkeit des § 408 *OVE.* in Frage kommt. Aber auch die Fassung des *DVE.*, der den Tatbestand durch Einschaltung des Wortes „böswillig" einzuschränken sucht, ist nicht eng genug. Nach der Begr. soll damit zum Ausdruck gebracht werden, daß der Täter die schädliche Wirkung zum Beweggrund seines Tuns machen wollte und aus böser Gesinnung gehandelt habe[2]). Damit ist das Strafwürdige der Tat richtig gekennzeichnet. Aber der gesunde gesetzgeberische Gedanke hat durch das Wort „böswillig" keinen genügend scharfen Ausdruck erlangt. Die Böswilligkeit könnte bei Anwendung des Gesetzes auch schon in der Höhe des bewußtermaßen ohne dahin zielende Absicht angerichteten Schadens oder in den besonderen persönlichen Beziehungen des Täters zum Geschädigten oder in irgendwelchen moralisch verwerflichen Begleitumständen der Tat erblickt werden. Mit Recht will der Vorentwurf, um eine zu weite Ausdehnung des neuen Gesetzes zu verhindern, solche Fälle dem § 291 nicht unterstellen. Um dies zu erreichen, muß aber das Gesetz statt des dehnbaren Begriffs „böswillig" die auf Schädigung gerichtete Absicht des Täters setzen. Wird sie in unzweideutiger Weise zum Tatbestandsmerkmal erhoben, dann unterscheidet sich das neue Delikt vom Betruge nur mehr dadurch, daß der Betrüger den eigenen Vorteil, der Schädiger den Schaden eines andren durch seine Tat erstrebt. In dieser Gestalt sind aber beide Delikte so eng verwandt, daß sie in einen Tatbestand zusammengefaßt und vielleicht auch mit der gleichen Strafe bedroht werden können. Eine Reihe ausländischer Gesetzgebungen hat diese Konsequenz gezogen. Der Entwurf hat sie abgelehnt, jedoch aus nicht zu billigenden Gründen. Er meint, daß die Bereicherungsabsicht das charakteristische Merkmal

---

[1]) *VEBegr.* S. 811.

[2]) *VEBegr.* S. 811.

des Betruges sei, und daß mit Rücksicht auf die Volksanschauung, die in der durch Täuschung ohne Bereicherungsabsicht verursachten Vermögensschädigung keinen Betrug erblicke, der neue Tatbestand unter den Betrug nicht eingestellt werden dürfe.

Ich glaube, daß hier die Verfasser des Entwurfes die Volksanschauung verkennen. Ihr gilt als Betrüger, wer einen andern durch Lug und Trug absichtlich schädigt. Ob der Täter dabei für sich Vorteile erlangt oder erstrebt hat, ist nach der Volksauffassung unerheblich. Insbesondere gilt ihr das Motiv, zu schaden, nicht minder verächtlich und strafbar, als das Streben nach eigenem Gewinn, das doch immerhin einem an sich berechtigten Triebe entspringt. An anderer Stelle des geltenden Rechts und des Vorentwurfes sind denn auch schon jetzt beide Motive als strafrechtlich gleichwertig nebeneinander gestellt[1]). In der Gleichstellung beider Motive auch beim Betruge würde daher nur eine konsequente Fortbildung eines gesunden, dem ethischen Empfinden in gleicher Weise wie den Bedürfnissen der Rechtspflege entsprechenden Rechtsgedankens zu erblicken sein.

An Stelle des § 291 des *DVE.* würde ich daher eine Erweiterung des § 276 dahin befürworten, daß in dem letzteren Gesetz der Bereicherungsabsicht die böswillige Vermögensschädigungsabsicht gleichgestellt wird. Damit würde auch die Strafdrohung des § 291 von einer Stelle verschwinden, an die sie nicht gehört. Die im 27. Abschnitt behandelten Straftaten haben alle das gemeinsame Merkmal der unmittelbaren, rechtswidrigen Einwirkung des Täters auf die Sache. Im § 291 verkörpert sich dagegen die Tat in der Einwirkung auf die Entschließung des Berechtigten durch das Mittel der Täuschung. Die Tat richtet sich nicht gegen die Sache, sondern gegen die freie, durch Irrtum nicht beeinflußte Willensbetätigung des Berechtigten. Von der Sach- und Vermögensschädigung im Sinne unseres Abschnittes ist sie ihrem innersten Wesen nach verschieden.

Daß bei der hier in Vorschlag gebrachten scharfen Begrenzung des Deliktes infolge der Gleichstellung mit dem Betruge das Erfordernis des Strafantrages in Fortfall kommt und die Strafdrohung eine wesentliche Verschärfung erfährt, wird aus den erörterten Gründen erheblichen Bedenken nicht unterliegen.

---

[1]) §§ 268, 266 StGB., § 282, § 277 *DVE.*

Vollstreckungsvereitelung.

Das Wesen der Vollstreckungsvereitelung besteht in der Beseitigung von Vermögensobjekten durch oder für den Schuldner zwecks Vereitelung eines Gläubigerrechtes im Wege der Zwangsvollstreckung.

Der objektive und subjektive Tatbestand ist der betrügerischen Bankerotthandlung des § 239 Nr. 1 KonkOrdn. eng verwandt. Er unterscheidet sich in der Regel von ihr nur durch den Eintritt der von dem Willen des Täters meist unabhängigen Tatsache, der Konkurseröffnung oder Zahlungseinstellung. Mit Recht ist daher in der Wissenschaft[1]) mit Nachdruck die Forderung erhoben, diese verwandten Tatbestände auch strafrechtlich zusammenzufassen und gemeinsam zu behandeln. Der *SchVE.* hat diese Forderung erfüllt. Er bestimmt im Artikel 98 unter der Überschrift „Betrügerischer Konkurs und betrügerische Handlungen im Beitreibungsverfahren“:

1. „Wer seinen Gläubigern Vermögen, das ihnen in einem Konkurs- oder Beitreibungsverfahren zukommen sollte, entzieht, indem er . . . . Vermögensstücke veräußert, zerstört, beschädigt oder entwertet, ... beiseite schafft oder verheimlicht, wird mit Gefängnis nicht unter einem Monat oder mit Zuchthaus bis zu fünf Jahren bestraft.“

2. „Wer den Gläubigern eines anderen Vermögen, das ihnen in einem Konkurs- oder Beitreibungsverfahren zukommen sollte, im Interesse des Schuldner entzieht, wird mit Gefängnis bestraft.“

Auch der *OVE.* behandelt beide Delikte, wenn auch getrennt, so doch im engen Zusammenhange miteinander im 28. Hauptstück, „Benachteiligung von Gläubigern“. Er bedroht im Zusammenhang und unmittelbaren Anschluß an die Konkursdelikte im § 372 mit Freiheitsstrafe bis zu sechs Monaten, wer einen der Zwangsvollstreckung unterliegenden Vermögensbestandteil einer bevorstehenden oder bereits eingeleiteten Zwangsvollstreckung entzieht oder eine ihr unterliegende Sache beschädigt, um die Befriedigung des Gläubigers zu vereiteln oder zu beeinträchtigen oder zu erschweren.

Der *DVE.* hat das Konkursstrafrecht nicht bearbeitet. Er will diese schwierige und überaus reformbedürftige Materie auch künftig aus dem allgemeinen Strafrechte ausscheiden und ihre Behandlung der Spezialgesetzgebung überlassen. Daraus ergab

[1]) Insbesondere von Wach. *Vergl. Darst. Bes. T. VIII. 55 ff.*

sich von selbst die Notwendigkeit, sollte nicht eine empfindliche Lücke im Strafrecht entstehen, die Vollstreckungsvereitelung, die die Konkursordnung nicht behandelt, wiederum gesondert von den Konkursdelikten im allgemeinen Strafrecht zu regeln. Die von Wach geforderte und so überzeugend begründete Reform des Konkurs-Strafrechts konnte infolgedessen auch, soweit sie die Vollstreckungsvereitelung betrifft, nur sehr beschränkte Berücksichtigung finden.

Bei der Kritik des *DVE.* muß mit dem geltenden Konkurs-Strafrecht als einer gegebenen Tatsache gerechnet werden. Die Reformversuche des Entwurfes bewegen sich daher in sehr engen Grenzen. Der Tatbestand des § 288 StGB. ist mit einigen scheinbar geringfügigen, für die Praxis aber doch recht bedeutsamen Veränderungen übernommen. Die oft empfundene Lücke, daß die Tat straffrei bleiben muß, wenn sie nicht vom Schuldner, gleichwohl aber in seinem Interesse von einem Dritten, insbesondere vom gesetzlichen Vertreter, begangen worden ist, ist beseitigt. Dem Schuldner ist derjenige gleichgestellt, der die Handlung im Interesse des Schuldners vornimmt. Eine mildere Strafdrohung für diese mildere Begehungsform ist nicht vorgesehen, aber auch nicht erforderlich, da der *DVE.* entgegen dem geltenden Rechte künftig allgemein Geldstrafe zuläßt. Das ist an sich zu billigen, nur tritt dadurch die Inkonsequenz der getrennten Behandlung der Vollstreckungsvereitelung und des betrügerischen Bankerotts nur noch greller hervor. Folgt der Tat Zahlungseinstellung oder Konkurs, so ist die Strafdrohung, Zuchthaus bis zu 15 Jahren, sonst Geldstrafe bis 3000 M oder Gefängnis oder Haft bis zu zwei Jahren.

Eine wesentliche Verschiedenheit gegenüber den beiden ausländischen Vorentwürfen besteht darin, daß diese neben der Beiseiteschaffung auch die Beschädigung einer der Zwangsvollstreckung unterliegenden Sache mit der Strafe der Vollstreckungsvereitelung bedrohen. Die in der Absicht der Vollstreckungsvereitelung begangene Beschädigung der eigenen Sache ist in der Tat nicht minder verwerflich und nicht minder schädlich, als die im eigenen Interesse erfolgte Beseitigung. Der Entwurf will sie straffrei lassen[1]). Gründe hierfür werden nicht angegeben. Vielleicht liegt nur ein Versehen vor, jedenfalls erscheint es richtig, in bezug auf diesen Punkt den ausländischen Vorentwürfen zu folgen.

Zu weitgehend erscheint es dagegen, wenn der *OVE.* schon

---

[1]) Die Zerstörung gilt schon heute als strafbar. Entsch. d. RG. *XIX. 25.*

die Absicht der Erschwerung der Zwangsvollstreckung mit der Strafe der Vollstreckungsvereitelung bedroht. Für die Erschwerung einer Vollstreckungsmaßnahme können beim Schuldner durchaus achtungswerte Motive maßgebend sein. Vielleicht will er freiwillig zahlen, vielleicht gewisse Gegenstände, an denen er ein besonderes persönliches Interesse hat, dem Zugriff des Gläubigers, der aus anderen Gegenständen, wenn auch weniger bequem, Befriedigung finden kann, entziehen. Es ist der Vorentwurfsbegründung darin beizupflichten, daß solche Fälle nicht unter Strafdrohung gestellt zu werden brauchen.

Wach[1]) fordert, daß das Absichtsdelikt des § 288 StGB. zum Benachteiligungstatbestand umgewandelt werde, daß künftig nicht mehr die auf Vereitelung der Zwangsvollstreckung gerichtete Absicht, sondern das vorsätzliche Vereiteln der Befriedigung des Gläubigers durch Beseitigung von Vermögensstücken angesichts drohender Zwangsvollstreckung den Tatbestand bilde. Im Gegensatz zum *SchVE.*, aber in Übereinstimmung mit dem *OVE.*, ist der *DVE.* dieser Anregung wegen vermeintlicher Beweisschwierigkeit nicht gefolgt. Dieser Grund ist nicht überzeugend. Der Erfolg der Vereitelung wird leichter nachweisbar sein, als die mit der Beiseiteschaffung verbundene Absicht. Auch enthält die Tat nur dann eine Vermögensschädigung, wenn durch sie die Vollstreckung tatsächlich vereitelt wird, und nur unter diesem Gesichtspunkte ist die Behandlung des Deliktes im 27. Abschnitt logisch begründet.

Eine andere Frage ist es aber, ob die „drohende" Zwangsvollstreckung als Voraussetzung der Strafbarkeit beizubehalten ist, oder ob sie durch ein anderes Tatbestandsmerkmal zu ersetzen ist. In der Praxis kommen vielfach besonders strafwürdige Fälle der Beiseiteschaffung vor, bei denen die drohende Zwangsvollstreckung fehlte oder nicht nachweisbar war. Um der Strafe aus § 288 StGB. zu entgehen, verschieben Schuldner oft schon, bevor sie ein neues Unternehmen gründen oder ein riskantes Geschäft eingehen, die der Vollstreckung unterliegenden Vermögensbestandteile an Verwandte oder Freunde. In der Sprechstunde des Anwaltes ist es eine fast täglich wiederkehrende, wenn auch unbeantwortet bleibende Frage, auf welche Weise man straffrei sein Vermögen dem Zugriffe der Gläubiger entziehen könne. Der rechtskundige Schuldner weiß, daß dies gefahrlos vor Eingehung des Schuldverhältnisses, meist auch noch vor Fälligkeit einer bereits bestehenden Schuld geschehen

[1]) *Vergl. Darst.* S. 101. *Bes. T. VIII. 101.*

kann. Es würde erheblich zur Erhöhung der Rechtssicherheit beitragen, und es würden gleichzeitig nur die wirklich Strafschutz bedürftigen Fälle, diese aber stets der Bestrafung unterliegen, wenn unter Fortlassung der „drohenden Zwangsvollstreckung“ mit Wach nur die „vollendete Vollstreckungsvereitelung“, diese aber auch dann mit Strafe bedroht würde, wenn die Tat zu einer Zeit begangen wurde, als die Vollstreckung noch nicht drohte, aber vom Täter bereits in Rechnung gezogen und die Tat in ihrer Voraussicht begangen worden ist[1]). Damit aber würde noch keineswegs erforderlich werden, auch den Versuch unter Strafe zu stellen, weil, wie die *VEBegr.* meint, sonst die Beweisschwierigkeit, daß gerade die betreffende Gefährdungshandlung die Vereitelung der Zwangsvollstreckung zur Folge gehabt habe, zu groß sei. Die Praxis hilft sich erfahrungsgemäß über solche Schwierigkeiten leicht hinweg. Sie wird in Fällen, wo die Beiseiteschaffung in Benachteiligungsabsicht erwiesen und die demnächst versuchte Zwangsvollstreckung fruchtlos war, den Schuldbeweis für geführt erachten, wenn beim Vorhandensein der beiseite geschafften Gegenstände diese als Befriedigungsobjekte hätten dienen können.

Daß bei der Gefährlichkeit des Eingriffs in die Rechtssphäre des Gläubigers und bei der nahen Verwandtschaft des Deliktes mit dem Verbrechen des betrügerischen Bankrotts, der Gesetzgeber die Strafverfolgung auch künftighin von der Stellung eines Strafantrages abhängig machen will, erachte ich für recht bedenklich. Die ausländischen Vorentwürfe haben dies Erfordernis nicht aufgestellt. Das Bewußtsein des Täters, daß ohne Strafantrag des ihm oft nahestehenden Gläubigers seine Tat straflos bleiben muß, trägt viel zu der großen Häufigkeit dieses Deliktes bei.

Danach würde der Tatbestand unter Beibehaltung der im Entwurf in Vorschlag gebrachten Strafe wie folgt zu fassen sein:

> „Wer die Befriedigung von Gläubigern im Wege der Zwangsvollstreckung dadurch vereitelt, daß er zu diesem Zwecke Bestandteile seines Vermögens veräußert, beschädigt oder beiseite geschafft hat, wird . . . bestraft. Die gleiche Strafe trifft den, der die Handlung zugunsten des Schuldners vornimmt.“

[1]) Die Anwendbarkeit des Betrugsparagraphen ist für solche Fälle meist undurchführbar. Die entgegenstehende Ansicht der Vorentwurfsbegründung S. 874 widerspricht der praktischen Erfahrung.

Rechtsvereitelung.

Im Gegensatz zum geltenden Recht, § 289 StGB., und im Gegensatz zu der Behandlung der Vollstreckungsvereitelung hat der *DVE.* den Tatbestand der Rechtsvereitelung im § 294 nicht auf die Absicht, sondern auf den Erfolg der Vereitelung der Rechtsausübung durch Fortnahme des mit einem fremden Nießbrauchs-, Pfand-, Gebrauchs- oder Zurückbehaltungsrecht behafteten Gegenstandes abgestellt. Wenn die *VEBegr.*[1]) meint, daß durch die veränderte Fassung eine sachliche Änderung nicht herbeigeführt werde, so ist dem nur beschränkt beizupflichten. Bei den Pfand- und Retentionsrechten, soweit sie durch Besitzverlust untergehen, mag dies zutreffen, beim Nießbrauchs- und Gebrauchsrecht ist dies in der Regel nicht der Fall. Hier ist die rechtswidrige Wegnahme keineswegs mit der Vereitelung des Rechtes identisch. Gleichwohl verdient die Fassung des Vorentwurfes vor der des geltenden Rechtes den Vorzug, denn sie beseitigt die nach dem StGB. bestehende Inkonsequenz zwischen dem Schutz des Eigentums und der beschränkten Rechte zur Sache. Der Gebrauchs- und Nießbrauchsberechtigte ist nach geltendem Recht gegen jede in rechtswidriger Absicht erfolgte Wegnahme der Sache geschützt, der Eigentümer nur, wenn die Wegnahme in der Absicht rechtswidriger Zueignung geschieht. Künftig muß der Wille des Täters die Vereitelung des Rechtes umfassen, bloßes furtum usus wird auch gegenüber dem Nießbraucher und Gebrauchsberechtigten nicht mehr strafbar sein.

Während so eine billigenswerte Einschränkung des Tatbestandes durch den Vorentwurf geschaffen werden soll, wird andererseits eine erhebliche Erweiterung der Strafvorschrift in Vorschlag gebracht. Täter soll im Gegensatz zum geltenden Recht nicht nur der Eigentümer und der zugunsten des Eigentümers Handelnde, sondern jeder sein, der durch die Wegnahme das Recht zur Sache vereitelt. Es ist ferner der Vereitelung des Rechtes durch Wegnahme die durch Zerstörung der Sache[2]) gleichgestellt. Das letztere ist zu billigen. Beide auswärtigen Entwürfe gehen darin noch weiter, indem sie sogar, und zwar der *OVE.* im § 371, der *SchVE.* im Art. 89, die bloße Beschädigung der Wegnahme gleichstellen[3]).

[1]) S. 817.

[2]) Die Zerstörung mußte bisher nach Entscheidungen des Reichsgerichts *XV. 436* aus § 289 StGB. straflos bleiben.

[3]) Auch Schmoller *Vergl. Darst. Bes. T. VI. 180* fordert die Bestrafung der Beschädigung durch den Eigentümer.

Dagegen haben beide Entwürfe es abgelehnt, den Tatbestand über den Eigentümer oder den in seinem Interesse Handelnden hinaus auf jede dritte Person auszudehnen. Mit Recht! Das Wesen dieses Deliktes besteht eben in der rechtswidrigen Aufhebung einer durch das Recht begründeten Eigentums**beschränkung**. Ein solcher Eingriff ist seiner Natur nach im allgemeinen nur vom Eigentümer oder dem in seinem Interesse Handelnden zu besorgen. Erfolgt dagegen der Eingriff durch einen Dritten ohne Aneignungsabsicht, welch letztere die Tat zum Diebstahl machen würde, dann wird entweder Sachbeschädigung oder bei Wegnahme der Sache ein nach herrschender Rechtsanschauung nicht strafbares furtum usus vorliegen, gelegentlich auch, wie die *VEBegr.* hervorhebt, die Absicht, ein **eigenes** Pfand- oder Zurückbehaltungsrecht an der Sache zu begründen; dieser von der Begr. ins Auge gefaßte Fall ist äußert selten und nicht so verwerflich, daß deshalb die vom Vorentwurf in Vorschlag gebrachte Erweiterung des Tatbestandes befürwortet werden könnte.

Ferner erscheint bei diesem Delikt aus den gleichen Gründen, wie bei der Sachbeschädigung, die Strafbarkeit des Versuchs entbehrlich. Folgende Erwägung tritt hinzu:

Das Eigentum gilt in der Volksanschauung als heilig und unverletzlich. Dem muß das Strafgesetz dadurch Rechnung tragen, daß es auch den Versuch eines Eingriffs in dasselbe mit Strafe bedroht. Beim Eingriff in die hier behandelten Rechte ist weder das Bewußtsein der Strafwürdigkeit, noch die Kenntnis der Strafbarkeit in das Rechtsbewußtsein so tief eingedrungen, daß eine besondere Strafandrohung für den Versuch erforderlich erscheint.

Die Strafdrohung, Freiheitsstrafe, Haft oder Gefängnis bis zu einem Jahr oder Geldstrafe bis zu 3000 M gibt zu Erwägungen keinen Anlaß, ebensowenig das vom *DVE.* aufgestellte Erfordernis des Strafantrages und die Strafloserklärung der Handlung gegenüber Verwandten aufsteigender Linie und Ehegatten.

Jagd- und Fischereivergehen.

Die Jagd- und Fischereivergehen gehören zu den Vergehen gegen das Vermögen, weil sie sich gegen ein Vermögensrecht, nämlich die ausschließliche Jagd- und Fischereiberechtigung, richten. Gleichwohl ist ihre Einreihung in den 27. Abschnitt des Vorentwurfes „Sachbeschädigung und Vermögensbeschädigung“ nicht zu billigen. Zwar leitet die herrschende Lehre ihre Strafbarkeit aus der Verletzung eines fremden Okkupationsrechtes her, und wenn eine solche Verletzung mit dem Vergehen verknüpft ist, wird in der Regel auch eine Vermögensschädigung vorliegen. Aber die herrschende Lehre ist durch die Rechtsentwicklung überholt und wird dem inneren Wesen der Delikte in ihrer modernen Gestaltung nicht mehr gerecht. Nach dem geltenden Recht, dem auch der *DVE.* sich anschließt, wird der Tatbestand durch den Eingriff in das fremde Okkupationsrecht nicht mehr erschöpft (z. B. beim Vorliegen beschränkter Jagdbefugnis, die sich auf das okkupierte Wild nicht erstreckt), noch wird die Vollendung der Tat dadurch gehindert, daß Jagd- und Fischfang erfolglos waren, oder daß der Täter ohne Okkupationsabsicht[1]), vielleicht gar mit dem Willen handelte, das erbeutete Wild wieder freizulassen oder dem Jagdberechtigten herauszugeben. Oft führt die Freude am Sport zu dieser milden, aber gleichwohl strafbaren Form der Wilderei.

Das Charakteristische der Jagd- und Fischereivergehen ist demnach nicht in der Vermögens**schädigung**, sondern in der rechtswidrigen Ausübung der einem anderen ausschließlich zustehenden Jagd- oder Fischereibefugnis zu erblicken. Dieser ihrer Eigenart entsprechend, werden sie in einem **besonderen** Abschnitt des Vierten Buches zu behandeln sein. In den Abschnitt von der Sach- und Vermögensbeschädigung gehören sie ihrer Natur nach nicht, dort wird sie weder der Laie, noch der mit der Einteilung des Gesetzes nicht vertraute Jurist suchen.

Nagler[2]) fordert für die künftige Gestaltung der Jagd- und Fischereidelikte, die er im wesentlichen nach übereinstimmenden Grundsätzen behandelt wissen will, an Stelle der negativen Fassung „wer an Orten, an denen zu jagen er nicht berechtigt ist, die Jagd ausübt“, die positive Formulierung des Tatbestandes, „wer ein fremdes Jagdrecht verletzt“. Er verlangt ferner eine Definition des Begriffes der Jagdausübung, der seiner Ansicht nach wichtige Eingriffe in das fremde Jagdrecht, wie die Aneignung von Fallwild, Ausnehmen von Eiern und Vögeln, Vernichtung des Wildstandes durch Gift, nicht mitumfasse. Er wünscht die Ausdehnung des Strafschutzes auch auf das Überschreiten beschränkter Jagdbefugnis und endlich eine grundlegende Umgestaltung der Lehre von der Einziehung. Gegenüber diesen Forderungen stellt sich der

---

[1]) Vgl. Nagler *Vergl. Darst. VIII. 457*, Entscheidungen des Reichsgerichts *XIV. 419.*

[2]) A a. O. S. 453 ff.

DVE. bedingungslos auf den Standpunkt des geltenden Rechtes. Der Tatbestand des § 299 StGB. ist in § 295 des Vorentwurfes unverändert übernommen.

Einen grundsätzlich verschiedenen Standpunkt nimmt der *OVE.* ein[1]). Er behandelt die Jagdvergehen als diebstahlsähnliche Handlungen und gewährt dementsprechend den strafrechtlichen Schutz nur den Objekten des Jagdrechtes. Er bestimmt, daß der Wildereistrafe unterliege, wer Tiere, Eier jagdbarer Vögel oder Geweihe, deren Zueignung dem Jagd- oder Fischereiberechtigten vorbehalten ist, sich aneignet (§ 348/351 *OVE.*). Während also der Strafschutz des Deutschen Rechtes ausschließlich dem Jagdgebiet gilt, beschränkt sich der Strafschutz des *OVE.* auf die Jagdbeute. Es müssen aber die in beiden Vorentwürfen zum Ausdruck gebrachten Grundgedanken vereinigt werden, um der Jagd den für die Hege und Erhaltung des Wildstandes erforderlichen Schutz zu gewähren. Dabei ist zu berücksichtigen, daß der zivilrechtliche Schutz auf diesem Gebiete fast ganz versagt. Der durch die Tat nachweisbar angerichtete Schaden ist in der Regel gering, der Täter meist mittellos. Seine Überführung ist infolge der Heimlichkeit der Tat und der Einsamkeit des Tatortes mit besonderen Schwierigkeiten verknüpft. Auf den Beistand unbeteiligter Dritter ist nicht zu rechnen, da die Volksanschauung dem Wilderer gegenüber sehr nachsichtig ist. Daher ist es wichtig, daß nicht auch noch empfindliche Gesetzeslücken das Wildern erleichtern. Die Erbeutung von Jagdobjekten durch den Nichtberechtigten muß ebenso strafbar sein wie die Jagdausübung an Orten, wo dem Täter zu jagen ein Recht nicht zusteht. Ohne diese Ergänzung des Strafgesetzes versagt das Recht gerade dort, wo der Jagdschutz seiner sehr dringend bedarf. Gegenüber dieser in andern Gesetzgebungen bereits verwirklichten Forderung, die durch die von Nagler in Vorschlag gebrachte Formulierung des Tatbestandes „wer ein fremdes Jagdrecht verletzt" erfüllt sein würde, führt die Begr. des *DVE.*[2]) folgendes aus: „Ein wirkliches Bedürfnis für diese Änderung des geltenden Rechts kann nicht anerkannt werden. Die Entwicklung des Jagdrechtes in der neueren Zeit verrät keine Neigung, zur Unterscheidung der Jagdberechtigungen (hohe, mittlere, niedere Jagd) zurückzukehren, die auf längst überwundenen Rechtsanschauungen beruht. Für den Gesetzgeber liegt um so weniger

---

[1]) Der *SchVE.* kommt hier nicht in Frage, da er die Jagd- und Fischereivergehen ausgeschieden hat.

[2]) S. 820ff.

Anlaß vor, durch Änderung des Gesetzes die Einführung solcher Unterscheidungen zu befördern, als ihr gewichtige kriminalpolitische Bedenken entgegenstehen. Wer gegenwärtig einem anderen auf seinem Gebiete das Recht zur Jagd unter Beschränkung auf bestimmte Wildgattungen oder eine bestimmte Stückzahl Wild einräumt, weiß, daß ihm das Strafgesetz keinen Schutz gegen Überschreitungen der vereinbarten Beschränkungen gewährt. Er muß seine Gewähr in der Person des Gegenkontrahenten suchen und es sich an dem Schutze durch das Zivilrecht genügen lassen, wenn sein Vertrauen getäuscht wird. Hierdurch wird darauf hingewirkt, daß die Jagdberechtigten bei der Einräumung solcher Berechtigungen Vorsicht walten lassen. Würde auf sie der Schutz des Strafgesetzes ausgedehnt, so würde das Vertrauen auf diesen und das Streben, aus der Jagd möglichst großen Gewinn zu ziehen, zu einer starken Vermehrung solcher Vereinbarungen führen."

Diese Ausführungen sind durchweg abwegig. Die hier aufgestellte Forderung hat mit der überwundenen Unterscheidung zwischen hoher und niederer Jagd nichts zu tun. Denn durch sie soll nicht den verschiedenen Jagdarten verschiedener Rechtsschutz gewährt, sondern jede Wildart und jedes Stück Wild gleichmäßig vor der Erbeutung durch den Nichtberechtigten geschützt werden. Ferner hat entgegen der Begr. des Vorentwurfes die Entwicklung des Jagdsportes in Deutschland dahin geführt, daß, abgesehen von wenigen für die gesetzliche Regelung bedeutungslosen Ausnahmefällen, die Erzielung von Gewinn durch die Jagdausübung kaum mehr in Frage kommt. Auch ist es nicht gerade häufig, daß der Jagdberechtigte durch entgeltliche Ausstellung von Jagderlaubnisscheinen Bereicherung erstrebt; wo dies dennoch geschieht, pflegt der Preis so hoch zu sein, daß die Vertrauenswürdigkeit des Zahlenden bezüglich der Art seiner Jagdausübung und der Innehaltung der ihm auferlegten Schranken daneben keine Rolle spielt. Dagegen ist der hegende und für sein Wild besorgte Weidmann meist darauf angewiesen, einen oder mehrere Angestellte mit der Ausübung des Jagdschutzes zu betrauen und ihnen zu diesem Zwecke eine beschränkte Jagdbefugnis auf seinem Revier zu erteilen. Gegen das Wildern dieser, seiner eigenen Angestellten, ist der Jagdberechtigte schutzlos. Es ist dies um so bedenklicher, als gerade sie in der Lage sind, unbeobachtet das ganze Jahr hindurch jagdlich ausgerüstet das Revier zu betreten und aus dem Rechtsbruch erheblichen Gewinn zu erzielen. Der zivilrechtliche Schadensersatzanspruch, an den sich nach der Begr. des Vorentwurfes in solchen Fällen der Jagdberechtigte begnügen solle, fällt, da eine

Überführung regelmäßig nur im Einzelfalle möglich ist, daneben nicht ins Gewicht und ist, wie bereits hervorgehoben, wegen Mittellosigkeit des Täters meist undurchführbar. Der Gedanke der Motive, daß der Jagdberechtigte seine Gewähr in der Person des Gegenkontrahenten suchen und sich an dem Schutze durch das Zivilrecht genügen lassen müsse, wenn sein Vertrauen getäuscht sei, verkennt die auf dem Gebiete der praktischen Jagdausübung herrschenden tatsächlichen Verhältnisse. Die Zahl der für den Jagdschutz eines bestimmten Reviers zur Auswahl in Betracht kommenden Personen ist meist ebenso gering wie die Garantie, die ihr Vermögen gegen Überschreitungen der ihnen eingeräumten Befugnis bietet. Nicht minder wichtig aber scheint es, daß der hier von der Begr. des Vorentwurfs in den Vordergrund gestellte Rechtsgedanke im Widerspruch steht mit dem im geltenden Recht sowohl wie im Vorentwurf an anderen Stellen herrschenden Grundsatz, daß die Verletzung fremder Rechte unter gleichzeitigem Vertrauensmißbrauch eher geeignet ist, die Strafbarkeit des Täters zu erhöhen als sie auszuschließen[1]).

Alle diese Gesichtspunkte lassen die Erweiterung des Tatbestandes in der auch von Nagler befürworteten Weise dringend geboten erscheinen.

Der *DVE.* hat die Kasuistik der Strafschärfungsgründe des § 293 StGB. fallen lassen und durch Erweiterung des Strafrahmens dem Richter gleichzeitig die Möglichkeit gegeben, besonders schwere Fälle härter zu ahnden, als dies bisher bei der einfachen Wilderei zulässig war. Aber der Vorentwurf ist in dieser Beziehung nicht konsequent gewesen. Mit den anderen Qualifikationsfällen hätte er auch die harte Strafdrohung von Gefängnis nicht unter drei Monaten für gewerbsmäßiges Wildern fallen lassen und die Gewohnheitsmäßigkeit als neuen Qualifikationsgrund der Tat nicht einführen sollen[2]). Bei der weiten Auslegung, die das Reichsgericht dem Begriffe der Gewerbs- und Gewohnheitsmäßigkeit gegeben hat, lassen sich die meisten Fälle des Wilderns unter den qualifizierten Tatbestand subsumieren. Schon die Absicht wiederholter Verwendung des Wildes im eigenen Haushalt genügt zur Feststellung der Gewerbsmäßigkeit[3]). Noch jüngst wurde unter Billigung des Reichsgerichts[4]) ein bisher unbestrafter und des besten

[1]) §§ 246, 266 StGB., 271 Abs. 3, 277 *DVE.*

[2]) § 295 Abs. 3 *DVE.*

[3]) Rechtspr. d. RG. *II. 336, IV. 280, IX. 90.*

[4]) 3 D 817/09.

Leumundes sich erfreuender Mühlenbesitzer wegen gewerbsmäßigen Wilderns bestraft, weil er gelegentlich in dem an seine Mühle grenzenden Garten (zwei Fälle wurden für erwiesen erachtet) einen Hasen als Sonntagsbraten für seine Küche erlegt hatte. Hätte er die Hasen aus dem Laden des Wildhändlers gestohlen, würde er wegen Mundraubs mit einer kleinen Geldstrafe belegt worden sein, so mußte ihm als Strafminimum eine Gefängnisstrafe von drei Monaten auferlegt werden. Ebenso unbillig erscheint es, die Gewohnheitsmäßigkeit des Handelns mit dem Strafminimum von drei Monaten Gefängnis zu bedrohen. Gerade bei diesem Delikt handelt der Täter fast immer aus einem ihm innewohnenden Hang und auch die vom Reichsgericht als fernere Voraussetzung der Gewohnheitsmäßigkeit geforderte Mehrheit von Einzelhandlungen wird oft vorliegen, ohne daß ein Anlaß zu besonders scharfer strafrechtlicher Reaktion vorhanden ist. Es können daher sehr leichte Fälle des Wilderns, z. B. wiederholte Ausübung der Jagdfolge, öfteres Schießen über die Grenze, wenn das Wild aus dem eigenen Revier auf das Nachbarrevier flieht, und ähnliche verhältnismäßig harmlose Verfehlungen rechtlich bedenkenfrei als gewerbs- oder gewohnheitsmäßiges Wildern bestraft werden. Gegenüber dem gefährlichen Wilddiebe dagegen wird der Nachweis der Gewerbs- oder Gewohnheitsmäßigkeit oft nicht gelingen. Deshalb scheint es zweckmäßig, den Strafrahmen erheblich zu erweitern, dafür aber alle Qualifikationsgründe einschließlich der Gewerbs- und Gewohnheitsmäßigkeit fortfallen zu lassen und es der verständigen Handhabung des Gesetzes durch den Richter zu überlassen, die besonders schweren und gefährlichen Fälle des Wilderns mit entsprechend hoher Strafe zu ahnden und leichtere Fälle leicht zu sühnen, auch wenn das Tatbestandsmerkmal der Gewerbs- oder Gewohnheitsmäßigkeit vorliegen sollte.

Ein Überblick über die Verschiedenartigkeit der Strafschärfungsgründe in den verschiedenen Rechten[1]) und eine Betrachtung der oben erwähnten Fälle lehrt, daß hier jeder Versuch einer Kasuistik besonders schwerer Fälle vergeblich ist, und daß die Aufstellung eines hohen Strafminimums beim Vorhandensein solcher Qualifikationsgründe stets die Gefahr ungerechter Härte in sich birgt.

Die Formulierung des Tatbestandes des *DVE.* ergibt, daß das Verbot der in einzelnen Partikularrechten bis in die jüngste Zeit zugelassenen Jagdfolge auch künftig aufrecht erhalten bleiben soll.

---

[1]) Vgl. Nagler, a. a. O. S. 472ff.

So bedauerlich dies vom volkswirtschaftlichen Standpunkte und im Interesse des verwundeten Wildes erscheint, das infolge des Verbotes der Jagdfolge oft langsam und zwecklos jenseits der Grenze verendet, während der Jäger es ohne Mühe hätte okkupieren können, wird man dem Standpunkt des Entwurfes im Interesse der Rechtssicherheit dennoch im allgemeinen zustimmen müssen. Das gesetzlich festgelegte Recht der Jagdfolge muß zu fortgesetzten Streitigkeiten zwischen dem Jagdnachbarn über die Frage führen, ob das über die Grenze verfolgte Wild angeschossen und ob überhaupt das Betreten des Reviers dem Zwecke der Jagdfolge oder nicht vielmehr dem Bestreben unberechtigter Jagdausübung auf fremdem Revier entspringt; es birgt infolgedessen die Gefahr ernster Gewalttätigkeiten bei Ausübung vermeintlicher Notwehrrechte in sich. Gleichwohl würde sich aus den erwähnten volkswirtschaftlichen und tierfreundlichen Gründen eine räumlich und zeitlich eng beschränkte Jagdfolge ohne Jagdausrüstung und nur im unmittelbaren Anschluß an die Abgabe des Schusses (andere Jagdarten kommen für die gesetzliche Regelung nicht in Frage) wohl befürworten lassen. Diese beschränkte Art der Jagdfolge wird praktisch contra legem allgemein ausgeübt. Sie erscheint vielen Jägern als selbstverständliche Pflicht gegenüber dem leidenden oder dem Verderben ausgesetzten Wild. Das Strafgesetz wird dieser Tatsache Rechnung tragen müssen, zumal eine in so enger Begrenzung gestattete Jagdfolge die oben erwähnten Gefahren nicht in sich birgt.

Die Erhebung der Strafklage soll nach dem Vorentwurf wie bisher dann von einem Strafantrage abhängig gemacht und die Zurücknahme soll für zulässig erklärt werden, wenn der Täter ein Angehöriger des Berechtigten ist. Für den Fall, daß das künftige Strafgesetz die Überschreitung beschränkter Jagdbefugnis unter Strafe stellen sollte, empfiehlt es sich, auch sie als Antragsdelikt zu behandeln, denn hier, wo die Jagdausübung selbst mit Zustimmung des Berechtigten erfolgt ist, wird das öffentliche Interesse durch die Tat nicht wesentlich verletzt, und nur das gefährdete Recht des Jagdinhabers ist es, das durch das Strafgesetz geschützt werden soll.

Fischwilderei: Wie das Fischereirecht sich von der Jagdbefugnis nur dadurch unterscheidet, daß die Fischereibefugnis das Recht zum Nachstellen und Erbeuten des Wassergetiers, die Jagd das gleiche Recht gegenüber den Landtieren gewährt, so unterscheidet sich die Fischwilderei vom Jagdwildern rechtlich auch nur durch den Gegenstand, gegen den das Delikt sich richtet.

Der Entwurf hat daher beide Tatbestände völlig gleichartig formuliert, dabei aber entsprechend der Rechtsentwicklung, die von jeher die Fischereibefugnis für minderwertig gegenüber der Jagdbefugnis behandelt hat, die Fischwilderei mit minder hoher Strafe bedroht.

Die größere Milde erscheint auch um deswillen begründet, weil mit Rücksicht auf die zur Verwendung gelangenden Werkzeuge eine Gefährdung der öffentlichen Sicherheit durch den unbefugt Fischenden im Gegensatz zum Jagdwilderer nicht herbeigeführt wird. Das geltende Strafrecht (§ 370 Nr. 4 StGB.) behandelt das Fischwildern im allgemeinen als Übertretung und nur in einigen besonders schwer erscheinenden Qualifikationsfällen (Fischen bei Nacht oder mittels schädlicher Stoffe) wird es im § 296 StGB. mit Vergehenstrafe bedroht. Auch hier läßt der Entwurf die Qualifikationsgründe fallen. Er bedroht nach Analogie der Jagdwilderei das Fischen an Orten, an denen zu fischen der Täter nicht berechtigt ist, mit Vergehensstrafe und behandelt die Gewerbs- und Gewohnheitsmäßigkeit der Tat als gesetzlichen Strafschärfungsgrund.

Es greifen hier mutatis mutandis die gleichen Erwägungen Platz, die gegenüber dem Jagdwildern angeführt sind.

Neben dem allgemeinen Delikt des Fischwilderns hat der *DVE.* auch das Spezialdelikt des § 296a StGB. (Fischen von Ausländern) in den für Inländer frei gegebenen deutschen Küstengewässern unter Erweiterung des bisherigen Strafrahmens übernommen. Das Verlangen, auch das böswillige Verderben des Fischstandes in den Küstengewässern allgemein sowohl gegenüber In- wie Ausländern zu ahnden, hat der Entwurf nicht erfüllt, Gründe hierfür werden nicht angeführt. Ein Bedürfnis zu dieser vielfach geforderten Erweiterung des Strafgesetzes[1]) ist wohl nicht hervorgetreten. Gleichwohl läßt sich nicht verkennen, daß der Konkurrenzkampf gelegentlich zu derartigen, vom volkswirtschaftlichen, wie vom rein menschlichen Standpunkte gleich verwerflichen Maßnahmen führen könnte. Gegen solche Tat gewährt dann weder das Strafrecht, noch das Zivilrecht irgendwelchen Schutz. Es wäre leicht und zweckmäßig, den Tatbestand auch auf das böswillige Schädigen oder Vernichten des Fischstandes auszudehnen, gleichgültig, ob die Tat durch Ausländer oder Inländer begangen wird.

[1]) Vgl. Nagler, a. a. O. S. 529.

Strafe; Einziehung.

Bei der Jagdwilderei kommen ebenso wie bei der Fischwilderei überaus milde Fälle vor (das Aufnehmen eines am Wege gefundenen kranken oder verwundeten Tieres, um es zu pflegen, das Mitnehmen eines verendet aufgefundenen Stückes Wild, um es zu verzehren, das Aufsuchen abgeworfener Geweihe usw.) Der Entwurf hat Straffreiheit für besonders milde Fälle nur bei der Fischwilderei vorgesehen. Es besteht ein Bedürfnis, da die erwähnten Fälle in der Praxis oft zur Bestrafung Unbescholtener, der Strafbarkeit ihrer Handlungen sich nicht bewußter Personen geführt haben, auch für die Jagdwilderei die gleiche Bestimmung einzuführen. Dagegen sind die allgemeinen Strafdrohungen gegenüber der Jagdwilderei zu milde. Nach Beseitigung der Qualifikationsfälle ist als Strafmaximum für das Fischwildern Geldstrafe bis zu 500 Mark und Freiheitsstrafe bis zu sechs Monaten, für das Jagdwildern Geldstrafe bis zu 1000 Mark und Gefängnisstrafe bis zu einem Jahr in Aussicht genommen. Das letztere Strafmaximum kann gegenüber dem gewerbsmäßigen oder gefährlichen, wegen Gewalttätigkeit vielleicht schon vorbestraften Wilderer, der mit geladener Waffe dem Jagdberechtigten gegenübertritt, viel zu milde sein. Es gibt wenig Delikte, die so viele Spielarten der Begehungsmöglichkeit in sich bergen wie das Wildern. Deshalb erscheint es richtig, bezüglich der Strafzumessung unter Ausscheidung aller gesetzlichen Qualifikationsfälle dem Richter nach unten und nach oben weitesten Spielraum zu gewähren und ihm zu gestatten, sowohl die Tat straffrei zu lassen, als auch in besonders schweren Fällen auf schwere Strafe zu erkennen. Ein Strafmaximum von fünf Jahren, wie es der Entwurf für gewerbs- und gewohnheitsmäßiges Wildern in Aussicht genommen hat, könnte unbedenklich allgemein als Maximalstrafe gegen das Jagdwildern angedroht werden. Gegenüber dem weit harmloseren Fischwildern bilden die im Entwurf vorgesehenen Strafdrohungen genügend Handhabe zu energischer Reaktion auch für schwere Fälle.

Einziehung: Eine der verfehltesten Bestimmungen des geltenden Strafrechts ist in der obligatorischen Einziehung der vom Täter beim unberechtigten Jagen, teilweise auch beim Fischen gebrauchten Gegenstände zu erblicken, zumal diese Einziehung erfolgen muß, ohne Unterschied, ob die Gegenstände dem Täter gehören oder nicht.

Die Vorschrift bezweckt, dem Täter selbst die Wiederholung des Vergehens nach Möglichkeit zu erschweren und dritte Personen abzuhalten, dem Täter zum Zwecke der Tat die eigenen Fang- und Jagdgeräte zur Verfügung zu stellen. In der Praxis hat diese Bestimmung zu außerordentlichen Härten geführt. Bei Verhängung geringfügiger Geldstrafe wegen Grenzüberschreitung mußte auf Einziehung wertvoller Gewehre, Hunde, gelegentlich auch von Wagen und Pferden, die zur Ausübung der Jagd benutzt wurden, erkannt werden. Dabei wurde der Zweck des Gesetzes nicht einmal erreicht, da die Beschaffung von Ersatzgeräten meist keine Schwierigkeiten bietet. Auch ereigneten sich Fälle, in denen dem Wilderer das Jagdgerät von gutgläubigen Dritten geliehen war, die dann ohne jede persönliche Schuld ihr wertvolles Eigentum verloren. Endlich müssen nach dem klaren Wortlaute des Gesetzes Jagdgeräte auch dann eingezogen werden, wenn der Wilderer sich widerrechtlich der Geräte des Jagdberechtigten selbst bedient hat. Auch dieser Fall ist nicht gerade selten, da viele Jäger ihre Jagdgeräte im Revier lassen, wo sie dem Wilddiebe leicht zugänglich sind.

Trotz klarer Erkenntnis dieser jedem Rechtsempfinden widerstreitenden Folgen des Gesetzes[1]) hat der Vorentwurf an der obligatorischen Einziehung der vom Täter mitgeführten Jagdgeräte und Hunde nach Maßgabe des geltenden Rechts festgehalten und sie darüber hinaus sogar allgemein auf die Fischereigeräte, die früher nur gegenüber den in deutschen Küstengewässern unbefugt fischenden Ausländern vorgeschrieben war (§ 296a StGB.), ausgedehnt. Die Begr. meint, daß das Bedürfnis energischer und schneller Reaktion die strikte Durchführung des Prinzips der Einziehung erfordere. Dem kann nicht beigepflichtet werden. Es ist stets bedenklich, wenn das Gesetz aus Gründen der Zweckmäßigkeit die Forderungen der Gerechtigkeit außer acht läßt. Es widerstreitet aber dem Rechtsempfinden, jemandem für eine geringfügige Verfehlung im Wege der Konfiskation das Vielfache der verwirkten Strafe aufzuerlegen, und es erscheint mehr als Akt roher Gewalt, denn als Ausübung staatlicher Rechtspflege, jemand seines Eigentums für verlustig zu erklären, weil ein anderer es gegen seinen Willen und ohne sein Wissen zu gesetzwidriger Handlung mißbraucht hat. Auch ist nicht einzusehen, daß diese von Binding mit Recht als „sinnlose Ungerechtigkeit" bezeichnete Zwangskonfiskation zur Erreichung des vom Gesetzgeber erstrebten

[1]) *VEBegr.* S. 830.

Zweckes erforderlich oder auch nur förderlich wäre, denn die allgemeinen Bestimmungen über Beschlagnahme von Gegenständen, die als Beweismittel dienen können oder der Einziehung unterliegen (§ 94 StPO., § 40 StGB., § 54 *DVE.*), gewähren die Möglichkeit sofortigen energischen Eingriffs in gleicher Weise wie die Zwangsvorschrift des § 298 des *DVE.*

Eine Ergänzung erscheint nur nach der Richtung hin wünschenswert, daß die Einziehung auch dann statthaft ist, wenn die Geräte dem Täter nicht gehören, ihm aber zu Zwecken der Begehung der Tat vom Eigentümer wissentlich oder fahrlässig überlassen worden sind. Dadurch wird genügender Schutz gegen das oft schwer zu erweisende Zusammenwirken mehrerer bei Verübung der Tat gewährt. Ein Konfiskationszwang braucht dagegen dem Gerichte in keinem Falle vorgeschrieben zu werden. Es ist nicht zu besorgen, daß der Richter dem wirklichen Wilderer oder seinen Komplizen die Werkzeuge zur Begehung neuer Straftaten ausliefert. Andererseits aber ist es auch nicht erforderlich, diese Werkzeuge dem vorzuenthalten, dem sie ohne Schuld abhanden gekommen sind oder von dem ein Mißbrauch für die Zukunft nicht zu besorgen ist. Die Ersetzung des Einziehungszwanges durch das Einziehungsrecht des Gerichts wird eine Ungerechtigkeit des Gesetzes beseitigten, die zur Rechtsprechung contra legem geradezu herausfordert[1]).

---

28. Abschnitt.

Glücksspiel und Wucher.

Allgemeines.

Im 28. Abschnitt werden unter der Überschrift „Glücksspiel und Wucher“ deliktische Tatbestände behandelt, bei denen die Entwicklung noch im vollen Flusse ist und bei denen im Gegensatz zu den Vergehen im 27. Abschnitt die Grenze zwischen strafloser und strafbarer Betätigung der Individualrechte heiß umstritten ist und auch die Frage der Strafhöhe überaus verschieden beantwortet wird. Der Grund dürfte darin zu finden sein, daß die hier erörterten Tatbestände zwar sittlich verwerflich erscheinen, gleichwohl aber einen widerrechtlichen Eingriff in ein fremdes

---

[1]) Vgl. Rechtspr. des RG. *X. 457* Entsch. *XVIII. 43 ff.* und hierzu Nagler a. a. O. S. 481.

Vermögen insofern nicht darstellen, als sie auf freier Willensübereinstimmung der Beteiligten beruhen. Der Grundsatz volenti non fit injuria, der sonst auf dem Gebiete der Verbrechen und Vergehen gegen das Vermögen im Strafgesetzbuch und im Vorentwurf uneingeschränkte Anwendung findet, hat hier im Interesse des Gemeinwohls und zwecks Unterstützung der wirtschaftlich Schwachen gegen Ausbeutung durch den wirtschaftlich Starken eine Durchbrechung erfahren müssen. Es ist daher logisch richtig, diese Tatbestände als Abschluß des Vierten Buches gesondert in einem gemeinsamen Abschnitte zu behandeln.

Glücksspiel.

Bei vereinzelter und in engsten Grenzen sich bewegender Betätigung ist das Glücksspiel eine harmlose Zerstreuung, unter Umständen eine wünschenswerte Ablenkung von übermäßiger Anspannung der Geisteskräfte. Aber es birgt vermöge der ihm innewohnenden Kraft, mühelos reichlichen Gewinn dem Spieler zu bringen, die Gefahr in sich, daß es zur Leidenschaft wird und ganze Volkskreise dauernd in seinen Bann zieht. Alsdann führt es schwere wirtschaftliche Schäden herbei und wird dadurch zu einer allgemeinen Gefahr. Diese Erwägungen müssen dazu führen, das Glücksspiel nicht schlechthin, sondern nur in seinen gefahrdrohenden Auswüchsen zu bestrafen und ferner in bezug auf dasselbe auch Handlungen Dritter zu bekämpfen, die geeignet sind, Auswüchse des Spieles zu erzeugen.

Von diesem Standpunkte führt das geltende Strafrecht den Kampf, wenn auch mit teilweise unzulänglichen Mitteln. Es gestattet das Glücksspiel an sich, verbietet aber die Duldung an einem öffentlichen Versammlungsorte sowie die Verheimlichung durch den Inhaber eines solchen Ortes und bedroht mit schwerer Strafe, Gefängnis, verbunden mit Geldstrafe und mit Ehrverlust, den, der das Glücksspiel gewerbsmäßig betreibt. Daneben ist die öffentliche Veranstaltung von Glücksspielen, Lotterien und Ausspielungen ohne behördliche Genehmigung mit Strafe bedroht (§§ 286, 360 Nr. 14 StGB.).

Der *DVE.* hat diese gesetzgeberischen Gedanken übernommen und, soweit sie die Bekämpfung der Förderung des Spiels durch Dritte betreffen, in kraftvoller und gesunder Weise weiterentwickelt. Die zahlreichen Streitfragen aber, die sich an den Begriff des Glücksspiels knüpfen, hat der Vorentwurf ungelöst gelassen und die Unzuträglichkeiten, die aus dem Mangel einer Legaldefinition sich ergeben, sollen auch künftig weiter bestehen.

Der Entwurf hat den Tatbestand des gewerbsmäßigen Glücksspiels, wie er im § 284 StGB. festgelegt ist, im ersten Absatz des § 299 beibehalten. Dagegen ist der § 285 StGB., der sich gegen die Duldung und Verheimlichung des Glücksspiels richtet, verschwunden. An seiner Stelle ist dem § 299 des *DVE.* ein neuer selbständiger Tatbestand eingereiht, wonach der, der aus der Förderung des Glücksspiels ein Gewerbe macht, mit Freiheits- oder Geldstrafe bedroht wird. Es soll also künftig ein gelegentliches Dulden oder Verheimlichen des Glücksspiels, auch wenn es in einem öffentlichen Lokale geschieht, nicht mehr strafbar sein; das gewerbsmäßige Dulden und Verheimlichen dagegen soll stets, also auch dann bestraft werden, wenn es in Privathäusern oder Privatzirkeln erfolgt. Daneben ist an Stelle der Übertretung aus § 360 Nr. 14 StGB. (Verbot der Abhaltung von Glücksspielen an öffentlichen Orten) in § 300 des *DVE.* die öffentliche Veranstaltung von Glücksspielen schlechthin, also ohne Rücksicht auf die Öffentlichkeit des Ortes, als Vergehen mit Geld- oder Freiheitsstrafe bedroht, eine Bestimmung, die gleichfalls viel präziser das trifft, was durch das Strafgesetz verhindert werden soll. Die Rechtslage soll demnach künftig folgende sein:

Es bleibt strafbar der Spieler, der gewerbsmäßig spielt. Es wird bestraft, wer gewerbsmäßig das Glücksspiel fördert, ohne Rücksicht darauf, ob der Spieler selbst durch das Spiel sich strafbar macht. Strafbar ist ferner nicht nur die Veranstaltung von Glücksspielen an öffentlichen Orten, sondern jede Glücksspielsveranstaltung, an der die Teilnahme einem nicht individuell begrenzten Personenkreise gestattet ist.

Nicht mehr strafbar ist dagegen die Verheimlichung oder Duldung nicht gewerbsmäßigen Glücksspiels durch den Inhaber eines öffentlichen Lokals, falls sie nicht gewerbsmäßig geschieht oder als Veranstaltung öffentlichen Glücksspiels oder Beihilfe zu solchem rechtlich sich darstellt.

Nahe verwandt, aber keineswegs auf der Höhe des *DVE.* stehend, ist die Regelung des Glücksspiels im *OVE.* Der Tatbestand[1]) ist dem deutschen gleich: „Wer gewerbsmäßig Glücksspiel treibt“, die angedrohte Strafe erheblich milder, nämlich Gefängnis bis zu drei Monaten. Als Förderer des Spiels wird nur bestraft, wer gegen Entgelt einen Raum zum Betriebe von Glücksspielen überläßt, eine Vorschrift, deren Unzulänglichkeit und leichte Umgehungsmöglichkeit auf der Hand liegt.

---

[1]) § 399 des *OVE.*

Vorteilhaft hebt sich der *OVE.* dadurch vom deutschen ab, daß hier wenigstens der Versuch gemacht ist, den viel umstrittenen Begriff des Glücksspiels festzulegen. Allerdings ist die Definition keine glückliche und gibt zu erheblichen Bedenken Anlaß. Als Glückspiele sind nach dem *OVE.* anzusehen „Spiele, bei denen Gewinn oder Verlust ausschließlich oder vorwiegend vom Zufall abhängt". Zweifelhaft bleibt hier die auch nach deutschem Recht zweifelhaft bleibende Frage, ob die Wette dem Spiele gleichwertig, und falls nicht, wie beide sich unterscheiden. Zweifelhaft bleibt ferner, ob Geschicklichkeitsspiele, die aber mit Rücksicht darauf, daß bei einem oder mehreren Spielern die Geschicklichkeit fehlt und der Ausgang daher für sie vorwiegend vom Zufall abhängt, für alle oder einzelne Spieler als Glücksspiele zu gelten haben, endlich ob auch dann Glücksspiele im Rechtssinne vorliegen, wenn die Werte, um die gespielt wird, nach den Verhältnissen der Spielenden oder nach allgemeiner Anschauung als Vermögenswerte nicht in Betracht kommen. Das deutsche Strafrecht der Zukunft wird durch scharfe Definition dessen, was es unter Glücksspielen verstanden wissen will, die zahlreichen ungelösten Streitfragen beseitigen müssen und für die Praxis eine sichere und gesunde Handhabung des Gesetzes ermöglichen. Spiel und Wette, die bereits nach bürgerlichem Recht[1]) gleichwertig sind, werden auch strafrechtlich einander gleichgestellt werden müssen, zumal der Unterschied zwischen beiden so fein ist, daß kein Anlaß zu verschiedener Bewertung im strafrechtlichen Sinne gegeben ist[2]).

Was ferner die Geschicklichkeitsspiele betrifft, so werden sie gegenüber allen Mitspielern als Glücksspiele zu behandeln sein, wenn auch nur für einen der Spieler der Ausgang ganz oder hauptsächlich vom Zufall abhängig ist[3]). Die öffentliche Veranstaltung dieser Spiele wird stets als Veranstaltung eines Glücksspiels zu behandeln sein, da hier wahllos Kundige und Unkundige zum Spiel zugelassen werden.

Erwägenswert erscheint ferner die Frage, ob nicht der Begriff der „Gewerbsmäßigkeit" als Voraussetzung der Strafbarkeit des Glücksspiels eine Einschränkung erfahren kann. Mit dem Glücksspiel ist, wenn auch begrifflich unwesentlich, tatsächlich die Gewinnabsicht fast immer, und meist auch die Absicht gelegentlicher Wiederholung verbunden. Beides ist nicht das Gefährliche und

---

[1]) § 762 BGB.

[2]) Vgl. Entsch. d. RG. *VI. 174* und *421.*

[3]) Vgl. Entsch. d. RG. *XXV. 192.*

Strafwürdige. Wem es Freude macht, nach des Tages Arbeit um bescheidenen Einsatz ein Spiel zu machen, bei dem es körperlicher und geistiger Anstrengung nicht bedarf, den will und soll das Strafgesetz nicht daran hindern. Treffen will das Gesetz nur den, der an Stelle der Arbeit aus dem Spiel fortgesetzt seinen Lebensunterhalt ganz oder teilweise zu gewinnen bestrebt ist. Von der Strafbarkeit ausscheiden müßten daher diejenigen Fälle, wo um so geringe Beträge gespielt wird, daß nach den Verhältnissen der Spieler der aus dem Spiel zu erzielende Gewinn für ihre Lebenshaltung von keiner Bedeutung ist. Nach Ansicht des Reichsgerichts fallen auch diese harmlosen Fälle unter das Strafgesetz[1]).

Der *SchVE.* ist in der Behandlung des Glücksspiels am mildesten und bietet der fortgeschrittenen Entwicklung unseres Strafrechts keinen Stützpunkt. Er richtet seine Strafdrohungen nicht gegen den Spieler, sondern nur gegen die Förderer des Spiels und bedroht im Art. 254 mit Übertretungsstrafe den Spielbankhalter und Veranstalter von Lotterien und Glücksspielen, sowie den, der zu solchen Spielen Platz gibt.

Beide auswärtigen Entwürfe enthalten dann noch eine der Verleitung zum Glücksspiel verwandte Strafdrohung, indem der *OVE.* im § 381, der *SchVE.* im Artikel 93 die eigennützige Verleitung zu Spekulationsgeschäften mit Strafe bedrohen. Für unser künftiges Strafgesetzbuch kommt die Einführung einer solchen Strafbestimmung nicht in Frage, weil es sich dabei um eine Materie handelt, deren strafrechtliche Regelung in den Rahmen des Börsengesetzes fällt[2]).

Lotterie — Ausspielung: Gegen die öffentliche Veranstaltung von Glücksspielen, desgleichen gegen die besonderen Formen des Glücksspiels, Ausspielung und Lotterie, hat der *DVE.* ebenso wie das geltende Strafrecht besondere Strafbestimmungen aufgenommen. § 300 des *DVE.* bedroht in Erweiterung des Verbots des § 360 Nr. 14 StGB. die unbefugte Veranstaltung öffentlicher Glücksspiele mit Geldstrafe bis zu 1000 M oder Haft oder Gefängnis bis zu einem Jahre. Der Tatbestand gibt zu Bedenken keinen Anlaß, vorausgesetzt, daß der Begriff des Glücksspiels gesetzlich festgelegt und damit klargestellt wird, zu welchen Veranstaltungen die behördliche Genehmigung nachzusuchen ist. Gegen § 301 des *DVE.*, der in Übereinstimmung mit § 286 StGB. die unbefugte Veranstaltung

---

[1]) Rechtspr. d. RG. *VII. 637,* Entsch. d. RG. *VI. 70;* a. A. Olshausen, Kommentar zu § 284 Nr. 2.

[2]) Vgl. § 78 des Börsengesetzes vom 22. 6. 1896.

öffentlicher Lotterien oder Ausspielungen mit Freiheitsstrafe bis zu zwei Jahren oder Geldstrafe bis zu 3000 M bedroht, ist nur zu erinnern, daß ebenso wie der Begriff des Glücksspiels auch die streitigen Begriffe der Lotterie und Ausspielung gesetzlicher Festlegung bedürfen, und daß ferner die Maxima der angedrohten Geldstrafen viel zu niedrig bemessen sind. Mehr noch als der Begriff des Glücksspiels ist der der Lotterie und Ausspielung bestritten[1]). Die Beseitigung der bestehenden Zweifel kann nur im Wege der Legaldefinition erfolgen, die auch von Kriegsmann[2]) gefordert wird. Auf der Hand liegt, daß die angedrohten Geldstrafen ganz unzulänglich sind. Freiheitsstrafen werden gegenüber diesen Delikten erfahrungsgemäß fast nie verhängt und sind auch meist nicht am Platze. Andererseits werden aber gerade diese Verfehlungen von vermögenden, zur Zahlung erheblicher Geldstrafen fähigen Personen begangen. Sie versprechen und bringen oft so reichlichen Gewinn, daß im Vergleiche dazu eine Geldstrafe bis zu 3000 M weder abschreckend noch vergeltend wirkt. Hier sind Strafdrohungen am Platze, die ein Vielfaches der im Entwurf vorgesehenen Maximalstrafen erreichen, im Einzelfall aber niemals niedriger sein sollten als der aus der Begehung der Tat nachweislich erzielte Gewinn.

Wenn endlich § 300 des *DVE.* die Einziehung der auf dem Spieltisch oder in der Bank befindlichen Gelder ohne Unterschied, ob sie dem Verurteilten gehören oder nicht, gestattet, so ist gegen diese Bestimmung nichts zu erinnern, da sie nur fakultativ und nicht, wie bei den Jagd- und Fischereivergehen, als zwingendes Recht aufgestellt ist. Der *OVE.* § 399 Nr. 2, sowie der *SchVE.* Art. 54 Abs. 5 erklären Einsatz und Spielkarten in solchen Fällen stets für verfallen. Um künftigen Streitfragen vorzubeugen, dürfte sich eine Ergänzung des § 300 *DVE.* dahin empfehlen, daß auch eine teilweise Einziehung des Geldes statthaft ist, und daß sie auch gegenüber einzelnen am Spiel hervorragend beteiligten Personen ausgesprochen werden darf. Die jetzige Fassung läßt Zweifel an der Zulässigkeit solcher Maßnahmen bestehen.

Wucher.

Bezüglich des Wucherstrafrechts beharrt der *DVE.* prinzipiell auf dem durch die Wuchernovelle vom 18. Juni 1893 geschaffenen

---

[1]) Vergl. Entsch. d. RG. *X. 245, 398, XVII. 379;* Kriegsmann, a. a. O. *VI. 408, 451;* Entsch. *XXXIV. 140, 321, 403;* Rönnberg, Lotterie- und Glücksspielstrafrecht S. 133ff.; Staub, DJZ. Jahrg. 1901 S. 193; v. Liszt, daselbst, S. 195.

[2]) Kriegsmann a. a. O. S. 451.

Rechtszustand. Beibehalten ist die scharfe Scheidung zwischen Kreditwucher und Sachwucher, welch letzterer auch künftig nur strafbar sein soll, wenn er gewerbs- oder gewohnheitsmäßig betrieben wird. Auch künftig soll Voraussetzung für die Strafbarkeit wucherischer Ausbeutung das Vorhandensein von Notlage, Leichtsinn oder Unerfahrenheit in der Person des Schuldners bilden. Der wucherische Vermögensvorteil wird nach wie vor beim Kreditwucher in der auffälligen Überschreitung des üblichen Zinsfußes, beim Sachwucher im auffälligen Mißverhältnis zwischen Leistung und Gegenleistung gefunden. Dagegen ist durch Zusammenziehung der bisher getrennt behandelten Tatbestände der §§ 302a, c und d StGB., ferner durch Beseitigung der Qualifikationsfälle des § 302b StGB. (wechselmäßiges, verschleiertes, ehrenwörtliches und eidliches Versprechenlassen der Vermögensvorteile), endlich durch Streichung überflüssiger Worte „mit Kenntnis des Sachverhalts“ im § 302c eine Vereinfachung der komplizierten Materie erzielt. Tiefgreifendere Reformen sind nur durch Einführung eines neuen Tatbestandes des Nachwuchers, sowie dadurch geschaffen worden, daß für besonders schwere Fälle gewerbs- oder gewohnheitsmäßigen Kredit- und Sachwuchers statt der bisherigen Gefängnisstrafe Zuchthaus bis zu fünf Jahren angedroht ist. Im übrigen verbleibt es bei der ausschließlichen Androhung von Gefängnisstrafe, und zwar bis zu drei Jahren, statt wie bisher bis zu einem Jahre. Die obligatorische Androhung von Ehrverlust bei gewerbs- oder gewohnheitsmäßigem Wucher ist fallen gelassen, desgleichen die obligatorische Androhung von Geldstrafen neben Freiheitsstrafen.

Die Stellungnahme der beiden ausländischen Entwürfe gegenüber dem Wucher ist im Prinzip die gleiche, wenn auch in Einzelheiten wesentliche Abweichungen sich finden. Beide Vorentwürfe verlangen gleichfalls — als Voraussetzung der Strafbarkeit — des Täters die Ausbeutung bestimmt bezeichneter Lebensverhältnisse auf seiten des Schuldners, und zwar der *SchVE.* im Art. 92 Notlage, Unerfahrenheit, Abhängigkeit oder Charakterschwäche, der *OVE.* im § 376 Leichtsinn, Zwangslage, Verstandesschwäche, Unerfahrenheit oder Gemütserregung. Alle drei Entwürfe sind somit übereinstimmend der Anregung von Schmidt[1]), allgemein nur die Ausbeutung „der Lage“ oder „der Verhältnisse“ des Schuldners als erstes Kennzeichen des Tatbestandes aufzunehmen, nicht gefolgt. Das ist zu billigen, denn durch die von Schmidt vorgeschlagene Verallgemeinerung würde der Wucher sein charakteristisches Merkmal,

---

[1]) *Vergl. Darst. Bes. T. VIII. 244.*

die Ausbeutung des wirtschaftlich Bedrängten oder in geschäftlichen Angelegenheiten Schwachen, verlieren und zu einem verschwommenen Übervorteilungsdelikt werden, wobei jedes gewinnbringende Geschäft als strafbarer Wucher gedeutet werden könnte. Auch verdient es Billigung, daß der *DVE.* die Verstandesschwäche und Gemütsaufregung als Tatbestandsmerkmal nicht aufgenommen hat, da diese Begriffe so allgemeiner Natur sind, daß sie in höherem oder geringerem Maße bei Abschluß jeden Vertrages als vorhanden angenommen werden können.

Beide ausländischen Vorentwürfe bedrohen ferner sowohl den Kredit- wie den Sachwucher mit Strafe, doch weichen die Entwürfe in bezug auf den Sachwucher insofern wesentlich voneinander ab, als der *SchVE.* schon den einmaligen Sachwucher, der *DVE.* (§ 303) in Übereinstimmung mit dem geltenden Recht (§ 302e StGB.) nur den gewerbs- oder gewohnheitsmäßigen Sachwucher, der *OVE.* (§ 378) endlich ausschließlich den gewerbsmäßigen Sachwucher mit Strafe bedroht. Schmidt[1]) befürwortet, die Verfolgbarkeit des Sachwuchers, ohne Rücksicht auf Gewerbs- oder Gewohnheitsmäßigkeit, dem Kreditwucher gleichzustellen. So logisch diese Forderung erscheint, wird man auch ihr gegenüber dem Standpunkt des *DVE.* aus den in der Begr.[2]) zutreffend angeführten praktischen Erwägungen den Vorzug geben müssen.

Endlich erblicken beide ausländischen Entwürfe beim Kreditwucher den wucherischen Vermögensvorteil ohne Rücksicht auf den üblichen Zinsfuß ausschließlich in dem auffallenden Mißverhältnis zwischen dem Werte der Leistung und der Gegenleistung. Der Unterschied gegenüber dem *DVE.* ist jedoch nur äußerlich, denn das Überschreiten des üblichen Zinsfußes ist selbstverständliche Voraussetzung für das Vorhandensein eines erheblichen Mißverhältnisses zwischen Leistung und Gegenleistung beim Kreditwucher. Deshalb ist das Tatbestandsmerkmal der Überschreitung des üblichen Zinsfußes im *DVE.* überflüssig. Es ist aber auch schädlich, denn der hierdurch gesetzlich vorgeschriebene Maßstab führt zu den törichtesten Ergebnissen. Bei kleinen, auf kurze Zeit gegen geringe Entschädigung gegebenen Darlehen berechnet sich oft der Zinsfuß auf Tausende von Prozenten, ohne daß deshalb der Vermögensvorteil die Grenze der Mäßigung übersteigt, während bei anderer Sachlage schon ein Zinssatz von weniger als 8% als Wucherzins gelten kann.

---

[1]) *Vergl. Darst. Bes. T. VIII. 252.*

[2]) S. 836.

Wenn aber auch der „übliche Zins" als allgemeiner Maßstab für die Übermäßigkeit des Vermögensvorteils unbrauchbar ist, so liegt es dennoch im Interesse der Verkehrssicherheit und mehr noch im Interesse des in Not befindlichen Geldsuchers, daß das Gesetz in Gestalt eines Minimalzinssatzes eine stets erkennbare verständige Grenze zieht, bei deren Innehaltung das Gericht in eine Prüfung, ob Mißverhältnis zwischen Leistung und Gegenleistung vorliegt, überhaupt nicht eintreten darf. Als solchen Minimalzinssatz bringt Schmidt[1]) etwa 8% in Vorschlag. Der *DVE.* ist dieser sehr beachtenswerten Anregung nicht gefolgt. Die Ablehnung wird damit begründet[2]), daß infolge des steten Wechsels des üblichen Zinsfußes bei niedrigem Zinsfuße selbst ein mäßiger Satz von 8% als wirklicher Wucher sich darstellen könne, während bei hohem Zinsfuß reelle Geschäfte, bei denen dieser Zinssatz in durchaus sachgemäßer Weise überschritten werde, mit dem Odium der Wucherlichkeit behaftet sein würden.

Dieses Bedenken des Vorentwurfs läßt sich dadurch beseitigen, daß an Stelle des ziffermäßig festgelegten Minimalzinssatzes etwa folgendes bestimmt wird:

> „Ein Mißverhältnis zwischen Leistung und Gegenleistung im Sinne dieses Gesetzes liegt nicht vor, wenn der übliche Zins um nicht mehr als X% überschritten worden ist."

Die Vorteile, die aus solcher Gesetzesbestimmung sich ergeben, sind erheblich. Es besteht kein Bedürfnis, eine Überschreitung des üblichen Zinsfußes in mäßigen Grenzen von etwa 3 bis 5% mit Wucherstrafe zu bedrohen. Das wird auch in der *VEBegr.* nicht in Abrede gestellt. Gleichwohl ist bereits vereinzelt von den Gerichten ein Zinssatz von weniger als 7% als Wucherzins erachtet worden. Andererseits aber lehrt die Erfahrung, daß es sich in fast allen Fällen strafbaren Wuchers um das Vielfache solchen Zinssatzes handelt. Die Unmöglichkeit, auf Grund der gegenwärtigen Fassung des Gesetzes im voraus zu erkennen, welche Vermögensvorteile erlaubt, welche strafbar sind, hat praktisch zu dem beklagenswerten Ergebnis geführt, daß der in Notlage Befindliche im Geschäftsverkehr vom redlichen Geldverleiher überhaupt kein Geld mehr erlangen kann. Zum üblichen Zins kann dieser sein Geld anderweitig unterbringen. Jede nennenswerte Überschreitung aber birgt für ihn die Gefahr der Nichtigkeit des Geschäftes und der Strafverfolgung wegen Wuchers in sich. Des-

---

[1]) A. a. O. *VIII. 277.*

[2]) *VEBegr. 839.*

halb lehnt er das Geschäft ab. Der Leichtsinnige oder Bedrängte aber wird auf diese Weise gewaltsam solchen Elementen zugetrieben, die das Risiko des Geldverlustes und des Gefängnisses zwar auf sich nehmen, es aber mit den ungeheuerlichsten Zinssätzen sich bezahlen lassen. Bei Freigabe eines ausreichenden Gewinn gestattenden Zinssatzes würden sich dem bedrängten Geldsucher zahlreiche gesunde Geldquellen öffnen, die ihm heute verschlossen sind.

Noch eine zweite Frage von großer Tragweite wirft sich bei der Feststellung, was unter wucherischem Vermögensvorteil künftig verstanden werden soll, auf. Das Reichsgericht hat, gestützt auf Wortlaut und Motive des Gesetzes, den Rechtssatz aufgestellt, daß das Mißverhältnis zwischen Leistung und Gegenleistung ausschließlich vom Standpunkt des Geldgebers beurteilt werden müsse[1]). Es kommt daher alles auf die Beurteilung seiner Vermögenslage, nichts dagegen darauf an, welchen Wert seine Leistung für das Vermögen des Bewucherten hat; ebenso unerheblich ist es, welchen Wert die Gegenleistung des Bewucherten für diesen selbst hatte und ob ihm durch ihre Hingabe für die Leistung des Wucherers ein Vermögensschaden oder vielleicht gar ein Gewinn erwachsen ist. Diese Gesetzesauslegung führt zur Feststellung des Wuchertatbestandes in Fällen, die nach keiner Richtung hin strafwürdig, vielmehr für den Bewucherten nutzbringend sind, und nach dem Willen des Täters nutzbringend sein sollten. Folgendes Beispiel: Ein Briefmarkensammler wird um ein Darlehen gebeten. Der Darlehnssucher befindet sich im Besitz einer seltenen Briefmarke, die für ihn, weil ihm die zugehörige Briefmarkenserie fehlt, nur geringen Wert hat; für den anderen dagegen, der durch sie seine lückenhafte Serie vervollständigen kann, ist sie von so großem Vermögenswert, daß unter Zugrundelegung desselben in der Gewährung des Darlehns für die Briefmarke eine erhebliche Überschreitung des üblichen Zinses zu erblicken sein würde. Der Geldsucher hätte das Darlehen nirgends, selbst bei mäßigster Zinsberechnung, zu für ihn so günstigen Bedingungen erlangen können. Gleichwohl zwingt das Gesetz zur Feststellung des Wuchertatbestandes. Weit häufiger sind in der Praxis die Fälle, wo die Gewährung eines Darlehns an die Bedingung eines auch für den Darlehnsnehmer vorteilhaften Geschäfts geknüpft wird. Die Gewährung des Darlehns wird von dem Ankauf einer Ware abhängig gemacht, die der Geldsucher, wie dem Geldgeber bekannt ist, sofort gewinnbringend veräußern kann, so daß er neben dem

---

[1]) Vgl. Entsch. d. RG. *XI. 389.*

zinslosen Darlehn auch noch einen baren Gewinn aus dem Geschäft erzielt. Auch hier liegt Wucher im Sinne des Gesetzes vor, wenn beim Vorhandensein der übrigen Tatbestandsmerkmale des Wuchers der seitens des Geldgebers beim Verkauf der Ware erzielte Gewinn zwar an sich mäßig, gleichwohl aber als Äquivalent für das Darlehn übermäßig hoch erscheint.

Es bedarf keiner Begründung, daß der Anwendung des Wuchergesetzes auf solche Fälle durch das neue Strafgesetz vorgebeugt werden muß. Dieses Ziel wird dadurch zu erreichen sein, daß kraft gesetzlicher Vorschrift bei Feststellung des Mißverhältnisses zwischen Leistung und Gegenleistung auch auf die Lage des Schuldners Rücksicht zu nehmen und in Betracht zu ziehen ist, ob und in welchem Umfange er durch das der Aburteilung unterliegende Geschäft in seinem Vermögen zur Zeit des Geschäftsabschlusses geschädigt worden ist. Auch Schmidt[1]) hält eine Änderung des geltenden Rechtes nach dieser Richtung hin für geboten. Gründe und Gegengründe sind von ihm eingehend und zutreffend erörtert.

Wie bereits erwähnt, hat der *DVE.* einen neuen Tatbestand des Nachwuchers geschaffen, der sich, wenn auch in minder scharfer Fassung, in beiden ausländischen Vorentwürfen findet (*SchVE.* Art. 92 Abs. 2, *OVE.* § 376 Nr. 3). § 302c StGB. bedroht mit der Strafe des Wuchers den, der mit Kenntnis des Sachverhaltes eine Wucherforderung erwirbt und weiterveräußert oder die wucherlichen Vorteile geltend macht. Ein gesunder gesetzgeberischer Gedanke, der analog der Strafdrohung gegen den Hehler sich gegen den eigennützigen Förderer des Wucherers und gegen den richtet, der durch seine Teilnahme bei der Verschiebung einer Wucherforderung die Rechtslage des Bewucherten und die Klarstellung des Tatbestandes erschwert. Darüber hinaus aber will der Vorentwurf auch den bestrafen, der eine in gutem Glauben erworbene Forderung nach erlangter Kenntnis ihres wucherischen Ursprungs geltend macht oder weiterveräußert. Es ist schwer begreiflich, wie die sonst gegenüber neuen, den redlichen Geschäftsverkehr erschwerenden Strafvorschriften so bedenklichen Verfasser des Vorentwurfs einer solchen Strafbestimmung Raum gewähren konnten, zumal ein praktisches Bedürfnis für die geplante Neuerung nicht behauptet wird. Für sie fehlt es an jeder inneren Berechtigung, und sie bedroht den Verkehr mit ernsten Gefahren. Der gutgläubige Erwerber einer Wucherforderung wird

---

[1]) A. a. O. S. 266f.

schon hart genug durch ihre von ihm nicht verschuldete Nichtigkeit getroffen. Kein Billigdenkender wird ihm verwehren wollen, die Frage, ob eine Wucherforderung vorliege oder nicht, durch Richterspruch entscheiden zu lassen.

Künftig würde er dies nur mehr auf die Gefahr hin tun, sich dadurch strafbar zu machen. Schon die bloße Behauptung des Schuldners von dem wucherischen, der Forderung zugrunde liegendem Sachverhalt wird in Anwendung des § 59 Abs. 2 *DVE.* zur Feststellung der Kenntnis des Sachverhalts bei Veräußerung oder Geltendmachung der Forderung ausreichen. Der Erwerber einer eingetragenen Hypothekenforderung, der Kaufmann, der für seine Ware Wechsel in Zahlung genommen, müßte gegenüber dem Wucher vorschützenden Schuldner auf seine Rechte Verzicht leisten, wenn er die Gefahr eines Konflikts mit dem Strafgesetz vermeiden will. Böswilligen Schuldnern wird hier ein bequemer Weg geöffnet, sich ihren Verpflichtungen zu entziehen.

Die Begründung des Vorentwurfes (S. 840) weist zur Rechtfertigung der neuen Strafbestimmung auf die Analogie hin, wonach sich auch strafbar mache, wer falsches Geld, das er als echtes erhalten hatte, trotz später erlangter Kenntnis der Falschheit als echt in Verkehr bringt. Die angebliche Analogie liegt nicht vor. Denn diese Strafbestimmung bezweckt die Sicherung des Geldverkehrs, für die ein nicht zu bestreitendes öffentliches Bedürfnis besteht. Der Verkehr mit Forderungen bedarf solcher Sicherstellung nicht. Wer eine Forderung erwirbt, weiß, daß ihr Wert von ihrer Rechtsbeständigkeit und der Zahlungsfähigkeit des Schuldners abhängt. Wird er hierüber bewußt getäuscht, so schützen ihn die Strafbestimmungen wegen Betrugs. Liegt keine Täuschung vor, so entfällt das bei der Ausgabe falschen Geldes im Interesse des Geldverkehrs auch dann noch bestehende Bedürfnis strafrechtlicher Reaktion. Eine verwerfliche Begünstigung des Wucherers oder Verschlechterung der Rechtslage des Bewucherten kommen hier auch nicht in Frage. So entfällt jeder stichhaltige Grund für die geplante Neuerung, in deren Einführung eine schwere Gefährdung sowohl des Geschäftsverkehrs, wie auch der Rechtspflege zu erblicken sein würde.

Verleitung Minderjähriger zu Schulden.

So berechtigt die Strafdrohung gegen den eigennützigen Mißbrauch minderjähriger Personen zu Rechtsgeschäften ist, so geringfügig ist ihre praktische Bedeutung. Bei der überaus seltenen Anwendung der §§ 301, 302 StGB. haben sich Unzuträglichkeiten oder empfindliche Mängel des Gesetzes nicht ergeben. Mit Recht hat daher der *DVE.* sich im wesentlichen auf den Standpunkt des geltenden Rechts gestellt; er hat jedoch die überflüssige Kasuistik des § 302 StGB. beseitigt und sie durch eine allgemeine Strafdrohung gegen die in gewinnsüchtiger Absicht erfolgte Ausnutzung des Leichtsinns oder der Unerfahrenheit des Minderjährigen zwecks Erzielung eines Versprechens auf Zahlung oder Sicherstellung einer Forderung ersetzt. Die Strafdrohung, Gefängnis bis zu einem Jahr oder Geldstrafe bis 3000 M, ist unverändert aus dem § 302 StGB. übernommen. Auch das Erfordernis der Antragstellung ist aufrechterhalten. Die Regelung des Entwurfs würde zu Bedenken keinen Anlaß geben, wenn nicht auch hier die Geltendmachung der Forderung durch den gutgläubigen Erwerber nach erlangter Kenntnis des Sachverhalts mit Strafe bedroht würde. Gegenüber dieser Neuerung greifen die gleichen Erwägungen Platz, die gegenüber der analogen Bestimmung beim Wucher geltend gemacht sind.

Strafe bei Wucher und Glücksspiel.

Zu erheblichen Bedenken geben die Strafdrohungen des Vorentwurfs insofern Anlaß, als gegenüber dem gewerbsmäßigen Spieler und dem Wucherer wie bisher ausschließlich die Verhängung entehrender Gefängnisstrafe zulässig sein soll.

Das Glücksspiel, wenn es nur gelegentlich betrieben wird, ist weder sittlich verwerflich, noch für die Allgemeinheit schädlich. Die Grenze zwischen Glücksspiel und Geschicklichkeitsspiel, zwischen wiederholtem und gewerbsmäßigem Spiel ist überaus flüssig. Nicht jeder, den die Spielleidenschaft vorübergehend zum gewerbsmäßigen Spieler im Sinne des Gesetzes gemacht hat, ist für die menschliche Gesellschaft verloren. Er wird es, wenn die drakonische Strafbestimmung des Strafgesetzbuches oder des Vorentwurfes auf ihn Anwendung findet. Zudem wird vom kriminalpolitischen Standpunkte gegenüber den in diesem Abschnitte behandelten Delikten sowohl im Sinne der Vergeltung wie der Abschreckungs- und Besserungstheorie die wirksamste Strafdrohung eine sehr empfindliche Geldstrafe sein. Geldstrafen, wenn sie nur in ausreichender Höhe angedroht und erkannt werden, sind gerade gegenüber dem aus Geldgier Handelnden sehr wirksam und gegenüber Spielern und Wucherern auch in der Regel beitreibbar. Die Ansicht der Motive aber[1]), daß eine an dem Familienoberhaupt vollstreckte Freiheitsstrafe die Familie minder schwer treffe als die Beitreibung

---

[1]) *VEBegr. I. 45.*

einer Geldstrafe, enthält eine arge Verkennung der tatsächlichen Verhältnisse und der in den breitesten Volksschichten herrschenden Anschauungen.

Es kann nicht energisch genug Verwahrung dagegen eingelegt werden, daß dieser falsche Gedanke, der seine verhängnisvolle Wirkung besonders auf die hier behandelten Delikte erstreckt hat, Leitstern des künftigen Gesetzgebers werde. Wo in einer Familie auch nur eine Spur von Ehrgefühl und Anhänglichkeit sich findet, da bringt man, das lehrt die tägliche Erfahrung, lieber jedes Opfer an Geld und Gut, als daß man einen nahen Angehörigen dem Gefängnis überantwortet. Außerdem aber pflegt die Vollstreckung einer Freiheitsstrafe an dem Familienhaupt die Familie auch materiell weit schwerer und dauernder zu schädigen als die Wegnahme selbst des letzten Vermögensstückes. Dazu kommt, daß mit der Vollstreckung einer Gefängnisstrafe an einem Familienmitgliede auch der gute Ruf der Familie für alle Zeit verloren ist. Die Tatsache, daß der Vater im Gefängnis gesessen, ist der schwerste Fluch, der ein Kind auf seinem Lebensweg unablässig verfolgt. Demgegenüber kann im Ernste nicht davon die Rede sein, daß eine Freiheitsstrafe hauptsächlich den Schuldigen, die Geldstrafe dagegen mehr die schuldlose Familie treffe. Gerade der Gedanke, durch die Strafe nach Möglichkeit nur den Täter selbst zu treffen, ihn durch die Strafe zu bessern und von fernerer Straftat abzuhalten, muß dazu führen, die Geldstrafe überall zuzulassen, wo Freiheitsstrafe irgendwie vermeidbar ist.

Das aber gilt beim Glücksspiel, und es gilt auch beim Wucher. Mögen die besonders schweren Fälle dieses Deliktes, wo der Täter gewerbs- oder gewohnheitsmäßig handelt und systematisch durch Aussaugung seiner Opfer auf deren Ruin hinarbeitet, nach den Vorschlägen des Entwurfes mit Zuchthaus nicht zu hart geahndet werden, so gibt es doch Fälle des Wuchers, wo lediglich die Verhängung einer Geldstrafe am Platze ist. Auch hier ist sie, selbst in erheblicher Höhe, meist beitreibbar und gegenüber der Gewinnsucht als Triebfeder der Tat vielleicht in höherem Grade als die Freiheitsstrafe geeignet, vorbeugend und bessernd zu wirken. Es kommt hinzu, daß auch die Gesinnung und das Verhalten des Wucherers keineswegs immer ehrlos ist. Oft ist mit der auf eigenen erheblichen Verdienst gerichteten Absicht auch das ernstliche Streben verknüpft, dem anderen Teil in seiner Bedrängnis beizustehen. Die Fälle, wo der Bewucherte durch das Eingreifen des Wucherers vor dem Ruin bewahrt wurde und nach Beseitigung seiner Notlage leicht und freudig den Wucherzins zahlten, sind nicht selten. Wo in Voraussicht dessen die Tat begangen wurde, ist Grund zur Verhängung entehrender Freiheitsstrafen nicht vorhanden. Tatsächlich ereignet es sich oft, daß der Bewucherte in größter Dankbarkeit am Wucherer hängt und zu jedem Opfer, selbst zum Meineid, bereit ist, um den, den er als seinen Wohltäter betrachtet, vor der Schande des Gefängnisses zu bewahren. Solche Fälle sind jedem Praktiker geläufig. Der Gesetzgeber darf an ihnen nicht achtlos vorübergehen und wird durch Zulassung der Geldstrafe beim Vorhandensein mildernder Umstände ihnen Rechnung tragen müssen.

XI.

Die Übertretungen.

Von

Werner Rosenberg,
Oberlandesgerichtsrat in Colmar.

I.

Das System des Vorentwurfs.

Der Vorentwurf hat die bisherige Dreiteilung der strafbaren Handlungen in Verbrechen, Vergehen und Übertretungen beibehalten. Die Übertretungen werden als Delikte betrachtet, die sich von den Verbrechen und Vergehen nur durch ihre Geringfügigkeit unterscheiden. Infolgedessen soll der *Allg. T.* des StGB. — wie bisher — auf alle Übertretungen Anwendung finden, soweit nicht das Gesetz ausdrücklich eine abweichende Bestimmung enthält. Mit dieser Regelung wird eine Forderung abgelehnt, die nicht bloß von angesehenen Theoretikern und Praktikern erhoben, sondern auch vom Deutschen Juristentage wiederholt gebilligt worden ist. H. Seuffert, von Liszt, Kahl, Kronecker, Goldschmidt, Junghanns, von Sichart, Graf Gleispach, Feisenberger, Wach u. a. haben übereinstimmend verlangt, daß die Polizeidelikte aus dem StGB. ausgeschieden und in einem Spezialgesetz (Polizeistrafgesetzbuch, Reichspolizeiordnung oder Verwaltungsgesetzbuch) besonderen, ihrer Eigenart entsprechenden Vorschriften unterworfen werden[1]). Der 26. Juristentag in Berlin (1902) hat fast einstimmig beschlossen, daß bei der Revision des StGB. eine Ausscheidung des Polizeistrafrechts vorgenommen werde[2]). Der 29. Juristentag in Karlsruhe (1908) hat gleichfalls den Beschluß gefaßt:

„Übertretungen von rein polizeilichen Vorschriften sind als bloße Ordnungswidrigkeiten aus dem Gebiet des

---

[1]) Hermann Seuffert, Ein neues Strafgesetzbuch für Deutschland (1902) S. 25—26. — Verhandlungen des 26. Juristentages *I. 272—274, 302* (v. Liszt), *III. 212* (Kahl), *244* (Kronecker). — Mitteilungen der Internationalen kriminalistischen Vereinigung *XII. 218, 248* (Goldschmidt); Blätter für Gefängniskunde *XXXVII. 318—319* (Junghanns); *XXXVIII. 192—193* (v. Sichart); Verhandlungen des 29. Juristentags *V. 449, 453, 472, 837* (Graf Gleispach und Feisenberger); Archiv für Militärrecht *I.* (1909) *116* (Feisenberger); DJZ. 1910 S. 10 (Wach); *Vergl. Darst. Allg. T. IV. 338* (Goldschmidt), *VI. 9* (Wach).

[2]) Verhandlungen des 26. Juristentags *III. 271, 602.*

kriminellen Strafrechts auszuscheiden und sowohl materiell als auch bezüglich des Verfahrens besonderen Grundsätzen zu unterstellen[1]."

Die Verfasser des Vorentwurfs haben ihren ablehnenden Standpunkt auf zwei verschiedene Gründe gestützt, nämlich erstens darauf, daß es überhaupt nicht möglich sei, eine scharfe Trennung zwischen dem kriminellen und dem polizeilichen Unrecht durchzuführen[2]), sowie zweitens darauf, daß das Gebiet der Übertretungen zahlreiche Delikte in sich schließe, die den Verbrechen und Vergehen der Art nach durchaus gleich seien[3]). Der zweite dieser Gründe ist zweifellos richtig; derselbe würde jedoch nicht hindern, daß diejenigen Übertretungen ausgesondert werden, welche gleichzeitig Polizeidelikte sind. Bezüglich des ersten Grundes ist zuzugeben, daß es bis heute nicht gelungen ist, eine allgemein anerkannte Definition des Begriffs „Polizeidelikt" zu finden. Gegen jede der bisher aufgestellten Theorien sind begründete Einwendungen erhoben worden[4]). Auch die Kriminalistische Vereinigung hat vergeblich versucht, das Problem zu lösen. Auf den Versammlungen in München (1898) und Stuttgart (1904) hat sie besondere Kommissionen zum Studium dieser Frage eingesetzt[5]); über das Ergebnis ihrer Arbeiten ist jedoch nichts bekannt geworden. Frank und Goldschmidt haben es übernommen, die den erwähnten Kommissionen gestellte Aufgabe selbständig zu erfüllen. Frank bezeichnet als Polizeiübertretungen diejenigen Delikte, deren Norm die allgemeine, im Verkehr erforderliche Sorgfalt spezialisiert[6]). Goldschmidt geht von dem Begriff des Verwaltungsstrafrechts aus, das er als die Deliktsobligation des Verwaltungsrechts definiert[7]). Eine solche Deliktsobligation soll immer dann entstehen, wenn eine strafbare Handlung neben dem formellen Ungehorsam gegen staatliche Gebote und Verbote zugleich eine Verletzung von Verwaltungsinteressen enthält[8]). Auf dem Gebiet der Reichsgesetzgebung unterscheidet Goldschmidt drei Klassen von Verwaltungsdelikten: Postdelikte,

---

[1]) Verhandlungen des 29. Juristentags *V. 517, 870.*

[2]) *VEBegr.* Einleitung S. VII.

[3]) *VEBegr. I. 3.*

[4]) Zeitschrift für die gesamte Strafrechtswissenschaft *XXIV. 5—15.*

[5]) Mitteilungen der IKV. *VII. 217, XII. 264—265.*

[6]) Frank, Das Strafgesetzbuch für das Deutsche Reich 5.—7. Aufl. (1908) S. 570.

[7]) Goldschmidt, Mitteilungen der IKV. *XII. 217, 237.*

[8]) Mitteilungen *XII. 241.*

Finanzdelikte und Polizeidelikte[1]). Derselbe erklärt, es sei Aufgabe der künftigen Gesetzgebung, für die drei Gebiete des Poststrafrechts, Finanzstrafrechts und Polizeistrafrechts die Grundsätze zu entwickeln, die sich aus ihrer Natur als Deliktsobligationen des Verwaltungsrechts ergeben[2]).

Die Definitionen von Frank und Goldschmidt mögen im allgemeinen zutreffend sein; jedenfalls aber fehlt ihnen die juristische Schärfe und Bestimmtheit. Sie bieten daher kein geeignetes Mittel, um die zahlreichen Zweifel über den Umfang und die Grenzen des polizeilichen Unrechts zu beseitigen. In Theorie und Praxis ist z. B. streitig, ob die Zuwiderhandlungen gegen §§ 286, 353a, 366 Nr. 6 und 7, 368 Nr. 10 und 370 Nr. 3 des StGB. Polizeidelikte sind[3]). Weitere Beispiele sind in der Begründung des Vorentwurfs (Einleitung S. VIII) angeführt[4]). Ferner passen die von Frank und Goldschmidt aufgestellten Definitionen nicht bloß auf einen Teil der Übertretungen, sondern auch auf manche Vergehen, ja sogar auf einzelne Verbrechen. Von den Delikten des Auflaufs, des Aufruhrs und des Landfriedensbruchs kann man z. B. behaupten, daß ihre Norm „die allgemeine, im Verkehr erforderliche Sorgfalt spezialisiere" und daß eine Zuwiderhandlung gegen diese Norm „die Interessen der Verwaltung verletze". Dasselbe gilt auch von den Zuwiderhandlungen gegen §§ 327, 328, 329 des StGB., gegen §§ 146 Ziff. 2, 146a, 147 Ziff. 4 der GewO., gegen § 9 des SprengstG. usw. Durch die Definitionen von Frank und Goldschmidt werden Delikte von ganz verschiedener Schwere zu einer einzigen Begriffskategorie zusammengefaßt. Wenn Vergehen und Verbrechen zu den Polizeidelikten gerechnet werden, so ist es gar nicht möglich, für die letzteren einheitliche Vorschriften über Schuld, Irrtum, Strafart, Strafmaß, Rückfall und Verjährung aufzustellen. Die Trennung des polizeilichen vom kriminellen Unrecht hat in diesem Falle nur theoretisches Interesse, aber keine praktische Bedeutung.

Bezüglich der Theorie von Goldschmidt kommt noch in Betracht, daß es gemeinsame Grundsätze für das ganze Gebiet

---

[1]) Mitteilungen S. 217—218, 234—235.

[2]) Mitteilungen S. 238.

[3]) Vgl. Olshausen, Kommentar zum StGB. 8. Aufl. (1910) § 286 Nr. 11 S. 1190, § 353a Nr. 10 S. 1388, § 366 Nr. 6 u. 7 S. 1458, 1459, § 368 Nr. 10 S. 1486, § 370 Nr. 3 S. 1494; Frank, Das StGB. für das Deutsche Reich 5.—7. Aufl. S. 481 (§ 286 IV), S. 560 (§ 353a II), S. 615 (§ 368 Nr. 10); *VEBegr.* Einleitung S. VII.

[4]) Vgl. auch Klöppel, Das Reichspreßrecht (1894) S. 384

des Verwaltungsstrafrechts überhaupt nicht gibt. Nicht einmal für das Finanzstrafrecht hat der Gesetzgeber ein allgemein gültiges System von Rechtssätzen ausgebildet[1]). Bei manchen Finanzdelikten muß der dolus des Täters nachgewiesen werden[2]); bei andern wird derselbe präsumiert[3]). Eine dritte Klasse bilden die Formaldelikte, bei denen es nur auf den objektiven Tatbestand ankommt[4]); ein Verschulden ist bei ihnen überhaupt nicht erforderlich. Die meisten Finanzgesetze schreiben vor, daß die erkannte Geldstrafe, wenn sie nicht beigetrieben werden kann, in Freiheitsstrafe umzuwandeln ist[5]). Nach §§ 33, 27 Abs. 2 des Zündwarensteuergesetzes darf nur ein Teil der Geldstrafe umgewandelt werden[6]). Das Wechselstempelgesetz, das Reichsstempelgesetz und das Reichsgesetz über die Erbschaftssteuer schließen die Umwandlung gänzlich aus[7]). Der Rückfall bildet in der Regel einen Strafschärfungsgrund; jedoch gibt es einzelne Steuergesetze,

---

[1]) Entsch. des Reichsgerichts in Strafsachen *XXXV. 310.*

[2]) Vereinszollgesetz vom 1. Juli 1869 §§ 134, 135, Gesetz betr. die Erhebung einer Abgabe von Salz vom 12. Okt. 1867 § 11, Gesetz betr. den Spielkartenstempel vom 3. Juli 1878 § 10, Zuckersteuergesetz vom 27. Mai 1896 § 43, Schaumweinsteuergesetz vom 9. Mai 1902 § 16, Süßstoffgesetz vom 7. Juli 1902 § 7 Abs. 1, Zigarettensteuergesetz vom 3. Juni 1906 § 17, Brausteuergesetz vom 15. Juli 1909 § 39, Branntweinsteuergesetz vom 15. Juli 1909 § 111, Zündwarensteuergesetz vom 15. Juli 1909 § 23, Leuchtmittelsteuergesetz vom 15. Juli 1909 § 17.

[3]) Vereinszollgesetz §§ 136, 137 Abs. 1; Gesetz betr. die Erhebung einer Abgabe von Salz § 13 Abs. 1; Gesetz betr. den Spielkartenstempel § 11; Zuckersteuergesetz §§ 44, 46 Abs. 1; Schaumweinsteuergesetz § 16 Abs. 2; Zigarettensteuergesetz § 17 Abs. 2; Leuchtmittelsteuergesetz § 18; Zündwarensteuergesetz § 24; Tabaksteuergesetz § 42; Brausteuergesetz §§ 40, 41; Branntweinsteuergesetz §§ 112, 113.

[4]) Gesetz betr. die Wechselstempelsteuer vom 10. Juni 1869 § 15; Wechselstempelgesetz vom 15. Juli 1909 § 18; Vereinszollgesetz § 137 Abs. 2, 152; Gesetz betr. die Erhebung einer Abgabe von Salz § 13 Abs. 2, § 15; Zuckersteuergesetz § 46 Abs. 2; Schaumweinsteuergesetz § 16 Abs. 3; Zigarettensteuergesetz § 17 Abs. 3.

[5]) Vereinszollgesetz § 162; Gesetz betr. die Erhebung einer Abgabe von Salz § 17; Gesetz betr. den Spielkartenstempel § 17; Zuckersteuergesetz § 60; Tabaksteuergesetz § 53; Branntweinsteuergesetz § 135; Brausteuergesetz § 53 Leuchtmittelsteuergesetz § 29.

[6]) Reichsgesetz vom 15. Juli 1909 § 33.

[7]) Gesetz betr. die Wechselstempelsteuer vom 10. Juni 1869 § 15 Abs. 3; Wechselstempelgesetz vom 15. Juli 1909 § 22; Reichsstempelgesetz vom 14. Juni 1900 § 47, vom 3. Juni 1906 § 74, vom 15. Juli 1909 § 98; Erbschaftssteuergesetz vom 3. Juni 1906 § 52.

in denen eine entsprechende Vorschrift fehlt[1]). In verschiedenen Finanzgesetzen sind besondere Vorschriften über die Bestrafung der Beihilfe und der Begünstigung[2]) sowie über die Verhängung einer Einheitsstrafe[3]) enthalten; andere Finanzgesetze verweisen in dieser Beziehung auf die allgemeinen Grundsätze des Strafgesetzbuchs[4]). Eine subsidiäre Haftung für dritte Personen besteht zwar bei vielen Finanzdelikten[5]), aber nicht bei allen[6]). Auch eine Übertragung der strafrechtlichen Verantwortlichkeit ist nur bei einem Teil dieser Delikte zulässig[7]).

Die Verfasser des Entwurfs haben es also mit Recht abgelehnt, aus dem Strafgesetzbuch die bunte Menge der Vergehen und Übertretungen zu streichen, welche nach der herrschenden Meinung zum Polizeiunrecht gehören. Gleichwohl ist ganz allgemein das Gefühl verbreitet, daß nicht bloß zwischen einzelnen Vergehen und Übertretungen, sondern auch zwischen einzelnen Gruppen von Übertretungen ein innerer Unterschied besteht[8]). Ein erheblicher Fortschritt in der Behandlung dieser Gruppen läßt sich erzielen, wenn man den Grundgedanken weiter verfolgt, auf dem die Abgrenzung zwischen Vergehen und Übertretungen im geltenden Strafgesetzbuch beruht. Aus dem Kreise der geringen

---

[1]) Vgl. die Gesetze betr. den Wechselstempel vom 10. Juni 1869 und 15. Juli 1909 sowie das Erbschaftssteuergesetz von 1906.

[2]) Gesetz betr. die Besteuerung des Branntweins vom 24. Juni 1887 § 22; Branntweinsteuergesetz vom 15. Juli 1909 § 119; Zigarettensteuergesetz vom 3. Juni 1906 § 18 Abs. 3; Zündwarensteuergesetz § 28; Schaumweinsteuergesetz § 17 Abs. 3.

[3]) Reichsstempelgesetz § 96; Wechselstempelgesetz § 21; Zündwarensteuergesetz § 31; Zuckersteuergesetz § 59.

[4]) Vereinszollgesetz § 149; Gesetz betr. die Erhebung einer Abgabe von Salz § 17; Bundesgesetz betr. die Sicherung der Zollvereinsgrenze in den vom Zollgebiet ausgeschlossenen hamburgischen Gebietsteilen vom 1. Juli 1869 Art. 10.

[5]) Vereinszollgesetz § 153; Gesetz betr. die Erhebung einer Abgabe von Salz § 17; Gesetz betr. den Spielkartenstempel § 18; Zuckersteuergesetz § 58; Schaumweinsteuergesetz § 20; Tabaksteuergesetz § 52; Branntweinsteuergesetz § 131.

[6]) Dieselbe fehlt z. B. im Wechselstempelgesetz.

[7]) Zuckersteuergesetz § 55 Abs. 2; Brausteuergesetz § 13; Branntweinsteuergesetz § 125; Zündwarensteuergesetz § 14 Abs. 4.

[8]) v. Liszt, Gutachten für den 26. Juristentag *I. 273;* Kahl, Verhandlungen des 26. Juristentages *III. 214;* Frank, Mitteilungen der JKV. *XII. 206, 213;* H. Seuffert, Ein neues Strafgesetzbuch für Deutschland S. 21, 23; Goldschmidt, DJZ. 1902 S. 212.

Delikte[1]) müssen die geringsten Delikte ausgesondert werden, nämlich die Zuwiderhandlungen gegen Polizeiverordnungen.

Bei letzteren handelt es sich nicht um Ungehorsam gegen allgemeine Gebote und Verbote, die von den Organen der gesetzgebenden Gewalt erlassen sind, sondern um Ungehorsam gegen die allgemeinen Gebote und Verbote, die von anderen Staatsorganen erlassen sind. Der Ungehorsam richtet sich also nicht gegen die höchsten Träger der staatlichen Autorität, sondern nur gegen untergeordnete Vertreter derselben. Die Geltung der Polizeiverordnungen ist in der Regel räumlich beschränkt; sie erstreckt sich bei den Orts- und Bezirkspolizeiverordnungen nur auf einen kleinen Teil des Staatsgebiets, nämlich auf einzelne Gemeinden und Bezirke. Vielfach ist die Geltung der Polizeiverordnungen auch zeitlich begrenzt. Beispiele bieten die Verordnungen über die Schließung von Weinbergen vor Beginn des Herbstes, über die Absperrung von Straßen und Plätzen bei einer Parade, über die Sperre von Ställen, Gehöften, Ortschaften, Weiden und Feldmarken während der Dauer einer Viehseuche usw. Die Formulierung der Polizeiverordnungen ist häufig eine sehr unklare und ungeschickte. Motive, stenographische Berichte über Vorverhandlungen, Kommentare und andere Eselsbrücken, welche das Verständnis der Gesetzestexte erleichtern, existieren bei ihnen nicht. Die Art der Verkündung der Polizeiverordnungen läßt gleichfalls viel zu wünschen übrig. In kleinen Orten werden dieselben vielfach noch vom Polizeidiener durch Austrommeln und Ausrufen bekannt gemacht. Dieses System der Veröffentlichung setzt voraus, daß der Anwesende ein gutes Gehör und ein vorzügliches Gedächtnis besitzt, sowie daß der Abwesende seine Rechtskenntnisse bei den Nachbarn und im Wirtshause ergänzt. Die Vervielfältigung einer einzelnen Polizeiverordnung durch den Druck ist ebenso selten wie die Herausgabe einer gedruckten Sammlung von Polizeiverordnungen. Infolgedessen ist es nicht bloß für Land- und Ortsfremde, sondern auch für Einheimische sehr schwierig, die Gesamtheit der in einer Gemeinde geltenden Polizeiverordnungen kennen zu lernen. Der Inhalt dieser Verordnungen kann auch nicht vermutet werden. Derselbe besteht

---

[1]) Motive zum Strafgesetzbuch für den Norddeutschen Bund (Verhandlungen des Reichstags des Norddeutschen Bundes, erste Legislaturperiode, Session 1870, III., Anlagen, Aktenstück Nr. 5 S. 31, 87. — *VEBegr. I. 4, 112, 324.*

nicht in „Kulturnormen"[1]), d. h. in Rechtsvorschriften, welche in allen Kulturländern dauernde Bestandteile der geltenden Rechtsordnung sind, sondern in Verwaltungsvorschriften, welche in einzelnen Gemeinden oder Bezirken wandelbare Bestandteile der geltenden Verwaltungsordnung sind. Die Kulturnormen sollen allgemeine staatliche, gesellschaftliche, moralische und religiöse Interessen regeln und schützen; die Verwaltungsvorschriften sollen besondere, nach Zeit und Ort wechselnde Interessen der Verwaltung regeln und schützen. Endlich hat die Strafe bei Zuwiderhandlungen gegen Polizeiverordnungen einen ganz anderen Zweck als die gewöhnliche Kriminalstrafe. Dieselbe soll weniger ein Übel für begangenes Unrecht[3]) als eine Mahnung zum gesetzlichen Verhalten[4]), eine scharfe Erinnerung an das Verbotsgesetz[5]) sein. Sie dient also nicht der Repression, sondern der Prävention; sie will nicht das Unrecht ahnden, sondern das Recht erzwingen[6]). Sie ist nicht Vergeltungsstrafe, sondern Ordnungsstrafe, d. h. ein Zwangsmittel[7]), um die künftige Beobachtung der bestehenden Vorschriften zu sichern.

Vorstehende Erwägungen treffen jedoch nur bei Verordnungen zu, die von einer Orts- oder Bezirkspolizeibehörde — eventuell auch einer Landespolizeibehörde — erlassen werden, dagegen nicht bei Verordnungen, die von einem gesetzgebenden Organ des Reiches — Kaiser oder Bundesrat — erlassen werden. Die Verordnungen des Kaisers und des Bundesrats gelten in der Regel für das ganze Reich. In den meisten Fällen sind sie für die Dauer bestimmt. Ihre Verkündung im Reichsgesetzblatt ist — wenn nicht notwendig[8]) — zum mindesten üblich, häufig sogar ausdrücklich vorgeschrieben[9]).

---

[1]) Max Ernst Mayer, Rechtsnormen und Kulturnormen (1903) S. 16, 17; *VEBegr. Allg. T.* S. 12.

[2]) Max Ernst Mayer S. 120; Goldschmidt, Mitteilungen der IKV. *XII. 241—242.*

[3]) *VEBegr. Allg. T.* S. 91, 110.

[4]) *VEBegr.* S. 110.

[5]) Begr. S. 219.

[6]) Isaak in der Zeitschrift für die ges. Strafrechtswissenschaft *XXI. 640.*

[7]) Klöppel, Reichspreßrecht S. 247, 252; v. Schulze-Gävernitz, Preußisches Staatsrecht *II.* (1890) *318.*

[8]) Laband, Das Staatsrecht des Deutschen Reiches 4. Aufl. *II.* (1901) *100, 101* Text und Anm. 3; Deutsches Reichsstaatsrecht 5. Aufl. (1909) S. 135—136.

[9]) Vgl. z. B. die Reichsgesetze zur Bekämpfung des unlauteren Wettbewerbs vom 27. Mai 1896 § 5 und vom 7. Juni 1909 § 11 Abs. 3.

Infolgedessen ist es für Einheimische und Fremde sehr erleichtert, die Existenz, den Inhalt und Wortlaut der genannten Verordnungen festzustellen. Die Auslegung der letzteren bietet keine größeren Schwierigkeiten als die Auslegung der Reichsgesetze.

Hiernach erscheint es gerechtfertigt, die Zuwiderhandlungen gegen Polizeiverordnungen aus der Klasse der Übertretungen auszuscheiden und für dieselben eine neue Klasse von Polizeiübertretungen zu bilden. Dieser Weg führt allerdings dazu, die Dreiteilung des geltenden Rechts durch eine Vierteilung zu ersetzen, nämlich durch die Einteilung in Verbrechen, Vergehen, Übertretungen und Polizeiübertretungen. Allein ein wesentlicher Fortschritt ist nur dann zu erreichen, wenn die verschiedenartigen Elemente, welche gegenwärtig in der Klasse der Übertretungen vereinigt sind, voneinander getrennt werden. Ist in dieser Beziehung erst ein Anfang gemacht, so können später auch noch andere Delikte, bei denen die Strafe lediglich den Charakter eines Zwangsmittels hat, den Polizeiübertretungen gleichgestellt und mit Ordnungsstrafe bedroht werden.

II.
Der Kreis der Übertretungen.

In der Literatur ist bereits vielfach die Forderung erhoben worden, einzelne Delikte, welche gegenwärtig zur Klasse der Übertretungen gehören, oder wenigstens bestimmte Fälle derselben in die Klasse der Vergehen zu verweisen. Diese Delikte sind 1. Bettel, 2. Landstreicherei, 3. gewerbsmäßige Unzucht, 4. Verletzung der gesetzlichen Unterhaltspflicht.

1. Bettel.

In der *Vergl. Darst.* führt v. Hippel zutreffend aus, daß unter den Bettlern ganz verschiedene Menschenklassen sich befinden: Arbeitsfähige und Arbeitsunfähige, Arbeitswillige und Arbeitsscheue, Harmlose und Gemeingefährliche[1]). Im Jahre 1894 hat der Congrès international de patronage in Antwerpen erklärt, daß jede verständige Gesetzgebung über Bettel drei Kategorien von Tätern unterscheiden solle, nämlich les invalides et infirmes, les mendiants accidentels

---

[1]) v. Hippel, *Vergl. Darst. Bes. T. II. 109.*

und les mendiants professionnels[1]). An diese Einteilungen ist anzuknüpfen. Arbeitsunfähige und mittellose Personen sind nicht zu bestrafen, sondern in Asylen unterzubringen, aber nötigenfalls auch zwangsweise in denselben festzuhalten[2]). Arbeitsfähige und Arbeitswillige, welche in entschuldbarer Notlage betteln, müssen gleichfalls straflos bleiben[3]). Bei ihnen ist nicht Strafe, sondern Hilfe nötig. Die Bestimmung in § 305 Nr. 2 Abs. 2 des Vorentwurfs, daß der Täter straflos bleiben kann, ist also dahin abzuändern, daß der Täter straflos bleibt. Bei den übrigen Gelegenheitsbettlern erscheint eine mäßige Freiheitsstrafe ausreichend. Die qualifizierte Haft des geltenden StGB. soll durch den Vorentwurf beseitigt werden[4]); die einfache Haft übt auf die zahlreichen Gelegenheitsbettler, welche bereits Freiheitsstrafen erlitten haben, keine abschreckende Wirkung aus[5]). Es ist daher zu billigen, daß der Vorentwurf wahlweise Gefängnis neben Haft androht. Dagegen muß die volle Strenge des Gesetzes den gewerbsmäßigen Bettler treffen, der fortgesetzt auf Kosten seiner Mitmenschen ein Bummler- und Schmarotzerleben führt. Ihm gegenüber genügt die Gefängnisstrafe nicht; vielmehr ist neben derselben die Überweisung in ein Arbeitshaus erforderlich[6]). Dem gewerbsmäßigen Bettler ist der rückfällige jedenfalls dann gleichzustellen, wenn der Rückfall auf Liederlichkeit und Arbeitsscheu beruht[7]). In dieselbe Kategorie gehört ferner der gemeingefährliche Bettler, sofern seine Handlung nicht unter den Begriff der

---

[1]) v. Hippel, S. 108; Dalloz Supplément au Répertoire méthodique et alphabétique de Législation etc. *XVIII.* (1896) V. Vagabondage Nr. 6 S. 736.

[2]) Bonhöffer, Zeitschrift für die ges. Strafrechtswissenschaft *XXI.* (1901) *61*; v. Hippel, *Vergl. Darst. Bes. T. II. 231.*

[3]) v. Hippel, *Vergl. Darst. Bes. T. II. 213, 216—217*; Hirschberg, Schriften des Deutschen Vereins für Armenpflege und Wohltätigkeit Heft 36 (1898) S. 30; v. Engelberg, Mitteilungen der IKV. *V.* (1896) *380* Ziff. 9, 405; Dosenheimer, Monatsschrift für Kriminalpsychologie und Strafrechtsreform *V.* (1908—1909) *659.*

[4]) Begr. *Allg. T.* S. 54, 68.

[5]) v. Hippel, Die strafrechtliche Bekämpfung von Bettel, Landstreicherei und Arbeitsscheu (1895) S. 251; Mitteilungen der IKV. *V. 401.*

[6]) v. Hippel, Bekämpfung S. 207, 209; *Vergl. Darst. Bes. T. II. 222, 224.* — Mitteilungen der IKV. *V. 377* Ziff. 2 (v. Hippel), S. 422 These II (Beschluß).

[7]) v. Hippel, Bekämpfung S. 209; *Vergl. Darst. Bes. T.* S. 224; v. Engelberg, Mitteilungen der IKV. *V. 380* Ziff. 8, 405.

Nötigung oder der Erpressung fällt[1]). Da das Betteln in allen Fällen, in denen es überhaupt strafbar ist, mit Gefängnis bedroht wird, so erscheint es gerechtfertigt, dieses Delikt aus der Klasse der Übertretungen auszuscheiden und in die Klasse der Vergehen aufzunehmen[2]). Die vorgeschlagene Neuerung ist um so unbedenklicher, als sie lediglich einen Rechtszustand wiederherstellt, der früher in manchen deutschen Bundesstaaten bereits bestanden hat[3]). Im Geltungsbereich des code pénal wird das Delikt des Bettels gleichfalls als Vergehen betrachtet[4]).

Sehr zweifelhaft und bestritten ist die Frage, ob die Überweisung in das Arbeitshaus, welche gegenwärtig den Charakter einer Nebenstrafe hat[5]), in Zukunft eine Hauptstrafe, eine Nebenstrafe oder eine sichernde Maßnahme sein soll. V. Hippel, v. Engelberg, Aschrott, Wach, Freiherr v. d. Goltz, Krohne, Gennat und andere Sachverständige haben empfohlen, das Arbeitshaus als Hauptstrafe einzuführen[6]). Die Internationale kriminalistische Vereinigung hat 1895 in Linz und der Verein deutscher Strafanstaltsbeamten 1903 in Stuttgart diese Reform ebenfalls befürwortet[7]). Die Ausführung des erwähnten Vorschlags setzt voraus, daß eine neue Strafart geschaffen wird, welche im wesentlichen dem Zuchthaus entspricht[8]). Dieselbe würde sich vom Zuchthaus lediglich durch die Herabsetzung des Straf-

---

[1]) Entsch. des Reichsgerichts in Strafs. *XXXV. 343—344;* v. Hippel, *Vergl. Darst.* S. 224; v. Engelberg, Mitteil. *V. 380* Ziff. 8.

[2]) v. Hippel, Bekämpfung S. 63; v. Liszt, Zeitschrift für die ges. Strafrechtswissenschaft *X. 52.*

[3]) v. Hippel, Bekämpfung S. 63.

[4]) Code pénal Art. 274—282; v. Hippel, *Vergl. Darst. Bes. T. II. 117—119.*

[5]) Entsch. des Reichsgerichts in Strafs. *VII. 433;* v. Hippel, *Vergl. Darst.* S. 181—182.

[6]) V. Hippel, Die strafrechtliche Bekämpfung von Bettel, Landstreicherei und Arbeitsscheu S. 210, 262; Mitteilungen der IKV. *V. 377* Ziff. 2, 397—398; *Vergl. Darst.* S. 226—227, v. Engelberg, Mitteilungen der IKV. *V. 379* Z. 4, 404; Aschrott, Mitteilungen *V. 410*; Wach, Blätter für Gefängniskunde *XXXVI.* (1902) *14;* Frhr. v. d. Goltz, Blätter für Gefängniskunde *XXXVIII. 203, 215;* Krohne, Blätter *XXXVIII. 207;* Gennat, Blätter 211; Köhler, Studien zum Vorentwurf eines deutschen StGB. (1910) S. 11.

[7]) Mitteilungen der IKV. *V. 422—423*; Blätter für Gefängniskunde *XXXVIII. 87, 201.*

[8]) v. Hippel, Die strafrechtliche Bekämpfung von Bettel usw. S. 192 bis 193, 197—198; Beling, Blätter für Gefängniskunde *XXXVIII. 220—221.*

rahmens sowie durch den Mangel der entehrenden Wirkungen unterscheiden.

Von dem Gesichtspunkt aus, daß Art und Maß der Strafe der Größe der Schuld entsprechen soll[1]), würde das Arbeitshaus vielfach eine zu harte Strafe sein. Unter den gewerbsmäßigen Bettlern befinden sich zahlreiche geistig minderwertige und willensschwache Personen — „passive" Naturen, wie Aschaffenburg treffend sagt[2]) —, deren subjektives Verschulden nur gering ist[3]). Auch wäre es eine große Unbilligkeit, arbeitsfähige Personen wegen gewerbsmäßigen Bettelns zu schwerer Zuchthausstrafe zu verurteilen, während beschränkt arbeitsfähige und arbeitsunfähige Personen wegen genau desselben Delikts nur eine leichte Haftstrafe erhalten oder ganz mit Strafe verschont werden. Der Grundsatz „Gleiches Verbrechen, gleiche Strafe", der sonst im Strafrecht gilt, würde eine erhebliche Durchbrechung erfahren[4]). Die Bedenken, welche in den Motiven gegen die Rechtsinstitute der Deportation, der Strafarbeit und der Friedensbürgschaft geltend gemacht worden sind[5]), würden auch bei der Hauptstrafe des Arbeitshauses zutreffen.

Hierzu kommt noch der Umstand, daß eine scharfe Trennung zwischen arbeitsfähigen und beschränkt arbeitsfähigen Personen gar nicht möglich ist[6]). Nicht selten würde sich erst während des Strafvollzugs herausstellen, daß ein angeblich arbeitsfähiger Bettler nicht arbeiten kann. In diesem Falle müßte gemäß § 399 Nr. 5 der StPO. die Wiederaufnahme des Verfahrens eingeleitet werden, da eine gesetzliche Voraussetzung für die Anwendung der strengeren Strafe fehlte.

Endlich muß es als eine sehr bedenkliche Neuerung bezeichnet werden, daß eine Verwaltungsbehörde darüber ent-

---

[1]) *VEBegr. Allg. T.* S. 91, 113.

[2]) Aschaffenburg, Gutachten für den 27. Juristentag *II. 14.*

[3]) V. Hippel, Die strafrechtliche Bekämpfung von Bettel usw. S. 181; *Vergl. Darst. Bes. T. II. 233—234;* Robin, Mitt. der IKV. *IV. 252*; Bonhöffer, Zeitschrift für die ges. Strafrechtswissenschaft *XXI. 60—62*; Riebeth, Monatsschrift für Kriminalpsychologie *V. 691*; Aschaffenburg, Das Verbrechen und seine Bekämpfung 2. Aufl. S. 271.

[4]) *VEBegr. Allg. T.* S. 33.

[5]) Begr. *Allg. T.* S. 33, 41, 48.

[6]) Aschrott, Mitteilungen der IKV. *V.* S. 410; Leppmann, Mitt. S. 415, 418; v. Hippel, *Vergl. Darst. Bes. T. II. 189,* Text und Anm. 4, 230—231.

scheiden soll, ob und in welchem Umfange eine gerichtlich erkannte Haftstrafe zu vollstrecken ist[1]).

Die gleichen Erwägungen kommen auch in Betracht, wenn das Arbeitshaus als Nebenstrafe aufgefaßt wird. Als weiterer Grund gegen das System der Nebenstrafe ist anzuführen, daß die Unterscheidung zwischen einer leichten Hauptstrafe und einer schweren Nebenstrafe gar keinen vernünftigen Sinn hat. In scharfer, aber treffender Weise hat Jastrow dieses System als heuchlerisch bezeichnet[2]).

Hiernach ist der Standpunkt des Vorentwurfs zu billigen, daß das Arbeitshaus eine „sichernde Maßnahme" sein soll[3]). Als zweckmäßige Neuerung muß es ferner bezeichnet werden, daß das Gericht die Überweisung direkt anordnet und die Dauer derselben vorschreibt[4]). Es wird sich jedoch empfehlen, die Überweisungsformel alternativ zu fassen „Arbeitshaus oder Asyl", um der Vollzugsbehörde in der Art der Unterbringung größere Freiheit zu gewähren, falls sich nachträglich herausstellt, daß der Verurteilte in eine andere Anstalt gehört. Die Vorschrift des § 42 Abs. 3 des Vorentwurfs würde hierdurch überflüssig. Die gleichzeitig erkannte Freiheitsstrafe kann auch im Arbeitshause vollstreckt werden[5]). Bei Verbüßung derselben wird sich herausstellen, ob der Verurteilte das erforderliche Maß von Arbeitsfähigkeit besitzt. Der Vollzug der sichernden Maßnahmen darf nicht der Landespolizeibehörde übertragen werden. Letztere würde ihre Entscheidungen nur auf die schriftlichen Berichte der Anstaltsbeamten gründen, bei denen die Gefahr einer gewissen Einseitigkeit besteht[6]). Vielmehr sind für den Vollzug der erwähnten Maßregeln gemischte Kommissionen zu bilden, die aus Richtern, Verwaltungsbeamten, Ärzten und Laien zusammengesetzt sind[7]). Dieselben haben in einem geordneten Verfahren — nach Anhörung der Anstaltsbeamten und der Verurteilten — über die Wahl der Anstalt, die Dauer der Anstaltsbehandlung, die

---

[1]) Finger, Blätter für Gefängniskunde *XXXVIII. 218;* Goldschmidt, *Vergl. Darst. Allg. T. IV. 331.*

[2]) Jastrow, Schriften des deutschen Vereins für Armenpflege und Wohltätigkeit Heft 40 (1899) S. 55.

[3]) *VEBegr. Allg. T.* S. 148.

[4]) Begr. S. 152; v. Hippel, *Vergl. Darst. Bes. T. II. 187.*

[5]) v. Hippel, *Vergl. Darst.* S. 225.

[6]) Aschaffenburg, Gutachten für den 28. Juristentag *II. 26–27.*

[7]) Kahl, *Vergl. Darst. Allg. T. I. 31, 76;* Verhandlungen des 28. Juristentags *III. 368, 386;* v. Bar, Gesetz und Schuld im Strafrecht *II. 54.*

Beurlaubung[1]) und die Stellung unter Schutzaufsicht[2]) Entscheidung zu treffen. Voraussetzung für eine ersprießliche Wirksamkeit dieser Vollzugsbehörden sind periodische Revisionen der in Betracht kommenden Arbeitshäuser und Asyle.

2. Landstreicherei.

Zu den Landstreichern gehören gleichfalls ganz verschiedene Menschenklassen: Invaliden, Gelegenheitsbummler und Gewohnheitsbummler. Die strafrechtliche Bekämpfung der Landstreicherei hat nach denselben Gesichtspunkten zu erfolgen wie diejenige der Bettelei, also Internierung der Invaliden in Zwangsasylen, wahlweise Androhung von Gefängnis und Haft gegenüber arbeitsfähigen Personen, Umwandlung des Delikts in ein Vergehen, Überweisung der vagabonds professionnels in ein Arbeitshaus. Ein erheblicher Fortschritt des Vorentwurfs besteht darin, daß derselbe auch die „Stadtstreicherei" mit Strafe bedroht[3]). Durch diese Erweiterung des Deliktsbegriffs wird die Strafbestimmung in § 361 Ziff. 8 des geltenden Strafgesetzbuchs entbehrlich[4]); dieselbe ist außerdem — wie v. Hippel ausführt — „verwerflich" [5]).

3. Gewerbsmässige Unzucht.

In der Zeitschrift für Bekämpfung der Geschlechtskrankheiten hat Neißer vorgeschlagen, die Straflosigkeit der gewerbsmäßigen Unzucht, welche gegenwärtig nur für „Kartenmädchen" besteht, auf alle Frauenspersonen auszudehnen, dagegen Zuwiderhandlungen gegen die zur Sicherung der Gesundheit, der öffentlichen Ordnung und des öffentlichen Anstands erlassenen Vorschriften mit Gefängnis zu bestrafen[6]). Der Vorentwurf hat diesen Vorschlägen scheinbar entsprochen. In Wirklichkeit jedoch hat derselbe aus den Reformgedanken von Neißer, die ein zusammenhängendes und geschlossenes System bilden, nur einzelne Stücke herausgerissen. Die Grundzüge des von Neißer aufgestellten Systems sind folgende: Alle Personen, welche der gewerbsmäßigen Unzucht verdächtig

---

[1]) V. Hippel, *Vergl. Darst.* S. 229—230.

[2]) Goldschmidt, *Vergl. Darst. Allg. T. IV. 440;* Rosenberg, Archiv für Kriminalanthropologie *XI. 232;* Zeitschrift für die ges. Strafrechtswissenschaft *XXIV. 33.*

[3]) *VEBegr. Bes. T.* S. 845—846.

[4]) Begr. S. 844.

[5]) v. Hippel, *Vergl. Darst. Bes. T. II. 235.*

[6]) Zeitschrift für Bekämpfung der Geschlechtskrankheiten *I.* (1903) *280, 325, 327.*

sind, werden einer „Sanitätskommission“ überwiesen, die aus Richtern, Ärzten und Laien besteht[1]). Letztere hat in einem geordneten Ermittelungsverfahren zu entscheiden, ob, in welchem Umfange und für welche Zeitdauer die verdächtigen Personen unter ärztliche Aufsicht gestellt werden sollen. Solange diese Personen die sanitätspolizeilichen Vorschriften der Kommission befolgen, bleiben sie mit der sittenpolizeilichen Aufsicht verschont[2]). Eine gerichtliche Bestrafung wegen Zuwiderhandlungen gegen sanitätspolizeiliche Vorschriften ist erst dann zulässig, wenn die Kommission die schuldige Person der Polizei- oder Gerichtsbehörde zur Verfolgung und Bestrafung übergibt[3]). Als ultima ratio kann die Unterstellung rückfälliger und renitenter Dirnen unter Polizeiaufsicht durch Richterspruch verfügt werden, wenn dieselben wegen Zuwiderhandlungen gegen sanitätspolizeiliche Vorschriften oder wegen Verletzung der öffentlichen Ordnung bzw. des öffentlichen Anstands wiederholt vorbestraft sind[4]). Eine einheitliche Regelung der ganzen Materie durch Spezialgesetz ist notwendig[5]); die besonderen Vorschriften für einzelne Städte über Wohnungsverhältnisse der Prostituierten, Zulässigkeit von Bordellen oder Absteigequartieren usw. sind durch Ortsstatut zu treffen[6]). — Das geschilderte System enthält gegenüber dem bestehenden Rechtszustand einen ungeheuren Fortschritt. Dasselbe verdient daher ernste Beachtung und sorgfältige Prüfung.

Der Vorentwurf begnügt sich damit, eine Blankettvorschrift aufzustellen; die Lösung des Problems wird dem Bundesrat zugeschoben. Diese Regelung ist unannehmbar. Ob die hohen Beamten, welche im Bundesrat sitzen, gerade auf dem Gebiet der Prostitution eine besondere Sachkunde haben, erscheint zum mindesten zweifelhaft; jedenfalls ist dem Reichstag nicht zuzumuten, daß er auf jede Mitwirkung in dieser wichtigen und schwierigen Materie verzichtet. Es ist daher der Erlaß eines Sondergesetzes notwendig, das nicht bloß von dem Mediziner Neißer, sondern auch von dem Deutschen Juristentage gefordert wird[7]).

Sollte der Reichstag wider Erwarten damit einverstanden sein,

---

[1]) Zeitschrift S. 237, 325.

[2]) Zeitschrift S. 267.

[3]) Zeitschrift S. 275.

[4]) Zeitschrift S. 327.

[5]) Zeitschrift S. 280, 324.

[6]) Zeitschrift S. 278, 282, 283.

[7]) Verhandlungen des 28. Juristentags 1906 *III. 368* (These III von Kahl), *437* (Beschluß).

daß die Regelung des Prostitutionswesens im Wege der Verordnung erfolgt, so müßte wenigstens eine neue Strafbestimmung in das künftige Gesetzbuch aufgenommen werden, nämlich die Vorschrift, daß die gewerbsmäßige Unzucht einer minderjährigen Frauensperson unter allen Umständen verboten und strafbar ist. Auf Vorschlag von Professor Fournier (Paris) hat der Internationale Kongreß zur Bekämpfung der Geschlechtskrankheiten 1899 in Brüssel einstimmig den Wunsch ausgesprochen:

> „que les gouvernements usent de tous leurs pouvoirs en vue d'arriver à la suppression absolue de toute prostitution de mineures“[1]).

Ob die minderjährige Prostituierte mit Haft oder Gefängnis bestraft wird, ist unerheblich; dagegen ist es sehr wichtig, daß dieselbe bis zur Volljährigkeit in einer Besserungsanstalt festgehalten werden kann[2]).

4. Verletzung der gesetzlichen Unterhaltspflicht.

Die Vorschrift des § 361 Ziff. 10 StGB. hat sich in der Praxis nicht bewährt. Von sachverständiger Seite ist mit Recht gerügt worden, daß die ungeschickte Fassung des Paragraphen zu rechtlichen Zweifeln Anlaß gebe, daß die Gerichte bei Anwendung desselben wenig soziales Verständnis zeigten und daß Geldstrafe oder Haft auf arbeitsscheue Personen überhaupt keinen Eindruck mache[3]). Der Deutsche Verein für Armenpflege und Wohltätigkeit, dem die größten Autoritäten auf dem Gebiet des Armenwesens angehören, hat vorgeschlagen, das Delikt des § 361 Ziff. 10 StGB. in die Klasse der Vergehen einzureihen, die Geldstrafe zu beseitigen, für leichte Fälle Haft, für schwere Gefängnis und Arbeitshaus an-

---

[1]) Conférence universelle pour la prophylaxie de la Syphilis et d'autres maladies vénériennes (1899) *II*: Compte rendu des séances S. 287, 292 bis 293, 423.

[2]) Conférence *I*, zweite Hälfte (Enquêtes), Roumanie (Petrini S. 63), *II. 261* (Fournier), S. 271 (Frau Bieber-Böhm); Ströhmberg, Die Bekämpfung der ansteckenden Geschlechtskrankheiten im Deutschen Reich (1903), S. 67—69; Bettmann, Die ärztliche Überwachung der Prostitution (1905) S. 193, 195, 199.

[3]) Schriften des Deutschen Vereins für Armenpflege und Wohltätigkeit Heft 23 (1895) S. 53—56 (Brinkmann), Heft 36 (1898) S. 52, 55—63 (Jakstein), S. 84—85 (Münsterberg), Heft 88 S. 36—37 (Lohse), Heft 90 (1909) S. 10—11 (Lohse), S. 29 (Samter), S. 31 (Aschrott), S. 44 (Ruland), S. 47 (Diefenbach).

zudrohen sowie den polizeilichen Arbeitszwang einzuführen[1]). Der Vorentwurf berücksichtigt einen Teil dieser Vorschläge: er droht Gefängnis und Arbeitshaus wahlweise neben Geldstrafe und Haft an (§ 306 Ziff. 1, § 310 Abs. 2). Auch verbessert er die Fassung der gesetzlichen Vorschrift, insbesondere durch Streichung der Worte „trotz Aufforderung der zuständigen Behörde"[2]). Es fragt sich, ob man noch weiter gehen soll. Die Geldstrafe ist beizubehalten; es gibt besonders leichte Fälle, in welchen die Verletzung der Unterhaltspflicht vom moralischen Standpunkt aus entschuldbar erscheint[3]). Die Aufnahme des Delikts unter die Vergehen erscheint unbedenklich, da Gefängnis angedroht wird. Über die praktischen Erfolge, welche mit der Anwendung des polizeilichen Arbeitszwangs erzielt wurden, sind die Ansichten geteilt[4]); jedenfalls bedarf auch dieses Verfahren der Verbesserung[5]). Einer reichsgesetzlichen Regelung des Arbeitszwangs stehen große Schwierigkeiten entgegen, da die Organisation der Verwaltungsbehörden und Verwaltungsgerichte in den einzelnen Bundesstaaten sehr verschieden ist. Auch kann das gerichtliche Strafverfahren durch das verwaltungsrechtliche Zwangsverfahren nicht vollständig ersetzt werden; letzteres ist nur gegenüber arbeitsscheuen Personen gerechtfertigt[6]). Eine Kumulation von Strafe und Arbeitszwang bei demselben Delikt dürfte unnötig sein. Hiernach empfiehlt es sich, die Übertretung des § 361 Ziff. 10 StGB. unter gleichzeitiger Verbesserung des Gesetzestextes in ein Antragsvergehen umzuwandeln. Ferner ist im Einführungsgesetz zum neuen StGB. ausdrücklich zu bestimmen, daß die Landesgesetzgebung befugt ist, den Arbeitszwang gegen arbeitsscheue Personen für diejenigen Fälle einzuführen, in denen eine Strafverfolgung nicht stattfindet. Macht die Landesgesetzgebung von dieser Ermächtigung Gebrauch, so hat die geschädigte Armenverwaltung die Wahl, ob sie gegen arbeitsscheue Personen die Einleitung des gerichtlichen Strafverfahrens oder des polizeilichen Zwangsverfahrens beantragen will.

---

[1]) Beschluß vom 29. September 1898 (Heft 40 S. 139) und vom 23. September 1909 (Heft 90 S. 61).

[2]) *VEBegr. Bes. T.* S. 855.

[3]) V. Hippel, *Vergl. Darst. Bes. T. II. 239.*

[4]) Heft 36 S. 64—68 (Jakstein), Heft 40 S. 61—62 (Samter), Heft 88 S. 37 (Lohse), S. 65—66 (Samter), Heft 90 S. 151 (Lohse), S. 20, 22, 29 (Samter).

[5]) Heft 88 S. 11, 38, 45—46 (Lohse), S. 71—73 (Samter), Heft 90 S. 16 (Lohse).

[6]) v. Hippel, *Vergl. Darst. Bes. T. II. 240.*

Aschrott hat die Frage angeregt, ob die Verletzung der Familienpflicht nicht ebenso strafwürdig ist wie die Schädigung der Armenverwaltung[1]). Diese Frage muß bejaht werden. Nach dem norwegischen Gesetz über Arbeitsscheu, Bettelei und Trunksucht vom 31. Mai 1900 § 27 wird mit Gefängnis bestraft,

> „wer trotz Verwarnung es böswillig unterläßt, für seine Familie zu sorgen, so daß diese in Not gerät, oder einen ihm auferlegten Beitrag zum Unterhalt seiner Frau, seiner ehelichen Kinder oder seiner außerehelichen Kinder unter 15 Jahren zu entrichten"[2]).

Der *SchVE.* von 1908 gewährt in Art. 264 dem Richter die Befugnis, arbeitsscheue oder liederliche Personen, welche ihre Familie vernachlässigen, entweder mit Haft zu bestrafen oder in eine Arbeitserziehungsanstalt bzw. in eine Trinkerheilanstalt einzuweisen. In dem *OVE.* von 1909 § 256 ist die grobe Verletzung der Pflicht zum Unterhalt oder zur Erziehung eines Minderjährigen mit Strafe bedroht, „wenn der Minderjährige der Gefahr der Verwahrlosung ausgesetzt wird".

Hiernach erscheint es geboten, die Worte „durch Vermittelung der Behörde" in § 306 Ziff. 1 des Vorentwurfs zu streichen und dem Unterhaltsberechtigten bzw. seinem Vormund oder Pfleger ebenfalls das Recht zur Stellung des Strafantrags einzuräumen.

Wenn die wichtigsten Fälle der §§ 305 und 306 des Vorentwurfs aus der Klasse der Übertretungen ausgeschieden werden, so ist es nur folgerichtig, die übrigen Fälle der genannten Paragraphen, welche mit derselben Strafe bedroht sind, ebenfalls auszuscheiden. Dieses Verfahren hat außerdem den Vorzug, daß die Gefängnisstrafe auf Vergehen beschränkt werden kann.

Sechs andere Übertretungen sind bereits durch den Vorentwurf unter die Vergehen eingereiht worden, nämlich die Tierquälerei (§ 360 Ziff. 13 StGB., § 146 Vorentwurf) der Mundraub (§ 370 Ziff. 5 StGB.), der im Vorentwurf als „Entwendung" bezeichnet wird (§ 272), die unbefugte Wegnahme von Leichenteilen (§ 367 Ziff. 1 StGB., § 158 Vorentwurf), die Fälschung von Ausweispapieren (§ 363 StGB., § 283 Vorentwurf), der Mißbrauch von bereits verwendeten Wertzeichen (§ 364 StGB., § 284 Vorentwurf), das unberechtigte Fischen (§ 370 Ziff. 4 StGB., § 296 Vorentwurf). Bei diesen Delikten ist die wahlweise Androhung von Gefängnis gleichfalls zu billigen.

---

1) Heft 90 S. 31—32.

2) Mitteilungen der IKV. *XII.* Beilage S. 94.

Die Zuwiderhandlungen gegen § 366 Ziff. 10 und § 366a StGB. gehören in die neue Gruppe der „Polizeiübertretungen". Bei den Blankettvorschriften der §§ 366 Ziff. 1, 367 Ziff. 2, 5, 5a, 9, 14, 16, § 368 Ziff. 1, 2, 8 StGB. ist die Ausfüllung des Strafrahmens allerdings nicht bloß durch Polizeiverordnung, sondern auch durch Gesetz möglich. Gleichwohl muß eine Verletzung der genannten Vorschriften zu den Polizeiübertretungen gerechnet werden, da die Strafe in allen diesen Fällen genau denselben Charakter hat. Sie dient nicht der Repression, sondern der Prävention, sie ist nicht Sühne, sondern Rüge, nicht Vergeltungsstrafe, sondern Ordnungsstrafe.

Endlich gibt es noch eine Anzahl Übertretungen, die wegen des Inhalts der verletzten Vorschrift den Polizeiübertretungen gleichgestellt werden können. In § 366 Ziff. 2—5, 7—9, § 367 Ziff. 6, 8, 11 und 12, § 368 Ziff. 3—8 StGB. hat der Gesetzgeber Bestimmungen über Materien getroffen, welche im allgemeinen den Polizeibehörden zur Regelung überlassen sind. Der Gesetzgeber hat also diese Materien nicht erschöpfend geordnet, sondern nur einzelne Grundsätze aufgestellt, welche von den Polizeibehörden näher entwickelt oder — wie Frank sagt — spezialisiert[1]) werden dürfen. Im Fall des § 366 Ziff. 2 kann die Polizeibehörde z. B. den Begriff des „übermäßig schnellen Fahrens" durch Festsetzung einer Maximalgeschwindigkeit näher begrenzen[2]). Im Fall des § 367 Ziff. 11 darf die Polizeibehörde den Begriff der „erforderlichen Vorsichtsmaßregeln" durch genaue Vorschriften über den Gebrauch von Maulkorb und Leine erläutern. Im Fall des § 368 Ziff. 4 ist die Polizeibehörde befugt, die Pflicht zur „rechtzeitigen Reinigung" durch das Gebot zu spezialisieren, daß die Schornsteine innerhalb bestimmter Fristen gereinigt werden müssen. Mit Rücksicht auf den engen Zusammenhang, der in den genannten Fällen zwischen den allgemeinen Vorschriften des Gesetzgebers und den besonderen Vorschriften der Polizeibehörden besteht, erscheint es zulässig und sachgemäß, die Bestimmungen über Zuwiderhandlungen gegen Polizeiverordnungen ausnahmsweise auf einzelne Zuwiderhandlungen gegen gesetzliche Vorschriften auszudehnen.

Wird das Gebiet der Übertretungen in der vorgeschlagenen

[1]) Frank, Strafgesetzbuch S. 570.

[2]) Vgl. z. B. die Kaiserliche Verordnung vom 2. September 1906 betr. den allgemeinen Fuhrverkehr und den Verkehr mit Kraftfahrzeugen § 17 Abs. 2 und 3, § 21 (Gesetzblatt für Els.-Lothr. 1906 S. 76—78).

Weise nach oben und nach unten abgegrenzt, so bleiben als Übertretungen im engeren Sinne nur die Zuwiderhandlungen gegen folgende Paragraphen des Vorentwurfs übrig: § 307 Ziff. 1—4, 6—7, § 308 Ziff. 1—4, 8—12, § 309 Ziff. 2—6. Eine Ausscheidung der in § 306 Ziff. 3, 5—7, 9—12 bezeichneten Delikte ist unnötig, wenn bei denselben auf Androhung von Gefängnisstrafe verzichtet wird.

Der beschränkte Raum gestattet es nicht, alle diese Übertretungen im einzelnen zu behandeln. Zwei wichtige Neuerungen, welche der Entwurf enthält, müssen jedoch kurz erwähnt werden, nämlich:

1. die Beseitigung der Vorschrift in § 360 Ziff. 11 StGB., welche durch drei verschiedene Bestimmungen ersetzt werden soll (§ 306 Ziff. 10 und 11, § 308 Ziff. 9 des Vorentwurfs);

2. die Aufnahme von neuen Vorschriften über die Bestrafung der gefährlichen und der groben Trunkenheit (§ 306 Ziff. 3, § 309 Ziff. 6 des Vorentwurfs).

Eine Strafandrohung gegen die Veröffentlichung oder Wiedergabe falscher Nachrichten besteht seit vielen Jahren bereits in Elsaß-Lothringen (Art. 15 des französischen Dekrets vom 17. Februar 1852). Durch den Vorentwurf (§ 306 Ziff. 10) wird diese Vorschrift erheblich verbessert. Während das Dekret von 1852 auch die fahrlässige „publication“ und „reproduction“ bestraft[1]), erklärt der Vorentwurf zweckmäßigerweise nur das vorsätzliche Handeln für strafbar. Ferner kommt es nach dem genannten Dekret gar nicht darauf an, ob durch die falschen Nachrichten eine Beunruhigung der Bevölkerung bewirkt worden ist. Der Vorentwurf dagegen macht — ebenso wie Art. 27 des französischen Gesetzes vom 29. Juli 1881 — die Strafbarkeit von dem Eintritt dieses Erfolges abhängig. Ein wesentlicher Unterschied zwischen den Fällen des § 306 Ziff. 11 und § 308 Ziff. 9 ist nicht ersichtlich. Beide Delikte beziehen sich auf die Störung der äußeren Ordnung und können daher in einen einzigen Satz zusammengefaßt werden. Um einer übermäßigen Anwendung des § 306 Ziff. 11 vorzubeugen, dürfte es angezeigt sein, ausdrücklich hervorzuheben, daß nur eine erhebliche Belästigung des Publikums bestraft werden soll.

Die Unterscheidung zwischen gefährlicher und grober Trunkenheit beruht darauf, daß zur Bestrafung der ersteren der Eintritt eines bestimmten Erfolgs notwendig ist, zur Bestrafung der letzteren dagegen nicht[2]). Ein praktisches Bedürfnis, die

[1]) Dalloz, Supplément au Répertoire méthodique et alphabétique de Législation V. Presse No. 636, 637.

[2]) *VEBegr.* S. 856, 868.

Trunkenheit an öffentlichen Orten auch dann zu bestrafen, wenn niemand Ärgernis genommen hat, dürfte nicht bestehen. Der schweizerische und der österreichische Entwurf beschränken die Bestrafung der öffentlichen Trunkenheit gleichfalls auf die Fälle, in denen tatsächlich ein Ärgernis erregt wurde[1]). Hiernach empfiehlt es sich, die beiden Delikte des § 306 Ziff. 3 und des § 309 Ziff. 6 in der Weise zu verschmelzen, daß am Schlusse des ersten Paragraphen beigefügt wird „oder öffentlich ein Ärgernis gibt".

III.

Die Beſtrafung der Übertretungen.

Wenn die in §§ 305, 306 Ziff. 1 und 2 des Vorentwurfs bezeichneten Delikte nicht mehr zu den Übertretungen im engeren Sinne gehören, so kann bei den letzteren das Strafensystem erheblich einfacher gestaltet werden: Die Gefängnisstrafe wird überflüssig; der bisherige Höchstbetrag von sechs Wochen Haft und 150 M Geldstrafe genügt. Sichernde Maßnahmen — Unterbringung in ein Arbeitshaus, in eine Erziehungs- oder Besserungsanstalt, in ein Asyl — sind nicht erforderlich. Sehr zu bedauern ist, daß der Vorentwurf die subsidiäre Freiheitsstrafe auch bei Übertretungen beibehalten will. Mit Recht sagt Felisch in seinem Gutachten für den 23. Juristentag:

> „Die Geldstrafe ist eine mildere Strafart als die Freiheitsstrafe; deshalb ist es ungerecht, Freiheitsstrafe an ihre Stelle zu setzen"[2]).

Nach Art. 287 des *SchVE.* wird derjenige, der eine Geldstrafe (Buße) aus Arbeitsscheu oder Liederlichkeit nicht bezahlt, mit Haft bestraft. Dieser Vorschlag ist dahin zu erweitern, daß die schuldhafte[3]) Nichtzahlung einer erkannten Geldstrafe als Übertretung mit Haft bedroht werden muß. Durch die erwähnte Reform werden die Härten vermieden, welche bei Vollstreckung einer subsidiären Freiheitsstrafe gegen arbeitsunfähige und vermögenslose, in drückender Notlage befindliche Personen entstehen. Schwierigkeiten ergeben sich nur dann, wenn Personen ohne festen Wohnsitz — z. B. Landstreicher — zu Geldstrafen verurteilt

---

[1]) *SchVE.* Art. 278, *OVE.* § 471.

[2]) Verhandlungen des 23. Juristentags *I. 300.*

[3]) In den Motiven (*Allg. T.* S. 122) wird nur die „böswillige" Nichtzahlung der Geldstrafe erörtert.

werden, deren Einziehung in der Regel unmöglich ist. In solchen Ausnahmefällen, in denen auch die Androhung von Haft keinen Eindruck macht, muß eine andere Art der Vollstreckung zulässig sein; an Stelle der Barzahlung müssen Arbeitsleistungen erzwungen werden[1]). Der Verurteilte wird so lange in Gefängnissen oder anderen Anstalten festgehalten, bis er seine Strafe durch geldwerte Arbeit getilgt hat; jedoch darf die Dauer der Einsperrung eine bestimmte Zeitgrenze nicht überschreiten.

Will man nicht so weit gehen, die subsidiäre Freiheitsstrafe gänzlich abzuschaffen, so kann doch ihr Anwendungsgebiet bei Übertretungen erheblich vermindert werden. Ein geeignetes Mittel zur Erreichung dieses Ziels besteht z. B. darin, die Beitreibung der kleinen, wegen Übertretungen erkannten Geldstrafen den Gemeinden zu übertragen[2]). Letzteren müßte gleichzeitig die Verpflichtung auferlegt werden, einen bestimmten Prozentsatz dieser Geldstrafen ohne Rücksicht auf ihren wirklichen Eingang an die Staatskasse abzuliefern. In diesem Falle hätten die Gemeinden ein erhebliches finanzielles Interesse daran, das Abverdienen uneinbringlicher Geldstrafen durch Gewährung von Gemeindearbeiten[3]) zu erleichtern.

Nach § 58 Abs. 2 des Vorentwurfs soll die Fahrlässigkeit bei Übertretungen stets bestraft werden, soweit nicht das Gesetz die vorsätzliche Begehung ausdrücklich erfordert oder unzweideutig voraussetzt. Dieser Grundsatz gilt gegenwärtig nur für Polizeidelikte[4]); bei kriminellen Delikten muß in jedem einzelnen Falle untersucht werden, welches der Wille des Gesetzgebers ist[5]). Die vom Entwurf vorgeschlagene Lösung hat allerdings den Vorzug der Einfachheit; sie erleichtert die Entscheidung zahlreicher Streitfragen. Es fragt sich aber, ob durch die Verschiebung der Beweislast, welche der Entwurf enthält, der Kreis der strafbaren Handlungen nicht unnötig und übermäßig erweitert wird. Nach geltendem Recht wird z. B. der unbefugte Gebrauch eines Landeswappens, einer Uniform, eines Amtszeichens, eines Titels oder Adelsprädikats nur dann bestraft, wenn diese Handlungen

---

[1]) Vgl. die Beschlüsse des 23. Juristentags in Bremen (1895), Verhandlungen *II. 423* Ziff. 1 und 4.

[2]) Gutachten Felisch, Verhandlungen des 23. Juristentags *I. 317—319.*

[3]) Felisch S. 317.

[4]) Vgl. Entsch. des RG. in Strafsachen *XXIV. 400*, *XXV. 243*, *XXVII. 33*, *XXXVIII. 104.*

[5]) Entsch. *XXII. 44*, *XXXVIII. 104*; v. Hippel, *Vergl. Darst. Allg. T. III. 598.*

vorsätzlich begangen werden[1]; nach dem Vorentwurf würde auch die fahrlässige Begehung der genannten Delikte strafbar sein (§ 307 Ziff. 1 und 2, § 58 Abs. 2). Der schweizerische und der österreichische Entwurf stehen auf einem ganz anderen Standpunkt; dieselben erklären fahrlässige Handlungen nur dann für strafbar, wenn das Gesetz dies ausdrücklich bestimmt[2]. Die Annahme dieses Grundsatzes durch den deutschen Gesetzgeber müßte eine genaue und sorgfältige Durchsicht aller Nebengesetze zur notwendigen Folge haben. Will man eine solche Durchsicht vermeiden, so ist es immer noch besser, von Aufstellung einer allgemeinen Regel gänzlich abzusehen, als das Prinzip des Vorentwurfs anzunehmen. Bei jeder einzelnen Übertretung kann durch Beifügung der Worte „vorsätzlich" oder „schuldhaft" zum Ausdruck gebracht werden, ob auch die fahrlässige Begehung strafbar sein soll. Dagegen ist es richtig und sachgemäß, das Prinzip des Vorentwurfs auf Polizeiübertretungen anzuwenden, wie im nächsten Kapitel ausgeführt werden soll.

§ 310 Abs. 1 des Vorentwurfs bestimmt:

> „In besonders leichten Fällen der § 305 bis 309 kann von Strafe abgesehen werden."

Diese Vorschrift ist in doppelter Richtung angegriffen worden. Birkmeyer und Oppler behaupten, daß eine solche Machtbefugnis des Richters viel zu weit gehe[3]; dagegen verlangt Wach die Ausdehnung der genannten Vorschrift auf alle Übertretungen[4]. Auch hier zeigt sich wieder, daß die Unterscheidung zwischen Polizeiübertretungen und anderen Übertretungen einem praktischen Bedürfnis entspricht. Die Vorschrift des § 310 Abs. 1 paßt zwar für Übertretungen im engeren Sinne, aber nicht für Polizeiübertretungen. Die letzteren umfassen die geringsten strafbaren Handlungen; viele von ihnen — wahrscheinlich sogar die meisten — werden aus Unkenntnis der bestehenden Vorschriften begangen. Die Legaldefinition der „besonders leichten Fälle" in § 83 Abs. 2 des Vorentwurfs trifft also auf einen großen Teil der Polizeiübertretungen zu. Gleichwohl dürfen dieselben nicht straflos bleiben, da sonst die Interessen der Verwaltung erheblich geschädigt

---

[1] Olshausen 8. Aufl: § 360 Ziff. 7a S. 1413, § 360 Ziff. 8c S. 1416; Entsch. des Reichsgerichts *XXXIII. 306*.

[2] *SchVE.* Art. 19 und 233; *OVE.* § 7.

[3] Birkmeyer, Münchner Neueste Nachrichten vom 9. November 1909 Nr. 524; Beiträge zur Kritik des Vorentwurfs (1910) S. 59—60; Oppler, Deutsche Richterzeitung 1910 S. 1—5.

[4] Wach, DJZ. 1910 S. 11.

würden. — Ganz anders verhält es sich bei den Übertretungen im engeren Sinne. Bei ihnen sind die übertretenen Gebote und Verbote allgemein bekannte „Kulturnormen“. Die fahrlässige Zuwiderhandlung ist in der Regel überhaupt nicht mit Strafe bedroht. Mittlere und schwere Fälle sind nicht bloß denkbar, sondern kommen auch häufig vor. Es ist daher viel leichter, festzustellen, ob ein „außergewöhnlicher“ Fall vorliegt[1]), bei dem die Anwendung der ordentlichen Strafe eine unbillige Härte enthalten würde.

Nach § 94 Abs. 3 des Vorentwurfs soll die Verjährungsfrist für Übertretungen auf sechs Monate ausgedehnt werden. Der gleiche Vorschlag ist auch in dem österreichischen Entwurf enthalten (§ 76); derselbe erscheint unbedenklich, da andere Gesetzbücher noch längere Verjährungsfristen haben[2]). Nach § 95 Abs. 3 ist eine wiederholte Unterbrechung der Verjährung zulässig; jedoch endet die Wirkung derselben mit Ablauf des doppelten Zeitraums der ursprünglichen Verjährungsfrist. Diese Neuerung entspricht dem Interesse des Beschuldigten, da gegenwärtig eine Schranke für die Unterbrechung der Verjährung nicht besteht[3]).

IV.

Die Bestrafung der Polizeiübertretungen.

Bei Regelung dieser Materie ist der allgemeine Grundsatz an die Spitze zu stellen, daß die Strafe bei Polizeiübertretungen einen ganz anderen Charakter hat als bei kriminellen Delikten; sie soll — wie früher ausgeführt wurde — lediglich ein Zwangsmittel sein, um die Beobachtung der bestehenden Polizeivorschriften zu sichern. Infolgedessen kommt es auf den Unterschied zwischen dolus und culpa nicht an. Ein Verschulden des Täters ist allerdings erforderlich; dasselbe wird jedoch präsumiert, sobald der objektive Tatbestand einer Polizeiübertretung vorliegt[4]). Es tritt

---

[1]) *VEBegr.* S. 321.

[2]) Code d'instruction criminelle Art. 640; niederländisches Strafgesetzbuch vom 3. März 1881 Art. 70; norwegisches Strafgesetzbuch vom 22. Mai 1902 § 67; schweizerischer Entwurf Art. 241.

[3]) Vgl. Verhandlungen des 24. Juristentags *IV. 297* (Felisch), S. 301—302 (Hamm), S. 304 (Isenbiel), S. 307—308 (Beschluß).

[4]) Goldschmidt, Verwaltungsstrafrecht (1902) S. 221, 423, 523, 580; DJZ. 1902 S. 214; Mitteilungen der IKV. *XII. 246*; Goltdammers Archiv für Strafrecht *IL. 90*; H. Seuffert, Ein neues Strafgesetzbuch S. 24.

also eine Umkehrung der Beweislast ein, wie Goldschmidt treffend sagt[1]). Der Täter muß beweisen, daß ihn kein Verschulden trifft.

Die Anwendung von Zwang ist nur gegenüber ungehorsamen Personen erforderlich. Bei Personen, welche lediglich aus Unwissenheit oder Irrtum die bestehenden Polizeivorschriften verletzen, kann von Zwangsmaßregeln abgesehen werden. Eine einfache Belehrung oder Verwarnung ist bei Personen, die in gutem Glauben handeln, ausreichend. Infolgedessen muß der Täter zum Beweise zugelassen werden, daß er die übertretene Vorschrift nicht gekannt hat, seine Unkenntnis auch nicht auf Fahrlässigkeit beruht[2]). Eine solche Vorschrift wäre durchaus nichts Neues und Unerhörtes. Schon das preußische Landrecht enthielt die Bestimmung, daß die Strenge des Gesetzes nur denjenigen treffen solle, welcher das Strafgesetz zu wissen schuldig und imstande gewesen sei (Teil II Titel 20 § 11). Nach dem bayrischen Strafgesetzbuch von 1813 (Art. 121) und dem hannoverschen Kriminalgesetzbuch von 1840 (Art. 84) blieb der Täter straflos, wenn er seine Handlung in unüberwindlicher schuldloser Unwissenheit für erlaubt gehalten hatte. Besondere Vorschriften über die Straflosigkeit des entschuldbaren Irrtums bei Polizeidelikten waren in dem bayrischen und dem badischen Polizeistrafgesetzbuch sowie in dem Entwurf eines preußischen Strafgesetzbuchs von 1833 enthalten[3]).

Als Strafen kommen nur Verwarnung[4]) und Geldstrafe in Betracht. Die Umwandlung einer uneinbringlichen Geldstrafe in subsidiäre Freiheitsstrafe ist bei Polizeiübertretungen ebenso abzulehnen[5]) wie bei allen anderen Delikten. Ein verschärfter Er-

---

[1]) Goldschmidt, Verwaltungsstrafrecht S. 221, 222.

[2]) Goldschmidt, Verwaltungsstrafrecht S. 391, 408—409; DJZ. 1902 S. 214; Archiv für Strafrecht *XL. 90*; Mitteilungen *XII. 243, 246*; Seuffert, Ein neues Strafgesetzbuch S. 38, 39; Max Ernst Mayer, Rechtsnormen und Kulturnormen S. 129; Berolzheimer, System der Rechts- und Wirtschaftsphilosophie, V. (1907) *96, 145*; Ratjen, Recht 1908 S. 784; v. Bar, Gesetz und Schuld im Strafrecht *II. 411, 428, 431*; Isaak, Zeitschrift für Strafrechtsw. *XXI. 653*.

[3]) Goldschmidt, Verwaltungsstrafrecht S. 282, 283, 391, 398, 408; v. Hippel, *Vergl. Darst. Allg. T. III. 471* Anm. 4, 477 Text und Anm. 4.

[4]) van Hamel, Mitt. der IKV. *VI. 496*; Frank, Mitt. *VII. 196, XII. 201*; Junghanns, Bl. für Gefängniskunde *XXXVII. 316*.

[5]) Frank, Mitteilungen *XII. 201*; Zeitschrift *XVIII. 747*; Goldschmidt, *Vergl. Darst. Allg. T. IV. 339*.

füllungszwang durch Zwangshaft oder durch Zwangsarbeit erscheint nur dann erforderlich, wenn ausdrücklich festgestellt wird, daß die Polizeiübertretung mutwillig oder böswillig begangen ist. Dagegen ist der Eingang der verhängten Geldstrafen dadurch zu sichern, daß gesetzliche Vertreter, Haushaltungsvorstände, Dienstherren und Auftraggeber nach dem Muster von Feld- und Forstpolizeigesetzen sowie den Steuergesetzen für haftbar erklärt werden[1]). Eine Übertragung der gesetzlichen Verantwortlichkeit auf andere Personen ist mit Genehmigung der Polizeibehörde zulässig[2]). Bei der Verurteilung mehrerer Teilnehmer (Mittäter und Anstifter) ist nur eine Einheitsstrafe auszusprechen; Versuch und Beihilfe bleiben straflos. Der Rückfall ist als gewöhnliche Übertretung zu behandeln und wahlweise mit Haft zu bedrohen[3]). Eine Verlängerung der Verjährungsfrist ist bei Polizeiübertretungen nicht notwendig; dagegen wird auch für die Unterbrechung der Verjährung eine bestimmte Zeitgrenze festzusetzen sein.

---

[1]) Vgl. das hessische Polizeistrafgesetz vom 2. November 1847 Art. 44, das anhaltische Polizeistrafgesetz vom 29. März 1855 Art. 26, den Entwurf eines bayrischen Polizeistrafgesetzbuchs von 1861 Art. 18 (sämtlich zitiert bei Goldschmidt, Verwaltungsstrafrecht S. 273, 362, 390); ferner Goldschmidt, S. 422—423; Otto Mayer, Deutsches Verwaltungsrecht (1895) *I. 465—467;* Seuffert, Ein neues Strafgesetzbuch S. 24.

[2]) Otto Mayer, Theorie des französischen Verwaltungsrechts (1886) S. 188; Seuffert S. 24; Frank, Mitteilungen *XII. 201.*

[3]) Mitteilungen der IKV. *III. 246* (Zucker), S. 247 (van Hamel), *VII. 198* (Frank), *XII. 201.*

Druck von C. Schulze & Co., G. m. b. H., Gräfenhainichen.

www.ingramcontent.com/pod-product-compliance
Lightning Source LLC
LaVergne TN
LVHW092150300926
849161LV00002B/236
9783111163000